Der Aufbau eines Raums der Freiheit, der Sicherheit
und des Rechts in Europa

Europäische Hochschulschriften
Publications Universitaires Européennes
European University Studies

Reihe II
Rechtswissenschaft

Série II Series II
Droit
Law

Bd./Vol. 3495

PETER LANG
Frankfurt am Main · Berlin · Bern · Bruxelles · New York · Oxford · Wien

Martin Kraus-Vonjahr

Der Aufbau eines Raums der Freiheit, der Sicherheit und des Rechts in Europa

Die Innen- und Justizpolitik der Europäischen Union nach Amsterdam und Nizza

PETER LANG
Europäischer Verlag der Wissenschaften

Die Deutsche Bibliothek - CIP-Einheitsaufnahme

Kraus-Vonjahr, Martin:

Der Aufbau eines Raums der Freiheit, der Sicherheit und des Rechts in Europa : die Innen- und Justizpolitik der Europäischen Union nach Amsterdam und Nizza / Martin Kraus-Vonjahr. - Frankfurt am Main ; Berlin ; Bern ; Bruxelles ; New York ; Oxford ; Wien : Lang, 2002
(Europäische Hochschulschriften : Reihe 2, Rechtswissenschaft ; Bd. 3495)
Zugl.: Passau, Univ., Diss., 2002
ISBN 3-631-39813-1

D 739
ISSN 0531-7312
ISBN 3-631-39813-1

www.peterlang.de

Vorwort

Keiner konnte ahnen, dass das Thema (europäische) Innen- und Justizpolitik eine solche Brisanz erhält. Der 11. September 2001 hat das Medieninteresse sowohl aus rechtlicher als auch politischer Sicht in diese Richtung gelenkt. Zu dem Zeitpunkt hatte ich die meisten dieser Buchseiten bereits geschrieben. Mein Interesse am Thema kam also nicht aus diesen aktuellen Ereignissen heraus, sondern aus dem Wunsch, mehr Transparenz hinsichtlich der dynamischen Entwicklungen in der europäischen Innen- und Justizpolitik zu schaffen. Vielleicht macht die Verknüpfung der Aktualität des Themas mit der übersichtlichen Darstellung der Entwicklung eines Raums der Freiheit, der Sicherheit und des Rechts in Europa gerade den Anreiz zum Lesen dieser Arbeit aus.

Ich möchte mich ganz herzlich bei meinem Doktorvater Prof. Dr. Michael Schweitzer, Universität Passau, für seine Unterstützung und die wissenschaftlichen Freiräume, die er mir während der Bearbeitung des Themas gelassen hat, bedanken. Außerdem gilt mein Dank Prof. Dr. Dirk Heckmann, der die Arbeit als Zweitkorrektor begutachtet hat.

München, Juni 2002 Martin Kraus-Vonjahr

Inhaltsübersicht

Inhaltsverzeichnis

Abkürzungsverzeichnis

a. a. O.	am angegebenen Ort
ABl.	Amtsblatt
Abs.	Absatz
AdR	Ausschuss der Regionen
a. E.	am Ende
aF	alte Fassung
AnwBl	Anwaltsblatt
AöR	Archiv des öffentlichen Rechts
Art.	Artikel
ASF	Automated Search Facility
AsylVfG	Asylverfahrensgesetz
Aufl.	Auflage
AuslG	Ausländergesetz
BayVBl.	Bayerische Verwaltungsblätter
Bd.	Band
Benelux	Belgien, Niederlande, Luxemburg
BGBl.	Bundesgesetzblatt
BKA	Bundeskriminalamt
BKAG	Bundeskriminalamtgesetz
BMI	Bundesministerium des Innern
BR	Bundesrepublik
BtMG	Betäubungsmittelgesetz
Bull.	Bulletin
BVerfG	Bundesverfassungsgericht
BVerfGE	Amtliche Entscheidungssammlung des Bundesverfassungsgerichts
BVerwG	Bundesverwaltungsgericht
BVerwGE	Amtliche Entscheidungssammlung des Bundesverwaltungsgerichts
bzw.	beziehungsweise
CAHAR	Ad Hoc Committee of Experts on Legal Aspects of Territorial Asylum, Refugees and Stateless Persons
CahDrEur	Cahiers de Droit Européen
CDCJ	European Committee on Legal Co-operation
CDMG	European Committee on Migration
CDPC	European Committee on Crime Problems
CDR	Centre for Documentation and Research
CDU	Christlich-Demokratische Union
CE	Communauté européenne
CELAD	Comité Européen de Lutte Antidrogue
Chap.	Chapter
CICP	Centre for International Crime Prevention
CIG	Conférence Intergouvernementale
CIREA	Centre d'information, de réflexion et d'échange sur des questions d'asile
CIREFI	Centre d'information, de réflexion et d'échange à l'égard des frontières extérieures et de l'immigration

CIS	Customs Information System
CJ	Corpus Juris
CMLRev.	Common Market Law Review
CND	Commission on Narcotic Drugs
COSAC	Konferenz der Europa-Ausschüsse
CSU	Christlich-Soziale Union
DDR	Deutsche Demokratische Republik
déc.	décision
ders.	derselbe
d. h.	das heißt
dies.	dieselben
DÖV	Die Öffentliche Verwaltung
Dok.	Dokument
DR	Decisions and Reports (amtliche Sammlung der Entscheidungen der Europäischen Menschenrechtskommission)
DRiZ	Deutsche Richterzeitung
DÜ	Dubliner Übereinkommen
DVBl.	Deutsches Verwaltungsblatt
EA	Europaarchiv
EAGV	Vertrag zur Gründung der europäischen Atomgemeinschaft
EBDD	Europäische Beobachtungsstelle für Drogen- und Drogensucht
ECRE	European Council of Refugees and Exiles
EDIU	European Drugs Intelligence Unit
EEA	Einheitliche Europäische Akte
EG	Europäische Gemeinschaft
EGKSV	Vertrag über die Gründung der Europäischen Gemeinschaft für Kohle und Stahl
EGMR	Europäischer Gerichtshof für Menschenrechte
EGV	Vertrag zur Gründung der Europäischen Gemeinschaft
EJML	European Journal of Migration and Law
EKMR	Europäische Menschenrechtskommission
ELRev.	European Law Review
EMRK	Europäische Menschenrechtskonvention
endg.	endgültig
EP	Europäisches Parlament
EPA	Europäische Polizeiakademie
EPZ	Europäische Politische Zusammenarbeit
ER	Europäischer Rat
ETS	European Treaty Series
EU	Europäische Union
EuG	Europäisches Gericht erster Instanz
EuGH	Europäischer Gerichtshof
EuGRZ	Europäische Grundrechte Zeitschrift
EuGVÜ	Brüsseler EWG-Übereinkommen über die gerichtliche Zuständigkeit und die Vollstreckung gerichtlicher Entscheidungen in Zivil- und Handelssachen
EuR	Europarecht
Euratom	Europäische Atomgemeinschaft

Eurodac	European Automated Fingerprint Recognition System
Eurojust	Europäische Stelle für justizielle Zusammenarbeit
Europol	Europäisches Polizeiamt
EuropolG	Europol-Gesetz
EuropolÜ	Europol-Übereinkommen
Eurostat	Statistisches Amt der Europäischen Gemeinschaft
EUV	Vertrag über die Europäische Union
EuZW	Europäische Zeitschrift für Wirtschaftsrecht
EWG	Europäische Wirtschaftsgemeinschaft
EWGV	Vertrag zur Gründung der Europäischen Wirtschaftsgemeinschaft
EWR	Europäischer Wirtschaftsraum
f	folgende
ff	fortfolgende
Fn.	Fußnote
FPÖ	Freiheitliche Partei Österreichs
FR	Frankfurter Rundschau
FRM	Flexibler Reaktionsmechanismus
FS	Festschrift
GA	Generalanwalt
GAM	Groupe d'Assistance Mutuelle
GASP	Gemeinsame Außen- und Sicherheitspolitik
GATS	General Agreement on Trade in Services
GATT	General Agreement on Tariffs and Trade
GFK	Genfer Flüchtlingskonvention
GG	Grundgesetz
GM	Gemeinsame Maßnahme
GMBl.	Gemeinsames Ministerialblatt
GO	Governmental Organization
GRECO	Group of States against Corruption
GVG	Gerichtsverfassungsgesetz
HausTWG	Gesetz über den Widerruf von Haustürgeschäften und ähnlichen Geschäften
Hrsg.	Herausgeber
HS	Halbsatz
IBPR	Internationaler Pakt über bürgerliche und politische Rechte
I. C. J.	International Court of Justice
I. C. L.	International Law Commission
ICRC	International Committee of the Red Cross
idF	in der Fassung
IGC	Intergovernmental Conference/Intergovernmental Consultations
IGH	Internationaler Gerichtshof
IJRL	International Journal of Refugee Law
ILO	International Labour Organization
INCB	International Narcotics Control Board
InfAuslR	Informationsbrief Ausländerrecht
Interpol	International Criminal Police Organization

IOM	International Organization for Migration
IRO	International Refugee Organization
iSd	im Sinne des/der
iSv	im Sinne von
iVm	in Verbindung mit
JA	Juristische Arbeitsblätter
JCMS	Journal of Common Market Studies
JCP	Juris Classeur périodique (Semaine Juridique)
Jura	Juristische Ausbildung
JuS	Juristische Schulung
JZ	Juristenzeitung
Kap.	Kapitel
Kfz	Kraftfahrzeug
KOM	Dokumente der Kommission
KSZE	Konferenz über Sicherheit und Zusammenarbeit in Europa
LG	Landgericht
LIEI	Legal Issues of European Integration
lit.	littera
Lkw	Lastkraftwagen
LSD	Lysergsäurediäthylamid
Mio.	Million
MOE	Mittel- und Osteuropa
Mrd.	Milliarde
MRK	Menschenrechtskonvention
m. w. N.	mit weiteren Nachweisen
NATO	North Atlantic Treaty Organization
NCB	National Central Bureaus
NGO	Non-Governmental Organization
NJW	Neue Juristische Wochenschrift
No.	Numero
Nr.	Nummer
NStZ	Neue Zeitschrift für Strafrecht
NVwZ	Neue Zeitschrift für Verwaltungsrecht
ODCCP	UN Office for Drug Control and Crime Prevention
OECD	Organization for Economic Co-operation and Development
o. g.	oben genannt
OK	Organisierte Kriminalität
OLAF	Office européen de la Lutte Antifraude
OSZE	Organisation für Sicherheit und Zusammenarbeit in Europa
PJZS	polizeiliche und justizielle Zusammenarbeit in Strafsachen
PSK	Polizeiliche Kriminalstatistik
RAF	Rote Armee Fraktion

RIDP	Revue Internationale du Droit Pénal
RK	Regierungskonferenz
RL	Richtlinie
RMCUE	Revue du Marché Commun et de l'Union européenne
RMUE	Revue du Marché Unique Européen
Rn.	Randnummer
Rs.	Rechtssache
Rspr.	Rechtsprechung
RTDE	Revue Trimestrielle du Droit Européen
Rz.	Randzeichen
S.	Satz, Seite
SDÜ	Schengener Durchführungsübereinkommen
SIRENE	Supplementary Information Request on National Entries
SIS	Schengener Informationssystem
Slg.	Sammlung
SLG	Starting Line Group
s. o.	siehe oben
sog.	sogenannt
StGB	Strafgesetzbuch
StPO	Strafprozessordnung
StV	Strafverteidiger
SZ	Süddeutsche Zeitung
t	Tonne
TCE	Traité instituant la Communauté européenne
TREVI	Terrorisme, Radicalisme, Extremisme et Violence Internationale
TRIPS	Trade-related intellectual property rights
TUE	Traité sur l'Union européenne
u. a.	unter anderem
UAbs.	Unterabsatz
u. Ä.	und Ähnliche(s)
UCLAF	Unité de Coordination de la Lutte Antifraude
UE	Union européenne
UEF	Union Europäischer Föderalisten
UN	United Nations
UN-Charta	Charta der Vereinten Nationen
UNCJIN	UN Crime and Justice Information Network
UNDCP	UN International Drug Control Programme
UNHCR	United Nations High Commissioner for Refugees
UNO	United Nations Organization
UNTS	United Nations Treaty Series
USA	United States of America
v.	versus
Verb.	Verbunden
VerbrKrG	Verbraucherkreditgesetz
VerwArch	Verwaltungsarchiv
vgl.	vergleiche

VO	Verordnung
Vol.	Volume
WEU	Westeuropäische Union
WTO	World Trade Organization
WVRK	Wiener Vertragsrechtskonvention
WWU	Wirtschafts- und Währungsunion
www	world wide web
ZaöRV	Zeitschrift für ausländisches öffentliches Recht und Völkerrecht
ZAR	Zeitschrift für Ausländerrecht und Ausländerpolitik
z. B.	zum Beispiel
ZBJI	Zusammenarbeit in den Bereichen Justiz und Inneres
ZEuP	Zeitschrift für europäisches Privatrecht
ZEuS	Zeitschrift für europarechtliche Studien
ZFIS	Zeitschrift für Innere Sicherheit in Deutschland und Europa
ZfRV	Zeitschrift für Rechtsvergleichung, Internationales Privatrecht und Europarecht
Ziff.	Ziffer
ZP	Zusatzprotokoll
ZRP	Zeitschrift für Rechtspolitik

Einleitung

Es sind die spektakulären Fälle, die den Ruf nach einer gemeinsamen europäischen Innen- und Justizpolitik laut werden lassen. Als am Morgen des 19. Juni 2000 britische Zollbeamte in **Dover** 58 Chinesen, die illegal in das Vereinigte Königreich einreisen wollten, erstickt auffanden, hat sich nicht nur das Europäische Parlament bestürzt über diese schreckliche Tragödie gezeigt.[1] Die Menschen waren bis zu drei Monaten meist über Russland, Tschechien und Deutschland unterwegs und zahlten für den Transport nach Europa zwischen 25 000 und 40 000 DM.[2] Organisiert werden solche Unternehmungen von Menschenschmugglern, die die Gewinne aus diesem höchst rentablen Geschäftsbereich über trickreiche Wege wieder in legales Geld umwandeln. Nach Angaben des französischen Innenministers Jean-Pierre Chevènement kommen auf diesem Weg ungefähr 300 Chinesen pro Monat nach Frankreich.[3] Schätzungen von Europol zufolge wurden im Jahr 1998 etwa 500 000 Menschen illegal in die EU eingeschleust, wobei die Organisationen einen Umsatz von 17,6 Mrd. DM machten.[4] Gegenüber diesem Fall sind die insbesondere in **Süditalien** und an der **Südküste Spaniens** täglich auftretenden Flüchtlingsdramen trotz vieler Toter schon banale Realität geworden. So wurden in Spanien etwa 15 000 illegale Einwanderer aus Nordafrika im Jahr 2000 festgenommen.[5] An der Küste Siziliens strandeten allein am 27. Februar 2000 mehr als 400 Bootsflüchtlinge, darunter mehr als 100 Frauen und kleine Kinder.[6] Für die meist in der Türkei beginnende Überfahrt haben die Menschen zwischen 4000 und 7000 DM gezahlt.[7] Aufsehen erregend werden diese Zustände immer erst dann, wenn die Flüchtlingsschiffe statt an den „gewohnten" Orten an „ungewohnten" Plätzen ankommen.[8]

Die Problematik, der die EU-Mitgliedstaaten hier gegenüberstehen, zeigt beispielhaft den engen Zusammenhang zwischen der Asyl- und Einwanderungspolitik sowie den Fragen der polizeilichen und justiziellen Zusammenarbeit in Strafsachen. Migranten sind in vielen Fällen auf kriminelle Organisationen für ihren Transport angewiesen. Flucht vor politischer Verfolgung oder wirtschaftlicher Not treffen hier mit Menschenhandel, Geldwäsche und anderen Verbrechen zusammen. Gerade die Abschaffung der Grenzkontrollen zwischen den Schengen-Staaten lässt die EU von außen als einen **einheitlichen migrations- und kriminalgeografischen Raum** erscheinen. Dabei wird nicht nur die Asylpolitik der EU vom Europäischen Parlament als „Flickenteppich"[9] bezeichnet, auch die Zusammenarbeit der Justiz in Strafsachen gleicht einem Dschungel, in dem sich nur Experten zurechtfinden.[10] Abschreckendes Beispiel für die internationale justizielle Zusammenarbeit ist der Fall Krombach, in dem deutsche, französische und internationale Gerichte in der Sache zwei Jahrzehnte

---

[1] vgl. die Entschließung vom 6. Juli 2000, ABl. EG 2001 Nr. C 121/396
[2] vgl. SZ vom 10. Juli 2000, Nr. 156
[3] vgl. SZ vom 10. Juli 2000, Nr. 156
[4] vgl. SZ vom 10. Juli 2000, Nr. 156
[5] vgl. SZ vom 20. Februar 2001, Nr. 42
[6] vgl. SZ vom 28. Februar 2001, Nr. 49
[7] vgl. SZ vom 9. August 2000, Nr. 182, und SZ vom 28. Februar 2001, Nr. 49
[8] vgl. auch die Ereignisse vom 17. Februar 2001, als 908 kurdische Flüchtlinge an der südfranzösischen Küste bei Fréjus um Aufnahme baten.
[9] vgl. SZ vom 14. März 2001, Nr. 61
[10] vgl. nur die Zusammenstellung über die wichtigsten Rechtshilfebeziehungen Deutschlands in Strafsachen von *Schomburg*, zuletzt in NJW 2001, 801, 804 f

gegeneinander und durcheinander urteilten.[11] Die Bereiche Migration und Kriminalität betreffen zusammen mit der justiziellen Zusammenarbeit in Zivilsachen den **Aufbau eines Raums der Freiheit, der Sicherheit und des Rechts in Europa**, den sich die EU-Mitgliedstaaten im Vertrag von Amsterdam[12] zum Ziel gesetzt haben. Der Vertrag von Nizza[13] hat diese Zielsetzung unverändert gelassen.

Die folgende Abhandlung wird den Aufbau des Raums der Freiheit, der Sicherheit und des Rechts in Europa zum Gegenstand haben, der sich als neue Zielbestimmung sowohl in der Präambel als auch in Art. 2 vierter Spiegelstrich EUV findet. Der Aufbau des Raums der Freiheit, der Sicherheit und des Rechts ist weitgehend mit der Zusammenarbeit der EU-Mitgliedstaaten in den Bereichen Justiz und Inneres identisch, so dass die Untersuchung die Entwicklung der europäischen Innen- und Justizpolitik behandeln wird. Dabei wird die Frage aufgeworfen, ob beim gegenwärtigen Stand des Unionsrechts bereits der Grundstein für eine eigenständige europäische Innen- und Justizpolitik gelegt wurde. Im Gegensatz zu anderen Abhandlungen auf diesem Gebiet wird sich die vorliegende Arbeit nicht auf einen Teilbereich der Zusammenarbeit der EU-Mitgliedstaaten in Justiz und Inneres konzentrieren, wie beispielsweise das Asylrecht oder die Zusammenarbeit durch Europol. Ziel ist es vielmehr, einen **Überblick über die bestehenden Rechtsbeziehungen** zu geben, die für den Aufbau des Raums der Freiheit, der Sicherheit und des Rechts in Europa relevant sind, und diese **hinsichtlich der aufgestellten Zielvorgabe zu bewerten und einzuordnen**. Da die internationale Zusammenarbeit in den Bereichen Justiz und Inneres vielfach außerhalb des rechtlichen Rahmens der Union abläuft, kann sich die vorliegende Arbeit nicht auf das Europarecht im engeren Sinne als dem Recht der Europäischen Union beschränken, sondern berücksichtigt sowohl das Recht der europäischen internationalen Organisationen als auch weitere völkerrechtliche Einflüsse.[14] Aus völkerrechtlicher Perspektive ist insbesondere interessant, welchen Gestaltungsspielraum die EU-Mitgliedstaaten beim Aufbau des Raums haben.

Die **Notwendigkeit** dieser Abhandlung ergibt sich angesichts der Tatsache, dass gerade die Innen- und Justizpolitik die Bevölkerung der EU-Mitgliedstaaten im Besonderen betrifft, da es sich um klassische Bereiche handelt, in denen der Bürger dem Staat gegenübersteht. Es muss klar sein, von welcher Institution in welchen Grenzen hoheitliche Gewalt ausgeübt werden darf und wie der Bürger sich gegen rechtswidrige Maßnahmen schützen kann. Für in Einzelbereichen auftretende Fragen ist es dabei jedoch zuerst erforderlich, einen Überblick über die bestehenden Rechtsbeziehungen zu haben, um das Problem richtig einzuordnen. Der völker-, unions- und gemeinschaftsrechtliche Ursprung der gegenwärtig relevanten Bestimmungen im Bereich Justiz und Inneres führt zu einer rechtlichen Vernebelung, in die diese Arbeit Licht bringen soll. Ziel ist es, einen **Beitrag zur Transparenz** in den für die Unionsbürger wichtigen justiz- und innenpolitischen Bestimmungen zu leisten.

Die vorliegende Abhandlung gliedert sich in **vier Teile**. Aufgabe der ersten beiden Teile ist es, die Basis für den Aufbau des Raums der Freiheit, der Sicherheit und des

[11] vgl. SZ vom 17./18. Februar 2001, Nr. 40, sowie insbesondere das Urteil des EuGH vom 28. März 2000, Rs. C-7/98, Krombach, ABl. EG 2000 Nr. C 163/1
[12] ABl. EG 1997 Nr. C 304/1
[13] ABl. EG 2001 Nr. C 80/1
[14] vgl. zu den Begriffen des Europarechts *Schweitzer/Hummer*, Europarecht, Rn. 7

Rechts in Europa zu untersuchen. So behandelt der erste Teil die rechtliche Basis. Ausgehend vom Charakter des Raums als durch den Vertrag von Amsterdam neu eingeführtes Ziel erscheint es dabei zuerst wichtig, dieses zu definieren und seinen Inhalt klarzustellen. Anschließend soll der zum Zeitpunkt des Inkrafttretens des Vertrags von Amsterdam am 1. Mai 1999 für die Umsetzung des Raums bereits vorhandene rechtliche Status quo untersucht werden. Der zweite Teil behandelt die als Grundlage für den Aufbau des Raums wichtigen realen Herausforderungen, denen sich die EU-Mitgliedstaaten insbesondere aufgrund der internationalen Migration und Kriminalität gegenübersehen, sowie die Entwicklung der Innen- und Justizpolitik aus integrationspolitischer Perspektive. Der dritte Teil widmet sich der Umsetzung des Raums der Freiheit, der Sicherheit und des Rechts bis zum gegenwärtigen Zeitpunkt. Dabei stellt die Einbeziehung des Schengen-Besitzstands in den Rahmen der EU einen wichtigen Gesichtspunkt dar. Formelle und materielle Bestimmungen zur Umsetzung finden sich inbesondere in dem durch den Vertrag von Amsterdam neu geschaffenen Titel IV EGV sowie in Titel VI EUV. Mit den Fragen der Justiziabilität und der flexiblen Integration werden die für die einheitliche Umsetzung problematischen Punkte behandelt. Die über den Rahmen der EU hinausgehende Zusammenarbeit in den für den Aufbau des Raums relevanten Bereichen sowie die daraus resultierenden völkerrechtlichen Verpflichtungen sind Gegenstand des vierten Teils der Untersuchung.

Aufgrund der dynamischen Entwicklung des Europarechts ist es erforderlich, mehrere Vertragsfassungen parallel zu verwenden. Grundsätzlich beziehen sich die Bezeichnungen „EGV“ und „EUV“ auf die Fassung nach dem Vertrag von Nizza. Abweichungen davon im vorhergehenden Vertrag von Amsterdam werden mit dem Hinweis „Amsterdamer Fassung“ kenntlich gemacht. Für die unter dem Vertrag von Maastricht geltenden Bestimmungen werden die Bezeichnungen „EGV aF“ und „EUV aF“ verwendet. Der Vertrag zur Gründung der Europäischen Wirtschaftsgemeinschaft vor Maastricht wird mit „EWGV“ abgekürzt.

1. Teil: Entwicklung der Ziele im Bereich der Innen- und Justizpolitik sowie ihre Umsetzung bis zum Vertrag von Maastricht

Aufgabe dieses Teils ist es, die **rechtliche Basis** für die durch den Vertrag von Amsterdam in den EG- und EU-Vertrag eingefügte Zielbestimmung des Aufbaus eines Raums der Freiheit, der Sicherheit und des Rechts herauszuarbeiten. In einem ersten Schritt wird die rechtliche Qualifizierung von Zielen in den Verträgen sowie die Untersuchung der Ziele im Bereich der europäischen Innen- und Justizpolitik seit Gründung der EWG behandelt. Damit soll die Vorgabe bestimmt werden, welche auf Gemeinschafts- bzw. Unionsebene umgesetzt werden muss. Im zweiten Schritt soll der zum Zeitpunkt des Inkrafttretens des Vertrags von Amsterdam am 1. Mai 1999 für die Umsetzung des Raums bereits vorhandene rechtliche Status quo untersucht werden.

A. Entwicklung der Ziele im Bereich der Innen- und Justizpolitik

Zielvereinbarungen ermöglichen es, eine Tendenz anzugeben, in welche Richtung eine Entwicklung angestrebt wird. Eine Betrachtung der Ziele, die sich die Mitgliedstaaten der Europäischen Union von den Römischen Verträgen bis zum Vertrag von Amsterdam setzten, kann somit die in diesem Rahmen beschlossenen Integrationsvorhaben aufzeigen. Da Ziele eine Grundlage bilden, die nur bei bedeutenden Vertragsänderungen angerührt wird, wird ihnen eine lange Beständigkeit zugeschrieben. Zielsetzungen sind somit nicht wie die Umsetzung von Rechtsakten von tagespolitischen Erwägungen abhängig, sondern können freier entwickelt werden.

Sowohl im Vertrag über die Europäische Union als auch im Vertrag zur Gründung der Europäischen Gemeinschaft finden sich an verschiedenen Stellen Ziele eingefügt, die je nach ihrem Platz konkreter oder allgemeiner gehalten sind. Im Folgenden soll aufgedeckt werden, wie die beiden Verträge mit den Zielen arbeiten und welche Funktion diesen in den Verträgen zukommt. Dazu wird zunächst auf die rechtliche Bedeutung von Zielen eingegangen. Anschließend wird die Entwicklung der Ziele im Bereich der Innen- und Justizpolitik seit Gründung der Europäischen Wirtschaftsgemeinschaft bis zum Vertrag von Amsterdam dargestellt. Dann erfolgt die Untersuchung des neuen Ziels eines Aufbaus des Raums der Freiheit, der Sicherheit und des Rechts.

I. Rechtliche Bedeutung von Zielen

Um die Funktion von Zielen in den beiden Verträgen zu erfassen, ist es zunächst erforderlich zu klären, in welchen Bereichen Ziele eingefügt wurden. Ziele sind sowohl im EG- als auch im EU-Vertrag über den ganzen Text verstreut und haben je nach ihrer Stelle verschiedenes Gewicht.

1. Ziele im EU- und EG-Vertrag

Beide Verträge beinhalten Ziele sowohl in der Präambel als auch im eigentlichen Vertragstext. Eine Definition des Begriffs „Ziel" findet sich jedoch weder im EG-Vertrag noch im EU-Vertrag. Für den EG-Vertrag lässt sich der Begriff aber auf der Grundlage von Art. 5 Abs. 1 EGV ermitteln. Danach ist ein Ziel der EG nur ein solches, das sich die Gemeinschaft gesetzt hat. Zum EG-Vertrag gehören also nicht die Ziele des EU-Vertrags.

a) Präambel des EU-Vertrags

In der Auflistung der verschiedenen Erwägungen sind die Beweggründe, wesentliche Neuerungen, Ziele und Absichten der EU zu erkennen, welche die vertragsschließenden Parteien in der Präambel niedergelegt haben. Die Präambel stellt damit den **Leitfaden** für die gesamte europäische Integration dar.[1]

Umstritten ist dabei allerdings der **rechtliche Gehalt der Präambel** zum EU-Vertrag. Die Präambel hat vor allem politisch-programmatischen Charakter.[2] Der EU-Vertrag stellt in weiten Teilen lediglich eine neue Form der internationalen Zusammenarbeit dar und schließt für die Präambel die Zuständigkeit des EuGH aus[3]. Eine rechtliche Bedeutung der Präambel ergibt sich aber daraus, dass der gesamte EU-Vertrag als Einheit aufzufassen ist, aus dem die Präambel nicht weggedacht werden kann. Die Präambel ist Vertragsbestandteil gemäß Art. 31 Abs. 2 WVRK[4], die zumindest als kodifiziertes Gewohnheitsrecht Anwendung findet.[5] Ein Vertrag umfasst hiernach neben dem eigentlichen Vertragstext auch die Präambel. Der EU-Vertrag insgesamt ist nicht der Rechtsprechung des EuGH unterworfen. Auch ergeben sich aus der Präambel keine gegenseitigen Rechtspflichten der Vertragsstaaten.[6] Allerdings heißt dies nicht, dass bei Betrachtung der Vorschriften, für die der EuGH nach Art. 46 EUV zuständig ist, die Präambeln vollständig außer Acht bleiben. Eine Einschränkung ergibt sich somit lediglich hinsichtlich der rechtlichen Durchsetzbarkeit, nicht aber ihrer rechtlichen Bedeutung überhaupt.[7]

Eingeleitet werden die in der Präambel aufgelisteten **13 Erwägungen** mit den Formeln, „entschlossen", „eingedenk", „in Bestätigung", „in dem Wunsch", „in dem festen Willen" und „im Hinblick". Diese zeigen auf, welche Erwägungen schon in der Vergangenheit verfolgt wurden und mit dem EU-Vertrag gestärkt werden sollten und welche neu als Ziele der vertragsschließenden Parteien aufgenommen wurden. Desweiteren ist daraus ersichtlich, mit welchem Nachdruck die einzelnen Punkte zu

[1] *Simon*, in Constantinesco/Kovar/Simon, Traité sur l'Union européenne, préambule, 1., spricht von „orientations dominantes de l'Union européenne".
[2] vgl. *Hilf/Pache*, in Grabitz/Hilf, Kommentar zur Europäischen Union, Stand Mai 1995, Präambel zum EUV aF, Rn. 2
[3] vgl. Art. 46 EUV
[4] Wiener Übereinkommen über das Recht der Verträge vom 23. Mai 1969, BGBl. 1985 II S. 926, Sartorius II Nr. 320
[5] vgl. *Verdross/Simma*, Universelles Völkerrecht, § 672
[6] vgl. *Hilf/Pache*, in Grabitz/Hilf, Kommentar zur Europäischen Union, Stand Mai 1995, Präambel zum EUV aF, Rn. 7 f
[7] ebenso *Zuleeg*, in Groeben/Thiesing/Ehlermann, Kommentar zum EU-/EG-Vertrag, Präambel zum EUV aF, Rn. 2

verfolgen sind und welche Prioritäten sich ergeben. Die Erwägungspunkte 7 bis 11 beinhalten dabei die auch in Art. 2 EUV aufgeführten Ziele.

b) Vertragstext des EU-Vertrags

Wie in den meisten Verträgen zur Gründung von internationalen Organisationen befindet sich auch im eigentlichen Text des EU-Vertrags am Anfang eine Aufzählung der Ziele.[8] Art. 2 EUV nimmt die Erwägungspunkte 7 bis 11 der Präambel wieder auf, weitet sie teilweise aus und konkretisiert sie. Dabei beinhaltet Art. 2 EUV die Ziele der drei Säulen des Tempelmodells.[9] Er umfasst sowohl die Ziele des EG-Vertrags als auch die Ziele der Gemeinsamen Außen- und Sicherheitspolitik (GASP) wie der Zusammenarbeit in den Bereichen Justiz und Inneres (ZBJI), bei der lediglich die Bestimmungen über die polizeiliche und justizielle Zusammenarbeit in Strafsachen (PJZS) unter Titel VI EUV als dritte Säule noch von der Vergemeinschaftung durch den Vertrag von Amsterdam ausgenommen wurden. Die Ziele der GASP sind weiterhin in Art. 11 Abs. 1 EUV aufgeführt, während die Ziele in der ZBJI für den durch den Vertrag von Amsterdam vergemeinschafteten Bereich in Art. 61 EGV Erwähnung gefunden haben. Für den im EU-Vertrag verbliebenen Teil der ZBJI, den Bestimmungen über die PJZS, formuliert Art. 29 EUV die Ziele. **Funktion des Art. 2 EUV** ist es somit, den Zusammenhang der drei Säulen aufzuzeigen und die einzeln im Vertragstext aufgeführten Ziele unter das gemeinsame Dach der EU zu stellen.[10] Durch die Aufzählung in Art. 2 EUV wird klar, dass die Verfolgung einzelner Ziele nicht ohne die Berücksichtigung des gesamten „Tempels" erfolgen kann. Art. 2 EUV legt somit eine Interdependenz zwischen den Säulen fest. Er enthält die grundlegenden Ziele der EU, die für die EU und deren Organe rechtlich verbindlich sind.[11] In Art. 2 Abs. 2 EUV wird bestimmt, auf welche Art und Weise die EU ihre in Abs. 1 aufgestellten Ziele verwirklichen soll. Der in Art. 1 Abs. 3 EUV verwandte Begriff „Aufgabe" ist wie im EG-Vertrag als Ziel zu verstehen und enthält allenfalls eine Abstufung im Konkretisierungsgrad.[12]

c) Präambel des EG-Vertrags

In den **neun Erwägungen der Präambel** zum EG-Vertrag sind die grundlegenden Ziele der EG festgelegt. Ebenso wie die Präambel zum EU-Vertrag ist sie integrativer Bestandteil des Vertrags.[13] Dies geht vor allem aus der achten Erwägung hervor, die die Entschlossenheit aufzeigt, „durch diesen Zusammenschluss" Frieden und Freiheit zu wahren. Auch Art. 182 Abs. 3 EGV nimmt Bezug auf die in der Präambel aufge-

[8] vgl. z. B. Art. 1 UN-Charta, Art. 1 der Satzung des Europarates
[9] vgl. zum Tempelmodell der EU *Schweitzer/Hummer*, Europarecht, Rn. 58 ff
[10] vgl. *Simon*, in Constantinesco/Kovar/Simon, Traité sur l'Union européenne, Art. B EUV aF, Nr. 1
[11] vgl. *Hilf/Pache*, in Grabitz/Hilf, Kommentar zur Europäischen Union, Stand Mai 1995, Art. B EUV aF, Rn. 3
[12] vgl. für den EG-Vertrag *Ipsen*, Europäisches Gemeinschaftsrecht, S. 556; *Zuleeg*, in Groeben/ Thiesing/Ehlermann, Kommentar zum EU-/EG-Vertrag, Art. 2 EGV aF, Rn. 1; *von Bogdandy*, in Grabitz/Hilf, Das Recht der Europäischen Union, Stand Januar 2000, Art. 2 EGV, Rn. 2; EuGH, Rs. 249/81, Buy Irish, Slg. 1982, S. 4005, Rz. 28; *Klein*, in Hailbronner/Klein/Magiera/Müller-Graff, Handkommentar zum Vertrag über die Europäische Union, Stand November 1998, Art. B EUV aF, Rn. 4
[13] vgl. Art. 31 Abs. 2 WVRK

stellten Grundsätze. Als integrativer Bestandteil des Vertrags besitzt sie wie die Präambel zum EU-Vertrag rechtliche Bedeutung.[14] Diese zeigt sich insbesondere darin, dass die in ihr enthaltenen Grundsätze vom EuGH für die Bestimmung der allgemeinen Richtung der Gemeinschaft herangezogen werden.[15] Der EuGH sieht die in der Präambel aufgestellten Grundsätze als selbstständige und unmittelbare Ziele der Gemeinschaft, die neben den im eigentlichen Vertragstext aufgenommenen bestehen.[16] Angesprochen wird dies in der dritten und achten Erwägung, in denen sich die Mitgliedstaaten zu einem „wesentlichen“ und „hohen“ Ziel bekennen. Damit enthält die Präambel nicht nur politische Motive und Absichtserklärungen der Mitgliedstaaten, sondern in ihr wird klargestellt, was die Mitgliedstaaten durch die Gründung der Gemeinschaft anstreben wollen. Die Präambel spricht in der zweiten Erwägung von der Entschlossenheit der Mitgliedstaaten, „durch gemeinsames Handeln den wirtschaftlichen und sozialen Fortschritt“ zu sichern. In der vierten Erwägung zeigt sie die Erkenntnis der Mitgliedstaaten, dass „zur Beseitigung der bestehenden Hindernisse ein einverständliches Vorgehen erforderlich ist“. Auch die Bezugnahme in Art. 182 Abs. 3 EGV auf die Grundsätze in der Präambel spricht gegen eine Interpretation als rein politische Absichtserklärung und bekräftigt die rechtliche Bedeutung der in ihr aufgestellten Grundsätze.

d) Vertragstext des EG-Vertrags

Art. 2 EGV enthält die allgemeinen Zielvorstellungen des EG-Vertrags. Dabei wird zwar der Begriff „Aufgabe“ verwendet, dieser ist jedoch mit „Ziel“ gleichbedeutend.[17] In Art. 2 EGV werden Nah- und Fernziele der EG aufgelistet.[18] Die „Errichtung eines Gemeinsamen Marktes und einer Wirtschafts- und Währungsunion“ sowie „die Durchführung der in den Artikel 3 und 4 genannten gemeinsamen Politiken und Maßnahmen“ stellen die Nahziele der Gemeinschaft dar, durch die die weiteren elf aufgezählten Fernziele erreicht werden sollen. Eine Aufstellung von Zielen findet sich ebenfalls in **Art. 3 und 4 EGV**. Auch wenn die dortige Überschrift von der „Tätigkeit der Gemeinschaft“ spricht, so stellen die aufgezählten Tätigkeiten doch Ziele der Gemeinschaft dar.[19] Zwar soll nach Art. 3 und 4 EGV die Tätigkeit der Gemeinschaft im Sinne des Art. 2 EGV erfolgen, dies bedeutet aber lediglich, dass die in Art. 3 und 4 EGV aufgeführten Tätigkeiten Mittel zur Förderung der in Art. 2 EGV erwähnten Ziele sind.[20] In sich stellen diese Tätigkeiten jedoch ebenfalls Ziele dar, die als erster

[14] vgl. *Zuleeg*, in Groeben/Thiesing/Ehlermann, Kommentar zum EWG-Vertrag, Präambel zum EG-Vertrag, Rn. 1

[15] vgl. EuGH, Verb. Rs. 56 und 58/64, Consten-Grundig, Slg. 1966, S. 321, Rz. 16; im einzelnen umstritten, vgl. *Schwartz*, in Groeben/Thiesing/Ehlermann, Kommentar zum EU-/EG-Vertrag, Art. 235 EGV aF, Rn. 140 ff

[16] vgl. EuGH, Rs. 12/82, Margentarife im Straßenverkehr, Slg. 1982, S. 4089, Leitsatz 1 und Rz. 7

[17] vgl. *Ipsen*, Europäisches Gemeinschaftsrecht, S. 556; *Zuleeg*, in Groeben/Thiesing/Ehlermann, Kommentar zum EU-/EG-Vertrag, Art. 2 EGV aF, Rn. 1; *von Bogdandy*, in Grabitz/Hilf, Das Recht der Europäischen Union, Stand Januar 2000, Art. 2 EGV, Rn. 2; EuGH, Rs. 249/81, Buy Irish, Slg. 1982, S. 4005, Rz. 28

[18] vgl. zu dieser Aufteilung *Schwartz*, in Groeben/Thiesing/Ehlermann, Kommentar zum EU-/EG-Vertrag, Art. 235 EGV aF, Rn. 123 ff

[19] vgl. mit dem Hinweis auf andere Sprachfassungen *Schwartz*, in Groeben/Thiesing/Ehlermann, Kommentar zum EU-/EG-Vertrag, Art. 235 EGV aF, Rn. 118; vgl. EuGH, Rs. 8/73, Massey-Ferguson, Slg. 1973, S. 897, Rz. 3; EuGH, Rs. 249/81, Buy Irish, Slg. 1982, S. 4005, Rz. 28

[20] vgl. EuGH, Rs. 203/80, Casati, Slg. 1981, S. 2595, Rz. 8

Schritt zur Erreichung der in Art. 2 EGV enthaltenen allgemeinen Ziele anzusehen sind. Damit bilden sie „Mittelziele“.

Umstritten ist, inwieweit der Vertrag auch **allgemeine Ziele** enthält, die aus seiner Gesamtheit abgeleitet werden, ohne dass es für sie einer besonderen Vertragsbestimmung bedarf. So hat sich der Rat in mindestens zwei Fällen auf die Existenz solcher übergreifender Vertragsziele berufen.[21] Die Tendenz der Ausweitung in der Anerkennung solch impliziter Ziele wurde jedoch vom EuGH gestoppt.[22] Desweiteren enthält der EG-Vertrag Vorschriften, in denen **ausdrücklich Zielbestimmungen** getroffen wurden.[23] Bestimmungen des EG-Vertrags bezeichnen selbst das durch sie zu verwirklichende Ziel, z. B. Art. 47 Abs. 1 und 2, 61, 93, 94, 95, 96, 135 und 153 EGV. Andere Regelungen im EG-Vertrag verweisen auf **eigenständige Zielvorschriften**, wie z. B. Art. 14, 23 Abs. 1, 27, 33, 39, 70, 98, 105, 125, 127, 131, 136, 138, 149-152, 154, 157, 158, 163, 174, 177 und 182 EGV. Regelungen über Ziele finden sich auch in Vorschriften des EG-Vertrags, die **Ge- und Verbote** ausdrücken, z. B. Art. 12, 23, 28, 43, 49, 56, 81, 82 und 141 EGV. Der Vertrag beinhaltet dazu auch implizite Ziele in Regelungen, die einen eindeutigen Zweck verfolgen.[24]

Im EG-Vertrag ist eine Aufteilung der Ziele vom Allgemeinen zum Besonderen zu beobachten. Die Hauptziele sind dabei in der Präambel und in Art. 2 EGV zu finden. Diese werden konkretisiert durch weitere Mittelziele in Art. 3 und 4 EGV. In den einzelnen Titeln des EG-Vertrags finden sich weiterhin viele spezielle Ziele als Unterziele. So gibt es drei Zielebenen im EG-Vertrag, die unterschiedliche Wichtigkeit haben. Jedes Unterziel regelt dabei nur einen Teilbereich, womit es in seiner Bedeutung hinter dem jeweiligen übergeordneten Ziel zurückbleibt.[25] Die Zielbestimmungen des EU-Vertrags verhalten sich zu denen des EG-Vertrags wie der EU-Vertrag selbst zum EG-Vertrag. So gelten die Zielbestimmungen des EU-Vertrags für alle drei Säulen mit der Folge, dass sie in die Ziele des EG-Vertrags hineingelesen werden müssen, um den Gesamtcharakter der Union zu erhalten und zu berücksichtigen.[26]

2. Bedeutung der Ziele am jeweiligen Standort

Ziele regeln vor allem **vertragsprägende allgemeine Grundsätze,** wobei Art. 2 EGV für den EuGH an deren Spitze im EG-Vertrag steht.[27] Die Ziele im EU- und EG-Vertrag haben Programmcharakter, sind jedoch keine bloßen Programmsätze, sondern besitzen **rechtliche Wirkung** mit einem justiziablen Maßstab.[28] Ihre Aufstellung

[21] vgl. VO (EWG, Euratom) Nr. 354/83, ABl. EG 1983 Nr. L 43/1, vierte Erwägung; Beschluss des Rates vom 17. Juni 1994, ABl. EG 1994 Nr. L 212/1
[22] vgl. EuGH, Gutachten 2/94, EMRK, Slg. 1996, S. I-1763, Rz. 29 ff
[23] vgl. *Schwartz*, in Groeben/Thiesing/Ehlermann, Kommentar zum EU-/EG-Vertrag, Art. 235 EGV aF, Rn. 115
[24] vgl. *Schwartz*, in Groeben/Thiesing/Ehlermann, Kommentar zum EU-/EG-Vertrag, Art. 235 EGV aF, Rn. 116
[25] vgl. *Schwartz*, in Groeben/Thiesing/Ehlermann, Kommentar zum EU-/EG-Vertrag, Art. 235 EGV aF, Rn. 162 f
[26] vgl. *Klein*, in Hailbronner/Klein/Magiera/Müller-Graff, Handkommentar zum Vertrag über die Europäische Union, Stand November 1998, Art. B EUV aF, Rn. 10
[27] vgl. EuGH, Rs. 167/73, Kommission/Frankreich, Slg. 1974, S. 359, Rz. 17 ff
[28] vgl. EuGH, Rs. 24/62, Bundesrepublik Deutschland/Kommission, Slg. 1963, S. 141, 154

ist unerlässlich für die Gemeinschaft und zwingend für die Gemeinschaftsorgane.[29] Allerdings gilt auch im Gemeinschaftsrecht der Satz, dass von der Aufgabe nicht auf die Befugnis geschlossen werden darf. So geben die Vertragsziele selbst keine Kompetenzen für Eingriffsmaßnahmen. Nach dem Prinzip der begrenzten Ermächtigung nach Art. 5 Abs. 1 und 7 Abs. 1 S. 2 EGV erfordern Maßnahmen der Gemeinschaftsorgane vielmehr hinreichend bestimmte und klare Befugnisnormen, die sich in den Zielen nicht finden.[30] Für den EU-Vertrag folgt das Gleiche aus Art. 5 EUV, der für die Ergreifung von Maßnahmen auf die einzelnen Vertragsbestimmungen verweist. Jedoch können die Ziele im Vertrag enthaltene Befugnisnormen ergänzen oder beschränken.

Die Ziele haben danach vor allem die Aufgabe, die **Zuständigkeit** der Gemeinschaft zu **begrenzen** und den Anwendungsbereich des Vertrags zu bestimmen. Es läßt sich aus ihnen ablesen, welche Zwecke die Gemeinschaft verfolgen darf.[31] Sie legen den Tätigkeitsbereich der Gemeinschaften und der Union als internationale Organisationen fest und beschränken den Handlungsbereich. Sie haben dadurch steuernde Funktion. Besondere Bedeutung erlangen die Ziele für das **Subsidiaritätsprinzip** des Art. 5 EGV, wo sie zugleich als Tatbestandsmerkmale in Abs. 2 herangezogen werden.[32] Als internationale Organisationen können EG und EU nur in dem ihnen vorgegebenen rechtlichen Rahmen tätig werden. Eine Überschreitung führt zu einem Akt ultra vires, der keine rechtliche Wirksamkeit hat.[33]

Weitere Bedeutung haben die Ziele als **Auslegungs- und Anwendungsmaßstab** für die jeweils folgenden Vertragsnormen und können diesbezüglich kaum überschätzt werden.[34] So hat der EuGH die Bindung an die grundlegenden Vertragsziele bei der Auslegung der Art. 85 f EGV aF aufgrund ihrer zwingenden Geltung hervorgehoben.[35] Auch die Präambel des EG-Vertrags hat der EuGH schon mehrmals herbeigezogen, um den Bedeutungsgehalt von Vorschriften zu ermitteln.[36] Bei der Auslegung der Ziele ist aber immer das gesamte Vertragswerk der Union ins Auge zu fassen und die Wechselwirkungen der verschiedenen Ziele in den einzelnen Säulen zu beachten, um Inkohärenzen zu vermeiden.

Die Ziele des EG-Vertrags sind ebenfalls bei der **Rechtsfortbildung** durch den EuGH und als **Prüfungsmaßstab** für die Rechtmäßigkeit des Sekundärrechts zu beachten. So bilden vor allem die in der Präambel niedergelegten Rechtsgrundsätze die Bausteine für die Rechtsfortbildung, da sie die grundlegenden Anschauungen der

---

[29] vgl. EuGH, Rs. 6/72, Continental Can, Slg. 1973, S. 215, Rz. 24; EuGH, Verb. Rs. 41 bis 44/70, Fruit Company, Slg. 1971, S. 411, Rz. 68 ff

[30] vgl. *Ipsen*, Europäisches Gemeinschaftsrecht, S. 559 f

[31] vgl. *Grabitz*, in Grabitz/Hilf, Kommentar zur Europäischen Union, Stand November 1988, Art. 235 EGV aF, Rn. 21

[32] ebenso in Art. 10 Abs. 2 und 308 EGV

[33] vgl. *Zuleeg*, in Groeben/Thiesing/Ehlermann, Kommentar zum EU-/EG-Vertrag, Art. 1 EGV aF, Rn. 4; eine Ungültigkeit ist jedoch grundsätzlich nur vom EuGH festzustellen, vgl. EuGH, Rs. 314/85, Foto-Frost, Slg. 1987, S. 4199, Rz. 16 f.

[34] vgl. GA *Reischl*, Schlussanträge zur Rs. 22/74, Demag, Slg. 1974, S. 1049, 1057; vgl. *Lenz*, in ders., EG-Vertrag, Art. 2 EGV, Rn. 6; EuGH, Rs. 53/81, Levin, Slg. 1982, S. 1035, Rz. 15

[35] vgl. EuGH, Rs. 6/72, Continental Can, Slg. 1973, S. 215, Rz. 25

[36] vgl. EuGH, Verb. Rs. 56 und 58/64, Consten-Grundig, Slg. 1966, S. 321, 388; EuGH, Rs. 32/65, Italien/Kommission, Slg. 1966, S. 457, 483; EuGH, Rs. 43/75, Defrenne/Sabena, Slg. 1976, S. 455, Rz. 8 ff

Mitgliedstaaten darlegen. Dagegen sind die Ziele des EU-Vertrags dafür nur teilweise heranzuziehen, da ihre Justiziabilität vor dem EuGH nach Art. 46 EUV beschränkt ist. Der EuGH ist für die Auslegung der Präambel und der Art. 1 und 2 EUV nicht zuständig, was zugleich bedeutet, dass er diese Rechtsnormen auch nicht zur Rechtsfortbildung oder als Prüfungsmaßstab für die Rechtmäßigkeit des Unionsrechts verwenden darf.

In Art. 3 Abs. 1 EUV ist bestimmt, dass die EU über einen einheitlichen institutionellen Rahmen verfügt, der die Kohärenz und Kontinuität der Maßnahmen „zur Erreichung ihrer Ziele" sicherstellt. Innerhalb dieses institutionellen Rahmens ist der Europäische Rat nach **Art. 4 Abs. 1 EUV** zur Festlegung der „allgemeinen politischen Zielvorstellungen für diese Entwicklung" zuständig. Nach Art. 34 Abs. 2 S. 1 EUV ist es Aufgabe des Rates, Maßnahmen zu ergreifen und eine polizeiliche und justizielle Zusammenarbeit in Strafsachen zu fördern, die den Zielen der Union dient. Die Ziele der Europäischen Union setzen auch für eine engere Zusammenarbeit einzelner Mitgliedstaaten nach Art. 40 Abs. 1 EUV Maßstäbe. So muss eine verstärkte polizeiliche und justizielle Zusammenarbeit in Strafsachen zum Ziel haben, dass sich die Union unter Wahrung der Zuständigkeiten der EG sowie der in Titel VI EUV festgelegten Ziele rascher zu einem Raum der Freiheit, der Sicherheit und des Rechts entwickeln kann. Auch außerhalb des Titel VI EUV muss eine verstärkte Zusammenarbeit darauf ausgerichtet sein, die Ziele der Union und der Gemeinschaft zu fördern.[37] Eine Änderung an den Zielen und Grundsätzen ist somit von grundlegender Bedeutung.

3. Rechtliche Bedeutung für Organe und Mitgliedstaaten

Die **Organe** sind verpflichtet, an der Verwirklichung der Ziele zu arbeiten.[38] So bestimmt Art. 2 EGV, dass sie die Vertragsziele fördern sollen. Dies kann nicht nur durch negative Maßnahmen wie Verbote und Beschränkungen, sondern auch durch positive Eingriffe geschehen.[39] Die Ziele stellen damit Vorgaben und ein Programm dar, das die Organe in die Tat umsetzen müssen.[40] Dies gilt auch dann, wenn es im Vertrag an bestimmten Kompetenzzuweisungen fehlt. In diesem Fall müssen die Organe im EG-Vertrag auf der Grundlage der subsidiären Handlungsermächtigung des Art. 308 EGV tätig werden. Im EU-Vertrag fehlt eine solche ausdrückliche Bestimmung. Einer analogen Anwendung steht der Ausnahmecharakter aufgrund der Durchbrechung des Prinzips der begrenzten Ermächtigung entgegen. Eine solche Bestimmung wurde im Zuge der letzten Vertragsänderungen nicht aufgenommen, so dass nicht von einer Lücke auszugehen ist. Für die Organe haben die Ziele ermessenslenkende Wirkung.[41] Von ihrem Entscheidungsspielraum haben sie daher stets im Sinne der Ziele Gebrauch zu machen.[42] Die Organe haben verschiedene Zielsetzungen dabei so zu verfolgen, dass diese miteinander in Einklang gebracht werden und aufeinander abgestimmt sind, damit sie weitestmöglich verwirklicht werden kön-

[37] vgl. Art. 43 lit. a) EUV
[38] vgl. EuGH, Rs. 13/83, Verkehrspolitik, Slg. 1985, S. 1513, Rz. 53
[39] vgl. *Zuleeg*, in Groeben/Thiesing/Ehlermann, Kommentar zum EU-/EG-Vertrag, Art. 2 EGV aF, Rn. 8
[40] vgl. *Zuleeg*, in Groeben/Thiesing/Ehlermann, Kommentar zum EU-/EG-Vertrag, Art. 2 EGV aF, Rn. 3; EuGH, Rs. 13/83, Verkehrspolitik, Slg. 1985, S. 1513, Rz. 52
[41] vgl. *Ipsen*, Europäisches Gemeinschaftsrecht, S. 559
[42] vgl. EuGH, Rs. 24/62, Bundesrepublik Deutschland/Kommission, Slg. 1963, S. 141, 154

nen.[43] Alle Ziele sind nach ihrer jeweiligen Bedeutung in Wechselwirkung zu sehen und nach dem Grundsatz der praktischen Konkordanz zu berücksichtigen.[44] Falls eine Verwirklichung aller Ziele nicht möglich erscheint, muss ein Ziel zurücktreten. Die Auswahl und Prioritätsbestimmung liegt dabei im pflichtgemäßen Ermessen der Organe.[45] Bei der Lösung dieses Zielkonfliktes muss den Organen jedoch ein weites Ermessen zukommen, das seine Grenzen allenfalls im Willkürverbot findet.

Weder für die Organe noch für die **Mitgliedstaaten** begründen die Ziele dagegen direkte Rechtspflichten, die einzelne vor den Gerichten einfordern könnten.[46] Die Ziele sind dazu nicht hinreichend klar und deutlich formuliert. Nur in Zusammenschau mit gewissen präzisen Bestimmungen des Vertrags lassen sich aus ihnen justiziable Rechtspflichten ableiten.[47] Jedoch bestimmt Art. 10 EGV, dass die Mitgliedstaaten die Aufgaben der Organe erleichtern und alle Maßnahmen unterlassen, welche die Verwirklichung der Ziele des EG-Vertrags gefährden können. Gleiches muss für den EU-Vertrag gelten, da sich die Mitgliedstaaten sonst widersprüchlich zu dem von ihnen ratifizierten Vertrag verhalten würden.

II. Ziele im Bereich der Innen- und Justizpolitik bis zum Vertrag von Maastricht

Ausgehend vom Gründungsvertrag der Europäischen Gemeinschaft haben sich die Ziele der EG und später der EU dynamisch entwickelt. Die fortschreitende Integration der Mitgliedstaaten ist mittels dieser dynamischen Entwicklung der Ziele gut erkennbar. Die großen Vertragsreformen haben dabei stets auch eine Veränderung an den Zielen bewirkt. So wird im Folgenden die Entwicklung im Bereich der Innen- und Justizpolitik insbesondere anhand der Einheitlichen Europäischen Akte von 1986 und dem Vertrag von Maastricht von 1992 aufgezeigt.

1. Der EWG-Vertrag von 1957

Der EWG-Vertrag enthielt schon in seinem Namen eine Beschränkung. So regelte Art. 1 EWGV die Gründung einer Europäischen Wirtschaftsgemeinschaft. Dadurch wurde grundsätzlich bestimmt, dass die primären Aufgaben der EWG auf wirtschaftlichem Gebiet liegen.[48] So gab **Art. 2 EWGV** als Ziele und Aufgaben vor: eine harmonische Entwicklung des Wirtschaftslebens, eine beständige und ausgewogene Wirtschaftsausweitung, größere Stabilität, eine beschleunigte Hebung der Lebenshaltung und engere Beziehungen zwischen den Mitgliedstaaten. Obwohl bei den beiden Letztgenannten eine weitergehende Interpretation über den Bereich der Wirtschaft hinaus möglich ist, müssen sie im Zusammenhang mit den drei Erstgenannten und den aufgeführten Mitteln gesehen werden. So sollten die Ziele mit Hilfe der Er-

[43] vgl. *Ipsen*, Europäisches Gemeinschaftsrecht, S. 559
[44] vgl. *Basedow*, Zielkonflikte und Zielhierarchien im Vertrag über die Europäische Gemeinschaft, in Due/Lutter/Schwarze, FS für Ulrich Everling, Bd. I, S. 49, 51 ff
[45] vgl. *Ipsen*, Europäisches Gemeinschaftsrecht, S. 559
[46] vgl. für Art. 2 EGV, EuGH, Rs. C-339/89, Alsthom Altlantique, Slg. 1991, S. I-123, Rz. 9
[47] vgl. EuGH, Rs. 126/86, Giménez Zaera, Slg. 1987, S. 3712, Rz. 10 f
[48] vgl. *von Bogdandy/Nettesheim*, in Grabitz/Hilf, Kommentar zur Europäischen Union, Stand September 1994, Art. 1 EGV aF, Rn. 4 f

richtung eines Gemeinsamen Marktes und der schrittweisen Annäherung der Wirtschaftspolitik der Mitgliedstaaten erreicht werden. Art. 2 EWGV regelte somit allein wirtschaftliche Ziele der Gemeinschaft, wobei der Gemeinsame Markt, obwohl nur Mittel, das vorrangige Ziel und Prinzip darstellte. Sein Zweck bestand darin, Freiheit nach innen und Einheitlichkeit nach außen zu schaffen.[49]

Die Erwägungen der **Präambel zum EWGV** gehen allerdings über das Wirtschaftsleben hinaus.[50] Dies wird besonders deutlich durch die erste Erwägung der Präambel zum EWGV, in der die Vertragsparteien ihren festen Willen zeigen, „die Grundlagen für einen immer engeren Zusammenschluss der europäischen Völker zu schaffen". Weiterhin wird in der dritten Erwägung eine „stetige Besserung der Lebens- und Beschäftigungsbedingungen" angestrebt. Und die achte Erwägung stellt heraus, dass „durch diesen Zusammenschluss ihrer Wirtschaftskräfte Frieden und Freiheit zu wahren und zu festigen" sind. Dies macht deutlich, dass sich die Gemeinschaft schon 1957 nicht auf den Bereich der Wirtschaft beschränken ließ.[51] Nach dem EuGH sollte die Gemeinschaft vielmehr „durch gemeinsames Vorgehen den sozialen Fortschritt sichern und die ständige Besserung der Lebens- und Beschäftigungsbedingungen der europäischen Völker anstreben"[52]. Auf der Grundlage einer funktionalistischen Sichtweise der Integration[53] diente damit die primäre Festlegung auf das wirtschaftliche Gebiet nur als Mittel zum Zweck, d. h. der Schaffung einer politischen Union. Der EWG lag dabei eine grundsätzliche Trennung von wirtschaftlicher und politischer Integration zugrunde.[54] In der Präambel kam zum Ausdruck, dass die wirtschaftliche Gemeinschaft nur ein erster Schritt sein sollte auf dem Weg zu einer politischen Union. Dieses Ziel einer umfassenden Freiheit nach innen und Einheitlichkeit nach außen sollte durch einen Gemeinsamen Markt erst auf der wirtschaftlichen Ebene verwirklicht werden. Dabei prägten schon zwei Prinzipien, die auch eminente Bedeutung für eine politische Union haben, den Gemeinsamen Markt: Freiheit und Gleichheit.[55] Eine politische Union ist aber ohne die Einbeziehung der Innen- und Justizpolitik nicht denkbar.

2. Die Entwicklung der Ziele bis zur Einheitlichen Europäischen Akte

a) Der Europäische Rat von Paris, 9./10. Dezember 1974

Auf dem Europäischen Rat von Paris wurden Fragen des Innen- und Justizbereichs in der Diskussion um ein „Europa für die Bürger" erstmalig aufgegriffen.[56] So wurde die Notwendigkeit gesehen, die internen, aus dem Aufbau Europas, und die von außen kommenden Probleme als Ganzes zu sehen und gemeinschaftlich verstärkt an-

[49] vgl. *Zuleeg*, in Groeben/Thiesing/Ehlermann, Kommentar zum EWG-Vertrag, Art. 2 EGV aF, Rn. 19; *Ipsen*, Europäisches Gemeinschaftsrecht, S. 551
[50] vgl. zur rechtlichen Bedeutung der Präambel schon oben I.
[51] vgl. *Zuleeg*, in Groeben/Thiesing/Ehlermann, Kommentar zum EWG-Vertrag, Art. 2 EGV aF, Rn. 2; EuGH, Rs. 43/75, Defrenne/Sabena, Slg. 1976, S. 455, Rz. 8 ff
[52] vgl. EuGH, Rs. 43/75, Defrenne/Sabena, Slg. 1976, S. 455, Rz. 8 ff
[53] vgl. zum Funktionalismus *Schweitzer/Hummer*, Europarecht, Rn. 34, sowie unten 2. Teil B.
[54] vgl. *Schweitzer/Hummer*, Europarecht, 4. Aufl., S. 241
[55] vgl. *Zuleeg*, in Groeben/Thiesing/Ehlermann, Kommentar zum EWG-Vertrag, Art. 2 EGV aF, Rn. 19
[56] vgl. Beilage zum Bull. EG 7-1975

zugehen.[57] Es wurde eine Arbeitsgruppe zur Schaffung einer Passunion[58] und eines einheitlichen Passes eingesetzt, um die Ausländergesetzgebung schrittweise zu harmonisieren und die Passkontrollen innerhalb der Gemeinschaft abzuschaffen.[59] Eine andere Arbeitsgruppe sollte die Einführung „besonderer Rechte“ für Gemeinschaftsbürger untersuchen, um die Akzeptanz und Bürgernähe der Europäischen Gemeinschaften zu erhöhen.[60]

b) Der Europäische Rat von Fontainebleau, 25./26. Juni 1984

Der Europäische Rat setzte zur Schaffung eines „Europas der Bürger“ einen ad-hoc Ausschuss ein, um die Identität der Gemeinschaft gegenüber den europäischen Bürgern und der Welt zu stärken. Als weiteres beschäftigte sich der Ausschuss mit der Rauschgiftbekämpfung.[61] Der daraus hervorgehende Adonnino-Bericht an den Europäischen Rat von Mailand im Juni 1985 diskutierte die Abschaffung der Personenkontrollen an den Binnengrenzen, machte aber auch den Vorschlag, die Zusammenarbeit von Justiz und Polizeibehörden der Mitgliedstaaten zu verbessern und bestehende Verfahren zu überprüfen.[62] Schon der Europäische Rat von Brüssel vom 29./30. März 1985 hob dabei hervor, dass „die Verwirklichung des Ziels der Abschaffung der Grenzformalitäten mit den Erfordernissen der Terrorismus- und Drogenbekämpfung vereinbar bleiben muss“[63].

c) Weißbuch der Kommission zur Vollendung des Binnenmarktes vom 14. Juni 1985

In ihrem Weißbuch wies die Kommission auf die Notwendigkeit des Abbaus der Binnengrenzkontrollen zur Erreichung des Ziels „Binnenmarkt“ bis 1992 hin.[64] Für dieses Ziel wurde die völlige Beseitigung der Kontrollen an den innergemeinschaftlichen Grenzen angestrebt. Allerdings mussten entstehende Sicherheitsdefizite durch gemeinsame Maßnahmen wie der Verschärfung der Außengrenzkontrollen, eine verbesserte polizeiliche Zusammenarbeit und eine abgestimmte Politik im Bereich Asyl und Einwanderung ausgeglichen werden. Angestrebt wurden kompensatorische Maßnahmen der Mitgliedstaaten auf intergouvernementaler Ebene. Erklärtes Ziel der Kommission war es, die Freizügigkeit im Binnenmarkt von wirtschaftlichen Zwecksetzungen abzukoppeln.[65]

[57] vgl. Bull. EG 12-1974, Ziff. 1104.2
[58] zum Begriff der Passunion vgl. *Taschner*, Schengen, Rn. 2
[59] vgl. Bull. EG 12-1974, Ziff. 1104.10; nach dem Passgesetz wird der Europa-Pass seit 1. Januar 1988 in Deutschland ausgestellt, BGBl. 1986 I S. 537
[60] vgl. Bull. EG 12-1974, Ziff. 1104.11; diese „besonderen Rechte“ waren z. B. das Aufenthaltsrecht für Nichterwerbstätige und das Kommunalwahlrecht für EG-Bürger
[61] vgl. Bull. EG 6-1984, Ziff. 1.1.9
[62] vgl. Beilage zum Bull. EG 7-1985, S. 19 ff, 30 f
[63] vgl. Bull. EG 3-1985, Ziff. 1.2.7
[64] KOM (1985) 310 endg.
[65] vgl. KOM (1985) 310 endg., Rn. 47 ff

d) Bewertung

Die Europäischen Räte kamen überein, die Wirtschaft durch den Abbau der Binnengrenzen zu stärken. Die Durchführung dieses Unternehmes verlangte Ausgleichsmaßnahmen, deren Ansiedlung auf intergouvernementaler Ebene vorgeschlagen wurde. Diese Maßnahmen dienten jedoch lediglich dazu, Defizite für die wirtschaftlichen Freiheiten zu kompensieren. Sie hatten keinen über den wirtschaftlichen Bereich hinausgehenden Eigenwert.

3. Die Einheitliche Europäische Akte vom 28. Februar 1986

In der Präambel der EEA[66] wird die Umwandlung in eine „Europäische Union" als Ziel aufgeführt. Dabei wurde jedoch erst an zwei Bereiche gedacht: die bereits bestehenden Gemeinschaften und die Verwirklichung der Europäischen Zusammenarbeit in der Außenpolitik. Eine Zusammenarbeit in den Bereichen Justiz und Inneres wurde damit nicht angestrebt. Mit der Einführung von **Art. 8a EWGV**[67] iVm Art. 3 lit. c) EWGV durch die EEA wurde die Verwirklichung des Binnenmarktes als neues Ziel eingeführt. Dieser sollte durch die „erforderlichen Maßnahmen" bis zum 31. Dezember 1992 umgesetzt werden. Art. 8a Abs. 2 EWGV enthält eine Begriffsbeschreibung, wonach unter Binnenmarkt ein Raum ohne Binnengrenzen, in dem der freie Verkehr von Waren, Personen, Dienstleistungen und Kapital gewährleistet ist, zu verstehen ist; allerdings mit der Einschränkung: „gemäß den Bestimmungen dieses Vertrages".[68] Somit wurde auch hier eine Koppelung an die wirtschaftlichen Grundfreiheiten vorgenommen.[69] Das Binnenmarktkonzept geht davon aus, dass allein durch die Aufhebung der Grenzen die wirtschaftlichen Grundfreiheiten voll verwirklicht werden können. Im Bereich des Abbaus der Personenkontrollen warf das Konzept allerdings Probleme auf, da als Folge Sicherheitsdefizite befürchtet wurden. Die Abschaffung der Grenzkontrollen könnte sowohl zu einem Anstieg der illegalen Einwanderung als auch zu neuen Möglichkeiten für Terroristen, Drogenhändlern und anderen Kriminellen führen. Um diesen erwarteten Entwicklungen entgegenzusteuern, wurden **Ausgleichsmaßnahmen** ins Auge gefasst. Diese sollten jedoch nicht auf der Ebene der Gemeinschaft angegangen werden.[70] Dies tritt insbesondere in der „Allgemeinen Erklärung zu den Artikeln 13 bis 19 der Einheitlichen Europäischen Akte" zu Tage:

„Diese Bestimmungen berühren in keiner Weise das Recht der Mitgliedstaaten, diejenigen Maßnahmen zu ergreifen, die sie zur Kontrolle der Einwanderung aus dritten Ländern sowie zur Bekämpfung von Terrorismus, Kriminalität, Drogenhandel und unerlaubtem Handel mit Kunstwerken und Antiquitäten für erforderlich halten."

---

[66] Einheitliche Europäische Akte, ABl. EG 1987 Nr. L 169/1; BGBl. 1986 II S. 1102
[67] nunmehr Art. 14 EGV
[68] Art. 8a EWGV wurde unterschiedlich ausgelegt. So interpretierten die meisten Mitgliedstaaten Art. 8a EWGV dahingehend, dass er die Aufhebung jeglicher Grenzkontrollen für alle Reisenden verlangt. Insbesondere Großbritannien war jedoch der Auffassung, dass Art. 8a EWGV nur für Gemeinschaftsbürger gilt und die Aufrechterhaltung von Personenkontrollen Drittstaatsangehöriger zulässt, da Art. 8a EWGV nur „gemäß den Bestimmungen dieses Vertrages" anwendbar ist. Vgl. dazu *Nanz*, Zusammenarbeit in den Bereichen Justiz und Inneres, in Magiera/Siedentopf, Die Zukunft der Europäischen Union, S. 131, 132; *Hummer/Obwexer*, Österreich in der Europäischen Union, Bd. III, S. 34 f; *Beutler/Bieber/Pipkorn/Streil*, Die Europäische Union, S. 314; *Nanz*, Integration 1994, 92, 93.
[69] vgl. *Schoch*, DVBl. 1992, 525, 527; *Fischer*, EuZW 1994, 747, 748
[70] vgl. *Hummer/Obwexer*, Österreich in der Europäischen Union, Bd. III, S. 5

Ausgleichsmaßnahmen sollten vielmehr außerhalb der Gemeinschaft auf **völkerrechtlicher Basis** erfolgen.[71] In diesem Zusammenhang sind die Übereinkommen von Schengen und Dublin zu sehen, bei denen es sich um völkerrechtliche Verträge handelt.[72] Die „Politische Erklärung der Regierungen der Mitgliedstaaten zur Freizügigkeit" zur EEA statuiert dazu:

„Zur Förderung der Freizügigkeit arbeiten die Mitgliedstaaten unbeschadet der Befugnisse der Gemeinschaft zusammen, und zwar insbesondere hinsichtlich der Einreise, der Bewegungsfreiheit und des Aufenthalts von Staatsangehörigen dritter Länder. Außerdem arbeiten sie bei der Bekämpfung von Terrorismus, Kriminalität, Drogenhandel und unerlaubtem Handel mit Kunstwerken und Antiquitäten zusammen."

Anders als die Außenpolitik, die mit der Europäischen Politischen Zusammenarbeit (EPZ) durch die EEA institutionalisiert wurde, erfuhr der Bereich der Innen- und Justizpolitik innerhalb der Gemeinschaft keine Fortschritte. Soweit Ansätze in den EWGV eingefügt wurden, wurden diese an die wirtschaftlichen Grundfreiheiten angebunden. Mit zusätzlichen Erklärungen wurden die Kompetenzen der Mitgliedstaaten auf diesem Gebiet gesichert.

4. Der Weg bis zum Vertrag von Maastricht

Gemäß Art. 236 EWGV, Art. 96 EGKSV und Art. 204 EAGV wurde im Dezember 1990 die Regierungskonferenz über die Politische Union eingesetzt, in der auch innen- und justizpolitische Themen behandelt werden sollten.[73] Auf dem Europäischen Rat von Luxemburg vom 28./29. Juni 1991 schlug die deutsche Delegation ein Arbeitsprogramm für die Bereiche Asyl und Einwanderung vor, das sich nicht mehr auf reine Ausgleichsmaßnahmen für die Abschaffung der Binnengrenzen beschränkte.[74] Zielsetzung der darauf folgenden Regierungskonferenz war die vertragliche Festlegung auf die Harmonisierung der Asyl-, Einwanderungs- und Ausländerpolitik sowohl in formeller als auch in materieller Hinsicht. Vorgesehen war auch die vollständige Einrichtung einer europäischen kriminalpolizeilichen Zentralstelle.[75]

5. Der Vertrag von Maastricht vom 7. Februar 1992

Durch die Gründung der Europäischen Union im Vertrag von Maastricht[76] wurde die Innen- und Justizpolitik erstmals in den Rahmen der von den Römischen Verträgen ausgehenden europäischen Integration eingegliedert. Ziel des Titel VI EUV aF war es, die von den Mitgliedstaaten durchgeführten Maßnahmen im Bereich der Innen- und Justizpolitik zu institutionalisieren und zu intensivieren. Dabei sollte eine größere Kohärenz ermöglicht werden, indem neue Handlungsinstrumente bereitgestellt wur-

[71] vgl. *Niessen*, The European Union's Migration and Asylum Policies, in Guild, The Developing Immigration and Asylum Policies of the European Union, S. 3, 23 ff
[72] vgl. dazu unten 3. Teil A., B. und C.
[73] Bull. EG 12-1990, Ziff. 1.1.3.
[74] vgl. die Nachweise bei *Akmann*, JA 1994, 52
[75] vgl. *Nanz*, Integration 1992, 126, 130, Fn. 8; Bull. EG 6-1991, Ziff. I.37; *Hummer/Obwexer*, Österreich in der Europäischen Union, Bd. III, S. 11
[76] BGBl. 1992 II S. 1253, geändert durch BGBl. 1994 II S. 2022; ABl. EG 1995 Nr. L 1/1

den und der Bereich in den **einheitlichen institutionellen Rahmen** der Union integriert wurde.[77] So finden sich Zielbeschreibungen der Innen- und Justizpolitik in mehreren Bestimmungen des EUV aF. Die Mitgliedstaaten bekräftigen im zehnten Spiegelstrich der Präambel zum EUV aF ihr Ziel, „die Freizügigkeit unter gleichzeitiger Gewährleistung der Sicherheit ihrer Bürger durch die Einführung von Bestimmungen über Justiz und Inneres in diesen Vertrag zu fördern". Art. B vierter Spiegelstrich EUV aF nennt als Ziel der Union „die Entwicklung einer engen Zusammenarbeit in den Bereichen Justiz und Inneres". Konkretisiert werden diese Bestimmungen durch die Art. K bis K.9 EUV aF.

Art. B EUV aF beinhaltet zwar nach seiner Überschrift **Ziele der Union**, es erscheint jedoch zweifelhaft, ob es sich bei der „Entwicklung einer engen Zusammenarbeit in den Bereichen Justiz und Inneres" wirklich um ein Ziel handelt. Der EU-Vertrag aF gibt keine rechtlich verbindliche abstrakte Definition, was unter den Begriffen „Justiz" und „Inneres" zu verstehen ist.[78] Als Angelegenheiten von gemeinsamem Interesse werden in Art. K.1 EUV aF lediglich neun Bereiche aufgezählt. Allerdings ist offensichtlich, dass die genannten Bereiche die Begriffe „Justiz" und „Inneres" nicht vollständig abdecken. Jedoch wird mit ihnen auf Unionsebene eine Eingrenzung erreicht. Dabei bestimmt Art. K.1 EUV aF, dass die aufgezählten Bereiche „zur Verwirklichung der Ziele der Union" als Angelegenheiten von gemeinsamem Interesse zu betrachten sind. Damit können sie nicht als Inhalt von Zielen gesehen werden, da mit ihnen erst die Ziele der Union verwirklicht werden sollen. Wenn somit die neun Materien von Art. K.1 EUV aF die Zusammenarbeit in den Bereichen Justiz und Inneres konkretisieren, dies zugleich zur Verwirklichung der Ziele der Union erfolgen soll, dann kann die „Zusammenarbeit in den Bereichen Justiz und Inneres" selbst kein Ziel darstellen, sondern lediglich einen Weg zur Erreichung der Ziele der Union. Es fehlt somit auch im Vertrag von Maastricht ein exaktes Ziel in den Bereichen Justiz und Inneres.[79]

Der zehnte Spiegelstrich der Präambel zum EUV aF und Art. K.1 EUV aF stellen jedoch klar, dass die ZBJI nach Art. B vierter Spiegelstrich EUV aF der Freizügigkeit unter gleichzeitiger Gewährleistung der Sicherheit der Bürger dienen soll. Art. K.1 EUV aF verweist auf die Freizügigkeit und damit auch auf Art. B erster Spiegelstrich EUV aF, nämlich der Schaffung eines Raums ohne Binnengrenzen.[80] Freizügigkeit bedeutet somit einen Raum ohne Binnengrenzen und personelle Einschränkung, d. h. für Unionsbürger und Drittstaatsangehörige gleichermaßen.[81] Der in den Begriffen **Freizügigkeit und Sicherheit** angelegte Gegensatz sollte durch die ZBJI bewältigt

[77] vgl. den Bericht des Rates der EU vom 6. April 1995 über die Funktionsweise des Vertrags über die Europäische Union, S. 30, in Weißbuch zur Regierungskonferenz 1996, Bd. I, S. 45, 78

[78] vgl. *Müller-Graff*, CMLRev. 1994, 493 f

[79] so auch *Labayle*, RTDE 1997, 1, 3; *Monar*, European Union - Justice and Home Affairs: A Balance Sheet and an Agenda for Reform, in Edwards/Pijpers, The Politics of European Treaty Reform, S. 326, 335; *Monar*, ELRev. 1998, 320; *Vernimmen*, La sécurité intérieure en tant que tâche de la coopération européenne résultant du traité sur l'Union européenne, in Hailbronner, Zusammenarbeit der Polizei- und Justizverwaltungen, S. 17 ff; vgl. den Bericht des Rates der EU vom 6. April 1995 über die Funktionsweise des Vertrags über die Europäische Union, S. 31, in Weißbuch zur Regierungskonferenz 1996, Bd. I, S. 45, 79

[80] vgl. *Bribosia*, RMUE 1998, 27, 30; *Hailbronner*, in Hailbronner/Klein/Magiera/Müller-Graff, Handkommentar zum Vertrag über die Europäische Union, Stand Juni 1996, Art. K EUV aF, Rn. 14

[81] vgl. *Degen*, in Groeben/Thiesing/Ehlermann, Kommentar zum EU-/EG-Vertrag, Art. K.1 EUV aF, Rn. 2

werden.[82] Damit lag hier keine Eigenständigkeit der Bereiche Justiz und Inneres vor. Vielmehr diente die ZBJI nur zur Verwirklichung der wirtschaftlichen Ziele der EG.[83] Ziel der Einfügung der ZBJI war, die nationalen Maßnahmen zur Innen- und Justizpolitik, die bis dahin auf völkerrechtlichem Weg außerhalb des Rahmens der EG in den Abkommen von Schengen und Dublin koordiniert wurden, in den Rahmen der EU einzugliedern.[84] Durch den Schengen-Prozess drohte ein Auseinanderdriften der Mitgliedstaaten in diesen Bereichen, das durch die Integration in die EU wieder rückgängig gemacht werden sollte. Dabei wurde die Abwesenheit eines Ziels in der ZBJI in Kauf genommen. Beabsichtigt war lediglich eine Zusammenarbeit.

Dennoch stellte die Einfügung der ZBJI in den EU-Vertrag einen **Meilenstein** in der Entwicklung einer europäischen Justiz- und Innenpolitik dar. Mit dem EU-Vertrag wurde die Schaffung einer Politischen Union vereinbart. Teil dieser Politischen Union sollte auch die Innen- und Justizpolitik werden.[85] Nach dem ersten Spiegelstrich der Präambel zum EUV aF und Art. A Abs. 2 EUV aF stellt der EU-Vertrag eine neue Stufe bei der Verwirklichung einer immer engeren Union der Völker Europas dar. Diese neue Stufe wurde insbesondere auch mit der Erwähnung der Justiz- und Innenpolitik im Rahmen der EU erreicht. Die besondere Bedeutung der ZBJI ergibt sich durch ihre Aufnahme in den Vertrag selbst. Dazu haben sich die Mitgliedstaaten zur *Entwicklung* einer *engen* Zusammenarbeit verpflichtet, worin die Prozesshaftigkeit der ZBJI zum Ausdruck kommt.[86] Durch diese Formulierung verpflichteten sich die Mitgliedstaaten, nicht nur die Art. K ff EUV aF zu beachten, sondern in Zukunft eine Intensivierung der ZBJI anzustreben.[87] Hier zeigt sich deutlich die dem europäischen Recht innewohnende **Dynamik**. Die Aufnahme der ZBJI unter den einheitlichen europäischen Rahmen ist als Ausgangspunkt einer eigenständig werdenden europäischen Innen- und Justizpolitik zu sehen.[88]

---

[82] vgl. *Hilf/Pache*, in Grabitz/Hilf, Kommentar zur Europäischen Union, Stand Mai 1995, Präambel zum EUV aF, Rn. 32

[83] *Vernimmen*, La sécurité intérieure en tant que tâche de la coopération européenne résultant du traité sur l'Union européenne, in Hailbronner, Zusammenarbeit der Polizei- und Justizverwaltungen, S. 17, 20 f, meint, dass sich die ZBJI im Vertrag von Maastricht völlig abgekehrt hat vom Konzept des Marktes, vielmehr eine gemeinsame humanistische Orientierung für mehr Frieden und Demokratie feststellbar ist. Dies ist jedoch aus den obigen Gründen abzulehnen. Nach *Degen*, in Groeben/Thiesing/Ehlermann, Kommentar zum EU-/EG-Vertrag, Art. K.1 EUV aF, Rn. 2, wird aufgrund des fehlenden ausdrücklichen Bezugs in Art. K.1 EUV aF zum Binnenmarkt die Konzeption der Freizügigkeit als bloße Marktfreiheit verlassen. Vielmehr sei die Freizügigkeit in Art. K.1 EUV aF als allgemeines Freiheitsrecht zu verstehen. Der Begriff „Freizügigkeit" steht jedoch im Zusammenhang mit dem Binnenmarktkonzept und deutet darauf hin, dass ein weitergehendes Verständnis nicht gewollt war.

[84] vgl. *Labayle*, RTDE 1997, 1, 5; *Corbett*, The Treaty of Maastricht, S. 48

[85] vgl. *Corbett*, The Treaty of Maastricht, S. 48 f

[86] Art. B vierter Spiegelstrich EUV aF; vgl. *Hilf/Pache*, in Grabitz/Hilf, Kommentar zur Europäischen Union, Stand Mai 1995, Art. B EUV aF, Rn. 15 f

[87] ebenso *Klein*, in Hailbronner/Klein/Magiera/Müller-Graff, Handkommentar zum Vertrag über die Europäische Union, Stand November 1998, Art. B EUV aF, Rn. 27

[88] *Nanz*, Integration 1992, 126, spricht vom „Keim einer weiteren Entwicklung einer europäischen Innen- und Justizpolitik hin zur echten Gemeinschaftszuständigkeit". Nach *Degen*, in Groeben/Thiesing/Ehlermann, Kommentar zum EU-/EG-Vertrag, Art. K.1 EUV aF, Rn. 2, diente die Justiz- und Innenzusammenarbeit nicht allein der Verwirklichung von Ausgleichsmaßnahmen für den Wegfall der Binnengrenzkontrollen, sondern sollte darüber hinaus eigenständige Aufgaben verwirklichen. Solche waren jedoch außerhalb des Ziels der Verwirklichung des Binnenmarktes nicht zu erkennen, vielmehr erfolgte die Zusammenarbeit lediglich zur Realisierung der Personenverkehrsfreizügigkeit. Damit war die ZBJI grundsätzlich als Ausgleichsmaßnahme gedacht. Aufgrund der zunehmenden innen- und justizpolitischen Probleme mit grenzüberschreitendem Charakter vor allem hinsichtlich der Migrationspolitik und der internationalen Organisierten Kriminalität handelte es sich nach *Degen* bereits um

III. Der Aufbau eines Raums der Freiheit, der Sicherheit und des Rechts

Der Vertrag von Maastricht sah in Art. N Abs. 2 EUV aF im Jahr 1996 die Einberufung einer Konferenz der Vertreter der Regierungen der Mitgliedstaaten vor, um die Bestimmungen des EU-Vertrags, für die eine Revision vorgesehen war, in Übereinstimmung mit den Zielen der Art. A und B EUV aF zu prüfen. Für die dritte Säule des Vertrags von Maastricht enthielt Art. B fünfter Spiegelstrich EUV aF dazu eine eigene Bestimmung. Danach bestand ein Ziel der Union in der Weiterentwicklung des gemeinsamen Besitzstands, „wobei nach dem Verfahren des Artikels N Absatz 2 geprüft wird, inwieweit die durch diesen Vertrag eingeführten Politiken und Formen der Zusammenarbeit mit dem Ziel zu revidieren sind, die Wirksamkeit der Mechanismen und Organe der Gemeinschaft sicherzustellen."[89] Zur Vorbereitung der **Regierungskonferenz 1996** setzte der Europäische Rat von Korfu vom 24./25. Juni 1994 entsprechend der Vereinbarung von Ioannina[90] eine Reflexionsgruppe ein, die sich aus Vertretern der Außenminister der Mitgliedstaaten und des Präsidenten der Kommission zusammensetzte und in deren Beratungen auch zwei Mitglieder des Europäischen Parlaments eingebunden waren.[91] Aufgabe der Reflexionsgruppe war es, Überlegungen in Bezug auf die Bestimmungen des EU-Vertrags, für die eine Überprüfung vorgesehen war, anzustellen und weiterzuentwickeln. Außerdem sollten sonstige mögliche Verbesserungen im Geiste der Demokratie und Offenheit geprüft und ausgearbeitet werden.[92] Der Europäische Rat von Cannes vom 26./27. Juni 1995 stellte hinsichtlich der Vorbereitung der Regierungskonferenz 1996 die Prioritäten für diese Konferenz fest. Dabei hatte eine Analyse der Grundsätze, der Ziele und der Instrumente der Union in Anbetracht neuer Herausforderungen für Europa zu erfolgen. Eine weitere Priorität sah der Europäische Rat von Cannes in einer angemessenen Reaktion auf die gegenwärtigen Erfordernisse im Bereich der inneren Sicherheit sowie ganz allgemein in den Bereichen Justiz und Inneres.[93] Der Europäische Rat von Madrid vom 15./16. Dezember 1995 bestätigte die auf seiner Tagung in Cannes festgelegten Leitlinien.[94]

Durch den Vertrag von **Amsterdam** vom 2. Oktober 1997 wurde als neues Ziel die „Erhaltung und Weiterentwicklung der Union als Raum der Freiheit, der Sicherheit und des Rechts, in dem in Verbindung mit geeigneten Maßnahmen in Bezug auf die Kontrollen an den Außengrenzen, das Asyl, die Einwanderung sowie die Verhütung und Bekämpfung der Kriminalität der freie Personenverkehr gewährleistet ist", in Art. 2 vierter Spiegelstrich EUV verankert. Der Vertrag von **Nizza** vom 9. Dezember 2000 hat daran nichts geändert.[95] Der Bereich der Innen- und Justizpolitik wurde damit zum ersten Mal mit einem **eigenständigen Ziel** versehen und im elften Spiegelstrich

„eigenständige, von der Beseitigung der Binnengrenzkontrollen weitgehend unabhängige Entwicklungen". Dem ist insoweit beizupflichten, als der Grundstein für eine eigenständige Innen- und Justizpolitik mit dem Vertrag von Maastricht gelegt wurde.

[89] vgl. auch *Griller/Droutsas/Falkner/Forgó/Nentwich*, The Treaty of Amsterdam, S. 1 ff

[90] Beschluss des Rates vom 29. März 1994 über die Beschlussfassung des Rates mit qualifizierter Mehrheit, ABl. EG 1994 Nr. C 105/1, idF ABl. EG 1995 Nr. C 1/1; Bull. EU 6-1994, Ziff. 1.25

[91] vgl. *Hummer*, Die Weiterentwicklung der Europäischen Union im Rahmen der Regierungskonferenz '96, in ders., Die Europäische Union nach dem Vertrag von Amsterdam, S. 3, 25

[92] Bull. EU 6-1994, Ziff. 1.25

[93] vgl. den Entwurf von Schlussfolgerungen des Vorsitzes, in Weißbuch zur Regierungskonferenz 1996, Bd. I, S. 13, 14

[94] Schlussfolgerungen des Vorsitzes, in Weißbuch zur Regierungskonferenz 1996, Bd. I, S. 21, 25

[95] ABl. EG 2001 Nr. C 80/1

der Präambel zum EU-Vertrag besonders hervorgehoben. Im Gegensatz zu Art. K.1 EUV aF wird nicht mehr die Zusammenarbeit in Angelegenheiten von gemeinsamem Interesse in den Mittelpunkt gestellt. Vielmehr wurde mit dem „Raum der Freiheit, der Sicherheit und des Rechts“ ein gut klingender und positiv besetzter Terminus technicus in den Vertrag eingefügt. Auf den ersten Blick erscheint er zumindest klarer und einfacher zu verstehen zu sein als die lange technische Aufzählung in Art. K.1 EUV aF. Für ein Verständnis des Raums der Freiheit, der Sicherheit und des Rechts ist es jedoch erforderlich, ihn in seinem Kontext zu betrachten. Dabei ist insbesondere die Entwicklung im Vorfeld der Regierungskonferenz 1996 und ihr Verlauf selbst interessant, um den Inhalt des „schrittweisen Aufbaus eines Raums der Freiheit, der Sicherheit und des Rechts“ näher zu bestimmen.[96] Die Mitgliedstaaten sahen sich im Bereich der Innen- und Justizpolitik inneren und äußeren Herausforderungen gegenüber, die sie zwangen, die europäische Integration auf diesem Gebiet voranzutreiben, damit die EU auch weiterhin ein Garant für Frieden und Wohlstand bleibt.

1. Herausforderungen im Vorfeld der Regierungskonferenz 1996

a) Innere Herausforderungen

Durch die Verwirklichung des Binnenmarktkonzeptes im Vertrag von Maastricht wurde die Integration innerhalb der Europäischen Union weit vorangetrieben. Doch das auf wirtschaftliche Ziele ausgerichtete **Binnenmarktkonzept** des Art. 7a EGV aF brachte auch Probleme und neue Herausforderungen mit sich. Die Schaffung eines Raums ohne Binnengrenzen, in dem der freie Verkehr von Waren, Personen, Dienstleistungen und Kapital gewährleistet ist, beinhaltete ein Weniger an staatlicher Kontrolle und verlangte gleichzeitig die Aufrechterhaltung und Garantie der Freizügigkeiten durch den Staat.[97]

Auch außerhalb des wirtschaftlichen Bereichs wurde die Notwendigkeit eines gemeinsamen europäischen Vorgehens gesehen. Besonders hinsichtlich der Sicherheit der Personen wurden nach dem Vertrag von Maastricht Defizite festgestellt. Während **kriminelle Organisationen** international effizient organisiert waren, hatte die europäische Rechtsordnung dem keine Strukturen entgegenzusetzen. Da die Union ein Raum des freien Personen-, Waren-, Kapital- und Dienstleistungsverkehrs ist, wurde dies vielfach als Bedrohung der inneren Sicherheit betrachtet.[98] Der Nationalstaat allein wurde angesichts der offenen Gesellschaft und der Beseitigung der Binnengrenzen nicht mehr in der Lage gesehen, gegenüber immer mehr international operierenden kriminellen Organsationen die innere Sicherheit seiner Bürger effektiv voll zu gewährleisten.[99] Eine Verbesserung des Schutzes vor Terrorismus, Drogen-

---

[96] Gemäß Art. 32 WVRK können vorbereitende Arbeiten und die Umstände des Vertragsabschlusses als ergänzende Auslegungsmittel herangezogen werden.
[97] vgl. EuGH, Rs. C-265/95, Agrarblockaden, Slg. 1997, S. I-6959 ff; der EuGH hat in diesem Urteil die Französische Republik verpflichtet, Maßnahmen zu ergreifen, um eine Beeinträchtigung des freien Warenverkehrs durch Handlungen von Privatpersonen zu verhindern.
[98] vgl. den Bericht der Reflexionsgruppe zur RK 1996 vom 5. Dezember 1995, Erster Teil, S. IV, in Weißbuch zur Regierungskonferenz 1996, Bd. I, S. 153, 160
[99] vgl. den Bericht der Reflexionsgruppe zur RK 1996 vom 5. Dezember 1995, Zweiter Teil, S. 15, in Weißbuch zur Regierungskonferenz 1996, Bd. I, S. 153, 182

handel, Geldwäsche und anderen Formen des internationalen organisierten Verbrechens wurde von allen Seiten auf europäischer Ebene für notwendig erachtet.[100]

Nach Auffassung der Reflexionsgruppe stellte die **Aussöhnung der Union mit ihren Bürgern** eine der wichtigsten inneren Herausforderungen dar. Im Verlauf ihrer Geschichte sind die Aufgaben der EU gewachsen und die Strukturen immer komplexer geworden. Unter anderem wegen der zunehmenden Komplexität und des Phänomens des organisierten Verbrechens war nach dem Vertrag von Maastricht eine zunehmende Abwendung der öffentlichen Meinung von der EU festzustellen.[101] Die Union wurde in der öffentlichen Diskussion vorwiegend als kompliziert und undurchschaubar empfunden.[102] Als Gründe für die zunehmende Unzufriedenheit sind vor allem eine hohe Arbeitslosigkeit, Wanderungsdruck von außen, zunehmende ökonomische Ungleichgewichte und die Zunahme des internationalen organisierten Verbrechens zu nennen.[103] Um diesen Gefahren zu begegnen, eine erhöhte Sicherheit und Stabilität in Europa zu schaffen und die Union wieder mit ihren Bürgern auszusöhnen, wurde ein gemeinsames Handeln auch auf dem Gebiet der Innen- und Justizpolitik für notwendig erachtet. Die Legitimität der Union sollte so gestärkt werden.[104]

b) Äußere Herausforderungen

Mit dem Ende des Kalten Krieges hatte sich die Welt verändert. So war zwar die Bedrohung durch einen Konflikt der zwei Blöcke, Warschauer Pakt und NATO, weggefallen, allerdings hatten sich durch die Öffnung der Grenzen in Europa nach Osten und durch verbliebene **globale Probleme** andere Instabilitäten in Europa entwickelt, die aus der Sicht der Mitgliedstaaten wie der europäischen Institutionen nur durch ein gemeinsames Vorgehen angegangen werden konnten. Zu nennen sind hierbei vor allem wachsende Bevölkerungsbewegungen, nicht zuletzt bedingt durch die kriegerischen Auseinandersetzungen auf dem Balkan seit 1991, die Gefahr ökologischer Ungleichgewichte und eine wachsende Globalisierung der Wirtschaft.[105] So stellte insbesondere der steigende Einwanderungsdruck auf die EU eine äußere Herausfor-

---

[100] vgl. den Bericht der Reflexionsgruppe zur RK 1996 vom 5. Dezember 1995, Erster Teil, S. V, in Weißbuch zur Regierungskonferenz 1996, Bd. I, S. 153, 161

[101] vgl. den Bericht der Reflexionsgruppe zur RK 1996 vom 5. Dezember 1995, Zweiter Teil, S. 3, in Weißbuch zur Regierungskonferenz 1996, Bd. I, S. 153, 170; Eurobarometer Nr. 44: Die Zustimmung zur Vereinigung Westeuropas hatte von 1990 mit über 80 % Zustimmung im Jahre 1995 auf nur noch 69 % Zustimmung abgenommen. Gegen die Vereinigung sprachen sich 1990 nur 10 % aus, im Jahre 1995 war dieser Anteil auf 21 % gewachsen. Genauso lag der Trend bei der Zustimmung zur Mitgliedschaft in der Europäischen Union. Im Jahre 1990 waren noch über 70 % der Meinung, dass die Mitgliedschaft eine gute Sache ist. Dieser Wert war im Jahre 1995 auf 53 % gesunken. Dagegen waren 1990 nur deutlich unter 10 % der Ansicht, dass die Mitgliedschaft eine schlechte Sache ist. Dieser Prozentsatz hatte sich 1995 auf 15 % erhöht. Wie die Ablehnung des Vertrags von Nizza durch das irische Referendum vom 7. Juni 2001 zeigt, besteht dieses Phänomen weiterhin.

[102] vgl. den Bericht der Kommission über die Funktionsweise des Vertrags über die Europäische Union vom 10. Mai 1995, S. 1, in Weißbuch zur Regierungskonferenz 1996, Bd. I, S. 241, 242

[103] vgl. den Bericht der Reflexionsgruppe zur RK 1996 vom 5. Dezember 1995, Erster Teil, S. II, in Weißbuch zur Regierungskonferenz 1996, Bd. I, S. 153, 158

[104] vgl. den Bericht der Reflexionsgruppe zur RK 1996 vom 5. Dezember 1995, Zweiter Teil, S. 4, in Weißbuch zur Regierungskonferenz 1996, Bd. I, S. 153, 171

[105] vgl. den Bericht der Reflexionsgruppe zur RK 1996 vom 5. Dezember 1995, Zweiter Teil, S. 3, in Weißbuch zur Regierungskonferenz 1996, Bd. I, S. 153, 170

derung dar, die ein gemeinsames Vorgehen erforderte.[106] Illegale Einwanderung und Schleusertum waren allein mit nationalen Maßnahmen nicht effektiv zu bekämpfen. Die Koordinierung der Einwanderungs- und Asylpolitik wurde jedoch vielfach als Abschottung der EU nach außen verstanden. Die EU wurde als **„Festung Europa"**[107] bezeichnet, die zwar in ihrem Inneren die Freizügigkeiten fördert, aber nach außen Kontrollen zur Abgrenzung aufbaut.

2. Positionen der Organe und Mitgliedstaaten im Vorfeld der Regierungskonferenz 1996

Im Hinblick auf diese Herausforderungen im Vorfeld des Vertrags von Amsterdam vertraten sowohl die einzelnen Mitgliedstaaten als auch die Organe der EU eigenständige Positionen.[108] Die Reformmöglichkeiten waren dabei weit gespannt. So wurde lediglich eine Verstärkung der zwischenstaatlichen Zusammenarbeit angeregt. Andere Vorschläge lauteten dahingehend, die Bereiche Justiz und Inneres nach Art. K.1 EUV aF und die Schengen-Übereinkommen ganz oder zumindest teilweise in den EG-Vertrag einzubeziehen. Sowohl die Organe als auch die Mitgliedstaaten gaben im Vorfeld der Regierungskonferenz 1996 dazu ihre Stellungnahmen ab.[109]

a) Organe der Europäischen Union

aa) Europäisches Parlament

Die neuen Herausforderungen, die nach dem Ende des Kalten Krieges, der Internationalisierung der Wirtschaft und anderen Bereichen auf die EU zukamen, zwangen nach Ansicht des Europäischen Parlaments zum Handeln.[110] Nach seiner Auffassung waren Initiativen der Union gefordert, die es ihr gestatten, „den Bürgern die Ausübung ihrer Rechte und Freiheiten zu garantieren, zur Aufrechterhaltung der Sicherheit jedes Einzelnen beizutragen, und zwar unter Wahrung der kulturellen nationalen und regionalen Identität"[111]. Das Europäische Parlament forderte daher, den gegenwärtigen Rahmen der Tätigkeit der Union zu verstärken, indem eine Vereini-

---

[106] vgl. den Bericht der Reflexionsgruppe zur RK 1996 vom 5. Dezember 1995, Zweiter Teil, S. 15, in Weißbuch zur Regierungskonferenz 1996, Bd. I, S. 153, 182

[107] vgl. z. B. *Piazolo/Grosch* (Hrsg.), Festung oder offene Grenzen?; *Leuthardt*, Festung Europa; *Basso-Sekretariat Berlin* (Hrsg.), Festung Europa auf der Anklagebank; *Peers*, CMLRev. 1998, 1235; *Geddes*, Immigration and European integration, S. 29 ff

[108] vgl. dazu *Piepenschneider*, Die Positionen der Mitgliedstaaten und EU-Organe im Überblick: Standpunkte, Spielmaterial und Sprengsätze, in Jopp/Schmuck, Die Reform der Europäischen Union, S. 75; bei *Jopp/Schmuck* (Hrsg.), Die Reform der Europäischen Union, finden sich auch Dokumente zur RK.

[109] vgl. zu den Zielen und dem Ablauf der Verhandlungen insbesondere *Kortenberg*, RTDE 1997, 709 ff, und *Griller/Droutsas/Falkner/Forgó/Nentwich*, The Treaty of Amsterdam, S. 1 ff; *Geddes*, Immigration and European integration, S. 113 ff

[110] vgl. *Brok*, Die Position des Europäischen Parlaments zur Regierungskonferenz, in Leicht, Regierungskonferenz 1996, S. 35 ff; *Dury*, La contribution du Parlement européen aux travaux de la CIG, in Mattera, La Conférence intergouvernementale sur l'Union européenne, S. 105 ff

[111] vgl. die Entschließung des EP vom 17. Mai 1995 zur Funktionsweise des EU-Vertrags im Hinblick auf die RK 1996 - Verwirklichung und Entwicklung der Union, Ziff. A. d), in Weißbuch zur Regierungskonferenz 1996, Bd. I, S. 219

gung der drei Säulen und ein einheitlicher institutioneller Rahmen geschaffen wird.[112] Damit sollte eine volle **Vergemeinschaftung** vonstatten gehen, um gegenüber den neuen Herausforderungen zu bestehen. Dies war nach Auffassung des Europäischen Parlaments notwendig, um insbesondere eine europäische Asylpolitik zu fördern und durch eine effiziente Bekämpfung der Kriminalität und des Drogenhandels die innere Sicherheit in der EU zu verstärken.[113] Die Schengener Übereinkommen sollten in den Rahmen der EU einbezogen werden.[114]

bb) Kommission

In ihrem Bericht über die Funktionsweise des EU-Vertrags[115] wies auch die Kommission auf die der Union gegenüberstehenden Herausforderungen hin.[116] Dabei war die Kommission insbesondere der Auffassung, dass Probleme wie das organisierte Verbrechen nur gemeinsam bekämpft werden können. Insgesamt sah sie bei der ZBJI einen starken **Koordinierungsbedarf**, um die Sicherheit des Bürgers zu verbessern.[117] Nach Meinung der Kommission verlangte das Recht, sich frei zu bewegen und aufzuhalten, das auch in Beziehung zu Art. 7a EGV aF, der Schaffung des Binnenmarktes, zu setzen ist, die Einführung begleitender Maßnahmen, insbesondere auch im Bereich der Innen- und Justizpolitik.[118] Zur Schaffung eines Freiheits- und Sicherheitsraums in der Union hielt es die Kommission nicht für ausgeschlossen, dass Bereiche wie die justizielle und polizeiliche Zusammenarbeit im wesentlichen auf der zwischenstaatlichen Ebene verbleiben.[119]

cc) Europäischer Gerichtshof

Auf der Grundlage, dass die Europäischen Gemeinschaften wie die auf ihnen aufbauende Union Rechtsgemeinschaften darstellen, war nach Auffassung des EuGH zu beachten, dass die ZBJI der Zuständigkeit des EuGH im wesentlichen entzogen war.[120] Der Gerichtshof stellte dabei besonders heraus, dass „der **Rechtsschutz** der Einzelnen, die von den Tätigkeiten der Union, insbesondere aufgrund der Zusammenarbeit in den Bereichen Justiz und Inneres, betroffen sind, so gewährleistet und gestaltet werden sollte, dass eine kohärente Auslegung und Anwendung des Ge-

---

[112] vgl. die Entschließung des EP vom 17. Mai 1995, Ziff. G.1.
[113] vgl. die Entschließung des EP vom 14. Dezember 1995 zur Tagesordnung der RK 1996 im Hinblick auf die Tagung des ER in Madrid, Ziff. 6, in Weißbuch zur Regierungskonferenz 1996, Bd. I, S. 235
[114] vgl. die Entschließung des EP vom 17. Mai 1995, Ziff. B.4.
[115] vgl. den Bericht der Kommission vom 10. Mai 1995 über die Funktionsweise des EU-Vertrags, in Weißbuch zur Regierungskonferenz 1996, Bd. I, S. 241 ff
[116] vgl. auch *Petite*, Die Position der Europäischen Kommission zur Regierungskonferenz, in Leicht, Regierungskonferenz 1996, S. 49 ff; *Petite*, L'avis de la Commission européenne: renforcer l'Union politique et préparer l'élargissement, in Mattera, La Conférence intergouvernementale sur l'Union européenne, S. 113 ff
[117] vgl. den Bericht der Kommission vom 10. Mai 1995, S. 76
[118] vgl. den Bericht der Kommission vom 10. Mai 1995, S. 8
[119] vgl. die Stellungnahme der Kommission vom 6. Dezember 1995 zum Bericht der Reflexionsgruppe, Ziff. 1., in Weißbuch zur Regierungskonferenz 1996, Bd. I, S. 361 ff
[120] vgl. den Bericht des Gerichtshofs vom Mai 1995 über bestimmte Aspekte der Anwendung des Vertrags über die Europäische Union, in Weißbuch zur Regierungskonferenz 1996, Bd. I, S. 367 ff; vgl. auch *Mancini*, Le rapport de la Cour de justice des Communautés européennes, in Mattera, La Conférence intergouvernementale sur l'Union européenne, S. 101 ff

meinschaftsrechts auf der einen und der im Rahmen dieser Zusammenarbeit erlassenen Vorschriften auf der anderen Seite emöglicht wird“[121].

b) Mitgliedstaaten

aa) Belgien

Nach Auffassung der belgischen Regierung sollte aufgrund der Herausforderungen für die Union auch in der ZBJI die Gemeinschaftsmethode Anwendung finden. Die europäische Integration sollte weiterhin im Rechtsrahmen der Gemeinschaft und nicht auf der Ebene der Regierungszusammenarbeit erfolgen, um die Effizienz zu verbessern.[122] Dabei wäre der Ausbau und die Vertiefung der Union notwendig. Ein solcher Ausbau der Union müsste zum Ziel haben, die Mängel des Vertrags von Maastricht zu beheben, um Wohlstand und Wohlergehen der Europäer sicherzustellen und die innere Sicherheit in der EU zu fördern. Nach Meinung der belgischen Regierung sollte die Union im Bereich der Justiz- und Innenpolitik zu einer **Rechts- und Sicherheitsunion** ausgebaut werden.[123] In einem Memorandum zur Regierungskonferenz 1996 vertraten die Benelux-Staaten die Meinung, die Gemeinschaftsmethode nur auf die Bereiche Freizügigkeit, Einwanderungspolitik und insbesondere Asyl- und Visafragen anzuwenden. Dabei wäre jedoch die Aufstellung von klaren Zielen gefordert. Im strafrechtlichen und polizeilichen Bereich würde die intergouvernementale Zusammenarbeit nach einigen Verbesserungen ausreichen. Um die Einheitlichkeit der Rechtsauslegung sicherzustellen, sollte jedoch dem EuGH auch im intergouvernementalen Bereich eine begrenzte Befugnis eingeräumt werden. Darüber hinaus wollten die Benelux-Länder die Zusammenarbeit im Rahmen von Schengen in die Union einführen.[124]

bb) Dänemark

Angesichts der der Union gegenüberstehenden Herausforderungen war die dänische Regierung der Auffassung, dass ein **bürgernäheres Europa** entstehen muss. Dazu gehörte auch die Behandlung von Fragen der Bekämpfung der internationalen Kriminalität und größere innere Sicherheit für die Bürger. Für die dänische Regierung war in den Bereichen Justiz und Inneres jedoch eine intergouvernementale Zusammenarbeit ausreichend, die allerdings effizienter ausgestaltet werden sollte. Bezüglich der dritten Säule des Vertrags von Maastricht war Dänemark jedoch durch das Referendum vom 18. Mai 1993 gebunden.[125]

---

[121] vgl. den Bericht des Gerichtshofs vom Mai 1995, Ziff. I.4

[122] vgl. die Aufzeichnung für das belgische Parlament über die Politik der Regierung im Hinblick auf die Regierungskonferenz im Jahr 1996, in Weißbuch zur Regierungskonferenz 1996, Bd. II, S. 18

[123] vgl. die Aufzeichnung für das belgische Parlament, in Weißbuch zur Regierungskonferenz 1996, Bd. II, S. 18, 22

[124] vgl. das Memorandum der Regierungen Belgiens, Luxemburgs und der Niederlande vom 7. März 1996 im Hinblick auf die Regierungskonferenz, in Weißbuch zur Regierungskonferenz 1996, Bd. II, S. 27, 30; vgl. auch *Franck*, Länderanalysen La Belgique, in Hrbek, Die Reform der Europäischen Union, S. 37 ff

[125] vgl. Grundlagen für die Verhandlungen: Offenes Europa - Regierungskonferenz 1996 - Memorandum der dänischen Regierung vom 11. Dezember 1995, in Weißbuch zur Regierungskonferenz 1996,

cc) Deutschland

Für die deutsche Regierung stellte die Prävention und Bekämpfung des organisierten internationalen Verbrechens eine Aufgabe der Europapolitik dar. Die Einordnung und Vertiefung der ZBJI in die EG, insbesondere der Abschluss der Europol-Konvention und der Ausbau von Europol zu einem europäischen Polizeiamt, das langfristig mit operationellen Fähigkeiten ausgestattet werden sollte, hatte Priorität. Einen weiteren Schwerpunkt bildeten das Eintreten für eine gemeinsame Asyl- und Flüchtlingspolitik und eine gerechte Verteilung von Flüchtlingen auf die EU-Mitgliedstaaten.[126] Desweiteren sollte eine Harmonisierung der Rechtsvorschriften im Zivil- und Strafrecht geschehen. Die deutsche Regierung trat für eine **weitere Zusammenführung** der Rechts- und Innenpolitik der Mitgliedstaaten der Union, insbesondere für eine Vergemeinschaftung der Visa- und Asylpolitik, der Zusammenarbeit im Zollwesen und der Einwanderung, ein.[127]

dd) Finnland

Finnland forderte eine klarere und genauere **Definition der Ziele** in der ZBJI. Hinsichtlich des Zusammenhangs von Freizügigkeit und innerer Sicherheit wäre zu gewährleisten, dass die Verwirklichung des Binnemarktes keine verminderte Sicherheit für die Unionsbürger bedeutet.[128] Eine Vergemeinschaftung einzelner Politikbereiche der dritten Säule sollte jeweils geprüft werden, wobei allerdings die Frage der nationalen Souveränität der Mitgliedstaaten berücksichtigt werden müsste. Somit sollte die Kontrolle der Außengrenzen weiterhin unter die intergouvernementale Zusammenarbeit fallen. Die Bekämpfung der internationalen Kriminalität sollte dagegen verstärkt werden. Im Zusammenhang mit der Schaffung eines europäischen Rechtsraums fand die finnische Regierung insbesondere die Zusammenarbeit für das Funktionieren des Binnenmarktes sowie die Bekämpfung von Betrügereien in der Gemeinschaft und die Vollstreckung der Urteile im Familienrecht interessant. Finnland trat für eine Harmonisierung im Bereich der Einwanderung und anderer Formen der Einreise in das Gebiet der Union ein und sprach sich für eine Koordination des politischen Asyls aus. Die finnische Regierung war zu einer Prüfung der Erweiterung der Kompetenzen des EuGH in den Bereichen Justiz und Inneres bereit, allerdings nicht auf Bereiche, die die nationale Souveränität betreffen.[129]

Bd. II, S. 35 ff; vgl. auch *Rasmussen/Thune*, Länderanalysen Dänemark, in Hrbek, Die Reform der Europäischen Union, S. 51 ff

[126] vgl. Grundpositionen der Bundesregierung im Hinblick auf die Regierungskonferenz 1996, in Weißbuch zur Regierungskonferenz 1996, Bd. II, S. 39 ff

[127] vgl. Papier „Deutsche Ziele für die Regierungskonferenz“ vom 26. März 1996, in Weißbuch zur Regierungskonferenz 1996, Bd. II, S. 43 f; Reflexionspapier „Mehr europäische Rechtsstaatlichkeit“ vom 13. Juni 1995 der CDU/CSU-Bundestagsfraktion, in Weißbuch zur Regierungskonferenz 1996, Bd. II, S. 51 ff; vgl. auch *Piepenschneider*, Länderanalysen Deutschland, in Hrbek, Die Reform der Europäischen Union, S. 59 ff

[128] vgl. Ansätze und Ziele Finnlands im Zusammenhang mit der Regierungskonferenz 1996 - Bericht der finnischen Regierung vom 27. Februar 1996, in Weißbuch zur Regierungskonferenz 1996, Bd. II, S. 163 ff

[129] vgl. Memorandum des Außenministeriums vom 18. September 1995 mit den Standpunkten der finnischen Regierung betreffend die Regierungskonferenz 1996, in Weißbuch zur Regierungskonferenz 1996, Bd. II, S. 156 ff; vgl. auch *Kivimäki*, Länderanalysen Finland, in Hrbek, Die Reform der Europäischen Union, S. 69 ff

ee) Frankreich

Gemeinsam mit der deutschen Regierung schlug Frankreich als eines der vorrangigen Ziele die **Schaffung eines einheitlichen Raums** in Europa vor, in dem die Freizügigkeit für die Bürger durch ein gemeinsames Vorgehen im Asyl- und Einwanderungsbereich und durch eine verstärkte Zusammenarbeit, die den Schutz der Bürger vor Terrorismus, international organisiertem Verbrechen und Drogenkriminalität auf wirksame Weise garantieren kann, gewährleistet ist.[130] Um mehr Sicherheit für die europäischen Bürger zu erreichen, sollte nach Auffassung der französischen Regierung die ZBJI verstärkt werden, wobei jedoch die drei Säulen erhalten werden sollten. Dabei wurde eine Vergemeinschaftung der Asyl- und Einwanderungspolitik angestrebt, während die polizeiliche Zusammenarbeit auf intergouvernementaler Ebene verbleiben sollte. Die französische Regierung trat für eine verbesserte Zusammenarbeit im Bereich der Justiz und für eine Förderung der Angleichung des Zivil- und Strafrechts der Mitgliedstaaten ein.[131]

ff) Griechenland

Hinsichtlich der ZBJI forderte die griechische Regierung zielgerichtetere Politiken.[132] Im Zusammenhang mit dem Thema der Bürgerschaft sprach sich Griechenland für eine Umgestaltung der Union zu einem **Raum der Freiheit und inneren Sicherheit** aus. Weiterhin war es für eine weitgehende Vergemeinschaftung der dritten Säule, zumindest für eine Annäherung an die erste Säule, wobei allerdings die nationale Souveränität zu beachten sein sollte.[133]

gg) Irland

Eines der Hauptanliegen der irischen Regierung war die Behandlung derjenigen Fragen, die nach ihrer Ansicht die **Bürger** am meisten beschäftigten, wie die Bekämpfung der internationalen Kriminalität und des Drogenproblems. Die ZBJI in der Union sollte verstärkt werden. Dabei trat die irische Regierung für eine Prüfung der Vergemeinschaftung der Bereiche Asyl und Einwanderung ein.[134]

---

[130] vgl. das Gemeinsame Schreiben des Präsidenten der Französischen Republik, Jacques Chirac, und des Kanzlers der Bundesrepublik Deutschland, Helmut Kohl, vom 6. Dezember 1995, in Weißbuch zur Regierungskonferenz 1996, Bd. II, S. 95 f

[131] vgl. das Memorandum über die Leitlinien Frankreichs für die Regierungskonferenz 1996, das von der französischen Tageszeitung „Le Figaro" am 20. Februar 1996 veröffentlicht wurde, in Weißbuch zur Regierungskonferenz 1996, Bd. II, S. 96 ff; vgl. auch *Szukala*, Länderanalysen Frankreich, in Hrbek, Die Reform der Europäischen Union, S. 77 ff

[132] vgl. das Dokument: „Auf dem Weg zu einem Europa der Bürger, Demokratie und Entwicklung". Memorandum für die Regierungskonferenz 1996, in Weißbuch zur Regierungskonferenz 1996, Bd. II, S. 54 ff

[133] vgl. das Memorandum der griechischen Regierung vom 24. Januar 1996 über die Regierungskonferenz: Standpunkte und Überlegungen Griechenlands, in Weißbuch zur Regierungskonferenz 1996, Bd. II, S. 59 ff; vgl. auch *Axt*, Länderanalysen Griechenland, in Hrbek, Die Reform der Europäischen Union, S. 89 ff

[134] vgl. Weißbuch vom 26. März 1996 über die Außenpolitik: „Herausforderungen und Chancen im Bereich der Außenpolitik", in Weißbuch zur Regierungskonferenz 1996, Bd. II, S. 100 ff; vgl. auch *Laffan*, Länderanalysen Ireland, in Hrbek, Die Reform der Europäischen Union, S. 103 ff

hh) Italien

Die italienische Regierung strebte eine ZBJI an, die dem Schutz der **effektiven Freiheits- und Sicherheitsinteressen der Bürger** dient.[135] Die justizielle und polizeiliche Zusammenarbeit sollte ausgeweitet und die einzelstaatlichen Rechtsvorschriften auf dem Gebiet der Freizügigkeit weitestgehend harmonisiert werden.[136] In einer gemeinsamen Erklärung mit der deutschen Regierung schlug Italien vor, insbesondere die Bereiche Asyl, Visumerteilung und Einwanderung zu vergemeinschaften und einen einheitlichen Rechtsschutz durch den EuGH zu gewährleisten.[137] Nach Auffassung der italienischen Regierung sollten die Bereiche der Zusammenarbeit Justiz und Inneres präziser festgelegt werden. Italien trat für eine Aufnahme der Schengener Übereinkommen in die Union im Rahmen eines Mechanismus der differenzierten Solidarität ein.[138]

ii) Luxemburg

Die luxemburgische Regierung sprach sich für eine Stärkung der ZBJI aus. Aufgrund der unzureichenden Ergebnisse auf diesem Gebiet forderte sie die Schaffung eines **einheitlichen institutionellen Rahmens** für die verschiedenen Säulen des EU-Vertrags. Luxemburg trat für die Anwendung des Art. 100c EGV aF ein, der in den Bereichen Asylpolitik, Überschreitung der Außengrenzen, Einwanderungs- und Visapolitik, Bekämpfung der Drogenabhängigkeit, Bekämpfung von Betrügereien im internationalen Maßstab und Zusammenarbeit im Zollwesen die Einführung einer Beschlussfassung mit qualifizierter Mehrheit erlaubte.[139]

jj) Niederlande

Nach Auffassung der niederländischen Regierung konnten die Fragen in den Bereichen Freizügigkeit der Personen, Visa- und Asylpolitik, Einwanderung, rechtliche Stellung der Bürger aus Drittländern, Kampf gegen das organisierte Verbrechen, Drogenhandel und Betrug sowie Bekämpfung von Rassismus und Fremdenfeindlichkeit nicht mehr allein auf der Ebene der Mitgliedstaaten gelöst werden. Vielmehr wäre die Zusammenarbeit in der Union auf den Gebieten Justiz, Zoll und Polizei die einzige Möglichkeit, um Sicherheit und rechtlichen Schutz für die Bürger zu gewährleisten. Maßstab für eine Reform sollten dabei die **Effizienz der Zusammenarbeit und die Wahrung der Rechtsstaatlichkeit** sein. Die niederländische Regierung stellte dabei fest, dass im Vertrag von Maastricht konkrete politische Ziele in der ZBJI

[135] vgl. Mitteilung der italienischen Regierung vom 23. Februar 1995 über die Leitlinien ihrer Außenpolitik, in Weißbuch zur Regierungskonferenz, Bd. II, S. 105

[136] vgl. Mitteilung der italienischen Regierung vom 23. Februar 1995 über die Leitlinien ihrer Außenpolitik, in Weißbuch zur Regierungskonferenz 1996, Bd. II, S. 105 f

[137] vgl. die gemeinsame Erklärung der Außenminister Deutschlands und Italiens vom 15. Juli 1995 zur Regierungskonferenz 1996, in Weißbuch zur Regierungskonferenz 1996, Bd. II, S. 109 f

[138] vgl. die Position der italienischen Regierung vom 18. März 1996 zur Regierungskonferenz über die Revision der Verträge, in Weißbuch zur Regierungskonferenz 1996, Bd. II, S. 111 f; vgl. auch *Scappucci*, Länderanalysen Italy, in Hrbek, Die Reform der Europäischen Union, S. 113 ff

[139] vgl. Agenda/Memorandum der luxemburgischen Regierung vom 30. Juni 1995 über die Regierungskonferenz 1996, in Weißbuch zur Regierungskonferenz 1996, Bd. II, S. 115 ff; vgl. auch *Woyke*, Länderanalysen Luxemburg, in Hrbek, Die Reform der Europäischen Union, S. 123 ff

fehlen. Die Niederlande traten deshalb für eine Klarstellung der politischen Ziele diesbezüglich ein. So sollte Art. K.1 EUV aF nicht mehr nur eine Aufzählung einer Reihe von Bereichen beinhalten, sondern vielmehr für jeden der aufgeführten politischen Bereiche angeben, auf welche Prinzipien sich die Politik gründet, welche Ziele sie verfolgt und welche politischen Mittel anzuwenden sind.[140] Eine Vergemeinschaftung einzelner Politiken aus den Bereichen Justiz und Inneres, insbesondere der Visa- und Asylpolitik, sollte dabei geprüft werden. Auch im Bereich der dritten Säule sollte nach Meinung der niederländischen Regierung dem EuGH die uneingeschränkte und verbindliche Gerichtszuständigkeit zukommen. Dies würde eine Zuständigkeit für die Beilegung von Streitigkeiten und für Vorabentscheidungen bedeuten. Die Bestimmungen der Schengener Übereinkommen sollten in den Rahmen der Union eingeführt werden.[141]

kk) Österreich

Für die österreichische Regierung war die Stärkung der Fähigkeit, in den Bereichen Justiz und Inneres tätig zu werden, eine der wichtigsten Herausforderungen der Reform.[142] So schlug sie die Einführung der Gemeinschaftsinstrumente in die dritte Säule vor.[143] Um eine uneingeschränkte Freizügigkeit der Unionsbürger zu ermöglichen, sollte auf europäischer Ebene ebenfalls deren Sicherheit gewährleistet sein. Aus diesem Grund sollten sämtliche Fragen aus den Bereichen der Einwanderungs- und Asylpolitik, der Verbrechensbekämpfung, der Bekämpfung des Terrorismus und des Drogenmissbrauchs auf der Grundlage einer supranationalen Abstimmung zwischen den Justiz- und Polizeibehörden behandelt werden.[144] Österreich trat damit für eine **Vergemeinschaftung** der Visa- und Asylpolitik, der Kontrolle an den Außengrenzen, der Einwanderungspolitik, der Politik gegenüber Drittstaatsangehörigen, der Politik zur Bekämpfung des Drogenhandels und internationaler Betrügereien sowie der Zusammenarbeit im Zollwesen, einschließlich der Bekämfung von Betrügereien zulasten des Gemeinschaftshaushalts, ein. Die strafrechtlichen Fragen sollten dagegen in der **intergouvernementalen Zusammenarbeit** verbleiben. Um die innere Sicherheit effektiver zu gewährleisten, sollten die Schengener Übereinkommen und das Dubliner Übereinkommen zusammengefasst und eine Aufnahme in den EU-Vertrag geprüft werden.[145]

---

[140] vgl. Europäische Zusammenarbeit in den Bereichen Justiz und Inneres - Drittes Memorandum vom 23. Mai 1995 für die Regierungskonferenz 1996, in Weißbuch zur Regierungskonferenz 1996, Bd. II, S. 127 ff

[141] vgl. das im März 1996 vorgelegte Memorandum „Zwischen Madrid und Turin: Die Prioritäten der Niederlande für die Regierungskonferenz 1996“, in Weißbuch zur Regierungskonferenz 1996, Bd. II, S. 136 ff; vgl. auch *Wolters*, Länderanalysen The Netherlands, in Hrbek, Die Reform der Europäischen Union, S. 131 ff

[142] vgl. *Woschnagg*, Die Position der österreichischen Bundesregierung zur Regierungskonferenz, in Leicht, Regierungskonferenz 1996, S. 25

[143] vgl. die von der österreichischen Regierung im Juni 1995 vorgelegten Leitlinien zu den voraussichtlichen Themen der Regierungskonferenz 1996, in Weißbuch zur Regierungskonferenz 1996, Bd. II, S. 138 ff

[144] vgl. die Grundsatzpositionen Österreichs zur Regierungskonferenz - Dokument der österreichischen Regierung vom 26. März 1996, in Weißbuch zur Regierungskonferenz 1996, Bd. II, S. 143 ff

[145] vgl. *Schneider*, Länderanalysen Österreich, in Hrbek, Die Reform der Europäischen Union, S. 137 ff

ll) Portugal

Um die ZBJI zu verbessern, forderte die portugiesische Regierung die **Vergemeinschaftung** der Asylpolitik und der Fragen im Zusammenhang mit der Bekämpfung der illegalen Einwanderung, dem Überschreiten der Außengrenzen, der Bedingungen für das Freizügigkeitsrecht für Ausländer und der Visapolitik. Dagegen sollte die Zusammenarbeit im Polizei- und Justizbereich weiter auf der **intergouvernementalen Ebene** verbleiben.[146]

mm) Schweden

In der ZBJI stellte die schwedische Regierung die **Freizügigkeit für Personen** als ihr Ziel dar. So sollte der freie Personenverkehr nicht nur zwischen den Schengen-Staaten gewährleistet sein, sondern auf alle Länder der Union ausgeweitet werden. Dieses Ziel war dabei eng mit der ersten Säule, den Gemeinschaftsinstitutionen, den Rechtsakten der EG und der Praxis in der Privatsphäre des Einzelnen verbunden. Hinsichtlich einer verstärkten und strafferen Zusammenarbeit in den Bereichen Justiz und Polizei trat Schweden für eine Beibehaltung der intergouvernementalen Zusammenarbeit ein. Einzelne Fragen der Asyl- und Einwanderungspolitik könnten jedoch auch vergemeinschaftet werden. Die Bekämpfung der internationalen Kriminalität war dabei ein allgemeines Ziel der schwedischen Regierung.[147]

nn) Spanien

Um Freiheit und innere Sicherheit innerhalb der Union zu gewährleisten, hatte für die spanische Regierung die **Bekämpfung des Terrorismus** absoluten Vorrang. Ferner sprach sie sich für eine weitergehendere Zusammenarbeit auf zivil- und strafrechtlichem Gebiet aus. Sie plädierte außerdem für die Vergemeinschaftung aller Bereiche, die mit dem Überschreiten der Außengrenzen zu tun haben, insbesondere der Regelung des Ausländerrechts, der Einwanderungs- und Asylpolitik und der Kontrolle über die Außengrenzen. Für den effektiven Kampf gegen den Terrorismus hielt es die spanische Regierung für notwendig, dass eine Auslieferung zwischen Mitgliedstaaten nicht unter Berufung auf politische Gründe verweigert werden darf und dass Asyl für Unionsbürger in Mitgliedstaaten ausgeschlossen ist. Die Übernahme der Schengener Übereinkommen in die EU sollte geprüft werden.[148]

[146] vgl. Portugal und die Regierungskonferenz zur Revision des Vertrags über die Europäische Union - Dokument des Außenministeriums vom März 1996, in Weißbuch zur Regierungskonferenz 1996, Bd. II, S. 149 ff

[147] vgl. die Aufzeichnung vom Juli 1995 über die fundamentalen Interessen Schwedens im Hinblick auf die Regierungskonferenz 1996, in Weißbuch zur Regierungskonferenz 1996, Bd. II, S. 168 ff; Mitteilung der schwedischen Regierung vom 30. November 1995 über die Regierungskonferenz, in Weißbuch zur Regierungskonferenz 1996, Bd. II, S. 170 ff; vgl. auch *Huldt*, Länderanalysen Sweden, in Hrbek, Die Reform der Europäischen Union, S. 157 ff

[148] vgl. das Dokument „Beitrag zu einem spanischen Standpunkt auf der Regierungskonferenz von 1996" vom 28. März 1996, in Weißbuch zur Regierungskonferenz 1996, Bd. II, S. 79 ff; vgl. auch *Barbé*, Länderanalysen Spain, in Hrbek, Die Reform der Europäischen Union, S. 169 ff

oo) Vereinigtes Königreich

Die britische Regierung lehnte Fortschritte im Hinblick auf die Schaffung einer politischen Union vollständig ab. Die Befugnisse und Verantwortlichkeiten der Nationalstaaten müssten gewahrt bleiben. Damit sollten nach Auffassung des Vereinigten Königreichs alle Fragen, die die Bekämpfung des Terrorismus, die Organisierte Kriminalität, den Drogenhandel und die illegale Einwanderung betreffen, weiterhin im Rahmen der **intergouvernementalen Zusammenarbeit** behandelt werden. Auch sollte die Rolle des EuGH in der dritten Säule nicht ausgedehnt werden. Eine Vergemeinschaftung bestimmter Bereiche aus der dritten Säule lehnte die britische Regierung ab.[149]

c) Zusammenfassung im Vorfeld der Regierungskonferenz 1996

Als eine der wichtigsten Herausforderungen der EU hatte die Reflexionsgruppe zur Vorbereitung der Regierungskonferenz 1996 die Aussöhnung mit ihren Bürgern bezeichnet. Die Tendenz, den Bürger in den Mittelpunkt zu stellen, war auch in den Stellungnahmen der Organe und Mitgliedstaaten zur Regierungskonferenz zu erkennen. Dänemark trat für ein bürgernäheres Europa ein. Irland wollte die Reform der Verträge insbesondere danach ausrichten, was dem Bürger wichtig ist. Um das Handeln der EU für den Bürger verständlicher zu machen, forderten die Benelux-Länder, Griechenland und Finnland klarere und konkretere Ziele im Bereich der Innen- und Justizpolitik. Frankreich wollte die ZBJI verstärken, um mehr Sicherheit für die europäischen Bürger zu erreichen. Im Vorfeld der Regierungskonferenz 1996 lassen die meisten Stellungnahmen der Mitgliedstaaten durch die **Ausrichtung auf den Bürger** eine Abkoppelung der europäischen Innen- und Justizpolitik von der wirtschaftlichen Integration erkennen. Im Mittelpunkt steht die Gewährleistung der Freiheits- und Sicherheitsinteressen der Bürger. Dabei handelt es sich neben der Eingliederung der Schengener Übereinkommen zur Abschaffung der Binnengrenzkontrollen und Einführung einheitlicher Kontrollen an den Außengrenzen insbesondere um die Bekämpfung der internationalen Organisierten Kriminalität. Die Ermöglichung einer uneingeschränkten Freizügigkeit der Unionsbürger erfordert zusätzlich eine gemeinsame Behandlung der Einwanderungs- und Asylpolitik. Die Freiheit und Sicherheit des Bürgers wird in den meisten Positionen zu einem eigenen Wert für die Union erhoben, der unabhängig von der wirtschaftlichen Prosperität angestrebt werden soll. Die Aussöhnung der Bürger mit der EU wurde von der Reflexionsgruppe zur Vorbereitung der Regierungskonferenz 1996 in Abhängigkeit von einer klaren Definition der Ziele der Union, von der Glaubwürdigkeit der gemeinsamen Politiken und von den Mechanismen der Zusammenarbeit sowie von der Aufrechterhaltung des inneren Zusammenhalts der Union gesehen.[150] Im Vertrag von Maastricht fehlten klare und konkrete Ziele im Bereich der Innen- und Justizpolitik sowie ein Zeitplan für deren Verwirklichung. Art. K.1 EUV aF stellte lediglich eine Aufzählung der Angelegenheiten von gemeinsamem Interesse dar, ein Raum der Freiheit und der Sicherheit ohne Binnengrenzen und mit Freizügigkeit wird nicht erwähnt. In den Stellungnahmen der

[149] vgl. Weißbuch des Vereinigten Königreichs zur Regierungskonferenz vom 12. März 1996: „Eine Union der Nationen“, in Weißbuch zur Regierungskonferenz 1996, Bd. II, S. 179 ff; vgl. auch *Wallace*, Länderanalysen Great Britain, in Hrbek, Die Reform der Europäischen Union, S. 95 ff

[150] vgl. den Bericht der Reflexionsgruppe vom 5. Dezember 1995, Zweiter Teil, S. 4, in Weißbuch zur Regierungskonferenz 1996, Bd. I, S. 153, 171

Kommission wird in diesem Zusammenhang schon von einer Freiheits- und Sicherheitsunion gesprochen. Belgien forderte die Einrichtung einer Rechts- und Sicherheitsunion, Griechenland einen Raum der Freiheit und Sicherheit für die Bürgerschaft. Deutschland und Frankreich wollten als vorrangiges Ziel die Schaffung eines einheitlichen Raums angehen.

3. Verlauf der Verhandlungen in der Regierungskonferenz 1996

Die Regierungskonferenz dauerte drei Präsidentschaften.[151] Sie wurde am 29. März 1996 in Turin unter italienischem Vorsitz einberufen. Das zweite Halbjahr 1996 fand unter irischem Vorsitz statt. Die Regierungskonferenz wurde unter niederländischem Vorsitz auf der Tagung des Europäischen Rates von Amsterdam vom 16./17. Juni 1997 mit der vollständigen Einigung auf einen Vertragsentwurf abgeschlossen. Am 2. Oktober 1997 wurde der Vertrag von Amsterdam unterzeichnet.[152]

Im **ersten Halbjahr** (Januar-Juni 1996) der Regierungskonferenz wurde eine Klarstellung der Ziele im Bereich Justiz und Inneres angeregt.[153] Weiterhin wurde vorgeschlagen, den Anwendungsbereich durch Aufnahme neuer Bereiche zu erweitern. So fanden sich im Vertrag von Maastricht keine Regelungen zur Angleichung der Politiken zur Kriminalitätsbekämpfung, zur Angleichung der Kollisionsnormen, der Bekämpfung von Rassismus und Fremdenfeindlichkeit sowie der Bekämpfung von aktiver und passiver Bestechung im internationalen Maßstab. Hinsichtlich der Vorgehensweise sollte eine teilweise Vergemeinschaftung, die Anwendung bestimmter Gemeinschaftsmechanismen und -verfahren sowie die Verstärkung der Modalitäten der Zusammenarbeit in Frage kommen. Die Zuständigkeit des EuGH sollte obligatorisch auch für Maßnahmen nach Titel VI EUV aF vorgesehen werden. Die Schengen-Regelung sollte in das institutionelle System der EU einbezogen werden.

Im **zweiten Halbjahr** (Juli-Dezember 1996) der Regierungskonferenz unter irischem Vorsitz wurde das Ziel eines Raums der Freiheit, der Sicherheit und des Rechts formuliert. Die EU sollte als ein Raum gewahrt und weiterentwickelt werden. Den Bürgern sollte die Freiheit, die ihnen die EU bietet, voll zur Verfügung stehen. Daraus folgte gleichzeitig die Notwendigkeit eines Schutzes vor Bedrohungen der persönlichen Sicherheit. Es wurde darauf Bezug genommen, dass Fragen wie Einwanderung, Asyl, Visa und Außengrenzen gemeinsam angegangen werden müssen, um den freien Verkehr in der Union ohne Gefährdung der Sicherheit der Bürger zu erreichen. Die Fähigkeit der Union im Kampf gegen die internationale Kriminalität sollte verbessert sowie die polizeiliche und justizielle Zusammenarbeit verstärkt werden.[154] Die im irischen Halbjahr vorgeschlagenen Texte sollten das Ziel einer Förderung der

[151] vgl. zum Verlauf der Regierungskonferenz auch *Bardenhewer*, in Lenz, EG-Vertrag, Vor Art. 61-69 EGV, Rn. 1 ff; *Schmuck*, Verlauf und Ergebnisse der Regierungskonferenz im Licht integrationspolitischer Langzeittrends, in Jopp/Maurer/Schmuck, Die Europäische Union nach Amsterdam, S. 17 ff; *Schönfelder/Silberberg*, Integration 1997, 203 ff; zur Arbeit der NGO vgl. *Niessen*, EJML 2000, 203 ff

[152] vgl. für Dokumente zum Abschluss der RK 1996 *Jopp/Maurer/Schmuck* (Hrsg.), Die Europäische Union nach Amsterdam, S. 219 ff

[153] vgl. Generalsekretariat des Rates der EU, Regierungskonferenz zur Reform der Verträge, Halbjahr des italienischen Vorsitzes, S. 90 f

[154] vgl. Generalsekretariat des Rates der EU, Regierungskonferenz zur Reform der Verträge, Halbjahr des irischen Vorsitzes, S. 21

Entwicklung eines Raums der Freiheit, der Sicherheit und des Rechts definieren, in dem die Freizügigkeit gewährleistet und durch die Sicherheit für die im Gebiet der Mitgliedstaaten lebenden Menschen untermauert ist.[155] Bei der Formulierung des Ziels eines Raums der Freiheit, der Sicherheit und des Rechts waren auch die **Grundprinzipien** der Gemeinschaft miteinzubeziehen. Die Grundsätze der Freiheit, der Demokratie, der Achtung der Menschenrechte und Grundfreiheiten sowie der Rechtsstaatlichkeit waren zu gewährleisten.[156]

Das **dritte Halbjahr** (Januar-Juni 1997) fand unter niederländischem Vorsitz statt. In diesem Zeitraum zeichnete sich die später im Amsterdamer Vertrag vorgenommene Zweiteilung in die erste und dritte Säule konkret ab. Die schrittweise Entwicklung eines Raums der Freiheit, der Sicherheit und des Rechts sollte durch ein doppeltes Ziel des Vorsitzes erreicht werden: die Aufnahme eines neuen Titels in den EG-Vertrag, der Bestimmungen über Freizügigkeit, Asyl und Einwanderung enthält und die wirkungsvollere Gestaltung der Bestimmungen über die polizeiliche und justizielle Zusammenarbeit in Strafsachen in Titel VI EUV aF. Der Zusammenhang zwischen der Freizügigkeit und flankierenden Maßnahmen zur Gewährleistung der Sicherheit der Bürger wurde durch die Neufassung des Art. B vierter Spiegelstrich EUV aF hervorgehoben. Dabei brachte der Vorsitz zum Ausdruck, dass seine Vorschläge auf den Grundüberlegungen des Schengen-Systems beruhen. Er ging davon aus, dass der Schengen-Besitzstand in die EU übernommen wird. Dadurch sollte ein einheitlicher politischer und institutioneller Rahmen für ein Vorgehen im Bereich der Freizügigkeit und für flankierende Maßnahmen geschaffen werden. Mitgliedstaaten, die keine Schengen-Vertragsstaaten sind, sollten jedoch auch die Möglichkeit haben, aktiv an der Verbesserung der inneren Sicherheit mitzuwirken.[157] Der Vorsitz betonte, dass der Ansatz im neu gefassten Art. B EUV aF auf der Verbindung zwischen der Existenz eines Raums, in dem der freie Personenverkehr gewährleistet ist, und der Notwendigkeit geeigneter Maßnahmen zur Gewährleistung der Sicherheit von Einzelpersonen, beruht. Dieser Ansatz folgte der Logik von Schengen.[158]

4. Bedeutungsgehalt

Die Einführung des neuen Ziels eines schrittweisen Aufbaus eines Raums der Freiheit, der Sicherheit und des Rechts in Europa stellt ein **Gesamtkonzept** dar, das auf Bestimmungen der ersten und dritten Säule ruht. Dies folgt aus der Erwähnung in Art. 29 Abs. 1 EUV und Art. 61 EGV, die beide die Formulierung des Art. 2 vierter Spiegelstrich EUV aufnehmen. Die Regelungen in Titel IV EGV und Titel VI EUV sind somit die Instrumente und Mittel, um den Raum der Freiheit, der Sicherheit und des Rechts aufzubauen. Das neue Ziel wird verfolgt durch die polizeiliche und justizielle Zusammenarbeit in Strafsachen sowie die Visa-, Asyl-, Einwanderungspolitik und andere Politiken betreffend den freien Personenverkehr. Dabei handelt es sich je-

[155] vgl. Generalsekretariat des Rates der EU, Regierungskonferenz zur Reform der Verträge, Halbjahr des irischen Vorsitzes, S. 29
[156] vgl. Generalsekretariat des Rates der EU, Regierungskonferenz zur Reform der Verträge, Halbjahr des irischen Vorsitzes, S. 22
[157] vgl. Generalsekretariat des Rates der EU, Regierungskonferenz zur Reform der Verträge, Halbjahr des niederländischen Vorsitzes, S. 27
[158] vgl. Generalsekretariat des Rates der EU, Regierungskonferenz zur Reform der Verträge, Halbjahr des niederländischen Vorsitzes, S. 106; vgl. zu Schengen unten 3. Teil A. III.

doch nur um Mittel zur Erreichung des Ziels, die von den Mitgliedstaaten als Herren der Verträge beliebig erweitert oder beschränkt werden können.[159] Der Bedeutungsgehalt des Raums der Freiheit, der Sicherheit und des Rechts wird aus ihnen lediglich beispielhaft deutlich. Er muss vielmehr aus dem neuen Ziel selbst mittels der anerkannten Auslegungsmethoden des Wortlauts, der systematischen Stellung, dem Sinn und Zweck sowie der Entstehungsgeschichte ermittelt werden.[160] Eine Betrachtung der Stellungnahmen der Mitgliedstaaten zur Regierungskonferenz zeigt, dass von vielen ein klares Ziel in der Innen- und Justizpolitik gefordert wird. Bei der Interpretation sind verschiedene Aspekte zu betrachten. Grundsätzlich sind enge und weite Interpretationen des Raums der Freiheit, der Sicherheit und des Rechts möglich.

a) Enge Auslegungsmöglichkeiten

Folgt man der Logik von Schengen, nämlich der Einführung von Ausgleichsmaßnahmen für die Öffnung der Binnengrenzen, die sich durch die Einbeziehung des Schengen-Besitzstands in den Rahmen der EU auch in dem neuen Ziel verbirgt, ist eine enge Sichtweise vertretbar.[161] Prägender Gedanke des neuen Ziels ist dabei ein **Unionsraum innerer Sicherheit**. Der Aufbau eines Raums der Freiheit, der Sicherheit und des Rechts ist hier auf das Konzept reiner Ausgleichsmaßnahmen zur Aufrechterhaltung der inneren Sicherheit im Gegenzug zum Wegfall der Binnengrenzkontrollen beschränkt. Die Notwendigkeit für ein gemeinsames Vorgehen ergibt sich danach allein aus der Verwirklichung des Binnenmarktes. Dessen Umsetzung erfordert, dass die Mitgliedstaaten Ausgleichsmaßnahmen ergreifen, um den Wegfall der Binnengrenzkontrollen zu kompensieren. Die erwartete Sicherheitseinbuße konnte mit dem EWG-Vertrag von 1957 nicht ausgeglichen werden, da dieser Personen, Waren und Dienstleistungen nur als „Subjekte und Objekte legaler wirtschaftlicher Motivationen betrachtet und keine innen- und justizpolitische Zusammenarbeit vorgesehen“[162] hat. Maßnahmen der Innen- und Justizpolitik sind damit als Kompensation zur Erhaltung der Sicherheit erforderlich.

Eine ähnlich enge Interpretation ist möglich, wenn als zentrales Ziel des Raums der Freiheit, der Sicherheit und des Rechts der **freie Personenverkehr** angesehen wird.[163] Dabei wird Art. 61 lit. a) EGV in den Mittelpunkt der Auslegung gestellt, der flankierende Maßnahmen in Bezug auf die Kontrolle der Außengrenzen, Asyl und Einwanderung gerade zur Gewährleistung des freien Personenverkehrs fordert. Dieser Fall übernimmt das begrenzte Konzept von Schengen, das den freien Personenverkehr durch Aufhebung der Binnengrenzkontrollen beinhaltet. Freiheit ist hier mit

[159] vgl. etwa die Änderungen durch den Vertrag von Nizza, ABl. EG 2001 Nr. C 80/1; vgl. zu den Politiken des Titel IV EGV und Titel VI EUV insbesondere unten 3. Teil B. und C.

[160] vgl. Art. 31 und 32 WVRK für den EU-Vertrag als völkerrechtlichen Vertrag; auch der EuGH folgt grundsätzlich diesen Auslegungsmethoden bei der Interpretation des EG-Vertrags, vgl. *Streinz*, Europarecht, Rn. 498; *Bleckmann*, Europarecht, Rn. 537 ff.

[161] *Müller-Graff*, Institutionelle und materielle Reformen in der Zusammenarbeit in den Bereichen Justiz und Inneres, in Hummer, Die Europäische Union nach dem Vertrag von Amsterdam, S. 259, 265, meint, dass das neue Ziel ein rechtlich teilweise etwas missverständlich klingendes Fang- und Zielwort politischer Rhetorik ist; ebenso *Müller-Graff*, Integration 1997, 271.

[162] *Weissel*, ZfRV 1998, 109, 111

[163] vgl. *Monar*, Ein Raum der Freiheit, der Sicherheit und des Rechts: Die Innen- und Justizpolitik nach Amsterdam, in Jopp/Maurer/Schmuck, Die Europäische Union nach Amsterdam, S. 127, 130

Personenfreizügigkeit gleichzusetzen.[164] Eine solche Interpretation geht auch nicht über das Konzept der Ausgleichsmaßnahmen hinaus.

b) Weite Auslegungsmöglichkeiten

Ebenso erscheint jedoch eine weite Interpretation möglich, die nicht auf das Konzept der Ausgleichsmaßnahmen beschränkt ist. Mit dem Aufbau eines Raums der Freiheit und des Rechts ist die Problematik der Grundrechte und ihrer rechtlichen Garantie verbunden.[165] Schon durch die Verwendung der gleichen Formulierungen ist zu erkennen, dass die Grundprinzipien der Union und mit ihnen die Grundrechte im neuen Ziel des Aufbaus eines Raums der Freiheit, der Sicherheit und des Rechts mitenthalten sind. Mit dem Vertrag von Amsterdam ist auch Art. 6 EUV neu formuliert worden. Nach Art. 6 Abs. 1 EUV beruht die Union auf den Grundsätzen der Freiheit, der Demokratie, der Achtung der Menschenrechte und Grundfreiheiten sowie der Rechtsstaatlichkeit; diese Grundsätze sind allen Mitgliedstaaten gemeinsam. Im EU-Vertrag in der Fassung von Maastricht tauchte der Terminus „Rechtsstaatlichkeit" nur in Art. J.1 Abs. 2 fünfter Spiegelstrich EUV aF auf, nicht dagegen in Art. F EUV aF. Aufgrund seiner systematischen Stellung gilt Art. 6 EUV für alle Politiken der Union. Wenn damit der Begriff „Freiheit" in Art. 2 vierter Spiegelstrich EUV in diesen Zusammenhang gestellt wird, ergibt sich eine neue Dimension der europäischen Integration.[166] Dabei ist auch Art. 6 Abs. 2 EUV zu berücksichtigen, der auf die EMRK und die gemeinsamen Verfassungsüberlieferungen der Mitgliedstaaten Bezug nimmt. Damit wird der Aufbau eines Raums der Freiheit und des Rechts in den Kontext der **Rechtsstaatlichkeit** und des Rechtsstaatsprinzips gestellt. Dies bedeutet eine vollkommene Eigenständigkeit, die Latte reiner Ausgleichsmaßnahmen ist hier übersprungen.

c) Eigene Stellungnahme

Der Vertragstext selbst enthält **keine Definition** der Termini „Freiheit", „Sicherheit" und „Recht". In Art. 2 vierter Spiegelstrich EUV wird der Raum als einer definiert, in dem „der freie Personenverkehr gewährleistet ist". Damit steht grundsätzlich die Personenfreizügigkeit im Mittelpunkt. Was weiterhin unter dem Term „Freiheit" zu verstehen ist, wird offengelassen. Ebenso fehlt eine Begriffsbestimmung für den Raum der Sicherheit und des Rechts.

---

[164] vgl. *Monar*, ELRev. 1998, 320, 323

[165] vgl. *Labayle*, RTDE 1997, 1, 27; Generalsekretariat des Rates der EU, Regierungskonferenz zur Reform der Verträge, Halbjahr des irischen Vorsitzes, S. 22; *Labayle*, RTDE 1997, 813, 822; *Heitmann*, NJW 2001, 124, 125

[166] In der zweiten Begründungserwägung der Entschließung des Rates vom 14. Oktober 1996 zur Festlegung der Prioritäten für die Zusammenarbeit im Bereich Justiz und Inneres für den Zeitraum vom 1. Juli 1996 bis zum 30. Juni 1998, ABl. EG 1996 Nr. C 319/1, bekräftigt der Rat sein Bestreben, „Freiheit, Sicherheit und Gerechtigkeit in der Europäischen Union gemäß den Grundsätzen der Rechtsstaatlichkeit durch die Entwicklung einer engen Zusammenarbeit zwischen den Mitgliedstaaten im Bereich Justiz und Inneres zu fördern". Damit betonte der Rat bewusst einen Zusammenhang zwischen „Freiheit" und „den Grundsätzen der Rechtsstaatlichkeit". Die gleiche Bekräftigung findet sich wieder in der Entschließung des Rates vom 18. Dezember 1997 zur Festlegung der Prioritäten für die Zusammenarbeit im Bereich Justiz und Inneres für den Zeitraum vom 1. Januar 1998 bis zum Inkrafttreten des Vertrags von Amsterdam, ABl. EG 1998 Nr. C 11/1.

Folgt man der **engen Auslegung**, so würde sich der Begriff „Freiheit“ in der durch den EG-Vertrag gewährleisteten Personenfreizügigkeit erschöpfen. Beide Begriffe wären somit identisch. Die Aufrechterhaltung der inneren Sicherheit würde in diesem Fall lediglich kompensatorische Maßnahmen für die Gewährleistung der Personenfreizügigkeit durch den Wegfall der Binnengrenzkontrollen umfassen. Dafür spricht, dass die im Gemeinschaftsrecht verankerten wirtschaftlichen Grundfreiheiten auch nach dem Vertrag von Amsterdam die tragenden Prinzipien der europäischen Integration darstellen.[167] Der Raum des Rechts hätte in diesem Zusammenhang ebenfalls keine tiefere Bedeutung, da die Mitgliedstaaten durch die Schaffung des acquis communautaire bereits eine Rechtsgemeinschaft darstellen.

Gegen diese enge Interpretation spricht der Wortlaut, der in Art. 2 vierter Spiegelstrich EUV und Art. 61 lit. a) EGV zwischen „Freiheit“ und „freiem Personenverkehr“ unterscheidet. Weiterhin ist die Systematik des Art. 61 EGV nicht mit dieser Auslegung in Einklang zu bringen. Nur unter lit. a) wird auf den Binnenmarkt nach Art. 14 EGV Bezug genommen. In lit. b) bis lit. e) wird dagegen kein solcher Bezug gefordert. Dies spricht dafür, dass das Konzept der Ausgleichsmaßnahmen, wie es in Schengen enthalten ist, zwar auch beim Aufbau des Raums der Freiheit, der Sicherheit und des Rechts eine Rolle spielt, allerdings diesen nicht vollständig abdeckt.[168] Für eine solche Interpretation ist neben der systematischen Stellung des Art. 6 Abs. 1 EUV auch anzuführen, dass durch die Mittel zur Erreichung des neuen Ziels Grundrechte der Bürger berührt sind. So lassen sowohl die polizeiliche Zusammenarbeit nach Art. 30 EUV als auch Asylmaßnahmen nach Art. 63 Nr. 1 EGV Eingriffe in Grundrechte erwarten. Art. 30 Abs. 1 lit. b) EUV tangiert das Recht auf informationelle Selbstbestimmung, welches durch die Formulierung angesprochen wird, dass „die entsprechenden Vorschriften über den Schutz personenbezogener Daten zu beachten sind“.[169] Durch diese Grundrechtsproblematik ist der Kontext des Terminus „Freiheit“ zur reinen Personenverkehrsfreizügigkeit verlassen. Die enge Auslegung des neuen Ziels lässt diese Aspekte außer Acht.

Aufgabe der Regierungskonferenz war es, Europa den Bürgern näher zu bringen. So stellt der schrittweise Aufbau eines Raums der Freiheit, der Sicherheit und des Rechts ein politisches **Projekt für die Bürger** dar.[170] Dies kommt insbesondere in den Stellungnahmen der Organe und Mitgliedstaaten im Vorfeld der Regierungskonferenz 1996 zum Ausdruck.[171] Im Mittelpunkt stehen hier, anders als bei der Einführung des Binnenmarktes nach Art. 7a EGV aF, nicht wirtschaftliche Waren, sondern Personen, für die dieser Raum aufgebaut werden soll. Das Gesamtkonzept geht dahin, durch das neue Ziel den vergemeinschafteten und den in der intergouvernementalen Zusammenarbeit verbliebenen Teil der Bereiche Justiz und Inneres unter ein gemeinsames Dach zu stellen und in ein einziges Konzept einzubetten. Die Ori-

[167] Nach BVerfG, NJW 1993, 3047, 3052, sind die Kompetenzen und Befugnisse, die der EU und den ihr zugehörigen Gemeinschaften im Vertrag von Maastricht eingeräumt wurden, im wesentlichen Tätigkeiten einer Wirtschaftsgemeinschaft.

[168] ähnlich *Tezcan*, CahDrEur 1998, 661, 680

[169] vgl. dazu *Pitschas*, Netzwerke der europäischen inneren Sicherheit. Kriminalprävention durch internationale polizeiliche Zusammenarbeit und Sicherheitspartnerschaften auf der Grundlage des Vertrags von Amsterdam, in Pitschas/Stober, Kriminalprävention durch Sicherheitspartnerschaften, S. 1, 13, der das Recht auf informationelle Selbstbestimmung auch in den Kontext des Raums der Freiheit stellt.

[170] vgl. *Labayle*, RTDE 1997, 1, 26

[171] vgl. dazu oben 2. und 3.

entierung hin zu den Personen macht den Aufbau des Raums der Freiheit, der Sicherheit und des Rechts unabhängig von dem wirtschaftlichen Binnenmarktkonzept.[172] Aus diesen Gründen ist der weiten Interpretation der Vorzug zu geben. Auf dieser Grundlage lässt sich der Bedeutungsgehalt der Begriffe bestimmen.

Der **Raum der Freiheit** kann somit nicht auf die Gewährleistung des freien Personenverkehrs beschränkt werden. Freiheit ist vielmehr in einem tieferen Sinne im Kontext der Grundrechte als eigenständiger Begriff zu verstehen. Allerdings ist die Personenverkehrsfreizügigkeit ein zentraler Aspekt des Raums der Freiheit.

Der **Raum der Sicherheit** beinhaltet allein die innere Sicherheit.[173] Dies wird bei einer Betrachtung des EU-Vertrags deutlich, der in Art. 2 zweiter Spiegelstrich iVm Titel V Bestimmungen über die Gemeinsame Außen- und Sicherheitspolitik enthält. In Art. 11 Abs. 1 zweiter Spiegelstrich EUV setzt sich die EU die Stärkung der Sicherheit der Union in all ihren Formen zum Ziel. Im Kontext des Titel V EUV ist dabei zu erkennen, dass diese Form der **Sicherheit** die Unabhängigkeit und Unversehrtheit der Union gegenüber von außerhalb der EU kommenden Gefahren durch Angriffe von Staaten oder De-facto-Regimen meint, mithin Gefahren, die von anderen Staaten oder staatsähnlichen Gebilden direkt ausgelöst werden.[174] Im Gegensatz dazu beschreibt die **innere Sicherheit** die Freiheit vor Gefahren innerhalb der EU. Ein Kontaktpunkt zwischen äußerer und innerer Sicherheit besteht dort, wo die letzere durch von außerhalb der Union kommende Gefahren beeinträchtigt wird. Als Beispiele können in diesem Zusammenhang die EU-Grenzen überschreitende Kriminalität, Wanderungsbewegungen oder Asylgesuche angeführt werden. Diese fallen nicht in den Bereich der äußeren Sicherheit, da sie von den Ausgangsstaaten lediglich indirekt ausgelöst werden. Aus der Systematik des EU-Vertrags ergibt sich auch, dass mit „Sicherheit" nicht die soziale Sicherheit gemeint ist. Der Begriff „soziale Sicherheit" beschreibt Organisationen des öffentlichen Rechts, deren Aufgabe es ist, einem gesetzlich festgelegten Kreis von Personen bestimmte Leistungen beim Eintritt bestimmter Risikofälle zu gewähren.[175] Der Kontext der Art. 29 ff EUV und Art. 61 ff EGV zeigt, dass ein so weit verstandener Sicherheitsbegriff hier nicht gemeint ist. So ist die Beschäftigungspolitik in Art. 125-130 EGV und die Sozialpolitik in Art. 136-150 EGV geregelt. Sowohl Titel VI EUV als auch Titel IV EGV fokussieren auf der

[172] ebenso *Meyring*, EuR 1999, 309, 322; *Müller-Graff/Kainer*, DRiZ 2000, 350, 351, weisen auf die „gesellschaftsstiftende Komponente des europäischen Integrationskonzeptes" hin. Nach *Röben*, in Grabitz/Hilf, Das Recht der Europäischen Union, Stand Mai 1999, Art. 61 EGV, Rn. 8 und 17, fördern binnenmarktbezogene Maßnahmen nach Art. 61 EGV mittelbar den schrittweisen Aufbau des Raums der Freiheit, der Sicherheit und des Rechts. Der Binnenmarkt sei damit integrierender Bestandteil des Raums der Freiheit, der Sicherheit und des Rechts. Der neue Titel IV EGV erschöpft sich aber nicht in der Flankierung des Binnenmarktes nach Art. 14 EGV.

[173] *Pitschas*, Netzwerke der europäischen inneren Sicherheit. Kriminalprävention durch internationale polizeiliche Zusammenarbeit und Sicherheitspartnerschaften auf der Grundlage des Vertrags von Amsterdam, in Pitschas/Stober, Kriminalprävention durch Sicherheitspartnerschaften, S. 1, 14 f, will diesbezüglich sogar ein europäisches Recht auf Sicherheit erkennen. Kritisch dazu *Weichert*, Eurosicherheit, in Gössner, Mythos Sicherheit, S. 291, 305.

[174] Nach *Rupprecht/Hellenthal*, Programm für eine Europäische Gemeinschaft der Inneren Sicherheit, in dies., Innere Sicherheit im Europäischen Binnenmarkt, S. 23, 82, stellt die äußere Sicherheit die „Unversehrtheit und Verteidigungsfähigkeit eines Staates gegenüber Angriffen durch feindliche Mächte" dar. Dabei bleibt jedoch das Bestreben der EU-Staaten zu einer Gemeinsamen Außen- und Sicherheitspolitik unberücksichtigt. Dieses erfordert hier eine Definition des Begriffs „äußere Sicherheit" im unionsrechtlichen Kontext.

[175] vgl. *Kaufmann*, Sicherheit als soziologisches und sozialpolitisches Problem, S. 91

Bedrohung durch die Kriminalität als Aspekt der inneren Sicherheit wie Art. 61 lit. a) und e) EGV und Art. 29 Abs. 2 EUV zeigen.

Der **Raum des Rechts** hat in der weiten Auslegung eine mehrfache Bedeutung für die Bereiche Justiz und Inneres. Er kann definiert werden als ein gemeinsamer Rechtsraum, in dem die Rechtsstaatlichkeit gewahrt ist.[176] Unter Beachtung des Subsidiaritätsprinzips kann darunter jedoch nicht ein einheitlicher Rechtsraum verstanden werden, der eine vollständige Harmonisierung der nationalen Rechtssysteme beinhaltet.[177] Vielmehr beinhaltet ein solcher Raum des Rechts eine bessere Abstimmung der verschiedenen nationalen Rechtssysteme im Wege einer koordinierten und transparenten Rechtshilfe sowie die Vermittlung der den nationalen Rechtsordnungen gemeinsamen Grundsätze und Prinzipien.[178] Letztere sind im Wege der Rechtsvergleichung zu finden. Diesbezüglich besteht eine gewisse Parallelität zur Herausbildung der europäischen Grundrechte durch den EuGH, der diese insbesondere auch aus den gemeinsamen Verfassungsüberlieferungen der Mitgliedstaaten entwickelte.[179] Unter dem Aspekt der Rechtsstaatlichkeit beinhaltet der Raum des Rechts ebenfalls einen Zugang zum Recht und damit effektive Rechtsschutzmöglichkeiten.[180]

d) Auslegung durch die Organe

Die Auslegung, die dem neuen Ziel durch die Organe zukommt, folgt grundsätzlich der **weiten Interpretation** wie sie oben angewendet wurde. So ist der Aufbau eines Raums der Freiheit, der Sicherheit und des Rechts für die Kommission in ihrer Mitteilung vom 14. Juli 1998 auf der Ebene der EU die Quintessenz all dessen, was an demokratischen Traditionen und Vorstellungen von Rechtsstaatlichkeit vorhanden ist.[181] Bei den den drei Begriffen zugrundeliegenden gemeinsamen Werten handele es sich um seit langem bestehende Grundsätze der modernen Demokratien der EU.

[176] In diesem Sinne auch *Brechmann*, in Callies/Ruffert, EUV/EGV, Art. 61 EGV, Rn. 4, der die Gewährleistung von Freiheit, Sicherheit und Rechtsstaatlichkeit als die grundlegenden Aufgaben jedes Staates ansieht.

[177] vgl. ebenso *Schomburg*, NJW 2000, 340; *Remien*, CMLRev. 2001, 53, 63 f; *Heitmann*, NJW 2001, 124, 125 f, spricht sich dagegen für eine Harmonisierung der wesentlichen Vorschriften nicht nur im Strafrecht, sondern auch im Zivil- und Wirtschaftsrecht aus.

[178] vgl. dazu *Pitschas*, Netzwerke der europäischen inneren Sicherheit. Kriminalprävention durch internationale polizeiliche Zusammenarbeit und Sicherheitspartnerschaften auf der Grundlage des Vertrags von Amsterdam, in Pitschas/Stober, Kriminalprävention durch Sicherheitspartnerschaften, S. 1, 15 f

[179] vgl. Art. 6 Abs. 2 EUV sowie EuGH, Rs. 4/73, Nold, Slg. 1974, S. 491, Rz. 13; EuGH, Rs. 44/79, Hauer, Slg. 1979, S. 3727, Rz. 15

[180] vgl. für das Gemeinschaftsrecht schon EuGH, Rs. 294/83, Les Verts, Slg. 1986, S. 1339, Rz. 23, worin der EuGH hervorhebt, dass die EWG eine Rechtsgemeinschaft der Art ist, dass weder die Mitgliedstaaten noch die Gemeinschaftsorgane der Kontrolle darüber entzogen sind, ob ihre Handlungen im Einklang mit der Verfassungsurkunde der Gemeinschaft, dem Vertrag, stehen. In die gleiche Richtung EuGH, Rs. C-2/88, Zwartveld, Slg. 1990, S. I-3365, Rz. 16 ff; vgl. auch *Rodríguez Iglesias*, NJW 1999, 1, 2.

[181] vgl. die Mitteilung der Kommission „Auf dem Weg zu einem Raum der Freiheit, der Sicherheit und des Rechts" zum Aktionsplan zur Frage, wie die Bestimmungen des Vertrags von Amsterdam über den Aufbau eines Raums der Freiheit, der Sicherheit und des Rechts am besten umzusetzen sind, KOM (1998) 459, Bull. EU 7/8-1998, Ziff. 1.5.1 und 2.2.1. Der ER von Cardiff vom Juni 1998 hatte den Rat und die Kommission beauftragt, einen solchen Aktionsplan vorzulegen, vgl. die Schlussfolgerungen des ER von Cardiff in Bull. EU 6-1998, Ziff. I.12 und I.48.

Dabei müssten Demokratie und Rechtsstaatlichkeit nicht neu erfunden werden, sondern den Bürgern die Möglichkeit gegeben werden, „ihre historisch gewachsenen Demokratien gemeinsam zu genießen. Darüber hinaus bilden die wirtschaftliche und soziale Eingliederung von sich rechtmäßig in der Union aufhaltenden Drittstaat-Angehörigen sowie der im Vertrag von Amsterdam verankerte Grundsatz der Nichtdiskriminierung eine unerlässliche Ergänzung.“[182] Zum **Raum der Freiheit** führt die Kommission in ihrer Mitteilung aus, dass der im Vertrag von Amsterdam verankerte Begriff der Freiheit mehr als nur den freien Personenverkehr über die EU-Binnengrenzen hinweg beinhaltet. „Er beinhaltet auch die Möglichkeit, in einem Rechtsraum zu leben sowie die Gewissheit, dass die Behörden (auf nationaler Ebene, auf Ebene der Union und darüber hinaus), alles in ihrer individuellen und kollektiven Macht Stehende tun, um gegen diejenigen vorzugehen, die diese Freiheit nicht anerkennen oder sie missbrauchen. Diese Freiheit muss ergänzt werden durch die Grundrechte einschließlich des Schutzes vor jeglicher Form von Diskriminierung.“[183] Dabei nimmt die Kommission auch Bezug auf eine weitere Grundfreiheit, den Schutz der Privatsphäre und insbesondere den Schutz personenbezogener Daten. Der **Raum der Sicherheit** wird von der Kommission in ihrer Mitteilung in den Kontext mit dem Konzept der „Verhütung und Bekämpfung der organisierten und nichtorganisierten Kriminalität, insbesondere des Terrorismus, des Menschenhandels und der Straftaten gegenüber Kindern, des illegalen Drogen- und Waffenhandels, der Bestechung und Bestechlichkeit sowie des Betrugs auf der jeweils angemessenen Ebene“ wie es in Art. 29 S. 2 EUV ausgeführt wird, gesetzt.[184] Hinsichtlich eines **Raums des Rechts** wird von der Kommission in ihrer Mitteilung ein unabhängiges und funktionierendes Justizwesen als ein zentrales Element der Rechtsstaatlichkeit, die ein gemeinsames Erbe aller Mitgliedstaaten ist, bezeichnet.[185] „Ziel ist, den Bürgern in der gesamten Union eine gemeinsame Vorstellung davon zu vermitteln, was Recht ist: Es erleichtert das Leben der Menschen und gewährleistet, dass jene, welche die Freiheit und Sicherheit des Einzelnen und der Gesellschaft gefährden, zur Rechenschaft gezogen werden.“[186] Damit werden die Personen ins Zentrum gestellt, deren Freiheit und Sicherheit durch Recht gewährleistet werden soll. Der Aufbau eines Raums der Freiheit, der Sicherheit und des Rechts führt damit dazu, „die Umrisse einer europäischen öffentlichen Ordnung schrittweise zu skizzieren“[187].

In ihrem **Aktionsplan** zur bestmöglichen Umsetzung der Bestimmungen des Amsterdamer Vertrags über den Aufbau eines Raums der Freiheit, der Sicherheit und des Rechts geben Rat und Kommission weitere Hinweise zu ihrem Verständnis des neuen Ziels.[188] Der Aktionsplan bestätigt den Ansatz der Kommission und weist darüber hinaus darauf hin, dass durch Art. 61 lit. a) EGV und Art. 31 Abs. 1 lit. e) EUV eine direkte Verbindung und somit Interdependenz zwischen den zwei Titeln besteht. Dieser Aktionsplan wurde auf dem Europäischen Rat von Wien im Dezember 1998 mit dem Hinweis gebilligt, dass dadurch „der Politik in den Bereichen Justiz und Inneres nach dem Inkrafttreten des Vertrags von Amsterdam eine neue Dimension verliehen

[182] KOM (1998) 459; Bull. EU 7/8-1998, Ziff. 2.2.1
[183] KOM (1998) 459; Bull. EU 7/8-1998, Ziff. 2.2.1
[184] vgl. KOM (1998) 459; Bull. EU 7/8-1998, Ziff. 2.2.1
[185] vgl. KOM (1998) 459; Bull. EU 7/8-1998, Ziff. 2.2.1
[186] KOM (1998) 459; Bull. EU 7/8-1998, Ziff. 2.2.1
[187] KOM (1998) 459; Bull. EU 7/8-1998, Ziff. 2.2.1
[188] vgl. den Aktionsplan vom 3. Dezember 1998, ABl. EG 1999 Nr. C 19/1

und ein konkreter Rahmen für die Entwicklung der Tätigkeit in diesem geschaffen wird"[189].

Das **Europäische Parlament** folgt ebenfalls dieser weiten Interpretation. In seiner Entschließung zum Aktionsplan stellt es den Aufbau eines Raums der Freiheit, der Sicherheit und des Rechts in einen Kontext mit der Achtung der Grundrechte nach rechtsstaatlichen Prinzipien und nimmt damit Bezug auf Art. 6 EUV.[190] Diese Verbindung des Raums zu den Grundsätzen der Freiheit, der Demokratie und der Achtung der Menschenrechte und Grundfreiheiten und der Rechtsstaatlichkeit wird vom Europäischen Parlament ausdrücklich in seiner Entschließung zum Europäischen Rat von Tampere hervorgehoben.[191]

Auf dem **Europäischen Rat von Tampere** vom 15./16. Oktober 1999 wurde beschlossen, dass der Vertrag von Amsterdam auf der Grundlage des Wiener Aktionsplans und der in Tampere vereinbarten politischen Leitlinien durchgeführt wird.[192] Grundsätzlich nimmt damit der Europäische Rat von Tampere auch die weite Interpretation von Rat und Kommission im Wiener Aktionsplan an. Dies kommt insbesondere in der Bekräftigung zum Ausdruck, dass die europäische Integration von Anfang an fest auf ein gemeinsames Bekenntnis zur Freiheit gegründet war, „das sich auf die Menschenrechte, demokratische Institutionen und Rechtsstaatlichkeit stützt"[193]. Angesprochen wird aber nur die im Vertrag von Amsterdam enthaltene Herausforderung, „sicherzustellen, dass Freiheit, die das Recht auf Freizügigkeit in der gesamten Union beinhaltet, in einem Rahmen der Sicherheit und des Rechts in Anspruch genommen werden kann, der für alle zugänglich ist"[194].

e) Verhältnis der Begriffe zueinander

Die vom Europäischen Rat von Tampere angesprochene Herausforderung, Freiheit im Rahmen der Sicherheit und des Rechts zu gewährleisten, beinhaltet eine **Dialektik** von scheinbar gegensätzlichen Begriffen: Freiheit und Sicherheit.[195] Diese Dialektik findet sich sowohl in der ersten wie in der dritten Säule wieder, da die Säulen nicht dergestalt aufgeteilt werden können, dass die erste Säule als Ziel die Personenfreizügigkeit als Bestandteil der Freiheit hat, während es Ziel der dritten Säule ist, die innere Sicherheit zu wahren.[196] Zwar findet sich nur in Art. 29 Abs. 1 EUV die Formulierung, dass die Union das Ziel verfolgt, „ein hohes Maß an Sicherheit zu

[189] Bull. EU 12-1998, Ziff. I.12

[190] vgl. die Entschließung des EP zu dem Aktionsplan des Rates und der Kommission zur bestmöglichen Umsetzung der Bestimmungen des Amsterdamer Vertrags über den Aufbau eines Raums der Freiheit, der Sicherheit und des Rechts, ABl. EG 1999 Nr. C 219/61

[191] vgl. die Entschließung des EP zum ER von Tampere, ABl. EG 2000 Nr. C 154/63, Ziff. 1

[192] vgl. die Schlussfolgerungen des Vorsitzes des ER von Tampere vom 15./16. Oktober 1999, Bull. EU 10-1999, Ziff. I.2; vgl. dazu auch *Elsen*, RMCUE 1999, 659 ff, und *Monar*, Integration 2000, 18 ff.

[193] Schlussfolgerungen des Vorsitzes des ER von Tampere, Bull. EU 10-1999, Ziff. I.3.1

[194] Schlussfolgerungen des Vorsitzes des ER von Tampere, Bull. EU 10-1999, Ziff. I.3.2

[195] vgl. *Bribosia*, RMUE 1998, 27, 30, der dies bei der Freiheit besonders unter dem Aspekt der Personenfreizügigkeit sieht.

[196] So aber *Bardenhewer*, in Lenz, EG-Vertrag, Vor Art. 61-69 EGV, Rn. 6, nach dem wesentliche, unmittelbar mit der Freizügigkeit zusammenhängende Bereiche in den Titel IV EGV übernommen worden sind. Die die innere Sicherheit betreffenden Fragen seien dagegen in der dritten Säule geblieben. Ähnlich *Röben*, in Grabitz/Hilf, Das Recht der Europäischen Union, Stand Mai 1999, Art. 29 EUV, Rn. 3, und Art. 61 EGV, Rn. 4.

bieten", allerdings wird auch in Titel IV EGV die Gewährleistung des freien Personenverkehrs nach Art. 14 EGV in Verbindung mit unmittelbar damit zusammenhängenden flankierenden Maßnahmen in Bezug auf die Kontrollen an den Außengrenzen, Asyl und Einwanderung nach Art. 62 Nr. 2 und 3, Art. 63 Nr. 1 lit. a) und Nr. 2 lit. a) EGV sowie Maßnahmen zur Verhütung und Bekämpfung der Kriminalität nach Art. 31 Abs. 1 lit. e) EUV geregelt.[197] Grenzkontrollen und Visa dienen der Aufrechterhaltung der inneren Sicherheit. Damit ist es auch Aufgabe der Bestimmungen des Titel IV EGV, die innere Sicherheit zu gewährleisten.

Freiheit und Sicherheit sind **komplementär** und nicht als Gegensätze zu sehen. Nach Kant ist unter Freiheit die Unabhängigkeit von eines anderen nötigender Willkür zu verstehen.[198] Um eine möglichst große Freiheit für alle Bürger zu gewährleisten, muss die Freiheit des Einzelnen ihre Grenzen in der Freiheit des anderen finden. Diese Annahme beruht auf dem Grundsatz der Gleichheit aller Menschen. Der Zustand der vollkommenen, für alle in gleichem Maße erreichbaren Freiheit kann jedoch nur durch eine Ordnungskraft erreicht werden, die die Grenzen der individuellen Freiheit zugunsten der Freiheit jedes Einzelnen festlegt. Die vollkommene Freiheit des Individuums in einer Gesellschaft kann sich damit nur bei ihrer Garantie durch eine hoheitliche Autorität entfalten. Diese Garantie beschreibt einen Zustand der Sicherheit, in dem die einzelnen Individuen ihre Freiheit ausüben können. Freiheit ist damit ohne die Gewährleistung durch Sicherheit nicht erreichbar. Um beide Komplexe, Freiheit und Sicherheit, ausgewogen zu erreichen, muss ein ständiges Spannungsverhältnis zwischen ihnen gewahrt werden, damit nicht das eine vor dem anderen die Überhand gewinnt. Funktion des Rechts ist es, dieses **Spannungsverhältnis** gerecht und ausgewogen zu gestalten. Nach Kant ist das Recht der Inbegriff der Bedingungen, unter denen die Willkür des einen mit der Willkür des anderen nach einem allgemeinen Gesetze der Freiheit zusammen vereinigt werden kann.[199] Das Recht hat somit die Funktion, die Grenze zwischen Freiheit vom Staat und Freiheit durch den Staat mittels der Garantie von Sicherheit zu ziehen. Der damit erreichte Zustand kann als rechtliche Freiheit beschrieben werden.[200] Kant stellt dies klar, wenn er die Freiheit als einziges, ursprüngliches, jedem Menschen kraft seiner Menschheit zustehendes Recht ansieht, „sofern sie mit jedes anderen Freiheit nach einem allgemeinen Gesetz zusammen bestehen kann"[201]. Graphisch kann damit das

[197] Diese Verknüpfung wird gerade auch im Aktionsplan des Rates und der Kommission zur bestmöglichen Umsetzung der Bestimmungen des Amsterdamer Vertrags über den Aufbau eines Raums der Freiheit, der Sicherheit und des Rechts hervorgehoben, Nr. 32, ABl. EG 1999 Nr. C 19/1.

[198] vgl. *Kant*, Metaphysik der Sitten, Erster Teil, Einleitung in die Rechtslehre, Einteilung der Rechtslehre, B. Allgemeine Einteilung der Rechte. Das angeborene Recht ist nur ein einziges, erster Satz

[199] vgl. *Kant*, Metaphysik der Sitten, Erster Teil, Einleitung in die Rechtslehre, § B. Was ist Recht?. Über das Recht schreibt *Locke*, Two Treatises of Government, Book II, Chap. VI, § 57: „So that, however it may be mistaken, *the end of Law* is not to abolish or restrain, but *to preserve and enlarge Freedom*: For in all the states of created beings capable of Laws, *where there is no Law, there is no Freedom*. For *Liberty* is to be free from restraint and violence from others which cannot be, where there is no Law: But Freedom is not, as we are told, *A Liberty for every Man to do what he lists*: (For who could be free, when every other Man's Humour might domineer over him?)".

[200] Auch für Rousseau kommt es beim Zusammenleben der Individuen auf diese rechtliche Freiheit an, vgl. *Rousseau*, Du Contrat social, ou principes du droit politique, Livre I, Chapitre VIII: De l'état civil: „Ce que l'homme perd par le contract social, c'est la liberté naturelle et un droit illimité à tout ce qui le tente et qu'il peut atteindre; ce qu'il gagne, c'est la liberté civile et la propriété de tout ce qu'il possede."

[201] vgl. *Kant*, Metaphysik der Sitten, Erster Teil, Einleitung in die Rechtslehre, Einteilung der Rechtslehre, B. Allgemeine Einteilung der Rechte, Das angeborene Recht ist nur ein einziges, erster Satz

Verhältnis von Freiheit, Sicherheit und Recht als ein Dreieck dargestellt werden, in dem sich Freiheit und Sicherheit an den jeweils unteren Seiten befinden, während das Recht oben das Spannungsverhältnis zwischen beiden bewahrt.

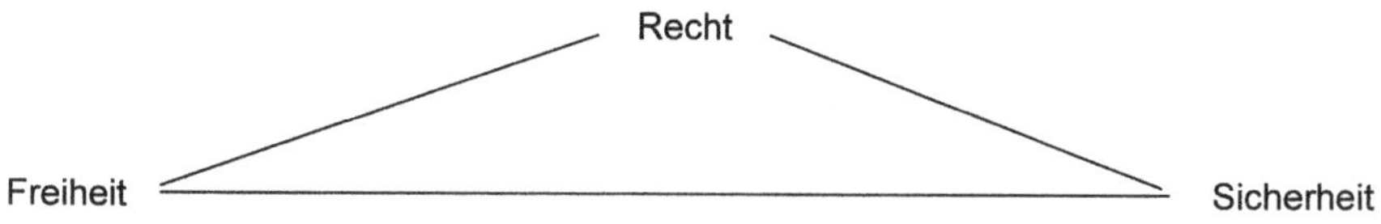

Auch die **Kommission** stellt eine enge Verknüpfung der drei Begriffe Freiheit, Sicherheit und Recht fest. „Freiheit verliert viel von ihrer Bedeutung, wenn sie nicht in einem sicheren Umfeld und mit der vollen Unterstützung eines Rechtssystems genossen werden kann, in das alle Bürger und Gebietsansässigen der Union Vertrauen haben können. Diese drei untrennbar miteinander verknüpften Konzepte haben einen gemeinsamen Nenner - die Personen - , und die volle Verwirklichung des einen setzt die Verwirklichung der beiden anderen voraus. Zwischen ihnen ein ausgewogenes Verhältnis zu wahren, muss für das Vorgehen der Union Richtschnur sein."[202]

f) Zusammenfassung

Die Integration in der Innen- und Justizpolitik wird durch die Schaffung eines Raums der Freiheit, der Sicherheit und des Rechts vertieft und gewinnt durch die Abspaltung vom wirtschaftlichen Binnenmarktkonzept an **eigenständigem Wert**. Dies lässt sich neuerdings auch durch die Wahl einer anderen Überschrift in den Strategischen Zielen der Kommission für die Jahre 2000 bis 2005 erkennen. Dort wird der Aufbau eines Raums der Freiheit, der Sicherheit und des Rechts unter der Rubrik „Bessere Lebensqualität für alle" behandelt, womit eine entscheidende neue Phase der europäischen Integration angezeigt wird.[203] Ziele weisen grundsätzlich in die Zukunft, ihre Aufgabe ist es, etwas Neues entstehen zu lassen. Eine tiefergehende Integration ist zwar mit der Einführung des neuen Ziels allein noch nicht erreicht, allerdings ist die Richtung dahin im Amsterdamer Vertrag vorgegeben. Während der Vertrag von Maastricht in der ZBJI keine Entwicklungsperspektiven aufzeigte, trägt das neue Ziel den **Keim einer neuen europäischen Integration** in sich. Seit Inkrafttreten des Vertrags von Amsterdam hat die Beibehaltung existierender und Schaffung neuer Bereiche in der europäischen Innen- und Justizpolitik mit Ausrichtung auf die Erreichung des Aufbaus eines Raums der Freiheit, der Sicherheit und des Rechts zu erfolgen. Dies stellt eine vollständige Abkehr vom Vertrag von Maastricht dar, in dem Angelegenheiten von gemeinsamem Interesse, die auf intergouvernementaler Ebene zu behandeln waren, hintereinander aufgezählt wurden.[204] In Zukunft wird es schwerer werden, sich der Integration und der Annäherung gemäß dem neuen Ziel zu widersetzen. Der Aufbau eines Raums der Freiheit, der Sicherheit und des Rechts soll

[202] KOM (1998) 459; Bull. EU 7/8-1998, Ziff. 2.2.1
[203] vgl. Strategische Ziele 2000-2005, KOM (2000) 154, Beilage 1/2000 zum Bull. EU, S. 26. Vgl. dazu auch die Rede des Kommissionspräsidenten *Romano Prodi* vor dem EP am 15. Februar 2000 in Straßburg, Beilage 1/2000 zum Bull. EU, S. 7 f, die Entschließung des EP zum strategischen Fünfjahresprogramm der Kommission, ABl. EG 2000 Nr. C 339/255, und die Stellungnahme des Wirtschafts- und Sozialausschusses, ABl. EG 2001 Nr. C 14/133, Ziff. 2.1.3.
[204] vgl. *Labayle*, RTDE 1997, 1, 28

dabei „schrittweise" verwirklicht werden.[205] In der ZBJI ist demnach die Dynamik der Integration systemimmanent. Die Bereiche Justiz und Inneres sind damit nicht statisch, sondern entwicklungsfähig mit einer festen Vorgabe angelegt.

B. Umsetzung der Innen- und Justizpolitik bis zum Vertrag von Maastricht

Nachdem oben die rechtliche Basis für den Aufbau eines Raums der Freiheit, der Sicherheit und des Rechts anhand der Zielentwicklung untersucht wurde, werden sich die folgenden Ausführungen mit der Umsetzung der Ziele in der Innen- und Justizpolitik bis zum Vertrag von Maastricht auseinandersetzen.[206] Eine wichtige Rolle spielte in diesem Zeitraum die Zusammenarbeit der Mitgliedstaaten außerhalb der Gemeinschaft auf zwischenstaatlicher Ebene. Dabei ist in vielen Fällen ein zeitliches Auseinanderfallen dergestalt festzustellen, dass die Umsetzung erst spät den gesetzten Zielen folgte. Dies betrifft vor allem die Frühphase der Zusammenarbeit.[207] Schon bei der Betrachtung der Ziele konnte ein Zusammenhang zwischen der Personenfreizügigkeit und der Zusammenarbeit in den Bereichen Justiz und Inneres beobachtet werden. Dieser Zusammenhang wird auch bei der Umsetzung der Ziele deutlich.

I. Der EWG-Vertrag von 1957

Die **Grundfreiheiten** waren Ausgangspunkt der Umsetzung der Ziele in den Bereichen Justiz und Inneres. Der EWG-Vertrag von 1957 enthielt in Art. 48 ff EWGV die Arbeitnehmerfreizügigkeit, in Art. 52 ff EWGV die Niederlassungsfreiheit und in Art. 59 ff EWGV die Dienstleistungsfreiheit.[208] Aufgabe dieser Grundfreiheiten war die

---

[205] Der Unterschied zur schrittweisen Verwirklichung des Binnenmarktkonzeptes liegt darin, dass bei diesem mit dem 31. Dezember 1992 ein Endpunkt für die Erreichung dieses Ziels gesetzt wurde. Ein solcher Endpunkt ist beim schrittweisen Aufbau eines Raums der Freiheit, der Sicherheit und des Rechts nicht vorgesehen.

[206] Einen kurzen Überblick bieten *Weidenfeld/Wessels*, Europa von A-Z, S. 247 ff, und *Wiedmann*, in Schwarze, EU-Kommentar, Art. 61 EGV, Rn. 5 ff.

[207] Der ER von Paris vom 9./10. Dezember 1974 hatte eine Arbeitsgruppe zur Einführung „besonderer Rechte" für Gemeinschaftsbürger eingesetzt, vgl. Bull. EG 12-1974, Ziff. 1104.11. Darunter waren insbesondere das Aufenthaltsrecht für Nichterwerbstätige und das Kommunalwahlrecht für EG-Bürger zu verstehen. Die Einführung des Aufenthaltsrechts für Angehörige wurde jedoch erst durch die RL 30/364/EWG vom 28. Juni 1990, für aus dem Erwerbsleben Ausgeschiedene durch die RL 90/365/EWG vom 28. Juni 1990 und für Studenten durch die RL 93/96/EWG vom 29. Oktober 1993 geregelt. Das Kommunalwahlrecht wurde erst mit dem Vertrag von Maastricht durch Art. 8b EGV aF eingeführt.

[208] Für konkretere Regelungen der Arbeitnehmerfreizügigkeit, Niederlassungs- und Dienstleistungsfreiheit wurden insbesondere folgende Vorschriften erlassen: VO (EWG) Nr. 1612/68 über die Freizügigkeit der Arbeitnehmer innerhalb der Gemeinschaft vom 15. Oktober 1968, RL 73/148/EWG zur Aufhebung der Reise- und Aufenthaltsbeschränkungen für Staatsangehörige der Mitgliedstaaten innerhalb der Gemeinschaft auf dem Gebiet der Niederlassung und des Dienstleistungsverkehrs vom 21. Mai 1973, RL 64/221/EWG zur Koordinierung der Sondervorschriften für die Einreise und den Aufenthalt von Ausländern, soweit sie aus Gründen der öffentlichen Ordnung, Sicherheit oder Gesundheit gerechtfertigt sind vom 25. Februar 1964, RL 68/360/EWG zur Aufhebung der Reise- und Aufenthaltsbeschränkungen für Arbeitnehmer der Mitgliedstaaten und ihre Familienangehörigen innerhalb der Gemeinschaft vom 15. Oktober 1968, VO (EWG) Nr. 1251/70 über das Recht der Arbeitnehmer, nach Beendigung einer Beschäftigung im Hoheitsgebiet eines Mitgliedstaats zu verbleiben

Förderung des innergemeinschaftlichen Handels durch größere Mobilität innerhalb der Gemeinschaft. Jede in ihrem Anwendungsbereich stattfindende unterschiedliche Behandlung aufgrund der Staatsangehörigkeit sollte abgeschafft werden. Obwohl diese Freiheiten unter Berücksichtigung von Art. 2 und 3 EWGV rein wirtschaftlich ausgerichtet waren,[209] können sie doch als Ausgangspunkt für die ZBJI herangezogen werden. Gerade durch die Gewährung der wirtschaftlich ausgerichteten Grundfreiheiten und der damit verbundenen erleichterten Mobilität der Bürger entstand die Notwendigkeit der innen- und justizpolitischen Zusammenarbeit. Ein über den wirtschaftlichen Bereich hinausgehender Ansatz findet sich lediglich in Art. 220 EWGV. Dieser enthielt ein begrenztes Programm zur Ergänzung der Grundfreiheiten.[210] Da die Verpflichtungen durch Art. 220 EWGV insbesondere den Justizbereich betrafen, kann darin der erste Ansatz einer intergouvernementalen Zusammenarbeit in der Innen- und Justizpolitik gesehen werden.[211]

II. Die Einheitliche Europäische Akte (EEA) vom 28. Februar 1986

Mit der ersten großen Vertragsreform durch die EEA wurde das Ziel der Verwirklichung des Binnenmarktes durch Art. 8a iVm Art. 3 lit. c) EWGV eingeführt.[212] Die Relevanz des Binnenmarktes für die Innen- und Justizpolitik ergibt sich aus der Gewährleistung des freien Personenverkehrs.[213] Allein mit der Einfügung dieses Ziels in den Vertrag erfolgte jedoch noch keine Umsetzung innerhalb der Gemeinschaft. Eine spezielle Befugnis für die **Abschaffung der Binnengrenzkontrollen** wurde nicht geschaffen. Für die Angleichung von Rechtsvorschriften zur Verwirklichung der Ziele des Art. 8a EWGV wurde Art. 100a EWGV in den Vertrag eingefügt. In Verbindung mit den Regelungen über die Grundfreiheiten innerhalb der Gemeinschaft ermöglichte Art. 100a EWGV grundsätzlich die Umsetzung. Gemäß Art. 100a Abs. 2 EWGV galt diese Bestimmung aber gerade nicht für die Freizügigkeit. Umstritten war, ob für den Erlass von Sekundärrecht zur vollständigen Abschaffung der Binnengrenzkontrollen auf Art. 100 EWGV, der Richtlinien zur Angleichung von Rechtsvorschriften für den Gemeinsamen Markt ermöglichte, zurückgegriffen werden konnte. Aufgrund des Einstimmigkeitserfordernisses des Art. 100 EWGV fand diese Bestimmung aber keine Anwendung. Vor allem das Vereinigte Königreich war der Auffassung, dass die Abschaffung der Binnengrenzkontrollen nach Art. 8a EWGV nur An-

---

vom 29. Juni 1970, RL 75/34/EWG über das Recht der Staatsangehörigen eines Mitgliedstaats, nach Beendigung der Ausübung einer selbständigen Tätigkeit im Hoheitsgebiet eines anderen Mitgliedstaats zu verbleiben vom 17. Dezember 1974. Vgl. dazu jetzt den Vorschlag der Kommission vom 23. Mai 2001 für eine RL über das Recht der Unionsbürger und ihrer Familienangehörigen, sich im Hoheitsgebiet der Mitgliedstaaten frei zu bewegen und aufzuhalten, KOM (2001) 257 endg., mit der die RL 68/360/EWG, die RL 73/148/EWG, die RL 90/364/EWG, die RL 90/365/EWG und die RL 93/96/EWG ersetzt werden sollen.

[209] vgl. *Nanz*, Integration 1992, 126; zur Auslegung der Art. 48 ff, 52 ff und 59 ff EWGV in Bezug auf Art. 3 lit. c) EWGV vgl. auch *Hilf*, Europäisches Gemeinschaftsrecht und Drittstaatsangehörige, in Hailbronner, Staat und Völkerrechtsordnung, S. 339, 341 f

[210] vgl. *Schweitzer/Hummer*, Europarecht, Rn. 1871

[211] vgl. *Hummer/Obwexer*, Österreich in der Europäischen Union, Bd. III, S. 3; umstritten war jedoch, ob Art. 100 und 235 EWGV Kompetenzen zur Regelung des Asylrechts und der Rechtsstellung von Drittstaatsangehörigen enthielten, vgl. dazu *Schweitzer*, ZAR 1992, 147 ff, sowie *Goldstein*, Die Kompetenzen der Europäischen Gemeinschaften zur Regelung des Asylrechts.

[212] vgl. dazu oben A. II. 3.

[213] vgl. Art. 8a Abs. 2 EWGV

gehörige von Mitgliedstaaten, nicht aber Drittstaatsangehörige betrifft.[214] Für die Schaffung von **Ausgleichsmaßnahmen**, wie sie nach dem Weißbuch der Kommission zur Vollendung des Binnenmarktes[215] für den Wegfall der Binnengrenzkontrollen erforderlich waren, fanden sich im EWG-Vertrag allerdings keine Kompetenzen. Solche waren aufgrund der politisch sensiblen Bereiche auch nicht vorgesehen.[216] Gemäß der „Politischen Erklärung zur Freizügigkeit“ im Anhang zur Schlussakte der EEA[217] sollte vielmehr die Umsetzung der mit dem Binnenmarktkonzept verbundenen Ausgleichsmaßnahmen außerhalb der drei Gemeinschaften auf intergouvernementaler Ebene erfolgen.

III. Ansätze im Rahmen intergouvernementaler Zusammenarbeit

Da mit der EEA die Einbeziehung von Bereichen der Innen- und Justizpolitik in den einheitlichen institutionellen Rahmen der Gemeinschaft nicht vorgenommen wurde, andererseits die Mitgliedstaaten aber für die Verwirklichung der Personenfreizügigkeit im Rahmen des Binnenmarktes zusammenarbeiten mussten, wurden auf intergouvernementaler Ebene Arbeitsgruppen gebildet. Deren Aufgabe war es, die Politik der Mitgliedstaaten in den Bereichen Justiz und Inneres zu koordinieren und Ausgleichsmaßnahmen für den Wegfall der Binnengrenzkontrollen zu treffen, um die Sicherheit der Bürger bei der Verwirklichung des Binnenmarktes zu gewährleisten.[218] Eine Zusammenarbeit erfolgte dabei in sechs verschiedenen Bereichen, die sich teilweise überschnitten. Die Mitgliedstaaten richteten eine Zusammenarbeit der Zollverwaltungen, im Polizeiwesen, im Bereich der Einwanderungspolitik und der Justiz ein. Darüber hinaus gründeten sie zwei Koordinatorengruppen, die Gruppe „Freizügigkeit“ und die Gruppe für die Drogenbekämpfung. Zwischen einigen Mitgliedstaaten wurde auf der Grundlage der Schengener Übereinkommen eine engere Zusammenarbeit begründet.

1. Die Zusammenarbeit der Zollverwaltungen (GAM)

Durch das Übereinkommen von Neapel vom 7. September 1967[219] wurde die Zusammenarbeit der Zollverwaltungen der Mitgliedstaaten im Rahmen der Gruppe „Gegenseitige Amtshilfe“ (GAM)[220] ermöglicht. Ihre Aufgabe war nach weitgehender

[214] Angeführt wurde, dass die Freizügigkeit nach Art. 8a EWGV nur „gemäß den Bestimmungen dieses Vertrags gewährleistet ist“. Der EWG-Vertrag bezog sich jedoch nur auf Staatsangehörige der Mitgliedstaaten, vgl. *Nanz*, Zusammenarbeit in den Bereichen Justiz und Inneres. Bilanz und Perspektiven, in Magiera/Siedentopf, Die Zukunft der Europäischen Union, S. 131, 132; *Heimann*, „Visa, Asyl, Einwanderung und andere Politiken betreffend den freien Personenverkehr“ - der neue Titel IV EGV unter besonderer Berücksichtigung des Schengen-Protokolls, S. 6.

[215] KOM (1985) 310 endg.; vgl. dazu schon oben A. II. 2. c)

[216] vgl. *Zott*, Der rechtliche Rahmen der innen- und justizpolitischen Zusammenarbeit in der Europäischen Union, S. 30; allein die Richtlinie zur Angleichung der Waffengesetze, RL 91/477/EWG vom 18. Juni 1991, ABl. EG 1991 Nr. L 256/51, wurde realisiert.

[217] ABl. EG 1987 Nr. L 169/26; vgl. dazu oben A. II. 3.

[218] vgl. *Hailbronner*, in Hailbronner/Klein/Magiera/Müller-Graff, Handkommentar zum Vertrag über die Europäische Union, Stand Juni 1996, Art. K EUV aF, Rn. 1

[219] Übereinkommen zwischen Belgien, der Bundesrepublik Deutschland, Frankreich, Italien, Luxemburg und den Niederlanden über gegenseitige Unterstützung ihrer Zollverwaltungen mit Zusatzprotokollen, BGBl. 1970 II S. 987

[220] GAM ist eine Abkürzung für „Groupe d'Assistance Mutuelle“

Harmonisierung des nicht-tarifären Zollrechts die Verhinderung, Bekämpfung und Ermittlung von Schmuggel in den Bereichen Waffen, strategische Güter, Pornografie und Drogen.[221] Die Tätigkeit konzentrierte sich auf operative Fragen. Die Gruppe GAM '92, die aus Vertretern der Generaldirektoren bestand, wurde 1989 gebildet. Zur Verwirklichung des Binnenmarktes zum 1. Januar 1993 arbeitete sie an der Entwicklung eines gemeinsamen Zollinformationssystems und einer gemeinsamen Außengrenzstrategie für „empfindliche Güter".[222] Die Kommission, bei der auch das Sekretariat lag, hatte einen Beobachterstatus inne.

2. Die Zusammenarbeit im Polizeiwesen (TREVI)

Auf Beschluss des Europäischen Rates von Rom vom 1./2. Dezember 1975 wurde die TREVI-Gruppe geschaffen.[223] Ihre Aufgabe bestand in einem systematischen Informationsaustausch und operativer Zusammenarbeit der Polizeibehörden bei der Terrorismusbekämpfung. Am 29. Juni 1976 beschlossen die Innen- und Justizminister ein Arbeitsprogramm zur Zusammenarbeit im Bereich der inneren Sicherheit und setzten damit den Beschluss des Europäischen Rates von Rom um.[224] Die TREVI-Gruppe bestand aus insgesamt vier Arbeitsgruppen, die einem Ausschuss der Hohen Beamten unterstanden. Dieser bereitete die Entscheidung der TREVI-Minister vor, die sich jährlich zweimal trafen. Die Arbeitsgruppe TREVI I beschäftigte sich mit der Terrorismuslage in Europa, TREVI II war für die Zusammenarbeit auf dem Gebiet der Polizeitechnik zuständig, TREVI III oblag der Kampf gegen das international organisierte Verbrechen. Die vierte Arbeitsgruppe TREVI '92 wurde 1986 gebildet und befasste sich mit den notwendigen Ausgleichsmaßnahmen im Zusammenhang mit dem Abbau der Grenzkontrollen. Im Juli 1991 wurde als Untergruppe zur Arbeitsgruppe TREVI III eine weitere Gruppe geschaffen, die **ad-hoc Gruppe Europol** und zusätzlich im September 1992 eine Gruppe für die Organisierte Kriminalität. Die ad-hoc Gruppe Europol ging dabei aus der EDIU (European Drugs Intelligence Unit) hervor, die zur Einrichtung einer Europäischen Drogenerfassungsstelle gebildet worden war.[225] Tätigkeitsbereich von TREVI war die praktische Zusammenarbeit der Polizeibehörden der Mitgliedstaaten.[226] Juristisch bindende Maßnahmen konnten nicht getroffen werden. Es wurden lediglich unverbindliche Erklärungen verabschiedet, die von den Regierungen in den Mitgliedstaaten umgesetzt werden sollten. Die Kommis-

---

[221] vgl. *Nanz*, Integration 1992, 126, 129

[222] vgl. zum Ganzen *Degen*, in Groeben/Thiesing/Ehlermann, Kommentar zum EU-/EG-Vertrag, Vor Art. K bis K.9 EUV aF, Rn. 13; *Zott*, Der rechtliche Rahmen der innen- und justizpolitischen Zusammenarbeit in der Europäischen Union, S. 31; *Nanz*, Integration 1992, 126, 129; *Rupprecht/Hellenthal*, Programm für eine Europäische Gemeinschaft der Inneren Sicherheit, in dies., Innere Sicherheit im Europäischen Binnenmarkt, S. 23, 160

[223] Bull. EG 11-1975, Ziff. 1104; für die Erklärung des Namens gibt es zwei Möglichkeiten: *Hummer*, ZfRV 1991, 129, 140, sieht darin die Abkürzung für „Terrorisme, Radicalisme, Extremisme et Violence Internationale"; für *Degen*, in Groeben/Thiesing/Ehlermann, Kommentar zum EU-/EG-Vertrag, Vor Art. K bis K.9 EUV aF, Fn. 4, und *de Lobkowicz*, Die Zusammenarbeit in den Bereichen Justiz und Inneres, in Hummer, Die EU und Österreich, S. 139, 141 f, deutet der Name auf den ersten Tagungsort bei der Fontana di Trevi in Rom hin.

[224] vgl. *Hummer*, ZfRV 1991, 129, 140; *Akmann*, JA 1994, 49, 51; *Nanz*, Integration 1992, 126, 128

[225] vgl. *Degen*, in Groeben/Thiesing/Ehlermann, Kommentar zum EU-/EG-Vertrag, Vor Art. K bis K.9 EUV aF, Rn. 5

[226] vgl. *Degen*, in Groeben/Thiesing/Ehlermann, Kommentar zum EU-/EG-Vertrag, Vor Art. K bis K.9 EUV aF, Rn. 2; *Rupprecht/Hellenthal*, Programm für eine Europäische Gemeinschaft der Inneren Sicherheit, in dies., Innere Sicherheit im Europäischen Binnenmarkt, S. 23, 151 ff

sion und das Generalsekretariat des Rates hatten seit 1990 Beobachterstatus bei TREVI '92 und seit 1991 bei der ad-hoc Gruppe Europol. Desweiteren waren Österreich, Kanada, Marokko, Norwegen, Schweden, die Schweiz und die Vereinigten Staaten von Amerika als Beobachter zugelassen. Im Rahmen von TREVI wurde am 2. Juni 1993 in Kopenhagen die „Verwaltungsvereinbarung über die Errichtung der Europol-Drogenstelle“[227] unterzeichnet. Diese bildete die Grundlage für die Gemeinsame Maßnahme bezüglich der Europol-Drogenstelle vom 10. März 1995 und das Europol-Übereinkommen vom 26. Juli 1995.[228]

3. Die Zusammenarbeit im Bereich der Einwanderungspolitik

Auf Beschluss der Innen- und Justizminister wurde am 20. Oktober 1986 die **ad-hoc Gruppe Einwanderung** eingerichtet.[229] Dies geschah als notwendige Folge für das im Weißbuch der Kommission von 1985 vorgegebene Ziel der Verwirklichung des Binnenmarktes durch die Abschaffung der Personenkontrollen an den Binnengrenzen, das nicht auf der Ebene der Gemeinschaft, sondern auf völkerrechtlichem Weg durchgesetzt werden sollte.[230] Die Aufgabe der ad-hoc Gruppe bestand in der Untersuchung der Kontrollen an den Außen- und Binnengrenzen, der Koordination der Visapolitik, der Verbesserung des Informationsaustausches zwischen den Einwanderungsbehörden, der Zusammenarbeit in Bezug auf Reisepässe, Asylrecht und Reiseerleichterungen.[231] Im Gegensatz zur TREVI-Gruppe wurde das Ziel verfolgt, völkerrechtliche Übereinkommen oder Empfehlungen zu verabschieden. Die Kommission hatte einen Beobachter- und Beraterstatus inne. Zur Koordination und zum Informationsaustausch wurde das „Zentrum für beschleunigte Konsultationen“[232] eingerichtet. Zur weiteren Beoachtung von Asyl- und Einwanderungsströmen wurden als Untergruppen ein Informations-, Reflexions- und Austauschzentrum für Asylfragen (**CIREA**)[233] und ein solches für Fragen der Einwanderung (**CIREFI**)[234] geschaffen. Aus Vorarbeiten der ad-hoc-Gruppe Einwanderung ging das Dubliner Übereinkommen vom 15. Juni 1990 hervor.[235]

4. Die Justizzusammenarbeit

Ausgangspunkt der Gruppe „Justizielle Zusammenarbeit“ waren die Verhandlungen über die Anwendung des am 4. Dezember 1979 in Dublin unterzeichneten Europäi-

---

[227] Bull. EG 6-1993, Ziff.1.4.19
[228] ABl. EG 1995 Nr. L 62/1; ABl. EG 1995 Nr. C 316/1
[229] Bull. EG 10-1986, Ziff. 2.4.7
[230] vgl. dazu oben II. sowie A. II. 2. c)
[231] vgl. *Nanz*, Integration 1992, 126, 128; *Degen*, in Groeben/Thiesing/Ehlermann, Kommentar zum EU-/EG-Vertrag, Vor Art. K bis K.9 EUV aF, Rn. 6; *Rupprecht/Hellenthal*, Programm für eine Europäische Gemeinschaft der Inneren Sicherheit, in dies., Innere Sicherheit im Europäischen Binnenmarkt, S. 23, 154
[232] Dieses war für den Fall plötzlicher Wanderungsbewegungen vorgesehen und funktionierte über die Troika; vgl. zur Troika *Schweitzer/Hummer*, Europarecht, Rn. 152.
[233] Centre d'information, de réflexion et d'échange sur des questions d'asile; vgl. *Klos*, Rahmenbedingungen und Gestaltungsmöglichkeiten der europäischen Migrationspolitik, S. 33 f
[234] Centre d'information, de réflexion et d'échange à l'égard des frontières extérieures et de l'immigration; ABl. EG 1996 Nr. C 274/50
[235] Bull. EG 6-1990, Ziff. 2.2.2; vgl. näher zum Dubliner Übereinkommen unten 3. Teil B. II. 1. c)

schen Übereinkommens zur Bekämpfung des Terrorismus, das allerdings nicht von allen Mitgliedstaaten unterzeichnet wurde.[236] Aufgrund des Scheiterns dieses Übereinkommens wurde die Arbeit der Gruppe unterbrochen und erst im Jahre 1985 im Rahmen der Europäischen Politischen Zusammenarbeit (EPZ) wieder aufgenommen.[237] Die **Gruppe „Justizielle Zusammenarbeit"** unterteilte sich wiederum in zwei Gruppen, in eine, die sich mit Strafrecht, und eine zweite, die sich mit Zivilrecht beschäftigte. Die Kommission hatte einen Beobachterstatus inne. In dieser Gruppe wurden zahlreiche völkerrechtliche Übereinkommen vorbereitet.[238] Darüber hinaus war die Gruppe für die Überwachung und Koordinierung intergouvernementaler zivil- und strafrechtlicher Übereinkommen zuständig. Aufgabe der Gruppe „Justizielle Zusammenarbeit" war nicht nur die Schaffung von Ausgleichsmaßnahmen für den Wegfall der Binnengrenzkontrollen. Durch eine Vertiefung der justiziellen Zusammenarbeit und der Harmonisierung von Rechtsvorschriften sollte sie einen europäischen Rechtsraum schaffen.[239]

5. Die Koordinatorengruppen

a) Die Koordinatorengruppe „Freizügigkeit"

Mit Einsetzung von immer mehr Arbeitsgruppen zur Schaffung von Ausgleichsmaßnahmen für den Wegfall der Binnengrenzkontrollen gab es Überschneidungen in der Kompetenz und Vorgehensweise. Der Europäische Rat von Rhodos vom 2./3. Dezember 1988 setzte deshalb die Koordinatorengruppe „Freizügigkeit" ein,[240] deren Aufgabe nur die **Koordination** von TREVI, der ad-hoc Gruppe Einwanderung, der Gruppe „Justizielle Zusammenarbeit" und GAM war.[241] Die Gruppe arbeitete auf der Grundlage des Dokuments von Palma vom Juni 1989.[242] In diesem Dokument wurden alle Ausgleichsmaßnahmen beschrieben, die wegen des Wegfalls der Personenkontrollen zu treffen waren. Es erfolgte eine genaue Zuordnung und die Festlegung eines Zeitplanes für ihre Verwirklichung. Mit der Untergruppe „Informatik" wurde ein Europäisches Informationssystem über gesuchte bzw. nicht zuzulassende Personen geplant. Diese Gruppe trug zum Entstehen des Entwurfs eines Übereinkommens über das Europäische Informationssystem vom 23. Mai 1995 (EIS-Übereinkommen)[243] bei.

---

236 vgl. die Erklärung des ER von Brüssel vom 12./13. Juli 1976 über den internationalen Terrorismus, Bull. EG 7/8-1976, Ziff. 2504

237 Als Vorläufer der GASP war die EPZ allerdings systemfremd.

238 vgl. die Auflistung bei *Degen*, in Groeben/Thiesing/Ehlermann, Kommentar zum EU-/EG-Vertrag, Vor Art. K bis K.9 EUV aF, Rn. 12

239 vgl. *Degen*, in Groeben/Thiesing/Ehlermann, Kommentar zum EU-/EG-Vertrag, Vor Art. K bis K.9 EUV aF, Rn. 12; *Nanz*, Integration 1992, 126, 129

240 Bull. EG 12-1988, Ziff. 1.1.3; vgl. *Rupprecht/Hellenthal*, Programm für eine Europäische Gemeinschaft der Inneren Sicherheit, in dies., Innere Sicherheit im Europäischen Binnenmarkt, S. 23, 156

241 vgl. *Degen*, in Groeben/Thiesing/Ehlermann, Kommentar zum EU-/EG-Vertrag, Vor Art. K bis K.9 EUV aF, Rn. 14

242 Bull. EG 6-1989, Ziff. 1.1.7

243 Rat der Europäischen Union, Dok. Nr. 7497/95 CK 25 vom 6. Juni 1995; abgedruckt in *Hummer/Obwexer*, Österreich in der Europäischen Union, Bd. III, S. 293 ff

b) Die Koordination der Drogenbekämpfung (CELAD)

Der Europäische Rat von Straßburg vom 8./9. Dezember 1989 setzte einen Ausschuss der Koordinatoren zur Drogenbekämpfung (CELAD) ein.[244] Die **Koordination** erfolgte dabei in allen Bereichen der Drogenbekämpfung. Die Gruppe nahm auch Kontakte mit Drittstaaten und internationalen Einrichtungen auf, um mit diesen zur Drogenbekämpfung zusammenzuarbeiten.[245] Unterstützt wurde CELAD durch eine Arbeitsgruppe im Rahmen der EPZ. Für den Europäischen Rat von Dublin vom 25./26. Juni 1990 erarbeitete die Gruppe Leitlinien für eine europäische Drogenbekämpfung. Auf dieser Grundlage stellte CELAD im Auftrag des Europäischen Rates von Dublin einen Drogenbekämpfungsplan auf, der vom Europäischen Rat von Rom vom 14./15. Dezember 1990 zur Umsetzung an die zuständigen Stellen ausgegeben wurde.[246] Der Rat verabschiedete in diesem Rahmen die Verordnung (EWG) Nr. 302/93 zur Schaffung einer Europäischen Beobachtungsstelle für Drogen und Drogensucht.[247]

6. Die Schengen-Gruppe

Hinsichtlich eines intergouvernementalen Ansatzes in den Bereichen Justiz und Inneres ist vor allem auch die Zusammenarbeit im Rahmen von Schengen zu nennen. Bis auf die in diesem Zusammenhang geschlossenen Übereinkommen wurden die zwischenstaatlichen Ansätze mit dem Vertrag von Maastricht unter den einheitlichen institutionellen Rahmen gebracht. Die Übereinkommen von Schengen[248] blieben auch unter dem Vertrag von Maastricht außerhalb der EU. Dies war aufgrund von Art. K.7 EUV aF möglich, der eine engere Zusammenarbeit zwischen zwei oder mehr Mitgliedstaaten mit dem EU-Vertrag als kompatibel ansah, sofern sie der im Titel VI EUV aF vorgesehenen Zusammenarbeit nicht zuwiderlief und diese nicht behinderte.[249] Da die Schengener Übereinkommen die wichtigsten Bereiche der ZBJI nach dem Vertrag von Maastricht bereits regelten, stellten sie ein Versuchslaboratorium der teilnehmenden Mitgliedstaaten dar und waren der eigentliche Vorläufer der dritten Säule des EU-Vertrags.[250] Ihre Eingliederung in den Rahmen der EU wurde erst mit dem Vertrag von Amsterdam beschlossen. Um ein Auseinanderreißen dieser

[244] Comité Européen de Lutte Antidrogue, Bull. EG 12-1989, Ziff. 1.1.9; vgl. *Rupprecht/Hellenthal*, Programm für eine Europäische Gemeinschaft der Inneren Sicherheit, in dies., Innere Sicherheit im Europäischen Binnenmarkt, S. 23, 161

[245] vgl. *Nanz*, Integration 1992, 126, 129

[246] vgl. *Hummer/Obwexer*, Österreich in der Europäischen Union, Bd. III, S. 10

[247] ABl. EG 1993 Nr. L 36/ 1; i. d. F. ABl. EG 1994 Nr. L 341/7

[248] Übereinkommen zwischen den Regierungen der Staaten der Benelux-Wirtschaftsunion, der Bundesrepublik Deutschland und der Französischen Republik betreffend den schrittweisen Abbau der Kontrollen an den gemeinsamen Grenzen vom 14. Juni 1985, GMBl. 1986, S. 79; Übereinkommen zur Durchführung des Übereinkommens von Schengen vom 14. Juni 1985 zwischen den Regierungen der Staaten der Benelux-Wirtschaftsunion, der Bundesrepublik Deutschland und der Französischen Republik betreffend den schrittweisen Abbau der Kontrollen an den gemeinsamen Grenzen vom 19. Juni 1990, BGBl. 1993 II S. 1013, Sartorius II, Nr. 280

[249] Dasselbe galt für das Dubliner Übereinkommen vom 15. Juni 1990, das mittels Art. K.7 EUV aF mit dem Vertrag von Maastricht vereinbar gemacht wurde, vgl. unten 3. Teil B. II. 1. c).

[250] vgl. *Schweitzer/Hummer*, Europarecht, Rn. 1909 f; *Hummer/Obwexer*, Österreich in der Europäischen Union, Bd. III, S. 29 ff; vgl. auch die Präambeln der Schengener Übereinkommen

einheitlichen Thematik zu vermeiden, soll die Darstellung in diesem Zusammenhang erfolgen.[251]

IV. Der Vertrag von Maastricht

1. Schaffung der Rahmenbedingungen für eine Zusammenarbeit in den Bereichen Justiz und Inneres

Durch den Vertrag über die Europäische Union vom 7. Februar 1992[252] wurde die Zusammenarbeit in Fragen der Innen- und Justizpolitik grundlegend neu geordnet. So wurde ein „Tempel-Modell" bestehend aus drei Säulen kreiert.[253] Die erste Säule befasste sich mit den traditionellen Gemeinschaftspolitiken und beinhaltete somit den EG-Vertrag, den EGKS-Vertrag und den EAG-Vertrag. In der zweiten Säule wurde die Gemeinsame Außen- und Sicherheitspolitik (GASP) geregelt. Die dritte Säule enthielt Bestimmungen über eine Zusammenarbeit in den Bereichen Justiz und Inneres (ZBJI). Die zweite und dritte Säule wurden dabei in intergouvernementaler Zusammenarbeit belassen, jedoch in den **einheitlichen institutionellen Rahmen** der Union nach Art. C EUV aF eingegliedert, der die Kohärenz und Kontinuität der Maßnahmen zur Erreichung der Ziele unter gleichzeitiger Wahrung und Weiterentwicklung des gemeinschaftlichen Besitzstands sicherstellt. Die meisten der o. g. Arbeitsgruppen gingen nach Inkrafttreten des Vertrags von Maastricht in neue Institutionen im Rahmen der dritten Säule über.

Für die Innen- und Justizpolitik nach dem Vertrag von Maastricht ist vor allem das **Kohärenzgebot** von Bedeutung. Dieses zielt darauf ab, die im EU-Vertrag genannten Ziele in gegenseitiger Rücksichtnahme zu verwirklichen. Es verpflichtet weiterhin zu einer Abstimmung der einzelnen Maßnahmen in den verschiedenen Säulen.[254] Gemäß Art. A Abs. 3 S. 2 EUV aF[255] liegt die Aufgabe der Union darin, die Beziehungen zwischen den Mitgliedstaaten sowie zwischen ihren Völkern kohärent und solidarisch zu gestalten. Dieses Gebot stellt dabei ein zentrales Element der Union dar, das dazu dient, die Zusammenarbeit der Mitgliedstaaten in den verschiedenen Formen nach innen zu bündeln und die Union als einheitlichen Staatenverbund[256] nach außen darzustellen.[257] Adressaten des Kohärenzgebotes sind neben den drei Gemeinschaften sowohl die Organe als auch die Mitgliedstaaten, die in der zweiten und dritten Säule aufgrund der intergouvernementalen Ausgestaltung die alleinigen Entscheidungsträger geblieben sind.[258]

[251] vgl. unten 3. Teil A. III.
[252] ABl. EG 1992 Nr. C 191/1; in Kraft getreten am 1. November 1993, ABl. EG 1993 Nr. L 293/61
[253] vgl. *Schweitzer/Hummer*, Europarecht, Rn. 58
[254] vgl. *Pechstein/König*, Die Europäische Union, Rn. 93 und 139; eine Vorläuferregelung befand sich in Art. 30 Abs. 5 Satz 1 EEA, der folgendermaßen lautete: „Die auswärtigen Politiken der Europäischen Gemeinschaft und die im Rahmen der Europäischen Politischen Zusammenarbeit vereinbarten Politiken müssen kohärent sein."
[255] entspricht Art. 1 Abs. 3 S. 2 EUV
[256] vgl. BVerfG, NJW 1993, 3047, 3052
[257] Nach *Müller-Graff*, Integration 1993, 147 ff, hat der Begriff „Kohärenz" drei verschiedene Bedeutungen: innere Kohärenz als Wahrung des wirtschaftlichen und sozialen Zusammenhalts, äußere Kohärenz als gemeinsames Auftreten gegenüber Drittstaaten, inhaltliche Kohärenz als eine Maßnahmenkohärenz.
[258] vgl. *Pechstein/König*, Die Europäische Union, Rn. 134 ff

Eine Ergänzung des Kohärenzgebotes stellt das **Kontinuitätsgebot** dar. Der gemeinschaftliche Besitzstand soll durch dieses gewahrt und weiterentwickelt werden.[259] Während das Kohärenzgebot versucht, ein Auseinanderdriften der verschiedenen Säulen der Union zu vermeiden, soll das Kontinuitätsgebot dazu dienen, einen Bruch innerhalb der einzelnen Politiken zu verhindern. Für den Bereich der Innen- und Justizpolitik bedeutet dies, dass auf eine Wahrung und Weiterentwicklung des bisherigen Besitzstandes zu achten ist. Gerade die Innen- und Justizpolitik wurde jedoch erst mit dem Vertrag von Maastricht von der völkerrechtlichen auf die unionsrechtliche Ebene gebracht. Da dies aber einen weiteren Integrationsschritt der Mitgliedstaaten darstellt, muss dieser Schritt auch als Teil der gesamten Integrationsdynamik angesehen werden. Damit bezieht sich das Kontinuitätsgebot auch auf die vor Maastricht schon vorhandene Zusammenarbeit der Mitgliedstaaten in der Innen- und Justizpolitik. Allerdings ist zu beachten, dass eine weitergehende Integration notwendigerweise Veränderungen mit sich bringt. Das Kontinuitätsgebot ist somit im Hinblick auf die dem Unionsvertrag innewohnende Integrationsdynamik weit auszulegen und kann damit nicht in klare rechtliche Strukturen gefasst werden.[260]

2. Kompetenzen der EU in den Bereichen Justiz und Inneres

a) Kompetenzen im Bereich der ersten Säule

Durch den Vertrag von Maastricht wurden drei die Innen- und Justizpolitik betreffende Bereiche in den EG-Vertrag eingeführt. Mit Art. 100c EGV aF wurde ein Teilbereich der Visapolitik vergemeinschaftet, Art. 129 EGV aF betraf einen Bereich der Drogenpolitik und Art. 209a EGV aF regelte die Bekämpfung von Betrug zum Nachteil der EG.

aa) Visapolitik nach Art. 100c EGV aF

Durch Art. 100c iVm Art. 3 lit. d) EGV aF wurde die Visapolitik in zwei Bereichen vergemeinschaftet.[261] So regelte Art. 100c Abs. 1 EGV aF, dass der Rat auf Vorschlag der Kommission und nach Anhörung des Europäischen Parlaments eine Liste der Drittländer festlegen kann, deren Staatsangehörige beim Überschreiten der EG-Außengrenzen im Besitz eines Visums sein müssen (**Negativliste**). Diese Entscheidungen wurden seit dem 1. Januar 1996 nicht mehr einstimmig, sondern mit qualifizierter Mehrheit getroffen.[262] Eine solche Negativliste wurde vom Rat am 25. September 1995 mit der Verordnung (EG) Nr. 2317/95 festgelegt.[263] Diese wurde jedoch vom EuGH wegen einer nicht ordnungsgemäßen Anhörung des Europäischen Par-

[259] vgl. *Hummer/Obwexer*, Österreich in der Europäischen Union, Bd. III, S. 15 ff
[260] *Pechstein/König*, Die Europäische Union, Rn. 131, meinen, dass das Kontinuitätsgebot keine besondere dogmatische Kategorie darstellt. Es sei vielmehr abhängig von politischen Entwicklungen und entziehe sich damit einer näheren juristischen Konturierung.
[261] vgl. *Zott*, Der rechtliche Rahmen der innen- und justizpolitischen Zusammenarbeit in der Europäischen Union, S. 79 ff
[262] vgl. Art. 100c Abs. 3 S. 1 EGV aF
[263] ABl. EG 1995 Nr. L 234/1

laments für nichtig erklärt.[264] Umstritten war, ob Art. 100c EGV aF auch die Kompetenz für die **Erstellung einer Positivliste** der visafreien Staaten darstellt.[265] Dies war umso wichtiger, als mit dem Binnenmarktkonzept gemäß Art. 7a Abs. 2 EGV aF alle Grenzkontrollen entfallen sollten. Dagegen sprach, dass Art. 100a Abs. 2 EGV aF ausdrücklich die Freizügigkeit von der Errichtung des Binnenmarktes ausschloss und sich Art. 100c EGV aF auch nicht in der Liste des Art. 7a Abs. 1 EGV aF befand. Dafür sprach jedoch die Realität, nämlich dass die Abschaffung der Grenzkontrollen ohne eine einheitliche Visapolitik nicht möglich ist.[266] Auf EG-Ebene hatte sich der Rat unter dem Vertrag von Maastricht auf die Negativliste beschränkt. Damit gab es auch weiterhin unterschiedliche Visaregelungen innerhalb der EU. Mit der Erstellung einer Positivliste in der Verordnung (EG) 539/2001 des Rates vom 15. März 2001, die für Dänemark noch auf der Grundlage des Wortlauts des Art. 100c Abs. 1 EGV aF erfolgte, scheint der Streit jedoch zumindest unter den 13 Schengen-Staaten zugunsten der Erstellung einer Positivliste entschieden.[267]

Bis zum 1. Januar 1996 hatte der Rat auf Vorschlag der Kommission und nach Anhörung des Europäischen Parlaments Maßnahmen zur **einheitlichen Visagestaltung** mit qualifizierter Mehrheit zu treffen.[268] Entsprechend verabschiedete der Rat am 29. Mai 1995 die Verordnung (EG) Nr. 1683/95 über eine einheitliche Visagestaltung (Visummarke-Verordnung).[269] Art. 100c Abs. 2 EGV aF sah dabei eine Ausnahmeklausel vor, wonach der Rat bei einer Notlage in einem dritten Land, die zu einem plötzlichen Zustrom von Staatsangehörigen dieses Landes in die Gemeinschaft zu führen droht, auf Empfehlung der Kommission mit qualifizierter Mehrheit für einen Zeitraum von höchstens sechs Monaten den Visumzwang für Staatsangehörige des betreffenden Landes einführen kann. Diese Maßnahme konnte nach dem Verfahren nach Abs. 1 verlängert werden. Zwar hatte die Kommission das alleinige Initiativrecht inne, jedoch musste sie nach Art. 100c Abs. 4 EGV aF jeden Antrag eines Mitgliedstaates prüfen. Art. 100c Abs. 5 EGV aF enthielt eine ordre-public-Klausel, wonach die Aufrechterhaltung der öffentlichen Ordnung und der Schutz der inneren Sicherheit durch die Mitgliedstaaten unberührt blieb. Für die Übergangszeit bestimmte Art. 100c Abs. 7 EGV aF, dass die geltenden Bestimmungen, die unter diesen Artikel fallen, solange in Kraft bleiben bis sie ersetzt werden.

Problematisch an diesem System war, dass lediglich zwei Einzelbereiche voll vergemeinschaftet wurden, während der Rest weiterhin in intergouvernementaler Zusammenarbeit behandelt wurde. Diesem Punkt wurde darin Rechnung getragen, dass mit der Vorbereitung sowohl der K.4-Auschuss als Gremium der dritten Säule wie der Ausschuss der Ständigen Vertreter nach Art. 151 EGV aF beauftragt wur-

[264] vgl. EuGH, Rs. C-392/95, Visumverordnung, Slg. 1997, S. I-3213 ff; vgl. zur Rechtslage unter dem Vertrag von Amsterdam unten 3. Teil B. II. 1. b) aa)

[265] vgl. *Hailbronner*, CMLRev. 1994, 969, 979 ff; *Nanz*, Integration 1992, 126, 132, will Art. 100c Abs. 1 EGV aF keinen ausschließlichen Charakter zukommen lassen, da eine Einigung auf eine abschließende Negativliste für damals zwölf Mitgliedstaaten undenkbar erschien. Freundlicher sei eine Auslegung dahingehend, dass Art. 100c Abs. 1 EGV aF nur den Einstieg in eine harmonisierte EG-rechtliche Visaregelung schafft.

[266] vgl. *Hailbronner*, in Hailbronner/Klein/Magiera/Müller-Graff, Handkommentar zum Vertrag über die Europäische Union, Stand April 1996, Art. 100c EGV aF, Rn. 3 ff; *Langeheine/van Nuffel*, in Grabitz/Hilf, Kommentar zur Europäischen Union, Stand Oktober 1996, Art. 100c EGV aF, Rn. 11

[267] ABl. EG 2001 Nr. L 81/1; vgl. dazu unten 3. Teil D. II. 2. b) bb)

[268] vgl. Art. 100c Abs. 3 S. 2 EGV aF

[269] ABl. EG 1995 Nr. L 164/1

den.[270] Insbesondere Art. 100c Abs. 3 S. 2 EGV aF enthielt eine in sich unvollständige Regelung. Mit „Maßnahmen zur einheitlichen Visagestaltung" wurde die EG-Kompetenz für einen einheitlichen Visumaufkleber geschaffen.[271] Wozu dieser **Visumaufkleber** berechtigen sollte, wurde nicht auf die EG-Kompetenz verlagert, sondern dafür war ein völkerrechtliches Abkommen nach Art. K.1 Nr. 2 und 3 lit. a) EUV aF (EG-Außengrenzübereinkommen) vorgesehen.[272]

bb) Drogenpolitik nach Art. 129 EGV aF

Durch die Einfügung von Art. 129 EGV aF wurde eine Kompetenz der EG im Bereich der Drogenpolitik geschaffen.[273] Die Überschrift des Titel X aF „Gesundheitswesen" deutete jedoch schon darauf hin, dass hier allein die Verhütung von Krankheiten, insbesondere der weitverbreiteten schwerwiegenden Krankheiten einschließlich der Drogenabhängigkeit, gemeint war. Eine weitergehende Kompetenz, insbesondere hinsichtlich der Bekämpfung des illegalen Drogenhandels, ist in Art. 129 EGV aF nicht enthalten.[274] Ausdrücklich ausgeschlossen waren dabei nach Art. 129 Abs. 4 EGV aF jegliche Harmonisierungen der Rechts- und Verwaltungsvorschriften der Mitgliedstaaten für den Erlass von Fördermaßnahmen.

cc) Betrugsbekämpfung nach Art. 209a EGV aF

Mit Einführung des Art. 209a EGV wurde eine Bestimmung zur Bekämpfung von Betrug zum Nachteil der EG eingeführt. Zu beachten war hier vor allem, dass Art. K.1 Nr. 5 EUV aF eine ähnliche Regelung zur Bekämpfung von Betrügereien im internationalen Maßstab enthielt, was eine Abgrenzung erforderte.[275]

---

[270] vgl. Art. 100d EGV aF

[271] Durch die VO 1683/95 vom 29. Mai 1995 hat der Rat Vorschriften zur einheitlichen Visagestaltung erlassen, ABl. 1995 Nr. L 164/1; vgl. zur Rechtslage nach dem Vertrag von Amsterdam unten 3. Teil B. II. 1. b) cc).

[272] vgl. *Nanz*, Integration 1992, 126, 133; dieses scheiterte jedoch an Differenzen zwischen Spanien und dem Vereinigten Königreich über den Status von Gibraltar.

[273] Schon vor dem Vertrag von Maastricht wurden auf Gemeinschaftsebene Maßnahmen mit Bezug auf die Drogenpolitik getroffen. Auf Art. 113 EWGV wurden die VO (EWG) 3677/90 des Rates vom 13. Dezember 1990 über Maßnahmen gegen die Abzweigung bestimmter Stoffe zur unerlaubten Herstellung von Suchtstoffen und psychotropen Substanzen, ABl. EG 1990 Nr. L 357/1, und die VO (EWG) 900/92 des Rates vom 31. März 1992 zur Änderung der VO (EWG) 3677/90, ABl. EG 1992 Nr. L 96/1, gestützt. Die Rechtsgrundlage Art. 100a EWGV wurde für die RL 92/109/EWG des Rates vom 14. Dezember 1992 über die Herstellung und das Inverkehrbringen bestimmter Stoffe, die zur unerlaubten Herstellung von Suchtstoffen und psychotropen Stoffen verwendet werden, ABl. EG 1992 Nr. L 370/76, die RL 92/26/EWG des Rates vom 31. März 1992 zur Einstufung bei der Abgabe von Humanarzneimitteln, ABl. EG 1992 Nr. L 113/5, und die RL 91/308/EWG des Rates vom 10. Juni 1991 zur Verhinderung der Nutzung des Finanzsystems zum Zwecke der Geldwäsche, ABl. EG 1991 Nr. L 166/77, herangezogen. Für die VO (EWG) 302/93 des Rates vom 8. Februar 1993 zur Schaffung einer Europäischen Beobachtungsstelle für Drogen und Drogensucht, ABl. EG 1993 Nr. L 36/1, war Art. 235 EGV die Rechtsgrundlage.

[274] vgl. *Zott*, Der rechtliche Rahmen der innen- und justizpolitischen Zusammenarbeit in der Europäischen Union, S. 92

[275] vgl. dazu *Zott*, Der rechtliche Rahmen der innen- und justizpolitischen Zusammenarbeit in der Europäischen Union, S. 94 ff

b) Kompetenzen im Bereich der dritten Säule

Die unter Titel VI EUV aF gefassten Bereiche der Innen- und Justizpolitik wurden zwar unter den einheitlichen institutionellen Rahmen der EU gebracht, allerdings bedeutete das keine Abkehr von der intergouvernementalen Zusammenarbeit. Die Folge war nur, dass die in Art. K.1 EUV aF aufgezählten Angelegenheiten von gemeinsamem Interesse nicht mehr außerhalb der EU auf Ebene des Völkerrechts bearbeitet werden durften. Diese Bereiche konnten dabei in drei Kategorien aufgeteilt werden.[276] Die Bereiche Nr. 1, 2 und 3, d. h. die Asylpolitik, die Vorschriften über das Überschreiten der Außengrenzen sowie die Einwanderungspolitik und die Politik gegenüber den Staatsangehörigen dritter Länder standen in engem Zusammenhang, da sie Ausländer betrafen, die nicht aus EU-Ländern stammten. Die Bekämpfung der Drogenabhängigkeit nach Nr. 4, der Betrügereien im internationalen Maßstab nach Nr. 5 sowie die polizeiliche Zusammenarbeit nach Nr. 9 konnten unter der Kategorie der polizeilichen Kooperation zusammengefasst werden. Die Nr. 6, 7 und 8 betrafen die Zusammenarbeit in Justiz und Zoll.

aa) Politiken gegenüber Drittstaatsangehörigen

Art. K.1 Nr. 1 EUV aF regelte die **Asylpolitik**. Er umfasste die formelle und die materielle Asylrechtsharmonisierung.[277] Die Asylpolitik stellte dabei den Bereich dar, dem die größte Priorität bei der Harmonisierung zukommen sollte.[278] In der Erklärung Nr. 31 zur Asylfrage zum Vertrag von Maastricht wurde sogar eine Vergemeinschaftung durch die Anwendung des Art. K.9 EUV aF erwogen.[279] Seit Verabschiedung des Unionsvertrags wurden vom Rat im Asylbereich insbesondere eine Entschließung über Mindestgarantien für Asylverfahren[280] und ein Gemeinsamer Standpunkt betreffend die harmonisierte Anwendung der Definition des Begriffs „Flüchtling" in Art. 1 des Genfer Abkommens vom 28. Juli 1951 über die Rechtsstellung der Flüchtlinge[281] verabschiedet.

Art. K.1 Nr. 2 EUV aF nannte als Angelegenheit von gemeinsamem Interesse die Vorschriften über das Überschreiten der **Außengrenzen** der Mitgliedstaaten durch Personen und die Ausübung entsprechender Kontrollen. Diese Bestimmung betraf damit nicht nur Drittstaatsangehörige[282], sondern auch EU-Bürger.[283] Darunter waren

[276] vgl. *Tezcan*, CahDrEur 1998, 661, 665; vgl. zur Festlegung der Prioritäten für die ZBJI für den Zeitraum vom 1. Juli 1996 bis zum 30. Juni 1998 die Entschließung des Rates vom 14. Oktober 1996, ABl. EG 1996 Nr. C 319/1

[277] vgl. *Fischer*, EuZW 1994, 747, 749; *Pechstein/König*, Die Europäische Union, 2. Aufl., Rn. 353

[278] vgl. *Nanz*, Integration 1992, 126, 135; ein Arbeitsprogramm und ein Terminplan sind in dem vom ER von Luxemburg vom 28./29. Juni 1991 erbetenen Bericht über die Asylfrage enthalten.

[279] vgl. zu Art. K.9 EUV aF unten 3. b) cc)

[280] Entschließung vom 21. Juni 1995, ABl. EG 1996 Nr. C 247/13

[281] Gemeinsamer Standpunkt vom 4. März 1996, ABl. EG 1996 Nr. L 63/2; vgl. zu weiteren Maßnahmen des Rates in der Asylpolitik unter dem Vertrag von Maastricht die Zusammenstellung unten VI. 1.

[282] Nach Art. 28 ff EWR-Abkommen, ABl. EG 1994 Nr. L 1/1, Sartorius II Nr. 310, genießen Staatsangehörige der EWR-Länder dieselben Rechte hinsichtlich der Einreise wie die Staatsangehörigen der Mitgliedstaaten. Unter dem Begriff Drittstaatsangehörige sind demnach nur noch die zu verstehen, die weder Bürger der EU noch Bürger eines Staates des EWR sind, vgl. *Nanz*, Visapolitik und Einwanderungspolitik in der Europäischen Union, in Müller-Graff, Europäische Zusammenarbeit in den Bereichen Justiz und Inneres, S. 63, 64.

einerseits die materiellen Regelungen gemeint, unter welchen Voraussetzungen Personen die Grenzen überschreiten dürfen, andererseits die Art der Kontrollen, die dabei erfolgen müssen. Da auch die Visapolitik betroffen war, trat hier ein Berührungspunkt zu Art. 100c Abs. 3 S. 2 EGV aF zu Tage, der auf EG-Ebene lediglich die Einheitlichkeit des Visaformulars regelte.[284] Im Sachgebiet von Art. K.1 Nr. 2 EUV aF wurde vom Rat insbesondere die Gemeinsame Maßnahme zur Festlegung eines Ausbildungs-, Austausch- und Kooperationsprogramms im Bereich der Ausweisdokumente („SHERLOCK") angenommen.[285]

Art. K.1 Nr. 3 EUV aF umfasste die **Einwanderungspolitik** und die Politik gegenüber den Staatsangehörigen dritter Länder. Dieser enthielt unter lit. a) Bestimmungen über die Einreise und den Verkehr von Staatsangehörigen dritter Länder im Hoheitsgebiet der Mitgliedstaaten. Lit. b) bezeichnete den Aufenthalt von Drittstaatsangehörigen einschließlich der Familienzusammenführung und des Zugangs zur Beschäftigung als Angelegenheit von gemeinsamem Interesse. Die Bekämpfung der illegalen Einwanderung, des illegalen Aufenthalts und der illegalen Arbeit von Staatsangehörigen dritter Staaten wurde unter lit. c) genannt. Art. K.1 Nr. 3 EUV aF stellte klar, dass die Freizügigkeitsregelungen des EG-Vertrags nur für Staatsangehörige der Mitgliedstaaten galten.[286]

bb) Polizeiliche Kooperation

Unter Art. K.1 Nr. 4 EUV aF wurde die Bekämpfung der **Drogenabhängigkeit** aufgenommen. Diese Bestimmung war jedoch ausdrücklich subsidiär zu den Art. K.1 Nr. 7, 8 und 9 EUV aF. Damit fielen die Bereiche der Drogenpolitik, die im Zusammenhang mit der justiziellen Zusammenarbeit in Strafsachen, der Zusammenarbeit im Zollwesen und der polizeilichen Zusammenarbeit standen, nicht unter Art. K.1 Nr. 4 EUV aF.[287] Der Sinn dieser Subsidiarität lag darin, dass dadurch die Kommission kein Initiativrecht nach Art. K.3 Abs. 2 EUV aF hatte und Art. K.9 EUV aF, der die Anwendbarkeit von Art. 100c EGV aF regelte, nicht anwendbar war. Da für die präventive Drogenpolitik im Gesundheitsbereich eine EG-Kompetenz in Art. 129 EGV aF bestand, konnte sich Art. K.1 Nr. 4 EUV aF auch nur auf die repressive Drogenbe-

283 vgl. *Hailbronner*, in Hailbronner/Klein/Magiera/Müller-Graff, Handkommentar zum Vertrag über die Europäische Union, Stand Juni 1996, Art. K EUV aF, Rn. 32

284 Am 4. März 1996 hat der Rat auf der Grundlage von Art. K.3 EUV aF eine GM betreffend den Transit auf Flughäfen beschlossen, ABl. EG 1996 Nr. L 63/8; vgl. dazu auch ABl. EG 1996 Nr. C 210/7; in Rs. C-170/96, Flughafentransit, Slg. 1998, S. I-2763 ff, nimmt der EuGH Stellung zur Abgrenzung des Art. 100c Abs. 1 iVm Art. 3 lit. d) EGV aF von Art. K.1 Nr. 2 EUV aF.

285 ABl. EG 1996 Nr. L 287/7; vgl. zu weiteren Maßnahmen in diesem Sachgebiet unter dem Vertrag von Maastricht die Zusammenstellung unten VI. 2.

286 vgl. *Nanz*, Integration 1992, 126, 136; die Art. 48 ff, 52 ff und 59 ff EGV aF bezogen sich ausschließlich auf Angehörige der Mitgliedstaaten. Eine Regelung für Drittstaatsangehörige im Rahmen des EGV aF fand sich lediglich im Sekundärrecht, z. B. für Familienangehörige, VO (EWG) 1612/68 über die Freizügigkeit der Arbeitnehmer innerhalb der Gemeinschaft vom 15. Oktober 1968 und RL 68/360/EWG zur Aufhebung der Reise- und Aufenthaltsbeschränkungen für Arbeitnehmer der Mitgliedstaaten und ihre Familienangehörigen innerhalb der Gemeinschaft vom 15. Oktober 1968. Vgl. zu weiteren Maßnahmen im Bereich von Art. K.1 Nr. 3 EUV aF die Zusammenstellung unten VI. 3.

287 Die Einrichtung der Europol-Drogenstelle als Vorläufer von Europol war eine Angelegenheit von gemeinsamem Interesse gemäß Art. K.1 Nr. 9 EUV aF, vgl. die Präambel der GM vom 10. März 1995 bezüglich der Europol-Drogenstelle, ABl. EG 1995 Nr. L 62/1.

kämpfung beziehen.[288] Folge dieser Aufspaltung war die Auflösung von CELAD, das auf die Ebene der Gesundheitsminister einerseits und der Innen- und Justizminister andererseits aufgeteilt wurde. Die Bedeutung von Art. K.1 Nr. 4 EUV aF lag damit vor allem darin, die Arbeit unter den verschiedenen Kompetenznormen zu koordinieren und den Informationsaustausch zu verbessern.[289]

Nach Art. K.1 Nr. 5 EUV aF war die Bekämpfung von **Betrügereien** im internationalen Maßstab eine Angelegenheit von gemeinsamem Interesse. Die Nr. 5 war jedoch wiederum ausdrücklich subsidiär zu den Nr. 7, 8 und 9. Eine Abgrenzung hatte zu Art. 209a EGV aF zu erfolgen, der die Bekämpfung von Betrügereien, die sich gegen die finanziellen Interessen der Gemeinschaft richten, regelte.[290] Im Sachgebiet des Art. K.1 Nr. 5 EUV aF wurde vom Rat vor allem das Übereinkommen vom 26. Juli 1995 über den Schutz der finanziellen Interessen der Europäischen Gemeinschaften beschlossen, das mit den dazugehörigen Protokollen insbesondere Definitionen für die Tatbestände Betrug, Bestechlichkeit und Bestechung zum Nachteil der finanziellen Interessen der Gemeinschaft enthält.[291]

Die **polizeiliche Zusammenarbeit** zur Verhütung und Bekämpfung des Terrorismus, des illegalen Drogenhandels und sonstiger schwerwiegender Formen der internationalen Kriminalität, erforderlichenfalls einschließlich bestimmter Aspekte der Zusammenarbeit im Zollwesen, wurde in Art. K.1 Nr. 9 EUV aF aufgenommen. Entscheidend für die Anwendbarkeit war damit, dass es sich um eine schwerwiegende Kriminalitätsform mit grenzüberschreitendem Charakter handelte.[292] Diese Zusammenarbeit sollte in Verbindung mit dem Aufbau eines unionsweiten Systems zum Austausch von Informationen im Rahmen eines Europäischen Polizeiamts (Europol) geschehen. Vorläufer von Europol war die Europol-Drogenstelle, die im Januar 1994 in Den Haag ihre Arbeit aufnahm. Am 26. Juli 1995 wurde das Übereinkommen über die Errichtung eines Europäischen Polizeiamts (Europol-Übereinkommen) unterzeichnet, das am 1. Oktober 1998 in Kraft trat.[293] Die Polizeibehörde Europol nahm am 1. Juli 1999 in Den Haag ihre Arbeit auf.[294] Die besondere Wichtigkeit dieses Sachgebietes wurde durch eine eigene Erklärung zur polizeilichen Zusammenarbeit betont.[295]

---

[288] vgl. *Nanz*, Integration 1992, 126, 137

[289] vgl. auch den Aktionsplan der EU im Bereich der Drogenbekämpfung für 1995-1999, Bull. EU 6-1994, Ziff. 1.4.6; vgl. zu weiteren Maßnahmen unter Art. K.1 Nr. 4 EUV aF die Zusammenstellung unten VI. 4.

[290] Die VO (EG/EURATOM) 2988/95 vom 18. Dezember 1995 über den Schutz der finanziellen Interessen der Europäischen Gemeinschaften, ABl. EG 1995 Nr. L 312/1, und die VO (EURATOM, EG) 2185/96 vom 11. November 1996 betreffend die Kontrollen und Überprüfungen vor Ort durch die Kommission zum Schutz der finanziellen Interessen der Europäischen Gemeinschaften vor Betrug und anderen Unregelmäßigkeiten, ABl. EG 1996 Nr. L 292/2, wurden allerdings auf Art. 235 EGV aF gestützt, da Art. 209a EGV aF keine Rechtsgrundlage für den Erlass von VO beinhaltete.

[291] vgl. zu den Fundstellen und zu weiteren Maßnahmen in diesem Sachgebiet die Zusammenstellung unten VI. 5.

[292] vgl. *Degen*, in Groeben/Thiesing/Ehlermann, Kommentar zum EU-/EG-Vertrag, Art. K.1 EUV aF, Rn. 13

[293] ABl. EG 1995 Nr. C 316/1; BGBl. 1997 II S. 2150 und BGBl. 1998 II S. 2930

[294] vgl. zur Entwicklung von Europol unten 3. Teil C. III.1. a) bb) (2)

[295] Erklärung Nr. 32 zum Vertrag von Maastricht; vgl. zu weiteren Maßnahmen in diesem Sachgebiet die Zusammenstellung unten VI. 9.

cc) Zusammenarbeit in Justiz und Zoll

Unter **justizieller Zusammenarbeit** war insbesondere die Zusammenarbeit der Durchführung von Gerichtsverfahren und der Anerkennung und Vollstreckung von Entscheidungen zu verstehen. Weiterhin umfasste der Begriff die Verbesserung der Rechtshilfe zwischen den Mitgliedstaaten.[296] Art. K.1 Nr. 6 EUV aF betraf die justizielle Zusammenarbeit in Zivilsachen als Angelegenheit von gemeinsamem Interesse. Dabei wurde insbesondere die gerichtliche Zuständigkeit und die Vollstreckung von Entscheidungen in Familiensachen angesprochen.[297] In Art. K.1 Nr. 7 EUV aF war die Zusammenarbeit in Strafsachen geregelt. In diesem Zusammenhang wurde vor allem ein Übereinkommen über das vereinfachte Auslieferungsverfahren zwischen den Mitgliedstaaten der EU vom 10. März 1995 abgeschlossen.[298] Bei der justiziellen Zusammenarbeit in Zivilsachen war, anders als bei den Strafsachen, die Kommission nach Art. K.3 Abs. 2 EUV aF initiativberechtigt und Art. 100c EGV aF hätte über Art. K.9 EUV aF Anwendung finden können.[299]

In Art. K.1 Nr. 8 EUV aF wurde die Zusammenarbeit im **Zollwesen** als Angelegenheit von gemeinsamem Interesse bezeichnet. Damit waren alle Bereiche in der Zusammenarbeit der Zollverwaltungen gemeint, die noch nicht vergemeinschaftet waren, so insbesondere die Verhinderung des Schmuggels von Drogen und Waffen.[300] Dies bedeutete eine Fortsetzung der Arbeit von GAM und GAM '92.[301]

3. Verfahrensrechtliche Besonderheiten

Während in der ersten Säule die gemeinschaftsrechtlichen Maßnahmen Anwendung finden konnten, wurde durch den EU-Vertrag ein neuartiges Verfahrensrecht für die ZBJI in der dritten Säule eingeführt.

a) Verfahren in der ersten Säule

Im Bereich der ersten Säule galten grundsätzlich die **Regelungen des Art. 189 EGV** aF. Damit konnte der Rat Verordnungen, Richtlinien, Entscheidungen, Empfehlungen und Stellungnahmen erlassen. Im Rahmen des Art. 129 EGV aF beschränkten sich die Handlungsformen der Gemeinschaft jedoch auf Fördermaßnahmen und Empfehlungen.[302] Zur Bekämpfung von Betrügereien, die sich gegen die finanziellen Interessen der Gemeinschaft richten, konnten die Mitgliedstaaten lediglich die gleichen Maßnahmen ergreifen, die sie auch zur Bekämpfung von Betrügereien ergreifen, die sich gegen ihre eigenen finanziellen Interessen richten.[303] Eine materiellrechtliche

296 vgl. *Zott*, Der rechtliche Rahmen der innen- und justizpolitischen Zusammenarbeit in der Europäischen Union, S. 63 ff

297 vgl. auch den kurzen Überblick bei *Müller-Graff/Kainer*, DRiZ 2000, 350, 351

298 ABl. EG 1995 Nr. C 78/1

299 vgl. zu weiteren Maßnahmen in der justiziellen Zusammenarbeit in Zivil- und Strafsachen die Zusammenstellung unten VI. 6. und 7.

300 vgl. *Nanz*, Integration 1992, 126, 137

301 vgl. zu weiteren Maßnahmen in diesem Sachgebiet die Zusammenstellung unten VI. 8.

302 vgl. Art. 129 Abs. 4 EGV aF

303 vgl. Art. 209a Abs. 1 EGV aF

Regelungskompetenz war damit für die EG nicht verbunden. So wurde die Verordnung Nr. 2988/95 des Rates über den Schutz der finanziellen Interessen der Europäischen Gemeinschaften nicht auf Art. 209a EGV aF, sondern auf Art. 235 EGV aF gestützt.[304]

b) Verfahren in der dritten Säule

Die ZBJI in der dritten Säule wurde zwar durch den Vertrag von Maastricht in den **einheitlichen institutionellen Rahmen** eingefügt. Das anwendbare Verfahren hatte jedoch mit den Regelungen des EG-Vertrags wenig Gemeinsamkeiten. Diese Besonderheiten wurden weitgehend auch mit dem Vertrag von Amsterdam beibehalten.[305] Im Einzelnen konnte hier zwischen dem institutionellen Rahmen, den Handlungsformen und der Anwendbarkeit der sog. Passerelle nach Art. K.9 EUV aF unterschieden werden.

aa) Institutioneller Rahmen

Der **Europäische Rat** wurde in den Bestimmungen der Art. K.1 ff EUV aF nicht erwähnt. Eine Leitlinienkompetenz kam ihm aber über Art. D Abs. 1 EUV aF zu. Diese Regelung galt auch für die ZBJI, da sie in den Titel I EUV aF „Gemeinsame Bestimmungen" eingeordnet war.[306] Der Europäische Rat hat seine Leitlinienkompetenz für die Setzung von neuen Zielen und Impulsen auf seinen mindestens zweimal jährlichen Tagungen regelmäßig auch wahrgenommen.[307] Selbstverständlich konnte der Europäische Rat nach Art. D Abs. 1 EUV aF Aufträge zu Vorarbeiten an den Rat geben.[308]

Die Mitgliedstaaten bedienten sich bei ihren unionsrechtlichen Aktivitäten der Organe der EG. Diese Organleihe war in Art. D und E EUV aF festgelegt. So stellte gemäß Art. K.3 Abs. 1 EUV aF der Rat als „beliehenes Organ" der EG das zentrale Koordinationsgremium dar.[309] Der **Rat** beschloss gemäß Art. K.4 Abs. 3 EUV aF grundsätzlich einstimmig. Ausgenommen davon waren lediglich Verfahrensfragen und Fälle, in denen Art. K.3 EUV aF ausdrücklich eine andere Abstimmungsregel vorsah. Dies war der Fall in Art. K.3 Abs. 2 lit. b) EUV aF für Maßnahmen zur Durchführung Ge-

[304] ABl. EG 1995 Nr. L 312/1
[305] vgl. dazu unten 3. Teil C. IV.
[306] vgl. *Pechstein/König*, Die Europäische Union, 2. Aufl., Rn. 224
[307] vgl. ER von Brüssel vom 10./11. Dezember 1993, Schlussfolgerungen des Vorsitzes, Bull. EG 12-1993, Ziff. I.8; ER von Korfu vom 24./25. Juni 1994, Schlussfolgerungen des Vorsitzes, Bull. EU 6-1994, Ziff. I.23; ER von Essen vom 9./10. Dezember 1994, Schlussfolgerungen des Vorsitzes, Bull. EU 12-1994, Ziff. I.25; ER von Cannes vom 26./27. Juni 1995, Schlussfolgerungen des Vorsitzes, Bull. EU 6-1995, Ziff. I.20; ER von Madrid vom 15./16. Dezember 1995, Schlussfolgerungen des Vorsitzes, Bull. EU 12-1995, Ziff. I.16; ER von Turin vom 29. März 1996, Schlussfolgerungen des Vorsitzes, Bull. EU 3-1996, Ziff. I.4; ER von Florenz vom 21./22. Juni 1996, Schlussfolgerungen des Vorsitzes, Bull. EU 6-1996, Ziff. I.5; ER von Dublin vom 13./14. Dezember 1996, Schlussfolgerungen des Vorsitzes, Bull. EU 12-1996, Ziff. I.8; ER von Amsterdam vom 16./17. Juni 1997, Schlussfolgerungen des Vorsitzes, Bull. EU 6-1997, Ziff. I.10; ER von Luxemburg vom 12./13. Dezember 1997, Schlussfolgerungen des Vorsitzes, Bull. EU 12-1997, Ziff. I.15;
[308] vgl. ER von Brüssel vom 29. Oktober 1993, Schlussfolgerungen des Vorsitzes, Bull. EG 10-1993, Ziff. I.5
[309] vgl. *Hummer/Obwexer*, Österreich in der Europäischen Union, Bd. III, S. 16, 21

meinsamer Maßnahmen mit qualifizierter Mehrheit. Dafür wurde gemäß Art. K.4 Abs. 3 UAbs. 2 EUV aF auf Art. 148 Abs. 2 EGV aF verwiesen. Gemäß Art. K.3 Abs. 2 lit. c) EUV aF konnten Maßnahmen zur Durchführung der Übereinkommen mit der Mehrheit von zwei Dritteln der Stimmen angenommen werden.

Der Rat wurde von einem aus hohen Beamten bestehenden Koordinierungsausschuss, dem sog. „**K.4-Ausschuss**" unterstützt, dessen Aufgabe es war, auf Ersuchen des Rates oder von sich aus Stellungnahmen an den Rat zu richten und unbeschadet des Art. 151 EGV aF zur Vorbereitung der Arbeiten des Rates in den in Art. K.1 EUV aF und - nach Maßgabe des Art. 100d EGV aF - in Art. 100c EGV aF genannten Bereichen beizutragen.[310] Dies bedeutete, dass der K.4-Ausschuss für die Koordination der innen- und justizpolitischen Bereiche in der ersten und dritten Säule zuständig war. Dabei stand er in Konkurrenz zum in Art. 151 EGV aF vorgesehenen Ausschuss der Ständigen Vertreter. Der K.4-Ausschuss hatte wiederum verschiedene Arbeitsgruppen unter sich, die in drei Lenkungsgruppen organisiert waren. Die Lenkungsgruppe I löste die ad-hoc-Gruppe Einwanderung ab und war für Einwanderung und Asyl zuständig. An die Stelle der TREVI-Gruppe und der GAM trat die Lenkungsgruppe II, die den Bereich der öffentlichen Sicherheit mit den Gebieten Terrorismus, polizeiliche Zusammenarbeit, Drogen, Organisierte Kriminalität, Zoll und Europol übernahm. In der Lenkungsgruppe III mit der Zuständigkeit für die Zusammenarbeit in Zivil- und Strafsachen ging die Gruppe „Justizielle Zusammenarbeit" auf. Während die einzelnen Arbeitsgruppen für die technischen Fragen zuständig waren, wurden in den Lenkungsgruppen politische Fragen bearbeitet.[311] Daraus ergab sich für den Bereich der ZBJI eine fünfstufige Arbeitsstruktur innerhalb des Rates: Rat - Ausschuss der Ständigen Vertreter - K.4-Ausschuss - Lenkungsgruppen - Arbeitsgruppen.

An den Arbeiten wurde die **Kommission** in vollem Umfang beteiligt.[312] Damit wechselte die Rolle der Kommission von einer Beschränkung auf den Beobachterstatus zu einer aktiven Rolle, da sie grundsätzlich in jedem Teilbereich mitwirken konnte. Dies bedeutete, dass die Kommission auch von für die nationale Souveränität besonders sensiblen Bereichen wie der Terrorismusbekämpfung, der Bekämpfung der Organisierten Kriminalität und der Polizeitechnik und -ausbildung nicht mehr ausgeschlossen war.[313] Die Beteiligung der Kommission wurde lediglich durch Art. K.3 Abs. 2 EUV aF beschränkt, der in den Bereichen des Art. K.1 Nr. 7, 8 und 9 EUV aF der Kommission kein Initiativrecht gab. Weiterhin war die Kommission voll in den Konsultationsprozess der Mitgliedstaaten eingebunden und konnte an allen Sitzungen der Organe, Ausschüsse und Arbeitsgruppen teilnehmen.[314]

---

[310] vgl. Art. K.4 EUV aF

[311] vgl. *Hummer/Obwexer*, Österreich in der Europäischen Union, Bd. III, S. 27

[312] vgl. Art. K.4 Abs. 2 EUV aF; zur Rolle der Kommission vgl. *Hailbronner*, in Hailbronner/Klein/Magiera/Müller-Graff, Handkommentar zum Vertrag über die Europäische Union, Stand Juni 1996, Art. K EUV aF, Rn. 125 ff; *Curtin/Pouw*, La coopération dans le domaine de la justice et des affaires intérieures au sein de l'Union européenne: une nostalgie d'avant Maastricht?, in Mattera/Bangemann, La Conférence intergouvernementale sur l'Union européenne, S. 315, 321

[313] vgl. *Degen*, in Groeben/Thiesing/Ehlermann, Kommentar zum EU-/EG-Vertrag, Art. K.4 EUV aF, Rn. 10

[314] vgl. *Degen*, in Groeben/Thiesing/Ehlermann, Kommentar zum EU-/EG-Vertrag, Art. K.4 EUV aF, Rn. 11

Auch das **Europäische Parlament** hatte nach Art. K.6 EUV aF bestimmte Rechte.[315] So hatte der Vorsitz und die Kommission das Europäische Parlament regelmäßig zu unterrichten und zu den wichtigsten Aspekten anzuhören. Die Auffassung des Europäischen Parlaments sollte dabei gebührend berücksichtigt werden. Das Parlament konnte Anfragen oder Empfehlungen an den Rat richten und führte jährlich eine Aussprache über die Fortschritte bei der Durchführung der Maßnahmen durch. Gemäß Art. K.8 Abs. 1 EUV aF fanden die Art. 137, 138, 139 bis 142, 146, 147, 150 bis 153, 157 bis 163 und 217 EGV aF entsprechende Anwendung. Ausgeschlossen davon waren jedoch die parlamentarischen Kontrollrechte. Das Untersuchungsrecht des Art. 138c EGV aF war ebensowenig im Bereich der ZBJI anwendbar wie das Petitionsrecht gemäß Art. 138d EGV aF und das Beschwerderecht an den Bürgerbeauftragten nach Art. 138e EGV aF. Kompensiert wurde die schwache Position des Europäischen Parlaments durch eine starke Stellung im Haushaltsrecht bei der Bewilligung von operativen Ausgaben.[316] Der Rat konnte beschließen, dass die operativen Ausgaben in der ZBJI zu Lasten des Haushalts der EG gehen. In diesem Fall fanden die Haushaltsvorschriften des EG-Vertrags Anwendung und das Europäische Parlament konnte auf seine Beteiligungsrechte nach Art. 203 EGV aF zurückgreifen.[317]
Die Zuständigkeit des **EuGH** war nach Art. L EUV aF sehr eingeschränkt.[318] So konnte eine Auslegungskompetenz des Gerichtshofs im Bereich der ZBJI gemäß Art. L lit. b) iVm Art. K.3 Abs. 2 lit. c) UAbs. 3 EUV aF lediglich in völkerrechtlichen Übereinkommen nach Art. 220 EGV aF vorgesehen werden.[319] Nach der Rechtsprechung des EuGH war jedoch die Kompetenzabgrenzung zwischen EG und Unionsstaaten justiziabel.[320]

bb) Handlungsformen

Nach Art. K.3 Abs. 2 EUV aF standen dem Rat fünf unterschiedliche Handlungsformen zur Verfügung. Gemäß Art. K.3 Abs. 2 lit. a) EUV aF konnte der Rat **Gemeinsame Standpunkte** festlegen. Diese zielten darauf ab, dass die Mitgliedstaaten ihre nationalen Rechtsvorschriften und Verwaltungspraktiken an gemeinsamen Maßstäben ausrichten. Problematisch war die **rechtliche Bindungswirkung**.[321] Art. K.5

[315] vgl. zur Rolle des EP *Curtin/Pouw*, La coopération dans le domaine de la justice et des affaires intérieures au sein de l'Union européenne: une nostalgie d'avant Maastricht?, in Mattera/Bangemann, La Conférence intergouvernementale sur l'Union européenne, S. 315, 322
[316] vgl. Art. K.8 EUV aF
[317] vgl. *Pechstein/König*, Die Europäische Union, 2. Aufl., Rn. 413 f; zur Abgrenzung zwischen Verwaltungsausgaben und operativen Ausgaben vgl. die Leitlinien des Rates über die Finanzierung der GASP vom 13. Juni 1994, Bull. EU 6-1994, Ziff. 1.3.1.
[318] vgl. zur Rolle des EuGH *Curtin/Pouw*, La coopération dans le domaine de la justice et des affaires intérieures au sein de l'Union européenne: une nostalgie d'avant Maastricht?, in Mattera/Bangemann, La Conférence intergouvernementale sur l'Union européenne, S. 315, 324
[319] vgl. z. B. Protokoll betreffend die Auslegung des Übereinkommens vom 27. September 1968 über die gerichtliche Zuständigkeit und die Vollstreckung gerichtlicher Entscheidungen in Zivil- und Handelssachen durch den Gerichtshof vom 3. Juni 1971, ABl. EG 1975 Nr. L 204/28; Rechtsakt des Rates vom 29. November 1996 über die Ausarbeitung des Protokolls betreffend die Auslegung des Übereinkommens über den Einsatz der Informationstechnologie im Zollbereich durch den Gerichtshof der Europäischen Gemeinschaften im Wege der Vorabentscheidung, ABl. EG 1997 Nr. C 151/2
[320] vgl. EuGH, Rs. C 170/96, Flughafentransit, Slg. 1998, S. I-2763, Rz. 16 f; kritisch dazu *Pechstein*, JZ 1998, 1008 f; vgl. auch *Pechstein/König*, Die Europäische Union, Rn. 518 ff
[321] vgl. *Hailbronner*, in Hailbronner/Klein/Magiera/Müller-Graff, Handkommentar zum Vertrag über die Europäische Union, Stand Juni 1996, Art. K EUV aF, Rn. 76 ff m. w. N.; im ersten Gemeinsamen

EUV aF sah lediglich vor, dass die Mitgliedstaaten in internationalen Organisationen und auf internationalen Konferenzen die Gemeinsamen Standpunkte vertreten. Für eine rechtliche Bindungswirkung sprach, dass die Standpunkte im Amtsblatt L veröffentlicht wurden, obwohl dies nicht ausdrücklich vorgesehen war. Im Vergleich zu früheren Standpunkten unter der EPZ nach Art. 30 Abs. 2 lit. c) EEA, die im Amtsblatt C veröffentlicht wurden, stellte dies eine erhebliche Änderung in der Praxis dar. Zu berücksichtigen war aber auch, dass die dritte Säule einen intergouvernementalen Charakter besaß, was für eine nur politische Bindungswirkung der Standpunkte sprach.[322] Unbestritten lag eine Bindung dahingehend vor, dass die Mitgliedstaaten Förderpflichten hatten. Auch im EG-Recht gilt als allgemeiner Rechtsgrundsatz das venire contra factum proprium[323], wonach die Mitgliedstaaten nichts tun dürfen, was einem beschlossenen Gemeinsamen Standpunkt entgegensteht. Gemäß Art. K.3 Abs. 1 EUV aF hatten die Mitgliedstaaten eine Pflicht zur Unterrichtung und Konsultation, auch wenn kein Gemeinsamer Standpunkt zustande kam. Als intergouvernementale Rechtsakte hatten Gemeinsame Standpunkte keine Durchgriffswirkung.

Gemäß Art. K.3 Abs. 2 lit. b) EUV aF konnte der Rat weiterhin **Gemeinsame Maßnahmen** annehmen. Dies galt allerdings nur, soweit sich die Ziele der Union aufgrund des Umfangs oder der Wirkungen der geplanten Maßnahmen durch gemeinsames Vorgehen besser verwirklichen ließen als durch Maßnahmen der einzelnen Mitgliedstaaten. Dies zeigte, dass für Gemeinsame Maßnahmen der strikte Subsidiaritätsgrundsatz galt.[324] Eine genaue Beschreibung der Rechtswirkung fehlte, diese war umstritten. Übereinstimmung bestand lediglich darin, dass aus dem jeweiligen Rechtsakt auf die Reichweite der rechtlichen Bindungswirkung geschlossen werden konnte.[325] Für diese Interpretation sprach vor allem Art. K.3 Abs. 2 lit. b) HS 2 EUV aF, da eine Maßnahme nur dann durchgeführt werden kann, wenn sie auch verbindlich ist.

Der Rat konnte auch **Übereinkommen** ausarbeiten, die er den Mitgliedstaaten zur Annahme empfahl.[326] Dies entsprach der traditionellen völkerrechtlichen Vorgehensweise. Allerdings unterlagen sie dem Kohärenz- und Kontinuitätsgebot des Art. C

Standpunkt betreffend die harmonisierte Anwendung der Definition des Begriffs „Flüchtling" in Artikel 1 des Genfer Abkommens vom 28. Juli 1951 über die Rechtsstellung der Flüchtlinge, ABl. EG 1996 Nr. L 63/2, regelte die Präambel selbst die Bindungswirkung.

[322] vgl. *Degen*, in Groeben/Thiesing/Ehlermann, Kommentar zum EU-/EG-Vertrag, Art. K.3 EUV aF, Rn. 4

[323] im Völkerrecht: Estoppel-Prinzip, ausgedrückt in Art. 38 Abs. 1 lit. c) IGH-Statut; gilt auch im Europarecht als allgemeiner Grundsatz, vgl. *Schweitzer/Hummer*, Europarecht, Rn. 973; EuGH, Rs. C-129/96, Inter-Environnement, Slg. 1997, S. I-7411, Rz. 45

[324] vgl. *Pechstein/König*, Die Europäische Union, 2. Aufl., Rn. 242; *Schweitzer/Hummer*, Europarecht, Rn. 1893; zum Subsidiaritätsgrundsatz in der ZBJI, *Pechstein/König*, Die Europäische Union, Rn. 162 ff; nach *Degen*, in Groeben/Thiesing/Ehlermann, Kommentar zum EU-/EG-Vertrag, Art. K.3 EUV aF, Rn. 8, hat nur eine Prüfung der Erforderlichkeit stattzufinden, wobei eher ein großzügiger Maßstab anzulegen ist.

[325] vgl. *Pechstein/König*, Die Europäische Union, 2. Aufl., Rn. 242; vgl. *Hailbronner*, in Hailbronner/Klein/Magiera/Müller-Graff, Handkommentar zum Vertrag über die Europäische Union, Stand Juni 1996, Art. K EUV aF, Rn. 93; umstritten war allerdings, ob bereits die Rechtsverbindlichkeit der Gemeinsamen Maßnahme selbst vom Text der einzelnen Maßnahme abhängt, vgl. *Lepoivre*, CahDrEur 1995, 323, 333 f; nach *Degen*, in Groeben/Thiesing/Ehlermann, Kommentar zum EU-/EG-Vertrag, Art. K.3 EUV aF, Rn. 7, folgt die völkerrechtliche Verbindlichkeit der Gemeinsamen Maßnahme aus der Natur der Sache.

[326] vgl. Art. K.3 Abs. 2 lit. c) EUV aF

EUV aF.[327] Maßnahmen zur Durchführung der Übereinkommen wurden dabei im Rat mit der Mehrheit von zwei Dritteln angenommen.[328]

Maßnahmen zur Durchführung von Gemeinsamen Maßnahmen nach Art. K.3 Abs. 2 lit. b) HS 2 EUV aF konnten keine weitergehenden Wirkungen haben als die ihnen zugrundeliegenden Gemeinsamen Maßnahmen und banden somit nur die Mitgliedstaaten völkerrechtlich. Maßnahmen zur Durchführung von Übereinkommen nach Art. K.3 Abs. 2 lit. c) UAbs. 2 EUV aF waren für die Mitgliedstaaten verbindlich und konnten unter Beachtung der jeweiligen verfassungsrechtlichen Bestimmungen auch Durchgriffswirkung oder Anwendungsvorrang haben.[329]

Weiter konnte der Rat gemäß Art. K.3 Abs. 2 lit. a) EUV aF in geeigneter Form und nach geeigneten Verfahren jede Art der Zusammenarbeit fördern, die den Zielen der Union diente. Solche **ungekennzeichneten Rechtshandlungen** waren insbesondere Beschlüsse, Entschließungen, Empfehlungen, Stellungnahmen und Schlussfolgerungen.[330]

cc) Passerelle

Gemäß Art. K.9 EUV aF konnte der Rat auf Initiative der Kommission oder eines Mitgliedstaates einstimmig beschließen, dass Art. 100c EGV aF auf Maßnahmen in den in Art. K.1 Nr. 1 bis 6 EUV aF genannten Bereichen anwendbar war und das entsprechende Abstimmungsverfahren festlegen.[331] Er hatte dabei den Mitgliedstaaten zu empfehlen, diesen Beschluss gemäß ihren verfassungsrechtlichen Bestimmungen anzunehmen. Die Hürde für eine solche Vergemeinschaftung war allerdings hoch, da außer dem Beschluss des Rates noch die Ratifikation durch die Mitgliedstaaten erforderlich war und dazu die Beschränkungen der Art. K.9 EUV aF und Art. 100c EGV aF zu beachten waren. Die Beteiligung des Europäischen Parlaments hätte sich auf eine bloße Anhörung beschränkt. Der Weg des Art. K.9 EUV aF wurde nicht beschritten.

V. Defizite im Bereich der Innen- und Justizpolitik nach dem Vertrag von Maastricht

Die ZBJI nach dem Vertrag von Maastricht wies in mehreren Bereichen Defizite auf, deren Lösung auf der Regierungskonferenz 1996 in Angriff genommen wurde.[332]

[327] vgl. *Hummer/Obwexer*, Österreich in der Europäischen Union, Bd. III, S. 24
[328] vgl. Art. K.3 Abs. 2 lit. c) UAbs. 2 EUV aF
[329] vgl. *Hummer/Obwexer*, Österreich in der Europäischen Union, Bd. III, S. 25; *Streinz*, ZfRV 1995, 1, 12
[330] vgl. die Beschlüsse, Entschließungen, Empfehlungen, Stellungnahmen und Schlussfolgerungen in der Zusammenstellung unten VI.
[331] vgl. die Mitteilung der Kommission zur möglichen Anwendung von Art. K.9 EUV aF, KOM (1995) 566 endg.
[332] vgl. *Degen*, in Groeben/Thiesing/Ehlermann, Kommentar zum EU-/EG-Vertrag, Vor Art. K bis K.9 EUV aF, Rn. 17; *Dardenne*, Immigration et asile: de nouvelles compétences pour la Communauté?, in Telò/Magnette, De Maastricht à Amsterdam, S. 163, 171; *de Zwaan/Vrouenraets*, The future of the third pillar: an evaluation of the Treaty of Amsterdam, in Heukels/Blokker/Brus, The European Union after Amsterdam, S. 203, 206 ff; *Trotta*, La dimension exterieure de la circulation des personnes après

Zwar stellte die Eingliederung der ZBJI in den einheitlichen institutionellen Rahmen der Union einen großen Integrationsfortschritt dar, für eine effektive Umsetzung fehlten jedoch Ziele und verbindliche Zeitvorgaben.[333] Aufgrund des deshalb mangelnden Handlungsdrucks sah die Bilanz der europäischen Innen- und Justizpolitik im Hinblick auf die von den Europäischen Räten gebilligten Aktionspläne und Arbeitsprogramme am Anfang der Regierungskonferenz 1996 mager aus.[334]

Die Schwierigkeit, in vielen Bereichen eine klare **Abgrenzung zwischen den Zuständigkeiten** in den verschiedenen Säulen zu finden, trug dazu bei, dass die Innen- und Justizpolitik während des Vertrags von Maastricht trotz ihrer enormen Wichtigkeit und der in der Bevölkerung vorhandenen Akzeptanz ein Schattendasein führte.[335] So waren die Kompetenzen für die Visapolitik sowohl in Art. 100c EGV aF als auch in Art. K.1 Nr. 2 und 3 EUV aF zu finden. Eine solche Aufspaltung führte zu einer komplexen Arbeitsstruktur. Nach Art. 100d EGV aF hatte auch eine Mitwirkung des K.4-Ausschusses in der Visapolitik der ersten Säule zu erfolgen. Abgrenzungsschwierigkeiten fanden sich ebenfalls in der Drogenpolitik. Während Art. 129 EGV aF die Drogenpolitik unter dem Aspekt des Gesundheitswesens regelte, umfasste Art. K.1 Nr. 4 EUV aF die Bekämpfung der Drogenabhängigkeit, allerdings ausdrücklich subsidiär zu den Art. K.1 Nr. 7, 8 und 9 EUV aF. Auch mit Art. 209a EGV aF, der die Bekämpfung von Betrügereien, die sich gegen die finanziellen Interessen der Gemeinschaft richten, regelte und Art. K.1 Nr. 5 EUV aF, der die Betrügereien mit internationalem Maßstab umfasste, gab es zwei sich überschneidende Normen, die für Unklarheit sorgten. Abgrenzungsschwierigkeiten waren auch in der justiziellen Zusammenarbeit in Zivilsachen, die in Art. 220 EGV aF und Art. K.1 Nr. 6 EUV aF vertraglich niedergelegt war, und im Zollwesen mit Art. 27, 28 EGV aF und Art. K.1 Nr. 8 EUV aF vorhanden.

Die in der dritten Säule vorhandene **fünfstufige Arbeitsstruktur** tat ihr Übriges, um die Behandlung von Angelegenheiten zu verkomplizieren und damit zu verzögern.[336] So war eine Abgrenzung der Zuständigkeiten des Ausschusses der Ständigen Ver-

---

Amsterdam, in Dony, L'Union européenne et le monde après Amsterdam, S. 107, 118 ff; *Oberleitner*, Schengen und Europol, S. 35 ff

[333] vgl. oben A. II. 5. sowie den Bericht der Reflexionsgruppe zur RK 1996 vom 5. Dezember 1995, Zweiter Teil, S. 16, in Weißbuch zur Regierungskonferenz 1996, S. 153, 183

[334] vgl. *de Lobkowicz*, Der „dritte" Pfeiler des Unionsvertrages in der Perspektive der Regierungskonferenz 1996, in Müller-Graff, Europäische Zusammenarbeit in den Bereichen Justiz und Inneres, S. 41, 47 ff; ein Aktionsplan für die Innen- und Justizpolitik und ein Arbeitsprogramm für 1994 wurden auf Verlangen des ER von Brüssel vom 29. Oktober 1993 vom Rat am 30. November 1993 beschlossen, der ER billigte beides auf seiner Tagung in Brüssel vom 10./11. Dezember 1993, Bull. EG 10-1993, Ziff. I.5, Bull. EG 11-1993, Ziff. 1.5.1, Schlussfolgerungen des Vorsitzes, Bull. EG 12-1993, Ziff. I.8; Entschließung des Rates vom 14. Oktober 1996 zur Festlegung der Prioritäten für die ZBJI für den Zeitraum vom 1. Juli 1996 bis zum 30. Juni 1998, ABl. EG 1996 Nr. C 319/1.

[335] vgl. *Schweitzer/Hummer*, Europarecht, Rn. 1923; Bericht der Reflexionsgruppe zur RK 1996 vom 5. Dezember 1995, Zweiter Teil, S. 16, in Weißbuch zur Regierungskonferenz 1996, S. 153, 183; Bericht der Kommission vom 10. Mai 1995 über die Funktionsweise des Vertrags über die Europäische Union, S. 54, in Weißbuch zur Regierungskonferenz 1996, S. 241, 305; *Dehousse/van den Hende*, RMCUE 1996, 714, 717

[336] vgl. den Bericht der Reflexionsgruppe zur RK 1996 vom 5. Dezember 1995, Zweiter Teil, S. 16, in Weißbuch zur Regierungskonferenz 1996, S. 153, 183; Bericht der Kommission vom 10. Mai 1995 über die Funktionsweise des Vertrags über die Europäische Union, S. 52, in Weißbuch zur Regierungskonferenz 1996, S. 241, 303; *de Lobkowicz*, Die innere Sicherheit in der Union in der Perspektive der Regierungskonferenz 1996, in Leicht, Regierungskonferenz 1996, S. 345, 355; *Tezcan*, CahDrEur 1998, 661, 670

treter und des K.4-Auschusses kaum möglich.[337] Auch die eingeschränkte Stellung der Kommission, die gemäß Art. K.3 Abs. 2 EUV aF in den Bereichen des Art. K.1 Nr. 7, 8 und 9 EUV aF über kein Initiativrecht verfügte, bremste die Entwicklung der Zusammenarbeit. Im EG-Vertrag ist die Rolle der Kommission als Motor der Gemeinschaft angelegt. Dieser Motor wurde in der dritten Säule in besonders sensiblen Bereichen bewusst ausgeschaltet.[338]
Das in der ZBJI geltende **Einstimmigkeitsprinzip** verhinderte außerdem verbindliche Beschlüsse, ließ die Mitgliedstaaten häufig auf unverbindliche Empfehlungen ausweichen und führte bei Harmonisierungsvorhaben zum kleinsten gemeinsamen Nenner.[339] Aufgrund der für die staatliche Souveränität besonders sensiblen Bereiche der Innen- und Justizpolitik fehlte es der dritten Säule an supranationalem Charakter. Das Einstimmigkeitsprinzip wurde lediglich in Art. K.3 Abs. 2 lit. b) HS 2 EUV aF für Maßnahmen zur Durchführung einer Gemeinsamen Maßnahme und in Art. 100c Abs. 3 EGV aF für Maßnahmen zur einheitlichen Visagestaltung aufgeweicht.

Eine Erschwerung der Arbeiten in der dritten Säule trat auch durch eine weitere Auswirkung des völkerrechtlichen Prinzips der staatlichen Souveränität ein, das im Bereich der ZBJI eine starke Ausprägung erfahren hatte. Übereinkommen im Rahmen von Art. 220 EGV aF und Art. K.3 Abs. 2 lit. c) EUV aF mussten von den Mitgliedstaaten gemäß ihren verfassungsrechtlichen Bestimmungen angenommen werden. Durch **lange Ratifikationsverfahren** der nationalen Parlamente traten erhebliche Verzögerungen ein bis ein Übereinkommen in Kraft treten konnte.[340]

Die genannten Punkte führten dazu, dass zwar eine Vielzahl von Rechtsakten verabschiedet wurde, sich darunter jedoch kaum für die Mitgliedstaaten verbindliche Maßnahmen befanden. Der weitaus größte Teil bestand in **ungekennzeichneten Rechtshandlungen**.[341] Genau diese konnten vor dem Vertrag von Maastricht im

[337] vgl. *de Lobkowicz*, Der „dritte" Pfeiler des Unionsvertrages in der Perspektive der Regierungskonferenz 1996, in Müller-Graff, Europäische Zusammenarbeit in den Bereichen Justiz und Inneres, S. 41, 50 f; die institutionelle Frage hatte die Zusammenarbeit schon vor dem Vertrag von Maastricht verkompliziert, auch in der Zusammenarbeit im Rahmen von Schengen. Die ER von Rhodos und Straßburg setzten zur besseren Zusammenarbeit Koordinatorengruppen ein, vgl. oben III. 5.; vgl. auch *Labayle*, RTDE 1997, 1, 9 f.
[338] vgl. *Margue*, RMUE 1997, 91, 107; auch dort, wo die Kommission ein Initiativrecht hatte, nahm sie es kaum wahr, vgl. den Bericht der Kommission vom 10. Mai 1995 über die Funktionsweise des Vertrags über die Europäische Union, S. 51 f, in Weißbuch zur Regierungskonferenz 1996, S. 241, 302 f.
[339] vgl. *Schweitzer/Hummer*, Europarecht, Rn. 1922; *Hailbronner*, in Hailbronner/Klein/Magiera/Müller-Graff, Handkommentar zum Vertrag über die Europäische Union, Stand Juni 1996, Art. K EUV aF, Rn. 117 f; *de Lobkowicz*, Der „dritte" Pfeiler des Unionsvertrages in der Perspektive der Regierungskonferenz 1996, in Müller-Graff, Europäische Zusammenarbeit in den Bereichen Justiz und Inneres, S. 41, 52; Bericht der Kommission vom 10. Mai 1995 über die Funktionsweise des Vertrags über die Europäische Union, S. 50 f, in Weißbuch zur Regierungskonferenz 1996, S. 241, 301 f; *Margue*, RMUE 1997, 91, 107; *Tezcan*, CahDrEur 1998, 661, 669
[340] So trat das Dubliner Übereinkommen vom 15. Juni 1990 erst am 1. September 1997 in Kraft, vgl. Bull. EG 6-1990, Ziff. 2.2.2; BGBl. 1994 II S. 792; ABl. EG 1997 Nr. C 254/1, ABl. EG 1997 Nr. C 268/1; *Lodge*, Justice and Home Affairs: Internal security, Maastricht and the 1996 IGC, in Leicht, Regierungskonferenz 1996, S. 317, 321; *Tezcan*, CahDrEur 1998, 661, 670.
[341] vgl. die Zusammenstellung der bis zum 26. Juli 1995 vom Rat angenommenen Texte in ABl. EG 1995 Nr. C 270/5; in diesem Zeitraum wurden vom Rat lediglich drei verbindliche Rechtsakte nach Art. K.3 EUV aF erlassen: die GM vom 30. November 1994 über Reiseerleichterungen für Schüler von Drittstaaten mit Wohnsitz in einem Mitgliedstaat, ABl. EG 1994 Nr. L 327/1, die GM vom 10. März 1995 bezüglich der Europol-Drogenstelle, ABl. EG 1995 Nr. L 62/1, und das Übereinkommen über das vereinfachte Auslieferungsverfahren zwischen den Mitgliedstaaten der Europäischen Union, ABl. EG 1995 Nr. C 78/1. Vgl. auch die Zusammenstellung unten VI.

Wege der völkerrechtlichen Zusammenarbeit auch schon benutzt werden. Die strittige Frage nach der rechtlichen Bindungswirkung Gemeinsamer Standpunkte im EU-Vertrag führte auch dazu, dass erstmals auf der Tagung des Rates vom 23. November 1995 Einvernehmen über den ersten Gemeinsamen Standpunkt erzielt wurde.[342]

Die schwache Stellung des Parlaments hatte weiterhin zur Folge, dass es der ZBJI an **demokratischer Legitimation** fehlte. Eine solche Legitimation war in der dritten Säule nur indirekt über die von den nationalen Parlamenten getragenen Regierungen vorhanden, die im Rat zusammenarbeiteten. Die Auffassung des Parlaments wurde gemäß Art. K.6 Abs. 2 EUV aF nur gebührend berücksichtigt, ein Unterlassen hatte keine rechtlichen Konsequenzen.[343]

Die in der dritten Säule kaum existierende **Zuständigkeit des EuGH** nach Art. L EUV aF begründete außerdem einen latenten Mangel an Rechtsstaatlichkeit. Der Versuch, im justiz- und innenpolitischen Bereich zusammenzuarbeiten, wurde ohne die dritte Gewalt unternommen. Damit fehlte es sowohl an einer Kontrolle der Durchführung als auch an einer einheitlichen Auslegung der eingeleiteten Maßnahmen.[344] Die fehlende Unterwerfung der sensiblen Bereiche unter die Jurisdiktion des Gerichtshofs sollte die Gefahr einer dynamischen Interpretation des EuGH, wie sie im Gemeinschaftsrecht praktiziert wurde, bannen. Damit wurde der ZBJI jedoch ein weiterer Hemmschuh für ihre Fortentwicklung angezogen. Das Ziel eines „europäischen Rechtsraums"[345] ist ohne eine einheitliche Rechtsprechung nicht denkbar. Das in weitem Maße aufrechterhaltene völkerrechtliche Prinzip der Souveränität war zu einer starken Stellung des EuGH nicht kompatibel.

Das größte Defizit der ZBJI lag jedoch darin, dass sie nicht die **notwendigen Instrumente** für die Umsetzung eines Ziels der EG enthielt, obwohl sie vor allem dafür geschaffen wurde. Durch die ZBJI sollten adäquate Ausgleichsmaßnahmen für die Abschaffung der Binnengrenzkontrollen zur Verwirklichung des Binnenmarktes getroffen werden. Die Verwirklichung des Binnenmarktes, der seit dem Weißbuch der Kommission von 1985[346] offizielles Ziel der EG war, sollte durch eine verstärkte Kontrolle an den Außengrenzen der Gemeinschaft und eine bessere Zusammenarbeit in den Bereichen Justiz und Inneres ermöglicht werden. Die Abschaffung der Binnen-

[342] Gemeinsamer Standpunkt betreffend die harmonisierte Anwendung der Definition des Begriffs „Flüchtling" in Artikel 1 des Genfer Abkommens vom 28. Juli 1951 über die Rechtsstellung der Flüchtlinge, ABl. EG 1996 Nr. L 63/2

[343] vgl. *Hailbronner*, in Hailbronner/Klein/Magiera/Müller-Graff, Handkommentar zum Vertrag über die Europäische Union, Stand Juni 1996, Art. K EUV aF, Rn. 132; *Monar*, Reformziel Innere Sicherheit: Die Notwendigkeit einer Gemeinsamen Innen- und Justizpolitik, in Jopp/Schmuck, Die Reform der Europäischen Union, S. 59, 68 f

[344] vgl. den Bericht der Kommission vom 10. Mai 1995 über die Funktionsweise des Vertrags über die Europäische Union, S. 51, in Weißbuch zur Regierungskonferenz 1996, S. 241, 302; Bericht des Gerichtshofs vom Mai 1995 über bestimmte Aspekte der Anwendung des Vertrags über die Europäische Union, S. 5, in Weißbuch zur Regierungskonferenz 1996, S. 367, 371; *Monar*, Reformziel Innere Sicherheit: Die Notwendigkeit einer Gemeinsamen Innen- und Justizpolitik, in Jopp/Schmuck, Die Reform der Europäischen Union, S. 59, 68 f

[345] Die Gruppe „Justizielle Zusammenarbeit" hatte die Schaffung eines europäischen Rechtsraums bereits zum Ziel. Unter dem Vertrag von Maastricht wurde dieses Ziel im Rahmen der justiziellen Zusammenarbeit in Zivilsachen unter Art. K.1 Nr. 6 EUV aF weiterverfolgt, vgl. oben III. 4. und IV. 2. b) cc) sowie *Degen*, in Groeben/Thiesing/Ehlermann, Kommentar zum EU-/EG-Vertrag, Vor Art. K bis K.9 EUV aF, Rn. 12; *Nanz*, Integration 1992, 126, 129.

[346] KOM (1985) 310 endg; vgl. oben A. II. 2. c)

grenzen und die dafür erforderlichen Ausgleichsmaßnahmen wurden jedoch im Rahmen der Schengener Übereinkommen außerhalb der EU behandelt.[347] Innerhalb der EU fehlte es weiterhin an einer Rechtsgrundlage für das Binnenmarktziel der EG, da die Schengener Übereinkommen nicht unter das Dach der EU gebracht wurden.

VI. Zusammenstellung der Maßnahmen in der Innen- und Justizpolitik unter dem Vertrag von Maastricht

1. Rechtsakte des Rates unter Art. K.1 Nr. 1 EUV aF: Asyl- und Flüchtlingspolitik

20.06.1994	Schlussfolgerungen des Rates über die eventuelle Anwendung des Artikels K.9 des Vertrags über die Europäische Union auf die Asylpolitik	ABl. EG 1996 Nr. C 274/34
20.06.1994	Beweismittel im Rahmen des Dubliner Übereinkommens	ABl. EG 1996 Nr. C 274/35
20.06.1994	Verteilung und Vertraulichkeit der gemeinsamen Berichte über die Situation in bestimmten Drittländern	ABl. EG 1996 Nr. C 274/43
20.06.1994	Einheitliches Formular zur Bestimmung des für die Prüfung eines Asylantrags zuständigen Staates	ABl. EG 1996 Nr. C 274/44
20.06.1994	Laissez-passer-Formular für die Überstellung eines Asylbewerbers von einem Mitgliedstaat in einen anderen	ABl. EG 1996 Nr. C 274/42
20.06.1994	Schlussfolgerungen des Rates betreffend die Mitteilung der Kommission zum Thema Zuwanderungs- und Asylpolitik	ABl. EG 1996 Nr. C 274/49
20.06.1994	Leitlinien für die Ausarbeitung der gemeinsamen Berichte über Drittstaaten	ABl. EG 1996 Nr. C 274/52
20.06.1994	Zweiter Bericht über die Tätigkeit des Informations-, Reflexions- und Austauschzentrums für Asylfragen (CIREA)	ABl. EG 1996 Nr. C 274/55
20.06.1995	Entschließung über Mindestgarantien für Asylverfahren	ABl. EG 1996 Nr. C 247/13
25.09.1995	Entschließung des Rates zur Lastenverteilung hinsichtlich der Aufnahme und des vorübergehenden Aufenthalts von Vertriebenen	ABl. EG 1995 Nr. C 262/1
23.11.1995	Beschluss des Rates über die Veröffentlichung der vom Rat in den Bereichen Asyl und Einwanderung verabschiedeten Rechtsakte und sonstigen Schriftstücke im Amtsblatt der Europäischen Gemeinschaften	ABl. EG 1996 Nr. C 274/1
04.03.1996	Gemeinsamer Standpunkt betreffend die harmonisierte Anwendung der Definition des Begriffs „Flüchtling" in Artikel 1 des Genfer Abkommens vom 28. Juli 1951 über die Rechtsstellung der Flüchtlinge	ABl. EG 1996 Nr. L 63/2
04.03.1996	Beschluss des Rates über ein Warn- und ein Dringlichkeitsverfahren zur Lastenverteilung hinsichtlich der Aufnahme und des vorübergehenden Aufenthalts von Vertriebenen	ABl. EG 1996 Nr. L 63/10
27.05.1997	Schlussfolgerungen des Rates über die Anwendung des Dubliner Übereinkommens in der Praxis	ABl. EG 1997 Nr. C 191/4

[347] vgl. zum Verhältnis des Schengener Durchführungsübereinkommens (SDÜ) vom 19.Juni 1990 zum EG- bzw. EU-Recht unten 3. Teil A. III. 2. sowie *Schweitzer/Hummer*, Europarecht, Rn. 1911 ff

26.06.1997	Entschließung betreffend unbegleitete minderjährige Staatsangehörige dritter Länder	ABl. EG 1997 Nr. C 221/23
26.06.1997	Beschluss des Rates zur Beobachtung der Durchführung der Rechtsakte im Asylbereich	ABl. EG 1997 Nr. L 178/6
22.07.1997	Gemeinsame Maßnahme im Hinblick auf die Finanzierung gezielter Projekte zugunsten von Asylbewerbern und Flüchtlingen	ABl. EG 1997 Nr. L 205/5
22.07.1997	Gemeinsame Maßnahme im Hinblick auf die Finanzierung gezielter Projekte zugunsten von vertriebenen Personen, die vorübergehend Schutz in den Mitgliedstaaten gefunden haben, und von Asylbewerbern	ABl. EG 1997 Nr. L 205/3
09.09.1997	Beschluss Nr. 1/97 des Ausschusses nach Artikel 18 des Dubliner Übereinkommens vom 15. Juni 1990 über Bestimmungen zur Durchführung des Übereinkommens	ABl. EG 1997 Nr. L 281/1
09.09.1997	Beschluss Nr. 2/97 des Ausschusses nach Artikel 18 des Dubliner Übereinkommens vom 15. Juni 1990 über die Verfahrensregeln des Ausschusses	ABl. EG 1997 Nr. L 281/26
19.03.1998	Gemeinsame Maßnahme betreffend die Festlegung eines Ausbildungs-, Austausch- und Kooperationsprogramms in den Bereichen Asyl, Einwanderung und Überschreiten der Außengrenzen - „ODYSSEUS“	ABl. EG 1998 Nr. L 99/2
27.04.1998	Gemeinsame Maßnahme im Hinblick auf die Finanzierung gezielter Projekte zugunsten von vertriebenen Personen, die vorübergehend Schutz in den Mitgliedstaaten gefunden haben, und von Asylbewerbern	ABl. EG 1998 Nr. L 138/6
27.04.1998	Gemeinsame Maßnahme im Hinblick auf die Finanzierung gezielter Projekte zugunsten von Asylbewerbern und Flüchtlingen	ABl. EG 1998 Nr. L 138/8
20.06.1998	Mitteilung betreffend das am 15. Juni 1990 in Dublin unterzeichnete Übereinkommen über die Bestimmung des zuständigen Staates für die Prüfung eines in einem Mitgliedstaat der Europäischen Gemeinschaften gestellten Asylantrags	ABl. EG 1998 Nr. L 176/39
30.06.1998	Beschluss Nr. 1/98 des Ausschusses nach Artikel 18 des Dubliner Übereinkommens vom 15. Juni 1990 über Bestimmungen zur Durchführung des Übereinkommens	ABl. EG 1998 Nr. L 196/49
26.04.1999	Gemeinsame Maßnahme betreffend Projekte und Maßnahmen zur konkreten Unterstützung der Aufnahme und der freiwilligen Rückführung von Flüchtlingen, Vertriebenen und Asylbewerbern einschließlich Soforthilfemaßnahmen für Personen, die infolge der jüngsten Ereignisse im Kosovo geflüchtet sind	ABl. EG 1999 Nr. L 114/2

2. Rechtsakte des Rates unter Art. K.1 Nr. 2 EUV aF: Außengrenzen

04.03.1996	Gemeinsame Maßnahme betreffend den Transit auf Flughäfen	ABl. EG 1996 Nr. L 63/8

30.11.1994	Schlussfolgerungen des Rates über die Ausgestaltung des Informations-, Reflexions- und Austauschzentrums für Fragen im Zusammenhang mit dem Überschreiten der Außengrenzen und der Einwanderung (CIREFI)	ABl. EG 1996 Nr. C 274/50
04.03.1996	Empfehlung des Rates betreffend die Zusammenarbeit der konsularischen Vertretungen vor Ort in Fragen der Visumerteilung	ABl. EG 1996 Nr. C 80/1
28.10.1996	Gemeinsame Maßnahme zur Festlegung eines Ausbildungs-, Austausch- und Kooperationsprogramms im Bereich der Ausweisdokumente („SHERLOCK")	ABl. EG 1996 Nr. L 287/7
19.03.1998	Gemeinsame Maßnahme betreffend die Festlegung eines Ausbildungs-, Austausch- und Kooperationsprogramms in den Bereichen Asyl, Einwanderung und Überschreiten der Außengrenzen - „ODYSSEUS"	ABl. EG 1998 Nr. L 99/2
28.05.1998	Empfehlung des Rates betreffend die Geräteausstattung zur Aufdeckung von Fälschungen an den Grenzübergangsstellen der Europäischen Union	ABl. EG 1998 Nr. C 189/2

3. Rechtsakte des Rates unter Art. K.1 Nr. 3 EUV aF: Einwanderung

20.06.1994	Entschließung über die Beschränkung für die Einreise von Drittstaatsangehörigen zur Ausübung einer Beschäftigung	ABl. EG 1996 Nr. C 274/3
20.06.1994	Bereits zur Visumerteilung befugte Honorarkonsuln, die im Rahmen einer Übergangsregelung einheitliche Visa erteilen dürfen	ABl. EG 1996 Nr. C 274/58
30.11.1994	Entschließung über die Zulassung von Drittstaatsangehörigen zur Ausübung einer selbständigen Erwerbstätigkeit	ABl. EG 1996 Nr. C 274/7
30.11.1994	Entschließung über die Zulassung von Drittstaatsangehörigen zur Aufnahme eines Studiums	ABl. EG 1996 Nr. C 274/10
30.11.1994	Empfehlung des Rates bezüglich der Einführung eines Standardreisedokumentes für die Rückführung von Staatsangehörigen dritter Länder	ABl. EG 1996 Nr. C 274/18
30.11.1994	Empfehlung des Rates betreffend den Musterentwurf eines bilateralen Rückübernahmeabkommens zwischen einem Mitgliedstaat und einem Drittstaat	ABl. EG 1996 Nr. C 274/20
30.11.1994	Schlussfolgerungen des Rates über die Ausgestaltung des Informations-, Reflexions- und Austauschzentrums für Fragen im Zusammenhang mit dem Überschreiten der Außengrenzen und der Einwanderung (CIREFI)	ABl. EG 1996 Nr. C 274/50
30.11.1994	Beschluss des Rates über die Gemeinsame Maßnahme über Reiseerleichterungen für Schüler von Drittstaaten mit Wohnsitz in einem Mitgliedstaat	ABl. EG 1994 Nr. L 327/1
24.07.1995	Empfehlung des Rates betreffend Leitsätze für die Ausarbeitung von Protokollen zur Durchführung von Rückübernahmeabkommen	ABl. EG 1996 Nr. C 274/25
25.09.1995	Entschließung zur Lastenverteilung hinsichtlich der Aufnahme und des vorübergehenden Aufenthalts von Vertriebenen	ABl. EG 1995 Nr. C 262/1

23.11.1995	Beschluss des Rates über die Veröffentlichung der vom Rat in den Bereichen Asyl und Einwanderung verabschiedeten Rechtsakte und sonstigen Schriftstücke im Amtsblatt der Europäischen Gemeinschaften	ABl. EG 1996 Nr. C 274/1
22.12.1995	Empfehlung des Rates zur Harmonisierung der Mittel zur Bekämpfung der illegalen Einwanderung und der illegalen Beschäftigung sowie zur Verbesserung der einschlägigen Kontrollverfahren	ABl. EG 1996 Nr. C 5/1
22.12.1995	Empfehlung des Rates betreffend die Abstimmung und Zusammenarbeit bei Rückführungsmaßnahmen	ABl. EG 1996 Nr. C 5/2
22.12.1995	Beschluss zur Beobachtung der Durchführung der im Bereich der Zulassung von Staatsangehörigen dritter Länder bereits angenommenen Rechtsakte	ABl. EG 1996 Nr. C 11/1
04.03.1996	Empfehlung des Rates betreffend die Zusammenarbeit der konsularischen Vertretungen vor Ort in Fragen der Visumerteilung	ABl. EG 1996 Nr. C 80/1
04.03.1996	Entschließung des Rates über die Rechtsstellung von Staatsangehörigen dritter Länder, die im Hoheitsgebiet der Mitgliedstaaten auf Dauer aufhältig sind	ABl. EG 1996 Nr. C 80/2
04.03.1996	Gemeinsame Maßnahme betreffend den Transit auf Flughäfen	ABl. EG 1996 Nr. L 63/8
04.03.1996	Beschluss über ein Warn- und ein Dringlichkeitsverfahren zur Lastenverteilung hinsichtlich der Aufnahme und des vorübergehenden Aufenthalts von Vertriebenen	ABl. EG 1996 Nr. L 63/10
27.09.1996	Empfehlung des Rates zur Bekämpfung der illegalen Beschäftigung von Drittstaatsangehörigen	ABl. EG 1996 Nr. C 304/1
25.10.1996	Gemeinsamer Standpunkt betreffend Unterstützungs- und Informationsprogramme im Grenzvorbereich	ABl. EG 1996 Nr. L 281/1
16.12.1996	Beschluss zur Beobachtung der Durchführung der vom Rat erlassenen Rechtsakte im Bereich der illegalen Einwanderung, der Rückübernahme, der illegalen Beschäftigung von Staatsangehörigen dritter Länder und der Zusammenarbeit bei der Vollstreckung von Ausweisungsanordnungen	ABl. EG 1996 Nr. L 342/5
16.12.1996	Gemeinsame Maßnahme zur einheitlichen Gestaltung der Aufenthaltstitel	ABl. EG 1997 Nr. L 7/1
26.05.1997	Beschluss über den Informationsaustausch betreffend die Hilfen für die freiwillige Rückkehr von Drittstaatsangehörigen	ABl. EG 1997 Nr. L 147/3
26.06.1997	Entschließung betreffend unbegleitete minderjährige Staatsangehörige dritter Länder	ABl. EG 1997 Nr. C 221/3
22.07.1997	Gemeinsame Maßnahme im Hinblick auf die Finanzierung gezielter Projekte zugunsten von vertriebenen Personen, die vorübergehenden Schutz in den Mitgliedstaaten gefunden haben, und von Asylbewerbern	ABl. EG 1997 Nr. L 205/3
22.07.1997	Gemeinsame Maßnahme im Hinblick auf die Finanzierung gezielter Projekte zugunsten von Asylbewerbern und Flüchtlingen	ABl. EG 1997 Nr. L 205/5
04.12.1997	Entschließung des Rates über Maßnahmen zur Bekämpfung von Scheinehen	ABl. EG 1997 Nr. C 382/1

19.03.1998	Beschluss des Rates über die Aufteilung der Kosten für die Herstellung der Druckvorlagen für die einheitlich gestalteten Aufenthaltstitel	ABl. EG 1998 Nr. L 99/1
19.03.1998	Gemeinsame Maßnahme betreffend die Festlegung eines Ausbildungs-, Austausch- und Kooperationsprogramms in den Bereichen Asyl, Einwanderung und Überschreiten der Außengrenzen - „ODYSSEUS"	ABl. EG 1998 Nr. L 99/2
27.04.1998	Gemeinsame Maßnahme im Hinblick auf die Finanzierung gezielter Projekte zugunsten von vertriebenen Personen, die vorübergehend Schutz in den Mitgliedstaaten gefunden haben, und von Asylbewerbern	ABl. EG 1998 Nr. L 138/6
03.12.1998	Gemeinsame Maßnahme betreffend die Errichtung eines Europäischen Bildspeicherungssystems (FADO)	ABl. EG 1998 Nr. L 333/4
03.12.1998	Beschluss des Rates über gemeinsame Normen für die Eintragungen in den einheitlichen Aufenthaltstiteln	ABl. EG 1998 Nr. L 333/8
26.04.1999	Gemeinsame Maßnahme betreffend Projekte und Maßnahmen zur konkreten Unterstützung der Aufnahme und der freiwilligen Rückführung von Flüchtlingen, Vertriebenen und Asylbewerbern einschließlich Soforthilfemaßnahmen für Personen, die infolge der jüngsten Ereignisse im Kosovo geflüchtet sind	ABl. EG 1999 Nr. L 114/2
29.04.1999	Empfehlung des Rates betreffend die Ausstattung zum Erkennen von ge- und verfälschten Dokumenten in den Visumstellen der Auslandsvertretungen sowie in Inlandsbehörden, die mit der Vergabe und Verlängerung von Visa befasst sind	ABl. EG 1999 Nr. C 140/1

4. Rechtsakte des Rates unter Art. K.1 Nr. 4 EUV aF: Drogenpolitik

29.11.1996	Gemeinsame Maßnahme betreffend die Zusammenarbeit zwischen Zoll und Wirtschaft bei der Bekämpfung des illegalen Drogenhandels	ABl. EG 1996 Nr. L 322/3
29.11.1996	Gemeinsame Maßnahme betreffend den Austausch von Informationen über die Erstellung chemischer Profile von Drogen im Hinblick auf die Verbesserung der Zusammenarbeit zwischen den Mitgliedstaaten bei der Bekämpfung des illegalen Drogenhandels	ABl. EG 1996 Nr. L 322/5
29.11.1996	Entschließung des Rates über Vereinbarungen zwischen den Polizei- und den Zollbehörden bei der Drogenbekämpfung	ABl. EG 1996 Nr. C 375/1
29.11.1996	Entschließung des Rates über Maßnahmen zur Bekämpfung des Problems des Drogentourismus innerhalb der Europäischen Union	ABl. EG 1996 Nr. C 375/3
16.12.1996	Entschließung des Rates über Maßnahmen zur Bekämpfung des illegalen Anbaus und der illegalen Herstellung von Drogen sowie zur Vernichtung illegaler Kulturen und Herstellungslaboratorien in der Europäischen Union	ABl. EG 1996 Nr. C 389/1

17.12.1996	Gemeinsame Maßnahme betreffend die Angleichung der Rechtsvorschriften und der Verfahren der Mitgliedstaaten der Europäischen Union zur Bekämpfung der Drogenabhängigkeit und zur Verhütung und Bekämpfung des illegalen Drogenhandels	ABl. EG 1996 Nr. L 342/6
20.12.1996	Entschließung des Rates über die Ahndung von schweren Straftaten im Bereich des unerlaubten Drogenhandels	ABl. EG 1997 Nr. C 10/3
09.06.1997	Gemeinsame Maßnahme betreffend die Präzisierung der Kriterien für gezielte Kontrollen, Selektionsmethoden usw. und die Optimierung der Erfassung von polizeilichen und zollbehördlichen Informationen	ABl. EG 1997 Nr. L 159/1
16.06.1997	Gemeinsame Maßnahme betreffend den Informationsaustausch, die Risikobewertung und die Kontrolle bei neuen synthetischen Drogen	ABl. EG 1997 Nr. L 167/1

5. Rechtsakte des Rates unter Art. K.1 Nr. 5 EUV aF: Bekämpfung von Betrügereien

06.12.1994	Entschließung des Rates über den rechtlichen Schutz der finanziellen Interessen der Gemeinschaften	ABl. EG 1994 Nr. C 355/2
26.07.1995	Rechtsakt des Rates über die Ausarbeitung des Übereinkommens über den Schutz der finanziellen Interessen der Europäischen Gemeinschaften	ABl. EG 1995 Nr. C 316/3
27.09.1996	Rechtsakte des Rates zur Ausarbeitung eines Protokolls zum Übereinkommen über den Schutz der finanziellen Interessen der Europäischen Gemeinschaften	ABl. EG 1996 Nr. C 313/1
29.11.1996	Rechtsakt des Rates über die Ausarbeitung des Protokolls betreffend die Auslegung des Übereinkommens über den Schutz der finanziellen Interessen der Europäischen Gemeinschaften durch den Gerichtshof der Europäischen Gemeinschaften im Wege der Vorabentscheidung	ABl. EG 1997 Nr. C 151/1
19.06.1997	Rechtsakt des Rates über die Ausarbeitung des zweiten Protokolls zum Übereinkommen über den Schutz der finanziellen Interessen der Europäischen Gemeinschaften	ABl. EG 1997 Nr. C 221/2
19.12.1997	Erläuternder Bericht zu dem Protokoll zum Übereinkommen über den Schutz der finanziellen Interessen der Europäischen Gemeinschaften	ABl. EG 1998 Nr. C 11/2

6. Rechtsakte des Rates unter Art. K.1 Nr. 6 EUV aF: justizielle Zusammenarbeit in Zivilsachen

28.10.1996	Gemeinsame Maßnahme zur Festlegung eines Förder- und Austauschprogramms für die Rechtsberufe („GROTIUS")	ABl. EG 1996 Nr. L 287/3

28.05.1998	Rechtsakt des Rates über die Ausarbeitung des Übereinkommens aufgrund Artikel K.3 des Vertrags über die Europäische Union über die Zuständigkeit und die Anerkennung und Vollstreckung von Entscheidungen in Ehesachen	ABl. EG 1998 Nr. C 221/1
28.05.1998	Auf der Tagung des Rates (Justiz und Inneres) am 28. und 29. Mai 1998 bei der Ausarbeitung des Übereinkommens über die Zuständigkeit und die Anerkennung und Vollstreckung von Entscheidungen in Ehesachen verabschiedete Erklärung für das Ratsprotokoll	ABl. EG 1998 Nr. C 221/19
28.05.1998	Protokoll betreffend die Auslegung des Übereinkommens über die Zuständigkeit und die Anerkennung und Vollstreckung von Entscheidungen in Ehesachen durch den Gerichtshof der Europäischen Gemeinschaften	ABl. EG 1998 Nr. C 221/20

7. Rechtsakte des Rates unter Art. K.1 Nr. 7 EUV aF: justizielle Zusammenarbeit in Strafsachen

10.03.1995	Übereinkommen über das vereinfachte Auslieferungsverfahren zwischen den Mitgliedstaaten der Europäischen Union	ABl. EG 1995 Nr. C 78/1 ABl. EG 1996 Nr. C 375/4
23.11.1995	Entschließung des Rates über den Schutz von Zeugen im Rahmen der Bekämpfung der internationalen organisierten Kriminalität	ABl. EG 1995 Nr. C 327/4
22.04.1996	Gemeinsame Maßnahme betreffend den Rahmen für den Austausch von Verbindungsrichtern/-staatsanwälten zur Verbesserung der justiziellen Zusammenarbeit zwischen den Mitgliedstaaten der Europäischen Union	ABl. EG 1996 Nr. L 105/1
15.07.1996	Gemeinsame Maßnahme betreffend die Bekämpfung von Rassismus und Fremdenfeindlichkeit	ABl. EG 1996 Nr. L 185/5
27.09.1996	Übereinkommen über die Auslieferung zwischen den Mitgliedstaaten der Europäischen Union	ABl. EG 1996 Nr. C 313/11
29.11.1996	Gemeinsame Maßnahme zur Aufstellung eines Förder- und Austauschprogramms für Personen, die für Maßnahmen gegen den Menschenhandel und die sexuelle Ausbeutung von Kindern zuständig sind	ABl. EG 1996 Nr. L 322/7
20.12.1996	Entschließung des Rates über Personen, die im Rahmen der Bekämpfung der internationalen organisierten Kriminalität mit den Justizbehörden zusammenarbeiten	ABl. EG 1997 Nr. C 10/1
24.02.1997	Gemeinsame Maßnahme betreffend die Bekämpfung des Menschenhandels und der sexuellen Ausbeutung von Kindern	ABl. EG 1997 Nr. L 63/2
28.04.1997	Aktionsplan zur Bekämpfung der Organisierten Kriminalität	ABl. EG 1997 Nr. C 251/1
26.05.1997	Übereinkommen über die Bekämpfung der Bestechung, an der Beamte der Europäischen Gemeinschaften oder der Mitgliedstaaten der Europäischen Union beteiligt sind	ABl. EG 1997 Nr. C 195/1
09.06.1997	Entschließung des Rates über den Austausch von DNS-Analyseergebnissen	ABl. EG 1997 Nr. C 193/2

05.12.1997	Gemeinsame Maßnahme betreffend die Schaffung eines Mechanismus für die Begutachtung der einzelstaatlichen Anwendung und Umsetzung der zur Bekämpfung der organisierten Kriminalität eingegangenen internationalen Verpflichtungen	ABl. EG 1997 Nr. L 344/7
19.03.1998	Gemeinsame Maßnahme über ein Austausch-, Ausbildungs- und Kooperationsprogramm für Personen, die für die Bekämpfung der organisierten Kriminalität zuständig sind (FALCONE)	ABl. EG 1998 Nr. L 99/8
17.06.1998	Übereinkommen über den Entzug der Fahrerlaubnis	ABl. EG 1998 Nr. C 216/1
29.06.1998	Gemeinsame Maßnahme über die Anwendung bewährter Methoden bei der Rechtshilfe in Strafsachen	ABl. EG 1998 Nr. L 191/1
29.06.1998	Gemeinsame Maßnahme zur Einrichtung eines Europäischen Justiziellen Netzes	ABl. EG 1998 Nr. L 191/4
03.12.1998	Gemeinsame Maßnahme betreffend Geldwäsche, die Ermittlung, das Einfrieren, die Beschlagnahme und die Einziehung von Tatwerkzeugen und Erträgen aus Straftaten	ABl. EG 1998 Nr. L 333/1
21.12.1998	Entschließung des Rates zur Prävention organisierter Kriminalität im Hinblick auf die Ausarbeitung einer umfassenden Strategie zu deren Bekämpfung	ABl. EG 1998 Nr. C 408/1
21.12.1998	Gemeinsame Maßnahme betreffend die Strafbarkeit der Beteiligung an einer kriminellen Vereinigung in den Mitgliedstaaten der Europäischen Union Erklärung des Rates, der österreichischen Delegation zu Artikel 3, der dänischen Delegation zu Artikel 3, der deutschen Delegation zu Artikel 4 Unterabsatz 2 und der belgischen Delegation zu Artikel 1	ABl. EG 1998 Nr. L 351/1 ABl. EG 1999 Nr. L 57/36 ABl. EG 1998 Nr. L 351/3
22.12.1998	Gemeinsame Maßnahme betreffend die Bestechung im privaten Sektor	ABl. EG 1998 Nr. L 358/2

8. Rechtsakte des Rates unter Art. K.1 Nr. 8 EUV aF: Zusammenarbeit im Zollwesen

26.07.1995	Rechtsakt des Rates über die Fertigstellung des Übereinkommens über den Einsatz der Informationstechnologie im Zollbereich	ABl. EG 1995 Nr. C 316/2
26.07.1995	Übereinkunft über die vorläufige Anwendung des Übereinkommens über den Einsatz der Informationstechnologie im Zollbereich	ABl. EG 1995 Nr. C 316/58
29.11.1996	Rechtsakt des Rates über die Ausarbeitung des Protokolls betreffend die Auslegung des Übereinkommens über den Einsatz der Informationstechnologie im Zollbereich durch den Gerichtshof der Europäischen Gemeinschaften im Wege der Vorabentscheidung	ABl. EG 1997 Nr. C 151/2
09.07.1997	Entschließung des Rates über einen Leitfaden für gemeinsame Zollkontrollaktionen	ABl. EG 1997 Nr. C 193/3
18.12.1997	Übereinkommen über gegenseitige Amtshilfe und Zusammenarbeit der Zollverwaltungen	ABl. EG 1998 Nr. C 24/1

28.05.1998	Erläuternder Bericht über das Übereinkommen über die gegenseitige Amtshilfe und Zusammenarbeit der Zollverwaltungen	ABl. EG 1998 Nr. C 189/1
12.03.1999	Protokoll betreffend den Anwendungsbereich des Waschens von Erträgen in dem Übereinkommen über den Einsatz der Informationstechnologie im Zollbereich sowie die Aufnahme des amtlichen Kennzeichens des Transportmittels in das Übereinkommen	ABl. EG 1999 Nr. C 91/1

9. Rechtsakte des Rates unter Art. K.1 Nr. 9 EUV aF: polizeiliche Zusammenarbeit

17.01.1995	Entschließung des Rates über die rechtmäßige Überwachung des Fernmeldeverkehrs	ABl. EG 1996 Nr. C 329/1
10.03.1995	Gemeinsame Maßnahme bezüglich der Europol-Drogenstelle	ABl. EG 1995 Nr. L 62/1
26.07.1995	Übereinkommen über die Errichtung eines Europäischen Polizeiamts (Europol-Übereinkommen)	ABl. EG 1995 Nr. C 316/1
22.04.1996	Empfehlung des Rates über Leitlinien zur Verhinderung von Störungen der öffentlichen Ordnung bei Fußballspielen und zur Eindämmung dieser Störungen	ABl. EG 1996 Nr. C 131/1
23.07.1996	Protokoll betreffend die Auslegung des Übereinkommens über die Errichtung eines Europäischen Polizeiamts durch den Gerichtshof der Europäischen Gemeinschaften im Wege der Vorabentscheidung	ABl. EG 1996 Nr. C 299/1
27.09.1996	Übereinkommen über die Auslieferung zwischen den Mitgliedstaaten der Europäischen Union	ABl. EG 1996 Nr. C 313/2
14.10.1996	Gemeinsame Maßnahme betreffend einen gemeinsamen Orientierungsrahmen für die Initiative der Mitgliedstaaten in Bezug auf Verbindungsbeamte	ABl. EG 1996 Nr. L 268/2
15.10.1996	Gemeinsame Maßnahme betreffend die Erstellung und Führung eines Verzeichnisses der besonderen Fähigkeiten und Fachkenntnisse auf dem Gebiet der Terrorismusbekämpfung, mit dem die Zusammenarbeit zwischen den Mitgliedstaaten der Europäischen Union bei der Terrorismusbekämpfung erleichtert werden soll	ABl. EG 1996 Nr. L 273/1
29.11.1996	Gemeinsame Maßnahme betreffend die Erstellung und Führung eines Verzeichnisses der besonderen Fähigkeiten und Fachkenntnisse auf dem Gebiet der Bekämpfung der internationalen organisierten Kriminalität, mit dem die Zusammenarbeit zwischen den Mitgliedstaaten der Europäischen Union bei der Strafverfolgung erleichtert werden soll	ABl. EG 1996 Nr. L 342/2
16.12.1996	Gemeinsame Maßnahme zur Ausdehnung des der Europol-Drogenstelle erteilten Mandats	ABl. EG 1996 Nr. L 342/4
20.12.1996	Gemeinsame Maßnahme zur Festlegung eines Programms für den Austausch, die Aus- und Fortbildung sowie die Zusammenarbeit der Strafverfolgungsbehörden (OISIN)	ABl. EG 1997 Nr. L 7/5

26.05.1997	Gemeinsame Maßnahme betreffend die Zusammenarbeit im Bereich der öffentlichen Ordnung und Sicherheit	ABl. EG 1997 Nr. L 147/1
09.06.1997	Entschließung des Rates zur Verhinderung und Eindämmung des Fußballrowdytums durch Erfahrungsaustausch, Stadionverbote und Medienpolitik	ABl. EG 1997 Nr. C 193/1
19.06.1997	Protokoll über die Vorrechte und Immunitäten für Europol, die Mitglieder der Organe, die stellvertretenden Direktoren und die Bediensteten von Europol	ABl. EG 1997 Nr. C 221/1
19.03.1998	Gemeinsame Maßnahme über ein Austausch-, Ausbildungs- und Kooperationsprogramm für Personen, die für die Bekämpfung der organisierten Kriminalität zuständig sind (FALCONE)	ABl. EG 1998 Nr. L 99/8
03.11.1998	Rechtsakt des Rates über die Durchführungsbestimmungen für die von Europol geführten Arbeitsdateien zu Analysezwecken	ABl. EG 1999 Nr. C 26/1
03.11.1998	Rechtsakt des Rates über die Geheimschutzregelung für Europol-Informationen	ABl. EG 1999 Nr. C 26/2
03.11.1998	Rechtsakt des Rates über Bestimmungen über die Entgegennahme der von Dritten gelieferten Informationen durch Europol	ABl. EG 1999 Nr. C 26/3
03.11.1998	Rechtsakt des Rates zur Festlegung der Bestimmungen über die externen Beziehungen von Europol zu Drittstaaten und zu Nicht-EU-Stellen	ABl. EG 1999 Nr. C 26/4
03.12.1998	Beschluss des Rates zur Erteilung des Auftrags an Europol, sich mit Straftaten zu befassen, die im Rahmen von terroristischen Handlungen gegen Leben, körperliche Unversehrtheit und persönliche Freiheit sowie gegen Sachen begangen wurden oder begangen werden könnten	ABl. EG 1999 Nr. C 26/6
03.12.1998	Rechtsakt des Rates zur Festlegung des Statuts der Bediensteten von Europol	ABl. EG 1999 Nr. C 26/7
12.03.1999	Rechtsakt des Rates zur Festlegung der Bestimmungen über die Übermittlung von personenbezogenen Daten durch Europol an Drittstaaten und Drittstellen	ABl. EG 1999 Nr. C 88/1
29.04.1999	Beschluss des Rates zur Ausdehnung des Mandats von Europol auf die Bekämpfung der Fälschung von Geld und Zahlungsmitteln	ABl. EG 1999 Nr. C 149/2

2. Teil: Der Aufbau des Raums im Lichte realer Herausforderungen und integrationspolitischer Zwänge

Nachdem im ersten Teil die rechtliche Basis für den Aufbau eines Raums der Freiheit, der Sicherheit und des Rechts erarbeitet wurde, werden sich die folgenden Ausführungen in einem ersten Punkt den **realen Herausforderungen** widmen, denen die Union in der Innen- und Justizpolitik begegnen muss. Mit der Untersuchung der durch internationale Kriminalität und Migration entstehenden Problemlagen soll der Notwendigkeit eines europäischen Ansatzes für den Aufbau des Raums nachgegangen werden. Die Gewährleistung des freien Personenverkehrs durch den Wegfall der Binnengrenzkontrollen lässt dabei die Frage nach Ausgleichsmaßnahmen auf europäischer Ebene entstehen. Hierin wird die Dialektik zwischen Freiheit und Sicherheit spürbar, von der der Aufbau des Raums entscheidend beeinflusst wird. In einem zweiten Punkt wird der Frage nachgegangen, inwieweit die europäische Zusammenarbeit auf dem Gebiet der Innen- und Justizpolitik eine logische Folge der bisher erreichten wirtschaftlichen Integrationsstufe darstellt. Dieser Problemkreis wird aus **integrationspolitischer Perspektive** angegangen.

A. Notwendigkeit eines europäischen Ansatzes beim Aufbau des Raums

Der freie Personenverkehr ist ein grundlegendes Element des Aufbaus eines Raums der Freiheit. Die Gewährleistung der Freiheit verlangt jedoch nach einem bestimmten Niveau an Sicherheit.[1] Dabei stellt sich die Frage nach der Notwendigkeit eines europäischen Ansatzes. Diese wird im Folgenden anhand der die innere Sicherheit berührenden internationalen Kriminalität behandelt. Aber auch in anderen Politikbereichen muss auf die Gewährleistung von mehr Freiheit reagiert werden, um sie auf Dauer zu garantieren. In diesem Zusammenhang werden die Herausforderungen der Union durch die Migration untersucht.

I. Gefährdung der inneren Sicherheit durch internationale Kriminalität

1. Begriff der inneren Sicherheit

Ausgangspunkt der Frage nach der Gefährdung der inneren Sicherheit muss die Definition des Begriffs selbst sein.[2] Oben wurde bereits gezeigt, dass unter dem Aufbau eines Raums der Sicherheit die innere und nicht die äußere Sicherheit gemeint ist. Die soziale Sicherheit ist auch an anderen Stellen in den Verträgen geregelt.[3] Unter dem Begriff Sicherheit ist allein die innere Sicherheit zu verstehen.

---

[1] vgl. zum Verhältnis der Begriffe Freiheit und Sicherheit oben 1. Teil A. III. 4. e)

[2] Eine umfassende Darstellung der Wertidee Sicherheit bietet *Kaufmann*, Sicherheit als soziologisches und sozialpolitisches Problem.

[3] vgl. oben 1. Teil A. III. 4. c); vgl. zur Wortgeschichte des Begriffs Sicherheit *Kaufmann*, Sicherheit als soziologisches und sozialpolitisches Problem, S. 52 f

a) Positivrechtliche Herleitung des Begriffs

Historisch wird der Gedanke der inneren Sicherheit erstmals in der Bill of Rights von Virginia vom 12. Juni 1776, einem Vorläufer der amerikanischen Unabhängigkeitserklärung vom 4. Juli 1776, und in Art. 2 S. 1 der französischen Menschen- und Bürgerrechtserklärung vom 26. August 1789, die durch S. 1 der Präambel der Verfassung der Republik Frankreich vom 4. Oktober 1958 in die Verfassung der Fünften Republik inkorporiert ist, wiedergegeben:[4]

„Le but de toute association politique est la conservation des droits naturels et imprescriptibles de l'homme. Ces droits sont la liberté, la propriété, ***la sûreté*** *et la résistance à l'oppression."*

Die Verfassung der Republik Frankreich von 1793 umschreibt dies näher in Art. 8:

„La sûreté consiste dans la protection accordée par la société à chacun de ses membres pour la conservation de sa personne, de ses droits et de ses propriétés."

Weiterhin ist der Begriff „innere Sicherheit" lediglich in Art. 2 der deutschen Bundesverfassung vom 8. Juni 1815 als Staatszweck enthalten. In den **Verfassungen** der Mitgliedstaaten findet sich keine Definition. Nur in der Verfassung der Republik Irland vom 1. Juli 1937 und des Königreichs Spanien vom 28. Dezember 1978 finden sich ähnliche Staatszielbestimmungen und die Verfassung der Republik Portugal verwendet den Begriff „innere Sicherheit", ohne ihn zu definieren.[5] Das Grundgesetz beinhaltet kein explizites Recht auf Sicherheit, jedoch enthält der eigenständige objektivrechtliche Gehalt der Grundrechtsbestimmungen Schutz- und Sicherungspflichten für den Staat.[6] Der Gedanke der Sicherheit wird auch in Art. 1 Abs. 1 S. 2 GG mit der Verpflichtung aller staatlichen Gewalt zum Schutz der Menschenwürde und in Art. 2 Abs. 1 GG mit der verfassungsmäßigen Ordnung als Schranke der freien Entfaltung der Persönlichkeit umfasst.

b) Diskussionsansätze in der Literatur

In der Literatur zur inneren Sicherheit wird der Begriff meist verwendet, ohne ihn zu definieren. Innere Sicherheit wird als **politisches Schlagwort** gesehen, dessen Inhalt entweder als allgemein bekannt vorausgesetzt wird oder keiner Erwähnung bedarf.[7] In den meisten Fällen werden lediglich einzelne Aspekte unter dem Begriff abgehandelt. Eine allgemeine Beschreibung findet sich nur bei wenigen Autoren.

---

[4] vgl. zur historischen Entwicklung auch *Schwarz*, Die Polizei 1975, 1; *Schwarz*, Sicherheit oder Freiheit?, S. 15 f; *Kerner*, Kriminalitätseinschätzung und innere Sicherheit, S. 42; *Kühne*, Kriminalitätsbekämpfung durch innereuropäische Grenzkontrollen?, S. 22 ff

[5] vgl. *Rupprecht/Hellenthal*, Programm für eine Europäische Gemeinschaft der Inneren Sicherheit, in dies., Innere Sicherheit im europäischen Binnenmarkt, S. 23, 62 f

[6] vgl. *Stern*, Das Staatsrecht der Bundesrepublik Deutschland, Bd. III/1, S. 931 ff; *Isensee*, Das Grundrecht auf Sicherheit, S. 33 f, will dagegen ein Grundrecht auf Sicherheit aus diesen Schutzpflichten erkennen. Vgl. dazu schon oben 1. Teil A. III. 4. c) sowie *Rupprecht/Hellenthal*, Programm für eine Europäische Gemeinschaft der Inneren Sicherheit, in dies., Innere Sicherheit im europäischen Binnenmarkt, S. 23, 83 f.

[7] vgl. auch *Pieth*, „Organisierte Kriminalität" und „Innere Sicherheit"?, in Bauhofer/Bolle, Innere Sicherheit - Innere Unsicherheit, S. 77, 78

So zählt **Horchem** mehrere Bedeutungen der inneren Sicherheit auf.[8] Sie beinhalte einerseits die Konsistenz und Stabilität einer Gemeinschaft in dem von ihr getragenen Staat, andererseits Sicherheit und Ordnung, somit Schutz vor Kriminalität und Gewalt. Weiterhin sei auch Sicherheit vor nachrichtendienstlicher Ausspähung gemeint. Wie schon aus der Aufzählung hervorgeht, ist damit keine allumfassende Definition gewollt, sondern es werden lediglich einzelne Aspekte genannt.

Nach der Ansicht von **Merk** ist unter innerer Sicherheit die Absicherung des Freiheits- und Lebensraums des Menschen im Verhältnis zum Mitmenschen und zur Gesellschaft durch den Staat zu verstehen.[9] Weiterhin enthalte der Begriff im Verhältnis des Bürgers zum Staat die Gewährleistung der Grundrechte einschließlich einer demokratischen Gestaltung der politischen Rechte sowie die Kontrolle der Exekutive durch Parlament und Gerichtsbarkeit und die Abwehr von Bestrebungen, den freiheitlichen Rechtsstaat durch ein Staatssystem zu ersetzen, das den Freiheitsanspruch des Bürgers nicht mehr gewährleistet.[10] Der Begriff ist danach weit auszulegen, wonach auch die wirtschaftliche und soziale Absicherung umfasst ist.

Nach **Kerner** ist der Begriff innere Sicherheit als Inbegriff eines positiv befriedeten Zustands von Staat und Gesellschaft zu verstehen, innerhalb dessen Individualfreiheit und soziale Gebundenheit, Herrschaft und persönliche Selbstverwirklichung, Ordnung des Bestehenden und Öffnung für Wandel sowie wirtschaftlich-industrielle Fortentwicklung und Bewahrung der Lebensqualität in mehrheitlich zufriedenstellender Balance gehalten werden.[11] Die Definition Kerners lehnt sich an den im Polizei- und Sicherheitsrecht geltenden Begriff der öffentlichen Sicherheit und Ordnung an. Unter Öffentlicher Sicherheit ist dabei die Unversehrtheit des Lebens, der Gesundheit, Ehre, Freiheit und des Vermögens, der Rechtsordnung und der Einrichtungen des Staates und sonstiger Träger von Hoheitsgewalt einschließlich der ungehinderten Ausübung der Hoheitsgewalt zu verstehen. Öffentliche Ordnung umfasst die Gesamtheit der ungeschriebenen Regeln für das Verhalten des Einzelnen in der Öffentlichkeit, soweit die Beachtung dieser Regeln nach den herrschenden Auffassungen als unerlässliche Voraussetzung eines geordneten Gemeinschaftslebens betrachtet wird.[12] Auch nach Rupprecht/Hellenthal sind die Begriffe innere Sicherheit und öffentliche Sicherheit/Ordnung in einem engen Verhältnis zueinander zu sehen. Ersterer kennzeichne den Gesamtzustand einer Gesellschaft, der durch einzelne Faktoren des Zweiteren bestimmt werde.[13]

Götz sieht für die innere Sicherheit zwei Ziele: Verbrechensbekämpfung sowie Organisation und Aufgabenstellung der Sicherheitsbehörden. Bezogen auf das deutsche Staatsrecht umfasse die innere Sicherheit in vollem Umfang die unter dem Begriff Verbrechensbekämpfung zusammengefasste polizeiliche Verbrechensverhütung

---

[8] vgl. *Horchem*, Beiträge zur Konfliktforschung 1976, Heft 4, S. 45
[9] vgl. *Merk*, Innere Sicherheit, S. 11
[10] vgl. *Merk*, Innere Sicherheit, S. 11 f
[11] vgl. *Kerner*, Kriminalitätseinschätzung und Innere Sicherheit, S. 45
[12] vgl. *Berner/Köhler*, Polizeiaufgabengesetz, Vollzugsbekanntmachung 2.1 zu Art. 2; nach *Boeden*, Die Rahmenbedingungen polizeilichen Handelns und polizeilicher Erfolg, in Bundeskriminalamt, Der polizeiliche Erfolg, S. 67, ist die innere Sicherheit gleichbedeutend mit dem oben genannten Begriff der öffentlichen Sicherheit im Polizei- und Sicherheitsrecht.
[13] vgl. *Rupprecht/Hellenthal*, Programm für eine Europäische Gemeinschaft der Inneren Sicherheit, in dies., Innere Sicherheit im europäischen Binnenmarkt, S. 23, 86

und Strafverfolgung, die in der deutschen Rechtsentwicklung als sicherheitspolizeilich eingestuften Aufgaben des Melde-, Pass-, Ausländer-, Vereins- und Versammlungswesens, darüber hinaus sämtliche vollzugspolizeilichen Aufgaben sowie die Aufgaben des Verfassungsschutzes und der Nachrichtendienste.[14]

Nach **Lange** ist die innere Sicherheit ein System von staatlichen Institutionen und Einrichtungen, die durch Verfassung und Organe der demokratischen Willensbildung legitimiert sind, das öffentliche Gewaltmonopol im Rahmen kodifizierter Regeln exekutiv unter Anwendung auch von unmittelbarem Zwang auszuüben.[15]

Peters definiert die innere Sicherheit als Schutz vor Verhaltensweisen, die mit Strafe bedroht sind. Damit meint er die Kriminalität. Die Sicherheit vor Armut, Krankheit, Umweltproblemen sei davon nicht umfasst.[16]

Nach **Kreissl** bezeichnet der Begriff innere Sicherheit einen Zustand der Unsicherheit.[17] Die Analyse aus konstruktivistischer Perspektive zeige, dass innere Sicherheit keine Systemeigenschaft sei, sondern eine Kategorie, mit deren Hilfe das Geschehene eingeordnet und interpretiert werden könne. Mittels dieser Kategorie könnten bestimmte Phänomene als sicher/unsicher oder wichtig/unwichtig beschrieben werden, wobei eigentlich über Unsicherheit kommuniziert werde. Komplexe Probleme der Globalisierung würden durch ihre Einordnung in die Kategorie innere Sicherheit einfacher vermittelbar und politisch handhabbar.[18]

c) Definition im vorliegenden Kontext

Rupprecht/Hellenthal nennen bei ihrer Darstellung des Begriffs der inneren Sicherheit **vier Faktoren**, die die Sicherheit beeinträchtigen können: eigene Staatsgewalt, fremde Staatsgewalt, Mitmenschen und Menschen in anderen Staaten.[19] Um die auf die EG übertragenen Hoheitsgewalten mit zu berücksichtigen, ist besser von nationalstaatlicher und fremder Hoheitsgewalt zu sprechen. Bezugspunkt der inneren Sicherheit darf nicht mehr der Nationalstaat sein, sondern mit Öffnung der Binnengrenzen und der vertieften Zusammenarbeit in den Bereichen Justiz und Inneres muss der Blick hin auf das Gebiet der EU gewendet werden. Betrachtet man die in der Literatur bisher versuchten Beschreibungen, so lassen sich **zwei Grundtendenzen** feststellen. Im Mittelpunkt steht einerseits der Staat mit seinen Institutionen, dessen Funktionieren gesichert sein muss. Andererseits geht es um den Schutz der Individualrechte der Bürger. Ihre Ausschmückungen erfahren diese Grundtendenzen durch verschiedene Aspekte wie der Kriminalität und der Verbrechensbekämpfung.

---

[14] vgl. *Götz*, Innere Sicherheit, in Isensee/Kirchhof, Handbuch des Staatsrechts, Bd. III, § 79, Rn. 4
[15] vgl. *Lange*, Innere Sicherheit im Politischen System der Bundesrepublik Deutschland, S. 109
[16] vgl. *Peters*, Die Inszenierung „Innere Sicherheit", in Hitzler/Peters, Inszenierung: Innere Sicherheit, S. 9, 12
[17] vgl. *Kreissl*, Die Konjunktur Innerer Sicherheit und die Transformation der gesellschaftlichen Semantik, in Hitzler/Peters, Inszenierung: Innere Sicherheit, S. 155, 156 ff
[18] vgl. *Kreissl*, Die Konjunktur Innerer Sicherheit und die Transformation der gesellschaftlichen Semantik, in Hitzler/Peters, Inszenierung: Innere Sicherheit, S. 155, 157 f
[19] vgl. *Rupprecht/Hellenthal*, Programm für eine Europäische Gemeinschaft der Inneren Sicherheit, in dies., Innere Sicherheit im europäischen Binnenmarkt, S. 23, 83

Die **erste Grundtendenz** der Sicherung des Funktionierens des Staates mit seinen Institutionen findet ihre rechtsphilosophische Grundlage in den Gedanken von Thomas Hobbes (1588-1679). Hobbes argumentiert, dass der Mensch aus seinem Wesen heraus nur damit befasst ist, sich selbst zu erhalten, und dass es ihm lediglich auf sein persönliches Wohlergehen ankommt. Dieser Naturzustand führt zu einem grausamen Konflikt von isolierten Individuen, die alles nehmen, was sie bekommen können (homo homini lupus). Diesen Zustand nennt Hobbes den „state of war".[20] Um von diesem schrecklichen Urzustand wegzukommen, sieht Hobbes als einzige Möglichkeit die Einsetzung eines starken Souveräns, der mit allen Mitteln ausgestattet ist, die für das friedliche Zusammenleben der Menschen bestehenden Naturrechte durchzusetzen, und der den bürgerlichen Gesetzen nicht unterworfen ist.[21] Nach Hobbes erfolgt die Einsetzung des Souveräns auf der Grundlage eines Vertrags zwischen den Bürgern.[22] Im Mittelpunkt steht nicht das Funktionieren des Souveräns an sich, dieser stellt nur ein Mittel für das friedliche Zusammenleben der Bürger dar. Wendet man diese Gedanken auf die innere Sicherheit in heutiger Zeit an, so ist das Funktionieren des Staates erforderlich, um die Sicherheit der Bürger zu gewährleisten. Der Staat ist aber kein Selbstzweck, sondern dient dem Menschen.

Die **zweite Grundtendenz**, der Schutz der Individualrechte des Bürgers, lässt sich auf die Gedanken von John Locke (1632-1704) stützen. Nach Locke ist im Naturzustand (State of Nature) jeder Mensch frei und gleich, mithin auch sein eigener Richter und König.[23] Die Gründung einer Gesellschaft durch eine Übereinkunft zwischen den Menschen hat zu erfolgen, da es dem Naturzustand an allgemeinen Gesetzen, Richtern und einer Zwangsgewalt fehlt, die die natürlichen Rechte und Freiheiten des Menschen garantieren.[24] Anders als Hobbes legt Locke den Akzent nicht auf die Sicherheit des Bürgers, sondern auf den Schutz seiner Rechte vor dem Staat. Darin verbirgt sich der Grundgedanke, dass die Menschen ihre Situation durch Gründung einer Gesellschaft gegenüber dem vorherigen Naturzustand nicht verschlechtern wollen.[25] In diesen Gedanken ist auch das Widerstandsrecht gegenüber einem Missbrauch der Hoheitsgewalt enthalten.[26] Einen wichtigen Punkt stellt die Begrenzung

[20] vgl. *Gaskin*, introduction zu Hobbes, Leviathan, S. XX; *Hobbes*, Leviathan, Part 1, Chap. XIII. Die Sicherheitsobsession von Hobbes ist insbesondere auf der Grundlage der Geschehnisse zu seiner Lebenszeit zu verstehen. Mehrere Ereignisse ließen die gegebene Ordnung durcheinander geraten. England befand sich seit Anfang des 17. Jahrhunderts in einer Krise. So befürchteten die Engländer eine Landung der Spanier auf ihrer Insel. Der englische König verspielte aufgrund militärischer Niederlagen immer mehr von seiner Macht zugunsten des Parlaments. Dieses gewann nach den Wahlen von 1640 als „langes Parlament" (1640-1651) stetig an Einfluss. Den Höhepunkt der Krise stellte die Exekution des englischen Königs Charles I. im Jahre 1649 und die Machtübernahme durch Cromwell bis zu seinem Tod im Jahre 1660 dar.

[21] vgl. *Hobbes*, Leviathan, Part 2, Chap. XVII; Part 2, Chap. XXVI

[22] vgl. *Hobbes*, Leviathan, Part 2, Chap. XVIII

[23] vgl. *Locke*, Two Treatises of Government, Book II, Chap. II, § 4

[24] vgl. *Locke*, Two Treatises of Government, Book II, Chap. IX, § 123

[25] vgl. *Locke*, Two Treatises of Government, Book II, Chap. XI, § 137

[26] vgl. *Locke*, Two Treatises of Government, Book II, Chap. XVIII, § 202; ganz anders *Hobbes*, Leviathan, Part 2, Chap. XVIII: „Fourthly, because every subject is by this institution author of all the actions, and judgments of the sovereign instituted; it follows, that whatsoever he doth, it can be no injury to any of his subjects; nor ought he to be by any of them accused of injustice. For he that doth anything by authority from another, doth therein no injury to him by whose authority he acteth: but by this institution of a commonwealth, every particular man is author of all the sovereign doth:" Ein Widerstandsrecht kann es jedoch bei einer Betrachtung der souveränen Staatsgewalt als natürliche, per definitionem höchste Gewalt und Vernunft, wie sie vor allem Jean Bodin (1529-1596) sieht, nicht ge-

der Hoheitsgewalt zum Schutz des Bürgers dar, da das Volk der wahre Souverän ist.[27]

Diese Grundtendenzen können auch aus den oben genannten positivrechtlichen Grundlagen abgeleitet werden. Im Mittelpunkt steht dabei immer der Mensch, das Individuum, nicht dagegen der Staat. Dieser stellt keinen Selbstzweck dar, sondern dient dem Menschen für ein friedliches Zusammenleben. Führt man damit den Begriff innere Sicherheit auf diese Basis zurück, sind grundsätzlich zwei Aspekte enthalten: der **Schutz des Bürgers vor anderen Bürgern** sowie **der Schutz des Bürgers vor dem Staat**.[28]

Innere Sicherheit in der EU kann damit **definiert** werden als ein Zustand, in dem der Schutz von Menschen vor anderen EU-Mitbürgern und Drittstaatsangehörigen sowie vor nationaler und supranationaler Hoheitsgewalt innerhalb des Unionsgebiets garantiert ist. Innere Sicherheit kann nicht auf den Schutz vor Kriminalität beschränkt werden, sondern ist weiter zu verstehen. Der gewährte Schutz geht über die Bekämpfung des Verbrechens, des Terrorismus und der Organisierten Kriminalität hinaus. Aspekte der inneren Sicherheit sind überall dort vorhanden, wo Rechte von Menschen gegenüber anderen Personen oder gegenüber hoheitlicher Gewalt in Gefahr sind. Damit betrifft die innere Sicherheit auch andere Bereiche wie die Einwanderungs- und Asylpolitik.[29]

2. Bedrohungen durch internationale Kriminalität

Einen Aspekt der inneren Sicherheit stellt der Schutz von Menschen vor Kriminalität dar. Durch die Erweiterung der Personenfreizügigkeit wird vor allem eine negative Kriminalitätsentwicklung erwartet. Europa stellt aufgrund der wirtschaftlichen Verflechtungen einen **einheitlichen kriminalgeografischen Raum** dar.[30] Die Forderung nach Ausgleichsmaßnahmen zur Aufrechterhaltung der inneren Sicherheit in der EU beruht insbesondere auf der Annahme, dass durch die Öffnung der Binnengrenzen ein Filter für die Bekämpfung der grenzüberschreitenden Kriminalität weggefallen ist.[31] Durch die Vergrößerung des Marktes verschlechtert sich die Transparenz, diese Tendenz wird vor allem durch unterschiedliche Rechtssysteme in den Mitgliedstaaten

ben, vgl. dazu *Schwan*, Politische Theorien des Rationalismus und der Aufklärung, in Lieber, Politische Theorien von der Antike bis zur Gegenwart, S. 157, 171.

[27] Über den Absolutismus Ludwig XIV. schreibt *Locke*, Two Treatises of Government, Book II, Chap. VII, § 91: „For he being suppos'd to have all, both Legislative and Executive Power in himself alone, there is no Judge to be found, no Appeal lies open to any one, who may fairly, and indifferently, and with Authority decide, and from whose decision relief and redress may be expected of any Injury or Inconveniency, that may be suffered from the Prince or by his Order."

[28] vgl. zu diesen zwei Aspekten auch *Kühne*, Kriminalitätsbekämpfung durch innereuropäische Grenzkontrollen?, S. 22 ff, sowie *Merk*, Innere Sicherheit, S. 5 ff

[29] Nach *Weidenfeld*, Die Innere Sicherheit als europäische Politik, in Rupprecht/Hellenthal, Innere Sicherheit im Europäischen Binnenmarkt, S. 7, 11 f, beinhaltete die innere Sicherheit Anfang der 90er Jahre vor allem drei Herausforderungen: wirksame Eindämmung der Organisierten Kriminalität und Drogenkriminalität, Bekämpfung von Terrorismus und politisch motivierten Gewalttaten, Bewältigung sicherheitsrelevanter Aspekte der Einwanderungs- und Asylpolitik.

[30] vgl. *Wittkämper/Krevert/Kohl*, Europa und die innere Sicherheit, S. 98 ff

[31] *Wittkämper/Krevert/Kohl*, Europa und die innere Sicherheit, S. 205 ff, zeigen, dass nach Meinung von Experten aus Polizei, Justiz, Politik/Verwaltung, Wirtschaft und Wissenschaft der EU-Binnenmarkt für alle Grundfreiheiten ein mittleres bis hohes Kriminalitätspotential enthält.

gefördert. Aufgrund der offenen Binnengrenzen können sich eingereiste Personen ohne Risiko in der EU bewegen, dies bedeutet auch eine hohe internationale Mobilität von Tätern. Verstärkte Kontrollen an den Außengrenzen könnten weiterhin zu einem höheren Potential für die Schleuserkriminalität führen. Einen weiteren Faktor bilden unterschiedliche Sozialstandards und Lohnniveaus in den Mitgliedstaaten. Die Gefährdung der inneren Sicherheit durch grenzüberschreitende Kriminalität soll im Folgenden anhand von **Kriminalstatistiken und Lagebildern** aufgezeigt werden. Kriminalstatistiken und Lagebilder sind jedoch mit Vorsicht zu genießen, da sie gleichzeitig Tätigkeitsberichte der mit der inneren Sicherheit befassten Instanzen darstellen. Damit sind die Statistiken auch abhängig von der Tätigkeit der jeweiligen staatlichen Instanzen, so u. a. von den Kapazitäten der Polizei und Justiz, der Verfolgungsintensität beider u. Ä.[32] Wesentlichen Einfluss hat auch das Anzeigeverhalten der Bürger. Wenn diese Werte sich ändern, ist mit einer Auswirkung auf die Kriminalstatistik zu rechnen. Zu beachten ist weiterhin, dass der Erfassungsbereich der Kriminalstatistiken beschränkt ist.[33] Von einer hohen Dunkelziffer ist insbesondere in der Wirtschaftskriminalität auszugehen. Die Schwachstellen der Polizeilichen Kriminalstatistiken werden dabei von der Polizei selbst eingeräumt.[34] Für eine andere Möglichkeit zur objektiven Untersuchung der grenzüberschreitenden Kriminalität fehlt aber bislang eine Grundlage.

Kühne hat in seinem Gutachten zur Kontrollwirkung von Grenzen den Zeitraum von 1980 bis zum 1. Halbjahr 1989 untersucht.[35] Dabei hat er als Ergebnis festgehalten, dass bereits in den 80er Jahren im Bereich der Schengen-Staaten die Kontrollwirkung der Grenzen gering war. Ein völliger Grenzabbau würde gegenüber eingeschränkten Kontrollen keine Veränderung mit sich bringen, da ein Aufgriff an der Grenze auch bei eingeschränkten Kontrollen nur aufgrund des Zufalls oder einer vorbereiteten Fahndungsmaßnahme erfolgte.[36]

Bisher wurden für die Bewertung der internationalen und europäischen Kriminalitätslage kaum systematische Statistiken oder Lagebilder erstellt. Die Gründe dafür liegen in den verschiedenen rechtlichen und polizeilichen Strukturen und in den unterschiedlichen Methoden zur Datenerhebung.[37] Eine Verbesserung dieser Lage wird hinsichtlich der Organisierten Kriminalität mit dem Aktionsprogramm des Rates zur Bekämpfung der Organisierten Kriminalität vom 27. März 2000 angestrebt.[38] Im Folgenden soll deshalb die Kriminalitätsentwicklung vor allem aufgrund der **Lage in der**

[32] vgl. *Peters*, Die Inszenierung „Innere Sicherheit", in Hitzler/Peters, Inszenierung: Innere Sicherheit, S. 10 f; *Falk*, Kriminalistik 1997, 15, 19 ff, gibt eine Beschreibung der Schwächen von polizeilichen Lagebildern in Deutschland.
[33] vgl. *Frevel*, Kriminalität. Gefährdungen der Inneren Sicherheit?, S. 46 ff
[34] vgl. Bundeskriminalamt, Polizeiliche Kriminalstatistik 1999, S. 229; *Meywirth*, Kriminalistik 1999, 447 ff, beschreibt die Defizite und dynamischen Verbesserungen, die das Lagebild Organisierte Kriminalität des BKA seit seiner erstmaligen Erstellung im Jahre 1991 erfahren hat.
[35] vgl. *Kühne*, Kriminalitätsbekämpfung durch innereuropäische Grenzkontrollen?, S. 40 ff
[36] vgl. *Kühne*, Kriminalitätsbekämpfung durch innereuropäische Grenzkontrollen?, S. 49 f; auch *Bieber*, NJW 1994, 294, 295, zweifelt die Effizienz von Grenzkontrollen zur Bekämpfung der modernen Kriminalität an.
[37] vgl. *Wittkämper/Krevert/Kohl*, Europa und die innere Sicherheit, S. 99; Europol, 1998 - EU Organised Crime Situation Report, S. 3 und 6
[38] Aktionsprogramm zur Bekämpfung der Organisierten Kriminalität „Prävention und Bekämpfung der organisierten Kriminalität. Eine Strategie der Europäischen Union für den Beginn des neuen Jahrtausends", ABl. EG 2000 Nr. C 124/1, Teil 2, Kapitel 2.1; Bull. EU 3-2000, Ziff. 1.4.9

Bundesrepublik Deutschland in den 90er Jahren anhand der Wirtschaftskriminalität, der Organisierten Kriminalität und des Drogenhandels dargestellt werden.

a) Wirtschaftskriminalität

Was genau unter dem **Begriff** Wirtschaftskriminalität zu verstehen ist, ist bis heute nicht einvernehmlich geklärt. Eine allgemein anerkannte Definition existiert nicht. Beschreibungsversuche wurden mit der Bezeichnung „White-Collar-Crime" unternommen, aber von vielen als zu eng, von anderen als zu weit gehend empfunden.[39] Die in der Polizeilichen Kriminalstatistik verwendete Definition, die zum überwiegenden Teil in der Praxis akzeptiert wird,[40] lehnt sich an die Aufzählung in § 74c Abs. 1 Nr. 1-6 GVG an und erweitert diese um einen Punkt. Als „Wirtschaftskriminalität" ist danach anzusehen:[41]

1. *Die Gesamtheit (Ausnahme: Computerbetrug) der in § 74c Abs. 1 Nr. 1-6 GVG aufgeführten Straftaten:*
   a) Nach dem Patentgesetz, dem Gebrauchsmustergesetz, dem Halbleiterschutzgesetz, dem Sortenschutzgesetz, dem Markengesetz, dem Geschmacksmustergesetz, dem Urheberrechtsgesetz, dem Gesetz gegen den unlauteren Wettbewerb, dem Aktiengesetz, dem Gesetz über die Rechnungslegung von bestimmten Unternehmen und Konzernen, dem Gesetz betreffend die Gesellschaften mit beschränkter Haftung, dem Handelsgesetzbuch, dem Gesetz zur Ausführung der EWG-Verordnung über die Europäische wirtschaftliche Interessenvereinigung, dem Genossenschaftsgesetz und dem Umwandlungsgesetz,
   b) nach den Gesetzen über das Bank-, Depot-, Börsen- und Kreditwesen, dem Versicherungsaufsichtsgesetz sowie dem Wertpapierhandelsgesetz,
   c) nach dem Wirtschaftsstrafgesetz 1954, dem Außenwirtschaftsgesetz, dem Devisenbewirtschaftungsgesetz sowie dem Finanzmonopol-, Steuer- und Zollrecht, auch soweit deren Strafvorschriften nach anderen Gesetzen anwendbar sind; dies gilt nicht, wenn dieselbe Handlung eine Straftat nach dem Betäubungsmittelgesetz darstellt und nicht für Steuerstraftaten, welche die Kraftfahrzeugsteuer betreffen,
   d) nach dem Weingesetz und dem Lebensmittelrecht,
   e) des Subventionsbetruges, des Kapitalanlagebetruges, des Kreditbetruges, des Bankrotts, der Gläubiger- und der Schuldnerbegünstigung,
   f) der wettbewerbsbeschränkenden Absprachen bei Ausschreibungen sowie der Bestechlichkeit und der Bestechung im geschäftlichen Verkehr,
   g) des Betruges, der Untreue, des Wuchers, der Vorteilsgewährung und der Bestechung, soweit zur Beurteilung des Falles besondere Kenntnisse des Wirtschaftslebens erforderlich sind.

[39] vgl. zu den Bemühungen um eine Definition und die historische Entwicklung des Begriffs *Wittkämper/Krevert/Kohl*, Europa und die innere Sicherheit, S. 20 ff; *Heinz*, Begriffliche und strukturelle Besonderheiten des Wirtschaftsstrafrechts, in Gropp, Wirtschaftskriminalität und Wirtschaftsstrafrecht, S. 13, 14 ff

[40] Nach *Wittkämper/Krevert/Kohl*, Europa und die innere Sicherheit, S. 166, akzeptieren 88,9 % einer befragten Expertengruppe diese Definition. Unter Experten aus Justiz und Wirtschaft erfährt die Definition danach sogar einen Zustimmungswert von 100 %.

[41] vgl. Bundeskriminalamt, Polizeiliche Kriminalstatistik 1999, S. 15

2. *Delikte, die im Rahmen tatsächlicher oder vorgetäuschter wirtschaftlicher Betätigung begangen werden und über eine Schädigung von Einzelnen hinaus das Wirtschaftsleben beeinträchtigen oder die Allgemeinheit schädigen können und/oder deren Aufklärung besondere kaufmännische Kenntnisse erfordert.*

Die Betrachtung der Wirtschaftskriminalität im Zusammenhang mit der Innen- und Justizpolitik der EU rechtfertigt sich aus der durch sie verursachten **großen Schadenshöhe**[42] und der Struktur des **europäischen Wirtschaftssystems**. Die im EG-Vertrag niedergelegten Freizügigkeiten für den Warenverkehr in Art. 23 ff EGV, die Arbeitnehmer in Art. 39 ff EGV, das Niederlassungsrecht in Art. 43 ff EGV und den Dienstleistungsverkehr in Art. 49 ff EGV haben zu einer weitgehenden Liberalisierung des Wirtschaftsverkehrs innerhalb der EU geführt. Vervollständigt wurden diese Freiheiten durch die Errichtung des Binnenmarktes mit dem Vertrag von Maastricht. Dazu kommen die in den Art. 85 ff EGV geregelten gemeinsamen Vorschriften über den Wettbewerb. Die Einführung der gemeinsamen Währung Euro wird eine weitere Erleichterung für den innergemeinschaftlichen Handel bringen, birgt aber auch neue Kriminalitätsrisiken in sich.[43] Die EU ist damit auf wirtschaftlichem Gebiet am weitesten integriert. Aufgrund dieser Integration ist die Entwicklung der Wirtschaftskriminalität als Gefährdung für die innere Sicherheit besonders interessant.

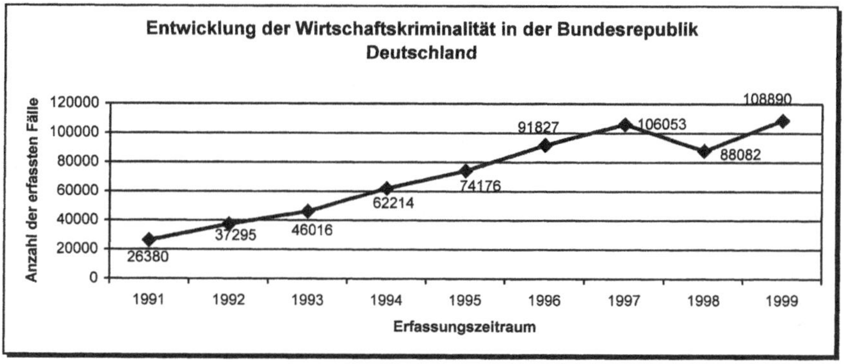

Datenquelle: Bundeskriminalamt, Polizeiliche Kriminalstatistiken 1991-1999 und Grundtabelle Wirtschaftskriminalität 1991-1999

In mehr als der Hälfte aller Fälle handelt es sich um Betrug. Weiterhin stellen die Wirtschaftskriminalität im Anlage- und Finanzierungsbereich, Betrug und Untreue im Zusammenhang mit Beteiligungen und Kapitalanlagen, sowie Wettbewerbsdelikte

[42] *Heinz*, Begriffliche und strukturelle Besonderheiten des Wirtschaftsstrafrechts, in Gropp, Wirtschaftskriminalität und Wirtschaftsstrafrecht, S. 13, 25 ff, zeigt, dass im Jahre 1996 in den alten Bundesländern einschließlich Gesamt-Berlins durch Delikte ein Schaden von insgesamt 15,3 Mrd. DM entstand. Von diesen Delikten gehörten nur 2,1 % zur Wirtschaftskriminalität, auf diese entfiel jedoch ein Schadensanteil von 48,6 %.

[43] *Stübert*, Kriminalistik 1999, 537 ff, zeigt die Ergebnisse des Pilotprojekts der Strategischen Kriminalitätsanalyse im BKA „Kriminalität und kriminogene Faktoren bei der Einführung des Euro“ von November 1997 bis März 1998 auf. Danach werden insbesondere aufgrund des Anstiegs der Tatgelegenheiten eine erhöhte Fälschungs-, Eigentums- und Vermögenskriminalität sowie vermehrte Geldwäschedelikte erwartet. Konkrete Vorschläge zum Maßnahmenbedarf im Zusammenhang mit der Einführung des Euro werden bei *Kubica*, Kriminalistik 1999, 597 ff, beschrieben.

einen großen Anteil dar.[44] Der Anteil der **nichtdeutschen Tatverdächtigen** lag von 1993 bis 1999 zwischen 14,7 % als niedrigstem Wert im Jahr 1997 und 16,7 % als höchstem Wert im Jahr 1998.[45] Der Durchschnittswert von 1993 bis 1999 lag damit bei 15,7 %. Die **Entwicklung** der Wirtschaftskriminalität seit 1991 zeigt einen kontinuierlichen Anstieg an erfassten Fällen. Zu berücksichtigen ist allerdings, dass die obigen Zahlen Wirtschaftsstraftaten, die von Schwerpunktstaatsanwaltschaften oder von Steuerbehörden unmittelbar ohne Beteiligung der Polizei verfolgt wurden, nicht enthalten. Nach den Angaben der Polizeilichen Kriminalstatistik erfolgte der starke Anstieg von 1993 bis 1997 und 1999 jeweils aufgrund komplexer Ermittlungsverfahren mit zahlreichen Einzelfällen.[46] Der beträchtliche Rückgang im Jahr 1998 ist auf komplexe Ermittlungsvorgänge mit zahlreichen Einzelfällen im Vorjahr zurückzuführen.[47] Gerade dieser Knick in der Kurvenentwicklung lässt an der Aussagefähigkeit der vorliegenden Zahlen Zweifel aufkommen. Wie oben bereits festgestellt, wird die Statistik auch durch eine verstärkte Tätigkeit der Polizei beeinflusst. Berücksichtigt man in diesem Zusammenhang die Angabe der PSK, dass ein Anstieg in den meisten Fällen auf komplexe Ermittlungsverfahren mit zahlreichen Einzelfällen zurückzuführen ist, dann ist die Angabe einer genauen Steigerungsrate kaum möglich. Festgehalten werden kann nach dieser Statistik lediglich, dass die Wirtschaftskriminalität in der Bundesrepublik Deutschland im Erfassungszeitraum angestiegen ist.

b) Organisierte Kriminalität

In den EU-Mitgliedstaaten hat die Organisierte Kriminalität in den Jahren 1995 bis 1997 besonders in den Bereichen illegale Einwanderung, Menschenhandel und Geldwäsche mit internationaler Tatbegehung stark zugenommen.[48] Auch wenn gerade im Bereich der Organisierten Kriminalität der politische Wille zu ihrer Bekämpfung groß war, so gibt es keine Definition der „Organisierten Kriminalität" auf europäischer Ebene.[49] In der Gemeinsamen Maßnahme vom 21. Dezember 1998 haben sich die Mitgliedstaaten aber auf die **Definition** einer „kriminellen Vereinigung" festgelegt:[50]

„Im Sinne dieser Gemeinsamen Maßnahme ist eine ‚kriminelle Vereinigung' der auf längere Dauer angelegte organisierte Zusammenschluss von mehr als zwei Personen, die in Verabredung handeln, um Straftaten zu begehen, die mit Freiheitsstrafe

[44] vgl. Bundeskriminalamt, Polizeiliche Kriminalstatistiken 1991-1999
[45] vgl. Bundeskriminalamt, Grundtabelle Wirtschaftskriminalität
[46] vgl. die jeweilige Polizeiliche Kriminalstatistik 1993-1997 und 1999 des Bundeskriminalamtes für den Bereich Wirtschaftskriminalität
[47] vgl. Bundeskriminalamt, Polizeiliche Kriminalstatistik 1998, S. 229
[48] vgl. Europol, 1998 - EU Organised Crime Situation Report, S. 4
[49] Nach *Bleeker*, RIDP 1999, 647, 648 f, existiert eine bei den EU-Mitgliedstaaten allgemein akzeptierte kriminologische Definition der Organisierten Kriminalität mit den folgenden elf Merkmalen: „1. collaboration of more than two people; 2. each with own appointed tasks; 3. for a prolonged or indefinite period of time (this criterion refers to the stability and (potential) durability of the group); 4. using some form of discipline and control; 5. suspected of the commission of serious criminal offences; 6. operating on an international level; 7. using violence or other means suitable for intimidation; 8. using commercial or businesslike structures; 9. engaged in money laundering; 10. exerting influence on politics, the media, public administration, judicial authorities or the economy; 11. determined by the pursuit of profit and/or power." Die Nummern 1, 3, 5 und 11 gelten danach als die wichtigsten Kriterien, die von den Mitgliedstaaten in ihren jährlichen OK-Berichten verwendet werden.
[50] Art. 1 Abs. 1 der GM betreffend die Strafbarkeit der Beteiligung an einer kriminellen Vereinigung in den Mitgliedstaaten der Europäischen Union, ABl. EG 1998 Nr. L 351/1

oder einer freiheitsentziehenden Maßregel der Besserung und Sicherung im Höchstmaß von mindestens vier Jahren oder einer schwereren Strafe bedroht sind, gleichviel, ob diese Straftaten Hauptzweck oder ein Mittel sind, um geldwerte Vorteile zu erlangen und gegebenenfalls die Tätigkeit öffentlicher Stellen in unzulässiger Weise zu beeinflussen."

Eine ähnliche Definition für eine „organized criminal group" findet sich in Art. 2 lit. a) der UN Convention Against Transnational Organized Crime, die auf der UN-Konferenz in Palermo vom 12. bis 15. Dezember 2000 von allen 15 EU-Mitgliedstaaten unterzeichnet wurde:[51]

„'Organized criminal group' shall mean a structured group of three or more persons, existing for a period of time and acting in concert with the aim of committing one or more serious crimes or offences established in accordance with this Convention, in order to obtain, directly or indirectly, a financial or other material benefit;"

Unter einem „serious crime" wird dabei ebenfalls ein Verbrechen mit einer Mindeststrafe von vier Jahren oder einer schwereren Strafe verstanden.[52]

Das Problem der Organisierten Kriminalität in der Bundesrepublik Deutschland[53] wird seit Ende der 60er Jahre ausgehend von der italienischen Mafia und dem organized crime in den USA diskutiert.[54] Von einer gemeinsamen Arbeitsgruppe Justiz/Polizei „Strafverfolgung bei Organisierter Kriminalität" wurde im Jahre 1990 die heute noch vom Bundeskriminalamt in der PSK verwendete **OK-Definition** für die Bundesrepublik Deutschland erarbeitet. Diese lautet:

„Organisierte Kriminalität ist die von Gewinn- oder Machtstreben bestimmte planmäßige Begehung von Straftaten, die einzeln oder in ihrer Gesamtheit von erheblicher Bedeutung sind, wenn mehr als zwei Beteiligte auf längere oder unbestimmte Dauer arbeitsteilig

a) unter Verwendung gewerblicher oder geschäftsähnlicher Strukturen,
b) unter Anwendung von Gewalt oder anderer zur Einschüchterung geeigneter Mittel oder
c) unter Einflussnahme auf Politik, Medien, öffentliche Verwaltung, Justiz oder Wirtschaft

zusammenwirken."[55]

[51] vgl. dazu unten 4. Teil A. II. 2.
[52] vgl. Art. 2 lit. b) der UN Convention Against Transnational Organized Crime
[53] Einen Eindruck des Problems der OK in anderen Ländern Westeuropas erhält man bei *Fijnaut*, Organisierte Kriminalität in Nordwesteuropa, in Sieber, Internationale Organisierte Kriminalität, S. 3 ff; *Meier-Walser/Hirscher/Lange/Palumbo* (Hrsg.), Organisierte Kriminalität, S. 107 ff, und Europol, 1998 - EU Organised Crime Situation Report, S. 18 ff.
[54] vgl. *Wittkämper/Krevert/Kohl*, Europa und die innere Sicherheit, S. 46 f; diese sehen in den organisiert vorgehenden OK-Gruppen auch eine „Bedrohung für die Fundamente unseres demokratischen Staatswesens", S. 46; dagegen *Leuthardt*, Festung Europa, S. 241 ff, der OK lediglich für ein Schlagwort zur Legitimation neuer Fahndungsinstrumente hält.
[55] vgl. Bundeskriminalamt, Lagebild Organisierte Kriminalität Bundesrepublik Deutschland 1999 - pressefreie Kurzfassung, S. 10; *Falk*, Kriminalistik 1997, 15 ff, zeigt auf, dass es trotz der oben genannten Definition aus dem Jahr 1990 weiterhin an einer punktgenauen Definition der „Organisierten Kriminalität" mangelt; vgl. dazu auch *Falk*, Erfassung, Beschreibung und Analyse von Organisierter Kriminalität, in Bundeskriminalamt, Organisierte Kriminalität, S. 127 ff. Zur Definition der OK vgl. auch *Besozzi*, Organisierte Kriminalität und empirische Forschung, S. 9 f.

Die Definitionen sind geprägt von dem subjektiven Merkmal des Gewinn- oder Machtstrebens. Nicht unter den Begriff OK fallen politisch motivierte Straftäterorganisationen wie die „RAF".[56] Eine scharfe Abgrenzung zur Wirtschaftskriminalität ist kaum möglich.[57] Zwischen den beiden Kategorien bestehen viele Ähnlichkeiten, da auch Wirtschaftskriminalität ein Gewinnstreben umfasst und meist im oben beschriebenen Maße organisiert ist.[58] Gerade die Alternative a) der deutschen OK-Definition, die die meisten OK-Verfahren betrifft,[59] zielt auf eine Verflechtung des legalen und illegalen Wirtschaftslebens und damit einer Ausnutzung der legalen Strukturen für illegale Tätigkeiten ab. In diesem Bereich sind insbesondere folgende Strukturen/Branchen betroffen: Pizzerien und Restaurants, Unternehmen der Sicherheitsbranche, Veranstaltungsfirmen, Im- und Exportfirmen, Reisebüros, Finanzmakler und Brokerhäuser für Investment- und Warentermingeschäfte sowie Immobilienmakler, Kfz-/Gebrauchtwagenhandel, Druckereien und Baufirmen.[60] Den zweitgrößten Teil der OK-Verfahren betrifft die Alternative b) der deutschen Definition, bei der der Gewaltbegriff weit ausgelegt wird.[61] Für die Alternative c) ist ein verwerflicher Charakter beim Einwirken auf Entscheidungsprozesse in den genannten Bereichen erforderlich, für den insbesondere als Indizien Bedrohung, Gewaltanwendung, Erpressung, die Schaffung von Abhängigkeitsverhältnissen und Korruption herangezogen werden können.[62]

Die **Relevanz der OK** für die europäische Innen- und Justizpolitik ergibt sich aus ihrem überwiegend internationalen Charakter und der Liberalisierung des Europäischen Wirtschaftsraums.[63] Im Lagebild Organisierte Kriminalität 1999 des BKA wurden 1999 565 Ermittlungsverfahren mit Angaben zu Tatorten registriert. Dabei wiesen 437 Verfahren internationale, 93 überregionale und 35 regionale Tatorte auf. In den Fällen mit internationalen Bezügen erfolgte die Tatbegehung 1999 in insgesamt 92 Staaten.[64]

---

[56] vgl. *Wittkämper/Krevert/Kohl*, Europa und die innere Sicherheit, S. 49
[57] vgl. *Frevel*, Kriminalität. Gefährdungen der Inneren Sicherheit?, S. 52 f
[58] *See*, Wirtschaftskriminalität, organisierte Kriminalität und Korruption - die inneren Feinde der sozialen Marktwirtschaft und der Demokratie, in Gehl, Bedroht die organisierte Kriminalität die Demokratien in Europa?, S. 9, 11 ff, will den Kapitalbegriff als zentrales Unterscheidungskriterium von OK und Wirtschaftskriminalität hernehmen. Dies erscheint jedoch kaum praktikabel, da auch die OK von Gewinnstreben gekennzeichnet ist.
[59] vgl. Bundeskriminalamt, Lagebild Organisierte Kriminalität Bundesrepublik Deutschland 1999 - pressefreie Kurzfassung, S. 10
[60] vgl. Bundeskriminalamt, Lagebild Organisierte Kriminalität Bundesrepublik Deutschland 1999 - pressefreie Kurzfassung, S. 11
[61] vgl. Bundeskriminalamt, Lagebild Organisierte Kriminalität Bundesrepublik Deutschland 1999 - pressefreie Kurzfassung, S. 12
[62] vgl. Bundeskriminalamt, Lagebild Organisierte Kriminalität Bundesrepublik Deutschland 1999 - pressefreie Kurzfassung, S. 13
[63] *Wittkämper/Krevert/Kohl*, Europa und die innere Sicherheit, S. 183 ff, zeigen auf, dass nach Meinung von Experten aus Polizei, Justiz, Politik und Verwaltung, Wirtschaft sowie Wissenschaft die EU als OK-Aktionsraum ein hohes Potential aufweist; vgl. auch *Margue*, RMUE 1997, 91, 108 f.
[64] vgl. Bundeskriminalamt, Lagebild Organisierte Kriminalität Bundesrepublik Deutschland 1999 - pressefreie Kurzfassung, S. 17; *Frevel*, Kriminalität. Gefährdungen der Inneren Sicherheit?, S. 55, spricht von einer „Europäisierung bzw. Internationalisierung dieser Kriminalität", die ein besonderes Problem darstellt. *Wittkämper/Krevert/Kohl*, Europa und die innere Sicherheit, S. 100, bezeichnen die OK in Europa als „dominantes Element des europäischen Kriminalitätsgeschehens".

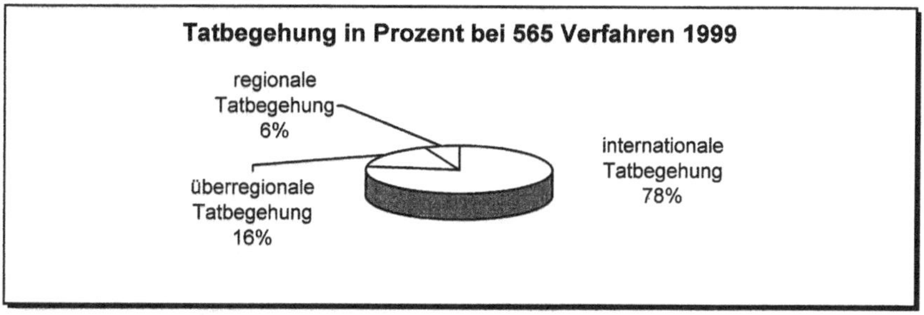

Datenquelle: Bundeskriminalamt, Lagebild Organisierte Kriminalität Bundesrepublik Deutschland 1999 - pressefreie Kurzfassung, S. 17

Obgleich die meisten **Tatverdächtigen** die deutsche Staatsangehörigkeit hatten, wurde 1999 bei 562 Ermittlungsverfahren mit Sachverhaltsangaben zu Tatverdächtigen gegen 7786 Personen[65] aus 94 Staaten ermittelt. 1998 wurden in 589 Verfahren mit Angaben zu Tatverdächtigen 8444 Tatverdächtige aus 92 Staaten festgestellt und im Jahre 1997 konnten in 594 Verfahren mit Angaben 8098 Tatverdächtige aus 100 Staaten erfasst werden. Eine Übersicht für die Jahre 1997 bis 1999 bietet die folgende Tabelle:

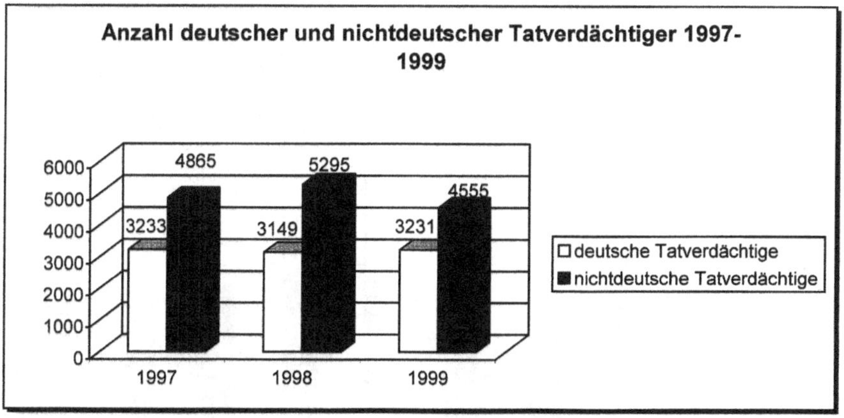

Datenquelle: Bundeskriminalamt, Lagebild Organisierte Kriminalität Bundesrepublik Deutschland 1997, 1998, 1999 - pressefreie Kurzfassung

Unter ihnen waren in den Jahren 1997 bis 1999 am stärksten Türken, Jugoslawen, Italiener und Polen vertreten. Die internationale Tatbegehung wurde dabei insbesondere durch unterschiedliche Rechtsvorschriften und Strafverfolgungsstrategien in den verschiedenen Herkunfts- und Tatländern unterstützt. In den 562 Ermittlungsverfah-

65 Das Lagebild Organisierte Kriminalität 1999, S. 31, des BKA ist in dieser Angabe unklar. Während im Text von 7777 Tatverdächtigen gesprochen wird, ergibt sich aus der Summe der Anzahl der Tatverdächtigen nach Nationalität in der dort aufgeführten Tabelle ein Wert von 7786 Personen.

ren 1999 mit Angaben zu Tatverdächtigen verteilten sich die nichtdeutschen Tatverdächtigen auf folgende Nationen:

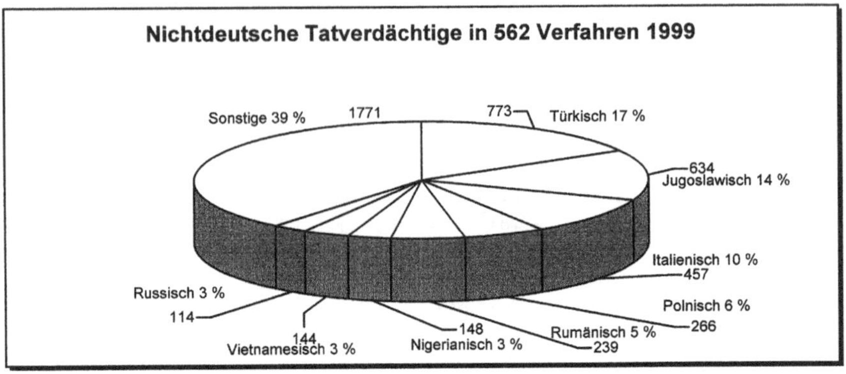

Datenquelle: Bundeskriminalamt, Lagebild Organisierte Kriminalität Bundesrepublik Deutschland 1999 - pressefreie Kurzfassung, S. 31

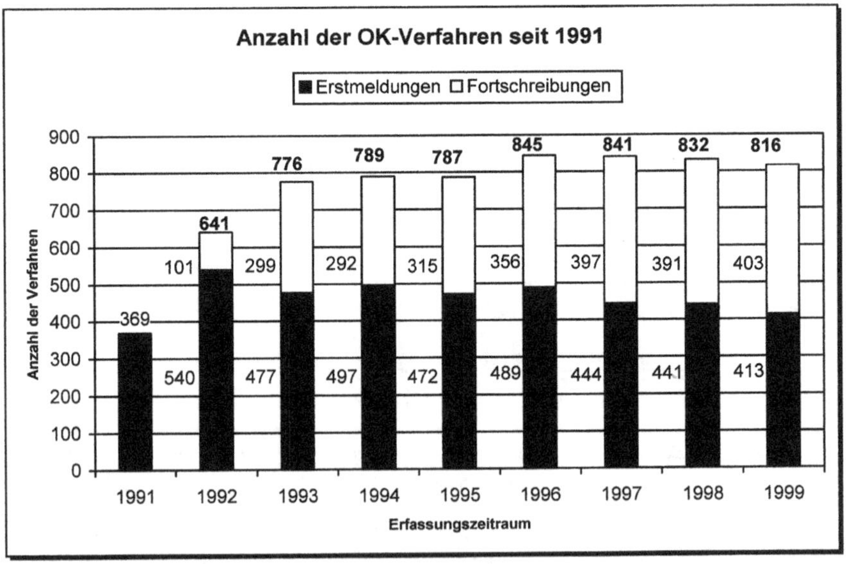

Datenquelle: Bundeskriminalamt, Lagebild Organisierte Kriminalität Bundesrepublik Deutschland 1999 - pressefreie Kurzfassung, S. 4

Die Entwicklung der OK in Deutschland wird seit 1991 vom BKA in einem Lagebild zusammengefasst. Darin sind aber nur die Taten verarbeitet, die der Polizei bekannt werden. Gerade bei der OK ist aber die Dunkelziffer als sehr hoch einzuschätzen.[66] Der relativ starke Anstieg 1993 und 1996 ist damit zu erklären, dass im Jahr 1993 erstmals OK-Verfahren des Bundesgrenzschutzes und im Jahr 1996 OK-Verfahren des Zollfahndungsdienstes aufgenommen wurden. Seit 1996 bewegt sich die Organisierte Kriminalität in der Bundesrepublik Deutschland auf dem gleichen Niveau.

Der **internationale Charakter der OK** zeigt sich neben der Struktur der Tatverdächtigen insbesondere in den Kriminalitätsbereichen. Aufgrund der großen kriminellen Energie der OK stellt diese eine besondere Gefährdung für die innere Sicherheit in der Bundesrepublik Deutschland dar. Im Folgenden werden die **Kriminalitätsbereiche der OK 1999 in Deutschland** aufgezeigt.

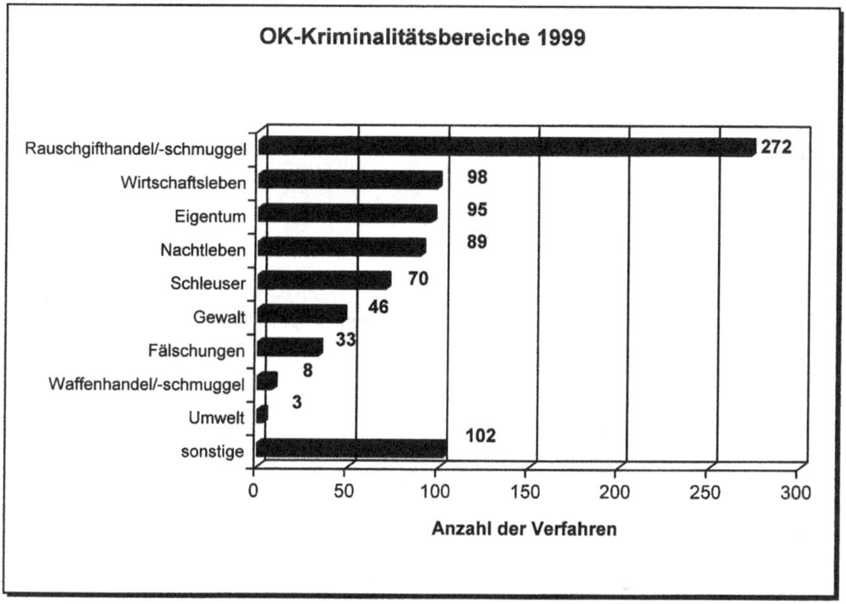

Datenquelle: Bundeskriminalamt, Lagebild Organisierte Kriminalität Bundesrepublik Deutschland 1999 - pressefreie Kurzfassung, S. 16

Auch in den Vorjahren belegte der Rauschgifthandel/-schmuggel den Spitzenplatz mit 242 Verfahren im Jahre 1998 und 212 Verfahren im Jahre 1997. An der zweiten Stelle befand sich in den beiden Vorjahren die Eigentumskriminalität. Die Schleuserkriminalität bewegte sich 1997 bei 84 Verfahren, 1998 bei 81 Verfahren.[67] Beim

[66] vgl. *Frevel*, Kriminalität. Gefährdungen der Inneren Sicherheit?, S. 58; für eine Strukturbeschreibung der Organisierten Kriminalität in Deutschland vgl. *Sieber*, Organisierte Kriminalität in der Bundesrepublik Deutschland, in ders., Internationale Organisierte Kriminalität, S. 43 ff

[67] vgl. Bundeskriminalamt, Lagebild Organisierte Kriminalität Bundesrepublik Deutschland 1997, 1998, 1999 - pressefreie Kurzfassungen; zu beachten ist jedoch, dass die Daten aus den Jahren 1997 und 1998 mit dem Jahr 1999 nur bedingt vergleichbar sind, da 1997 und 1998 bei der Einordnung der Verfahren jeweils eine Mehrfachnennung erfolgte, 1999 dagegen die Verfahren anhand der Brennpunkte der kriminellen Aktivitäten nur einem Bereich zugeordnet wurden.

Rauschgifthandel/-schmuggel herrschte 1999 der Kokainhandel vor.[68] Dabei stand insbesondere der Schmuggel von Kokain über Brasilien und Venezuela nach Europa durch italienische Staatsangehörige im Mittelpunkt. Die große Bedeutung des Rauschgiftes für die OK zeigt sich darin, dass mehr als die Hälfte der Gewinne mit ihm erzielt werden. Unter Kriminalität im Zusammenhang mit dem Wirtschaftsleben sind insbesondere Betrug, Veruntreuungen, Konkursstraftaten und Straftaten gegen strafrechtliche Nebengesetze auf dem Wirtschaftssektor zu verstehen. Beispiele stellen illegale Arbeitnehmerüberlassungen und organisierte Steuerhinterziehungen dar. Dieser Bereich wurde 1999 hauptsächlich von deutschen Gruppen beherrscht, daneben waren aber auch Türken und Italiener tätig. Eigentumskriminalität stellt insbesondere Diebstahl, Einbruchsdiebstahl in/aus Wohn- oder Geschäftsräumen sowie Diebstahl und Unterschlagung von Kfz, unbaren Zahlungsmitteln, Ausweisen, Wert- oder Kunstgegenständen und Lkw-Ladungen mit zentraler Beuteverwertung dar. Ein besonderer Schwerpunkt lag 1999 auf der Verschiebung von Kfz. Auch hier kam der internationale Bezug mit OK-Strukturen in Deutschland, Polen und Italien zur Geltung. Unter Kriminalität im Zusammenhang mit dem Nachtleben ist vor allem Prostitution, Zuhälterei, Menschenhandel und illegales Glücksspiel zu verstehen. Hierunter fällt die gewerbliche Anwerbung von Frauen aus Osteuropa zur Prostitution in Deutschland. Dieser Bereich wurde zwar von deutschen Gruppen dominiert, Türken, Litauer und Russen spielten jedoch ebenfalls eine Rolle. Unter Schleuserkriminalität werden Unterstützungshandlungen zur unerlaubten Einreise und zum unerlaubten Aufenthalt von Ausländern erfasst. Dieser Bereich wurde - schon aus geografischen Gründen - von verschiedenen ausländischen Gruppierungen dominiert. 1999 kamen die meisten Geschleusten aus der Türkei, Jugoslawien, China, Indien und Sri Lanka insbesondere durch Tschechien nach Deutschland.[69] Gewaltkriminalität trat 1999 vor allem mit Straftaten gegen die persönliche Freiheit und Schutzgelderpressung auf. Zur Fälschungskriminalität gehören vor allem das Inverkehrbringen von Falschgeld, die Fälschung unbarer Zahlungsmittel und die Urkundenfälschung. Hier lag 1999 der Herkunftsschwerpunkt neben Deutschland in Italien. Der Waffenhandel-/schmuggel stellte 1999 lediglich eine Randerscheinung der OK dar. Die Umweltkriminalität spielte in der OK 1999 nur eine geringe Rolle. Von ihr werden die illegale Entsorgung von Abfällen und der unerlaubte Umgang mit Kernbrennstoffen erfasst. Unter dem Begriff „sonstige Kriminalität" werden vorwiegend Geldwäsche- und Schmuggelverfahren erfasst. Der darunter fallende Zigaretten- und Alkoholschmuggel wurde 1999 von deutschen und polnischen Gruppen beherrscht.

---

[68] vgl. zu den folgenden Informationen vor allem Bundeskriminalamt, Lagebild Organisierte Kriminalität Bundesrepublik Deutschland 1999, S. 16 ff

[69] Internationale Schlepperrouten folgen meist einer Ost-West-Richtung. Dabei kann von mindestens fünf bedeutenden Wegstrecken gesprochen werden: eine Nordroute führt über Russland und das Baltikum über Polen oder Skandinavien nach Westeuropa, zwei Südrouten kommen entweder von der Ukraine oder von Bulgarien und Rumänien über den Balkan und Tschechien oder die Slowakische Republik nach Zentraleuropa, eine vierte Route erstreckt sich über den Nahen Osten und den östlichen Mittelmeerraum über die Türkei und die fünfte sog. blaue Route geht über das Mittelmeer nach Italien und auf die Iberische Halbinsel, vgl. *Abou Chabaké*, Irreguläre Migration und Schleusertum: Im Wechselspiel von Legalität und Illegalität, in Husa/Parnreiter/Stacher, Internationale Migration, S. 123, 132.

c) Drogenhandel

Neben der Wirtschaftskriminalität und der OK ist auch der internationale Drogenhandel im Zusammenhang mit der inneren Sicherheit in der EU zu nennen.[70] Hier soll vor allem der **illegale Handel mit und Schmuggel von Rauschgiften iSv § 29 BtMG sowie die illegale Einfuhr von Betäubungsmitteln in nicht geringer Menge iSv § 30 Abs. 1 Nr. 4 BtMG**[71] in der Bundesrepublik Deutschland betrachtet werden. Unter den Begriff Rauschgift fallen in diesem Zusammenhang insbesondere Heroin, Kokain, LSD, Amphetamine, Amphetaminderivate einschließlich Ecstasy, Cannabis und Zubereitungen sowie sonstige Betäubungsmittel.[72] Die Relevanz der Rauschgiftkriminalität für die innere Sicherheit in der EU ergibt sich vor allem aus der Tatsache, dass die Hauptanbaugebiete außerhalb Europas liegen. So stammt Kokain in den meisten Fällen aus Süd- und Zentralamerika und wird über andere westeuropäische Länder, vorwiegend Spanien und die Niederlande, nach Deutschland gebracht. Lieferungen an Heroin finden dagegen vielfach über die Türkei und die Balkan-Route statt.[73] Die meisten Amphetamine stammen aus den Niederlanden, Belgien und dem Vereinigten Königreich. Aber auch die baltischen Staaten, Polen, Tschechien, Ungarn und Bulgarien spielen eine Rolle.[74] 85 % des in der EU sichergestellten Cannabis stammt aus Marokko. Insbesondere in Albanien wird auch in größerem Maße Cannabis für den Transport nach Griechenland und Italien angebaut.[75] 1999 wurden in der EU ca. 6 t Heroin, 34 t Kokain, 4 t Amphetamine, 4 Mio. Ecstasy-Tabletten und über 800 t Cannabis sichergestellt.[76] Die Rauschgiftkriminalität hängt dabei eng mit der OK zusammen.[77]

Von 1991 bis 1999 ist der illegale Handel und Schmuggel von Rauschgift in der Bundesrepublik Deutschland nach § 29 BtMG um fast 80 % angestiegen. Die illegale Einfuhr von Betäubungsmitteln in nicht geringer Menge gemäß § 30 Abs. 1 Nr. 4 BtMG verzeichnete im selben Zeitraum einen Anstieg um 47,6 %. Einen Überblick zur Entwicklung des Rauschgifthandels und -schmuggels seit 1991 gibt die folgende Abbildung. Zu berücksichtigen ist dabei wieder, dass Statistiken durch viele andere Aspekte beeinflusst werden können. Der starke Anstieg in den Jahren 1996 bis 1999 ist mitunter auf eine verstärkte polizeiliche Bekämpfungsintensität zurückzuführen.[78]

---

[70] vgl. dazu *Ulber*, Auswirkungen der Europäisierung auf Kriminalität und Straftatenbekämpfung am Beispiel von illegalem Drogenhandel, in Bundeskriminalamt, Verbrechensbekämpfung in europäischer Dimension, S. 63 ff

[71] Die nicht geringe Menge ist bei den einzelnen Betäubungsmitteln je nach ihrer Gefährlichkeit unterschiedlich. Nach BGH, Urteil vom 9. Oktober 1996 - 3 StR 220/96 - LG Mönchengladbach, beginnt bei dem in sog. Ecstasy-Tabletten enthaltenen Wirkstoff 3,4-Methylendioxy-N-ethylamphetam (MDE / MDEA) die „nicht geringe Menge" im Sinne von § 30 Abs. 1 Nr. 4 BtMG bei 30 g MDE-Base (entspricht 35 g MDE-Hydrochlorid).

[72] zur Entwicklung der Nachfrage bei den einzelnen Drogen vgl. *Lintner*, Rauschgiftbilanz 1995, in Bundesministerium des Innern, Aspekte der Inneren Sicherheit, S. 49 ff

[73] vgl. Bundeskriminalamt, Lagebild Organisierte Kriminalität 1998 - pressefreie Kurzfassung, S. 9, und Lagebild Organisierte Kriminalität 1999 - pressefreie Kurzfassung, S. 18; Europol, Counter-Narcotics: A European Union Perspective, S. 1

[74] vgl. Europol, Counter-Narcotics: A European Union Perspective, S. 1

[75] vgl. Europol, Counter-Narcotics: A European Union Perspective, S. 1

[76] vgl. Europol, Counter-Narcotics: A European Union Perspective, S. 1

[77] vgl. Europol, Counter-Narcotics: A European Union Perspective, S. 2

[78] vgl. Bundeskriminalamt, Polizeiliche Kriminalstatistik 1996, S. 235; Rauschgiftjahresbericht Bundesrepublik Deutschland 1996, S. 21; Polizeiliche Kriminalstatistik 1997, S. 215; Polizeiliche Kriminalstatistik 1998, S. 217; Polizeiliche Kriminalstatistik 1999, S. 217

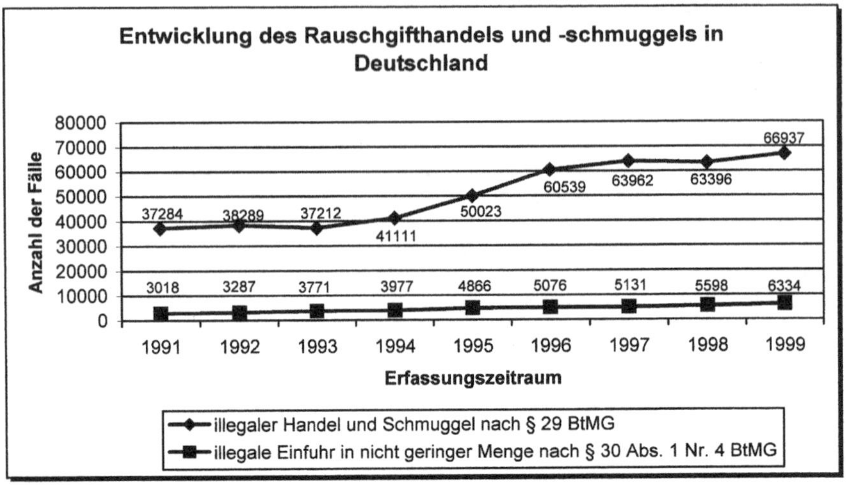

Datenquelle: Bundeskriminalamt, Polizeiliche Kriminalstatistiken 1991 bis 1999

Die Internationalität des Rauschgifthandels zeigt sich insbesondere auch bei der Struktur der **Tatverdächtigen** in Deutschland. So hatten 1999 beim illegalen Handel und Schmuggel nach § 29 BtMG 31,4 % eine ausländische Staatsangehörigkeit, bei der illegalen Einfuhr nach § 30 Abs. 1 Nr. 4 BtMG waren 29,7 % nichtdeutsche Tatverdächtige beteiligt.[79] Der Kokainhandel wurde 1999 in 59,1 % der Fälle von Ausländern beherrscht. In den Vorjahren lag die Quote ähnlich hoch.[80] In der Gruppe der nichtdeutschen Tatverdächtigen waren 1999 beim illegalen Handel und Schmuggel nach § 29 BtMG Türken zu 25,6 %, Jugoslawen zu 8,7 % und Italiener zu 7 % vertreten.

II. Herausforderungen durch internationale Migration

Internationale Wanderungsbewegungen sind nicht nur eine Herausforderung für die EU, sondern bei einer geschätzten Zahl von 125-130 Mio. Migranten weltweit Ende der 90er Jahre als ein Weltproblem anzusehen.[81] Vom Begriff der internationalen Migration werden sämtliche **grenzüberschreitenden Wanderungen** umfasst, wie z. B. freiwillige Emigration, durch Aufenthalts- und Arbeitserlaubnis legalisierte Arbeitsmigration, illegale Arbeitsmigration sowie die durch Gewalt oder lebensbedrohende Situationen erzwungene Flucht oder Vertreibung.[82] Migration ist jedoch vorwiegend ein Problem der Staaten des Südens, in denen bedingt durch Bürgerkriege, politi-

[79] vgl. Bundeskriminalamt, Polizeiliche Kriminalstatistik 1999, S. 219

[80] vgl. Bundeskriminalamt, Polizeiliche Kriminalstatistiken 1997-1999 und Rauschgiftjahresbericht Bundesrepublik Deutschland 1996, S. 58 ff

[81] vgl. *Opitz*, Welten im Umbruch, Menschen im Aufbruch, in ders., Weltprobleme, S. 135 ff; *Braun/Topan*, Internationale Migration, S. 9 und 11

[82] vgl. *Nuscheler*, Bevölkerung und Migration, in Hauchler/Messner/Nuscheler, Globale Trends 2000, S. 101, 109; die Vereinten Nationen ersetzen den Begriff „illegal" durch „irregulär", um einer Kriminalisierung vorzubeugen, vgl. *Braun/Topan*, Internationale Migration, S. 10.

sche Repressionen, Massenelend und Umweltkatastrophen mehr als ein Drittel aller weltweiten Migranten ihr Aufnahme- und Ursprungsland haben.[83] Dies liegt schon am tatsächlichen Problem, dass viele wanderungswillige Gruppen zu einer interkontinentalen Migration aufgrund teurer Passagen oder Schlepperdienste nicht fähig sind. Europa sieht sich seit den 70er Jahren insbesondere einer Süd-Nord-Migration von Flüchtlingen, Asylsuchenden und illegalen Einwanderern sowie nach dem Zerfall der Sowjetunion einer Ost-West-Migration ausgesetzt. In den 90er Jahren spielten dabei die Flüchtlingsströme aus dem ehemaligen Jugoslawien eine bedeutende Rolle.[84] Die **Gründe** für Migrationsbewegungen sind vielfältig und können hier nicht im Einzelnen behandelt werden.[85] Zu nennen sind insbesondere „Pushfaktoren" wie Bevölkerungswachstum[86], Armut, Arbeitslosigkeit, Umweltzerstörung, Bürgerkriege und politische Repressionen. Auf der anderen Seite stehen „Pullfaktoren" in den Aufnahmeländern wie hohes Wohlstandsniveau, Bildungsmöglichkeiten, Garantie der Menschen- und Bürgerrechte und intakte Umwelt. Die voranschreitende Globalisierung trägt dazu bei, Informationen schneller an jeden Punkt der Welt gelangen zu lassen und die Mobilität der Menschen auch über große Entfernungen zu erleichtern.

Flüchtlinge, Asylbewerber und Einwanderer sind nicht per se eine Gefahr für die innere Sicherheit eines Landes und deshalb **getrennt von den Bedrohungen durch die Kriminalität** zu behandeln.[87] Auch wenn in den oben genannten Bereichen der OK und der Rauschgiftkriminalität jeweils ein hoher Anteil an Ausländern zu verzeichnen ist, so darf dies nicht dazu führen, Migration und Ausländer grundsätzlich als ein Kriminalitätsproblem anzusehen.[88] Vielmehr muss nach den einzelnen Kriminalitätsbereichen differenziert werden. Dabei ist zu berücksichtigen, dass bestimmte Delikte wie z. B. Verstöße gegen das Ausländergesetz oder das Asylverfahrensge-

[83] vgl. *Braun/Topan*, Internationale Migration, S. 11 ff; *Nuscheler*, Bevölkerung und Migration, in Hauchler/Messner/Nuscheler, Globale Trends 2000, S. 101, 113

[84] vgl. *Münz*, Phasen und Formen der europäischen Migration, in Angenendt, Migration und Flucht, S. 34 ff

[85] vgl. dazu im Einzelnen *Braun/Topan*, Internationale Migration, S. 14 ff, sowie *Nuscheler*, Bevölkerung und Migration, in Hauchler/Messner/Nuscheler, Globale Trends 2000, S. 101, 109 ff

[86] 1999 hat die Weltbevölkerung die Marke von 6 Mrd. überschritten. Für das Jahr 2050 wird mit einer Bevölkerung von 9,8 Mrd. Menschen gerechnet. 97 % des Wachstums finden jedoch in den Ländern des Südens statt, die bereits heute an einer Verknappung der Ressourcen leiden. Im Jahr 2050 wird daher mit einer Bevölkerung von 7,7 Mrd. (4,8 Mrd. im Jahr 1999) in diesen Ländern gerechnet. 60 % dieses Wachstums wird in nur 10 Ländern stattfinden, davon allein 21 % in Indien. Die Bevölkerung in Deutschland würde dagegen ohne Zuwanderung Ende dieses Jahrhunderts auf 30 Millionen - meist ältere - Menschen sinken, vgl. *Nuscheler*, Bevölkerung und Migration, in Hauchler/Messner/Nuscheler, Globale Trends 2000, S. 101 ff.

[87] *Kubink*, Verständnis und Bedeutung von Ausländerkriminalität, will Ausländerkriminalität nicht als ein vorgegebenes, sondern als ein sozial konstituiertes Problem verstehen, das erst aus einer gesonderten Wahrnehmung von Ausländern als Kriminelle hervortritt. Man wird jedoch nicht umhin kommen, den Anteil von Nichtdeutschen an bestimmten Deliktsarten zu sehen. Allerdings muss hierbei differenziert werden zwischen der fest ansässigen, ausländischen Wohnbevölkerung und den Migranten. Bei Ersteren dürfte es sich in vielen Fällen um Probleme der sozialen Integration handeln, die besser mit bildungs-, sozial- und arbeitsmarktpolitischen statt mit polizeilichen Mitteln gelöst werden können. Bei Zweiteren stehen oft Bagatelldelikte im Mittelpunkt. Vgl. dazu auch *Geißler*, Aus Politik und Zeitgeschichte, Beilage 35/95, S. 30 ff, sowie *Rupprecht*, Zuwanderung und Innere Sicherheit, in Angenendt, Migration und Flucht, S. 87 ff.

[88] Durch die systematische Anordnung im EG-Vertrag und EU-Vertrag wird die erforderliche Trennung ebenfalls deutlich. Die Regelungen über Asyl, Flüchtlinge sowie legale und illegale Einwanderung befinden sich unter dem Titel IV EG „Visa, Asyl, Einwanderung und andere Politiken betreffend den freien Personenverkehr" und nicht im Titel VI EU „Bestimmungen über die polizeiliche und justizielle Zusammenarbeit in Strafsachen".

setz nur von Ausländern begangen werden können. Starke Wanderungsbewegungen können jedoch die innere Ordnung einer Gesellschaft beeinträchtigen und damit indirekt Rechte von Menschen gefährden. Desweiteren können politische Konflikte in den Ursprungsländern auf die Aufnahmeländer überspringen und sich dort gewaltsam bemerkbar machen.[89] Der Wegfall der Binnengrenzen und die zunehmende wirtschaftliche Verflechtung der EU-Mitgliedstaaten führen dazu, dass sich diese Auswirkungen nicht auf die nationale Ebene beschränken, sondern europäische Relevanz innehaben. Somit besteht auch aufgrund der Herausforderung durch die internationale Migration die Notwendigkeit eines europäischen Ansatzes für Maßnahmen. Solche können insbesondere eine bessere Organisation und Zusammenarbeit der Verwaltung, eine vorübergehende Akzeptanz und Unterbringung von Flüchtlingen sowie eine dauernde Integration bei Einwanderung darstellen.

Die tatsächliche Herausforderung der Migration für die EU soll hier anhand dreier Teilbereiche, die in Art. 61 ff EGV geregelt sind, untersucht werden: Zuwanderung, Asyl und Flüchtlinge. Dabei ist vorwegzunehmen, dass die von nationalen und internationalen Stellen vorgenommene Datenerhebung äußerst unzureichend ist, um einen vergleichenden Überblick in den EU-Mitgliedstaaten zu bekommen.[90] Dies liegt vor allem an unterschiedlichen Definitionen, Kalkulationen, Verfahren und Perioden zur Datenerhebung.

1. Zuwanderung in der Europäischen Union

Zuwanderung wird in den Mitgliedstaaten der EU **unterschiedlich definiert**.[91] Im Vereinigten Königreich werden Staatsangehörige und Nichtstaatsangehörige, die aus dem Ausland einreisen, um eine gewisse Zeit im Land zu verweilen, erfasst. In anderen Mitgliedstaaten wird dagegen die De-facto-Lage herangezogen. Die Zeitspanne schwankt zwischen einem Monat und zwölf Monaten. Darüber hinaus ist zu beachten, dass z. B. das Vereinigte Königreich keine Wanderungen zwischen seinem Staatsgebiet und der Republik Irland erfasst. Der EG-Vertrag unterscheidet nach Art. 62 Nr. 2 lit. b) iVm Art. 63 Nr. 3 lit. a) EGV zwischen Aufenthalten von höchstens drei Monaten und langfristigen Aufenthalten.[92] Von einwanderungspolitischen Maßnahmen wird nur bei langfristigen Aufenthalten gesprochen.

Die **Höhe der Nettozuwanderung**, d. h. der Überschuss der Ein- über die Auswanderung, verlief in den einzelnen Mitgliedstaaten von 1991 bis 1996 unterschiedlich. Dabei können drei Tendenzen festgestellt werden. Während in Österreich, Finnland, Frankreich, Deutschland, Griechenland, Luxemburg, den Niederlanden und Schweden ein negativer Trend sichtbar ist, erhöhte sich die Nettozuwanderungsquote im gleichen Zeitraum in Portugal, Spanien und dem Vereinigten Königreich. In Belgien, Dänemark, Irland und Italien ist kein einheitlicher Trend erkennbar. Im Einzelnen stellt sich die Nettozuwanderung in den EU-Mitgliedstaaten wie folgt dar:

---

[89] siehe z. B. terroristische Anschläge auf öffentliche Einrichtungen in Frankreich durch algerische Extremisten oder Anschläge kurdischer Extremisten auf türkische Einrichtungen in Deutschland

[90] vgl. zur Kritik auch *Angenendt*, Asylum and Migration in the EU Member States: Structures, Challenges and Policies in Comparative Perspective, in ders., Asylum and Migration Policies in the European Union, S. 6, 9 f; *Meier-Braun*, EU-Magazin 1999, 8, 11

[91] vgl. Eurostat, Jahrbuch 98/99, S. 93

[92] vgl. dazu unten 3. Teil B. II. 1. b) und d)

Nettozuwanderung in der Europäischen Union[93]

	1991	1992	1993	1994	1995	1996
Österreich	87 651	82 067	40 314	13 107	7 439	4 991
Belgien	13 321	25 063	17 915	18 388	2 768	16 293
Dänemark	10 880	11 583	11 468	10 556	28 665	17 499
Finnland	14 423	9 093	9 092	3 611	4 285	3 938
Frankreich	90 000	90 000	70 000	50 000	40 000	35 000
Deutschland	602 563	776 397	462 284	315 568	398 263	281 493
Griechenland	87 246	48 878	56 025	27 302	20 859	21 558
Irland	5 102	1 716	-3 526	-2 844	5 629	13 236
Italien	4 163	181 913	181 070	153 364	94 012	149 745
Luxemburg	4 158	4 272	4 262	4 049	4 576	3 706
Niederlande	49 998	43 185	44 418	20 429	14 929	21 258
Portugal	-24 664	-9 587	19 954	10 314	5 375	10 246
Spanien	32 279	20 218	24 723	26 648	47 314	47 135
Schweden	24 954	19 756	32 106	50 859	11 648	5 839
Vereinigtes Königreich	76 416	44 887	90 184	84 249	116 868	100 801
Europäische Union	**1 078 510**	**1 349 441**	**1 060289**	**785 600**	**802 630**	**732 738**

Datenquelle: Eurostat, Bevölkerungsstatistik, Daten 1995-1998, S. 194 ff

Die Nettozuwanderung von Staatsangehörigen und Ausländern in der Bundesrepublik Deutschland hatte 1992 mit einem Wert von 776 397 Personen einen Höhepunkt erreicht, wovon etwa 592 000 Ausländer waren. Der positive Außenwanderungssaldo beruht vor allem auch auf der Zuwanderung von Aussiedlern. Zugewanderte Aussiedler werden dabei als deutsche Staatsangehörige gezählt. Im Jahr 1992 lag die Zahl der größtenteils aus den Nachfolgestaaten der ehemaligen Sowjetunion zugezogenen Aussiedler bei 231 000. Bis 1995 blieb die Zahl der Aussiedler jährlich bei ca. 220 000. Erst 1996 verringerte sie sich auf ca. 178 000.[94] Im positiven deutschen Wanderungssaldo von 1996 sind ca. 149 000 Ausländer enthalten. Dabei geht der Trend weiterhin nach unten, für 1997 wurden nur noch ein positiver Wert von 94 000 Nettozuwanderern nach Deutschland festgestellt. Betrachtet man dagegen nur die Ausländer, so ergibt sich für 1997 eine Nettoabwanderung von ca. 22 000.[95]

Die Einwanderung aus Nicht-EWR-Ländern lag 1996 am höchsten in Deutschland mit 756 000 Personen, gefolgt von 178 000 im Vereinigten Königreich, 76 000 in den Niederlanden und 24 000 in Schweden.[96] Für Deutschland stellt dies 0,92 % der Bevölkerungszahl dar, im Vereinigten Königreich 0,31 %, in den Niederlanden 0,5 % und in Schweden 0,27 %. Auch hier gilt, dass die Daten aus den verschiedenen Ländern nur bedingt miteinander vergleichbar sind, da ihnen ein **unterschiedliches Analysesystem** zugrundeliegt.

[93] Die Statistik bildet den Saldo zwischen allen Zu- und Fortzügen über die Grenzen der einzelnen EU-Mitgliedstaaten. Dabei werden sowohl Staatsangehörige als auch Ausländer gezählt. Die Zahlen sind aufgrund der unterschiedlichen nationalen Definitionen von Einwanderung nur bedingt vergleichbar.
[94] Daten aus *Beger*, Migration und Integration, S. 24 und 41, nach Zahlen des Bundesministeriums des Innern (BMI), Info-Dienst Deutsche Aussiedler
[95] gerundete Zahlen aus *Beger*, Migration und Integration, S. 21, und *Angenendt*, Asylum and Migration in the EU Member States: Structures, Challenges and Policies in Comparative Perspective, in ders., Asylum and Migration Policies in the European Union, S. 6, 11 f
[96] vgl. Eurostat, Jahrbuch 98/99, S. 92

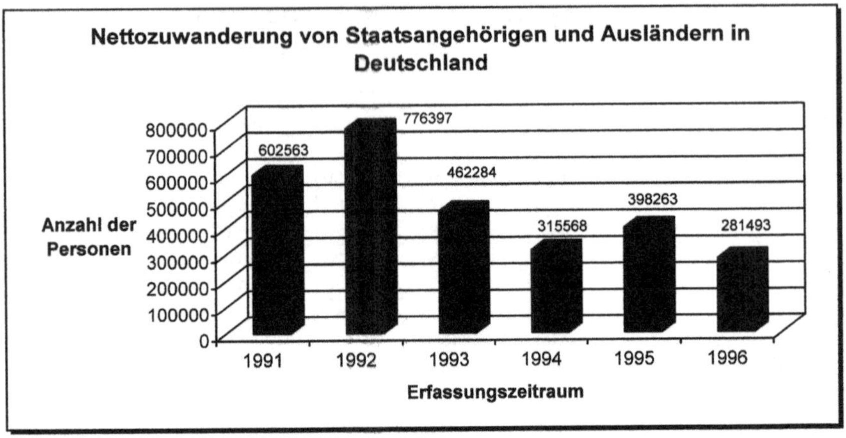

Der Anteil an Drittstaatsangehörigen[97] in den EU-Mitgliedstaaten zum 1. Januar 1996 zeigt, dass die Bürger des EWR weitgehend unter sich bleiben. Der höchste Prozentsatz an Nicht-EWR-Bürgern wird mit 6,54 % in Deutschland, gefolgt von Österreich mit 5,61 % und Frankreich mit 4,01 % erreicht. Die geringste Rate hatte Spanien mit 0,65 % gefolgt von Italien mit 0,97 % und Finnland und Frankreich mit jeweils 1,06 %. Unter den Nicht-EWR-Bürgern in Deutschland besaßen 1997 ca. 2,05 Mio. die türkische Staatsbürgerschaft, wovon wieder etwa ein Drittel in Deutschland geboren wurde. Weitere 1,35 Mio. waren Staatsbürger der BR Jugoslawien oder einer ihrer Nachfolgestaaten. Davon wurden bereits etwa 200 000 in Deutschland geboren. Dazu befanden sich ca. 300 000 Polen in Deutschland.[98]

Im Einzelnen hatten die Mitgliedstaaten der EU am 1. Januar 1996 folgenden **Anteil an Drittstaatsangehörigen**:

	Bevölkerung in Tausend	**Staatsangehörige in Tausend**	**Ausländer in Tausend**	**EWR-Bürger in Tausend**	**Nicht-EWR-Bürger in %**
Österreich	7 795,8	7 278,1	517,7	7 358,2	5,61
Belgien	10 143,0	9 233,3	909,8	9 788,9	3.49
Dänemark	5 251,0	5 028,3	222,8	5 090,7	3,05
Finnland	5 116,8	5 062,6	32,0	5 062,6	1,06
Frankreich	56 652,0	53 055,4	3 596,6	54 378,9	4,01
Deutschland	81 817,5	74 643,6	7 173,9	76 464,8	6,54
Griechenland	10 465,1	10 309,6	155,5	10 354,5	1,06
Irland	3 626,1	3 509,1	3 580,7	keine Angabe	./.

[97] Nach Art. 28 ff EWR-Vertrag, ABl. EG 1994 Nr. L 1/1, genießen Staatsangehörige der EWR-Länder dieselben Rechte hinsichtlich der Einreise wie die Staatsangehörigen der Mitgliedstaaten. Unter dem Begriff Drittstaatsangehörige sind demnach nur noch die zu verstehen, die weder Bürger der EU noch Bürger eines Staates des EWR sind, vgl. *Nanz*, Visapolitik und Einwanderungspolitik in der Europäischen Union, in Müller-Graff, Europäische Zusammenarbeit in den Bereichen Justiz und Inneres, S. 63, 64.
[98] Daten aus *Beger*, Migration und Integration, S. 43 f

Italien	57 268,6	56 585,0	683,6	56 710,5	0,97
Luxemburg	406,6	274,1	132,5	393,9	3,12
Niederlande	15 493,9	14 768,5	725,4	14 961,3	3,44
Portugal	9 920,8	9 752,4	168,3	9 794,3	1,28
Spanien	39 741,7	39 242,7	499,0	39 481,4	0,65
Schweden	8 837,5	8 305,7	531,8	8 521,9	3,57
Vereinigtes Königreich	57 881,0	5 589,0	1 992,0	56 714,0	2,02
Europäische Union	370 417,4	302 637,4	20 921,6	355 075,9	4,14

Datenquelle: Eurostat, Bevölkerungsstatistik, Daten 1995-1998, S. 36 ff

Graphisch lässt sich der Anteil der Drittstaatsangehörigen in den EU-Mitgliedstaaten wie folgt darstellen:

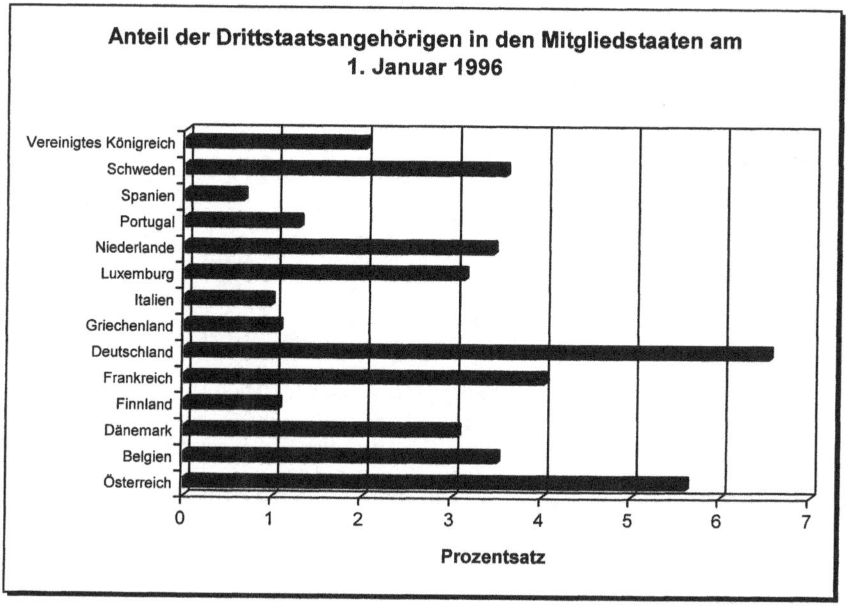

In den oben aufgeführten Statistiken kann augenscheinlich nur die innerhalb der legalen Grenzen verlaufende Zuwanderung erfasst werden. Problematisch ist jedoch die Höhe der **illegalen Zuwanderung** in den EU-Mitgliedstaaten. Besonders spektakulär und medienwirksam gestalten sich die Bereiche, wo OK und illegale Einwanderung zusammentreffen. Dies ist beispielsweise beim Schleusertum und illegalem Menschenhandel der Fall.[99] Illegale Einwanderung tritt vorwiegend in drei Erschei-

[99] Illegale Einwanderung ist nicht nur in Deutschland ein öffentlichkeitswirksamer Politikbereich. Insbesondere in Frankreich wurde die Diskussion um die „sans-papiers" zu einem wichtigen, wenn nicht gar entscheidenden Thema im Wahlkampf von 1997. In Spanien tritt das Problem der illegalen Einwanderung vorwiegend an der Meerenge von Gibraltar auf. So wurden in der spanischen Provinz Cadiz in der ersten Jahreshälfte 2000 fast 4300 illegale Einwanderer festgenommen, vgl. SZ vom 12. Juli 2000, Nr. 158. Illegale Einwanderung wird meist in der Öffentlichkeit nur in Verbindung mit der OK

nungsformen auf:[100] Illegalität durch illegalen Grenzübertritt z. B. über die grüne Grenze oder versteckt in Pkw oder Lkw, Illegalität durch Einreise mit gefälschten Dokumenten und Illegalität durch legale Einreise mit befristetem Aufenthaltsrecht und nicht fristgemäßer Wiederausreise. Wie die Zahlen unter Einschluss der illegalen Einwanderung lauten, kann kaum geschätzt werden. Für die Bundesrepublik Deutschland liegen die Schätzungen für die Zahl der illegalen Ausländer zwischen 150 000 und 1 Mio.[101] Eine genaue Angabe ist nicht möglich, da es gerade ein Merkmal der Illegalität ist, nicht in offiziellen Statistiken aufzutauchen. Unter Rückgriff auf verschiedene Kriterien wie die Aufgriffe von Ausländern an den Grenzen beim Versuch der illegalen Einreise, der Urkundenfälschung von Illegalen, den Verwarnungen, Geldbußen und Strafanzeigen wegen illegaler Ausländerbeschäftigung und der Ausländersozialarbeit kann lediglich geschlossen werden, dass die Anzahl der illegalen Einwanderer seit Beginn der 90er Jahre angestiegen ist.[102] Doch ist auch dies mit Vorsicht zu genießen, da im gleichen Zeitraum die polizeilichen, rechtlichen und behördlichen Maßnahmen auf diesem Gebiet verstärkt wurden.

2. Asyl als legale Form der Migration

Einen entscheidenden Anteil an den weltweiten Migrationsbewegungen nehmen Personen ein, die aus ihren Heimatstaaten fliehen und Asyl in anderen Ländern beantragen. So gab es nach Angaben des UNHCR weltweit insgesamt 1 181 600 Asylbewerber im Jahr 1999.[103] In Deutschland waren im Zeitraum 1991 bis 1998 von allen zugezogenen Personen etwa 20 % Asylbewerber.[104] Nach der **Definition** des UNHCR ist unter einem Asylbewerber eine Person zu verstehen, deren Antrag auf Asyl sich gerade in einem Asylverfahren befindet oder die sonst als Asylbewerber registriert ist.[105] Die **Entwicklung** der Asylbewerberzahlen ist ähnlich den Zuwanderungsquoten abhängig von „Pull- und Pushfaktoren" in den jeweiligen Herkunfts- und Aufnahmeländern. Sie erfolgte im Zeitraum von 1991 bis 1999 in den einzelnen Mitgliedstaaten unterschiedlich. Bedingt durch den Bürgerkrieg auf dem Gebiet des ehemaligen Jugoslawiens stammten die meisten Asylbewerber in den EU-Mitgliedstaaten im Zeitraum von 1990 bis 1999 aus diesem Gebiet.[106] In Deutschland wurde mit 438 191 Asylanträgen im Jahr 1992 gegenüber 2550 im Jahr 1962 der Höhepunkt erreicht.[107] Ab dem Jahr 1993 verlief die Entwicklung stark rückläufig, insbesondere beeinflusst durch die am 1. Juli 1993 in Kraft getretene Asylrechtsre-

wahrgenommen. So berichtet die SZ, dass in 60-70 % der Fälle von illegaler Einwanderung professionelle Schleuser ihre Hand im Spiel haben, vgl. SZ vom 15. November 1999, Nr. 264. Nach Schätzungen von Europol werden jährlich ca. 500 000 Menschen in die EU eingeschleust, vgl. SZ vom 10. Juli 2000, Nr. 156.

[100] vgl. *Lederer*, Typologie und Statistik illegaler Zuwanderung nach Deutschland, in Eichenhofer, Migration und Illegalität, S. 53, 57

[101] vgl. die Zusammenstellung bei *Lederer*, Typologie und Statistik illegaler Zuwanderung nach Deutschland, in Eichenhofer, Migration und Illegalität, S. 53, 62 f

[102] vgl. *Lederer*, Typologie und Statistik illegaler Zuwanderung nach Deutschland, in Eichenhofer, Migration und Illegalität, S. 53, 62 ff

[103] vgl. UNHCR, Refugees and Others of Concern to UNHCR, 1999 Statistical Overview, S. 6

[104] Daten des Bundesamts für die Anerkennung ausländischer Flüchtlinge

[105] vgl. UNHCR, Refugees and Others of Concern to UNHCR, 1999 Statistical Overview, S. 1

[106] vgl. UNHCR, Refugees and Others of Concern to UNHCR, 1999 Statistical Overview, S. 112

[107] Daten des Bundesamts für die Anerkennung ausländischer Flüchtlinge

form in der Bundesrepublik.[108] Ein eindeutiger Abwärtstrend in den Asylanträgen seit 1992 ist neben Deutschland allein in Schweden erkennbar. Während bis 1999 Deutschland das Hauptzielland für Asylbewerber in der EU war, änderte sich diese Rangstellung im ersten Halbjahr 2000. 36 006 Anträge in Deutschland standen in diesen sechs Monaten 36 865 Anträgen im Vereinigten Königreich gegenüber.[109]

Asylanträge in den EU-Mitgliedstaaten von 1991 bis 1999[110]

	1991	1992	1993	1994	1995	1996	1997	1998	1999
Österreich	27 310	16 240	4 750	5 080	5 920	6 990	6 720	13 810	20 100
Belgien	15 170	17 650	26 880	14 350	11 420	12 430	11 790	21 970	35 780
Dänemark[111]	4 610	13 880	14 350	6 650	5 100	5 890	5 090	5 700	6 470
Finnland	2 130	3 630	2 020	840	850	710	970	1 270	3 110
Frankreich[112]	47 380	28 870	27 560	25 960	20 170	17 410	21 400	22 380	30 910
Deutschland[113]	256 112	438 191	322 599	127 210	127 937	116 367	104 353	98 644	95 113
Griechenland	2 670	1 850	810	1 300	1 310	1 640	4 380	2 950	1 530
Irland	30	40	90	360	420	1 180	3 880	4 630	7 720
Italien	26 470	6 040	1 650	1 790	1 730	680	1 860	11 120	33 360
Luxemburg	-	-	-	-	390	260	430	1 710	2 910
Niederlande	21 620	20 350	35 400	52 570	29 260	22 170	34 440	45 220	39 300
Portugal	260	690	2 090	770	450	270	300	370	310
Spanien	8 140	11 710	12 620	11 990	5 680	4 730	4 980	6 650	8 410
Schweden	27 350	84 020	37 580	18 640	9 050	5 750	9 660	12 840	11 230
Vereinigtes Königreich	44 840	24 610	22 370	32 830	43 970	29 640	32 500	46 020	71 150
Europäische Union	484 090	667 770	510 780	300 340	263 660	226 120	242 750	295 280	367 400

Im Zeitraum von 1990-1999 zeigt die Anerkennungsquote der einzelnen Länder weit auseinanderliegende Werte an. Während in Dänemark im Durchschnitt 73,5 % und im Vereinigten Königreich 43,4 % der Asylanträge anerkannt wurden, lag die Quote in Spanien im gleichen Zeitraum lediglich bei 8,1 %. Die durchschnittliche Quote in Deutschland wies mit 9,9 % den zweitniedrigsten Wert in der EU auf.[114]

---

[108] vgl. zur Änderung des Asylrechts in Deutschland *Barwig*, Asyl nach der Änderung des Grundgesetzes; *Brugger*, JZ 1993, 119 ff; *Haberland*, ZAR 1994, 3 ff; *Hailbronner*, ZAR 1993, 107 ff; *Hailbronner*, Reform des Asylrechts; *Renner*, ZAR 1996, 103 ff; *Zimmermann*, Das neue Grundrecht auf Asyl

[109] vgl. UNHCR, Asylum Applications Submitted in Europe, January-June 2000, S. 3

[110] Tabelle zusammengestellt auf der Grundlage von Daten aus UNHCR, Refugees and Others of Concern to UNHCR, 1999 Statistical Overview, S. 88, und des Bundesamts für die Anerkennung ausländischer Flüchtlinge

[111] Enthalten sind nur die Anträge, die im Land selbst, nicht jedoch solche, die an dänischen Botschaften im Ausland gestellt wurden.

[112] Zur Ausgestaltung des Asylrechts in Frankreich vgl. die Entscheidung des Conseil Constitutionnel vom 13. August 1993, in der dem Asylrecht unter Bezugnahme auf den Abs. 4 der Präambel der französischen Verfassung vom 27. Oktober 1946 Verfassungsrang eingeräumt wurde; vgl. dazu *Grewe/Weber*, EuGRZ 1993, 496 ff und 508 ff, sowie *Classen*, DÖV 1993, 227 ff.

[113] Erstanträge nach Daten des Bundesamts für die Anerkennung ausländischer Flüchtlinge; nicht enthalten sind die seit 1995 gesondert erfassten Folgeanträge nach § 71 AsylVfG.

[114] Daten aus UNHCR, Refugees and Others of Concern to UNHCR, 1999 Statistical Overview, S. 104

Ein interessanter **Vergleich** bietet sich, wenn man die Zahl der Asylanträge in Relation zur Bevölkerungszahl der EU-Mitgliedstaaten setzt.[115] Im Jahr 1999 nimmt Belgien mit 3,51 Anträgen pro 1000 Einwohnern den Spitzenplatz ein. Deutschland, das nach absoluten Zahlen die meisten Anträge 1999 hatte, befindet sich mit 1,16 Anträgen pro 1000 Einwohnern lediglich auf einem unteren Platz. Das Schlusslicht stellt Portugal mit 0,03 Anträgen pro 1000 Einwohnern dar. Betrachtet man die **Ursprungsländer** der Asylbewerber in den EU-Mitgliedstaaten (ohne Irland und Luxemburg), so ist festzustellen, dass 43,36 % der Asylbewerber von 1990 bis 1999 aus Europa kamen. Eine besondere Stelle nimmt bedingt durch den Bürgerkrieg in den 90er Jahren das Gebiet des ehemaligen Jugoslawiens ein. In Deutschland sind seit 1994 die zugangsstärksten Herkunftsländer die BR Jugoslawien und die Türkei, die sich in der Rangfolge abwechseln.[116]

Ursprung der Asylanträge 1990-1999 in den EU-Mitgliedstaaten (außer Irland und Luxemburg) in Prozent

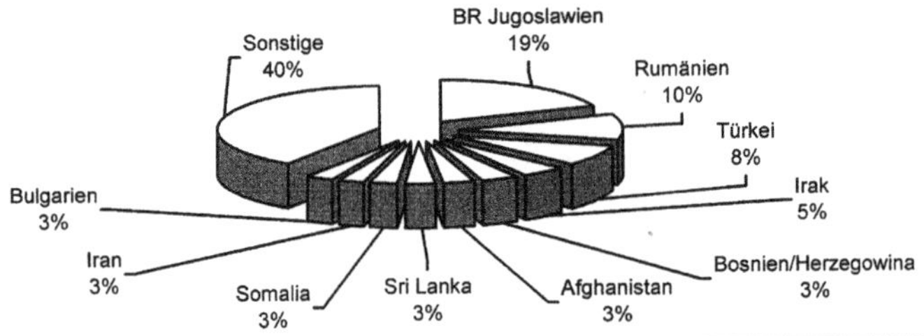

Datenquelle: UNHCR, Refugees and Others of Concern to UNHCR, 1999 Statistical Overview, S. 113

3. Migration durch Flüchtlinge

Das 20. Jahrhundert war das „Jahrhundert der Flüchtlinge".[117] Zu einem erheblichen Teil durch die Ereignisse des Zweiten Weltkriegs ausgelöst, wurden schon bis 1957 weltweit 149,7 Mio. Menschen vertrieben.[118] Vor diesem Hintergrund wurde das Jahr 1959 von den Vereinten Nationen zum Weltflüchtlingsjahr erklärt. Die Anzahl der Flüchtlinge weltweit vermehrte sich jedoch auch in den letzten Jahrzehnten des 20. Jahrhunderts. Im Jahr 1960 wurden vom UNHCR nur 1,4 Mio. Flüchtlinge gezählt, 1980 lag die Zahl bereits bei 8,2 Mio. und Ende 1999 kümmerte sich der UNHCR um mehr als 22 Mio. Menschen, davon über 6 Mio. in Afrika und jeweils über 7 Mio. in Europa und Asien.[119] Gegenüber dem Jahr 1998 hatte die Anzahl der Menschen, für die der UNHCR in Europa Verantwortung übernahm, um 17,3 % im Jahr 1999 zuge-

[115] Daten des Bundesamts für die Anerkennung ausländischer Flüchtlinge
[116] nach Daten des Bundesamts für die Anerkennung ausländischer Flüchtlinge über die zugangsstärksten Herkunftsländer von 1986 bis 1999 in Jahreszeiträumen
[117] vgl. *Nuscheler*, Bevölkerung und Migration, in Hauchler/Messner/Nuscheler, Globale Trends 2000, S. 101, 108
[118] vgl. *Opitz*, Welten im Umbruch, Menschen im Aufbruch, in ders., Weltprobleme, S. 135
[119] vgl. *Opitz*, Welten im Umbruch, Menschen im Aufbruch, in ders., Weltprobleme, S. 136; UNHCR, Refugees and Others of Concern to UNHCR, 1999 Statistical Overview, S. 6

nommen.[120] In Europa wurde das **weltweite Flüchtlingsproblem** insbesondere mit dem Zusammenbruch der Sowjetunion und dem Bürgerkrieg im ehemaligen Jugoslawien erneut spürbar. Anfang 1999 wurden allein durch die Vertreibung der albanischen Bevölkerungsmehrheit im Kosovo ca. 1 Mio. Menschen zu Flüchtlingen.[121] Die meisten von ihnen fanden regionale Aufnahme in Albanien und Mazedonien. Unter dem „Humanitarian Evacuation Programme 1999" nahmen aus dem Kosovo jedoch Deutschland 14 690, Frankreich 6300, Italien 5830, Österreich 5080, das Vereinigte Königreich 4310, die Niederlande 4060 und Luxemburg 100 Flüchtlinge bis zum 31. Oktober 1999 auf.[122]

Art. 1 Abschnitt A Abs. 2 der Genfer Flüchtlingskonvention (GFK)[123] iVm Art. I Abs. 2 des Protokolls über die Rechtsstellung der Flüchtlinge[124] gibt eine **Definition** des Begriffs „Flüchtling". Danach findet der Ausdruck „Flüchtling" auf jede Person Anwendung, die „aus der begründeten Furcht vor Verfolgung wegen ihrer Rasse, Religion, Nationalität, Zugehörigkeit zu einer bestimmten sozialen Gruppe oder wegen ihrer politischen Überzeugung sich außerhalb des Landes befindet, dessen Staatsangehörigkeit sie besitzt, und den Schutz dieses Landes nicht in Anspruch nehmen kann oder wegen dieser Befürchtungen nicht in Anspruch nehmen will; oder die sich als Staatenlose außerhalb des Landes befindet, in welchem sie ihren gewöhnlichen Aufenthalt hatte, und nicht dorthin zurückkehren kann oder wegen der erwähnten Befürchtungen nicht dorthin zurückkehren will." Danach gehören Binnenflüchtlinge (internally displaced persons) und Kriegsflüchtlinge nicht zu den Flüchtlingen iSd GFK.[125] Neben dem Flüchtlingsbegriff der GFK hat sich eine weitere Kategorie in der Staatenpraxis herausgebildet. Sog. **De-facto-Flüchtlinge** fallen zwar nicht unter die GFK, aus humanitären Gründen wird ihnen jedoch häufig für eine gewisse Zeit eine dem Asyl ähnliche Position oder Abschiebungsschutz eingeräumt.[126] Unter das Mandat des UNHCR fällt ein erweiterter Flüchtlingsbegriff. Der UNHCR unterscheidet in der Praxis danach, ob es sich um eine Person „of concern to UNHCR" (**Mandatsflüchtling**) handelt oder nicht. Neben den Asylbewerbern und Konventionsflüchtlingen können darunter auch Personen fallen, denen der UNHCR aufgrund einer besonderen Aufforderung eines Organs der Vereinten Nationen Schutz oder Hilfe gewährleistet, wie z. B. Binnenflüchtlinge, Gruppen von Kriegsflüchtlingen oder bestimmten Bevölkerungsgruppen, die sich nach der Auflösung der Sowjetunion bilde-

---

[120] vgl. UNHCR, Refugees and Others of Concern to UNHCR, 1999 Statistical Overview, S. 6

[121] vgl. *Nuscheler*, Bevölkerung und Migration, in Hauchler/Messner/Nuscheler, Globale Trends 2000, S. 101, 111

[122] vgl. UNHCR, Refugees and Others of Concern to UNHCR, 1999 Statistical Overview, S. 86; Bundesinnenminister *Otto Schily* forderte im Interview mit der SZ eine Regionalisierung der Flüchtlingsaufnahme, vgl. SZ vom 8. April 1999, Nr. 80; *Sadako Ogata*, damalige Hochkommissarin der Vereinten Nationen für Flüchtlingsfragen, trat dagegen für eine weitere Aufnahme von Flüchtlingen in Deutschland ein, vgl. SZ vom 23. April 1999, Nr. 93.

[123] Abkommen über die Rechtsstellung der Flüchtlinge vom 28. Juli 1951, Sartorius II Nr. 28

[124] Protokoll über die Rechtsstellung der Flüchtlinge vom 31. Januar 1967, Sartorius II Nr. 28a

[125] vgl. zum Flüchtlingsbegriff der GFK auch unten 4. Teil B. II. 2. a); *Hailbronner*, ZAR 1993, 3 ff; im Gemeinsamen Standpunkt vom 4. März 1996 haben die EU-Mitgliedstaaten eine harmonisierte Definition des Begriffs „Flüchtling" der GFK beschlossen, ABl. EG 1996 Nr. L 63/2;

[126] Nach der Empfehlung Nr. 773 (1976) der Parlamentarischen Versammlung des Europarates sind De-facto-Flüchtlinge „persons not recognized as refugees within the meaning of art. 1 of the Convention relating to the status of refugees ... and who are unable or unwilling for political, racial, religious or other valid reasons to return to their countries of origin (de-facto-refugees)".

ten.[127] Dieser erweiterte Flüchtlingsbegriff blieb jedoch auf das Mandat des UNHCR beschränkt und wurde von den EU-Mitgliedstaaten nicht übernommen, obwohl sich auch das Europäische Parlament dafür ausgesprochen hatte.[128] Die folgende Tabelle bietet eine **Übersicht über die Anzahl der Flüchtlinge in der EU Ende 1999**:

Flüchtlinge in der Europäischen Union 1999[129]

	Bevölkerung in Tausend[130]	Flüchtlinge[131]	GFK-Flüchtlinge	Anteil der GFK-Flüchtlinge an den Flüchtlingen in %	Anteil der Flüchtlinge an der Bevölkerung in %
Dänemark	5 301	69 000	19 000	27,54	1,30
Finnland	5 153	12 800	6 000	46,88	0,25
Irland	3 705	1 100	-	100	0,03
Schweden	8 852	159 500	30 800	19,31	1,80
Vereinigtes Königreich	59 055	137 000	42 100	30,73	0,23
Griechenland	10 515	6 300	-	100	0,06
Italien	57 589	22 900	12 800	55,90	0,04
Portugal	9 968	410	270	65,85	0,00
Spanien	39 371	6 400	4 600	71,88	0,02
Österreich	8 078	82 500	13 800	16,73	1,02
Belgien	10 204	17 900	17 900	100	0,18
Frankreich	58 847	129 700	129 700	100	0,22
Deutschland	82 047	975 500	252 000	25,85	1,19
Luxemburg	427	700	700	100	0,16
Niederlande	15 698	139 200	55 800	40,09	0,89
Europäische Union	374 810	1 760 910	585 470	33,25	0,47

Der **Anteil der Flüchtlinge an der Bevölkerung** ist mit 1,8 % in Schweden am größten, in Portugal mit 0,00041 % am geringsten. Auffallend ist der geringe Anteil von Konventionsflüchtlingen an den Flüchtlingen mit 33,25 % in der Europäischen Union. Dabei stellt sich die Frage, inwieweit der Flüchtlingsbegriff der GFK noch eine aktuelle Definition liefert. Wenn 66,75 % der Flüchtlinge in der EU den Status der GFK nicht erreichen, sich jedoch trotzdem als Flüchtlinge im Gebiet der EU aufhalten, hat die GFK in der von den Staaten vorgenommenen Interpretation ihren umfassenden Anspruch für Flüchtlingsschutz in Europa verloren, da sie die realen Verhält-

[127] vgl. zum erweiterten Flüchtlingsbegriff des UNHCR (Mandatsflüchtling) *Hailbronner*, ZAR 1993, 3, 5; UNHCR, Refugees and Others of Concern to UNHCR, 1999 Statistical Overview, S. 1, und UNHCR, Handbuch über Verfahren und Kriterien zur Feststellung der Flüchtlingseigenschaft, S. 5 f; zur „semantischen Verwirrung" hinsichtlich des Flüchtlingsbegriffs vgl. *Hummer*, ZfRV 1991, 129, 130 f

[128] vgl. den Vetter-Bericht des EP, Dok. A 2 - 227/86 vom Ausschuss für Recht und Bürgerrechte, Text in ZAR AKTUELL Nr. 2/1987; Anwendung findet der erweiterte Flüchtlingsbegriff dagegen in Afrika und in Teilen Lateinamerikas, vgl. *Hailbronner*, ZAR 1993, 3, 5 m. w. N.;

[129] eigene Zusammenstellung mit Daten des UNHCR, Refugees and Others of Concern to UNHCR, 1999 Statistical Overview, S. 7 ff und 34 ff

[130] Daten aus Fischer Weltalmanach, http://www.weltalmanach.de/staaten

[131] erweiterter Flüchtlingsbegriff des UNHCR, d. h. Konventionsflüchtlinge, Mandatsflüchtlinge und De-facto-Flüchtlinge

nisse nicht mehr erfassen kann.[132] Ein **erweiterter Flüchtlingsbegriff**, wie er in vielen afrikanischen und lateinamerikanischen Staaten verfolgt wird, würde auch Menschen, die aufgrund allgemeiner Gewalt, innerstaatlicher Konflikte oder sonstiger Störungen der öffentlichen Ordnung fliehen, eine gesicherte Stellung bieten.

III. Bewertung

In einer von Oktober 1993 bis Juli 1995 im Auftrag des BKA durchgeführten Untersuchung über die Auswirkungen des EG-Binnenmarktes auf die Kriminalitätsentwicklung[133] erwarteten Experten aus Polizei, Justiz, Politik/Verwaltung, Wirtschaft und Wissenschaft zu 95,5 % einen Anstieg der Wirtschaftskriminalität und zu 94,8 % einen Anstieg der OK jeweils für das Jahr 2000. Der Grund für diesen Anstieg der Kriminalität liegt nach dieser Ansicht hauptsächlich in einer Veränderung der tatsächlichen Kriminalitätsentwicklung und der polizeilichen Ermittlungsintensität, gefolgt von einer Veränderung der Anzeigebereitschaft der Bevölkerung.[134] Betrachtet man die Ermittlungsverfahren bei der Wirtschaftskriminalität, so ist trotz einiger Unsicherheiten in der Erfassung eine beträchtliche Steigerung festzustellen. Das Lagebild Organisierte Kriminalität der Bundesrepublik Deutschland weist lediglich einen leichten Anstieg der Verfahren auf. Die Rauschgiftkriminalität hat sich seit 1995 jedoch erheblich gesteigert. In allen drei Kriminalitätsbereichen ist ein **großes internationales Potential** bei der Tatbegehung und der Täterstruktur festzustellen. Die Kriminalität stellt damit eine Herausforderung für die innere Sicherheit in der EU dar. Ein **gemeinsamer europäischer Ansatz** ist notwendig.

In ähnlicher Weise gilt dies auch für die Wanderungsbewegungen in Europa. Zwar ist der Anteil von Drittstaatsangehörigen in den meisten EU-Mitgliedstaaten gering. In den 90er Jahren war jedoch eine hohe Anzahl von Zuwanderern, Asylbewerbern und Flüchtlingen auf dem Gebiet der Europäischen Union zu verzeichnen. Der Wegfall der Binnengrenzkontrollen führt dazu, dass die Union zu einem **einheitlichen geografischen Raum** geworden ist, der es Migranten erlaubt, sich frei in ihm zu bewegen. Diese Tatsache hat zur Konsequenz, dass die Integration von Zuwanderern und der Schutz der Asylbewerber und Flüchtlinge zu einer **gemeinsamen europäischen Aufgabe** geworden ist und die Europäische Union als solche fordert.

---

[132] vgl. ebenso *Sunjic*, Das Weltflüchtlingsproblem: gestern - heute - morgen, in Husa/Parnreiter/Stacher, Internationale Migration, S. 145, 150 f, wonach das Problem nicht bei der GFK liegt, sondern bei der von den Staaten vorgenommenen Interpretation und damit am politischen Willen, Flüchtlingen Schutz zukommen zu lassen. Vgl. zur Diskussion um den Flüchtlingsbegriff der GFK unten 4. Teil B. II. 2. A). Eine Tendenz zur Einschränkung des Flüchtlingsschutzes in der EU wurde vor allem unter der österreichischen Präsidentschaft im zweiten Halbjahr 1998 sichtbar, wonach die GFK dahingehend geändert oder ergänzt werden sollte, dass die Aufnahme von Flüchtlingen zu einer ausschließlich politischen Entscheidung geworden wäre, vgl. FR vom 2. September 1998, Nr. 203/36.

[133] vgl. *Wittkämper/Krevert/Kohl*, Europa und die innere Sicherheit

[134] vgl. *Wittkämper/Krevert/Kohl*, Europa und die innere Sicherheit, S. 201

B. Der Aufbau des Raums aus integrationspolitischer Perspektive

Kernprinzip der europäischen Verträge ist der **Integrationsgedanke**.[135] Dieser stellt allerdings keinen Selbstzweck dar, sondern dient der Sicherung des Friedens und des Wohlstands in Europa.[136] Während die europäische Integration in ihrer Geschichte auch außerhalb des Rahmens der Europäischen Gemeinschaften verlief,[137] zeigte sich insbesondere durch die Verträge von Maastricht, Amsterdam und Nizza eine **Konzentration auf die EU**. Am eindrucksvollsten trat dies in der Einbeziehung des Schengen-Besitzstands unter das Dach der EU hervor. Die EG-Mitgliedstaaten demonstrierten schon in der ersten Erwägung der Präambel des EWG-Vertrags von 1957 den festen Willen, „die Grundlagen für einen immer engeren Zusammenschluss der europäischen Völker zu schaffen".[138] Die erste Erwägung der Präambel des EU-Vertrags spricht von der Entschlossenheit, „den mit der Gründung der Europäischen Gemeinschaften eingeleiteten Prozess der europäischen Integration auf eine neue Stufe zu heben". Mit der achten Erwägung der Präambel des EU-Vertrags zeigen die Mitgliedstaaten ihren festen Willen, „Politiken zu verfolgen, die gewährleisten, dass Fortschritte bei der wirtschaftlichen Integration mit parallelen Fortschritten auf anderen Gebieten einhergehen". Auch die dreizehnte Erwägung der Präambel des EU-Vertrags spricht von der Notwendigkeit weiterer Schritte, „die getan werden müssen, um die europäische Integration voranzutreiben".

Seit Gründung der EWG hat sich die europäische Integration eindrucksvoll weiterentwickelt. Die Gemeinschaft war von Beginn an durch die Ermächtigung der Organe zur Setzung von Sekundärrecht als **Rechtsgemeinschaft** konzipiert.[139] Dies wurde vom EuGH in seiner Entscheidung *van Gend & Loos* bekräftigt, in der er dem Gemeinschaftsrecht durch die Verleihung von Rechtssubjektivität an Individuen unmittelbare Wirkung zusprach.[140] Den bisherigen **Höhepunkt der Integration** bilden die Wirtschafts- und Währungsunion im Vertrag von Maastricht und der Aufbau eines Raums der Freiheit, der Sicherheit und des Rechts im Vertrag von Amsterdam. Mit dem Vertrag von Nizza wurde weiterhin die Zusammenarbeit in der Außen- und Sicherheitspolitik intensiviert.[141] In dieser Entwicklung zeigt sich eine Steigerung in der Bedeutung der integrierten Politikbereiche. Der EWG-Vertrag von 1957 betraf im Wesentlichen einzelne Bereiche im „mikroökonomischen Zuschnitt der Regulierung einzelner Wirtschaftsvorgänge"[142]. Diese sind lediglich unter den Rahmen der **„low**

---

[135] Auch Abs. 5 der Präambel der Satzung des Europarates vom 5. Mai 1949, Sartorius II Nr. 110, spricht von der Notwendigkeit, eine Organisation zu errichten, „in der die europäischen Staaten enger zusammengeschlossen werden". Im Rahmen der WEU wird in Abs. 7 der Präambel des „Brüsseler Vertrags" vom 17. März 1948, Sartorius II Nr. 100, die Entschlossenheit der Vertragsstaaten festgestellt, die „Einheit Europas zu fördern und seiner fortschreitenden Integrierung Antrieb zu geben".

[136] vgl. zu den Zwecken europäischer Integration *Möschel*, Eine Verfassungskonzeption für die Europäische Union, in Gröner/Schüller, Die europäische Integration als ordnungspolitische Aufgabe, S. 21, 23 ff

[137] Die europäische Integration bewegte sich vor allem auch im Rahmen des Europarates. Die EU bezieht sich in Art. 6 Abs. 2 EUV ausdrücklich auf die EMRK. Weiterhin wurde gerade in den sensiblen Bereichen der inneren und äußeren Sicherheit auf intergouvernementaler Ebene außerhalb der EG zusammengearbeitet, vgl. 1. Teil B. III.

[138] vgl. auch *Müller-Graff*, Die Direktwahl des europäischen Parlaments, S. 14 f

[139] vgl. *Hirsch*, NJW 2000, 1817 f

[140] vgl. EuGH, Rs. 26/62, van Gend & Loos, Slg. 1963, S. 1, Rz. 9 f

[141] ABl. EG 2001 Nr. C 80/1; vgl. *Fischer*, Der Vertrag von Nizza, S. 87 ff

[142] vgl. *von Bogdandy*, Integration 1999, 95, 98

politics" einzuordnen.[143] Schon mit dem Vertrag von Maastricht wurden die „low politics" jedoch verlassen. Politiken zur makroökonomischen Steuerung wie die Währungspolitik und die Politik der inneren und äußeren Sicherheit sind als für den Staat wesentlich wichtigere und sensiblere Bereiche den „**high politics**" zuzurechnen.[144] Die europäische Integration hat sich so fortlaufend vertieft. Als in letzter Zeit wichtigster Integrationsschritt folgte der Aufbau eines Raums der Freiheit, der Sicherheit und des Rechts im Vertrag von Amsterdam der WWU im Vertrag von Maastricht.[145]

Damit sind mit den Themen Asyl/Migration, grenzüberschreitende Kriminalität und Schaffung eines Europäischen Rechtsraums „Kernbereiche der nationalen Identität"[146] und der nationalstaatlichen **Souveränität** betroffen.[147] Von Jean Bodin (1529-1596) wurde der Staat definiert „durch die dem Recht gemäß geführte, mit souveräner Gewalt ausgestattete Regierung einer Vielzahl von Familien und dessen, was ihnen gemeinsam ist".[148] Als „lebensnotwendige Dinge" für den Staat werden von Bodin insbesondere bezeichnet: „die Pflege des Rechts, Schutz und Verteidigung der Untertanen".[149] Justiz und Inneres gehört damit zumindest seit Bodin zum Wesensmerkmal eines Nationalstaats. Auch nach Thomas Hobbes ist die Schaffung eines einheitlich befriedeten Raums die erste aller Staatsaufgaben, der Staat ist nichts anderes als friedenssichernde Gewalt. Der Zweck des Gemeinwesens ist die persönliche Sicherheit. Das Gemeinwesen hat alle Stärken und Mittel für den Frieden der Individuen einzusetzen.[150] Der Staat wird so über das Gewaltmonopol definiert. Innen- und Justizpolitik sind die klassischen Bereiche dieses Gewaltmonopols. Gerade die nationalstaatliche Souveränität ist damit bei den oben genannten Themen besonders betroffen.[151] Den Mitgliedstaaten ist es leichter gefallen, sich auf eine ge-

[143] „Low politics" sind leichte, unkontroverse Fragen auf technischem, wirtschaftlichem und sozialem Gebiet, vgl. *Zellentin*, Der Funktionalismus - eine Strategie gesamteuropäischer Integration?, in Kreile, Die Integration Europas, S. 63, 65.

[144] vgl. zu dieser Einteilung, die allerdings umstritten ist, *von Bogdandy*, Integration 1999, 95, 98

[145] *Röben*, in Grabitz/Hilf, Das Recht der Europäischen Union, Stand Mai 1999, Vor Art. 61 EGV, Rn. 19, spricht von der langfristig wichtigsten Weichenstellung durch den Vertrag von Amsterdam.

[146] so der deutsche Bundesinnenminister *Otto Schily*, NVwZ 2000, 883, 884. Nach Bundesaußenminister *Joschka Fischer*, Integration 2000, 149, 151, umfasst der moderne Nationalstaat drei wesentliche Souveränitäten: Währung, innere und äußere Sicherheit; vgl. auch *Griller/Droutsas/Falkner/Forgó/Nentwich*, The Treaty of Amsterdam, S. 443. Nach Kommissionspräsident *Romano Prodi* in seiner Rede vor dem EP am 15. Februar 2000 in Straßburg rührt die Zusammenarbeit in den Bereichen Justiz und Inneres „an den Kern der nationalen Souveränität", Beilage 1/2000 zu Bull. EU, S. 7, 8.

[147] vgl. *Casanova*, RMCUE 2000, 325, 326. Geht man auf die Grundlage zurück, dass das Volk der Souverän ist, relativiert sich der von den Nationalstaaten beklagte Souveränitätsverlust. In diesem Fall bedeutet die europäische Integration lediglich eine Verlagerung von Kompetenzen im Sinne einer zwischenstaatlichen Arbeitsteilung auf verschiedene zwischenstaatliche Organe. Das Volk als Souverän kann über die Verteilung der Herrschaftsgewalt jederzeit neu entscheiden und diese auch teilweise auf eine andere Handlungsebene geben. In diesem Sinne *Kuschnick*, Integration in Staatenverbindungen, S. 226 ff.

[148] vgl. *Bodin*, Über den Staat, Buch I, 1. Kapitel; in der französischen Fassung lautet diese wichtige Definition: „République est un droit gouvernement de plusieurs ménages, et de ce qui leur est commun, avec puissance souveraine." In Buch I, 8. Kapitel, findet sich die berühmte Definition des Begriffs „Souveränität", die dem Absolutismus seinen Namen gegeben hat: „Der Begriff Souveränität beinhaltet die absolute und dauernde Gewalt eines Staates, die im Lateinischen majestas heißt. ... Souveränität bedeutet höchste Befehlsgewalt."

[149] vgl. *Bodin*, Über den Staat, Buch I, 1. Kapitel

[150] vgl. *Hobbes*, Leviathan, Part 2, Chap. XVII

[151] vgl. auch *Faßbender*, Zur Bedeutung des Souveränitätsbegriffes für die europäische Einigung, in Scholz, Europäische Integration - Schon eine „Union des Rechts"?, S. 161 ff, und *Lodge*, Justice and Home Affairs: Internal security, Maastricht and the 1996 IGC, in Leicht, Regierungskonferenz 1996, S.

meinsame Währung zu einigen als die Integration der Innen- und Justizpolitik voranzutreiben. Dies kann darin liegen, dass für die als Europäische Wirtschaftsgemeinschaft gegründete EU die wirtschaftlichen Vorteile einer Integration in diesen Bereichen nicht so klar zu Tage treten wie bei einer Wirtschafts- und Währungsunion.

Aus der Sicht der Entwicklung der europäischen Integration stellt sich dabei die Frage nach dem **Zusammenhang dieser Integrationsschritte**, die beide den „high politics" zuzurechnen sind.[152] Dieses Problem soll im Folgenden anhand der für die EU aufgestellten Integrationsformen und -theorien untersucht werden.

I. Integrationsformen und –theorien

Integration ist in Abgrenzung von Kooperation zu verstehen.[153] **Kooperation** kann definiert werden als Zusammenarbeit unter Beibehaltung der kooperierenden Einheiten zwecks Intensivierung der Beziehungen.[154] **Integration** ist dagegen die Zusammenarbeit unter Veränderung der ursprünglichen Strukturen zwecks Erreichung einer integrierten Einheit.[155] Im Gegensatz zur Kooperation wohnt der Integration eine verstärkte Dynamik inne, die auf Veränderungen abzielt. Integration ist geprägt von Prozesshaftigkeit und dynamischer Unerfülltheit.[156] Der Prozess der Integration geht auf die Verschmelzung zu einem höheren Grad der Einheit hin.[157] Durch die ihr innewohnende Dynamik verlangt Integration nach einer komplexeren und differenzierteren Struktur als Kooperation.

317, 323. Für *Vernimmen*, La sécurité intérieure en tant que tâche de la coopération européenne résultant du traité sur l'Union européenne, in Hailbronner, Zusammenarbeit der Polizei- und Justizverwaltungen in Europa, S. 17, 21, gilt: „le respect de la souveraineté ... n'est pas inconciliable avec le désir légitime des citoyens de vivre dans un espace judiciaire et de sécurité européen". In Frankreich wurde die Ratifikation des Vertrags von Amsterdam vom Conseil Constitutionnel wegen Art. 67 Abs. 2 und 4 EGV iVm Art. 62 Abs. 1 und 3, 63 EGV aufgrund Souveränitätsfragen unter den Vorbehalt einer Verfassungsänderung gestellt, Conseil Constitutionnel, déc. No. 97-394 DC, 31. Dezember 1997, JCP 1998, Nr. 3, Act. 57. Für eine neue Begrifflichkeit spricht sich *Denninger*, JZ 2000, 1121, aus. Im Hinblick auf die fortschreitende europäische Integration auch und gerade beim schrittweisen Aufbau eines Raums der Freiheit, der Sicherheit und des Rechts hält er den Begriff der Souveränität für ungeeignet. Versteht man nach *Jean Bodin* unter dem wesentlichen Gehalt des Souveränitätsbegriffs, die „Gewalt, Gesetze zu machen oder aufzuheben" (so *Bodin*, Über den Staat, Buch I, 10. Kapitel), so müsse man sich notwendigerweise vom Begriff der Souveränität verabschieden.

[152] Nicht untersucht werden soll hier die Frage, ob eine Europäische Wirtschafts- und Währungsunion einen europäischen Staat aus ökonomisch-juristischen Gründen benötigt. Eine solche Analyse erfordert einen interdisziplinären Ansatz, der mindestens Aspekte der Wirtschafts-, Rechts- und Politikwissenschaften miteinbezieht. *Mittendorfer*, Benötigt eine Europäische Wirtschafts- und Währungsunion einen europäischen Staat?, findet in seiner Untersuchung keine ökonomischen oder juristischen Argumente für eine Bejahung dieser Frage.

[153] vgl. *Kuschnick*, Integration in Staatenverbindungen, S. 70 f

[154] vgl. *Schweitzer/Hummer*, Europarecht, Rn. 30

[155] vgl. *Schweitzer/Hummer*, Europarecht, Rn. 30; zum Begriff der europäischen Integration vgl. auch *Bleckmann*, Europarecht, Rn. 33 ff, sowie *Kuschnick*, Integration in Staatenverbindungen, S. 69 ff

[156] vgl. *Ipsen*, Europäisches Gemeinschaftsrecht, S. 198 f

[157] vgl. *Fischer/Köck*, Europarecht, S. 47; *Bleckmann*, Europarecht, Rn. 803

1. Integrationsformen

Integration taucht in den verschiedensten Formen auf.[158] So kann nach supranationaler und nicht-supranationaler Integration unterschieden werden. Die **politische Integration** stellt einen Zusammenschluss von Staaten mit dem Ziel der politischen Verschmelzung dar.[159] Ein solcher Prozess ist im EG-Vertrag insbesondere beim Europäischen Parlament angelegt. Nach Art. 189 EGV stellen die Abgeordneten des Europäischen Parlaments die Vertreter der Völker der in der Gemeinschaft zusammengeschlossenen Staaten dar. In der ersten Erwägung der Präambel zum EG-Vertrag zeigen die Mitgliedstaaten den festen Willen, die Grundlagen für einen immer engeren Zusammenschluss der europäischen Völker zu schaffen. In dieser Dynamik ist damit die Verschmelzung der einzelnen Völker zu einem europäischen Volk und einem europäischen Mandat angesprochen.[160] Die **wirtschaftliche Integration** beinhaltet eine Angleichung der Marktbedingungen und einen Abbau der Handelshemmnisse zwischen den nationalen Märkten. Durch sie werden die verschiedenen nationalen Wirtschaftsbereiche in einen einzigen gemeinsamen Markt gebracht. Die wirtschaftliche Integration betrifft dabei sowohl die faktische Vereinheitlichung der nationalen Märkte als auch die rechtliche Gewährleistung von Freiheiten und Wettbewerbsgleichheit.[161] Unter **rechtlicher Integration** versteht man die Unterwerfung bestimmter Sachbereiche unter eine gleichartige Regelung. Dies bedeutet einen Übergang vom Pluralismus zum Monismus der europäischen Rechtsordnungen mit dem Ziel einer gemeinsamen Rechtsordnung.[162] Als Instrumente dienen dabei die Rechtsangleichung und die Rechtsvereinheitlichung. Rechtsangleichung gibt nur das Ziel vor und überlässt den Mitgliedstaaten die Wahl der Form und Mittel. Rechtsvereinheitlichung ist dagegen umfassender auf die Schaffung von einheitlich geltendem Recht ausgerichtet. Der Zusammenschluss zu einem militärischen Bündnis mit einheitlichen militärischen Strukturen stellt eine **militärische Integration** dar. Die Europäische Union verfügt zwar über eine gemeinsame Sicherheitspolitik nach Titel V EUV, jedoch ist eine gemeinsame Verteidigung nach Art. 17 Abs. 1 S. 1 EUV erst nach einem Beschluss des Europäischen Rates vorgesehen, den die Mitgliedstaaten gemäß ihren verfassungsrechtlichen Bestimmungen annehmen müssen.[163] Innerhalb der EU wird auch nach positiver und negativer Integration unterschieden. **Positive**

[158] vgl. *Fischer/Köck*, Europarecht, S. 47 ff

[159] Beispiele dafür sind neben dem Beitritt der Deutschen Demokratischen Republik zur Bundesrepublik Deutschland die Entstehung der USA 1787, des Norddeutschen Bundes 1867, des Deutschen Reiches 1871 und der Vereinigten Arabischen Emirate 1967.

[160] vgl. *Bleckmann*, Europarecht, Rn. 804

[161] vgl. *Bleckmann*, Europarecht, Rn. 803

[162] vgl. *Bleckmann*, Europarecht, Rn. 805; der EuGH hat die rechtliche Integration der EG-Mitgliedstaaten vor allem in der Rs. 6/64, Costa/ENEL, Slg. 1964, S. 1141, Rz. 8 ff, durch die Feststellung des Vorrangs des Gemeinschaftsrechts und in der Rs. 26/62, van Gend & Loos, Slg. 1963, S. 1, Rz. 9 ff, durch die Feststellung der unmittelbaren Anwendbarkeit des primären Gemeinschaftsrechts begründet.

[163] Ansätze einer militärischen Integration finden sich bei der WEU. Diese ist nach Art. 17 Abs. 1 UAbs. 2 S. 1 EUV (Amsterdamer Fassung) „integraler Bestandteil der Entwicklung der Union". Mit dem Vertrag von Nizza wurde diese Passage gestrichen und die Vereinbarkeit der WEU mit Titel V EUV über Art. 17 Abs. 4 iVm Art. 27a ff EUV, die Vorschriften über eine engere Zusammenarbeit einzelner Mitgliedstaaten enthalten, geregelt. Vgl. zur Gründung der WEU den „Brüsseler Vertrag" vom 17. März 1948, Sartorius II Nr. 100. Ein anderes Beispiel einer militärischen Integration stellt die NATO dar, vgl. den Nordatlantikvertrag vom 4. April 1949, Sartorius II Nr. 65. Mit dem Vertrag von Nizza wurde die NATO-Mitgliedschaft ebenfalls über die Bestimmungen der engeren Zusammenarbeit nach Art. 17 Abs. 4 iVm Art. 27a ff EUV mit Titel V EUV vereinbar gemacht.

Integration liegt bei einem Tätigwerden der Mitgliedstaaten vor, die der EG/EU neue Kompetenzen verleihen. Von **negativer Integration** spricht man bei einem integrativen Tätigwerden der Organe aufgrund der ihnen von den Mitgliedstaaten verliehenen Kompetenzen.[164]

Die WWU und die vertiefte Zusammenarbeit in den Bereichen Justiz und Inneres sind jeweils als besonders sensible und den Staat kennzeichnende Bereiche den „high politics“ zuzuordnen. Im Hinblick auf die oben genannten Integrationsformen kann die **WWU** der wirtschaftlichen und aufgrund ihres „high politics“-Status auch der politischen Integration zugeteilt werden. Die Bereiche **Justiz und Inneres** sind als klassische Merkmale des Staates der politischen Integration zugehörig. Beide enthalten durch den Aufbau einer gemeinsamen Rechtsordnung Elemente der rechtlichen Integration. Bei einer wirtschaftlichen Integration, die Defizite im Bereich der politischen Integration aufweist, besteht die Gefahr innerer Krisen. Die wirtschaftliche Integration steht in einem Spannungsfeld zur politischen Integration.[165] Mit Hilfe der Integrationstheorien soll im Folgenden der Zusammenhang zwischen der wirtschaftlichen und politischen Integration aufgezeigt werden.

2. Integrationstheorien

Fächerübergreifend wird seit langem versucht, die europäische Integration in einem theoretischen Konzept zu erklären, ihre Zusammenhänge aufzuzeigen und Prognosen für die Zukunft zu erstellen. Diese Frage betrifft nicht nur die Rechtswissenschaft, sondern wurde auch in politik-, sozial- und wirtschaftswissenschaftlichen Ansätzen angegangen. Für die vorliegende Fragestellung lassen sich die Theorien in zwei Gruppen einteilen: die **idealistischen**, die in der europäischen Integration die Entstehung eines neuen Gebildes sehen, sowie die **nüchternen und realistischen**, die auf die Darstellung des gegenwärtigen Standes der europäischen Integration abzielen.

a) Idealistische Ansätze

aa) Föderalismus

Europapolitisches Leitbild der Föderalisten für die Frage der europäischen Integration ist die Schaffung der **Vereinigten Staaten von Europa**.[166] Der Föderalismus wurde u. a. von Altiero Spinelli an der Spitze der „Union Europäischer Föderalisten“ (UEF) vertreten. Nach dem föderalistischen Ansatz muss Ausgangspunkt einer euro-

---

[164] vgl. zu dieser Unterscheidung *Schneider*, Europäische Integration: die Leitbilder und die Politik, in Kreile, Die Integration Europas, S. 3, 11, sowie *Wessels*, Staat und (westeuropäische) Integration. Die Fusionsthese, in Kreile, Die Integration Europas, S. 36, 49

[165] vgl. *Fischer*, Integration 2000, 149, 151

[166] Eine gute Darstellung der verschiedenen Ansätze im Föderalismus liefern *Höreth*, Die Europäische Union im Legitimationstrilemma, S. 104 ff, und *Karolewski*, Die künftige Gestalt Europas: Funktionalismus oder Föderalismus?, S. 56 ff. *Ipsen*, Europäisches Gemeinschaftsrecht, S. 983 f, spricht von „Konstitutionalismus“. Vgl. auch *Spinelli*, The Eurocrats, S. 10 ff; Vorreiter des Föderalismus ist Carl J. Friedrich. Die Forderung nach Errichtung einer „Art Vereinigter Staaten von Europa“ erfolgte nach dem Zweiten Weltkrieg durch Winston Churchill in Zürich im September 1946, vgl. *Kuschnick*, Integration in Staatenverbindungen, S. 68.

päischen Integration die Schaffung eines normativen Status quo als Conditio sine qua non in Europa sein. Ein solcher setzt die Entstehung einer europäischen Verfassung voraus, auf deren Grundlage dann legitimierte Entscheidungen über die europäische Integration getroffen werden können. Nur durch die Errichtung einer europäischen Verfassung ist es nach dieser Ansicht möglich, den Prozess der europäischen Integration irreversibel zu machen und den Kompetenztransfer auf die supranationale Einheit zu garantieren.[167] Grundkonzept der Föderalisten ist die etatistische Aussage „**function follows form**“, die stark an bisher existierende bundesstaatliche Ordnungen wie die Vereinigten Staaten von Amerika erinnert.

Die europäische Integration ist dem Föderalismus nicht gefolgt, sondern hat sich in einzelnen Schritten sektoral ohne eine zugrundeliegende europäische Verfassung entwickelt.[168] Die Forderung nach einem europäischen Bundesstaat ist jedoch gerade hinsichtlich der durch die Verträge von Amsterdam und Nizza erreichten Integrationsstufe immer noch aktuell.

bb) (Neo-)Funktionalismus

Das Konzept der (Neo-)Funktionalisten versucht die Dynamik der europäischen Integration zu erklären und gibt vor allem der Integrationsstrategie Jean Monnets in den 50er Jahren zur Gründung der Europäischen Gemeinschaft für Kohle und Stahl eine theoretische Grundlage.[169] In der Vorgehensweise stellt sich der (Neo-)Funktionalismus in vollkommenen Gegensatz zum Föderalismus. Grundkonzept der (Neo-)Funktionalisten ist die Aussage „**form follows function**“. So ist der Ausgangspunkt nicht die Schaffung einer europäischen Verfassung, diese steht vielmehr am Ende eines langen dynamischen Prozesses. Den Anfang bildet der Kompetenztransfer technischer und eher unpolitischer Funktionen im wirtschaftlichen Bereich von der nationalen auf die supranationale Ebene, die „Entflechtung bislang staatlicher Funktionen und ihre integrierte Wahrnehmung in Entscheidungsorganen“[170]. Dafür ist zwar auch eine übereinstimmende politische Entscheidung vonnöten, die Vollziehung erfolgt jedoch auf dieser Grundlage „weithin in technischer Selbstbestimmung“[171]. Die europäischen Institutionen werden als Grundsteine für die Entstehung einer neuen politi-

---

[167] vgl. *Spinelli*, Manifest der europäischen Föderalisten, S. 46

[168] Nach *Ipsen*, Europäisches Gemeinschaftsrecht, S. 984, ist der Konstitutionalismus „eine der Vergemeinschaftung weniger adäquate Methode politischer Theorie“, da sie auf „tunliche Zeitbeschleunigung und Phasenverdichtung ohne kritische Vorprüfung ihrer außerrechtlichen Voraussetzungen“ drängt. Vergemeinschaftung ist dagegen „ein grundsätzlich offenes System“. Konstitutionalismus wirkt „konservierend“ und entbehrt des „notwendig dynamischen Gehalts“.

[169] vgl. zum (Neo-)Funktionalismus und seinen Ausprägungen die gute Zusammenstellung bei *Höreth*, Die Europäische Union im Legitimationstrilemma, S. 112 ff, *Karolewski*, Die künftige Gestalt Europas: Funktionalismus oder Föderalismus?, S. 16 ff, und *Ipsen*, Europäisches Gemeinschaftsrecht, S. 980 ff, jeweils m. w. N.; vgl. auch *Spinelli*, The Eurocrats, S. 10 ff; *Zellentin*, Der Funktionalismus - eine Strategie gesamteuropäischer Integration?, in Kreile, Die Integration Europas, S. 62 ff; *Geddes*, Immigration and European integration, S. 34 f; Begründer des Funktionalismus ist David A. Mitrany, fortgeführt und weiterentwickelt wurde die Theorie insbesondere von Ernst B. Haas, Joseph S. Nye, Leon N. Lindberg, Stuart Scheingold und Philippe C. Schmitter.

[170] vgl. *Ipsen*, Europäisches Gemeinschaftsrecht, S. 981

[171] vgl. *Ipsen*, Europäisches Gemeinschaftsrecht, S. 982; *Hallstein*, Die Europäische Gemeinschaft, S. 22 f, spricht bei dem unlöslichen inneren Zusammenhang aller Einzelmaßnahmen der Wirtschaftspolitik von einer „Sachlogik“, vgl. dazu auch *Kilian*, Walter Hallstein und die Europäische Union, in Kluth, Die Europäische Union nach dem Vertrag von Amsterdam, S. 37, 44.

schen Einheit betrachtet. Nach Auffassung der (Neo-)Funktionalisten ist ein enger Zusammenhang zwischen der wirtschaftlichen und der politischen Integration gegeben.[172] Danach geht die wirtschaftliche Zusammenarbeit auf einem Wirtschaftssektor auf alle Bereiche über und mündet schließlich in einem politischen Zusammenschluss der Mitgliedstaaten (**spill-over effect**).[173] Inwieweit dieser Mechanismus automatisch von sich geht oder der Prozess von verschiedenen Determinanten abhängt, ist umstritten.[174] Die europäische Integration folgt nach diesem Konzept einer dynamischen Eigenlogik. Motor der europäischen Integration ist die Kommission, die bei einem Vorantreiben ihre Kompetenzen erweitern und somit ihre eigene Position stärken kann. Die Nationalstaaten haben ihre Rolle als entscheidende Akteure des Integrationsprozesses abgegeben. In letzter Zeit wird jedoch immer häufiger von der Erschöpfung der (neo-)funktionalistischen Methode aufgrund von Akzeptanz- und Legitimationsproblemen der europäischen Institutionen sowie von der Unzulänglichkeit dieser Theorie gesprochen.[175]

Obwohl die Theorie des (Neo-)Funktionalismus insbesondere aufgrund der Politik des leeren Stuhls und ihrer Beilegung im Luxemburger Kompromiss von 1966[176], wodurch sich ein Auseinanderlaufen von Integrationstheorie und -praxis zeigte, teilweise aufgegeben wurde,[177] ist sie in der europäischen Integration durch die schrittweise Entwicklung von einer Freihandelszone über den Binnenmarkt zu einer WWU und der Bildung einer politischen Union zumindest teilweise sichtbar und kann zu ihrer Erklärung herangezogen werden.[178]

b) Nüchterne und realistische Ansätze

aa) Intergouvernementalismus, Staatenverbund, funktionaler Zweckverband

Anders als der Föderalismus und der (Neo-)Funktionalismus sehen die Vertreter des **Intergouvernementalismus** die Nationalstaaten als zentrale Akteure im Mittelpunkt der europäischen Integration.[179] Die europäische Integration stellt nach Auffassung

---

[172] vgl. insbesondere *Lindberg*, The Political Dynamics of European Economic Integration, S. 14 ff und 27 ff

[173] Dieser Ansatz wird nur von den Neofunktionalisten in einer Weiterentwicklung des funktionalistischen Konzeptes verfolgt. Der Funktionalismus Mitranys ging aufgrund einer strikten Trennung von nichtpolitischer und politischer Integration lediglich von einem „spill over" im technisch-wirtschaftlichen Bereich aus. Vgl. dazu *Höreth*, Die Europäische Union im Legitimationstrilemma, S. 114 ff.

[174] vgl. *Busch*, Spill-over-Dynamik und Spill-back-Potential in der europäischen Währungsunion - ein Beitrag zur Integrationstheorie, in Jachtenfuchs/Kohler-Koch, Europäische Integration, S. 281 ff

[175] vgl. *Kreile*, Integrationspolitische Rahmenbedingungen der Regierungskonferenz. Eine politikwissenschaftliche Skizze, in Hrbek, Die Reform der Europäischen Union, S. 17 ff; *Busch*, Spill-over-Dynamik und Spill-back-Potential in der europäischen Währungsunion - ein Beitrag zur Integrationstheorie, in Jachtenfuchs/Kohler-Koch, Europäische Integration, S. 281 ff

[176] vgl. dazu ausführlich *Kuschnick*, Integration in Staatenverbindungen, S. 86 f

[177] vgl. *Haas*, The Obsolescence of Regional Integration Theory, S. 1 ff

[178] ebenso *Höreth*, Die Europäische Union im Legitimationstrilemma, S. 120; nach *Beutler/Bieber/Pipkorn/Streil*, Die Europäische Union, S. 71, hat die funktionalistische Variante eine besondere Bedeutung für die Gemeinschaftstheorie gewonnen.

[179] vgl. zum Intergouvernementalismus die Zusammenstellung der verschiedenen Ansätze bei *Höreth*, Die Europäische Union im Legitimationstrilemma, S. 123 ff, *Karolewski*, Die künftige Gestalt Europas: Funktionalismus oder Föderalismus?, S. 64 ff, der den Intergouvernementalismus als eine Ableitung des Föderalismus begreift, und *Spinelli*, The Eurocrats, S. 10 ff; ein Vertreter dieser Theorie ist insbesondere Stanley G. Hoffmann; vgl. auch *Geddes*, Immigration and European integration, S. 35 ff.

der Intergouvernementalisten das Ergebnis zwischenstaatlicher Verhandlungen dar, während die (Neo-)Funktionalisten die Organe als Motor der Vergemeinschaftung betrachten. So kann die europäische Integration als „Gemeinschaftsunternehmen von Nationalstaaten"[180] betrachtet werden. Die Souveränität der Staaten bleibt dabei unberührt, sie wird im Rahmen der EG/EU nur gemeinsam ausgeübt. Nach diesem Konzept stellt die europäische Integration lediglich eine besonders intensive zwischenstaatliche Kooperation mit entsprechenden intergouvernementalen Institutionen dar. Einen Anhaltspunkt in der Geschichte der europäischen Integration findet der Intergouvernementalismus in der Politik des leeren Stuhls durch Charles de Gaulle in den 60er Jahren.

Das BVerfG hat die Europäische Union in seinem Maastricht-Urteil als **Staatenverbund** zur Verwirklichung einer immer engeren Union der - staatlich organisierten - Völker Europas (Art. A EUV aF), keinen sich auf ein europäisches Staatsvolk stützenden Staat charakterisiert.[181] Damit hat es einerseits dem Modell der Vereinigten Staaten von Europa eine Absage erteilt, andererseits aber auch zum Ausdruck gebracht, dass die EU mehr ist als ein bloßer intergouvernementaler Staatenbund. Nach dem BVerfG stellt die EU damit ein Gebilde sui generis dar.

Die Lehre vom **funktionalen Zweckverband** ist in ihrem Ansatz dem (Neo-)Funktionalismus ähnlich, sie kommt jedoch für die Frage der europäischen Integration zu anderen Ergebnissen.[182] Sie geht davon aus, dass die EG-Mitgliedstaaten aufgrund der zunehmenden wirtschaftlichen Internationalisierung einen Zweckverband funktionaler Integration gegründet haben, um auf die dadurch entstandenen Fragen sachgerechtere und effizientere Antworten zu finden. Integration bedeutet dabei die Zuweisung bis dahin staatlich wahrgenommener Funktionen öffentlicher Wirtschafts- und Sozialgestaltung an eine gemeinschaftliche Erledigung. Einzelne Aspekte werden aus der staatlichen Gesamtverantwortung ausgesondert und auf die Gemeinschaft übertragen.[183] Der funktionale Zweckverband ist nach dieser Ansicht auf bestimmte ökonomische Bereiche beschränkt.[184]

bb) Mehrebenen-System, Fusionsthese

Die Theorie vom **Mehrebenen-System** begreift die EU als ein Gebilde sui generis und verneint die Zielorientierung des Funktionalismus oder Föderalismus, die die europäische Integration als einen dynamischen Prozess vom Staatenbund zum Bundesstaat begreifen.[185] Schwerpunkt ist die Untersuchung des Ist-Zustands der europäischen Integration. Im Gegensatz zum Intergouvernementalismus geht diese Theorie nicht davon aus, dass die Nationalstaaten die maßgeblichen Entschei-

180 vgl. *Kreile*, Einleitung des Herausgebers, in ders., Die Integration Europas, S. VII, IX
181 vgl. BVerfG, NJW 1993, 3049, 3051
182 vgl. *Ipsen*, Europäisches Gemeinschaftsrecht, S. 197 ff
183 *Ipsen*, Europäisches Gemeinschaftsrecht, S. 199, spricht in diesem Zusammenhang von der „Entflechtbarkeit" der Staatsgewalt.
184 Nach *Ipsen*, Europäisches Gemeinschaftsrecht, S. 198, ist die Vergemeinschaftung ein Aspekt des Wohlfahrtsstaates, „wobei es auf *Wohlfahrt*, nicht auf *Staatlichkeit* ankommt".
185 vgl. zum Mehrebenen-System insbesondere *Höreth*, Die Europäische Union im Legitimationstrilemma, S. 143 ff; vgl. auch *Geddes*, Immigration and European integration, S. 37 ff; Begründer dieser Richtung ist Gary Marks.

dungsträger für die europäische Integration sind, vielmehr ist nach den einzelnen Entscheidungsebenen und Politikbereichen zu differenzieren. Dies bedeutet, dass eine allgemeine Aussage über den Hauptakteur in der europäischen Integration nicht möglich ist.

Nach der **Fusionsthese** geht die europäische Integration nicht auf die Ablösung des Nationalstaates hin, sondern entwickelt ihn vielmehr auf einer neuen Stufe durch die Einbindung in ein europäisches Mehrebenen-System weiter. Dadurch entsteht eine Verschmelzung staatlicher Handlungsinstrumente und politischer Verantwortlichkeiten als Reaktion auf zunehmende Interdependenzen und Ansprüche an staatlichen Leistungen.[186] Nach dieser Theorie entwickelt sich ein „fusionierter Föderalstaat, der in historischer Perspektive als neue Phase in der Entwicklung westeuropäischer Staaten verstanden werden kann“[187] in einem dynamischen Prozess aufgrund immer enger werdender Verknüpfungen auf nationaler und zwischenstaatlicher Ebene. Die Dynamik der Fusion ergibt sich dabei aus wachsenden globalen Interdependenzen und enger werdenden Spielräumen der Nationalstaaten, die diese dazu zwingen, den Verlust an autonomen Handlungsspielräumen durch eine weitergehende Fusionierung zu kompensieren: „sowohl das Interesse an einer effizienten gemeinsamen Problemverarbeitung wie auch die Sorge um ‚fairen‘ Interessenausgleich bewirken einen immer wieder artikulierten Reform- und Anpassungsdruck hin zu einer intensiveren Nutzung von EG-Instrumenten. Neue gemeinsame Aktionsgebiete werden gesucht, um sich das Eingehen auf die Forderungen anderer beteiligter Staaten kompensieren zu lassen.“[188] Dieser Prozess wird allerdings nicht zu einer Verdrängung des Nationalstaates und zu einem Bundesstaat führen, da die Mitgliedstaaten ihre autonomen Befugnisse nicht vollständig aufgeben.[189]

II. Bewertung

Keine der oben aufgeführten Theorien kann die europäische Integration und insbesondere den Zusammenhang zwischen der wirtschaftlichen und der politischen Integration allein vollständig erklären. Unter den idealistischen Ansätzen ist der **Föderalismus** mit seiner Aussage „function follows form“ mangels einer bisher existierenden europäischen Verfassung für die Untersuchung unbrauchbar. Aus der Sicht der **Intergouvernementalisten** kann es keinen „spill over“ im Bereich der „high politics“ geben, da diese in den Kern der inneren und äußeren Souveränität der Nationalstaaten hineinreichen. Lediglich im Bereich der „low politics“ wird die Existenz eines „spill over“ anerkannt.[190] Die Lehre vom **funktionalen Zweckverband** gerät für den Bereich der „high politics“ in Erklärungsnotstand. Bei einer Integration in der Währung, der inneren und äußeren Sicherheit kann nicht mehr von der Bildung eines

[186] vgl. *Wessels*, Staat und (westeuropäische) Integration. Die Fusionsthese, in Kreile, Die Integration Europas, S. 36, 40 ff

[187] vgl. *Wessels*, Staat und (westeuropäische) Integration. Die Fusionsthese, in Kreile, Die Integration Europas, S. 36, 40

[188] *Wessels*, Staat und (westeuropäische) Integration. Die Fusionsthese, in Kreile, Die Integration Europas, S. 36, 47 f

[189] Nach *Wessels*, Staat und (westeuropäische) Integration. Die Fusionsthese, in Kreile, Die Integration Europas, S. 36, 41, wird kein „totales Aufgehen bestehender staatlicher Einheiten“, sondern ein „fortdauerndes Spannungsverhältnis“ durch den Begriff des fusionierten Föderalstaates signalisiert.

[190] vgl. *Hoffmann*, JCMS 1964, 85, 88 f

Zweckverbandes gesprochen werden. Die Integration politischer Bereiche wird durch diese Theorie nicht erfasst.[191] Die Theorie vom **Mehrebenen-System** kann aufgrund ihrer Beschränkung auf die Darstellung des Ist-Zustands nicht für die Untersuchung eines dynamischen Prozesses herangezogen werden. Ebenso liefert der vom BVerfG herangezogene Begriff des **Staatenverbunds** nur eine Qualifizierung des bestehenden Status quo. Allein mit der **Fusionsthese** und dem **(Neo-)Funktionalismus** lässt sich ein gewisser Zusammenhang zwischen der wirtschaftlichen und politischen Integration herstellen, da sich die europäische Integration nach beiden Theorien in einem dynamischen Prozess weiterentwickelt.

Die **Fusionsthese** berücksichtigt für ihre Annahme die real bestehenden, wachsenden globalen Interdependenzen, die die Nationalstaaten zu einer engeren Zusammenarbeit und damit einer Weiterentwicklung der europäischen Integration zwingen. Ein Zusammenhang zwischen der wirtschaftlichen und politischen Integration kann damit zwar nicht speziell erklärt werden, lässt sich jedoch in die allgemeinen Fusionsbewegungen nach dieser These einbeziehen. So kann insbesondere durch die Errichtung des Binnenmarktes und die Abschaffung der Binnengrenzkontrollen ein Reform- und Anpassungsdruck auf dem Gebiet der Innen- und Justizpolitik entstanden sein. In gleichem Maße können nach der Einführung der Wirtschafts- und Währungsunion neue Aktionsfelder gesucht worden sein, um im Wege einer weitergehenden gemeinsamen Problemverarbeitung zu einem fairen Ausgleich der Interessen aller Beteiligten zu kommen. Ein direkter Zusammenhang zwischen der wirtschaftlichen und politischen Integration der EU-Mitgliedstaaten lässt sich aber aufgrund dieser **allgemeinen Fusionsbewegungen** nicht feststellen. Es ist danach auch nicht ausgeschlossen, dass beide Integrationsformen vollständig unabhängig voneinander sind und die Bestrebungen zur engeren Zusammenarbeit allein auf außenstehenden Faktoren beruht.

Aus der Sicht des **(Neo-)Funktionalismus** ist die Integration im Innen- und Rechtsbereich eine logische Folge der wirtschaftlichen Integration. Danach besteht zwischen der ersten Säule des EU-Vertrags und der ZBJI eine **funktionale oder substanzielle Verknüpfung**, die sich nicht nur auf institutionellem Gebiet, sondern auch inhaltlich zeigt.[192] Die ZBJI stellt eine logische Folge der erfolgten rechtlichen und wirtschaftlichen Bindungen der Mitgliedstaaten dar. Zwischen beiden Sachgebieten bestehen Interdependenzen, die zu einer Gesamtbetrachtung und damit einer Fortentwicklung der europäischen Integration zwingen. Dies zeigt sich vor allem im Binnenmarktkonzept des Art. 14 EGV. Ein Raum ohne Binnengrenzen, in dem der freie Verkehr von Waren, Personen, Dienstleistungen und Kapital gewährleistet ist, ist ohne eine Zusammenarbeit in der Innen- und Rechtspolitik kaum denkbar. Durch die Aufrechterhaltung der Binnengrenzkontrollen für die Einreise von Drittstaatsangehörigen kann die wirtschaftliche Integration beeinträchtigt werden. Ohne eine effektive

[191] *Von Bogdandy*, Integration 1999, 95, 98 f, spricht ausgehend von der Lehre vom funktionalen Zweckverband bei der Fortentwicklung der EU durch die Einbeziehung von „high politics“ wie der Währungspolitik und der Politik der inneren Sicherheit von der Schaffung eines politischen Verbandes.
[192] vgl. *Müller-Graff*, Die Europäische Zusammenarbeit Justiz und Inneres (JIZ), in Ole/Lutter/Schwarze, FS für Ulrich Everling, S. 939 f; *Müller-Graff*, CMLRev. 1994, 493, 501 f; *Müller-Graff*, Integration 1997, 271 ff; auch nach *Hellwig*, Die Integrationsidee der EWG - wirtschaftspolitische Aspekte, in Vorstand des Arbeitskreises Europäische Integration e. V., Integrationskonzepte auf dem Prüfstand, S. 31, 47, kann die Wirtschaftsintegration nicht von der politischen europäischen Einigung abgekoppelt werden.

grenzüberschreitende Durchsetzung zivilrechtlicher Ansprüche und eine grenzenlose Strafverfolgung, die in Form des Rechtsgewährleistungsanspruchs und des Strafmonopols klassische Elemente der Staatsgewalt darstellen, kann von einer vollständigen wirtschaftlichen Integration nicht gesprochen werden. Die Schaffung eines Gemeinsamen Marktes war dabei schon im EWG-Vertrag von 1957 enthalten. Das Konzept des Aufbaus eines Raums der Freiheit, der Sicherheit und des Rechts kann somit unter Einbeziehung des Kohärenzgebotes in Art. 3 Abs. 2 EUV als **Langzeitfolge des Gemeinsamen Marktes** von 1957 angesehen werden.[193] Die durch die wirtschaftliche Integration entstehenden rechtlichen Konfliktsituationen machen so jeweils einen nächsten Schritt in der politischen Integration erforderlich.

Interdependenzen zwischen der **Währungsunion** und einer vertieften Zusammenarbeit in den Bereichen **Justiz und Inneres** sind dagegen schwer festzustellen, da die klassischen Bereiche der Einwanderungs- und Asylpolitik wenig mit Geldpolitik gemeinsam haben. Ein Zusammenhang dergestalt, dass die im Vertrag von Amsterdam vertiefte ZBJI eine sachlogische Konsequenz der Währungsunion im Sinne eines (Neo-)Funktionalismus ist, existiert damit nicht.[194] Dem (Neo-)Funktionalismus entspricht es nicht, wenn die Fortentwicklung der EU weiterhin gemäß Art. 48 EUV in den Händen der Mitgliedstaaten liegt, die eine Vertragsänderung auf völkerrechtlicher Basis nur einstimmig beschließen können. Die Organe der EG/EU besitzen keine Kompetenz-Kompetenz. Eine solche Sicherungs- oder Garantieklausel wurde auch in Art. 67 Abs. 1 EGV für die Entwicklung der Visa-, Asyl- und Einwanderungspolitik sowie der Politiken betreffend den freien Personenverkehr eingefügt.[195] Einer von den Organen ausgehenden funktionalen Integration wurde gerade auch durch die Einsetzung eines Hohen Vertreters für die Gemeinsame Außen- und Sicherheitspolitik in Art. 18 Abs. 3 EUV von den Mitgliedstaaten entgegengetreten. Dass die Mitgliedstaaten weiterhin die „wahren Herren der Verträge" sind, zeigte sich im Vorgehen gegen Österreich anlässlich der Regierungsbeteiligung der FPÖ. Das in Art. 7 EUV (Amsterdamer Fassung) festgelegte Verfahren, das auch Vorfeldmaßnahmen der EU-Organe erlaubt hätte, wurde nicht eingehalten. Stattdessen handelten die Mitgliedstaaten auf intergouvernementaler Ebene.[196] Die vom (Neo-)Funktionalismus aufgestellte endogene Wachstumsdynamik der europäischen Integration berücksichtigt auch nicht eine Beeinflussung durch von außen kommende inner- und zwischenstaatliche Bedingungen.[197]

Ein neuer Gesichtspunkt der funktionalen Integration wird beim **Zusammenspiel der Zielbereiche** „Freiheit", „Sicherheit" und „Recht" sichtbar.[198] Dieses magische Dreieck bedingt sich gegenseitig und besitzt daher einen eigenständigen, von selbst laufenden Integrationsmotor, der zu einer inzident fortschreitenden Integration führen kann, die sich in Detailbereichen lautlos und ohne Übergang bewegt und so den Weg

[193] Ähnlich *Kux*, Die Zusammenarbeit im Bereich Justiz und Inneres, in Kirt, Der Vertrag von Amsterdam - ein Vertrag für alle Bürger, S. 107, 117, der die Vergemeinschaftung als Folge von Sachzwängen der Marktintegration ansieht.

[194] vgl. auch *Sturm*, Integration 1999, 263, 267 f

[195] vgl. dazu unten 3. Teil B. III.

[196] vgl. zu den EU-Sanktionen gegen Österreich vor allem *Hummer/Obwexer*, EuZW 2000, 485 ff

[197] vgl. zur Kritik *Wessels*, Staat und (westeuropäische) Integration. Die Fusionsthese, in Kreile, Die Integration Europas, S. 36, 38

[198] vgl. zum Verhältnis der drei Begriffe oben 1. Teil A. III. 4. e)

zu einem „spill over“ im Sinne eines größeren, sich unter Sachzwängen abspielenden Integrationssprungs, bereiten kann.

3. Teil: Rechtliche Rahmenbedingungen für den Aufbau des Raums

Aufgabe dieses Teils ist es, die rechtlichen Rahmenbedingungen für den Aufbau eines Raums der Freiheit, der Sicherheit und des Rechts in Europa nach dem Inkrafttreten des Vertrags von Amsterdam[1] und unter Berücksichtigung des Vertrags von Nizza[2] zu untersuchen. Oben konnte bereits festgestellt werden, dass die Integration in der Innen- und Justizpolitik hinsichtlich ihrer Zielsetzung durch die Abspaltung vom wirtschaftlichen Binnenmarktkonzept an eigenständigem Wert gewonnen hat.[3] In diesem Teil wird nunmehr der Frage nachgegangen, ob nach den in den Verträgen enthaltenen materiellen und formellen Bestimmungen auch für die Umsetzung des Ziels bereits von einer eigenständigen Unionspolitik in den Bereichen Justiz und Inneres gesprochen werden kann.[4] Dabei werden neben den säulenübergreifenden Gesichtspunkten die einzelnen Politikbereiche in materieller und formeller Hinsicht durchleuchtet, bevor einige besonders problematische Fragestellungen herausgegriffen werden.

A. Säulenübergreifende Gesichtspunkte

Im Folgenden werden einige säulenübergreifende Gesichtspunkte behandelt, die zum Verständnis des Gesamtzusammenhangs notwendig sind. Dabei wird zunächst ein Überblick über die für den Aufbau des Raums vorgesehenen Rechtsgrundlagen gegeben. Ihre Aufteilung auf verschiedene Vertragsgrundlagen führt zu einer komplexen Struktur, die anschließend untersucht wird. Ein entscheidendes Ergebnis der Regierungskonferenz 1996 war die Eingliederung des Schengen-Besitzstands in den rechtlichen Rahmen der Union. Da davon die erste und die dritte Säule berührt sind, wird die technische Seite hier behandelt, während auf die die materiellen Politiken betreffenden Bestimmungen des Schengen-Besitzstands im Zusammenhang mit den einschlägigen Vorschriften des EG- und EU-Vertrags eingegangen wird.

---

[1] vgl. zum Vertrag von Amsterdam insbesondere *Brok*, Integration 1997, 211 ff; *Dehousse*, CahDrEur 1997, 265 ff; *Favret*, CahDrEur 1997, 555 ff; *Montaut*, RMCUE 1997, 335 ff; *Rupprecht*, Integration 1997, 264 ff; *Schönfelder/Silberberg*, Integration 1997, 203 ff; *Chaltiel*, RMCUE 1998, 289 ff; *Haguenau-Moizard*, RMCUE 1998, 240 ff; *Langrish*, ELRev. 1998, 3 ff; *Lecheler*, JuS 1998, 392 ff; *Monar*, ELRev. 1998, 320 ff; *Streinz*, Jura 1998, 57 ff; *Streinz*, EuZW 1998, 137 ff; *Tezcan*, CahDrEur 1998, 661 ff; *Meyring*, EuR 1999, 309 ff; *Dony* (Hrsg.), L'Union européenne et le monde après Amsterdam; *Heukels/Blokker/Brus* (Hrsg.), The European Union after Amsterdam; *Jopp/Maurer/Schmuck* (Hrsg.), Die Europäische Union nach Amsterdam; *Kirt* (Hrsg.), Der Vertrag von Amsterdam - ein Vertrag für alle Bürger; *Lejeune* (Hrsg.), Le Traité d'Amsterdam; *Piepenschneider*, Der Vertrag von Amsterdam; für eine Bewertung im Zusammenhang mit dem Grundgesetz vgl. *Pechstein*, DÖV 1998, 569 ff; für eine Bewertung aus Sicht des EP vgl. *Nickel*, Integration 1997, 219 ff; aus Sicht der Länder und Regionen, *Schmuck*, Integration 1997, 228 ff.

[2] ABl. EG 2001 Nr. C 80/1; vgl. dazu *Fischer*, Der Vertrag von Nizza

[3] vgl. oben 1. Teil A. III. 4. f)

[4] *Beyer*, Der Staat 1996, 189, 207, zieht diese Konsequenz bereits früher und hält es schon mit dem Vertrag von Maastricht gerechtfertigt, „von einer besonderen Unionspolitik des Inneren zu sprechen".

I. Auflistung der Rechtsgrundlagen für die Innen- und Justizpolitik

1. Vertrag über die Europäische Union

Im EU-Vertrag finden sich folgende Rechtsgrundlagen:

Titel VI EUV (Art. 29-42 EUV): Bestimmungen über die polizeiliche und justizielle Zusammenarbeit in Strafsachen

2. Vertrag zur Gründung der Europäischen Gemeinschaft

Im EG-Vertrag finden sich folgende Rechtsgrundlagen:

(1) Titel IV EGV (Art. 61-69 EGV): Visa, Asyl, Einwanderung und andere Politiken betreffend den freien Personenverkehr
(2) Art. 135 EGV: Zusammenarbeit im Zollwesen
(3) Art. 152 Abs. 1 UAbs. 3 EGV: Verringerung drogenkonsumbedingter Gesundheitsschäden
(4) Art. 280 EGV: Bekämpfung von Betrug zum Nachteil der EG

3. Protokolle

Dem Vertrag über die Europäische Union und dem Vertrag zur Gründung der Europäischen Gemeinschaft wurden folgende Protokolle beigefügt:

(1) Protokoll zur Einbeziehung des Schengen-Besitzstands in den Rahmen der Europäischen Union[5]
(2) Protokoll über die Anwendung bestimmter Aspekte des Artikels 14 des Vertrags zur Gründung der Europäischen Gemeinschaft auf das Vereinigte Königreich und auf Irland[6]
(3) Protokoll über die Position des Vereinigten Königreichs und Irlands[7]
(4) Protokoll über die Position Dänemarks[8]

Dem Vertrag zur Gründung der Europäischen Gemeinschaft wurden folgende Protokolle beigefügt:

(1) Protokoll über die Gewährung von Asyl für Staatsangehörige von Mitgliedstaaten der Europäischen Union[9]
(2) Protokoll über die Außenbeziehungen der Mitgliedstaaten hinsichtlich des Überschreitens der Außengrenzen[10]
(3) Protokoll zu Art. 67 EGV (Vertrag von Nizza)[11]

---

[5] ABl. EG 1997 Nr. C 340/93
[6] ABl. EG 1997 Nr. C 340/97
[7] ABl. EG 1997 Nr. C 340/99
[8] ABl. EG 1997 Nr. C 340/101
[9] ABl. EG 1997 Nr. C 340/103
[10] ABl. EG 1997 Nr. C 340/108
[11] ABl. EG 2001 Nr. C 80/69

Dem Vertrag über die Europäische Union und den Verträgen zur Gründung der Europäischen Gemeinschaft, der Europäischen Gemeinschaft für Kohle und Stahl[12] und der Europäischen Atomgemeinschaft[13] wurden folgende Protokolle beigefügt:

(1) Protokoll über die Festlegung der Sitze der Organe und bestimmter Einrichtungen und Dienststellen der Europäischen Gemeinschaften sowie des Sitzes von Europol[14]
(2) Protokoll über die Rolle der einzelstaatlichen Parlamente in der Europäischen Union[15]

Gemäß Art. 311 EGV sind auch die im EG-Vertrag im gegenseitigen Einvernehmen der Mitgliedstaaten beigefügten Protokolle Bestandteil dieses Vertrags. Eine inhaltlich gleiche Bestimmung treffen Art. 84 EGKSV und Art. 207 EAGV. Der EU-Vertrag enthält allerdings keine solche Bestimmung. Die **rechtliche Bedeutung** der Protokolle zum EU-Vertrag muss daher durch Auslegung ermittelt werden. Es stellt sich die Frage, ob die Protokolle zum EU-Vertrag ebenfalls integraler Bestandteil des primären Rechts sind oder nur zur Auslegung der Verträge herangezogen werden können. Gemäß der Begriffsbestimmung des Art. 2 lit. a) WVRK bedeutet „Vertrag" eine in Schriftform geschlossene und vom Völkerrecht bestimmte internationale Übereinkunft zwischen Staaten, gleichviel ob sie in einer oder in mehreren zusammengehörigen Urkunden enthalten ist und welche besondere Bezeichnung sie hat.[16] Es ist damit nicht ausschlaggebend, dass die Protokolle nach außen abgetrennt von den eigentlichen Vertragstexten sind, sondern es ist vielmehr auf den inneren Zusammenhang mit den Verträgen abzustellen. Die oben genannten Protokolle zum EU-Vertrag beziehen sich inhaltlich sämtlich auf die Regelungen im Vertrag selbst. Alle Protokolle zum EU-Vertrag gehören zumindest auch zum EG-Vertrag und stellen damit einen integralen Bestandteil des EG-Vertrags nach Art. 311 EGV dar. In diesem Kontext würde es der Stellung der Protokolle nicht gerecht werden, diese nur als Interpretationshilfen zum EU-Vertrag heranzuziehen. Vielmehr sind sie in einer Analogie zu Art. 311 EGV, Art. 84 EGKSV und Art. 207 EAGV als Vertragsbestandteil des EU-Vertrags anzusehen und stellen damit primäres Unionsrecht dar.[17]

4. Erklärungen

Als weitere Rechtsgrundlagen finden sich von der Regierungskonferenz 1996 angenommene Erklärungen:

(1) Erklärung zu Art. 30 EUV[18]
(2) Erklärung zu Art. 31 lit. e) EUV[19]

---

[12] Sartorius II, Nr. 195
[13] Sartorius II, Nr. 200
[14] ABl. EG 1997 Nr. C 340/112
[15] ABl. EG 1997 Nr. C 340/113
[16] Die WVRK - wohl inzwischen völkerrechtliches Gewohnheitsrecht - findet Anwendung, da es sich beim Vertrag von Amsterdam um einen völkerrechtlichen Vertrag zwischen Staaten handelt, vgl. Art. 1 WVRK. Vgl. zur Auslegung auch oben 1. Teil A. III. 4.
[17] vgl. zum Problem der Rechtsnatur von Protokollen zu späteren völkerrechtlichen Verträgen *Schweitzer/Hummer*, Europarecht, Rn. 3, Fn. 10 m. w. N.
[18] ABl. EG 1997 Nr. C 340/132
[19] ABl. EG 1997 Nr. C 340/133

(3) Erklärung zu Art. 34 Abs. 2 EUV[20]
(4) Erklärung zu Art. 35 EUV[21]
(5) Erklärung zur Bewahrung des durch den Schengen-Besitzstand gewährleisteten Maßes an Schutz und Sicherheit[22]
(6) Erklärung zu Art. 62 Nr. 2 lit. b) EGV[23]
(7) Erklärung zu Art. 63 EGV[24]
(8) Erklärung zu Art. 63 Nr. 3 lit. a) EGV[25]
(9) Erklärung zu Art. 64 Abs. 1 EGV[26]
(10) Erklärung zu Art. 65 EGV[27]
(11) Erklärung zu Art. 67 EGV[28]
(12) Erklärung zu Art. 2 des Protokolls zur Einbeziehung des Schengen-Besitzstands in den Rahmen der Europäischen Union[29]
(13) Erklärung zu Art. 4 des Protokolls zur Einbeziehung des Schengen-Besitzstands in den Rahmen der Europäischen Union[30]
(14) Erklärung zu Art. 5 des Protokolls zur Einbeziehung des Schengen-Besitzstands in den Rahmen der Europäischen Union[31]
(15) Erklärung zu Art. 6 des Protokolls zur Einbeziehung des Schengen-Besitzstands in den Rahmen der Europäischen Union[32]
(16) Erklärung zum Protokoll über die Gewährung von Asyl für Staatsangehörige von Mitgliedstaaten der Europäischen Union[33]
(17) Erklärung zu Buchstabe d des Einzigen Artikels des Protokolls über die Gewährung von Asyl für Staatsangehörige der Mitgliedstaaten der Europäischen Union[34]

Weitere hier einschlägige Erklärungen wurden von der Regierungskonferenz nicht angenommen, sondern lediglich zur Kenntnis genommen:

(1) Erklärung Dänemarks zu Art. 42 EUV[35]
(2) Erklärung Irlands zu Art. 3 des Protokolls über die Position des Vereinigten Königreichs und Irlands[36]
(3) Erklärung Belgiens zum Protokoll über die Gewährung von Asyl für Staatsangehörige von Mitgliedstaaten der Europäischen Union[37]

---

20 ABl. EG 1997 Nr. C 340/133
21 ABl. EG 1997 Nr. C 340/133
22 ABl. EG 1997 Nr. C 340/134
23 ABl. EG 1997 Nr. C 340/134
24 ABl. EG 1997 Nr. C 340/134
25 ABl. EG 1997 Nr. C 340/134
26 ABl. EG 1997 Nr. C 340/134
27 ABl. EG 1997 Nr. C 340/135
28 ABl. EG 1997 Nr. C 340/135
29 ABl. EG 1997 Nr. C 340/140
30 ABl. EG 1997 Nr. C 340/140
31 ABl. EG 1997 Nr. C 340/141
32 ABl. EG 1997 Nr. C 340/141
33 ABl. EG 1997 Nr. C 340/141
34 ABl. EG 1997 Nr. C 340/141
35 ABl. EG 1997 Nr. C 340/143
36 ABl. EG 1997 Nr. C 340/143
37 ABl. EG 1997 Nr. C 340/144

(4) Erklärung Frankreichs zur Lage der überseeischen Departements hinsichtlich des Protokolls zur Einbeziehung des Schengen-Besitzstands in den Rahmen der Europäischen Union[38]

Von der Regierungskonferenz 2000 wurden folgende Erklärungen angenommen:

(1) Erklärung zu Art. 31 Abs. 2 EUV[39]
(2) Erklärung zu Art. 67 EGV[40]

Diese Erklärungen stellen keine Protokolle dar und sind daher nach Art. 311 EGV, Art. 84 EGKSV oder Art. 207 EAGV nicht Bestandteil der Gemeinschaftsverträge bzw. des Unionsvertrags. Welche **rechtliche Bedeutung** ihnen zukommt, muss daher ermittelt werden. Bei den von der Konferenz angenommenen Erklärungen kann es sich nicht um Vorbehalte iSv Art. 2 lit. d) WVRK handeln, da ein solcher Vorbehalt nicht von allen Vertragsstaaten ausgehen kann. Aber auch bei den von der Konferenz zur Kenntnis genommenen Erklärungen handelt es sich nicht um Vorbehalte. Voraussetzung dafür ist nach Art. 2 lit. d) WVRK nämlich, dass der erklärende Staat bezweckt, die Rechtswirkung einzelner Vertragsbestimmungen in der Anwendung auf diesen Staat auszuschließen oder zu ändern. Dies wird mit den oben genannten Erklärungen gerade nicht beabsichtigt. Vielmehr haben die Mitgliedstaaten die Verträge von Amsterdam und Nizza in ihrem ganzen Wortlaut ohne Ausnahme unterzeichnet. Dies wird besonders deutlich in der Erklärung Belgiens zum Asylprotokoll, die ausdrücklich im „Einklang mit Buchstabe d des Einzigen Artikels dieses Protokolls“ steht. Eine rechtliche Bedeutung der Erklärungen kann jedoch einerseits darin liegen, dass sie aufgrund eines sehr engen Zusammenhangs mit dem Vertrag als integraler Teil aufgefasst werden müssen.[41] Andererseits können sie als Interpretationshilfe nach Art. 31 Abs. 2 WVRK herangezogen werden.[42] Die International Law Commission betont bei dieser Auslegung insbesondere: „Whether they are an actual part of the treaty depends on the intention of the parties in each case.“[43] Die Mitgliedstaaten hätten die Form des Protokolls wählen können, haben es aber gerade nicht getan. Die rechtliche Bedeutung des Protokolls liegt darin, dass es integraler Bestandteil des Vertrags ist. Dass die Erklärungen von den Mitgliedstaaten bewusst in eine andere Form gekleidet wurden, muss deswegen auch bei der Auslegung entscheidend berücksichtigt werden.[44] In diesem Kontext kommt den Erklärungen lediglich eine rechtliche Bedeutung über Art. 31 Abs. 2 WVRK bei der Auslegung des Vertrags zu.[45]

---

[38] ABl. EG 1997 Nr. C 340/144
[39] ABl. EG 2001 Nr. C 80/77
[40] ABl. EG 2001 Nr. C 80/77
[41] Grundlage einer solchen Auffassung ist I. C. J., Ambatielos Case, Greece v. United Kingdom, Preliminary Objection, Reports 1952, S. 28, 43, 75.
[42] vgl. zu diesen zwei Möglichkeiten *Toth*, CMLRev. 1986, 803, 807
[43] I. L. C., Yearbook of the International Law Commission 1966, Vol. II, S. 221, Rz. 13
[44] vgl. zu den Protokollen zum EGKSV im Zusammenhang mit Art. 84 EGKSV auch EuGH, Rs. 7 und 9/54, Groupement des Industries Sidérurgiques Luxembourgeoises v. High Authority, Slg. 1956, S. 175, 194
[45] ebenso *Röttinger*, in Lenz, EG-Vertrag, Art. 311 EGV, Rn. 3; *Hailbronner*, Immigration and Asylum Law and Policy of the European Union, S. 64 f

II. Allgemeine Fragen

1. Ebenen der Verwirklichung des Raums und ihre funktionale Abgrenzung

a) Erhaltung der Säulenkonstruktion

Die mit dem Vertrag von Maastricht eingeführte Säulenkonstruktion blieb in ihren Grundzügen erhalten.[46] Allerdings wurden mit dem Vertrag von Amsterdam die Bereiche Asylpolitik, Überschreiten der Außengrenzen, Einwanderungspolitik, justizielle Zusammenarbeit in Zivilsachen und Zusammenarbeit im Zollwesen, die früher intergouvernemental in Art. K.1, K.2, K.3, K.6 und K.8 EUV aF geregelt waren, in den EG-Vertrag eingefügt. Die unter Maastricht lediglich fragmentarisch in Art. 100c EGV aF geregelte Visapolitik[47] wurde ebenfalls unter den Titel IV EGV gefasst. Damit wurde in diesen Bereichen eine supranationale Struktur für die Zusammenarbeit gewählt.[48] In der dritten Säule verblieben allein die polizeiliche und justizielle Zusammenarbeit in Strafsachen (PJZS) unter Titel VI EUV. Hier wird an der intergouvernementalen Kooperation der Mitgliedstaaten festgehalten.

b) Komplexität und Unübersichtlichkeit der Regelungen

Mit dem Vertrag von Amsterdam wurde eine bessere **Übersichtlichkeit** und Vereinfachung der Verträge angestrebt. Inwieweit dies im Bereich der Innen- und Justizpolitik gelungen ist, zeigt schon der oben gegebene Überblick der Rechtsgrundlagen, die in den EG-Vertrag eingeführt wurden.[49] Zwar wurde damit ein neuer Titel IV im EG-Vertrag geschaffen, in dem in neun Artikeln Regelungen über Visa, Asyl, Einwanderung und andere Politiken betreffend den freien Personenverkehr getroffen wurden. Schon die Überschrift dieses Titels weist jedoch auf die Begrenztheit der Regelung hin. Die eng mit diesen Sachbereichen zusammenhängende Zollpolitik findet sich in Art. 135 EGV, die Bekämpfung von Betrug zum Nachteil der EG in Art. 280 EGV. Bestimmungen hinsichtlich des Überschreitens der Außengrenzen finden sich genauso wie die in Art. 63 EGV geregelte Asylpolitik in einem eigenen Protokoll, das nicht in den Vertrag selbst eingegliedert wurde. Die Aufspaltung in die erste und die dritte Säule tut ihr Übriges, um ein genügendes Maß an Klarheit in diesen für die Bürger wichtigen Bereichen zu verhindern.[50] Als Beispiel mag die Drogenpolitik dienen, für die zur Verringerung drogenkonsumbedingter Gesundheitsschäden in Art. 152 Abs. 1 UAbs. 3 EGV eine Gemeinschaftskompetenz besteht, im Übrigen aber eine Einordnung unter den Titel VI EUV erfolgte.[51] So werden auch in Zukunft aufgrund der künstlichen Aufsplitterung Unsicherheiten in der Einordnung in die erste

---

[46] vgl. dazu das Tempelmodell zum Vertrag von Maastricht in *Schweitzer/Hummer*, Europarecht, Rn. 58

[47] vgl. dazu oben 1. Teil B. IV. 2. a) aa)

[48] vgl. zum Begriff der Supranationalität *Schweitzer/Hummer*, Europarecht, Rn. 872 ff

[49] *Bribosia*, RMUE 1998, 27 ff, überschreibt seinen Beitrag mit: „Liberté, sécurité et justice: l'imbroglio d'un nouvel espace"; zur Kritik auch *Meyring*, EuR 1999, 309, 311 f; *Labayle*, RTDE 1997, 813, 881; *Bontempi*, RMCUE 2000, 315, 316; *van Simaeys/Carlier*, Le nouvel espace de liberté, de sécurité et de justice, in Lejeune, Le Traité d'Amsterdam, S. 227, 285, bezeichnen den Raum als „labyrinthe complexe".

[50] vgl. *Monar*, ELRev. 1998, 320, 323 ff; auch *Weidenfeld/Wessels*, Europa von A-Z, S. 249, sprechen von einer komplizierter gewordenen Regelungsmaterie.

[51] vgl. dazu unten B. II. 5.

oder dritte Säule existieren, die den EuGH beschäftigen dürften.[52] Desweiteren sind **Sonderregelungen** für das Vereinigte Königreich, Irland und Dänemark zusätzlich über Art. 69 EGV iVm den einschlägigen Protokollen zu berücksichtigen, so dass auch von einer einheitlichen territorialen Geltung nicht ausgegangen werden kann.[53]

c) Abgrenzung zwischen der ersten und dritten Säule

Die Abgrenzung zwischen der ersten und der dritten Säule im Bereich der Innen- und Justizpolitik wurde speziell geregelt.[54] So nimmt **Art. 29 Abs. 1 EUV** bezüglich der Abgrenzung der ersten von der dritten Säule auf das System des Art. 47 EUV Bezug. Die Art. 29 ff EUV dürfen nur „unbeschadet der Befugnisse der Europäischen Gemeinschaft" herangezogen werden. Danach müssen Maßnahmen auf gemeinschaftsrechtliche Rechtsgrundlagen gestützt werden, wenn diese einschlägig sind. Dies kann jedoch nur gelten, wenn die von den Mitgliedstaaten zu treffenden Maßnahmen in eine ausschließliche oder bereits ausgeübte konkurrierende Gemeinschaftskompetenz fallen. Andernfalls besteht der Vorrang des Gemeinschaftsrechts nicht.[55] Für die zu treffenden Maßnahmen muss somit nach einer objektiven, gerichtlich nachprüfbaren Rechtsgrundlage gesucht werden.[56] Erst wenn nach Prüfung der vertikalen Kompetenzabgrenzung feststeht, dass eine gemeinschaftsrechtliche Rechtsgrundlage nicht einschlägig ist, kann auf Titel VI EUV zurückgegriffen werden. Die Wahl der Rechtsgrundlage zwischen der ersten und dritten Säule ist dabei auch justiziabel.[57]

---

[52] ebenso *Rupprecht*, Integration 1997, 264, 268 f, und *Müller-Graff*, Integration 1997, 271. Unter der Geltung des Vertrags von Maastricht wurde der EuGH im Bereich der Innen- und Justizpolitik wiederholt in der Frage der Kompetenzabgrenzung zwischen der EG und den Mitgliedstaaten tätig, vgl. dazu insbesondere EuGH, Rs. C-268/94, Entwicklungszusammenarbeit, Slg. 1996, S. I-6177 ff, und EuGH, Rs. C-170/96, Flughafentransit, Slg. 1998, S. I-2763 ff; kritisch zur Rechtsprechung des EuGH *Pechstein*, EuR 1999, 1, 6 ff, sowie *Pechstein/König*, Die Europäische Union, Rn. 518 ff.

[53] vgl. dazu unten D. II. 2.

[54] vgl. allgemein zum Verhältnis des Unions- zum Gemeinschaftsrecht *Pechstein/König*, Die Europäische Union, Rn. 103 ff

[55] vgl. *Schweitzer/Hummer*, Europarecht, Rn. 994 f; *Pechstein/König*, Die Europäische Union, 2. Aufl., Rn. 123 ff; *Emmert*, Europarecht, S. 167 ff; *Röben*, in Grabitz/Hilf, Das Recht der Europäischen Union, Stand Mai 1999, Art. 29 EUV, Rn. 2, meint, dass es in diesem Zusammenhang nicht darauf ankommen kann, ob es sich bei der Gemeinschaftskompetenz um eine ausschließliche oder konkurrierende handelt, da es um die Kompetenzabgrenzung auf der Ebene der Union zwischen erster und dritter Säule geht. Dieser Ansatz zielt jedoch nicht weit genug, da als Handelnde die Mitgliedstaaten auftreten, die ihre Maßnahmen entweder unter nationaler Kompetenz, im Rahmen des Unionsrechts oder im System des Gemeinschaftsrechts treffen können. In allen Fällen ist zuerst die Frage nach dem Verhältnis der möglichen einschlägigen Rechtsgrundlagen zu stellen. Diese vertikale Kompetenzabgrenzung hat dabei auch im Verhältnis Unionsrecht - Gemeinschaftsrecht stattzufinden, da auch hier der Vorrang des Gemeinschaftsrechts wie er vom EuGH in seinem Urteil vom 9. März 1978, Rs. 106/77, Simmenthal II, Slg. 1978, S. 629, Rz. 17 f, hervorgehoben wurde, zu berücksichtigen ist. Dabei spielt es jedoch eine Rolle, ob es sich im Einzelfall um eine aussschließliche, konkurrierende oder parallele Gemeinschaftskompetenz handelt. Das Gemeinschaftsrecht hat nur bei einer ausschließlichen oder bereits ausgeübten konkurrierenden Gemeinschaftskompetenz Vorrang.

[56] vgl. EuGH, Rs. 45/86, APS I, Slg. 1987, S. 1493, Rz. 11; EuGH, Rs. C-300/89, Titandioxid, Slg. 1991, S. I-2867, Rz. 10

[57] vgl. *Geiger*, EUV/EGV, Art. 29 EUV, Rn. 3; EuGH, Rs. C-170/96, Flughafentransit, Slg. 1998, S. I-2763 ff = JZ 1998, 1007 ff mit Anmerkung *Pechstein*, in der der EuGH zur Kompetenzabgrenzung zwischen Art. 100c EGV aF und Art. K.3 EUV aF Stellung nimmt und die Rechtsgrundlage der GM vom 4. März 1996 betreffend den Transit auf Flughäfen, ABl. EG 1996 Nr. L 63/8, überprüft. Vgl. auch EuG, Svenska Journalistförbundet, Rs. T-174/95, Slg. 1998, S. II-2289, Rz. 85, in der das EuG die

Nach Art. 29 Abs. 1 EUV haben die Mitgliedstaaten ein **gemeinsames Vorgehen** im Bereich der polizeilichen und justiziellen Zusammenarbeit in Strafsachen vereinbart. Hierbei fehlt es an der die unmittelbare Durchgriffswirkung kennzeichnenden Supranationalität.[58] Diese Regelung schließt eine Zusammenarbeit lediglich einiger Mitgliedstaaten außerhalb des Unionsrahmens aus, da sonst ein „gemeinsames Vorgehen" nicht mehr gewährleistet ist. Systematisch wird diese Überlegung durch die Vorschriften über die verstärkte Zusammenarbeit nach Art. 40 ff iVm Titel VII EUV bestätigt.[59] In diesen Bestimmungen wird gerade der Fall geregelt, dass ein gemeinsames Vorgehen nicht stattfinden kann. Diese Vorschriften liefen sonst leer.[60]

2. Funktionaler Ansatz in Art. 61 EGV iVm Art. 29 EUV

a) Funktionale Verknüpfung der Art. 61 lit. a) und lit. e) EGV

Über diese spezielle Abgrenzung in Art. 29 Abs. 1 EUV hinaus, findet sich in Art. 61 EGV eine funktionale Verknüpfung der ersten und der dritten Säule. Zum Aufbau des Raums der Freiheit, der Sicherheit und des Rechts erlässt der Rat nach **Art. 61 lit. a) und e) EGV** Maßnahmen zur Verhütung und Bekämpfung der Kriminalität nach Art. 31 Abs. 1 lit. e) EUV sowie Maßnahmen im Bereich der polizeilichen und justiziellen Zusammenarbeit in Strafsachen. Diese Bestimmungen sind eindeutig unionsrechtlich. Darin wird der enge Zusammenhang sichtbar, der zwischen dem Titel IV EGV und dem Titel VI EUV, die beide dem gleichen Ziel dienen, besteht.[61] Äußerst problematisch ist allerdings die Bestimmung des Art. 61 lit. e) EGV, wonach der Rat Maßnahmen im Bereich der PJZS erlassen kann. Diese Vorschrift umfasst in ihrer weiten Formulierung den gesamten Titel VI EUV. Fraglich ist ihre Bedeutung im Kontext des Titel IV EGV. Als Möglichkeiten bieten sich folgende an: (1) eigenständige Kompetenz für Maßnahmen im Bereich der PJZS unter Titel IV EGV, (2) Vorschrift, die nach einem Ratsbeschluss nach Art. 42 EUV selbst zu einer Kompetenznorm wird, (3) unselbstständige Vorschrift als Teil einer deklaratorischen Programmübersicht des Art. 61 EGV zum Aufbau des Raums der Freiheit, der Sicherheit und des Rechts.

Dabei ist zuerst der **Status von Art. 61 EGV** dahingehend abzuklären, ob es sich um eine eigenständige Kompetenznorm handelt. Eine Rechtsgrundlage im EG-Vertrag ist dadurch gekennzeichnet, dass sie das regelbare Sachgebiet, die zuständigen Gemeinschaftsorgane, die Möglichkeit, verbindliches Recht zu erlassen und das anzuwendende Normerlassverfahren festlegt.[62] Zwar ist als zuständiges Organ der Rat

---

Entscheidung des Rates vom 6. Juli 1995, mit der dem schwedischen Journalistenverband der Zugang zu bestimmten Dokumenten im Zusammenhang mit dem Europäischen Polizeiamt (Europol) verweigert wird, für nichtig erklärt. Dabei betont das EuG ausdrücklich, dass es keine Entscheidung über die Gültigkeit von Rechtsakten unter Titel VI EUV aF trifft.

[58] vgl. EuGH, Rs. 26/62, van Gend & Loos, Slg. 1963, S. 1, Rz. 9 f

[59] vgl. dazu unten D. II. 1. b)

[60] ebenso *Röben*, in Grabitz/Hilf, Das Recht der Europäischen Union, Stand Mai 1999, Art. 29 EUV, Rn. 6; *Nanz*, Integration 1992, 126, 133

[61] Dies wird auch im Aktionsplan des Rates und der Kommission zur bestmöglichen Umsetzung der Bestimmungen des Amsterdamer Vertrags über den Aufbau eines Raums der Freiheit, der Sicherheit und des Rechts herausgestellt, Nr. 5 a. E. und Nr. 25, ABl. EG 1999 Nr. C 19/1; vgl. auch *Wiedmann*, in Schwarze, EU-Kommentar, Art. 61 EGV, Rn. 32.

[62] vgl. *Emmert*, Europarecht, S. 169

genannt, zu beachten ist allerdings, dass Art. 61 EGV die Kompetenzen der EG nach Titel IV EGV lediglich umreißt und das regelbare Sachgebiet und Verfahren zur Schaffung verbindlichen Rechts nicht eigenständig festlegt. In Art. 61 lit. a) bis d) EGV finden sich Verweise auf die konkret einschlägigen Vorschriften, die auch jeweils auf das anzuwendende Verfahren nach Art. 67 EGV Bezug nehmen. Art. 61 lit. a) bis d) EGV sind im Vergleich zu den Art. 62 ff EGV unpräzise und wenig konkret, so dass es sich bei dieser Regelung lediglich um eine Programmvorschrift handelt.

Etwas anderes könnte jedoch bei **Art. 61 lit. e) EGV** gelten, da diese Regelung gerade keinen Verweis auf eine konkretere Vorschrift enthält. Damit könnte sie eine eigene - nur weitergefasste - Kompetenznorm darstellen. Eine solche Sichtweise würde nach der Rechtsprechung des EuGH weitreichende Konsequenzen nach sich ziehen. Danach folgt aus Art. 47 EUV, dass Handlungen des Rates, für die eine Gemeinschaftskompetenz besteht, auf diese zu stützen sind.[63] Dagegen spricht, dass mangels eines Verweises auf Art. 67 EGV das anzuwendende Verfahren nicht bestimmt ist. Stellte Art. 61 lit. e) EGV eine eigenständige Kompetenznorm dar, würde aufgrund der Rechtsprechung des EuGH Titel VI EUV weitestgehend leerlaufen. Alle Maßnahmen könnten zum größten Teil mit einem hohen Wirkungsgrad auch im Rahmen von Titel IV EGV getroffen werden. Dies hätte weiterhin zur Folge, dass gerade die besonders sensible PJZS, die nach dem Verlauf der Regierungskonferenz nicht in das System der Gemeinschaft eingegliedert werden sollte, sich ebenda befindet.[64] Durch eine solch stillschweigende Vergemeinschaftung würde weiterhin Art. 42 EUV an Bedeutung verlieren, wonach die Mitgliedstaaten beschließen können, dass Maßnahmen in den in Art. 29 EUV genannten Bereichen unter Titel IV EGV fallen. Eine solche Regelung wäre nicht mehr notwendig. Damit kann Art. 61 lit. e) EGV zum jetzigen Zeitpunkt **keine Kompetenzbestimmung** darstellen.[65]

Art. 61 lit. e) EGV in seiner jetzigen Fassung kann jedoch auch nach **Anwendung von Art. 42 EUV** nicht zu einer eigenständigen Kompetenzgrundlage werden. Zu den oben genannten Gründen ist weiterhin zu berücksichtigen, dass der Raum der Freiheit, der Sicherheit und des Rechts im Rahmen der Gemeinschaft errichtet werden soll. Diese Tendenz zeigt sich vor allem in der Übertragung von Bereichen nach Art. K.1 EUV aF auf den neuen Titel IV EGV. Allerdings wurde noch nicht alles übertragen. Um ein Forum für die Vergemeinschaftung aller Bereiche zu bieten, die noch in der dritten Säule verblieben sind, stellt Art. 61 EGV die grundlegende Vorschrift im EG-Vertrag dar, die die Richtung für die Zukunft aufzeigen soll. Art. 61 EGV ist damit gedacht als die zentrale Norm für die Errichtung des Raums, in deren Gefolge mit dem Vertrag von Amsterdam schon die Kompetenzen nach Art. 62 ff EGV eingefügt wurden, die aber darüber hinaus für die Eingliederung weiterer Kompetenzen in diesen Rahmen, die bis dato in Titel VI EUV sind, bereit ist. Damit ist in Art. 61 lit. e)

---

[63] vgl. EuGH, Rs. C-170/96, Flughafentransit, Slg. 1998, S. I-2763, Rz. 14 ff

[64] Ein ernsthafter Vorschlag zur Eingliederung der PJZS wurde im Verlauf der RK 1996 nicht vorgetragen. Vgl. dazu insbesondere *Labayle*, RTDE 1997, 813, 864, und zum Verlauf der Verhandlungen *Griller/Droutsas/Falkner/Forgó/Nentwich*, The Treaty of Amsterdam, S. 1 ff, sowie *Wagner*, LIEI 1998, 1, 8 ff. Vgl. auch oben 1. Teil A. III. 2. und 3.

[65] Zu demselben Ergebnis kommen *Griller/Droutsas/Falkner/Forgó/Nentwich*, The Treaty of Amsterdam, S. 451 ff, die allerdings die Option des Art. 61 lit. e) EGV als eigenständige Kompetenzgrundlage nicht gänzlich fallen lassen wollen. Auch nach Auffassung des EP ist die PJZS nur im Rahmen der dritten Säule möglich. Dies folgt aus der Forderung des EP in der Entschließung zum ER von Tampere vom 15./16. Oktober 1999, diese Zusammenarbeit in die Gemeinschaftssäule zu integrieren, Bull. EU 10-1999, Ziff. 1.6.2.

EGV ein deklaratorischer Hinweis auf die Möglichkeit der Überführung von Unionsbereichen in den EG-Vertrag nach Art. 42 EUV zu sehen. Art. 61 EGV stellt somit eine deklaratorische Programmübersicht zum Aufbau des Raums der Freiheit, der Sicherheit und des Rechts dar, der die Verknüpfung mit Titel VI EUV sichtbar macht.[66] Im Zusammenspiel mit Art. 29 EUV ergibt sich damit ein Gesamtbild, in dem der Vorrang des Gemeinschaftsrechts zu beachten ist.

Ein weiterer funktionaler Ansatz findet sich in Art. 61 lit. a) EGV, der auf das Binnenmarktkonzept des **Art. 14 EGV** Bezug nimmt. Diese Bestimmung dient in engem Zusammenhang mit dem freien Personenverkehr der Schaffung von Ausgleichsmaßnahmen. Die Art. 61 lit. b) bis e) EGV mit ihren Verweisen auf die konkreten Kompetenznormen sind dagegen direkt auf die Verwirklichung des Raums gerichtet.[67]

b) Funktionaler Ansatz des Art. 29 EUV

Etwas enger, aber auch stringenter formuliert ist Art. 29 EUV. In seinem Abs. 1 nennt er als Ziel, durch eine polizeiliche und justizielle Zusammenarbeit „den Bürgern ... ein hohes Maß an Sicherheit zu bieten". Der Bezug zum Binnenmarkt wird zwar nicht ausdrücklich angesprochen, jedoch stellt der Binnenmarkt einen integrativen Teil des Raums der Freiheit, der Sicherheit und des Rechts dar. Art. 29 Abs. 2 EUV konkretisiert dieses Ziel, indem er als Gegenstände der Zusammenarbeit bzw. Zwischenziele „die Verhütung und Bekämpfung der - organisierten oder nichtorganisierten - Kriminalität, insbesondere des Terrorismus, des Menschenhandels und der Straftaten gegenüber Kindern, des illegalen Drogen- und Waffenhandels, der Bestechung und Bestechlichkeit sowie des Betrugs" bezeichnet. Die Aufzählung der Kriminalitätsarten in Art. 29 Abs. 2 EUV ist - wie der Wortlaut zeigt - nicht abschließend.[68] Auffällig ist allerdings, dass die Bekämpfung der Drogenabhängigkeit nach Art. K.1 Nr. 4 EUV aF nicht mehr ausdrücklich aufgeführt ist. Im Folgenden werden als Mittel zur Errei-

---

[66] ebenso *Geiger*, EUV/EGV, Art. 61 EGV, Rn. 3. Nach *Brechmann*, in Callies/Ruffert, EUV/EGV, Art. 61 EGV, Rn. 3, hat die Verweisung in Art. 61 lit. a) und e) EGV lediglich deklaratorischen Charakter. Entgegen *Brechmann*, a. a. O., wird auch nach *Müller-Graff*, Integration 1997, 271, 273, nichts anderes gelten. *Müller-Graff* stellt in seinem Beitrag, a. a. O., lediglich die funktionale Verknüpfung in den Mittelpunkt seiner Ausführungen und äußert sich nicht zur Kompetenzqualität der Bestimmungen in Art. 61 lit. a) und e) EGV. Klarer, *Müller-Graff*, Institutionelle und materielle Reformen in der Zusammenarbeit in den Bereichen Justiz und Inneres, in Hummer, Die Europäische Union nach dem Vertrag von Amsterdam, S. 259, 264. Zum gleichen Ergebnis kommen wohl *Pechstein/König*, Die Europäische Union, 2. Aufl., Rn. 373, die in Art. 61 EGV ein „Gesamtprogramm des neuen Titels" sehen, der den Rat zu Maßnahmen nach Titel IV EGV und Titel VI EUV verpflichtet. Ebenso *Martinet*, in Léger, Commentaire article par article des traités UE et CE, Art. 61 TCE, Rn. 18 ff; unklar bleibt *Röben*, in Grabitz/Hilf, Das Recht der Europäischen Union, Stand Mai 1999, Art. 61 EGV, Rn. 15, der in Art. 61 lit. e) EGV eine Handlungsermächtigung nach Titel VI EUV sieht.

[67] Nach *Brechmann*, in Callies/Ruffert, EUV/EGV, Art. 61 EGV, Rn. 11 m. w. N., dürften auch die anderen in den Art. 62, 63 EGV und Art. 31 EUV aufgezählten Kompetenzen als Ausgleichsmaßnahmen dienen. Die Systematik des Art. 61 EGV spricht jedoch dagegen.

[68] ebenso *Röben*, in Grabitz/Hilf, Das Recht der Europäischen Union, Stand Mai 1999, Art. 29 EUV, Rn. 17, der dies mit Hinweis auf die Entstehungsgeschichte und die Systematik rechtfertigt und Art. 308 EGV analog anwenden will. Hier spricht aber schon der Wortlaut des Vertrags („insbesondere") gegen eine abschließende Aufzählung. Eine Analogie ist damit nicht notwendig, allerdings kann der Rechtsgedanke des Art. 308 EGV durchaus herangezogen werden. Für die französische Fassung des EU-Vertrags, die hier den Terminus „notamment" verwendet im gleichen Sinne *van Simaeys/Carlier*, Le nouvel espace de liberté, de sécurité et de justice, in Lejeune, Le Traité d'Amsterdam, S. 227, 229. Vgl. dazu unten C. II. 1.

chung des Ziels nach Abs. 1 eine engere Zusammenarbeit von Polizei-, Zoll- und Justizbehörden sowie die Annäherung der Strafvorschriften aufgeführt.[69] Die Verhütung und Bekämpfung von Rassismus und Fremdenfeindlichkeit wurde in Art. 29 Abs. 1 EUV ebenfalls aufgenommen. Es ist allerdings zweifelhaft, inwieweit diese Ziele mit den in Art. 29 Abs. 2 EUV aufgezählten Mitteln erreicht werden können.[70] Die Beschränkung auf eine polizeiliche und justizielle Zusammenarbeit in Strafsachen und eine Annäherung der Strafvorschriften lässt einen umfassenden sozial- und gesellschaftspolitischen Ansatz für dieses Problem vermissen.[71]

c) Anwendung der allgemeinen Prinzipien des Gemeinschaftsrechts

Mit der Vergemeinschaftung von früheren Unionsmaterien in Titel IV EGV sind auch die allgemeinen Prinzipien des Gemeinschaftsrechts anwendbar, so insbesondere die unmittelbare Anwendbarkeit von Primärrecht[72], die unmittelbare Wirkung von Richtlinien[73], der Vorrang des Gemeinschaftsrechts vor widersprechendem nationalem Recht[74], das Gebot richtlinienkonformer Auslegung mitgliedstaatlicher Vorschriften[75] und die Staatshaftung bei qualifizierter Verletzung von gemeinschaftsrechtlichen Verpflichtungen[76].

3. Personeller Anwendungsbereich

Der personelle Anwendungsbereich des Titel IV EGV und Titel VI EUV erstreckt sich auf **Unionsbürger und Drittstaatsangehörige**. Die Art. 61 ff EGV zielen auch auf die Situation von Drittstaatsangehörigen.[77] Ausdrücklich herausgestellt wird dies in Art. 62 EGV bei der Politik zum Überschreiten der Binnengrenzen, der Visapolitik und hinsichtlich der Regelungen für einen Aufenthalt von höchstens drei Monaten. Einwanderungs-, Flüchtlings- und Asylpolitik nach Art. 63 EGV betreffen per se fast ausschließlich Drittstaatsangehörige. Für Titel VI EUV wird dies insbesondere durch die Einbeziehung der Bekämpfung von Rassismus und Fremdenfeindlichkeit in Art. 29

---

[69] vgl. dazu unten C. III.

[70] vgl. unten C. II. 2. sowie *Griller/Droutsas/Falkner/Forgó/Nentwich*, The Treaty of Amsterdam, S. 484

[71] Die deutsche Bundesregierung hat im Februar 2001 das dreijährige Programm „Xenos" gestartet. Mit Hilfe dieses Programms sollen Rassismus, Fremdenfeindlichkeit und Intoleranz vor allem in den Betrieben, bei der beruflichen Ausbildung und in den Schulen bekämpft werden. Die Hälfte der auf 150 Mio. DM veranlagten Finanzierung kommt dabei aus dem Europäischen Sozialfonds, vgl. SZ vom 14. Februar 2001, Nr. 37. An diesem Beispiel wird besonders erkennbar, dass die Aufnahme der Verhütung und Bekämpfung von Rassismus und Fremdenfeindlichkeit in das Kapitel über die PJZS keinen umfassenden Ansatz darstellt.

[72] vgl. EuGH, Rs. 26/62, van Gend & Loos, Slg. 1963, S. 1, Rz. 9 f

[73] vgl. EuGH, Rs. 148/78, Ratti, Slg. 1979, S. 1629, Rz. 18 ff; EuGH, Rs. 8/81, Becker, Slg. 1982, S. 53, Rz. 17 ff

[74] vgl. EuGH, Rs. 6/64, Costa/ENEL, Slg. 1964, S. 1141, Rz. 9 ff

[75] vgl. EuGH, Rs. C-91/92, Faccini Dori, Slg. 1994, S. I-3325, Rz. 19 ff

[76] vgl. EuGH, Verb. Rs. C-6/90 u. C-9/90, Francovich, Slg. 1991, S. I-5357, Rz. 31 ff; EuGH, Verb. Rs. C-46/93 u. C-48/93, Brasserie du Pêcheur/Factortame, Slg. 1996, S. I-1029, Rz. 16 ff; EuGH, Rs. C-392/93, British Telecommunications, Slg. 1996, S. I-1631, Rz. 39 ff; EuGH, Verb. Rs. C-178/94, C-179/94, C-188/94, C-189/94 und C-190/94, Dillenkofer, Slg. 1996, S. I-4845, Rz. 26 ff

[77] vgl. *Röben*, in Grabitz/Hilf, Das Recht der Europäischen Union, Stand Mai 1999, Vor Art. 61 EGV, Rn. 17; *Geiger*, EUV/EGV, Art. 61 EGV, Rn. 2

Abs. 1 EUV hervorgehoben.[78] Eine unterschiedliche Behandlung für Drittstaatsangehörige ist dabei jedoch nicht ausgeschlossen, sondern eher die Regel.[79]

4. Aktionsplan von Rat und Kommission

a) Prioritäten unter dem Vertrag von Maastricht

Unter der Geltung des Vertrags von Maastricht war die ZBJI fast ausschließlich in der dritten Säule untergebracht.[80] Die vom 1. Juli 1996 bis 30. Juni 1998 vom Rat festgelegten Prioritäten wie die Bekämpfung des Terrorismus und der Organisierten Kriminalität, die Drogenbekämpfung, die Verbesserung der justiziellen Zusammenarbeit und der Zusammenarbeit in den Bereichen Einwanderung und Asyl, die Verstärkung der Personenkontrollen an den Außengrenzen, die Bekämpfung von Rassismus und Fremdenfeindlichkeit, die Bekämpfung der Bestechung und des Betrugs zulasten der finanziellen Interessen der Gemeinschaft sowie weitere horizontale Maßnahmen beschränkten sich deshalb auch auf die intergouvernementale Zusammenarbeit.[81] Im Nachfolgedokument des Rates für den Zeitraum vom 1. Januar 1998 bis zum Inkrafttreten des Vertrags von Amsterdam kommt zu diesen Punkten noch die Verbesserung der polizeilichen Zusammenarbeit und der Zollzusammenarbeit hinzu.[82]

b) Aktionsplan des Rates und der Kommission vom 3. Dezember 1998

Der Aktionsplan des Rates und der Kommission zur bestmöglichen Umsetzung der Bestimmungen des Amsterdamer Vertrags über den Aufbau eines Raums der Freiheit, der Sicherheit und des Rechts vom 3. Dezember 1998,[83] der vom Europäischen Rat von Wien vom 11./12. Dezember 1998 ausdrücklich gebilligt wurde,[84] ist auf eine **säulenübergreifende Realisierung** ausgerichtet. Dies zeigt sich insbesondere im Teil I, in dem die verschiedenen Sachbereiche - ungeachtet ihrer Einordnung in die erste oder dritte Säule - jeweils dem Raum der Freiheit, der Sicherheit oder des

[78] vgl. *Röben*, in Grabitz/Hilf, Das Recht der Europäischen Union, Stand Mai 1999, Art. 29 EUV, Rn. 7
[79] Dies wird insbesondere deutlich im Rahmen der Asylpolitik bei der Einordnung der verschiedenen Staaten in sichere Herkunfts- oder sichere Drittländer. Vgl. auch *Trotta*, La dimension exterieure de la circulation des personnes après Amsterdam, in Dony, L'Union européenne et le monde après Amsterdam, S. 107, 134 ff.
[80] vgl. oben 1. Teil B. IV.
[81] Entschließung des Rates vom 14. Oktober 1996 zur Festlegung der Prioritäten für die ZBJI für den Zeitraum vom 1. Juli 1996 bis zum 30. Juni 1998, ABl. EG 1996 Nr. C 319/1, Bull. EU 10-1996, Ziff. 1.5.1. Vgl. dazu auch den Beschluss des Rates vom 14. Oktober 1996 über Maßnahmen zur Umsetzung von Art. K.1 EUV aF, ABl. EG 1996 Nr. L 268/1, Bull. EU 10-1996, Ziff. 1.5.2, und die Entschließung des EP zu den im Jahre 1997 erzielten Fortschritten bei der Verwirklichung der ZBJI gemäß Titel VI EUV aF, ABl. EG 1998 Nr. C 14/70, Bull. EU 12-1997, Ziff. 1.4.3.
[82] Entschließung des Rates vom 18. Dezember 1997 zur Festlegung der Prioritäten für die ZBJI für den Zeitraum vom 1. Januar 1998 bis zum Inkrafttreten des Vertrags von Amsterdam, ABl. EG 1998 Nr. C 11/1, Bull. EU 12-1997, Ziff. 1.4.2. Vgl. im Vorfeld dazu die Entschließung des EP, ABl. EG 1997 Nr. C 371/207, Bull. EU 11-1997, Ziff. 1.5.1, und die Entschließung des EP zu den im Jahre 1998 erzielten Fortschritten bei der Verwirklichung der ZBJI gemäß Titel VI EUV aF, ABl. EG 1999 Nr. C 104/135, Bull. EU 1/2-1999, Ziff. 1.5.1.
[83] ABl. EG 1999 Nr. C 19/1, Bull. EU 12-1998, Ziff. 1.4.2. Der Aktionsplan wurde durch den ER von Cardiff vom 15./16. Juni 1998 initiiert, Bull. EU 6-1998, Ziff. I.12. Die Entschließung des EP zum Aktionsplan findet sich in ABl. EG 1999 Nr. C 219/61, Bull. EU 4-1999, Ziff. 1.5.1.
[84] Bull. EU 12-1998, Ziff. I.12.84

Rechts zugeordnet werden. Im Teil II des Aktionsplans werden Prioritäten und Maßnahmen aufgezählt, die in den einzelnen Bereichen entweder schnellstmöglich, binnen zwei Jahren oder binnen fünf Jahren zu ergreifen sind.[85] Dabei wird nach Maßnahmen in den Bereichen Asyl, Außengrenzen, Einwanderung, justizielle Zusammenarbeit in Zivilsachen auf der einen Seite und der polizeilichen und justiziellen Zusammenarbeit in Strafsachen sowie der Annäherung der Strafrechtsbestimmungen der Mitgliedstaaten auf der anderen Seite unterschieden.

In den Bereichen **Asyl, Außengrenzen und Einwanderung** wird neben der Ausarbeitung flankierender Maßnahmen wie Kontrollen an den Außengrenzen und Bekämpfung der illegalen Einwanderung insbesondere die Entwicklung einer umfassenden Migrationsstrategie hervorgehoben, ein Ziel, dem auch nach dem Europäischen Rat von Wien vom 11./12. Dezember 1998 „besondere Aufmerksamkeit" zu widmen ist.[86] Allgemeine Priorität wird der Verbesserung des Austauschs von Statistiken und Informationen zu Asyl- und Einwanderungsfragen eingeräumt.[87] Die **justizielle Zusammenarbeit** soll vor allem die Zusammenarbeit und die Kommunikation zwischen den Behörden und die Vollstreckung von Entscheidungen verbessern und vereinfachen, die Vereinbarkeit von Kollisionsnormen und Bestimmungen über die gerichtliche Zuständigkeit fördern und Hindernisse für das reibungslose Funktionieren der Zivilverfahren in einem europäischen Rechtsraum beseitigen. Dafür soll die Koordinierung des Justizwesens in Europa und die Kenntnis der Rechtsordnungen der einzelnen Mitgliedstaaten verbessert werden.[88]

Hinsichtlich der **PJZS** wird eine verstärkte Zusammenarbeit zwischen den für die Anwendung der Rechtsvorschriften zuständigen Behörden unter gleichzeitiger Wahrung der Rechtssicherheit verlangt. Die konkrete Verwirklichung eines Rechtsraums, in dem die Justizbehörden wirksamer, schneller und flexibler zusammenarbeiten können, steht im Vordergrund. Angestrebt wird weiterhin ein integriertes Vorgehen im Wege einer engen Zusammenarbeit der Justiz, der Polizei und weiterer zuständiger Behörden bei der Verhütung und Bekämpfung der organisierten und der sonstigen Kriminalität. Dies beinhaltet auch eine Annäherung der Strafrechtsbestimmungen der Mitgliedstaaten.[89] Bezüglich der Bekämpfung der OK wurde zusätzlich ein eigenständiger Aktionsplan aufgestellt.[90] Vom Europäischen Rat von Wien wird der Schaffung eines europäischen Rechtsraums mit effektiver justizieller und polizeilicher Zusammenarbeit sowie der Entwicklung von Europol als operativem Instrument für die Bekämpfung der OK „besondere Aufmerksamkeit" eingeräumt.[91]

---

[85] Die Umsetzung des Aktionsplans wurde von der Kommission schon in ihrem Arbeitsprogramm für 1999 mit besonderer Dringlichkeit verfolgt, vgl. Beilage 1/99 zum Bull. EU, S. 11 f.
[86] Bull. EU 12-1998, Ziff. I.12.85
[87] vgl. Aktionsplan, Nr. 34, ABl. EG 1999 Nr. C 19/1
[88] vgl. Aktionsplan, Nr. 39, ABl. EG 1999 Nr. C 19/1
[89] vgl. Aktionsplan, Teil II C., ABl. EG 1999 Nr. C 19/1
[90] vgl. Aktionsplan bis Ende 1999, ABl. EG 1997 Nr. C 251/1, dazu die Entschließung des EP, ABl. EG 1997 Nr. C 371/183. Aktuelles Aktionsprogramm zur Bekämpfung der OK, ABl. EG 2000 Nr. C 124/1, Bull. EU 3-2000, Ziff. 1.4.9; vgl. dazu unten C. II. 1. a)
[91] Bull. EU 12-1998, Ziff. I.12.85

c) Tampere-Prozess

Unter finnischer Präsidentschaft wurde am 15./16. Oktober 1999 ein Sondergipfel des Europäischen Rates zum Thema Justiz und innere Angelegenheiten einberufen.[92] In diesem Rahmen machte der Europäische Rat deutlich, welche Bedeutung er dem Aufbau eines Raums der Freiheit, der Sicherheit und des Rechts beimisst und legte politische Orientierungen und Prioritäten fest, die auch vom Europäischen Rat von Feira vom 19./20. Juni 2000 ausdrücklich gebilligt wurden.[93] Diese Prioritäten wurden dabei in drei Gruppen bzw. „**Körbe**“[94] eingeteilt:
(1) eine gemeinsame Asyl- und Migrationspolitik der EU
(2) ein echter europäischer Rechtsraum
(3) unionsweite Kriminalitätsbekämpfung.

Der **erste Korb**[95] umfasst ein umfassendes Migrationskonzept in Bezug auf Politik, Menschenrechte und Entwicklung in den Herkunfts- und Transitländern und -regionen. Für dieses Konzept wird ein partnerschaftliches Verhältnis zu den betroffenen Drittstaaten für besonders bedeutend befunden. Weiterhin wird ein gemeinsames europäisches Asylsystem angestrebt, das auf längere Sicht zu einem gemeinsamen Asylverfahren und einem unionsweit geltenden einheitlichen Status für diejenigen, denen Asyl gewährt wird, führt. Die gerechtere Behandlung von Drittstaatsangehörigen, die sich rechtmäßig im Hoheitsgebiet der Mitgliedstaaten aufhalten, steht ferner im Mittelpunkt. Mit einer energischeren Integrationspolitik sollen ihnen vergleichbare Rechte und Pflichten wie EU-Bürgern zuerkannt werden. Dazu umfasst der erste Korb noch eine effizientere Steuerung der Migrationsströme. Insbesondere durch die Weiterentwicklung der gemeinsamen Visapolitik soll die illegale Einwanderung und das Schleusertum bekämpft werden.

Der **zweite Korb**[96] soll Einzelpersonen und Unternehmen einen besseren Zugang zum Recht in Europa verschaffen. Dies soll durch ein leicht zugängliches Informationssystem zu den Rechtsordnungen der Mitgliedstaaten, gemeinsame besondere Verfahrensregeln zur Vereinfachung und Beschleunigung grenzüberschreitender Verfahren, Mindeststandards für mehrsprachige Formulare sowie einer Verbesserung des Opferschutzes erreicht werden. Ferner soll die gegenseitige Anerkennung gerichtlicher Entscheidungen in Zivil- und Strafsachen - auch im Rahmen des Ermittlungsverfahrens - verbessert werden. Im Bereich des Zivilrechts betrifft dies insbesondere den Abbau der Zwischenmaßnahmen, die für die Anerkennung und Vollstreckung erforderlich sind. Für das Strafrecht steht die vollständige Ratifizierung der Übereinkommen über die Auslieferung zwischen den EU-Mitgliedstaaten im Vordergrund.[97] Darüber hinaus soll für einen verbesserten Zugang zum Recht auf eine grö-

[92] Bull. EU 10-1999, Ziff. I.1 und Ziff. 1.6.1; vgl. die Entschließung des EP zur Sondertagung des ER über den Raum der Freiheit, der Sicherheit und des Rechts, Bull. EU 9-1999, Ziff. 1.5.1, sowie die Entschließung des EP zum ER von Tampere, ABl. EG 2000 Nr. C 154/63, Bull. EU 10-1999, Ziff. 1.6.2; vgl. zu Tampere auch *Monar*, Integration 2000, 18 ff

[93] vgl. Schlussfolgerungen des Vorsitzes des ER von Feira, Bull. EU 6-2000, Ziff. I.40.51 und 1.4.1

[94] Diese Bezeichnung spielt auf den Helsinki-Prozess über die KSZE an, wo ebenfalls von einer Einteilung in drei Körbe gesprochen wird. Vgl. zum KSZE-Prozess *Ipsen*, Völkerrecht, S. 454 ff.

[95] vgl. die Schlussfolgerungen des Vorsitzes des ER von Tampere, Bull. EU 10-1999, Ziff. I.4.10 ff

[96] Bull. EU 10-1999, Ziff. I.8.28 ff

[97] Dabei handelt es sich um das Übereinkommen über das vereinfachte Auslieferungsverfahren zwischen den Mitgliedstaaten der Europäischen Union vom 10. März 1995, ABl. EG 1995 Nr. C 78/1 und ABl. EG 1996 Nr. C 375/4, sowie das Übereinkommen über die Auslieferung zwischen den Mitglied-

ßere Konvergenz im Bereich des Zivilrechts hingearbeitet werden, wobei die Angleichung materiell zivilrechtlicher Vorschriften geprüft wird.

Der **dritte Korb**[98] umfasst die unionsweite Kriminalitätsbekämpfung. Als Priorität wird dabei eine verstärkte Kriminalitätsverhütung auf der Ebene der Union im Rahmen der Außen- und Innenpolitik hervorgehoben. Als erster Schritt für eine Intensivierung der Zusammenarbeit bei der Kriminalitätsbekämpfung wird die Bildung gemeinsamer Ermittlungsteams ins Auge gefasst. Diese Zusammenarbeit soll durch die Einrichtung einer operativen Task Force der europäischen Polizeichefs sowie der Stärkung von Europol einhergehen. Als besondere Neuerung soll eine Stelle (Eurojust) eingerichtet werden, in der von den einzelnen Mitgliedstaaten nach Maßgabe ihrer Rechtsordnung entsandte Staatsanwälte, Richter oder Polizeibeamte mit gleichwertigen Befugnissen zusammengeschlossen werden, um eine sachgerechtere Koordinierung der nationalen Staatsanwaltschaften zu erreichen. Ferner soll durch die Schaffung einer europäischen Polizeiakademie die Schulung hochrangiger Angehöriger der Strafverfolgungsbehörden verbessert werden. Hinsichtlich des materiellen Strafrechts liegt der Schwerpunkt auf der Vereinbarung von gemeinsamen Definitionen, Tatbestandsmerkmalen und Sanktionen für besonders relevante Delikte wie Finanzkriminalität, illegaler Drogenhandel, Menschenhandel, insbesondere die Ausbeutung von Frauen, sexuelle Ausbeutung von Kindern, High-Tech-Kriminalität und Umweltkriminalität. Eine besondere Priorität liegt bei der Einleitung von Sondermaßnahmen zur Bekämpfung der Geldwäsche. Dafür soll die Transparenz in Bezug auf Finanzgeschäfte und die Besitzverhältnisse von Gesellschaften verbessert und der verdächtige Transaktionen betreffende Informationsaustausch zwischen den bestehenden Zentralstellen zur Entgegennahme von Geldwäscheverdachtsanzeigen beschleunigt werden. Der Geldwäsche soll auch durch die Annäherung von formellen und materiellen Strafrechtsbestimmungen sowie durch Kompetenzerweiterung für Europol begegnet werden.

Die Fortschritte bei der Umsetzung der Schaffung eines Raums der Freiheit, der Sicherheit und des Rechts in der EU werden seit dem 1. Halbjahr 2000 von der Kommission, die damit einem Auftrag des Europäischen Rates von Tampere folgt,[99] in einem Anzeiger („scoreboard“) festgehalten, der halbjährlich aktualisiert wird.[100]

III. Die Eingliederung des Schengen-Besitzstands in den Rahmen der Union

Eine entscheidende Rolle beim Aufbau des Raums der Freiheit, der Sicherheit und des Rechts spielt die Einbeziehung des Schengen-Besitzstands in den Rahmen der Europäischen Union. Diese Problematik wurde aus den EG-/EU-Verträgen ausgela-

staaten der Europäischen Union vom 27. September 1996, ABl. 1996 Nr. C 313/11. Vgl. auch unten C. III. 2. a) bb).

[98] Bull. EU 10-1999, Ziff. I.12.40 ff

[99] vgl. die Schlussfolgerungen des ER von Tampere, Bull. EU 10-1999, Ziff. I.2; vgl. auch Bull. EU 3-2000, Ziff. 1.4.1 und das Arbeitsprogramm der Kommission für 2000, KOM (2000) 155, Beilage 1/2000 zum Bull. EU, S. 39 f, und die Entschließung des EP zum strategischen Fünfjahresprogramm der Kommission, ABl. EG 2000 Nr. C 339/255, Ziff. 17

[100] Die Fassung für das 1. Halbjahr 2001 wurde von der Kommission am 23. Mai 2001 vorgelegt, KOM (2001) 278 endg.

gert und in einem eigenen Protokoll geregelt. Mit dieser Einbeziehung wird die lange Jahre bestehende nebeneinander verlaufende Entwicklung der ZBJI zugunsten der EU entschieden.

1. Entwicklung des Schengen-Prozesses

a) Geistiger Ursprung und Idee

Seinen Ursprung findet der Schengen-Prozess in dem Wunsch der Mitgliedstaaten, ein „Europa der Bürger" zu schaffen.[101] Die Diskussion über den Begriff „Europa der Bürger" wurde insbesondere auf dem **Europäischen Rat von Paris vom 9./10. Dezember 1974** geführt, der daraufhin, auch um den Bürger ins Zentrum zu stellen, die Schaffung einer Passunion und die Einführung eines einheitlichen Passes prüfen ließ.[102] Dies hätte die Aufhebung der Personenkontrollen an den Binnengrenzen der Mitgliedstaaten bedeutet. Die von der Kommission vorgenommene Prüfung gelangte zu dem Ergebnis, dass die Beseitigung der Identitätskontrollen nur für EG-Bürger und Drittstaatsangehörige gleichermaßen zu verwirklichen ist, allerdings als Ausgleich für die Sicherheitseinbuße in Gestalt der weggefallenen Grenzkontrollen Ersatzmaßnahmen getroffen werden müssen.[103] Damit war bereits der Grundgedanke des Schengen-Prozesses umrissen. Die Bemühungen auf EG-Ebene verliefen im Folgenden eher schleppend. Dies war einerseits auf den allmählichen Anstieg der Asylbewerberzahlen in der EG und andererseits auf die befürchtete Sicherheitseinbuße zurückzuführen. Erst am 7. Juni 1984 konnte sich der Rat nach einem Entwurf der Kommission vom 8. Juli 1982[104] auf eine **Entschließung über die Erleichterungen der Bedingungen, unter denen die Kontrolle der Bürger der Mitgliedstaaten an den Binnengrenzen erfolgt**, einigen.[105] Der Inhalt der Entschließung blieb jedoch hinter den Erwartungen der Kommission zurück und ist relativ dürftig.[106] Auch der vom **„Adonnino-Ausschuss"** im Auftrag des Europäischen Rates von Fontainebleau vom 25./26. Juni 1984 verfasste Bericht zur Schaffung eines „Europas der Bürger" führte auf Gemeinschaftsebene nicht weiter.[107] Allein mit der Verordnung (EWG) Nr. 4060/89 des Rates vom 21. Dezember 1989[108] über den Abbau der Grenzkontrollen der Mitgliedstaaten wurden die Kontrollen im Bereich des Straßen-

[101] vgl. zur Entwicklung des Schengen-Prozesses *Taschner*, Schengen, Rn. 7 ff; *Schreckenberger*, VerwArch 1997, 389, 396 ff; *Nanz*, Integration 1994, 92 ff; *Hummer/Obwexer*, Österreich in der Europäischen Union, Bd. III, S. 31 ff; *Oberleitner*, Schengen und Europol, S. 54 ff; *Epiney*, Das zweite Schengener Abkommen: Entstehung, Konzept und Einbettung in die Europäische Union, in Achermann/Bieber/Epiney/Wehner, Schengen und die Folgen, S. 21, 22 ff; *Akmann*, JA 1994, 49, 52; *Deknop/Raes*, RMCUE 1996, 282 f; *Wagner*, LIEI 1998, 1, 3 ff; *Pollet*, L'intégration de l'acquis de Schengen dans le cadre de l'Union européenne: impact et perspectives, in Dony, L'Union européenne et le monde après Amsterdam, S. 143, 144 ff; *Grütjen*, Die Kriminalpolizei 1997, 7, 9 f; *Würz*, Das Schengener Durchführungsübereinkommen, S. 28 ff.

[102] Bull. EG 12-1974, Ziff. 1104, und Beilage 7/1975 zum Bull. EG; vgl. dazu oben 1. Teil A. II. 2. a)

[103] vgl. den Bericht der Kommission, Beilage 7/1975 zum Bull. EG, S. 8 ff

[104] ABl. EG 1982 Nr. C 197/6; die Stellungnahme des EP findet sich in ABl. EG 1983 Nr. C 184/83

[105] ABl. EG 1984 Nr. C 159/1. Da die Zuständigkeit von einigen Mitgliedstaaten bestritten wurde, traten bei dieser Entschließung der Rat und die im Rat vereinigten Vertreter der Regierungen der Mitgliedstaaten zusammen auf. Vgl. zur Parallelproblematik der „gemischten Abkommen" *Schweitzer/Hummer*, Europarecht, Rn. 670 ff.

[106] vgl. dazu *Taschner*, Schengen, Rn. 12

[107] Beilage 7/1985 zum Bull. EG, Ziff. 6, S. 5; vgl. dazu schon oben 1. Teil A. II. 2. b)

[108] ABl. EG 1989 Nr. L 390/18

und Binnenschiffsverkehrs nicht mehr als Grenzkontrollen, sondern als im Rahmen der im gesamten Gebiet des Mitgliedstaats stattfindenden Kontrollen durchgeführt.

b) Technischer Ursprung

Seinen technischen Ursprung findet der Schengen-Prozess im Regierungsabkommen über den schrittweisen Abbau der Kontrollen an den Grenzen Frankreichs und der Bundesrepublik Deutschland (**Saarbrückener Regierungsabkommen**) vom 13. Juli 1984.[109] Mit diesem Abkommen lösten sich Frankreich und Deutschland aus dem in diesem Punkt schwerfälligen Gemeinschaftssystem und schufen außerhalb des Gemeinschaftsrechts vollendete Tatsachen. Das Regierungsabkommen war jedoch nicht „EG-feindlich" ausgerichtet, sondern hatte in seiner Präambel ausdrücklich den Bezug auf die EG mit dem Ziel eines immer enger werdenden Zusammenschlusses der Völker der Mitgliedstaaten. Dies kam vor allem darin zum Ausdruck, dass Begünstigte des Abkommens alle EG-Bürger waren und nicht nur die Staatsangehörigen von Frankreich und Deutschland, womit das Abkommen über den Vorschlag der Kommission vom 8. Juli 1982 und auch den Vorschlag vom 23. Januar 1985 für eine Richtlinie zur Erleichterung der für die Staatsangehörigen geltenden Kontrollen und Förmlichkeiten an den innergemeinschaftlichen Grenzen[110] hinausging. Inhaltlich wurden als unverzüglich anwendbare Maßnahmen insbesondere die Aufhebung der Grenzformalitäten und die einfache Sichtkontrolle an den Grenzen vereinbart. Endziel war der vollständige Abbau der Grenzkontrollen im Personenverkehr, der bis zum 31. Dezember 1986 erreicht werden sollte. Dem Grundgedanken des Kommissionsberichts von 1975 und des Adonnino-Ausschusses folgend sollten je nach Verwirklichung des Kontrollabbaus Ausgleichs- bzw. Begleitmaßnahmen ergriffen werden, um eine erwartete Sicherheitseinbuße zu vermeiden.

c) Das Schengener Übereinkommen vom 14. Juni 1985

Der Beitritt Belgiens, der Niederlande und Luxemburgs, die bereits als Benelux-Passunion[111] zusammenarbeiteten, zum Saarbrückener Regierungsabkommen führte nach Verhandlungen am 14. Juni 1985 in Schengen zum „Übereinkommen zwischen den Regierungen der Staaten der Benelux-Wirtschaftsunion, der Bundesrepublik Deutschland und der Französischen Republik betreffend den schrittweisen Abbau der Kontrollen an den gemeinsamen Grenzen" (**Schengener Übereinkommen**).[112] In der Tradition des Saarbrückener Abkommens begünstigt auch das Schengener Übereinkommen nicht nur die Staatsangehörigen der beteiligten Staaten, sondern die aller EG-Mitgliedstaaten,[113] und bindet damit das Abkommen in den Prozess der europäischen Integration ein.[114] Titel I des Schengener Übereinkom-

[109] BGBl. 1984 II S. 767 f; vgl. dazu auch *Hummer*, ZfRV 1991, 129, 137
[110] ABl. EG 1985 Nr. C 47/5, diese RL wurde vom Rat nie verabschiedet.
[111] Übereinkommen vom 11. April 1960, Fortführung der Benelux-Wirtschaftsunion vom 5. September 1944, in Kraft seit 1. Januar 1948; UNTS, Vol. 374, Nr. 5323, S. 3
[112] GMBl. 1986, S. 79 ff, abgedruckt auch in *Hummer/Obwexer*, Österreich in der Europäischen Union, Bd. III, S. 129 ff
[113] vgl. Art. 1 des Schengener Übereinkommens
[114] vgl. dazu auch die erste Erwägung der Präambel des Schengener Übereinkommens, wonach „die immer engere Union zwischen den Völkern der Mitgliedstaaten der Europäischen Gemeinschaften

mens, der gemäß Art. 30 Schengener Übereinkommen bis spätestens 1. Januar 1986 zu verwirklichen war, betrifft kurzfristig durchzuführende Maßnahmen wie beispielsweise Erleichterungen bei den Grenzkontrollen durch einfache Sichtkontrolle und Einführung einer grünen Scheibe für EG-Angehörige.[115] Langfristig, d. h. gemäß Art. 30 Schengener Übereinkommen bis spätestens 1. Januar 1990 zu verwirklichen, strebten die Vertragsstaaten den Abbau der Kontrollen an den gemeinsamen Grenzen und deren Verlegung an ihre Außengrenzen an.[116] Sowohl die kurzfristig als auch die langfristig durchzuführenden Maßnahmen waren jedoch mit der Ergreifung von Begleitmaßnahmen verknüpft. So nennen Art. 8-10 Schengener Übereinkommen als Begleitmaßnahmen die Bekämpfung des illegalen Handels mit Betäubungsmitteln, die Zusammenarbeit der Zoll- und Polizeibehörden zur Bekämpfung der Kriminalität und die Sicherstellung der Zusammenarbeit durch regelmäßige Zusammenkünfte der zuständigen Behörden. Für die langfristig durchzuführenden Maßnahmen regelt Art. 17 S. 2 Schengener Übereinkommen, dass die Vertragsparteien sich bemühen, ergänzende Maßnahmen zum Schutz der inneren Sicherheit sowie zur Verhinderung der unerlaubten Einreise von Personen, die nicht Angehörige von EG-Mitgliedstaaten sind, zu ergreifen. Die Art. 18 ff Schengener Übereinkommen konkretisieren diese ergänzend zu treffenden Maßnahmen.[117]

d) Das Schengener Durchführungsübereinkommen vom 19. Juni 1990

Die Verwirklichung des vollständigen Abbaus der Grenzkontrollen mit gleichzeitiger Schaffung von Ersatzmaßnahmen gelang - auch aufgrund der Ereignisse um die deutsche Wiedervereinigung[118] - nicht bis zum 1. Januar 1990. Die Vertragsstaaten schlossen jedoch schon am 19. Juni 1990 das **Übereinkommen zur Durchführung des Übereinkommens von Schengen** vom 14. Juni 1985 zwischen den Regierungen der Staaten der Benelux-Wirtschaftsunion, der Bundesrepublik Deutschland und der Französischen Republik betreffend den schrittweisen Abbau der Kontrollen an den gemeinsamen Grenzen (SDÜ).[119] Dem Übereinkommen traten Italien am 27. November 1990, Spanien und Portugal am 25. Juni 1991 und Griechenland am 6. November 1992 bei. Österreich hatte bereits 1984 mit Deutschland und Italien auf

ihren Ausdruck im freien Überschreiten der Binnengrenzen durch alle Angehörigen der Mitgliedstaaten und im freien Waren- und Dienstleistungsverkehr finden muss", und die sechste Erwägung der Präambel, wonach das Übereinkommen „auf die Erklärung des Europäischen Rates von Fontainebleau vom 25./26. Juni 1984 hinsichtlich der Abschaffung der Polizei- und Zollformalitäten an den Binnengrenzen für den Verkehr von Personen und Waren" gerichtet ist.

[115] vgl. Art. 2 und 3 des Schengener Übereinkommens

[116] vgl. Art. 17 des Schengener Übereinkommens

[117] Die Regelungstechnik ähnelt der in Titel IV EGV und Titel VI EUV.

[118] In einer Erklärung der Bundesrepublik Deutschland zur Auslegung des SDÜ wird bekräftigt, dass das Übereinkommen in der Perspektive der Vereinigung der beiden deutschen Staaten geschlossen wurde, Ziff. II.1. des Protokolls zum SDÜ vom 19. Juni 1990, BGBl. 1993 II S. 1089, Sartorius II Nr. 280b. Die deutsche Wiedervereinigung lief hinsichtlich des Wegfalls der Binnengrenzen zwischen der Bundesrepublik und der DDR parallel zum Schengen-Prozess ab. Als Ausgleich für die Aufhebung der Kontrollen an den innerdeutschen Grenzen zum 1. Juli 1990 wurde über eine Rechtsangleichung und Zusammenarbeit der Innenbehörden sowie Kontrollen an den Außengrenzen der DDR verhandelt, vgl. Art. 35 Abs. 1 bis 4 des Gesetzes zu dem Vertrag vom 14. Mai 1990 über die Schaffung einer Währungs-, Wirtschafts- und Sozialunion zwischen der Bundesrepublik Deutschland und der Deutschen Demokratischen Republik vom 25. Juni 1990, BGBl. 1990 II S. 518, 535. Vgl. dazu auch *Hummer/ Obwexer*, Österreich in der Europäischen Union, Bd. III, S. 34.

[119] BGBl. 1993 II S. 1013; Sartorius II Nr. 280

bilateraler Ebene Kontrollerleichterungen an den gemeinsamen Grenzen vereinbart, die allerdings nur für Staatsangehörige dieser Staaten galten.[120] Dem EU-Beitritt Österreichs am 1. Januar 1995 folgte am 28. April desselben Jahres der Beitritt zu den Schengener Übereinkommen. Etwas komplizierter gestaltete sich der **Beitritt** Dänemarks, Finnlands und Schwedens, da diese Staaten zusammen mit Norwegen und Island die Nordische Passunion[121] bilden. In Art. 140 Abs. 1 SDÜ hatten sich die Vertragsstaaten darauf verständigt, dass lediglich EG-Mitgliedstaaten diesem Übereinkommen beitreten können. Um die Vereinbarkeit mit der Nordischen Passunion zu wahren, wurde das Problem dadurch gelöst, dass mit Norwegen und Island, die aufgrund ihrer Mitgliedschaft im EWR nach der EEA eine Sonderstellung innehatten, am 19. Dezember 1996 ein Kooperationsvertrag abgeschlossen wurde.[122] Der Beitritt Dänemarks, Finnlands und Schwedens erfolgte mit gleichem Datum. Nach Inkrafttreten des Vertrags von Amsterdam am 1. Mai 1999 wurden beide Staaten mit Übereinkommen vom 18. Mai 1999, das nach seinem Art. 18 den Kooperationsvertrag vom 19. Dezember 1996 ersetzt, assoziiert.[123] Großbritannien und Irland, die durch die „Common Travel Area“[124] eng aneinander gebunden sind, sind den Schengener Übereinkommen bisher nicht beigetreten.[125]

Das SDÜ unterscheidet in einer Gemeinsamen Erklärung zu Art. 139 SDÜ[126] zwischen seinem Inkrafttreten und Inkraftsetzen. Während das SDÜ für die Gründerstaaten am 1. September 1993 in Kraft getreten ist,[127] sollte es in den einzelnen Unterzeichnerstaaten erst in Kraft gesetzt werden, wenn die Voraussetzungen der Anwendung gegeben sind und die Kontrollen an den Außengrenzen tatsächlich durchgeführt werden. Das SDÜ wurde damit nach Inbetriebnahme des Schengener Informationssystems (SIS) für die Gründerstaaten sowie Spanien und Portugal am 25. März 1995 in Kraft gesetzt.[128] Dies gilt für Italien ab dem 26. Oktober 1997, für Österreich und Griechenland ab dem 1. Dezember 1997.[129] Da Dänemark, Finnland und

[120] vgl. ausführlich *Taschner*, Schengen, Rn. 30
[121] UNTS, Vol. 322, Nr. 4660, S. 245; vgl. zu dieser Problematik auch unten D. II. 2. c)
[122] Text abgedruckt in *Taschner*, Schengen, S. 138 ff
[123] Übereinkommen zwischen dem Rat der Europäischen Union sowie der Republik Island und dem Königreich Norwegen über die Assoziierung der beiden letztgenannten Staaten bei der Umsetzung, Anwendung und Entwicklung des Schengen-Besitzstands vom 18. Mai 1999, in Kraft getreten am 26. Juni 2000, ABl. EG 1999 Nr. L 176/36 und ABl. EG 2000 Nr. 149/36; vgl. auch den Beschluss des Rates 1999/439/EG vom 17. Mai 1999 über den Abschluss des Übereinkommens, ABl. EG 1999 Nr. L 176/35, und Art. 6 Abs. 1 Schengen-Protokoll.
[124] Die Common Travel Area ist ein formloses understanding zwischen beiden Staaten aus den 20er Jahren des letzten Jahrhunderts, vgl. dazu auch unten D. II. 2. a).
[125] siehe in diesem Zusammenhang auch das Übereinkommen zwischen dem Rat der Europäischen Union und der Republik Island und dem Königreich Norwegen zur Festlegung der Rechte und Pflichten zwischen Irland und dem Vereinigten Königreich Großbritannien und Nordirland einerseits und der Republik Island und dem Königreich Norwegen andererseits in den für diese Staaten geltenden Bereichen des Schengen-Besitzstands, ABl. EG 2000 Nr. L 15/1 und ABl. EG 2000 Nr. L 149/36
[126] Schlussakte zum Übereinkommen zur Durchführung des Übereinkommens von Schengen vom 14. Juni 1985 zwischen den Regierungen der Staaten der Benelux-Wirtschaftsunion, der Bundesrepublik Deutschland und der Französischen Republik betreffend den schrittweisen Abbau der Kontrollen an den gemeinsamen Grenzen vom 19. Juni 1990, BGBl. 1993 II S. 1086, Sartorius II Nr. 280a
[127] Das SDÜ ist für Spanien und Portugal am 1. März 1994, für Italien am 1. Juli 1997, für Griechenland und Österreich am 1. Dezember 1997 in Kraft getreten.
[128] Das Datum wurde aus praktischen Gesichtspunkten aufgrund der Umstellung der Flugpläne an diesem Tag gewählt. Einen Überblick über die Umsetzung in nationales Recht in Belgien und in den Niederlanden bieten *Hurwitz*, EJML 2000, 37 ff, und *Staples*, EJML 2000, 49 ff.
[129] BGBl. 1998 II S. 1969, BGBl. 1998 II S. 2951. Nach dem Beschluss des Rates vom 13. Dezember 1999 wurde der Schengen-Besitzstand in Griechenland bis spätestens 26. März 2000 vollständig in

Schweden mit Norwegen und Island die Nordische Passunion bilden, musste für diese drei und die zwei assoziierten Staaten ein gemeinsamer Termin für die Inkraftsetzung gefunden werden. Nachdem die Voraussetzungen geschaffen waren, wurde der Schengen-Besitzstand am 25. März 2001 für die fünf Staaten in Kraft gesetzt.[130]

Inhaltlich dient das SDÜ dazu, die Kontrolle der Binnengrenzen[131] zwischen den Vertragsparteien abzubauen und so die Personenfreizügigkeit für Staatsangehörige aller EG-Mitgliedstaaten und Drittausländer, die sich rechtmäßig im „Schengen-Land" aufhalten, zu gewährleisten. Das dadurch erwartete Sicherheitsdefizit sollte durch eine verstärkte Kontrolle an den Außengrenzen[132], eine verstärkte polizeiliche Zusammenarbeit und insbesondere die Einrichtung des Schengener Informationssystems (SIS) ausgeglichen werden. Das SDÜ ist in **acht Titel** eingeteilt. Titel I enthält Begriffsbestimmungen. Titel II „Abschaffung der Kontrollen an den Binnengrenzen und Personenverkehr" ist inhaltlich als Vorläufer von Titel IV EGV anzusehen. In den beiden ersten Kapiteln sind Vorschriften über das Überschreiten der Binnengrenzen und der Außengrenzen enthalten. Kapitel 3 regelt die gemeinsame Politik der Sichtvermerke für einen kurzfristigen[133] Aufenthalt. Sichtvermerke für einen längerfristigen Aufenthalt werden nach Art. 18 SDÜ weiterhin nach nationalem Recht erteilt. Die Voraussetzungen für den Reiseverkehr von Drittausländern sowie Aufenthaltstitel und Ausschreibung zur Einreiseverweigerung regeln Kapitel 4 und 5. Verpflichtungen zu weiteren Maßnahmen ergeben sich für die Vertragsparteien aus Kapitel 6. Kapitel 7 enthält als Vorläufer des Dubliner Übereinkommens[134] Vorschriften über die Zuständigkeit für die Behandlung von Asylbegehren.[135] Zentrale Ausgleichsmaßnahmen für den Wegfall der Binnengrenzkontrollen werden in Titel III „Polizei und Sicherheit" geregelt. Inhaltlich fallen die Vorschriften über die polizeiliche Zusammen-

---

Kraft gesetzt, ABl. EG 1999 Nr. L 327/58, Bull. EU 12-1998, Ziff. 1.5.3. Vgl. dazu auch die Erklärung der Hellenischen Republik, ABl. EG 1999 Nr. C 369/1 und ABl. EG 2000 Nr. C 55/16.

[130] Beschluss des Rates vom 1. Dezember 2000 über die Inkraftsetzung des Schengen-Besitzstands in Dänemark, Finnland und Schweden sowie in Island und Norwegen, ABl. EG 2000 Nr. L 309/24

[131] Binnengrenzen sind nach Art. 1 SDÜ die gemeinsamen Landgrenzen der Vertragsparteien sowie ihre Flughäfen für die Binnenflüge und ihre Seehäfen für die regelmäßigen Fährverbindungen ausschließlich von und nach dem Gebiet der Vertragsparteien ohne Fahrtunterbrechung in außerhalb des Gebiets gelegenen Häfen.

[132] Außengrenzen werden nach Art. 1 SDÜ negativ definiert als die Land- und Seegrenzen sowie die Flug- und Seehäfen der Vertragsparteien, soweit sie nicht Binnengrenzen sind.

[133] Ein kurzfristiger Aufenthalt ist nach Art. 9 Abs. 1 iVm Art. 18 SDÜ bei einem Aufenthalt von bis zu drei Monaten anzunehmen.

[134] Übereinkommen über die Bestimmung des zuständigen Staates für die Prüfung eines in einem Mitgliedstaat der Europäischen Gemeinschaft gestellten Asylantrags vom 15. Juni 1990, BGBl. 1994 II S. 792, Sartorius II Nr. 285. Gemäß Art. 1 des Protokolls zu den Konsequenzen des Inkrafttretens des Dubliner Übereinkommens für einige Bestimmungen des Durchführungsübereinkommens zum Schengener Übereinkommen (Bonner Protokoll) vom 26. April 1994, BGBl. 1995 II S. 729, Sartorius II Nr. 281, findet Kapitel 7 mit Inkrafttreten des Dubliner Übereinkommens keine Anwendung mehr.

[135] Diese Bestimmungen ließen in Deutschland die Furcht vor einem unkontrollierte Andrang von Asylbewerbern aufkommen, die in anderen Schengen-Staaten abgewiesen worden waren, in Deutschland jedoch aufgrund des Grundrechts auf Asyl in Art. 16 GG aF erneut einen Asylanspruch geltend machen konnten. Daraufhin wurde mit der Einfügung von Art. 16a GG das Grundrecht auf Asyl geändert, vgl. dazu insbesondere *Hailbronner*, ZAR 1993, 107 ff; *Haberland*, ZAR 1994, 3 ff. Zu den darauf ergangenen Urteilen des BVerfG vom 14. Mai 1996 vgl. vor allem *Renner*, ZAR 1996, 103 ff. Aber auch in Frankreich führte die Zuständigkeitsregel für Asylverfahren des Kapitel 7 zu einem neuen Einwanderungsgesetz und einer anschließenden Überprüfung durch den Conseil Constitutionnel vom 13. August 1993, EuGRZ 1993, 508 ff, vgl. dazu insbesondere *Grewe/Weber*, EuGRZ 1993, 496 ff, und *Classen*, DÖV 1993, 227 ff. Die Folge war die Änderung der französischen Verfassung am 19. November 1993, vgl. *Bieber*, NJW 1994, 294, 295.

arbeit, die Rechtshilfe in Strafsachen, das Verbot der Doppelbestrafung, die Auslieferung, die Übertragung der Vollstreckung von Strafurteilen, Betäubungsmittel sowie Feuerwaffen und Munition in den Bereich des Titel VI EUV. Titel IV regelt das Schengener Informationssystem (SIS), das durch ein System auf nationaler Basis (SIRENE)[136] ergänzt wird. Titel V enthält Vorschriften über „Transport und Warenverkehr". Titel VI ist dem Datenschutz gewidmet. Titel VII regelt die Einrichtung eines Exekutivausschusses und Titel VIII enthält Schlussbestimmungen. Der Inhalt der Bestimmungen nach Einbeziehung des Schengen-Besitzstands in den Rahmen der EU wird im Zusammenhang mit den Regelungen der Titel IV EGV und Titel VI EUV dargestellt. Verfahrensrechtlich haben die Schengen-Vertragsstaaten einen Exekutivausschuss eingerichtet, in dem jede Vertragspartei einen Sitz hat.[137] Er fasste seine Beschlüsse einstimmig, die Kommission hatte einen Beobachterstatus inne.[138]

2. Verhältnis des Schengen-Rechts zum Unions- bzw. Gemeinschaftsrecht bis zum Vertrag von Maastricht

Da die Schengener Übereinkommen gerade nicht im Rahmen der EG/EU geschlossen wurden, stellt sich die Frage ihrer Kompatibilität zum Unions- und Gemeinschaftsrecht. Hierbei interessieren vor allem zwei Gesichtspunkte, der Grundsatz der Gemeinschaftstreue nach Art. 10 EGV und die Rangfrage.

a) Die Schengener Übereinkommen und der Grundsatz der Gemeinschaftstreue

Art. 10 Abs. 2 EGV verpflichtet die EG-Mitgliedstaaten, alle Maßnahmen zu unterlassen, welche die Verwirklichung der Ziele dieses Vertrags gefährden könnten. Diese Unterlassungspflicht bedeutet, dass die Mitgliedstaaten keine Maßnahmen ergreifen oder aufrechterhalten dürfen, welche die praktische Wirksamkeit des Vertrags beeinträchtigen können.[139] Mit dem Abschluss der EEA von 1986 wurde Art. 14 EGV in den EG-Vertrag eingefügt, der als Ziel die **Errichtung eines Binnenmarktes**, eines Raums ohne Binnengrenzen, in dem auch der freie Verkehr von Personen gewährleistet ist, umfasst. Dieses Konzept wurde allerdings durch die Einfügung „gemäß den Bestimmungen dieses Vertrags" an die wirtschaftlichen Grundfreiheiten angebunden.[140] Diese Formulierung hindert auch die unmittelbare Anwendbarkeit des Art. 14 EGV, nimmt der Vorschrift aber im Übrigen nicht ihren rechtlich zwingenden Charakter.[141] Nichtsdestotrotz stellte seit der EEA der freie Personenverkehr ein Unterziel des Binnenmarktkonzeptes dar, welches die Mitgliedstaaten nach Art. 10 Abs. 2 EGV nicht gefährden durften. Die Schengener Übereinkommen waren jedoch gerade

---

[136] Supplementary Information Request on National Entries

[137] vgl. Art. 131 Abs. 1 und Art. 132 Abs. 1 SDÜ

[138] vgl. Art. 132 Abs. 2 S. 1 SDÜ; vgl. *Schreckenberger*, VerwArch 1997, 389, 399; nach Art. 2 Abs. 1 UAbs. 1 S. 2 Schengen-Protokoll hat der Rat den Exekutivausschuss ab dem 1. Mai 1999 ersetzt.

[139] so *Streinz*, Europarecht, Rn. 141, unter Bezug auf EuGH, Rs. 14/68, Walt Wilhelm/Bundeskartellamt, Slg. 1969, S. 1, 14; vgl. auch *Oppermann*, Europarecht, Rn. 367, der auf die Möglichkeit eines Vertragsverletzungsverfahrens bei einem Verstoß verweist; *Schweitzer/Hummer*, Europarecht, Rn. 1045 f; ausführlich vor allem *Bleckmann*, Europarecht, Rn. 677 ff

[140] vgl. dazu oben 1. Teil A. II. 3.

[141] vgl. *Epiney*, Das zweite Schengener Abkommen: Entstehung, Konzept und Einbettung in die Europäische Union, in Achermann/Bieber/Epiney/Wehner, Schengen und die Folgen, S. 21, 33 ff

auf die Einrichtung eines umfassenden freien Personenverkehrs außerhalb des Rahmens der EG durch den Abbau der Binnengrenzkontrollen gerichtet. Allerdings ergibt sich daraus noch keine Gefährdung der Verwirklichung des EG-Ziels „Personenverkehrsfreizügigkeit".[142] Dies folgt insbesondere aus der Überlegung, dass nach der ersten Erwägung der Präambel des Schengener Übereinkommens vom 14. Juni 1985 die Vertragsparteien ausdrücklich in dem Bewusstsein handelten, „dass die immer engere Union zwischen den Völkern der Mitgliedstaaten der Europäischen Gemeinschaften ihren Ausdruck im freien Überschreiten der Binnengrenzen durch alle Angehörigen der Mitgliedstaaten und im freien Waren- und Dienstleistungsverkehr finden muss".[143] Die dritte Erwägung der Präambel des SDÜ nimmt ausdrücklich Bezug auf das Ziel des Binnenmarktes als eines Raums ohne Binnengrenzen im EG-Vertrag ergänzt durch die EEA, und in der vierten Erwägung wird festgehalten, dass der durch die Schengen-Vertragsparteien angestrebte Zweck mit diesem Ziel übereinstimmt.[144] Dies und die Begünstigung aller EG-Staatsangehörigen durch die Schengener Übereinkommen zeigen, dass der Schengen-Prozess von den Vertragsparteien lediglich als **vorgreifendes Laboratorium** für die Durchführbarkeit einer umfassenden Abschaffung der Binnengrenzkontrollen in allen EG-Mitgliedstaaten gedacht und somit in seinem Endpunkt auf die Einführung in das Unionssystem ausgerichtet war.[145] Diese Überlegung wird vor allem auch durch die Selbstbeschränkung der Schengen-Vertragsstaaten in Art. 140 Abs. 1 SDÜ bestärkt, wonach nur EG-Mitgliedstaaten dem SDÜ beitreten können. Art. 142 Abs. 1 UAbs. 3 SDÜ, der regelt, dass Vorschriften, die zu den Bestimmungen der zwischen den EG-Mitgliedstaaten geschlossenen Übereinkommen in Widerspruch stehen, auf jeden Fall angepasst werden, zeigt in die gleiche Richtung. Nach der Schaffung der Europäischen Union mit dem Vertrag von Maastricht und der Einfügung der ZBJI unter das Dach der Union wurde mit **Art. K.7 EUV aF** eine engere Zusammenarbeit der Mitgliedstaaten ermöglicht, soweit sie der nach Titel VI EUV aF vorgesehenen Zusammenarbeit nicht zuwiderläuft und diese nicht behindert. Nach allgemeiner Meinung fallen die Schengener Übereinkommen unter Art. K.7 EUV aF und genügen dessen Anforderungen.[146] Damit sind die Schengener Übereinkommen mit dem Gemeinschafts- und Unionsrecht kompatibel.[147]

[142] im Ergebnis ebenso *Epiney*, Das zweite Schengener Abkommen: Entstehung, Konzept und Einbettung in die Europäische Union, in Achermann/Bieber/Epiney/Wehner, Schengen und die Folgen, S. 21, 37 ff. Die Kommission hat es nach Abschluss des Schengener Übereinkommens vom 14. Juni 1985 auch unterlassen, ein Vertragsverletzungsverfahren einzuleiten, sondern hat im Gegenteil die Initiative der Schengener Vertragsstaaten als positiv befunden, vgl. *Taschner*, Schengen, Rn. 28; *Schreckenberger*, VerwArch 1997, 389, 398 und 400; *Hummer/Obwexer*, Österreich in der Europäischen Union, Bd. III, S. 66; vgl. auch *Oberleitner*, Schengen und Europol, S. 80 ff.

[143] Eine ähnliche Formulierung findet sich auch schon im Saarbrückener Regierungsabkommen vom 13. Juli 1984, vgl. *Taschner*, Schengen, Rn. 14.

[144] Nochmals hervorgehoben wird die Absicht der Vertragsparteien, mit den Schengener Übereinkommen die europäische Integration zu vertiefen, in der ersten Erwägung des Protokolls zur Einbeziehung des Schengen-Besitzstands in den Rahmen der Europäischen Union.

[145] ausführlich dazu auch *Taschner*, Schengen, Rn. 70 ff, der dazu auf die Gefahr der „Kartellierung" hinweist. Vgl. auch *Hailbronner*, in Hailbronner/Klein/Magiera/Müller-Graff, Handkommentar zum Vertrag über die Europäische Union, Stand Juni 1996, Art. K EUV aF, Rn. 169; *Nicolaus*, NVwZ 1996, 40 ff; *Schreckenberger*, VerwArch 1997, 389, 400; *Nanz*, Integration 1994, 92, 105 f, betont, dass Schengen kein Selbstzweck ist und es auch nicht sein will. *Labayle*, RTDE 1997, 813, 834, weist darauf hin, dass die Begriffsbestimmungen in Art. 1 SDÜ gerade in Bezug auf das Hoheitsgebiet der EG-Mitgliedstaaten oder ihre Zugehörigkeit zur EG getroffen wurden, so z. B. der Begriff „Drittausländer".

[146] vgl. insbesondere *Degen*, in Groeben/Thiesing/Ehlermann, Kommentar zum EU-/EG-Vertrag, Art. K.7 EUV aF, Rn. 5; *Hailbronner*, in Hailbronner/Klein/Magiera/Müller-Graff, Handkommentar zum Vertrag über die Europäische Union, Stand Juni 1996, Art. K EUV aF, Rn. 169; *Schweitzer/Hummer*, Eu-

b) Die Rangfrage

Aufgrund des eigenständigen Rechtscharakters des Gemeinschaftsrechts gilt ein **Anwendungsvorrang des EG-Rechts** vor widersprechendem nationalem Recht.[148] Dieser Anwendungsvorrang gilt auch für von den Mitgliedstaaten abgeschlossene völkerrechtliche Verträge. Damit bleiben schon aufgrund Gemeinschaftsrechts die Schengener Übereinkommen unangewendet, wenn sie gegen EG-Recht verstoßen. Während das Schengener Übereinkommen vom 14. Juni 1985 über die Rangfrage keine Regelung trifft, wird der Vorrang des EG-Rechts auch in Art. 134 SDÜ ausdrücklich bestimmt. Damit nimmt Art. 134 SDÜ die vierte Erwägung der Präambel des SDÜ wieder auf.[149] So sind Art. 77 bis 81 und Art. 83 bis 90 SDÜ durch die Richtlinie des Rates 91/477/EWG über die Kontrolle des Erwerbs und des Besitzes von Waffen obsolet geworden. [150]

Einen anderen Fall der Rangfrage betrifft **Art. 142 Abs. 1 UAbs. 1 SDÜ**. Dieser bestimmt, dass zwischen den EG-Mitgliedstaaten neu geschlossene Übereinkommen im Hinblick auf die Verwirklichung eines Raums ohne Binnengrenzen dazu führen, dass die Vertragsparteien vereinbaren, unter welchen Voraussetzungen das SDÜ unter Berücksichtigung der entsprechenden Bestimmungen der erwähnten Übereinkommen ersetzt oder geändert werden muss. Diese Vorschrift verdient vor allem im Zusammenhang mit der intergouvernementalen dritten Säule des Maastrichter Vertrags hinsichtlich Art. K.3 Abs. 2 lit. c) EUV aF Beachtung. Ein Anwendungsfall ist das Dubliner Übereinkommen, das nach Art. 1 des Bonner Protokolls den Titel II Kapitel 7 SDÜ, der Bestimmungen über die Zuständigkeit für die Behandlung von Asylbegehren enthält, ersetzt.

3. Die Einbeziehung des Schengen-Besitzstands

Die Überführung des Schengen-Besitzstands in den Rahmen der Europäischen Union und seine Weiterentwicklung wird in einem eigenen **Protokoll zum Amsterdamer Vertrag** geregelt, das die Instrumente außerhalb des EG-/EU-Vertrags zur Verfügung stellt.[151] Seit Inkrafttreten des Vertrags von Amsterdam erfolgt die Zusammenarbeit der Schengen-Vertragsparteien innerhalb des institutionellen und rechtlichen Rahmens der EU und unter Beachtung der einschlägigen Bestimmungen des EU-

roparecht, Rn. 1879; *Pechstein/König*, Die Europäische Union, 2. Aufl., Rn. 369; *Schreckenberger*, VerwArch 1997, 389, 399; *Oberleitner*, Schengen und Europol, S. 81 f

[147] Insbesondere ist auch Art. 12 EGV nicht verletzt, da das SDÜ nur zwischen EG-Angehörigen und Drittausländern unterscheidet.

[148] sog. europarechtliche Lösung, die auch vom EuGH in der Rs. 6/64, Costa/ENEL, Slg. 1964, S. 1141, Rz. 8 ff, vertreten wird; zur völkerrechtlichen Lösung, die den innerstaatlichen Rang des Gemeinschaftsrechts vom nationalen Recht bestimmen lässt, vgl. *Schweitzer/Hummer*, Europarecht, Rn. 848; zur Rangfrage vgl. auch *Emmert*, Europarecht, S. 150 ff

[149] vgl. zum Anwendungsvorrang des Gemeinschaftsrechts auch die dritte Erwägung des Protokolls zur Einbeziehung des Schengen-Besitzstands in den Rahmen der Europäischen Union

[150] ABl. EG 1991 Nr. L 256/51

[151] Protokoll zur Einbeziehung des Schengen-Besitzstands in den Rahmen der Europäischen Union; vgl. zu den Motiven der Einbeziehung und der Verhandlungsgeschichte im Rahmen der RK 1996, *Labayle* RTDE 1997, 813, 832 ff; *Wagner*, LIEI 1998, 1, 8 ff; *de Kerchove d'Ousselghem*, Un espace de liberté, de sécurité et de justice aux dimensions incertaines, in Lejeune, Le Traité d'Amsterdam, S. 287, 290 f; *den Boer/Corrado*, EJML 1999, 397 ff; *Corrado*, RMCUE 1999, 342, 344 ff

und EG-Vertrags.[152] Dazu bestimmt Art. 2 Abs. 1 S. 1 Schengen-Protokoll, dass der „Schengen-Besitzstand" für die dreizehn EG-Mitgliedstaaten, die Vertragsparteien der Schengener Übereinkommen sind, sofort anwendbar ist.[153] Bei der im Schengen-Protokoll gewählten Regelungstechnik zur Eingliederung des Schengen-Besitzstands muss zwischen dem festgelegten Schengen-Besitzstand und dem auf dieser Grundlage neu erlassenen Recht unterschieden werden. Die Weiterentwicklung des Schengen-Besitzstands stellt eine spezifische Form der flexiblen Integration dar, die von den allgemeinen Vorschriften über die verstärkte Zusammenarbeit nach Art. 43 lit. i) EUV nicht berührt wird.[154] Dabei stellt sich als Erstes die Frage nach dem **Umfang des Schengen-Besitzstands zum Zeitpunkt des Inkrafttretens des Vertrags von Amsterdam am 1. Mai 1999**. Als Zweites ist die Problematik der **Festlegung einer Rechtsgrundlage** für die Bestimmungen des Schengen-Besitzstands zu untersuchen.

a) Der Schengen-Besitzstand

Der Schengen-Besitzstand wird durch den **Anhang zum Schengen-Protokoll** selbst bestimmt. Aufgeführt sind dort das Schengener Übereinkommen vom 14. Juni 1985, das SDÜ vom 19. Juni 1990 und die Beitrittsprotokolle und -übereinkommen jeweils mit den dazugehörigen Schlussakten und Erklärungen. Außerdem gehören die Beschlüsse und Erklärungen des Exekutivausschusses sowie die Rechtsakte zur Durchführung des Übereinkommens, die von den Organen erlassen worden sind, denen der Exekutivausschuss Entscheidungsbefugnisse übertragen hat, dazu. Damit ist das Schengener Primär- und Sekundärrecht gänzlich umfasst und zumindest theoretisch eindeutig bestimmt.[155]

Gerade über die Beschlüsse des Exekutivausschusses und seiner Organe, das **Schengener Sekundärrecht**, herrschte allerdings keine Klarheit.[156] Mit Beschluss 1999/435/EG vom 20. Mai 1999 hat der Rat, der hier nach Art. 2 Abs. 1 UAbs. 2 S. 1 Schengen-Protokoll ohne das Vereinigte Königreich und Irland handelte,[157] deshalb

[152] vgl. Art. 1 Schengen-Protokoll
[153] Für Dänemark, Finnland und Schweden galt dies erst ab 25. März 2001. Art. 2 Abs. 1 UAbs. 1 S. 1 Schengen-Protokoll lässt Abs. 2 unberührt, der für die Beitrittskandidaten die sofortige Anwendbarkeit von einem einstimmigen Ratsbeschluss abhängig macht, sofern die Bedingungen für den Beitritt eines dieser Staaten zum Schengen-Besitzstand nicht schon vor Inkrafttreten des Vertrags von Amsterdam erfüllt sind. Dies trifft für Dänemark, Finnland und Schweden zu, für die das SDÜ bei Inkrafttreten des Vertrags von Amsterdam am 1. Mai 1999 noch nicht in Kraft gesetzt war. Der Rat hat mit Beschluss vom 1. Dezember 2000 einstimmig beschlossen, dass ab 25. März 2001 der Schengen-Besitzstand in diesen Staaten in Kraft gesetzt wird, ABl. EG 2000 Nr. L 309/24.
[154] In der Vertragsfassung von Amsterdam ist eine diesbezügliche Bestimmung mit Art. 11 Abs. 5 EGV und Art. 40 Abs. 5 EUV noch in Titel IV EGV und Titel VI EUV enthalten; vgl. *Epiney*, Die Übernahme des „Schengen-Besitzstands" in die Europäische Union, in Hummer, Die Europäische Union nach dem Vertrag von Amsterdam, S. 103, 107 f; vgl. zur verstärkten Zusammenarbeit unten D. II.
[155] ebenso *Epiney*, Die Übernahme des „Schengen-Besitzstands" in die Europäische Union, in Hummer, Die Europäische Union nach dem Vertrag von Amsterdam, S. 103, 108
[156] So reichten in der Literatur die Schätzungen über den Umfang des Schengen-Besitzstands von 1000 bis hin zu 3000 Seiten, vgl. die Nachweise bei *Heimann*, „Visa, Asyl, Einwanderung und andere Politiken betreffend den freien Personenverkehr" - der neue Titel IV EGV unter besonderer Berücksichtigung des Schengen-Protokolls, S. 63; *Bribosia*, RMUE 1998, 27, 43, spricht von mehr als 1000 Seiten Schengener Sekundärrecht.
[157] Mitwirken dürfen allerdings auch die Schengen-Staaten, die zwar beigetreten sind, bei denen der Schengen-Besitzstand aber noch nicht in Kraft gesetzt wurde.

auf der Grundlage des Anhangs zum Schengen-Protokoll den Schengen-Besitzstand zum Zeitpunkt des Inkrafttretens des Amsterdamer Vertrags am 1. Mai 1999 bestimmt.[158] Rechtsgrundlage dieser Maßnahme ist Art. 2 Abs. 1 UAbs. 2 S. 1 Schengen-Protokoll, der den Rat zu Durchführungsmaßnahmen für die Einbeziehung des Schengen-Besitzstands ermächtigt. Vom Grundsatz her ist diese Maßnahme zu begrüßen, soll sie doch für mehr Transparenz in einem bisher der Öffentlichkeit schwer zugänglichen Gebiet sorgen. Art. 1 Abs. 1 iVm Anhang A des Ratsbeschlusses 1999/435/EG umfasst danach den Schengen-Besitzstand iSd Anhangs zum Schengen-Protokoll. Die Beschlüsse und Erklärungen des Schengen-Exekutivausschusses sowie die Beschlüsse der Zentralen Gruppe, zu denen diese vom Exekutivausschuss ermächtigt worden ist, sind dort aufgelistet.[159] Damit wurde vom Rat hinsichtlich der Forderung nach mehr Transparenz zumindest ein Anfang gemacht, wenn man sich die Tatsache vor Augen führt, dass eine klare und übersichtliche Veröffentlichung des Schengener Sekundärrechts bisher nicht vorhanden war. Die Abkehr von der im Vergleich zum Gemeinschaftssystem zwischen den Schengen-Vertragsparteien primitiveren Form der Zusammenarbeit zeigt hinsichtlich des Bedürfnisses nach mehr Transparenz und Demokratie Wirkung.[160]

Der Rat setzt jedoch schon mit der sich gemäß Art. 1 Abs. 2 des Ratsbeschlusses 1999/435/EG anschließenden Veröffentlichung des Schengen-Besitzstands die **Grenzen der neuen Transparenz** fest.[161] Veröffentlicht werden nicht die in Art. 2 des Ratsbeschlusses 1999/435/EG angeführten Bestimmungen. Diese sind jene Bestimmungen, für die es nach Ansicht des Rates nicht erforderlich ist, eine Rechtsgrundlage im EG-/EU-Vertrag festzulegen. Unproblematisch ist dies hinsichtlich der Bestimmungen des SDÜ, der Beitrittsübereinkommen und -protokolle zum Schengener Übereinkommen und SDÜ, die in Teil 1 und 2 des Anhangs B des Ratsbeschlusses 1999/435/EG aufgeführt sind. In Teil 3 des Anhangs B des Ratsbeschlusses 1999/435/EG befinden sich jedoch auch 40 Beschlüsse und 33 Erklärungen des Exekutivausschusses sowie drei Beschlüsse der Zentralen Gruppe, welche nicht veröffentlicht werden. Unveröffentlicht bleiben auch jene, die zum Zeitpunkt der Annahme dieses Beschlusses vom Schengen-Exekutivausschuss als „vertraulich" eingestuft wurden. In die gleiche Richtung geht Art. 1 Abs. 3 des Ratsbeschlusses 1999/435/EG, wonach sich der Rat vorbehält, zu einem späteren Zeitpunkt auch andere Teile des Schengen-Besitzstands im Amtsblatt zu veröffentlichen, und zwar insbesondere Bestimmungen, deren Veröffentlichung im allgemeinen Interesse erforderlich erscheint, oder denen der Rat für die Auslegung des Schengen-Besitzstands Bedeutung zumisst. Hinsichtlich des Transparenzgebots und der gerichtlichen Kontrolle zum Schutz der Rechte Einzelner erscheint diese **weite Ermessensauffassung** des Rates sehr bedenklich.[162] Allein der Rat bestimmt, was „im allgemeinen Interesse erforderlich erscheint", und er legt die Bedeutung für die Auslegung einer

[158] ABl. EG 1999 Nr. L 176/1

[159] 99 Beschlüsse und 37 Erklärungen des Schengen-Exekutivausschusses sowie 5 Beschlüsse der Zentralen Gruppe

[160] vgl. zur Kritik an den Schengener Übereinkommen *Bieber*, NJW 1994, 294, 296 f; *Bribosia*, RMUE 1998, 27, 43; *Wagner*, LIEI 1998, 1, 6 f; *van Simaeys/Carlier*, Le nouvel espace de liberté, de sécurité et de justice, in Lejeune, Le Traité d'Amsterdam, S. 227, 252; *Hailbronner/Thiery*, EuR 1998, 583, 584; speziell zur Kritik hinsichtlich der gerichtlichen Kontrolle, *Curti Gialdino*, RMUE 1998, 89, 92 f

[161] ABl. EG 2000 Nr. L 239/1

[162] vgl. auch die Kritik von *Schauer*, Schengen - Maastricht - Amsterdam, S. 208 f, und *den Boer/Corrado*, EJML 1999, 397, 405 f

Bestimmung fest. Art. 220 EGV bestimmt, dass der Gerichtshof die Wahrung des Rechts bei der Auslegung und Anwendung des EG-Vertrags sichert. Vor allem für das Vorabentscheidungsverfahren ist die Auslegung einer Norm das zentrale Element. Damit greift der Rat in die Kompetenz des EuGH ein. Der nicht gerade respektvolle Umgang mit den anderen Organen der EG bei der Eingliederung des Schengen-Besitzstands zeigt sich auch daran, dass zur Definition des Schengen-Besitzstands eine Konsultation des EP nicht für nötig befunden wurde.[163]

b) Zuordnung des Schengen-Besitzstands

aa) Grundlagen

Art. 2 Abs. 1 UAbs. 2 S. 2 Schengen-Protokoll regelt, dass der Rat einstimmig gemäß den einschlägigen Bestimmungen der Verträge die Rechtsgrundlage für jede Bestimmung und jeden Beschluss festlegt, die den Schengen-Besitzstand bilden. Solange die genannten Maßnahmen nicht getroffen worden sind, gelten die Bestimmungen und Beschlüsse, die den Schengen-Besitzstand bilden, als Rechtsakte, die auf Titel VI EUV gestützt sind.[164] Mithin kann nach einer **Zuordnung durch das Schengen-Protokoll** selbst, das als Primärrecht auf der gleichen Stufe wie der EG- und der EU-Vertrag steht,[165] und einer **sekundärrechtlichen Zuordnung** durch einstimmigen Beschluss des Rates unterschieden werden. Wie aus Art. 2 Abs. 1 UAbs. 4 Schengen-Protokoll hervorgeht, ist die primärrechtliche Zuordnung des Schengen-Besitzstands grundsätzlich subsidiär zur sekundärrechtlichen Zuordnung. Sobald und soweit also ein einstimmiger Ratsbeschluss eine Rechtsgrundlage für eine Bestimmung des Schengen-Besitzstands festgelegt hat, ist dies konstitutiv. Der Rat ist allerdings nicht frei in seiner Wahl der Rechtsgrundlage, diese hat vielmehr nach den einschlägigen Bestimmungen der Verträge zu erfolgen. Besteht eine Rechtsgrundlage im Gemeinschaftsrecht, so hat der Rat diese heranzuziehen.[166] Der EuGH hat für das Gemeinschaftsrecht die Formel aufgestellt, dass sich die Wahl der Rechtsgrundlage auf „objektive, gerichtlich nachprüfbare Umstände" gründen muss.[167] Ob-

---

[163] vgl. Entschließung des EP vom 6. Mai 1999, ABl. EG 1999 Nr. C 279/429. Zwar enthält das Schengen-Protokoll keine Verpflichtung zur Anhörung des EP, jedoch ist das EP auch in Titel VI EUV eingeführt worden und hat nach Art. 39 Abs. 2 EUV ein Unterrichtungsrecht über die in den Bereichen des Titel VI EUV durchgeführten Arbeiten. Da vor Festlegung einer Rechtsgrundlage für den Schengen-Besitzstand alle Bestimmungen und Beschlüsse daraus nach Art. 2 Abs. 1 UAbs. 4 Schengen-Protokoll unter Titel VI EUV fallen, ist ein solches Unterrichtungsrecht hier auch gegeben. Dafür spricht schon der zeitliche Rahmen. Mit Inkrafttreten des Amsterdamer Vertrags am 1. Mai 1999 wurde der Schengen-Besitzstand automatisch - ipso facto - in den Rahmen der EU einbezogen. Ab dem 1. Mai 1999 war somit nach Art. 2 Abs. 1 UAbs. 4 Schengen-Protokoll der Titel VI EUV Rechtsgrundlage für den Schengen-Besitzstand. Die Beschlüsse des Rates vom 20. Mai 1999 betrafen damit zumindest auch Titel VI EUV, womit das EP unterrichtet hätte werden müssen. Die gegensätzliche Ansicht von Staatssekretär *Körper* als Vertreter der deutschen Bundesregierung kann nicht geteilt werden, vgl. *Körper*, in Ausschuss für die Angelegenheiten der EU des Deutschen Bundestags, Protokoll der 37. Sitzung vom 23. Februar 2000, S. 20 f und 31.

[164] vgl. Art. 2 Abs. 1 UAbs. 4 Schengen-Protokoll

[165] vgl. oben I. 3.

[166] vgl. EuGH, Rs. C-170/96, Flughafentransit, Slg. 1998, S. I-2763, Rz. 17

[167] vgl. EuGH, Rs. 45/86, APS I, Slg. 1987, S. 1493, Rz. 11; EuGH, Rs. 68/86, Hormone, Slg. 1988, S. 855, Rz. 24; EuGH, Rs. C-233/94, Einlagensicherungssysteme, Slg. 1997, S. I-2405, Rz. 12

jektive Kriterien sind insbesondere Ziel und Inhalt des Rechtsaktes.[168] Bestimmungen, für die keine Rechtsgrundlage festgelegt wurde, fallen nach Art. 2 Abs. 1 UAbs. 4 Schengen-Protokoll unter Titel VI EUV.

bb) Keine Verpflichtung zur Festlegung einer Rechtshandlungsform

Mit dem Beschluss 1999/436/EG vom 20. Mai 1999 hat der Rat, der hier in Vollbesetzung[169] handelte, da Art. 2 Abs. 1 UAbs. 2 S. 2 Schengen-Protokoll keine diesbezügliche Einschränkung enthält, eine sekundärrechtliche Zuordnung des Schengen-Besitzstands getroffen.[170] Er hat dabei allerdings lediglich eine Zuordnung der einzelnen Bestimmungen und Beschlüsse unter eine Vorschrift des EG-/EU-Vertrags vorgenommen, ohne jeweils die **genaue Rechtshandlungsform** zu benennen. Hinsichtlich des EG-Vertrags wären dies die in Art. 249 EGV vorgesehenen verbindlichen Rechtsformen, d. h. Verordnungen, Richtlinien und Entscheidungen. Allerdings existiert kein Numerus clausus der gemeinschaftsrechtlichen Rechtsakte.[171] So sind im EG-Vertrag zahlreiche verbindliche Rechtshandlungen vorgesehen, die nicht in den Katalog des Art. 249 EGV eingeordnet werden können.[172] Für den Titel VI EUV führt Art. 34 Abs. 2 EUV die hier relevanten verbindlichen Rechtsformen des Rahmenbeschlusses und des Beschlusses auf. Art. 2 Abs. 1 UAbs. 2 S. 2 Schengen-Protokoll verpflichtet den Rat nur zur Festlegung der Rechtsgrundlage. Für eine darüber hinausgehende **Verpflichtung zu einem Neuerlass** der Bestimmungen und Beschlüsse in einer Rechtsform des EG-/EU-Vertrags trifft die Vorschrift keine Aussage. Man könnte nun argumentieren, dass der Rat nach den allgemeinen vertraglichen Bestimmungen die Rechtsform und damit die Rechtswirkung bezeichnen muss.[173] Dabei ist jedoch zu berücksichtigen, dass es sich hier nicht um den „normalen" Erlass von Sekundärrecht handelt, sondern um die **Eingliederung eines völkerrechtlichen Vertrags**, der den Rang von Sekundärrecht innehat. Dazu kommt, dass Titel IV EGV selbst undifferenziert auf den Erlass von Maßnahmen abstellt. Sinn und Zweck des Schengen-Protokolls ist es auch, den Schengen-Besitzstand einzugliedern. Dafür ist ein Neuerlass der Schengen-Bestimmungen zwar aus Gründen der Klarheit wünschenswert, jedoch nicht zwingend.[174] Die Eingliederung kann auch ohne die Festlegung einer Rechtshandlungsform erfolgen. Der

[168] vgl. EuGH, Rs. C-295/90, Studentenrichtlinie, Slg. 1992, S. I-4193, Rz. 13; EuGH, Rs. C-300/89, Titandioxid, Slg. 1991, S. I-2867, Rz. 10

[169] Vollbesetzung bedeutet mit dem Vereinigten Königreich und der Republik Irland, die nicht Vertragsparteien der Schengener Übereinkommen sind.

[170] ABl. EG 1999 Nr. L 176/17; vgl. auch die Entschließung des EP zum Schengen-Besitzstand, in der das EP protestiert, dass es bei der Festlegung der Rechtsgrundlagen nicht konsultiert wurde, ABl. EG 1999 Nr. C 279/429. Damit hat der Rat knapp verfehlt, zum Zeitpunkt des Inkrafttretens des Vertrags von Amsterdam am 1. Mai 1999 alle erforderlichen Maßnahmen zu beschließen, die in Art. 2 Schengen-Protokoll genannt sind, vgl. die Erklärung Nr. 44 zu Art. 2 Schengen-Protokoll zum Vertrag von Amsterdam. Vgl. dazu auch die Empfehlung des EP an den Rat zum Arbeitsprogramm im Rahmen der Schengen-Kooperation bis Juni 1999, ABl. EG 1999 Nr. C 104/143, Ziff. I.3.

[171] vgl. EuGH, Rs. 22/70, AETR, Slg. 1971, S. 263, Rz. 3 f und 34 ff; zu den Grundsätzen der Auslegung bei einer nicht in der Form des Art. 249 EGV gefassten Maßnahme vgl. EuGH, Rs. 22/70, AETR, Slg. 1971, S. 263, Rz. 3 f und 38 ff

[172] vgl. *Schweitzer/Hummer*, Europarecht, Rn. 412; *Oppermann*, Europarecht, Rn. 577 ff

[173] so *Epiney*, Die Übernahme des „Schengen-Besitzstands" in die Europäische Union, in Hummer, Die Europäische Union nach dem Vertrag von Amsterdam, S. 103, 110, 112. Für diese Argumentation könnte man etwa das Prinzip der begrenzten Ermächtigung als Grundsatz anführen.

[174] so auch *Thun-Hohenstein*, Der Vertrag von Amsterdam, S. 30

Rat läuft mit der vorgenommenen Verfahrensweise auch nicht Gefahr, den materiellen Gehalt des Schengen-Besitzstands anzutasten und ihn rechtswidrig weiterzuentwickeln oder zu modifizieren.[175] Bei einem Neuerlass in Form der in den Verträgen vorgesehenen Rechtshandlungsformen würde die Schwierigkeit bestehen, mit der gewählten Form die genau **gleiche Rechtspflicht** zu erzeugen. Nach ständiger Rechtsprechung des EuGH entscheidet nicht die Form oder Bezeichnung über die Rechtsqualität einer Bestimmung, sondern der objektive Gegenstand und Inhalt des Rechtsaktes.[176] Damit können die Rechtsfolgen einer Bestimmung des Schengen-Besitzstands im Einzelfall auch ohne die Festlegung einer Rechtsform durch Interpretation festgestellt werden. Auch unter dem Gesichtspunkt des **Rechtsschutzes** ist die Festlegung einer Rechtsform nicht erforderlich. Für die Nichtigkeitsklage nach Art. 230 EGV ist es ständige Rechtsprechung, dass das Vorliegen einer Handlung, die Rechtswirkung erzeugt, für die Zulässigkeit ausreichend ist.[177] Für den Rechtsschutz nach Art. 35 Abs. 6 EUV, der zwar nur die Überprüfung der Rechtmäßigkeit von Rahmenbeschlüssen und Beschlüssen regelt, muss aus Gründen der Kohärenz zwischen den Säulen dasselbe gelten.

cc) Lückenhafte Festlegung des Rates und implizite Erweiterung der dritten Säule

Nach Ansicht des Rates ist die Festlegung von Rechtsgrundlagen nur in Bezug auf diejenigen verbindlichen Bestimmungen und Beschlüsse des Schengen-Besitzstands erforderlich, die noch in Kraft sind.[178] Diese **Einschränkung** ist durchaus sinnvoll, um zu einem für die Praxis relevanten Ergebnis zu kommen. In Art. 2 iVm Anhang B des Beschlusses 1999/435/EG, gestützt auf Art. 2 Abs. 1 UAbs. 2 S. 1 Schengen-Protokoll, führt der Rat anschließend die Bestimmungen und Beschlüsse des Schengen-Besitzstands auf, für die es nach seiner Ansicht nicht erforderlich ist, eine Rechtsgrundlage festzulegen. Die Begründung für diese Liste wird allgemein in der vierten Erwägung des Beschlusses 1999/435/EG vorangestellt, im Anhang B wird bei den einzelnen Beschlüssen und Erklärungen des Exekutivausschusses und der Zentralen Gruppe jeweils auf eine konkrete Begründung verwiesen. Über das oben aufgestellte **Erfordernis des Inkraftseins** hinaus, können nach Ansicht des Rates verschiedene Gründe rechtfertigen, dass die Festlegung einer Rechtsgrundlage „nicht erforderlich oder nicht passend ist“[179]:

---

[175] Für die Weiterentwicklung und Modifizierung gilt ein anderes Verfahren, vgl. unten c). Allerdings ist allein durch die Einbeziehung des völkerrechtlichen Schengen-Besitzstands in das Gemeinschafts-/Unionsrecht von einer anderen Interpretation durch den EuGH auszugehen, die einer Weiterentwicklung/Modifizierung wohl nahekommen wird.

[176] vgl. EuGH, Rs. 8/55, Fédération Charbonnière de Belgique, Slg. 1955-1956, S. 197, 224; EuGH, Rs. 25/62, Plaumann, Slg. 1963, S. 211, 238; EuGH, Rs. 60/81, IBM, Slg. 1981, S. 2639, Rz. 9; EuGH, Rs. 114/86, Lomé II, Slg. 1988, S. 5289, Rz. 12; EuGH, Rs. C-300/89, Titandioxid, Slg. 1991, S. I-2867, Rz. 10; EuGH, Rs. 303/90, Verhaltenskodex, Slg. 1991, S. I-5315, Rz. 8

[177] vgl. EuGH, Rs. 22/70, AETR, Slg. 1971, S. 263, Rz. 38 ff; EuGH, Rs. 114/86, Lomé II, Slg. 1988, S. 5289, Rz. 12; EuGH, Rs. C-303/90, Verhaltenskodex, Slg. 1991, S. I-5315, Rz. 8; EuGH, Rs. C-325/91, Kommissionsmitteilung, Slg. 1993, S. I-3303, Rz. 9

[178] vgl. die zweite Erwägung des Beschlusses 1999/435/EG vom 20. Mai 1999, ABl. EG 1999 Nr. L 176/1

[179] vgl. die vierte Erwägung des Ratsbeschlusses 1999/435/EG vom 20. Mai 1999, ABl. EG 1999 Nr. L 176/1. Es fragt sich, was der Rat unter dem euphemistischen Begriff „nicht passend“ versteht. Gemeint kann damit wohl nur sein, dass eine Einigung über eine Rechtsgrundlage nicht erzielt werden konnte. So konnte für die Vorschriften des SIS noch keine Rechtsgrundlage gefunden werden. Die Niederlande haben in einer Erklärung zum Ratsbeschluss 1999/436/EG vom 20. Mai 1999, der sich

- Die Bestimmung ist **nicht rechtsverbindlich**, und eine vergleichbare Bestimmung kann vom Rat nur aufgrund eines Instruments angenommen werden, das auf keine Rechtsgrundlage in einem der Verträge verweist.
- Die Bestimmung ist zeit- und/oder ereignisbedingt **gegenstandslos** geworden.
- Die Bestimmung betrifft institutionelle Regelungen, die als durch Verfahren der Europäischen Union **abgelöst** anzusehen sein werden.
- Der Inhalt der Bestimmung ist von einer Rechtsvorschrift der Europäischen Gemeinschaft oder der Europäischen Union oder einem von allen Mitgliedstaaten angenommenen Rechtsakt erfasst und damit **gegenstandslos**.
- Die Bestimmung ist durch das gemäß Artikel 6 des Schengen-Protokolls abzuschließende Abkommen mit der Republik Island und dem Königreich Norwegen **gegenstandslos** geworden.
- Die Bestimmung betrifft einen Bereich, der weder in die Tätigkeit der Gemeinschaft fällt noch von den Zielen der Europäischen Union erfasst ist und daher einen jener Bereiche betrifft, für den sich die Mitgliedstaaten **Handlungsfreiheit vorbehalten** haben. Dies schließt Bestimmungen ein, die ihre Bedeutung nur für Zwecke der Berechnung finanzieller Ansprüche von oder zwischen den betroffenen Mitgliedstaaten haben können.

Diese weite Auffassung des Spielraums, ob eine Rechtsgrundlage gefunden werden muss oder nicht, erscheint hinsichtlich der Formulierung in Art. 2 Abs. 1 UAbs. 2 S. 2 Schengen-Protokoll bedenklich. Dieser geht davon aus, dass der Rat für jede Bestimmung und jeden Beschluss, die den Schengen-Besitzstand bilden, eine Rechtsgrundlage festlegt. Der Wortlaut spricht für eine **Handlungsverpflichtung** des Rates, allerdings fehlt es für diese an der Festsetzung einer Frist für die Verwirklichung.[180] Für die Praxis der Eingliederung mag diese Interpretation des Rates gegen den eindeutigen Wortlaut ihre Vorzüge haben, da obsolete Bestimmungen und Beschlüsse ausgeschieden werden können.[181] Die Nichtfestlegung einer Rechtsgrundlage hat für diese Bestimmungen nicht zur Folge, dass sie wegfallen oder rechtsungültig werden.[182] Die Folge ist allerdings, dass sie nicht veröffentlicht werden und somit rechtsverbindliche Bestimmungen existieren, die nicht eingesehen werden können.

Besonders ins Auge fällt der **vierte Begründungspunkt**, der vor allem für das SDÜ zutrifft, da große Teile dieses Sachbereichs durch EG-/EU-Recht oder einen von al-

---

Belgien angeschlossen hat, die Auffassung vertreten, dass Bestimmungen des Titel IV EGV die Rechtsgrundlage für eine Reihe von Beschlüssen und Bestimmungen aus dem Schengen-Besitzstand betreffend das SIS sein sollen, da sich diese auf die ausländerrechtlichen Aspekte der Freizügigkeit beziehen, ABl. EG 1999, Nr. L 176/30. Vgl. dazu auch *Griller/Droutsas/Falkner/Forgó/Nentwich*, The Treaty of Amsterdam, S. 506 ff, die vorschlagen, die erste Säule als Rechtsgrundlage heranzuziehen, um eine Aufsplitterung zwischen den Säulen zu verhindern.

[180] *Epiney*, Die Übernahme des „Schengen-Besitzstands" in die Europäische Union, in Hummer, Die Europäische Union nach dem Vertrag von Amsterdam, S. 103, 113 f, weist zurecht darauf hin, dass es sich trotz der Regelungen in Art. 2 Abs. 1 UAbs. 4 und Art. 5 Abs. 2 Schengen-Protokoll nach dem Gesamtzusammenhang bei der Überführung in Titel VI EUV nur um eine Übergangslösung handeln kann.

[181] so auch *Schauer*, Schengen - Maastricht - Amsterdam, S. 208. Mit dem ersten Begründungspunkt werden drei Beschlüsse und 28 Erklärungen des Exekutivausschusses ausgesondert. Sechs Beschlüsse und fünf Erklärungen des Exekutivausschusses sind zeit- und/oder ereignisbedingt gegenstandslos geworden. Der dritte und fünfte Begründungspunkt betreffen lediglich einen Beschluss des Exekutivrates, vgl. ABl. EG 1999 Nr. L 176/1.

[182] vgl. die sechste Erwägung des Ratsbeschlusses 1999/435/EG vom 20. Mai 1999

len EG-Mitgliedstaaten erfassten Rechtsakt geregelt sind.[183] 29 Beschlüsse des Exekutivrates und drei Beschlüsse der Zentralen Gruppe fallen unter den **sechsten Begründungspunkt**. Diese Begründung ist besonders problematisch, da mit ihr ausgesagt wird, dass ein Teil des Schengen-Besitzstands weder in die Tätigkeit der EG noch unter die Ziele der EU fällt. Damit stellt sich das Problem, dass dieser Teil des Schengen-Besitzstands nicht unter das EG-/EU-Recht gefasst werden kann, jedoch trotzdem nach Art. 2 Abs. 1 UAbs. 1 S. 1 Schengen-Protokoll seit dem 1. Mai 1999 sofort anwendbar ist.[184] Aufgrund der eindeutigen Formulierung in Art. 2 Abs. 1 UAbs. 4 Schengen-Protokoll, der Rechtsakte ohne sekundärrechtliche Zuordnung unter Titel VI EUV fasst, ist in der Einbeziehung dieses Teils des Schengen-Besitzstands eine **implizite Erweiterung der dritten Säule** zu sehen. Für den Schengen-Besitzstand ist das Schengen-Protokoll lex specialis zu Titel VI EUV.[185] Für diese Lösung spricht auch der Sinn und Zweck des Schengen-Protokolls. Der gesamte Schengen-Besitzstand soll in den institutionellen und rechtlichen Rahmen der Europäischen Union einbezogen werden. Dies konnte von den Mitgliedstaaten als den Herren der Verträge auch im Schengen-Protokoll bestimmt werden, da es sich dabei um Primärrecht und einen Bestandteil des Amsterdamer Vertrags handelt.[186] Welchen Inhalt diese Rechtsakte haben, kann allerdings aufgrund der fehlenden Veröffentlichung nicht festgestellt werden.[187]

dd) Rechtswirkungen der Einbeziehung und der Zuordnung

Der gesamte Schengen-Besitzsstand ist ohne vorherige sekundärrechtliche Zuordnung ab dem Zeitpunkt des Inkrafttretens des Amsterdamer Vertrags **sofort anwendbar**.[188] Dies gilt allerdings nur für die Schengen-Staaten, bei denen zum Zeitpunkt des Inkrafttretens des Amsterdamer Vertrags der Schengen-Besitzstand schon in Kraft gesetzt war. Für die anderen Staaten hat der Rat mit einstimmigem Beschluss den Zeitpunkt festzulegen.[189] Die sofortige Anwendbarkeit darf nicht mit der unmittelbaren Anwendbarkeit verwechselt werden. Im Zusammenhang mit Art. 1

[183] Die VO (EWG) des Rates Nr. 3925/91 vom 19. Dezember 1991 über die Abschaffung von Kontrollen und Förmlichkeiten für Handgepäck oder aufgegebenes Gepäck auf einem innergemeinschaftlichen Flug sowie für auf einer innergemeinschaftlichen Seereise mitgeführtes Gepäck, ABl. EG 1991 Nr. L 374/4, hat Art. 4 SDÜ ersetzt, soweit Gepäckkontrollen betroffen sind. Die RL des Rates 91/477/EWG über die Kontrolle des Erwerbs und des Besitzes von Waffen hat Art. 77 bis 81 und Art. 83 bis 90 SDÜ ersetzt. Eine Zuständigkeit für Kriegswaffen ist für die Mitgliedstaaten in Art. 296 Abs. 1 lit. b) EGV festgelegt. Das Dubliner Übereinkommen über die Bestimmung des zuständigen Staates für die Prüfung eines in einem Mitgliedstaat der Europäischen Gemeinschaft gestellten Asylantrags, ABl. EG 1997 Nr. C 254/1, hat die Art. 28 bis 38 SDÜ und die dazugehörigen Definitionen ersetzt.

[184] Dieses Problem wird in anderer Weise auch von *Müller-Graff* angesprochen, der sich fragt, ob die dritte Säule die Tragkraft für alle nicht unter Titel IV EGV fallenden Rechtsakte besitzt, vgl. *Müller-Graff*, Institutionelle und materielle Reformen in der Zusammenarbeit in den Bereichen Justiz und Inneres, in Hummer, Die Europäische Union nach dem Vertrag von Amsterdam, S. 259, 269.

[185] vgl. auch *Epiney*, Die Übernahme des „Schengen-Besitzstands" in die Europäische Union, in Hummer, Die Europäische Union nach dem Vertrag von Amsterdam, S. 103, 111, die die Einordnung des Schengen-Besitzstands in die dritte Säule als Rechtsfolgenverweisung auf die Handlungsformen der dritten Säule versteht.

[186] zur Rechtsqualität der Protokolle des Amsterdamer Vertrags, vgl. schon oben I. 3.

[187] vgl. Art. 1 Abs. 2 des Ratsbeschlusses 1999/435/EG vom 20. Mai 1999

[188] vgl. Art. 2 Abs. 1 UAbs. 1 S. 1 Schengen-Protokoll

[189] vgl. Art. 2 Abs. 1 UAbs. 2 S. 1 iVm Abs. 2 Schengen-Protokoll. Für die bisher letzten Schengen-Staaten Dänemark, Schweden und Finnland hat der Rat den Zeitpunkt auf den 25. März 2001 festgelegt, ABl. EG 2000 Nr. L 309/24.

Schengen-Protokoll, auf den Art. 2 Abs. 1 UAbs. 1 S. 1 Schengen-Protokoll auch hinsichtlich der Mitgliedstaaten Bezug nimmt, kann die sofortige Anwendbarkeit nur bedeuten, dass die Zusammenarbeit der Schengen-Staaten ab Inkrafttreten des Vertrags von Amsterdam obligatorisch innerhalb des institutionellen rechtlichen Rahmens der EU stattfindet.[190] Ab demselben Zeitpunkt tritt der Rat an die Stelle des Exekutivausschusses.[191] Die Einzelheiten der Eingliederung des Schengen-Sekretariats in das Generalsekretariat des Rates werden vom Rat mit qualifizierter Mehrheit beschlossen.[192]

Umstritten ist allerdings die Frage der **weitergehenden Rechtswirkungen** der durch den Rat erfolgten **Zuordnung**. Bestimmt die Zuordnung auch über die Qualität als Gemeinschaftsrecht mit der Folge der Anwendung dessen allgemeiner Prinzipien bei den Bestimmungen des Schengen-Besitzstands, für die eine Rechtsgrundlage im EG-Vertrag festgesetzt wurde? Primärrechtlicher Ansatzpunkt für eine diesbezügliche Antwort ist Art. 2 Abs. 1 UAbs. 4 Schengen-Protokoll, der wie folgt lautet:

Solange die genannten Maßnahmen nicht getroffen worden sind, gelten die Bestimmungen und Beschlüsse, die den Schengen-Besitzstand bilden, unbeschadet des Artikels 5 Absatz 2 als Rechtsakte, die auf Titel VI des Vertrags über die Europäische Union gestützt sind.

Zu klären ist, welche „genannten Maßnahmen" getroffen werden müssen, damit Rechtsakte des Schengen-Besitzstands nicht mehr als auf Titel VI EUV gestützt gelten. Von Maßnahmen spricht Art. 2 Abs. 1 UAbs. 2 Schengen-Protokoll, der den Rat zu Durchführungsmaßnahmen für Art. 2 Abs. 1 Schengen-Protokoll ermächtigt und ihn zur Festlegung von Rechtsgrundlagen für die Bestimmungen und Beschlüsse des Schengen-Besitzstands verpflichtet. Nicht ausdrücklich erwähnt wird jedoch, um welche Durchführungsmaßnahmen es sich in Art. 2 Abs. 1 Schengen-Protokoll handelt, insbesondere wird die Eingliederung des Schengen-Besitzstands in den Rahmen der EU unter Art. 1 S. 2 Schengen-Protokoll angesprochen. Wäre unter den „genannten Maßnahmen" die Festlegung einer Rechtsgrundlage nach Art. 2 Abs. 1 UAbs. 2 S. 2 Schengen-Protokoll zu verstehen, so würden sich die weiteren Rechtswirkungen nach der Zuordnung der Bestimmungen zum Gemeinschafts- oder Unionsrecht richten. Nur im Falle einer Zuordnung zum Gemeinschaftsrecht würden in diesem Fall z. B. auch die Grundsätze des Vorrangs und der unmittelbaren Anwendbarkeit gelten. Durch die Zuordnung kann jedoch kein originäres Gemeinschaftsrecht entstehen, dafür fehlt es an der Durchführung eines im EG-Vertrag festgelegten Beschlussverfahrens nach Art. 251, 252 EGV. Auch kann in der Festlegung der Rechtsgrundlagen keine besondere, primärrechtlich angeordnete Form eines Erlasses von EG-Sekundärrecht gesehen werden.[193] Diese Sichtweise würde zu einer neuen Art von Gemeinschaftsrecht führen, sog. **faktischem Gemeinschaftsrecht**, das ohne das dafür im EG-Vertrag vorgesehene Verfahren und ohne Einbeziehung der zuständigen Organe (Kommission und Europäisches Parlament) zustande ge-

[190] ebenso *Epiney*, Die Übernahme des „Schengen-Besitzstands" in die Europäische Union, in Hummer, Die Europäische Union nach dem Vertrag von Amsterdam, S. 103, 109
[191] vgl. Art. 2 Abs. 1 UAbs. 1 S. 1 Schengen-Protokoll
[192] vgl. Art. 7 Schengen-Protokoll
[193] *Röben*, in Grabitz/Hilf, Das Recht der Europäischen Union, Stand Mai 1999, Vor Art. 61 EGV, Rn. 10, sieht in der Festlegung der Rechtsgrundlage einen Neuerlass des Schengen-Besitzstands in einem besonderen Verfahren.

kommen ist.[194] Solches ist im EG-Vertrag nicht vorgesehen und auch primärrechtlich im Schengen-Protokoll nicht gewollt. Art. 2 Abs. 1 UAbs. 4 Schengen-Protokoll trifft ausdrücklich keine Festlegung der weiteren Rechtswirkungen der erfolgten Zuordnung. In seiner Rechtsfolge bestimmt er lediglich, dass mangels einer vom Rat festgelegten Rechtsgrundlage die Bestimmung als auf Titel VI EUV gestützt gilt. Damit gelten jedoch auch die allgemeinen Regeln für die Schaffung von Gemeinschaftsrecht, d. h. Verfahren und Rechte der Organe müssen berücksichtigt werden. Die Einbeziehung des Schengen-Besitzstands in den Rahmen der EU nach Art. 1 S. 2 Schengen-Protokoll kann demnach nur dann zu neuem Gemeinschaftsrecht mit den Folgen des Vorrangs und der unmittelbaren Anwendbarkeit führen, wenn unter **Anwendung des EG-Normerlassverfahrens**, d. h. hier Art. 250 EGV und unter Einbeziehung der Organe reguläres Gemeinschaftsrecht entsteht. Bis zu diesem Schritt kann den Bestimmungen und Beschlüssen des Schengen-Besitzstands, für die eine Rechtsgrundlage im EG-Vertrag festgesetzt wurde, nicht die Qualität von Gemeinschaftsrecht zukommen. Die im Schengen-Protokoll erfolgte Einbeziehung in den Rahmen der EU kann damit für die weiteren Rechtswirkungen nur bedeuten, dass diese auf der Grundlage des EU-Vertrags selbst zu suchen sind. Inhaltlich regelt der Schengen-Besitzstand Fragen der Justiz- und Innenpolitik, so dass Titel VI EUV als genauer Standort für die Bestimmungen der weiteren Rechtswirkungen festgelegt werden kann. Für die Zuordnung in diesen Bereich spricht auch die Erwähnung in Art. 2 Abs. 1 UAbs. 4 Schengen-Protokoll. Demnach bleibt als Ergebnis festzuhalten, dass sich die **weiteren Rechtswirkungen nach Titel VI EUV** bestimmen.[195] Bei der Auslegung ist allerdings ihr völkerrechtlicher Ursprung weiter miteinzubeziehen. Wie sich aus Art. 34 Abs. 2 lit. b) und c) EUV ergibt, ist die unmittelbare Wirksamkeit für Vorschriften, die unter Titel VI EUV fallen, ausdrücklich ausgeschlossen. Hinsichtlich bisher unveröffentlicher Normen ist klarzustellen, dass schon aufgrund des Grundsatzes der Rechtsstaatlichkeit, der auch in Art. 6 Abs. 1 EUV Eingang gefunden hat, diese für den Einzelnen keine Verpflichtungen erzeugen können.[196] Der Grundsatz der Rechtssicherheit würde dem entgegenstehen. Nachteil dieser Lösung ist allerdings, dass auf unabsehbare Zeit der ursprüngliche Schengen-Besitzstand, für den

---

[194] Die Kommission hatte im Schengen-System lediglich einen Beobachterstatus inne. Das EP war nicht beteiligt.

[195] Nach *Wiedmann*, in Schwarze, EU-Kommentar, Art. 61 EGV, Rn. 21 ff, verwandeln sich die der ersten Säule zugeordneten Vorschriften erst mit ihrem Neuerlass als VO, RL oder Entscheidung iSv Art. 249 EGV zu Gemeinschaftsrecht. Bis dahin gelten sie als Rechtsakte, die auf Titel VI EUV gestützt sind. Allerdings würden für die Vorschriften trotzdem die Grundsätze des Vorrangs und der unmittelbaren Anwendbarkeit gelten. Dies erscheint unlogisch, da damit gerade die weitergehenden Rechtswirkungen des Gemeinschaftsrechts wieder eingeführt werden. Die Folge wäre ein sog. faktisches Gemeinschaftsrecht, das schon aus Gründen der Rechtssicherheit abzulehnen ist. *Zimmermann*, NVwZ 1998, 450, 452 f, spricht von einer Vergemeinschaftung des Schengen-Besitzstands durch das Schengen-Protokoll. Er übersieht dabei, dass die Einbeziehung in den Rahmen der Europäischen Union, nicht der Europäischen Gemeinschaft stattfindet. Nach *Hailbronner/Thiery*, EuR 1998, 583, 592 f, vollzieht sich die Vergemeinschaftung des Schengen-Besitzstands auch nicht automatisch mit der Einbeziehung in den Rahmen der Union, sondern es ist das im EG-Vertrag vorgesehene Verfahren anzuwenden. Allerdings wollen diese Autoren den Wirkbereich der dritten Säule in der Fassung des Vertrags von Maastricht heranziehen. Gerade im Hinblick auf den Wunsch nach einer Ausweitung der gerichtlichen Kontrolle durch den EuGH kann dieser Auslegung jedoch nicht gefolgt werden, vgl. dazu auch unten B. I. 5. Widersprüchlich *Hailbronner*, EJML 1999, 9, 23, der hier in der Zuordnung zu einer EG-Rechtsgrundlage auch das Entstehen von Gemeinschaftsrecht sieht.

[196] ebenso *Griller/Droutsas/Falkner/Forgó/Nentwich*, The Treaty of Amsterdam, S. 502, unter Verweis auf EuGH, Rs. T-155/94, Opel Austria, Slg. 1997, S. II-39, Rz. 124. Subjektive Rechte können jedoch auch von nicht veröffentlichten Normen verliehen werden, vgl. EuGH, Rs. C-192/89, Sevince, Slg. 1990, S. I-3461, Rz. 24.

eine Rechtsgrundlage im EG-Vertrag festgelegt wurde, einem anderen Regime unterliegt als die auf seiner Grundlage geschaffenen Normen, für die Gemeinschaftsrecht zur Anwendung kommt. Auch wenn man dieser Lösung nicht folgt und der Zuordnung die Wirkung einer (faktischen) Vergemeinschaftung zugestehen will, so muss man zu dem Ergebnis kommen, dass Transparenz und Klarheit bei der Regelung dieses Sachbereichs kein hoher Stellenwert zukam.

c) Die Weiterentwicklung des Schengen-Besitzstands als eigenständige Rechtsmaterie

Die Weiterentwicklung und Modifikation des Schengen-Besitzstands richtet sich immer nach den **einschlägigen Bestimmungen** der Verträge.[197] Gemeint sind Titel IV EGV oder Titel VI EUV. In diesem Bereich ist damit eine eindeutige primärrechtliche Aussage getroffen.[198] Art. 5 Abs. 2 Schengen-Protokoll stellt dies noch einmal für den Fall klar, dass eine Rechtsgrundlage für die zugrundeliegende Norm des Schengen-Besitzstands sekundärrechtlich vom Rat nicht festgelegt wurde.[199] Dies bedeutet, dass sich die Rechtsgrundlage bei Vorschlägen und Initiativen auf der Grundlage des Schengen-Besitzstands nach den objektiv einschlägigen Bestimmungen der Verträge richtet. Nach der Jurisdiktion des EuGH heißt dies, dass die Rechtsgrundlage nach objektiven, gerichtlich nachprüfbaren Kriterien zu bestimmen ist.[200] Auch wenn somit die Rechtsgrundlage für eine neue Maßnahme mangels eines Ratsbeschlusses in Titel VI EUV liegt, kann sich der Erlass der neuen Maßnahme nach Gemeinschaftsrecht richten. Diese Regelungstechnik schafft zwar anfangs Unklarheiten, verhindert jedoch auch bei einem langen Untätigbleiben des Rates, dass das eigentlich materiell einschlägige Gemeinschaftsrecht nicht als Rechtsgrundlage herangezogen werden kann. Weiterhin findet das in der jeweiligen Rechtsgrundlage vorgesehene Verfahren Anwendung.[201]

Der Verweis auf die einschlägigen Bestimmungen der Verträge bedeutet auch eine Anwendbarkeit von Art. 11 f EGV und Art. 40 ff EUV bei der Weiterentwicklung oder Modifikation des Schengen-Besitzstands, da es sich hier um eine Form der **engeren Zusammenarbeit** einzelner Mitgliedstaaten handelt.[202] Verfahrensrechtlich tritt jedoch nach Art. 5 Abs. 1 UAbs. 2 Schengen-Protokoll eine Erleichterung ein. Im Gegensatz zu den Verfahren bei Art. 11 f EGV und Art. 40 ff EUV gilt die Ermächtigung des Vereinigten Königreichs und Irlands zu einer engeren Zusammenarbeit als erteilt, sofern eines dieser Länder oder beide Länder dem Präsidenten des Rates nicht innerhalb eines vertretbaren Zeitraums schriftlich mitgeteilt haben, dass sie sich beteiligen möchten. Eine Weiterentwicklung des Schengen-Besitzstands ist damit in jedem Fall gesichert, da den beiden Ländern kein Vetorecht zusteht.

---

[197] vgl. Art. 5 Abs. 1 Schengen-Protokoll

[198] vgl. *Röben*, in Grabitz/Hilf, Das Recht der Europäischen Union, Stand Mai 1999, Vor Art. 61 EGV, Rn. 10

[199] Dies ist der Fall des Art. 2 Abs. 1 UAbs. 4 Schengen-Protokoll.

[200] vgl. EuGH, Rs. 45/86, APS I, Slg. 1987, S. 1493, Rz. 11

[201] vgl. *Epiney*, Die Übernahme des „Schengen-Besitzstands" in die Europäische Union, in Hummer, Die Europäische Union nach dem Vertrag von Amsterdam, S. 103, 115

[202] Unter dem Vertrag von Amsterdam sind dies Art. 11 EGV und Art. 40 EUV, dazu unten D. II. 1. b).

Von großer Bedeutung ist somit die **Abgrenzung** zwischen dem Bereich des einfachen Titel IV EGV und Titel VI EUV sowie dem Bereich, der gleichzeitig den Schengen-Besitzstand darstellt. Gemäß der elften Erwägung des Ratsbeschlusses vom 20. Mai 1999 zur Festlegung einer Rechtsgrundlage für den Schengen-Besitzstand und Art. 8 dieses Ratsbeschlusses[203] müssen die Rechtsakte, die kraft eines Vorschlags oder einer Initiative zur Weiterentwicklung des Schengen-Besitzstands erlassen werden, in den Erwägungsgründen einen Hinweis auf das Schengen-Protokoll enthalten, damit Rechtssicherheit gewährleistet ist und die zum Schengen-Protokoll gehörenden Bestimmungen jederzeit angewendet werden können.[204] Damit bleibt der Schengen-Besitzstand innerhalb der Verträge in gewisser Weise als **eigenständige Rechtsmaterie** und neue Kategorie erhalten. Von Bedeutung ist diese eigenständige Rechtsmaterie wie sich aus dem Wortlaut des Art. 5 Abs. 1 UAbs. 1[205] und Art. 6 Abs. 1 S. 1 Schengen-Protokoll[206] ergibt, bei der Frage der flexiblen Zusammenarbeit zwischen den alten Schengen-Vertragsparteien und dem Vereinigten Königreich und Irland einerseits sowie den assoziierten Ländern Republik Island und Königreich Norwegen andererseits.[207] Aber auch der **institutionelle Rahmen** wird von dieser Eigenständigkeit betroffen, obwohl Art. 1 S. 2 Schengen-Protokoll bestimmt, dass die Zusammenarbeit innerhalb des institutionellen Rahmens der EU erfolgt. So wurde der Beschluss des Exekutivausschusses vom 16. September 1998 bezüglich der Errichtung des Ständigen Ausschusses Schengener Durchführungsübereinkommen[208] in den Rahmen der EU einbezogen, obwohl nach Art. 2 Abs. 1 UAbs. 1 S. 2 Schengen-Protokoll der Rat seit dem Inkrafttreten des Amsterdamer Vertrags die Stelle des Schengen-Exekutivausschusses einnimmt.[209] Seit 1. Mai 1999 werden allerdings dessen Aufgaben von der Arbeitsgruppe „Schengen Bewertung" wahrgenommen, die

---

203 ABl. EG 1999 Nr. L 176/17

204 vgl. dazu auch *de Kerchove d'Ousselghem*, Un espace de liberté, de sécurité et de justice aux dimensions incertaines, in Lejeune, Le Traité d'Amsterdam, S. 287, 292 ff

205 „auf der Grundlage des Schengen-Besitzstands"

206 „bei der Durchführung des Schengen-Besitzstands und bei seiner weiteren Entwicklung"

207 vgl. zu den diesbezüglichen Schwierigkeiten die schwedische Initative, ABl. EG 2001 Nr. C 195/13. Auch *Kuijper*, CMLRev. 2000, 345, 352, hält das Entstehen einer eigenständigen Kategorie für wahrscheinlich. In diesem Zusammenhang ist auch auf die Erklärung Nr. 15 zum Vertrag von Amsterdam hinzuweisen, wonach die vom Rat zu beschließenden Maßnahmen, die zur Folge haben, dass die im SDÜ enthaltenen Bestimmungen über die Abschaffung von Kontrollen an den gemeinsamen Grenzen ersetzt werden, zumindest dasselbe Maß an Schutz und Sicherheit bieten müssen wie die genannten Bestimmungen des SDÜ. Vgl. in diesem Zusammenhang auch die Erklärung Nr. 46 zum Vertrag von Amsterdam, in der die Vertragsparteien die Verpflichtung übernehmen, sich nach besten Kräften dafür einzusetzen, dass ein Vorgehen unter Beteiligung aller Mitgliedstaaten in den Bereichen des Schengen-Besitzstands ermöglicht wird.

208 Beschluss des Exekutivausschusses (Sch/Com-ex (98) 26 def.), ABl. EG 2000 Nr. L 239/138; auch im Internet unter http://europa.eu.int/eur-lex/de/lif/dat/1998/de_498D0026.html. Aufgrund eines Redaktionsfehlers wurde der Beschluss im Amtsblatt irrtümlicherweise auf den 16. September 1999 statt den 16. September 1998 datiert. Aufgabe dieses Ausschusses ist es, einerseits zu prüfen, ob alle für die Inkraftsetzung des SDÜ in einem Staat, der Kandidat für die Inkraftsetzung ist, erforderlichen Voraussetzungen erfüllt sind, und andererseits für die ordnungsgemäße Anwendung des Schengener Besitzstands durch die Staaten, die das SDÜ bereits anwenden, Sorge zu tragen.

209 vgl. dazu die Erklärung der Kommission zum Ständigen Ausschuss Schengener Durchführungsübereinkommen zum Beschluss des Rates 1999/435/EG, in der sie betont, dass die Einbeziehung in keiner Weise ihre Zuständigkeiten aufgrund der Verträge, insbesondere ihre Verantwortung als Hüterin der Verträge, berührt, ABl. EG 1999 Nr. L 176/30. Das EP lehnt den „mehrdeutigen Status des Ständigen Exekutivausschusses Schengen ab, der sich im Rahmen des ersten Pfeilers im Wettbewerb mit der Kommission befindet", ABl. EG 1999 Nr. C 279/429, Nr. 6, erster Spiegelstrich.

dem Ausschuss der Ständigen Vertreter untergeordnet ist.[210] Der Schengen-Besitzstand existiert damit trotz seiner Eingliederung als Ganzes weiter.[211]

d) Gerichtliche Kontrolle

Durch die Einbeziehung des Schengen-Besitzstands in den Rahmen der EU wurde auch eine Zuständigkeit für den EuGH eröffnet.[212] Die **Überprüfung der Festlegung von Rechtsgrundlagen** für die Bestimmungen und Beschlüsse des Schengen-Besitzstands richtet sich nach den Vorschriften des Vertrags, dem die Bestimmungen und Beschlüsse jeweils zugeordnet wurden.[213] Dabei meint die Klausel in Art. 2 Abs. 1 UAbs. 3 S. 1 Schengen-Protokoll „nach den einschlägigen Bestimmungen der Verträge" lediglich, dass das Verfahren dem Vertrag zu entnehmen ist, der die für die jeweilige Bestimmung festgelegte Rechtsgrundlage enthält. Für den EG-Vertrag ist dies die Nichtigkeitsklage nach Art. 230 EGV, der EU-Vertrag verfügt in Art. 35 Abs. 6 EUV über eine Möglichkeit des EuGH zur Überprüfung der Rechtmäßigkeit. Inzident kann die Festlegung von Rechtsgrundlagen auch im Rahmen der Vorabentscheidung nach Art. 234 iVm 68 EGV für den EG-Vertrag bzw. nach Art. 35 Abs. 1 bis 4 EUV für den EU-Vertrag erfolgen.[214] Eine Überprüfung der Gültigkeit des Schengen-Besitzstands kann vom EuGH jedoch nicht vorgenommen werden, da seine Anwendbarkeit im Schengen-Protokoll primärrechtlich geregelt ist.[215] Diese Tatsache ist hinsichtlich eines effektiven Rechtsschutzes im sensiblen Bereich des Schengen-Rechts höchst bedenklich. Inwieweit eine Handlung in den Bereich des Gemeinschaftsrechts fällt, kann vom EuGH dagegen immer überprüft werden.[216] Die Nichtfestlegung einer Rechtsgrundlage wie z. B. für die Vorschriften des SIS ist mangels einer positiven Handlung des Rates jedoch nicht justiziabel.

In Art. 2 Abs. 1 UAbs. 3 S. 1 Schengen-Protokoll ist die Kompetenz des EuGH für die **Bestimmungen und Beschlüsse des Schengen-Besitzstands** niedergelegt, die er *im Einklang mit der Festlegung der Rechtsgrundlagen* nach den einschlägigen Bestimmungen der Verträge wahrnimmt. Die Zuständigkeit des EuGH richtet sich damit anders als die weiteren Rechtswirkungen der Bestimmungen und Beschlüsse des ursprünglichen Schengen-Besitzstands[217] nach der **vom Rat festgelegten Rechts-**

---

[210] vgl. *Körper*, in Ausschuss für die Angelegenheiten der EU des Deutschen Bundestags, Protokoll der 37. Sitzung vom 23. Februar 2000, S. 21 f; *Monar*, Integration 2000, 18, 24 f

[211] so auch *Busch*, in Ausschuss für die Angelegenheiten der EU des Deutschen Bundestags, Protokoll der 37. Sitzung vom 23. Februar 2000, S. 8

[212] Der mangelhafte Rechtsschutz war einer der Hauptkritikpunkte des Schengen-Systems, vgl. insbesondere *Bieber*, NJW 1994, 294, 296.

[213] vgl. *Röben*, in Grabitz/Hilf, Das Recht der Europäischen Union, Stand Mai 1999, Vor Art. 61 EGV, Rn. 12; *Griller/Droutsas/Falkner/Forgó/Nentwich*, The Treaty of Amsterdam, S. 522; *Curti Gialdino*, RMUE 1998, 89, 118; *Albors-Llorens*, CMLRev. 1998, 1273, 1290 f

[214] vgl. zu den Maßstäben für die Festlegung der Rechtsgrundlagen, die sich nach Art. 2 Abs. 1 UAbs. 2 S. 2 Schengen-Protokoll nach den einschlägigen Bestimmungen der Verträge zu richten hat, oben b); vgl. zur Justiziabilität unten D. I.

[215] vgl. *Epiney*, Die Übernahme des „Schengen-Besitzstands" in die Europäische Union, in Hummer, Die Europäische Union nach dem Vertrag von Amsterdam, S. 103, 112; *Thun-Hohenstein*, Der Vertrag von Amsterdam, S. 53; *Schauer*, Schengen - Maastricht - Amsterdam, S. 216, weist diesbezüglich auf die Rechtsprechung des EuGH, Verb. Rs. 31 und 35/86, LAISA und CPC España SA/Rat, Slg. 1988, S. 2285, Rz. 18, hin.

[216] vgl. EuGH, Rs. C-170/96, Flughafentransit, Slg. 1998, S. I-2763, Rz. 16 f

[217] vgl. dazu oben b) dd)

grundlage. Befindet sich diese im EG-Vertrag, so richtet sich auch die Zuständigkeit des EuGH nach diesem Vertrag. Bei einer Zuordnung in Titel IV EGV ist hinsichtlich des Vorabentscheidungsverfahrens Art. 68 Abs. 1 EGV zu berücksichtigen. Wurde als Rechtsgrundlage Titel VI EUV festgelegt, so richtet sich die Zuständigkeit des EuGH nach Art. 35 EUV. Für Bestimmungen, für die vom Rat noch keine Rechtsgrundlage festgelegt wurde, gilt ebenfalls Art. 35 EUV, da sie nach Art. 2 Abs. 1 UAbs. 4 Schengen-Protokoll als Rechtsakte gelten, die auf Titel VI EUV gestützt sind. Mit dieser Lösung wird eine **Diskrepanz in der gerichtlichen Kontrolle** vermieden. Vorschläge und Initiativen auf der Grundlage des Schengen-Besitzstands unterliegen gemäß Art. 5 Abs. 1 UAbs. 1 iVm Abs. 2 Schengen-Protokoll immer den einschlägigen Bestimmungen der Verträge. Dies gilt auch hinsichtlich der gerichtlichen Kontrolle, die je nach Zuordnung des Sachbereichs zum EG- oder EU-Vertrag den jeweiligen Bestimmungen folgt. Die gerichtliche Kontrolle der zugrundeliegenden Bestimmungen und Beschlüsse des Schengen-Besitzstands läuft damit parallel.

Der Gerichtshof ist aber keinesfalls für Maßnahmen oder Beschlüsse zuständig, die die **Aufrechterhaltung der öffentlichen Ordnung und den Schutz der inneren Sicherheit** betreffen.[218] Durch diese Ausnahmevorschrift ist ein großer Teil des Schengen-Besitzstands, insbesondere die Vorschriften über die polizeiliche Zusammenarbeit, betroffen, so dass dadurch der Rechtsschutz äußerst beeinträchtigt werden könnte. Als Ausnahmeregelung müsste diese Klausel eng auszulegen sein. Im Bereich der EG-Grundfreiheiten wird die öffentliche Ordnung und innere Sicherheit vom EuGH auch regelmäßig restriktiv interpretiert.[219] Dabei hat der EuGH allerdings den Mitgliedstaaten einen weiten Handlungs- und Beurteilungsspielraum innerhalb der vertraglichen Grenzen zugestanden, wenn er die öffentliche Ordnung und innere Sicherheit berührt sah.[220] Diese Rechtsprechung besitzt jedoch Gültigkeit für tragende Prinzipien des Gemeinschaftsrechts. Um solche handelt es sich bei der Innen- und Justizpolitik aber nicht. Eine Übernahme dieser Rechtsprechung durch den EuGH ist damit zwar nicht zu erwarten, allerdings ist davon auszugehen, dass der EuGH seiner Rolle in der Rechtsfortbildung auch in diesem Bereich gerecht werden wird.

e) Bewertung

Die Eingliederung des Schengen-Besitzstands in den Rahmen der Europäischen Union verdient - betrachtet man **Idee und Ansatz** - Lob. Auch wenn nicht der gesamte Besitzstand unter das Dach des Gemeinschaftsrechts gebracht wurde, so ist dennoch der Wille sichtbar, den völkerrechtlichen Weg zugunsten der Zusammenarbeit innerhalb der Europäischen Union zu verlassen. Die Grundidee der Gewährleistung des freien Personenverkehrs, die mit Art. 14 Abs. 2 EGV im Zuge der EEA Eingang in den EG-Vertrag gefunden hat, wird endlich auch innerhalb des Unionssystems angepackt. Dass die Eingliederung in das Unionssystem noch nicht zu einer

---

[218] vgl. Art. 2 Abs. 1 UAbs. 3 S. 2 Schengen-Protokoll; Parallelregelungen finden sich in Art. 35 Abs. 5 EUV und Art. 68 Abs. 2 EGV, vgl. dazu unten D. I. 1. b) und 2. d).

[219] vgl. EuGH, Rs. 41/74, van Duyn, Slg. 1974, S. 1337, Rz. 18 f; vgl. auch *Hailbronner*, in Hailbronner/Klein/Magiera/Müller-Graff, Handkommentar zum Vertrag über die Europäische Union, Stand Juni 1996, Art. K EUV aF, Rn. 71; *Brechmann*, in Callies/Ruffert, EUV/EGV, Art. 64 EGV, Rn. 3

[220] vgl. EuGH, Rs. 41/74, van Duyn, Slg. 1974, S. 1337, Rz. 18 f; EuGH, Rs. 83/94, Leifer, Slg. 1995, S. 3231, Rz. 35; EuGH, Rs. 265/95, Agrarblockaden, Slg. 1997, S. I-6959, Rz. 33

teilweisen Vergemeinschaftung des Schengen-Besitzstands unter Titel IV EGV geführt hat, wobei die restlichen Vorschriften weiterhin einem intergouvernementalen Regime unterliegen, ist vom Ansatz her nicht zu bemängeln, wird doch die Richtung hin zur Verwirklichung der Personenfreizügigkeit im EG-Recht durch die vom Rat vorgenommene Zuordnung festgelegt. Auch die gerichtliche Kontrolle ist zu einem gewissen Grad geschaffen worden.

Alles andere als gelungen ist jedoch die **technische Umsetzung** des Projekts. Nach Art. 2 Abs. 1 UAbs. 2 S. 2 Schengen-Protokoll legt der Rat gemäß den einschlägigen Bestimmungen der Verträge die Rechtsgrundlage für jede Bestimmung und jeden Beschluss, die den Schengen-Besitzstand bilden, fest. Damit ist keine Festlegung der Rechtshandlungsform für die jeweilige Rechtsnorm vorgeschrieben. Aber selbst dieses Ziel wurde vom Rat nicht erfüllt. Ausnahmen, wonach von der Festlegung einer Rechtsgrundlage abgesehen werden kann, wenn es nach Ansicht des Rates nicht erforderlich oder nicht passend ist, sind im Schengen-Protokoll nicht zu finden. Diese hat der Rat selbst erfunden. Fast schon symptomatisch ist die fehlende Einigung für die Festlegung von Rechtsgrundlagen für die Bestimmungen des SIS. Die darin enthaltenen Daten für Einwanderer/Asylbewerber sowie Kriminelle betreffen die erste und dritte Säule. Die einstimmige Beschlussfassung im Rat hat eine Festlegung mit der Folge verhindert, dass die gesamten Vorschriften über das SIS unter Titel VI EUV fallen.[221] Betrachtet man die Nichtfestlegung einer Rechtshandlungsform, so kann von einer **Minimallösung** bei der Eingliederung des Schengen-Besitzstands gesprochen werden, bei der angesichts der Unvollständigkeit zumindest Zweifel an ihrer Rechtmäßigkeit angemeldet werden können. Die Rechtsprechung des EuGH wird abzuwarten sein. Dieser verbleibt es, im Einzelfall durch Auslegung die genauen Rechtswirkungen der eingegliederten Schengen-Normen festzulegen. Zur Bewahrung der Kohärenz und der Einheitlichkeit des jeweiligen Titels kann dieses Vorgehen nicht für gut befunden werden. Eine unausweichliche Folge ist das Auftreten von Rechtsunsicherheit in einem Bereich, der die Rechte und Pflichten von Personen im Besonderen betrifft.[222] Verstärkt wird die Rechtsunsicherheit durch nicht veröffentlichte „vertrauliche" Normen des Schengen-Besitzstands. Diese Vorgehensweise ist der Schaffung von Transparenz nicht zuträglich. Auch hinsichtlich des **Demokratieprinzips** ist die Eingliederung des Schengen-Besitzstands in den Rahmen der EU ohne Einbeziehung des Europäischen Parlaments bedenklich. Seit dem Vertrag von Amsterdam ist die Beteiligung des Europäischen Parlaments auch in Art. 39 EUV vorgeschrieben. Hinsichtlich des dem Titel VI EUV unterfallenden Schengen-Besitzstands wurde das Parlament jedoch angesichts seines völkerrechtlichen Ursprungs nicht miteinbezogen. Die demokratische Rechtfertigung der Schengen-Normen kann somit nur indirekt über die nationalen Parlamente erfolgen, was mit Sicherheit einen Rückschritt in der Demokratisierung des Unionssystems darstellt.

---

[221] vgl. dazu auch die Initiativen des Königreichs Belgien und des Königreichs Schweden im Hinblick auf die Annahme eines Beschlusses und einer VO des Rates über die Entwicklung des Schengener Informationssystems der zweiten Generation (SIS II), ABl. EG 2001 Nr. C 183/12 und 14, wonach für die Fortentwicklung des SIS ein Beschluss nach Titel VI EUV und eine VO nach Titel IV EGV notwendig sind. *Kuijper*, CMLRev. 2000, 345, 349, weist darauf hin, dass das Zollinformationssystem CIS teils auf die erste teils auf die zweite Säule gestützt ist, vgl. dazu die CIS-Konvention, ABl. EG 1995 Nr. C 316/33, und die VO Nr. 515/97, ABl. EG 1997 Nr. L 82/1.

[222] Auf die Rechtsprechung des EuGH wird es ankommen, ob die Menschen- und Bürgerrechte ausreichend gewahrt werden. Vgl. zu den wichtigen Urteilen des französischen Conseil d'Etat vom 9. Juni 1999 hinsichtlich der Informationsspeicherung im Rahmen des SIS *Guild*, EJML 1999, 419 ff.

Für den Aufbau eines Raums der Freiheit, der Sicherheit und des Rechts ist die Einbeziehung des Schengen-Besitzstands trotzdem ein **wichtiger Schritt**. Aufgrund der langjährigen völkerrechtlichen Zusammenarbeit ist bereits ein gewisser Grundstock für die Politiken vorhanden, der schon in vielen Fällen in nationales Recht umgesetzt wurde.[223] Gerade die oft als positiv empfundene Zusammenarbeit im Rahmen von Schengen[224] vermochte dem Ausbau der Bereiche Justiz und Inneres innerhalb der EG und der EU einen wichtigen Impuls zu geben. Der Schengen-Besitzstand wird im Folgenden im Zusammenhang mit den Bestimmungen des Titel IV EGV bzw. Titel VI EUV dargestellt.

B. Handlungsmöglichkeiten im Rahmen der EG

Durch den Vertrag von Amsterdam wurden weite Bereiche der ZBJI vergemeinschaftet. Im neu geschaffenen Titel IV EGV finden sich die Regelungen über Visa, Asyl, Einwanderung und andere Politiken betreffend den freien Personenverkehr. Ebenfalls neu in den EG-Vertrag wurde Art. 135 EGV eingeführt, der die Zusammenarbeit im Zollwesen regelt. Zugunsten der EG wurden Art. 152 Abs. 1 UAbs. 3 EGV zur Verringerung drogenkonsumbedingter Gesundheitsschäden und Art. 280 EGV zur Bekämpfung von Betrug zum Nachteil der EG modifiziert. Während für Art. 135, 152 Abs. 1 UAbs. 3 und 280 EGV das normale Gemeinschaftsverfahren Anwendung findet, wurden für Titel IV EGV spezielle Regelungen in Art. 67 EGV eingefügt. Im Folgenden sollen nun die Gemeinschaftskompetenzen in der Innen- und Justizpolitik untersucht werden, wobei der Schengen-Besitzstand in die jeweiligen Sachbereiche miteinbezogen wird. Danach wird die formellrechtliche Seite beleuchtet. Bevor jedoch die einzelnen im EG-Vertrag geregelten Politikbereiche behandelt werden, sind vorab allgemeine Grundfragen zu klären, die artikelübergreifend Geltung beanspruchen.

I. Grundfragen

1. Art der Gemeinschaftskompetenzen

Die Mitgliedstaaten haben ihre Regelungskompetenz nur insoweit verloren, als Kompetenzen auf die EG übertragen wurden. Innerhalb des EG-Vertrags existiert keine Vorschrift zur generellen Übertragung von Kompetenzen auf die EG. Vielmehr gilt das **Prinzip der begrenzten Einzelermächtigung**, wonach die EG nur dann tätig werden darf, wenn ihr im Vertrag ausdrücklich eine Handlungskompetenz verliehen wurde.[225] Dies hat zur Folge, dass die EG beispielsweise in Titel IV EGV keine gene-

---

[223] vgl. für Frankreich *Giraud*, L'expérience de la France dans la mise en œuvre de Schengen, in Hailbronner/Weil, Von Schengen nach Amsterdam, S. 31 ff, sowie *Fromont*, La Convention de Schengen et le droit d'asile en France, in Beyerlin/Bothe/Hofmann/Petersmann, FS für Rudolf Bernhardt, S. 1177 ff; für Italien *Pastore*, L'expérience italienne dans la mise en œuvre de Schengen, in Hailbronner/Weil, Von Schengen nach Amsterdam, S. 43 ff

[224] vgl. beispielhaft *Schattenberg*, Deutsche Erfahrungen mit Schengen, in Hailbronner/Weil, Von Schengen nach Amsterdam, S. 23 ff; *Hailbronner/Thiery*, CMLRev. 1997, 957, 984 ff

[225] Im EG-Vertrag ist das Prinzip der begrenzten Einzelermächtigung an Art. 5 Abs. 1 EGV („innerhalb der Grenzen der ihr in diesem Vertrag zugewiesenen Befugnisse") und 249 Abs. 1 EGV („nach Maßgabe dieses Vertrags") festgemacht, vgl. dazu *Schweitzer/Hummer*, Europarecht, Rn. 335 ff; *Emmert*, Europarecht, S. 125; *Streinz*, Europarecht, Rn. 436 f.

relle Zuständigkeit für die Asyl- oder Einwanderungspolitik besitzt. Vielmehr dürfen nur solche Maßnahmen getroffen werden, für die eine konkrete Rechtsgrundlage im Vertrag niedergelegt ist. Eine solche wird dadurch gekennzeichnet, dass sie das regelbare Sachgebiet, die zuständigen Gemeinschaftsorgane, die Möglichkeit, verbindliches Recht zu erlassen, und das anzuwendende Normerlassverfahren bzw. die erforderlichen Mehrheiten bei der Entscheidung festlegt.[226] Nach dieser Definition stellen die Art. 62, 63, 65, 66, 135, 152 Abs. 1 UAbs. 3 iVm Abs. 4 und 280 EGV Rechtsgrundlagen für die EG dar.

Hinsichtlich der vertikalen Kompetenzverteilung kann jedoch noch einmal zwischen ausschließlichen, konkurrierenden und parallelen Gemeinschaftskompetenzen unterschieden werden.[227] Ausschließliche Kompetenzen sind dabei durch eine vollständige Übertragung der Zuständigkeiten in dem jeweiligen Politikbereich gekennzeichnet. Dies trifft für keine der oben aufgezählten EG-Kompetenzen zu. In Art. 62, 63, 65 und 66 EGV werden enumerativ Zuständigkeiten der EG im jeweiligen Bereich aufgezählt. Von einer ausschließlichen Kompetenz der EG kann in einem solchen Fall nicht gesprochen werden, vielmehr liegt hier eine **konkurrierende Gemeinschaftskompetenz** vor, d. h. solange und soweit keine gemeinschaftsrechtlichen Regelungen existieren, bleiben nationale Rechtsakte bestehen und die Mitgliedstaaten dürfen tätig werden.[228] Das Gleiche gilt für Art. 135 EGV und Art. 152 Abs. 1 UAbs. 3 EGV, die beide auch nur einen Teil ihrer Sachbereiche regeln.[229] Bei Art. 280 EGV handelt es sich dagegen um eine **parallele Gemeinschaftskompetenz**, da sowohl die EG als auch die Mitgliedstaaten verbindliche Vorschriften erlassen dürfen.

2. Zeitraum der Verwirklichung

In Art. 61 lit. a) EGV wird eine **Frist von fünf Jahren** nach Inkrafttreten des Vertrags von Amsterdam, d. h. bis zum 30. April 2004, vorgegeben, innerhalb derer Maßnahmen zur Gewährleistung des freien Personenverkehrs nach Art. 14 EGV in Verbindung mit unmittelbar damit zusammenhängenden flankierenden Maßnahmen in Bezug auf die Kontrollen an den Außengrenzen, Asyl und Einwanderung nach Art. 62 Nr. 2 und 3, Art. 63 Nr. 1 lit. a) und Nr. 2 lit. a) EGV sowie Maßnahmen zur Bekämpfung der Kriminalität nach Art. 31 Abs. 1 lit. e) EUV zu erlassen sind. Dem widersprechende Fristenregelungen finden sich in Art. 62 und 63 EGV sowie Art. 31 Abs. 1 lit. e) EUV. Während in Art. 62 EGV der Fünf-Jahres-Zeitraum für alle Maßnahmen vorgeschrieben ist, bestimmt Art. 63 EGV in seinem letzten Absatz, dass der genannte Zeitraum für alle Maßnahmen außer der Nr. 2 lit. b), der Nr. 3 lit. a) und der Nr. 4 gilt. Art. 31 Abs. 1 lit. e) EUV sieht dagegen keine Fristenbindung vor. An einer Abstimmung der Fristenregelungen fehlt es somit. Trotzdem liegt zumindest innerhalb des

[226] vgl. *Emmert*, Europarecht, S. 169
[227] vgl. *Schweitzer/Hummer*, Europarecht, Rn. 342 ff
[228] ebenso *Röben*, in Grabitz/Hilf, Das Recht der Europäischen Union, Stand Mai 1999, Vor Art. 61 EGV, Rn. 3; *Pechstein/König*, Die Europäische Union, 2. Aufl., Rn. 372; *Wiedmann*, in Schwarze, EU-Kommentar, Art. 61 EGV, Rn. 37
[229] Nach Art. 135 S. 1 EGV besteht die Gemeinschaftskompetenz nur im Rahmen des Geltungsbereichs des EG-Vertrags. In Art. 135 S. 2 EGV wird klargestellt, dass die Anwendung des Strafrechts der Mitgliedstaaten und ihre Strafrechtspflege von diesen Maßnahmen unberührt bleibt. Die beschränkte Zuständigkeit nach Art. 152 Abs. 1 UAbs. 3 EGV wird gerade in Art. 152 Abs. 5 S. 1 EGV herausgestellt.

Titel IV EGV kein direkter Widerspruch vor, so dass alle vorgeschriebenen Fristenregelungen nebeneinander gelten können. Aufgrund des eindeutigen Wortlauts erscheint es nicht vertretbar, die Fristenregelungen in Art. 62 und 63 EGV zugunsten der in Art. 61 lit. a) EGV wegfallen zu lassen. Fasst man die aufgestellten Fristenregelungen zusammen, so ist festzustellen, dass lediglich Maßnahmen zur Lastenverteilung bei Flüchtlingen und vertriebenen Personen nach Art. 63 Nr. 2 lit. b) EGV, einwanderungspolitische Maßnahmen für einen langfristigen Aufenthalt nach Art. 63 Nr. 3 lit. a) EGV und Maßnahmen des Aufenthaltsrechts von Drittstaatsangehörigen in einem anderen Mitgliedstaat nach Art. 63 Nr. 4 EGV nicht innerhalb des Fünf-Jahres-Zeitraums vom Rat beschlossen werden müssen. Der Widerspruch zwischen Art. 61 lit. a) EGV und Art. 31 Abs. 1 lit. e) EUV ist nach Art. 47 EUV zugunsten des Gemeinschaftsrechts zu lösen, so dass auch für Art. 31 Abs. 1 lit. e) EUV die Fünf-Jahres-Frist gilt.[230]

Anschließend stellt sich die Frage, welche **Konsequenzen bei einer Nichtbefolgung** möglich sind. Die Fünf-Jahres-Frist hat nicht nur einen politisch-programmatischen Inhalt, sondern stellt eine rechtliche Verpflichtung für den Rat dar. Dies zeigt sich insbesondere daran, dass sie nicht nur im Katalog des Art. 61 lit. a) EGV erwähnt wird, sondern explizit in die Kompetenzvorschriften der Art. 62 und 63 EGV aufgenommen wurde. Kommt daher der Rat dieser rechtlichen Verpflichtung nicht nach, so kann mit einer Untätigkeitsklage nach Art. 232 EGV dagegen vorgegangen werden.[231] Im Falle einer Verurteilung durch den EuGH hat der Rat die sich aus dem Urteil ergebenden Maßnahmen zu ergreifen.[232] Grundsätzlich ist dem Rat bei der Umsetzung ein Ermessensspielraum einzuräumen. Die Maßnahmen in Art. 62 und 63 EGV lassen sich jedoch hinreichend bestimmen, so dass sie konkretisiert

[230] so auch *Thun-Hohenstein*, Der Vertrag von Amsterdam, S. 29; aA *Brechmann*, in Callies/Ruffert, EUV/EGV, Art. 61 EGV, Rn. 12, allerdings ohne Begründung

[231] ebenso *Röben*, in Grabitz/Hilf, Das Recht der Europäischen Union, Stand Mai 1999, Art. 61 EGV, Rn. 14; *Pechstein/König*, Die Europäische Union, 2. Aufl., Rn. 373; *Thun-Hohenstein*, Der Vertrag von Amsterdam, S. 31; *Heimann*, „Visa, Asyl, Einwanderung und andere Politiken betreffend den freien Personenverkehr" - der neue Titel IV EGV unter besonderer Berücksichtigung des Schengen-Protokolls, S. 16. In Art. 68 EGV wurde nur eine Sonderregelung für das Vorabentscheidungsverfahren festgelegt. Die anderen Klagen des EG-Vertrags finden selbstverständlich Anwendung, vgl. zur Justiziabilität unten D. I. 1. AA *Brechmann*, in Callies/Ruffert, EUV/EGV, Art. 61 EGV, Rn. 12, Art. 62 EGV, Rn. 2, und Art. 63 EGV, Rn. 2, der darin lediglich eine Soll-Regelung mit politischer Akzentuierung im Zusammenhang mit Art. 67 EGV sieht. Der Fünf-Jahres-Zeitraum in Art. 61 bis 63 EGV ist jedoch unabhängig vom anzuwendenden Verfahren des Art. 67 EGV. *Bardenhewer*, in Lenz, EG-Vertrag, Art. 61 EGV, Rn. 2, sieht nur eine politische Verpflichtung und einen programmatischen Termin ähnlich dem Binnenmarktprogramm. Im Unterschied zu Art. 14 EGV sind hier jedoch konkrete Maßnahmen zur Umsetzung in Art. 62 und 63 EGV aufgezählt.

[232] vgl. Art. 233 Abs. 1 EGV; nach *Röben*, in Grabitz/Hilf, Das Recht der Europäischen Union, Stand Mai 1999, Art. 61 EGV, Rn. 14, Art. 62 EGV, Rn. 5, und Art. 63 EGV, Rn. 7, kommt als Umsetzung einer derartigen Feststellung der Übergang auf Mehrheitsentscheidung durch Ratsbeschluss gemäß Art. 67 Abs. 2 zweiter Spiegelstrich EGV in Betracht. Dieser pauschalen Folgerung muss entgegengehalten werden, dass der Grund für die Untätigkeit auch außerhalb der Einstimmigkeit liegen und so auch ein Mehrheitsbeschluss keinen Fortschritt bringen kann. Außerdem handelt es sich bei der Verpflichtung zu einem Beschluss zur Anwendung des Art. 251 EGV auf Titel IV EGV nach Art. 67 Abs. 2 zweiter Spiegelstrich EGV um eine eigenständige, von der obigen Fristenregelung unabhängigen Verpflichtung des Rates, die zwar auch nach fünf Jahren zu erfolgen hat, aber mit einer eigenen Untätigkeitsklage anzugreifen ist. Die von *Röben* aufgezeigte Umsetzung ist damit weder passend noch rechtlich möglich. Mangels materieller Regelungen kommt auch die unmittelbare Anwendbarkeit als Sanktion nicht in Betracht. Vgl. zum Verfahren des Art. 67 EGV unten III.

werden und Gegenstand eines Vollzugs iSv Art. 233 EGV sein können.[233] Der Fünf-Jahres-Zeitraum wird relativiert, wenn man berücksichtigt, dass der Schengen-Besitzstand nach Art. 2 Abs. 1 UAbs. 1 S. 1 Schengen-Protokoll seit Inkrafttreten des Vertrags von Amsterdam sofort anwendbar ist.[234] Dies gilt zwar nicht für das Vereinigte Königreich und Irland, allerdings sind für diese Staaten primärrechtlich Sonderregelungen eingeführt worden.[235] Dazu wurden bereits unter dem Vertrag von Maastricht in vielen Sachbereichen Maßnahmen in einem anderen rechtlichen Rahmen getroffen.[236]

Für das Konzept des Aufbaus eines **Raums der Freiheit, der Sicherheit und des Rechts** ist dagegen anders als bei der Einführung des Binnenmarktes, der bis zum 31. Dezember 1992 zu verwirklichen war, und der Einrichtung der WWU, deren stufenförmige Abfolge in den Art. 116 ff EGV genau festgelegt ist, kein fixer Zeitpunkt für die Fertigstellung vorgesehen. Fristenregelungen finden sich weder für den Katalog der Art. 61 lit. b) bis e) EGV noch in Titel VI EUV. Die Fünf-Jahres-Frist hängt vielmehr eng mit der Verwirklichung des Konzepts von Schengen auf der Unionsebene zusammen, wie sich aus Art. 61 lit. a) EGV ergibt, der die Gewährleistung der Personenfreizügigkeit mit flankierenden Ausgleichsmaßnahmen aufgreift. Die Ausweitung der Frist auf andere Bereiche der Art. 62 und 63 EGV steht dieser Folgerung nicht entgegen, da auch diese in den Bereich des Schengen-Rechts fallen. Der schrittweise Aufbau eines Raums der Freiheit, der Sicherheit und des Rechts soll dagegen mit offenem Endzeitpunkt erfolgen, ähnlich dem Weg der Passerelle nach Art. K.9 EUV aF.[237]

3. Regelungsvorbehalt und Notstandsklausel

a) Regelungsvorbehalt für die Mitgliedstaaten

Gemäß Art. 64 Abs. 1 EGV berührt Titel IV EGV nicht die Wahrnehmung der Zuständigkeiten der Mitgliedstaaten für die **Aufrechterhaltung der öffentlichen Ordnung und den Schutz der inneren Sicherheit**. Ein wortgleicher ordre-public-Vorbehalt befindet sich für Titel VI EUV in Art. 33 EUV.[238] Die Zuständigkeit des EuGH ist diesbezüglich ebenfalls regelmäßig ausgeschlossen.[239] Die im Bereich der Grundfreiheiten vom EuGH vorgenommene restriktive Auslegung kann im vorliegenden Bereich nicht vorgenommen werden.[240] Anders als die Grundfreiheiten stellen die Visa-, Asyl- und Einwanderungspolitik keine Grundprinzipien des Gemeinschaftsrechts dar. Dies wird schon durch die nur schrittweise und zaghafte Einbeziehung in den EG-Vertrag

---

[233] vgl. zu den Voraussetzungen der Untätigkeitsklage EuGH, Rs. 13/83, Verkehrspolitik, Slg. 1985, S. 1513, Rz. 37 und 49

[234] vgl. dazu *Griller/Droutsas/Falkner/Forgó/Nentwich*, The Treaty of Amsterdam, S. 472 f; vgl. zum Schengen-Besitzstand schon oben A. III. 3. a)

[235] vgl. dazu unten D. II. 2. a)

[236] vgl. *Hailbronner/Thiery*, EuR 1998, 583, 585; vgl. dazu die Zusammenstellung der unter dem Vertrag von Maastricht im Bereich der Innen- und Justizpolitik getroffenen Maßnahmen oben 1. Teil B. VI.

[237] vgl. *Labayle*, RTDE 1997, 813, 844 f; vgl. zu Art. K.9 EUV aF oben 1. Teil B. IV. 3. b) cc)

[238] vgl. dazu unten C. I. 3.

[239] vgl. Art. 35 Abs. 5 EUV, Art. 68 Abs. 2 EGV, Art. 2 Abs. 1 UAbs. 3 S. 2 Schengen-Protokoll; Vorläufer für Art. 64 Abs. 1 EGV war Art. 100c Abs. 5 EGV aF; vgl. zur Einschränkung der Justiziabilität unten D. I. 1. b)

[240] vgl. dazu schon oben A. III. 3. d)

sowie die im Vergleich zu den Grundfreiheiten enumerative Aufzählung der Kompetenzen in Titel IV EGV klar.[241] Art. 64 Abs. 1 EGV stellt einen Regelungsvorbehalt zugunsten der Mitgliedstaaten dar und weist ihnen eine **eigene Zuständigkeit** im Sachbereich des Titel IV EGV zu.[242] Trotzdem ist von einer gemeinschaftsrechtlichen, autonomen Interpretation auszugehen, um die Einheitlichkeit des Gemeinschaftsrechts zu wahren. Dabei findet der Grundsatz in dubio pro communitate Anwendung.[243] Den Mitgliedstaaten muss ein substanzieller Kern und die Letztverantwortlichkeit für die öffentliche Sicherheit und Ordnung bleiben, wobei sie auch außenpolitische Überlegungen berücksichtigen können.[244] Selbstverständlich erscheint dabei ein weiter Beurteilungsspielraum für die Mitgliedstaaten, der ihnen vom EuGH auch schon im Rahmen der Grundfreiheiten zugestanden wurde.[245]

Als Rechtsgrundlage bei der **Zuordnung des Schengen-Besitzstands**[246] diente Art. 64 Abs. 1 EGV für Art. 2 Abs. 2 SDÜ, wonach die Wiedereinführung von Binnengrenzkontrollen für einen begrenzten Zeitraum nach Konsultation der anderen Vertragsparteien möglich ist, wenn die öffentliche Ordnung oder die nationale Sicherheit dies erfordert. Der Erlass einer diesbezüglichen gemeinschaftsrechtlichen Maßnahme ist noch für das Jahr 2001 vorgesehen.[247] Weiterhin fällt unter Art. 64 Abs. 1 EGV die Meldepflicht für Drittausländer nach Art. 22 SDÜ sowie die von den Mitgliedstaaten vorgesehenen Verpflichtungen über den Besitz, das Mitführen und das Vorzeigen von Urkunden und Bescheinigungen nach Art. 2 Abs. 3 SDÜ. Art. 64 Abs. 1 EGV ist auch Rechtsgrundlage für Art. 5 Abs. 1 lit. e) SDÜ, wonach Drittausländer selbst bei der Gestattung eines Aufenthalts von bis zu drei Monaten keine Gefahr für die öffentliche Ordnung und die nationale Sicherheit darstellen dürfen.

b) Notstandsklausel

Unbeschadet des Regelungsvorbehalts nach Abs. 1 schreibt Art. 64 Abs. 2 EGV ein Gemeinschaftsverfahren vor, wenn sich ein oder mehrere Mitgliedstaaten einer **Notlage** aufgrund eines plötzlichen Zustroms von Staatsangehörigen dritter Länder gegenüber sehen. Die Notlage muss sich dabei auf die Situation im Gebiet der EG beziehen.[248] Sie muss von einer gewissen Intensität sein und kann insbesondere von Kriegs- oder Bürgerkriegssituationen ausgehen.[249] Das Erfordernis der Notlage auf EG-Gebiet lässt diese Regelung wohl nur in **äußersten Ausnahmefällen** eingreifen

[241] vgl. *Brechmann*, in Callies/Ruffert, EUV/EGV, Art. 64 EGV, Rn. 3; *Hailbronner*, in Hailbronner/Klein/Magiera/Müller-Graff, Handkommentar zum Vertrag über die Europäische Union, Stand Juni 1996, Art. K EUV aF, Rn. 72
[242] vgl. *Wiedmann*, in Schwarze, EU-Kommentar, Art. 64 EGV, Rn. 4 ff
[243] vgl. *Hailbronner/Thiery*, EuR 1998, 583, 597
[244] vgl. die Erklärung Nr. 19 zum Vertrag von Amsterdam
[245] vgl. *Brechmann*, in Callies/Ruffert, EUV/EGV, Art. 64 EGV, Rn. 3; EuGH, Rs. 41/74, van Duyn, Slg. 1974, S. 1337, Rz. 18 f; EuGH, Rs. 83/94, Leifer, Slg. 1995, S. 3231, Rz. 35; EuGH, Rs. 265/95, Agrarblockaden, Slg. 1997, S. I-6959, Rz. 33
[246] ABl. EG 1999 Nr. 176/19; vgl. dazu schon oben A. III. 3. b)
[247] vgl. Anzeiger der Fortschritte bei der Schaffung eines „Raums der Freiheit, der Sicherheit und des Rechts" in der Europäischen Union, 1. Halbjahr 2001, KOM (2001) 278 endg., Ziff. 5 a. E.
[248] Vorläufer von Art. 64 Abs. 2 EGV ist Art. 100c Abs. 2 EGV aF, der eine Notlage in einem dritten Land erforderte und den Rat nur zur Einführung eines Visumzwangs ermächtigte.
[249] Nach *Wiedmann*, in Schwarze, EU-Kommentar, Art. 64 EGV, Rn. 9, genügen Versorgungsengpässe, Gefährdungen der inneren Sicherheit, politische Destabilisierung und ähnliche Krisen von einer ungewöhnlichen Intensität.

und gibt ihr kaum einen Anwendungsbereich.[250] Der Rat kann in diesem Fall auf Vorschlag der Kommission mit qualifizierter Mehrheit vorläufige Maßnahmen mit einer Geltungsdauer von höchstens sechs Monaten vorschlagen. Solche Maßnahmen können insbesondere in der Visapolitik getroffen werden.[251] Dieses Verständnis zeigt sich vor allem darin, dass für **Art. 9 SDÜ**, der Sichtvermerke für einen kurzfristigen Aufenthalt regelt, auch Art. 64 Abs. 2 EGV als Rechtsgrundlage herangezogen wurde.[252] Im Gegensatz zum Verfahren nach Art. 67 Abs. 1 EGV ist hier von Anfang an eine qualifizierte Mehrheit ausreichend. Die Gefahr der Überstimmung wird aber weitgehend dadurch abgeschwächt, dass nur Maßnahmen zugunsten der betreffenden Mitgliedstaaten möglich sind, die vorläufigen Charakter haben. Die Stellung der Kommission ist relativ stark, da nach Art. 250 Abs. 1 EGV der Rat von ihrem Vorschlag nur mit einstimmigem Beschluss abweichen darf. Aufgrund eines ausdrücklich normierten Gemeinschaftsverfahrens ist ein nationales Vorgehen - unbeschadet Art. 64 Abs. 1 EGV - ausgeschlossen. Für **Maßnahmen zur Lastenverteilung** hinsichtlich der Aufnahme und des vorübergehenden Aufenthalts von Vertriebenen wurde bereits mit Ratsbeschluss vom 4. März 1996 ein Warn- und Dringlichkeitsverfahren eingeführt, ohne dass es auf das Vorliegen einer Notlage in einem oder mehreren Mitgliedstaaten ankommt.[253]

4. Auswärtige Beziehungen

Nach der **AETR-Rechtsprechung** des EuGH gestalten sich die Außenkompetenzen der EG parallel zu den ihr verliehenen Innenkompetenzen.[254] Danach hat die EG überall dort eine Außenkompetenz, wo ihr der Vertrag auch eine Innenkompetenz verleiht. Dies würde im Bereich von Titel IV EGV, der der EG konkurrierende Kompetenzen zuweist, bedeuten, dass die Mitgliedstaaten keine Außenkompetenzen mehr haben, solange und soweit die EG im jeweiligen Bereich tätig geworden ist. Modifiziert wurde diese Rechtsprechung vom EuGH im **WTO-Gutachten**, wonach die Zuständigkeit der Mitgliedstaaten lediglich dann ausgeschlossen ist, wenn die Innenkompetenz von der EG nur sinnvoll zugleich mit der Außenkompetenz ausgeübt werden kann.[255] Eine Einschränkung dieser Rechtsprechung wurde im **Protokoll über die Außenbeziehungen** der Mitgliedstaaten hinsichtlich des Überschreitens der Außengrenzen primärrechtlich geregelt. Danach berühren die in Art. 62 Nr. 2 lit. a) EGV aufgenommenen Bestimmungen über Maßnahmen in Bezug auf das Über-

[250] vgl. *Winkler*, in Bergmann/Lenz, Der Amsterdamer Vertrag, Kapitel 2, Rn. 22; *Hailbronner*, Immigration and Asylum Law and Policy of the European Union, S. 83, spricht sich für eine einheitliche Auslegung von Art. 64 Abs. 1 und 2 EGV aus.

[251] Folgende Maßnahmen der Visapolitik des Schengen-Exekutivausschusses wurden auf Art. 64 Abs. 2 EGV gestützt: Beschluss vom 23. Juni 1998 über die Abstempelung der Pässe der Visumantragsteller (Sch/Com-ex (98) 21), ABl. EG 2000 Nr. L 239/200; Beschluss vom 16. Dezember 1998 über die Abschaffung der grauen Liste der Staaten, deren Angehörige nur in einigen Schengen-Staaten visumpflichtig sind (Sch/Com-ex (98) 53, 2. Rev.), ABl. EG 2000 Nr. L 239/206; Beschluss vom 16. Dezember 1998 über die Einführung eines einheitlichen Dokuments zum Nachweis einer Einladung, einer Verpflichtungserklärung oder einer Aufnahmebescheinigung (Sch/Com-ex (98) 57), ABl. EG 2000 Nr. L 239/299.

[252] ABl. EG 1999 Nr. L 176/19

[253] ABl. EG 1996 Nr. L 63/10, gestützt auf die Entschließung des Rates vom 25. September 1995, ABl. EG 1995 Nr. C 262/1

[254] vgl. EuGH, Rs. 22/70, AETR, Slg. 1971, S. 263, Rz. 15 ff

[255] vgl. EuGH, Gutachten 1/94, WTO/GATS/TRIPS, Slg. 1994, S. I-5267, Rz. 82 ff; vgl. *Schweitzer/ Hummer*, Europarecht, Rn. 657

schreiten der Außengrenzen nicht die Zuständigkeit der Mitgliedstaaten für die Aushandlung und den Abschluss von Übereinkünften mit Drittländern, sofern sie mit den gemeinschaftlichen Rechtsvorschriften und anderen in Betracht kommenden internationalen Übereinkünften in Einklang stehen. Dadurch soll den Mitgliedstaaten ermöglicht werden, mit ihren unmittelbaren Drittstaatsnachbarn Abkommen über den Grenzverkehr und wirksame Kontrollen abzuschließen. Angesichts der oben dargestellten EuGH-Rechtsprechung haben die Mitgliedstaaten aber nicht die *ausschließliche* Zuständigkeit im Protokoll für sich reserviert, sondern sich lediglich eine **parallele Zuständigkeit** erhalten, die sie im Einklang mit dem Gemeinschaftsrecht ausüben können.[256] Mehr kann aus dem Wortlaut nicht gefolgert werden, auch ist damit dem Zweck des Protokolls Genüge getan, den Mitgliedstaaten eine Zuständigkeit zu erhalten.

In diesem Zusammenhang ist auch auf die **Erklärung Nr. 18** zu Art. 63 Nr. 3 lit. a) EGV hinzuweisen. Die Konferenz kommt darin überein, dass die Mitgliedstaaten in diesem Bereich Übereinkünfte mit Drittländern aushandeln und schließen können, sofern diese Übereinkünfte mit dem Gemeinschaftsrecht in Einklang stehen. Unter Berücksichtigung der AETR-Rechtsprechung des EuGH besteht damit auch im Bereich des Art. 63 Nr. 3 lit. a) EGV eine parallele Zuständigkeit der Mitgliedstaaten zum Abschluss von Übereinkommen.[257]

5. Transformation und Rechtswirkungen des unter Titel VI EUV aF erlassenen Rechts

Bis zum Inkrafttreten des Vertrags von Amsterdam wurde in den meisten Bereichen des Titel IV EGV auf der Grundlage der dritten Säule des EU-Vertrags in der Fassung von Maastricht gehandelt. Ähnlich der Eingliederung des Schengen-Besitzstands stellt sich dabei die Frage nach der **Transformation und den Rechtswirkungen** der auf die dritte Säule EUV aF gestützten Normen.[258] Die hier vorgeschlagene Lösung kommt zu ähnlichen Ergebnissen wie bei der Einbeziehung des Schengen-Besitzstands in den Rahmen der Union. Das Schengen-Recht wurde durch Art. 1 S. 2 Schengen-Protokoll in den Rahmen der EU eingefügt. Die Zuordnung zur ersten oder dritten Säule erfolgte nach Art. 2 Abs. 1 UAbs. 2 S. 2 Schengen-Protokoll durch einen Beschluss des Rates, in dem er einstimmig die Rechtsgrundlage für die einzelnen Bestimmungen und Beschlüsse des Schengen-Besitzstands festlegte. Diese Zuordnung hat jedoch bezüglich der Frage nach den Rechtswirkungen des ursprünglichen Schengen-Besitzstands keine Relevanz.[259] Im Unterschied zur Eingliederung des Schengen-Besitzstands in den Rahmen der EU existiert für die unter dem EUV aF erlassenen Vorschriften keine primärrechtliche Zuordnungsnorm. Dies führt auch hier zu einer Anwendung der allgemeinen Regeln, wonach Gemeinschaftsrecht nur durch ein dafür vorgesehenes Verfahren unter Be-

[256] ebenso *Röben*, in Grabitz/Hilf, Das Recht der Europäischen Union, Stand Mai 1999, Art. 62 EGV, Rn. 11, und *Geiger*, EUV/EGV, Art. 62 EGV, Rn. 3; für eine ausschließliche Außenkompetenz der Mitgliedstaaten dagegen *Winkler*, in Bergmann/Lenz, Der Amsterdamer Vertrag, Kapitel 2, Rn. 17, und *Wiedmann*, in Schwarze, EU-Kommentar, Art. 62 EGV, Rn. 9; unklar *Thun-Hohenstein*, Der Vertrag von Amsterdam, S. 32 f; *Labayle*, RTDE 1997, 813, 846; *Kuijper*, CMLRev. 2000, 345, 364.

[257] ebenso *Geiger*, EUV/EGV, Art. 63 EGV, Rn. 11

[258] Eine Zusammenstellung findet sich oben unter 1. Teil B. VI.

[259] vgl. oben A. III. 3. b) dd)

teiligung der Organe geschaffen werden kann. Dies bedeutet, dass trotz der Vergemeinschaftung der Asyl-, Visa- und Einwanderungspolitik sowie anderer Politiken betreffend den freien Personenverkehr für die in diesem Bereich unter dem Vertrag von Maastricht getroffenen Maßnahmen nicht die gemeinschaftsrechtlichen Regeln Anwendung finden.[260] Sie fallen vielmehr weiterhin unter das **Regime der dritten Säule** der EU.[261]

Damit stellt sich weiterhin die Frage, ob die Maßnahmen unter der dritten Säule EUV aF nach dem Inkrafttreten des Vertrags von Amsterdam der dritten Säule in der Fassung von Maastricht oder Amsterdam unterliegen. Dies ist gerade hinsichtlich der in Art. 35 EUV eingefügten Kompetenz des EuGH von Bedeutung. Die Vertragsrevision von Amsterdam hat die Systematik der Europäischen Union trotz der weitgehenden Vergemeinschaftung von Sachbereichen der alten dritten Säule unverändert gelassen, so dass weiterhin von einem Drei-Säulen-Modell gesprochen werden kann. Neben der Auslagerung von Bereichen in die erste Säule erfolgte mit dem Vertrag von Amsterdam hauptsächlich eine Modifizierung des Verfahrens und die Einfügung der gerichtlichen Kontrolle. Die Änderung des Verfahrens ist dabei für die unter dem EUV aF erlassenen Bestimmungen nicht mehr von Bedeutung.[262] Etwas anderes gilt dagegen für die gerichtliche Kontrolle nach Art. 35 EUV.[263] Für die unter dem EUV aF erlassenen Bestimmungen und Beschlüsse stellt sie den entscheidenden Punkt dar, auf den es bei der Frage nach der Anwendbarkeit der alten oder neuen dritten Säule ankommt. Eine ausdrückliche Regelung für dieses Problem wurde von den Mitgliedstaaten im Amsterdamer Vertrag nicht geschaffen. Allerdings helfen die Entstehungsgeschichte des Vertrags von Amsterdam und die von den Mitgliedstaaten im Vorfeld vertretenen Positionen dazu weiter. Fast alle Mitgliedstaaten hatten im Zuge der Vorbereitung der Regierungskonferenz 1996 die Auffassung vertreten, dass die Kompetenzen des EuGH auch in den Bereich der dritten Säule ausgedehnt werden sollten.[264] Der EuGH sollte im Bereich der Innen- und Justizpolitik eine stärkere Rolle

---

[260] so aber *Röben*, in Grabitz/Hilf, Das Recht der Europäischen Union, Stand Mai 1999, Vor Art. 61 EGV, Rn. 14, der in der Vergemeinschaftung der Sachbereiche unter Titel IV EGV einen impliziten Fortgeltungsbefehl für das sekundäre Recht im Rahmen der Gemeinschaftsrechtsordnung sieht.

[261] so auch *Wiedmann*, in Schwarze, EU-Kommentar, Art. 61 EGV, Rn. 24; *Hailbronner*, Die Neuregelung der Bereiche Freier Personenverkehr, Asylrecht und Einwanderung, in Hummer, Die Europäische Union nach dem Vertrag von Amsterdam, S. 179, 184; *Hailbronner/Thiery*, EuR 1998, 583, 592

[262] Selbstverständlich ist, dass eine Änderung wie ein Neuerlass nur mehr auf der Grundlage des Titel IV EGV erfolgen kann, ebenso *Wiedmann*, in Schwarze, EU-Kommentar, Art. 61 EGV, Rn. 28.

[263] vgl. dazu unten D. I. 2.

[264] vgl. Bericht der Reflexionsgruppe zur RK 1996 vom 5. Dezember 1995, Zweiter Teil, S. 33, in Weißbuch zur Regierungskonferenz 1996, Bd. I, S. 153, 200; vgl. zu den einzelnen Positionen der Mitgliedstaaten, jeweils im Weißbuch zur Regierungskonferenz 1996, Bd. II: Aufzeichnung für das belgische Parlament über die Politik der Regierung im Hinblick auf die Regierungskonferenz 1996, S. 22; Memorandum der griechischen Regierung vom 24. Januar 1996 über die Regierungskonferenz: Standpunkte und Überlegungen Griechenlands, S. 61; Dokument Spaniens vom 2. März 1995: „Die Regierungskonferenz 1996 - Grundlagen für weitergehende Überlegungen“, S. 68; Dokument „Beitrag zu einem spanischen Standpunkt auf der Regierungskonferenz von 1996“ vom 28. März 1996, S. 87 f; Gemeinsame Erklärung der Außenminister Deutschlands und Italiens vom 15. Juli 1995 zur Regierungskonferenz 1996, S. 110; Position der italienischen Regierung vom 18. März 1996 zur Regierungskonferenz über die Revision der Verträge, S. 112; Agenda/Memorandum der luxemburgischen Regierung vom 30. Juni 1995 über die Regierungskonferenz 1996, S. 117; Drittes Memorandum der niederländischen Regierung vom 23. Mai 1995 für die Regierungskonferenz 1996, S. 131; Grundsatzpositionen Österreichs zur Regierungskonferenz - Dokument der österreichischen Regierung vom 26. März 1996, S. 145; Portugal und die Regierungskonferenz zur Revision des EU-Vertrags - Dokument des Außenministeriums vom März 1996, S. 155; Memorandum des finnischen Außenministeriums

erhalten. Ein wichtiges Anliegen war dabei, sowohl die Einheitlichkeit der Auslegung der Regeln sicherzustellen als auch die Rechte des Einzelnen besser zu schützen. Legt man diesen Willen der Mitgliedstaaten zugrunde, dann muss eine bessere gerichtliche Kontrolle auch für die unter dem EUV aF erlassenen Bestimmungen nach dem Vertrag von Amsterdam möglich sein.[265] Jedes andere Ergebnis würde den Zielen der Mitgliedstaaten bei der Vertragsrevision zuwiderlaufen. Dies hat zur Folge, dass das **Regime der dritten Säule in der Fassung des Vertrags von Amsterdam** auch auf die noch unter dem EUV aF erlassenen Bestimmungen Anwendung finden muss.

Was schließlich **Übereinkommen in den neuen Sachbereichen** des Titel IV EGV anbelangt, die zwar noch nach Art. K.3 Abs. 2 zweiter Spiegelstrich lit. c) EUV aF eingeleitet wurden, allerdings von den Mitgliedstaaten noch nicht gemäß ihren verfassungsrechtlichen Vorschriften ratifiziert wurden, so ist eine Lösung im Einzelfall unter Berücksichtigung von Art. 10 EGV und dem Grundsatz von Treu und Glauben zu finden.[266] Hat die Kommission die Absicht, in naher Zukunft eine Verordnung oder Richtlinie zu initiieren, die das Übereinkommen inhaltlich abdeckt, so bleibt ihr dies nach den neuen Zuständigkeiten gemäß Titel IV EGV unbenommen. Die Fortführung des Ratifizierungsprozesses durch die Mitgliedstaaten verstößt in einem solchen Fall gegen den Grundsatz des Art. 10 Abs. 1 S. 2 EGV, wonach die Mitgliedstaaten die Erfüllung der Aufgaben der Gemeinschaft erleichtern sollen.[267] Ist eine solche Verordnung oder Richtlinie nicht in Sicht, so haben die Mitgliedstaaten das noch unter Titel VI EUV aF beschlossene Übereinkommen gemäß den übernommenen Verpflichtungen zu ratifizieren.[268]

II. Materielle Kompetenzen

1. Migrationspolitik

Gemeinschaftsrechtliche Zuständigkeiten in der Migrationspolitik wurden in Art. 62 und 63 EGV begründet. Unter diesem Begriff versteht man nicht nur die Einwanderungspolitik, sondern auch die Politik betreffend die Personenkontrollen, die Visa-, Asyl- und Flüchtlingspolitik sowie die Politik betreffend Drittstaatsangehörige.[269] Seit mehr als einem Jahrzehnt wird die Migrationspolitik auf europarechtlicher Ebene dis-

vom 18. September 1995 mit den Standpunkten der finnischen Regierung betreffend die Regierungskonferenz 1996, S. 159

[265] Zum gleichen Ergebnis kommt *Wiedmann*, in Schwarze, EU-Kommentar, Art. 61 EGV, Rn. 27, der allerdings Art. 35 EUV nur analog anwenden will. Eine Analogie ist hier jedoch nicht erforderlich, da mit der Auslegung zu einer direkten Anwendung gelangt werden kann. Anders dagegen *Hailbronner*, Die Neuregelung der Bereiche Freier Personenverkehr, Asylrecht und Einwanderung, in Hummer, Die Europäische Union nach dem Vertrag von Amsterdam, S. 179, 184 f, der die Vorschriften der dritten Säule EUV aF anwenden will. Ebenso *Hailbronner/Thiery*, EuR 1998, 583, 592 f.

[266] vgl. zum Grundsatz von Treu und Glauben als Bestandteil der Gemeinschaftsrechtsordnung EuGH, Rs. T-155/94, Opel Austria, Slg. 1997, S. II-39, Rz. 93

[267] ebenso *Wiedmann*, in Schwarze, EU-Kommentar, Art. 61 EGV, Rn. 30

[268] Nach *Röben*, in Grabitz/Hilf, Das Recht der Europäischen Union, Stand Mai 1999, Vor Art. 61 EGV, Rn. 16, geht die Ratspraxis dahin, noch nicht in Kraft getretene Übereinkommen einzufrieren, wenn die Kommission deren Regelungsgehalt als VO oder RL vorschlagen will. Dass dies nicht immer so verlief, zeigt *Kuijper*, CMLRev. 2000, 345, 363 f.

[269] Im Englischen wird unter „immigration policy" nicht nur die Einwanderungspolitik im deutschen Sinne, sondern umfassend die Politik hinsichtlich der Wanderungsbewegungen verstanden.

kutiert.[270] Die Kompetenzen der Gemeinschaft in diesen Bereichen sollen im Folgenden dargestellt werden.

a) Personenkontrollen nach Art. 62 Nr. 1 und Nr. 2 lit. a) EGV

Nach Art. 62 Nr. 1 EGV kann der Rat Maßnahmen beschließen, die nach Art. 14 EGV sicherstellen, dass Personen, seien es Bürger der Union oder Staatsangehörige dritter Länder, beim Überschreiten der Binnengrenzen nicht kontrolliert werden.[271] Damit wird bekräftigt, dass Art. 7a EGV aF mangels unmittelbarer Anwendbarkeit ein solches Recht noch nicht enthalten hat.[272] Gleichzeitig wird die Gemeinschaft zu Maßnahmen bezüglich des Überschreitens der Außengrenzen ermächtigt, mit denen Normen und Verfahren, die von den Mitgliedstaaten bei der Durchführung der Personenkontrollen an diesen Grenzen einzuhalten sind, festgelegt werden.[273] Das **Grundkonzept von Schengen** wird so wieder auf die Gemeinschaftsebene zurückgeführt, auf der es seit Einführung des Art. 14 EGV durch die EEA keine Fortschritte diesbezüglich mehr gegeben hat.[274] Dies drückte sich insbesondere dadurch auch, dass der Richtlinienvorschlag der Kommission für die Abschaffung der Personenkontrollen an den Binnengrenzen, bekannt als „Monti-Paket", wegen eines Streits um die Rechtsgrundlage nicht verabschiedet wurde.[275]

Der Wegfall der Binnengrenzkontrollen soll für **Unionsbürger und Drittstaatsangehörige** gelten, was auch in **Art. 2 Abs. 1 SDÜ** so geregelt ist.[276] Eine Beschränkung auf Unionsbürger ist aus praktischen Gründen unmöglich.[277] Mangels einer gemeinschaftsrechtlichen Definition sind nach Art. 1 SDÜ unter Binnengrenzen die gemeinsamen Landgrenzen der Vertragsparteien sowie ihre Flughäfen für die Binnenflüge

---

[270] vgl. *Peers*, CMLRev. 1998, 1235 ff; *O'Keeffe*, ELRev. 1995, 20 ff; *Bunz/Neuenfeld*, Aus Politik und Zeitgeschichte, Beilage 48/94, S. 37 ff; *Hailbronner,* Asyl- und Einwanderungsrecht im europäischen Vergleich; *Hailbronner,* Asyl- und Einwanderungsrecht in der Europäischen Gemeinschaft

[271] Ein Fundstellennachweis des geltenden Gemeinschaftsrechts bezüglich der Abschaffung der Kontrollen an den Binnengrenzen findet sich im Internet unter http://europa.eu.int/eur-lex/de/lif/reg/de_register_191010.html; die Kommissionsvorschläge dazu unter http://europa.eu.int/eur-lex/de/com/reg/de_register_191010.html.

[272] vgl. dazu EuGH, Rs. C-378/97, Wijsenbeek, Slg. 1999, S. I-6207, Rz. 39 ff; bestätigt wird dies noch einmal durch Art. 3 Abs. 2 des Protokolls über die Anwendung bestimmter Aspekte des Art. 7a EGV aF auf das Vereinigte Königreich und auf Irland, wonach Art. 7a EGV aF in keiner Weise das Recht der übrigen Mitgliedstaaten berührt, Grenzkontrollen ein- oder durchzuführen; aA *Röben*, in Grabitz/Hilf, Das Recht der Europäischen Union, Stand Mai 1999, Art. 69 EGV, Rn. 4.

[273] vgl. Art. 62 Nr. 2 lit. a) EGV. Ein Fundstellennachweis des geltenden Gemeinschaftsrechts bezüglich des Überschreitens der Außengrenzen findet sich im Internet unter http://europa.eu.int/eur-lex/de/lif/reg/de_register_191020.html; die Kommissionsvorschläge dazu unter http://europa.eu.int/eur-lex/de/com/reg/de_register_191020.html.

[274] vgl. zur Einführung des Binnenmarktkonzepts mit der EEA und zum Streit, ob auch Drittstaatsangehörige vor Inkrafttreten des Vertrags von Amsterdam vom Wegfall der Binnengrenzkontrollen erfasst werden, oben 1. Teil B. II.; vgl. zur Grundidee des Schengen-Konzepts oben A. III. 1. a)

[275] ABl. EG 1995 Nr. C 289/16; umstritten war, ob Art. 100 EGV aF als Rechtsgrundlage herangezogen werden kann, vgl. dazu *Labayle*, RTDE 1997, 1, 26 ff, sowie *Labayle*, RTDE 1997, 813, 848.

[276] vgl. zu den Schengen-Regelungen hinsichtlich des Überschreitens der Außengrenzen *Epiney*, Rechte und Pflichten der Drittausländer, in Achermann/Bieber/Epiney/Wehner, Schengen und die Folgen, S. 51, 54 ff; unberührt bleiben jedoch sonstige nationale Personenkontrollen im Binnenraum wie die Schleierfahndung im Grenzbereich, vgl. *Müller-Terpitz*, DÖV 1999, 329, 334.

[277] so schon die Kommission in ihrem Bericht von 1975, Beilage 7/1975 zum Bull. EG, S. 8 ff; zum Begriff des Unionsbürgers, Art. 17 Abs. 1 S. 2 EGV; Drittausländer ist nach Art. 1 SDÜ eine Person, die nicht Staatsangehörige eines EG-Mitgliedstaats ist.

und ihre Seehäfen für die regelmäßigen Fährverbindungen ausschließlich von und nach dem Gebiet der Vertragsparteien ohne Fahrtunterbrechung in außerhalb des Gebiets gelegenen Häfen zu verstehen. Die Außengrenzen werden nach Art. 1 SDÜ negativ als die Land- und Seegrenzen sowie die Flug- und Seehäfen der Vertragsparteien, soweit sie nicht Binnengrenzen sind, definiert. Im Gegensatz zu Art. 63 Nr. 1 lit. b), c) und d) sowie Nr. 2 lit. a) EGV kann die Gemeinschaft bezüglich des Überschreitens der Außengrenzen nicht nur Mindestnormen festlegen, sondern einheitliche Normen und ein einheitliches Verfahren schaffen. Ist damit die Gemeinschaft abschließend auf einem Gebiet tätig geworden, so kann ein Mitgliedstaat davon - auch durch verstärkte Kontrollen an den Außengrenzen - nicht mehr abweichen. Damit wird die Schaffung eines gemeinschaftsrechtlichen **Einheitsstandards** an den Außengrenzen angestrebt.[278] Art. 6 SDÜ, der auf Art. 62 Nr. 2 lit. a) EGV gestützt wurde, legt für die Schengen-Staaten bereits einheitliche Grundsätze für die Kontrolle des grenzüberschreitenden Verkehrs zum Zweck der Entscheidung über die Staatsangehörigkeit und Einreise durch die zuständigen nationalen Behörden fest.[279] Grundsätzlich dürfen die Außengrenzen nach Art. 3 Abs. 1 SDÜ nur an den Grenzübergangsstellen und zu den festgesetzten Verkehrsstunden überschritten werden. Das unbefugte Überschreiten ist dabei mangels einer gemeinschaftsrechtlichen Regelung von den Mitgliedstaaten mit Sanktionen belegt.[280] Zum Zwecke der Entscheidung über die Staatsangehörigkeit und Einreise werden auch beim Wechsel von einem Binnenflug in einen Flug in ein Drittland und umgekehrt Personen- und Gepäckkontrollen an den Flughäfen durchgeführt.[281] Hinsichtlich der Abschaffung der Gepäckkontrollen auf einem innergemeinschaftlichen Flug existiert bereits eine gemeinschaftsrechtliche Regelung.[282]

[278] vgl. die VO (EG) Nr. 790/2001 des Rates vom 24. April 2001 zur Übertragung von Durchführungsbefugnissen an den Rat im Hinblick auf bestimmte detaillierte Vorschriften und praktische Verfahren für die Durchführung der Grenzkontrollen und die Überwachung der Grenzen, ABl. EG 2001 Nr. L 116/5

[279] vgl. in diesem Zusammenhang auch das Gemeinsame Handbuch für alle Grenzkontrollbeamten der Schengen-Staaten, in dem detaillierte Vorschriften und praktische Verfahren für die Durchführung der Grenzkontrollen und die Überwachung der Außengrenzen der Mitgliedstaaten vorgesehen sind, SCH/Com-ex (99) 13, ABl. EG 2000 Nr. L 239/317; beachte dabei die durch Art. 6 Abs. 2 KOM (2000) 577 endg./2 geplanten Änderungen des Anhangs 5 des Gemeinsamen Handbuchs sowie die Aktualisierung in ABl. EG 2001 Nr. L 116/32; vgl. zu den SDÜ-Bestimmungen, die vom Rat auf Art. 62 Nr. 2 lit. a) EGV gestützt wurden, den Beschluss des Rates 1999/436/EG vom 20. Mai 1999, ABL. EG 1999 Nr. L 176/17.

[280] vgl. Art. 3 Abs. 2 SDÜ; vgl. dazu auch im Binnenmarktrecht EuGH, Rs. C-378/97, Wijsenbeek, Slg. 1999, S. I-6207, Rz. 39 ff, worin der EuGH die Zuständigkeit der Mitgliedstaaten mangels einer gemeinschaftsrechtlichen Regelung für die Erhebung von Sanktionen bekräftigt, wenn eine Person, unabhängig davon, ob EU-Bürger oder Drittstaatsangehöriger, bei der Einreise über eine Binnengrenze sich weigert, ihre Staatsangehörigkeit zu belegen, soweit die Sanktionen denen für entsprechende innerstaatliche Vergehen vergleichbar und nicht unverhältnismäßig sind. Vgl. dazu *Toner*, ELRev. 2000, 415 ff.

[281] vgl. Art. 4 SDÜ

[282] VO (EWG) des Rates Nr. 3925/91 vom 19. Dezember 1991 über die Abschaffung von Kontrollen und Förmlichkeiten für Handgepäck oder aufgegebenes Gepäck auf einem innergemeinschaftlichen Flug sowie für auf einer innergemeinschaftlichen Seereise mitgeführtes Gepäck, ABl. EG 1991 Nr. L 374/4

b) Visapolitik

Art. 62 Nr. 2 lit. b) EGV verleiht der EG Zuständigkeiten in der Visapolitik für geplante Aufenthalte von höchstens drei Monaten.[283] Der Zeitraum von **drei Monaten** zieht die Grenze zwischen der Visapolitik und der für längerfristige Aufenthaltstitel bestehenden Einwanderungspolitik, die in Art. 63 Nr. 3 EGV geregelt ist.[284] Gemäß der **Erklärung Nr. 16** zum Vertrag von Amsterdam werden außenpolitische Überlegungen der Union und der Mitgliedstaaten bei der Visapolitik berücksichtigt. Im Schengen-Recht finden sich in Titel II Kapitel 3 SDÜ Vorschriften über Sichtvermerke für einen kurzfristigen Aufenthalt.[285] Die Schengen-Staaten haben sich dabei in **Art. 9 Abs. 1 SDÜ** zu einer gemeinsamen Visapolitik und zu einer weiteren Harmonisierung verpflichtet. Abweichungen von der gemeinsamen Sichtvermerksregelung sind nur im Einvernehmen aller Vertragsparteien möglich, ausnahmsweise auch, wenn herausragende Gründe der nationalen Politik eine dringende Entscheidung erfordern.[286] Rechtsgrundlage für diese Ausnahmebestimmung ist so auch Art. 64 Abs. 2 EGV.[287]

aa) Festlegung von Negativ- und Positivlisten

Unter Art. 62 Nr. 2 lit. b) Punkt i) EGV kann der Rat eine **Liste der Drittländer** bestimmen, deren Staatsangehörige beim Überschreiten der Außengrenzen im Besitz eines Visums sein müssen, sowie der Drittländer, deren Staatsangehörige von dieser Visumpflicht befreit sind.[288] Der Rat kann damit eine Negativ- und eine Positivliste erlassen. Der Streit, der noch unter Art. 100c Abs. 1 EGV aF über eine EG-Kompetenz zur Erstellung einer Positivliste herrschte, ist so obsolet geworden.[289] Der Vorschlag für eine solche Liste von Drittländern wurde von der Kommission bald nach Inkrafttreten des Vertrags von Amsterdam an den Rat weitergegeben.[290] Nach der Entschließung des Europäischen Parlaments vom 5. Juli 2000[291] und den Arbeiten, die im Rat zu diesem Vorschlag stattgefunden hatten, präsentierte die Kommission am 1. Oktober 2000 einen geänderten Vorschlag für eine Verordnung des Rates zur Aufstellung der Liste von Drittländern, deren Staatsangehörige beim Überschreiten der Außengrenzen im Besitz eines Visums sein müssen, sowie der Liste von Drittländern, deren Staatsangehörige von dieser Visumpflicht befreit sind.[292] Nach

---

[283] Ein Fundstellennachweis des geltenden Gemeinschaftsrechts bezüglich der Visapolitik findet sich im Internet unter http://europa.eu.int/eur-lex/de/lif/reg/de_register_191020.html; die Kommissionsvorschläge dazu unter http://europa.eu.int/eur-lex/de/com/reg/de_register_191020.html.

[284] Die Dreimonatsgrenze resultiert aus den internationalen Gepflogenheiten, für Touristen-, Geschäfts- und Besuchsreisen ein Visum für einen Zeitraum von drei Monaten zu erstellen.

[285] vgl. dazu *Epiney*, Rechte und Pflichten der Drittausländer, in Achermann/Bieber/Epiney/Wehner, Schengen und die Folgen, S. 51, 65 f

[286] vgl. Art. 9 Abs. 2 SDÜ

[287] vgl. zum Anwendungsbereich des Art. 64 Abs. 2 EGV oben I. 3. b)

[288] beachte dazu die Verfahrensbesonderheit in Art. 67 Abs. 3 EGV, dazu unten III. 1.

[289] vgl. dazu und zu den weiteren Schwierigkeiten unter dem Vertrag von Maastricht im Bereich der Visapolitik oben 1. Teil B. IV. 2. a) aa)

[290] KOM (2000) 27 endg. vom 26. Januar 2000, ABl. EG 2000 Nr. C 177 E/66

[291] Bull. EU 7/8-2000, Ziff. 1.4.2; ABl. EG 2001 Nr. C 121/144

[292] KOM (2000) 577 endg./2 nach Art. 250 Abs. 2 EGV; vgl. zu diesem Vorschlag der Kommission auch die schriftliche Anfrage der EP-Abgeordneten Margot Keßler, ABl. EG 2001 Nr. C 72 E/167; vgl. dazu auch die schriftliche Anfrage des EP-Abgeordneten Per Gahrton an die Kommission betreffend die Aufhebung der Visumpflicht für Bulgarien und Rumänien, ABl. EG 2001 Nr. C 72 E/174, und die

einer erneuten Anhörung des Europäischen Parlaments wurde die Verordnung (EG) Nr. 574/1999 vom 12. März 1999[293] durch die Verordnung (EG) Nr. 539/2001 des Rates vom 15. März 2001 abgelöst.[294]

bb) Visumerteilung

Gleichzeitig kann der Rat in Art. 62 Nr. 2 lit. b) Punkt ii) EGV die Verfahren und Voraussetzungen für die **Visumerteilung** durch die Mitgliedstaaten festlegen. Hierbei handelt es sich nicht nur um Mindestvorschriften, sondern um die Erreichung eines einheitlichen Standards. Art. 12 bis 17 SDÜ regeln die Erteilung von Sichtvermerken zwischen den Schengen-Staaten. Zuständig ist danach grundsätzlich die Vertragspartei, in deren Hoheitsgebiet das Hauptreiseziel liegt.[295] Innerhalb von zwei Jahren nach Inkrafttreten des Vertrags von Amsterdam sollten gemeinschaftsrechtliche Verfahren und Bedingungen für die Erteilung von Visa durch die Mitgliedstaaten, insbesondere Mittel für den Lebensunterhalt, Garantien für eine Rückführung oder Kostendeckung bei Unfällen und Erkrankung, festgelegt werden.[296]

cc) Einheitliche Visumgestaltung

Weiterhin sollen die Visa gemäß Art. 62 Nr. 2 lit. b) Punkt iii) EGV in den Mitgliedstaaten **einheitlich gestaltet** werden.[297] Diese Kompetenz war bereits unter Art. 100c Abs. 3 EGV aF vorhanden und in der Verordnung (EG) Nr. 1683/95 des Rates vom 29. Mai 1995 durch die Einführung einer einheitlichen Visummarke umgesetzt worden.[298] Gemeinschaftsrechtlich sollen weitere Regeln und die technischen Anforderungen für eine einheitliche Visagestaltung insbesondere durch eine Änderung der Verordnung (EG) Nr. 1683/95 bis 2004 festgelegt werden.[299] Zur Erreichung eines höheren Sicherheitsniveaus für die verwendete Visummarke verabschiedete der Rat am 28. April 1998 und 29. April 1999 jeweils eine Empfehlung zur Bekämpfung von Visafälschungen.[300] Neue technische Entwicklungen sollen zwecks Erzielung eines noch besseren Sicherheitsniveaus beobachtet werden.[301] Diesbezüglich hat die

---

schriftliche Anfrage des EP-Abgeordneten Emmanouil Bakopoulos an die Kommission zum gleichen Thema, ABl. EG 2001 Nr. C 72 E/198;

[293] ABl. EG 1999 Nr. L 72/2; vgl. Art. 6 Abs. 1 des Kommissionsvorschlags KOM (2000) 577 endg./2

[294] ABl. EG 2001 Nr. L 81/1

[295] vgl. Art. 12 Abs. 2 SDÜ

[296] vgl. den Aktionsplan des Rates und der Kommission zur bestmöglichen Umsetzung der Bestimmungen des Amsterdamer Vertrags über den Aufbau eines Raums der Freiheit, der Sicherheit und des Rechts vom 3. Dezember 1998, Nr. 36 lit. d) i), ABl. EG 1999 Nr. C 19/1

[297] beachte dazu wiederum die Verfahrensbesonderheit in Art. 67 Abs. 3 EGV, dazu unten III. 1.

[298] ABl. EG 1995 Nr. L 164/1

[299] vgl. den Anzeiger der Fortschritte bei der Schaffung eines „Raums der Freiheit, der Sicherheit und des Rechts" in der Europäischen Union, 1. Halbjahr 2001, KOM (2001) 278 endg., Ziff. 5

[300] Empfehlung des Rates vom 28. Mai 1998 betreffend die Geräteausstattung zur Aufdeckung von Fälschungen an den Grenzübergangsstellen der Europäischen Union, ABl. EG 1998 Nr. C 189/19; Empfehlung des Rates vom 29. April 1999 betreffend die Ausstattung zum Erkennen von ge- und verfälschten Dokumenten in den Visumstellen der Auslandsvertretungen sowie in Inlandsbehörden, die mit der Vergabe und Verlängerung von Visa befasst sind, ABl. EG 1999 Nr. C 140/1

[301] vgl. den Aktionsplan des Rates und der Kommission zur bestmöglichen Umsetzung der Bestimmungen des Amsterdamer Vertrags über den Aufbau eines Raums der Freiheit, der Sicherheit und des Rechts vom 3. Dezember 1998, Nr. 38 lit. d) ii), ABl. EG 1999 Nr. C 19/1

Kommission am 22. März 2001 eine Verordnung über die einheitliche Gestaltung des Formblatts für die Anbringung eines Visums, das die Mitgliedstaaten Personen erteilen, die Inhaber eines von dem betreffenden Mitgliedstaat nicht anerkannten Reisedokuments sind, vorgeschlagen.[302]

dd) Einheitliches Visum

Die Kompetenz zu Vorschriften über ein **einheitliches Visum** in Art. 62 Nr. 2 lit. b) Punkt iv) EGV rundet die Zuständigkeit der EG in der Visapolitik ab. Ein einheitlicher Sichtvermerk, der für das Hoheitsgebiet aller Schengen-Staaten gilt und bis zu einem Zeitraum von drei Monaten erteilt werden kann, wurde nach Art. 10 Abs. 1 SDÜ geschaffen. Ein solch einheitlicher Sichtvermerk kann für eine oder mehrere Einreisen gültig sein oder einen Durchreisesichtvermerk darstellen.[303] Der Schengen-Exekutivausschuss hat insbesondere auf der Rechtsgrundlage von Art. 17 Abs. 1, 2 und 3 lit. a) bis f) SDÜ weitergehende Beschlüsse gefasst, so dass schon im Rahmen von Schengen eine weit **fortentwickelte Visapolitik** zwischen den Schengen-Staaten vorhanden ist.[304] Im Aktionsplan vom Dezember 1998 haben sich Rat und Kommission auf die Festlegung gemeinschaftsrechtlicher Vorschriften für ein einheitliches Visum innerhalb von zwei Jahren nach Inkrafttreten des Amsterdamer Vertrags verständigt.[305]

Die Durchführung des Titel II Kapitel 3 SDÜ über Sichtvermerke ist in der **Gemeinsamen Konsularischen Instruktion** an die diplomatische Mission und die konsularischen Vertretungen geregelt.[306] Nachdem der Rat gemäß Art. 2 Abs. 1 UAbs. 1 S. 2 Schengen-Protokoll ab dem Inkrafttreten des Vertrags von Amsterdam an die Stelle des Schengen-Exekutivausschusses getreten ist, ist es nach Meinung der Republik Finnland angebracht, auch in einem **gemeinschaftlichen Rechtsakt** das Verfahren festzulegen, mit dem diese Durchführungsbeschlüsse erlassen werden sollen.[307] Bis April 2003 sollen gemeinschaftsrechtliche Verfahren und Bedingungen für die Ausstellung von Visa durch die Mitgliedstaaten geschaffen werden.[308] Dies hat der Rat mit der Verordnung (EG) Nr. 789/2001 vom 24. April 2001 bereits begonnen.[309] In dieser Verordnung werden dem Rat Durchführungsbefugnisse im Hinblick auf bestimmte detaillierte Vorschriften und praktische Verfahren zur Prüfung von Visumanträgen vorbehalten. Hinsichtlich Langzeitvisa wurde dies vom Rat mit der Entscheidung vom 28. Mai 2001 ebenfalls umgesetzt.[310]

[302] KOM (2001) 157 endg.; ABl. EG 2001 Nr. C 180 E/301
[303] vgl. Art. 11 SDÜ
[304] vgl. die Beschlüsse des Schengen-Exekutivausschusses, ABl. EG 2000 Nr. L 239/151 ff
[305] vgl. Nr. 36 lit. d) ii), ABl. EG 1999 Nr. C 19/1
[306] SCH/Com-ex (99) 13, ABl. EG 2000 Nr. L 239/317; beachte die durch Art. 6 Abs. 2 KOM (2000) 577 endg./2 geplante Änderung des Anhangs 1
[307] vgl. die Initiative der Republik Finnland, ABl. EG 2000 Nr. C 164/7
[308] vgl. Anzeiger der Fortschritte bei der Schaffung eines „Raums der Freiheit, der Sicherheit und des Rechts" in der Europäischen Union, 1. Halbjahr 2001, KOM (2001) 278 endg., Ziff. 5
[309] ABl. EG 2001 Nr. L 116/2; beachte auch die Entscheidung vom 24. April 2001, ABl. EG 2001 Nr. L 116/32
[310] ABl. EG 2001 Nr. L 150/47

c) Asyl- und Flüchtlingspolitik

Im Gegensatz zur Visapolitik wurden die Asyl- und Flüchtlingspolitik in Art. 63 Nr. 1 und 2 EGV erstmals mit dem Vertrag von Amsterdam auf Gemeinschaftsebene primärrechtlich verankert. Bis zum Inkrafttreten des Vertrags von Maastricht fanden sich nur vereinzelt Bezüge zum Asyl- und Flüchtlingsrecht im sekundären Gemeinschaftsrecht.[311] Mit dem Vertrag von Maastricht wurde die Asylpolitik als Angelegenheit von gemeinsamem Interesse in die intergouvernementale dritte Säule eingeführt.[312] Die Neuregelung in Art. 63 Nr. 1 und Nr. 2 EGV gibt der EG erstmals eine Kompetenz zur Ergreifung von Maßnahmen auf Ebene der Gemeinschaft.[313]

aa) Der Begriff des Asyl- und Flüchtlingsrechts auf Gemeinschaftsebene

Die Begriffe „Asylrecht" und „Flüchtlingsrecht" gemäß Art. 63 Nr. 1 und Nr. 2 EGV sind gemeinschaftsrechtlich zu definieren. Die Abgrenzung hat unabhängig vom deutschen Recht zu erfolgen.[314] Zentrales Element bei der Bestimmung des **Asylrechts** ist jedoch in beiden Fällen der Begriff der „politischen Verfolgung". Auf der Ebene des Europarechts wird als Grundlage des Asylrechts die **Genfer Flüchtlingskonvention** (GFK) herangezogen.[315] Obwohl der Ursprung des nationalen und gemeinschaftsrechtlichen Asylrechts unterschiedlich ist, wird auch im nationalen deutschen Recht bei der Bestimmung des Asylrechts auf die GFK Bezug genommen.[316] Hervorzuheben ist allerdings, dass die GFK im Gegensatz zu Art. 16a Abs. 1 GG kein subjektives Recht auf Asyl, sondern lediglich Rechte im Asyl gewährt. Art. 1 Abs. 1 lit. b) des Dubliner Übereinkommens (DÜ)[317] bestimmt:

---

[311] vgl. *Schweitzer*, Das Asylrecht im Europäischen Gemeinschaftsrecht, in Baur/Müller-Graff/Zuleeg, FS für Bodo Börner, S. 403 ff; *Schweitzer*, ZAR 1992, 147, 149 ff; *Goldstein*, Die Kompetenzen der Europäischen Gemeinschaften zur Regelung des Asylrechts; vgl. auch *Wollenschläger*, Ein europäisches Asylrecht in der Tradition europäischer Rechtskultur, in Piazolo/Grosch, Festung oder offene Grenzen?, S. 9 ff; *Menke*, Bedingungen einer Asylgesetzgebung der Europäischen Gemeinschaft; *Waldstein*, Das Asylgrundrecht im europäischen Kontext; *Barwig*, Asylrecht im Binnenmarkt

[312] vgl. dazu oben 1. Teil B. IV. 2. b) aa); vgl. *Hailbronner*, ZAR 1995, 3 ff

[313] Einen Überblick über die europäische Asylpolitik nach Inkrafttreten des Vertrags von Amsterdam gibt *Huber*, InfAuslR 2000, 302 ff. Ein diesbezüglicher Fundstellennachweis des geltenden Gemeinschaftsrechts findet sich im Internet unter http://europa.eu.int/eur-lex/de/lif/reg/de_register_191030. Vorschläge der Kommission für Rechtsakte zur Asylpolitik, http:// europa.eu.int/eur-lex/de/com/reg/ de_register_191030. Vgl. mit Bezug zu Frankreich, *Daujac*, Hommes & Migrations 1998, 120 ff.

[314] vgl. zur Änderung des Asylrechts in Deutschland *Brugger*, JZ 1993, 119 ff; *Renner*, ZAR 1996, 103 ff; *Hailbronner*, ZAR 1993, 107 ff; *Haberland*, ZAR 1994, 3 ff

[315] Abkommen über die Rechtsstellung der Flüchtlinge vom 28. Juli 1951, BGBl. 1953 II S. 560, Sartorius II Nr. 28; für die Bundesrepublik Deutschland in Kraft getreten am 22. April 1954, BGBl. 1954 II S. 619

[316] ständige Rspr. des BVerwG, vgl. BVerwGE 49, 202, 204 f; BVerwG, NVwZ 1984, 183; vgl auch BVerfGE 9, 174, 181; BVerfGE 54, 341, 356; *Randelzhofer*, in Maunz/Dürig, Kommentar zum GG, Art. 16 Abs. 2 S. 2 GG, Rn. 20 ff

[317] Übereinkommen über die Bestimmung des zuständigen Staates für die Prüfung eines in einem Mitgliedstaat der Europäischen Gemeinschaften gestellten Asylantrags vom 15. Juni 1990, BGBl. 1994 II S. 792; für die ursprünglichen Unterzeichnerstaaten in Kraft getreten am 1. September 1997, BGBl. 1997 II S. 1452; für Österreich und Schweden am 1. Oktober 1997 sowie für Finnland am 1. Januar 1998 in Kraft getreten, BGBl. 1998 II S. 62; Sartorius II Nr. 285; ABl. EG 1997 Nr. C 254/1; Schlussfolgerungen des Rates vom 27. Mai 1997 über die Anwendung des DÜ in der Praxis, ABl. EG 1997 Nr. C 191/4; vgl. zum DÜ auch unten bb) (1)

Asylantrag: Antrag, mit dem ein Ausländer einen Mitgliedstaat um Schutz nach dem Genfer Abkommen unter Berufung auf den Flüchtlingsstatus im Sinne von Artikel 1 des Genfer Abkommens in der Fassung des New Yorker Protokolls ersucht;

Nach Art. 1 Abschnitt A Abs. 2 S. 1 GFK in der Fassung des New Yorker Protokolls[318] findet der Ausdruck „Flüchtling" auf jede Person Anwendung:

Die aus der begründeten Furcht vor Verfolgung wegen ihrer Rasse, Religion, Nationalität, Zugehörigkeit zu einer bestimmten sozialen Gruppe oder wegen ihrer politischen Überzeugung sich außerhalb des Landes befindet, dessen Staatsangehörigkeit sie besitzt, und den Schutz dieses Landes nicht in Anspruch nehmen will; oder die sich als Staatenlose außerhalb des Landes befindet, in welchem sie ihren gewöhnlichen Aufenthalt hatte, und nicht dorthin zurückkehren kann oder wegen der erwähnten Befürchtungen nicht dorthin zurückkehren will.

Innerstaatlich ist in diesem Zusammenhang weiterhin das einfachrechtliche Abschiebungsverbot in Art. 51 Abs. 1 AuslG zu beachten. Die Verwendung des Terminus technicus „Flüchtling" in Art. 1 GFK darf nicht darüber hinwegtäuschen, dass es sich um Asylrecht iSd Gemeinschaftsterminologie handelt.[319]

Der Begriff „**Flüchtlingsrecht**" ist ebenfalls gemeinschaftsrechtlich zu definieren. In Abgrenzung zum in Art. 63 Nr. 1 EGV geregelten Asylrecht, das auf der Grundlage der GFK aufbaut, sind hier Flüchtlinge betroffen, die nicht unter den Schutz der GFK fallen. Unter „Flüchtlinge und vertriebene Personen" iSv Art. 63 Nr. 2 EGV sind deshalb sog. **De-facto-Flüchtlinge** zu verstehen. Dies sind solche Flüchtlinge, die zwar den Anerkennungskriterien der GFK nicht genügen, jedoch aus anderen Gründen, vorwiegend humanitärer Art als schutzwürdig gelten. Sie sind nicht in der Lage oder aus bestimmten Gründen nicht bereit, in ihre Heimat zurückzukehren.[320] Die Regelung in Art. 63 Nr. 2 EGV ist vor dem Hintergrund des Bürgerkriegs im ehemaligen Jugoslawien zu verstehen und soll Personen Schutz bieten, die vor kriegerischen Auseinandersetzungen fliehen, ohne dass bereits eine individuelle Gefährdung iSd GFK vorliegt.

bb) Asylrecht nach Art. 63 Nr. 1 EGV

(1) Zuständigkeitsregelung für Asylverfahren

Gemäß Art. 63 Nr. 1 lit. a) EGV hat die EG die Kompetenz zum Erlass von Kriterien und Verfahren zur Bestimmung des Mitgliedstaats, der für die Prüfung eines Asylantrags zuständig ist, den ein Staatsangehöriger eines dritten Landes in einem Mitgliedstaat gestellt hat. Diese Frage wurde von den Mitgliedstaaten bereits auf dem Europäischen Rat von Straßburg vom 8./9. Dezember 1989 angesprochen, der die

[318] Protokoll über die Rechtsstellung der Flüchtlinge vom 31. Januar 1967, BGBl. 1969 II S. 1294; UNTS, Vol. 606, S. 267; in Kraft getreten für die Bundesrepublik Deutschland am 5. November 1969, BGBl. 1970 II S. 194; Sartorius II Nr. 28a

[319] vgl. zum Flüchtlingsbegriff der GFK unten 4. Teil B. II. 2. a)

[320] vgl. ausführlich zum Begriff der De-facto-Flüchtlinge *Hailbronner*, ZAR 1993, 3, 5 ff

Harmonisierung der Asylpolitiken in den Mitgliedstaaten als Ziel formulierte.[321] Das **Dubliner Übereinkommen** vom 15. Juni 1990 regelt auf völkerrechtlicher Basis die Bestimmung des zuständigen Staates für die Prüfung eines in einem Mitgliedstaat der EG gestellten Asylantrags. Solange kein diesbezügliches Gemeinschaftsrecht geschaffen wird, sind bei der Zuständigkeitsregelung die Vorschriften des DÜ heranzuziehen.[322] Zielsetzung des DÜ ist es, Situationen zu vermeiden, die dazu führen, dass Asylbewerber zu lange im Ungewissen über den Ausgang des Asylverfahrens gelassen werden. Außerdem soll jedem Asylbewerber die Gewähr dafür geboten werden, dass sein Antrag von einem der Mitgliedstaaten geprüft wird. Ein einziger EG-Mitgliedstaat soll für die Prüfung eines Asylantrags zuständig sein (sog. „one chance only"-Prinzip), womit gleichzeitig das Betreiben paralleler oder sukzessiver Asylverfahren in mehreren Mitgliedstaaten (sog. „asylum shopping") verhindert werden soll. Ferner soll vermieden werden, dass die Asylbewerber von einem Mitgliedstaat zum anderen abgeschoben werden, ohne dass einer dieser Staaten sich für die Prüfung des Asylantrags für zuständig erklärt (sog. „refugee in orbit"-Phänomen).[323] Der Anwendungsbereich des DÜ ist jedoch auf Drittausländer, d. h. gemäß Art. 1 lit. a) DÜ jede Person, die nicht Angehöriger eines Mitgliedstaats ist, beschränkt. Zur Durchführung des DÜ wurde ein Ausschuss mit Vertretern der Mitgliedstaaten eingerichtet, in dem die Kommission einen Beobachterstatus innehat.[324]

Geregelt wird die **internationale Zuständigkeit** für die Asylantragsprüfung in Art. 3 DÜ. Gemeint ist damit die Gesamtheit der Prüfungsvorgänge, der Entscheidungen bzw. Urteile der zuständigen Stellen in Bezug auf einen Asylantrag, mit Ausnahme der Verfahren zur Bestimmung des Staates, der gemäß den Bestimmungen des DÜ für die Prüfung des Asylantrags zuständig ist.[325] In Art. 3 Abs. 1 DÜ verpflichten sich die Mitgliedstaaten zur Prüfung jedes Asylantrags, den ein Ausländer an der Grenze oder im Hoheitsgebiet eines Mitgliedstaats stellt. Daraus kann jedoch kein subjektives Recht eines Asylbewerbers abgeleitet werden.[326] Art. 3 Abs. 2 iVm Art. 4 bis 8 DÜ legen die Bestimmungen fest, wonach die Prüfung von einem einzigen Mitgliedstaat gemäß den aufgezählten Kriterien in der angegebenen Reihenfolge vorgenommen wird. Die Zuständigkeit richtet sich primär nach dem Vorhandensein von

---

[321] vgl. die Schlussfolgerungen des Vorsitzes des ER von Straßburg, Bull. EG 12-1989, Ziff. 1.1.9, unter Hinweis auf das Palma-Dokument, Bull. EG 6-1989, Ziff. 1.1.7; vgl. auch die erste Erwägung des DÜ

[322] Die Prüfung der Effizienz des DÜ sowie der Erlass von Kriterien und Mechanismen in Form einer VO ist von Rat und Kommission vorgesehen, vgl. Anzeiger der Fortschritte bei der Schaffung eines „Raums der Freiheit, der Sicherheit und des Rechts" in der EU, 1. Halbjahr 2001, KOM (2001) 278 endg., Ziff. 2.2. Vgl. schon den Aktionsplan des Rates und der Kommission zur bestmöglichen Umsetzung des Amsterdamer Vertrags über den Aufbau eines Raums der Freiheit, der Sicherheit und des Rechts vom 3. Dezember 1998, Nr. 36 lit. b) i), ABl. EG 1999 Nr. C 19/1; zur Anwendung des DÜ im Vereinigten Königreich *Nicol/Harrison*, EJML 1999, 465 ff.

[323] vgl. die vierte Erwägung der Präambel des DÜ; vgl. *Braun*, Asylpolitik in der Europäischen Union, in Müller-Graff, Europäische Zusammenarbeit in den Bereichen Justiz und Inneres, S. 75, 78; *Achermann*, Schengen und Asyl: Das Schengener Übereinkommen als Ausgangspunkt der Harmonisierung europäischer Asylpolitik, in Achermann/Bieber/Epiney/Wehner, Schengen und die Folgen, S. 79, 91; *Hoffmann*, InfAuslR 1999, 94

[324] vgl. Art. 18 Abs. 1 DÜ; die Beschlüsse des Ausschusses werden im Amtsblatt veröffentlicht, vgl. ABl. EG 1997 Nr. L 281/1, ABl. EG 1997 Nr. L 281/26, ABl. EG 1998 Nr. L 196/49, ABl. EG 2000 Nr. L 281/1.

[325] vgl. Art. 1 lit. d) DÜ

[326] vgl. *Röben*, in Grabitz/Hilf, Das Recht der Europäischen Union, Stand Mai 1999, Art. 63 EGV, Rn. 21 m. w. N.

Familienangehörigen oder einer Aufenthaltserlaubnis.[327] Bei illegaler Einreise aus Drittstaaten gilt Art. 6 DÜ. Falls sich aus den vorhergehenden Artikeln noch keine Zuständigkeit bestimmen lässt, regelt Art. 7 DÜ die Zuständigkeit des Einreisestaates und enthält eine Flughafenregelung. Subsidiär ist nach Art. 8 DÜ der Mitgliedstaat für die Prüfung zuständig, bei dem der Asylantrag gestellt wird.[328] Die Prüfung des Asylantrags erfolgt aufgrund innerstaatlicher Rechtsvorschriften und internationaler Verpflichtungen.[329] Eine Harmonisierung des materiellen Asylrechts und des Asylverfahrensrechts wird im DÜ nicht angestrebt.[330] Das DÜ sieht lediglich die Möglichkeit, nicht aber die Pflicht zur Anerkennung ausländischer Asylentscheidungen vor.[331] Ein Asylantrag kann von einem Mitgliedstaat unter der Voraussetzung, dass der Asylbewerber zustimmt, jedoch auch dann geprüft werden, wenn der Mitgliedstaat nicht zuständig ist. In diesem Fall ist der eigentlich zuständige Mitgliedstaat von seinen Verpflichtungen entbunden.[332] Hält ein Mitgliedstaat, in dem ein Asylantrag gestellt wurde, einen anderen Mitgliedstaat für die Prüfung dieses Antrags für zuständig, so kann er Letzteren ersuchen, den Asylbewerber aufzunehmen.[333]

Praktische Voraussetzung für die Bestimmung der Zuständigkeit und des Übernahmeersuchens nach Art. 11 DÜ ist allerdings die Dokumentation der Einreise eines Asylbewerbers über eine Außengrenze. Dazu hat der Rat im Dezember 1998 politische Einigung über die sog. **Eurodac-Konvention** erzielt, mit der ein Vergleich der Fingerabdrücke von Asylbewerbern, die mindestens 14 Jahre alt sind, ermöglicht wird.[334] Die Daten bleiben zehn Jahre lang in einer zentralen Datenbank gespeichert, werden jedoch gelöscht, wenn die betreffende Person die Staatsbürgerschaft eines Mitgliedstaats erwirbt. Hat die betreffende Person in einem Mitgliedstaat den Flüchtlingsstatus erhalten, werden die Daten gesperrt. Mit einem Protokoll zum Übereinkommen sollte eine Ausweitung auf bestimmte Gruppen von illegalen Zuwanderern erreicht werden.[335] Nach dem Inkrafttreten des Vertrags von Amsterdam hat die Kommission dem Rat einen Vorschlag für eine Verordnung über die Einrichtung des Eurodac-Systems unterbreitet, der sämtliche Bestimmungen des Entwurfs des Übereinkommens und des Protokolls übernommen hat.[336] Mit der **Verordnung (EG) Nr.**

[327] vgl. Art. 4 und 5 DÜ

[328] vgl. zur Zuständigkeitsprüfung *Huber*, NVwZ 1998, 150 f; *Hailbronner/Thiery*, CMLRev. 1997, 957, 967 ff; *Löper*, ZAR 2000, 16 ff; in der Praxis ist gerade der Nachweis des Reisewegs oft schwer zu führen, so dass die Tauglichkeit des Systems in Frage gestellt werden kann, vgl. auch *Achermann*, Schengen und Asyl: Das Schengener Übereinkommen als Ausgangspunkt der Harmonisierung europäischer Asylpolitik, in Achermann/Bieber/Epiney/Wehner, Schengen und die Folgen, S. 79, 106 f.

[329] vgl. Art. 3 Abs. 3 SDÜ

[330] vgl. *Hailbronner*, Perspektiven einer europäischen Asylrechtsharmonisierung nach dem Vertrag von Amsterdam, in Piazolo/Grosch, Festung oder offene Grenzen?, S. 71, 81

[331] vgl. in diesem Zusammenhang Art. 16 Abs. 5 GG, der in der Bundesrepublik Deutschland ausdrücklich die gegenseitige Anerkennung von Asylentscheidungen ermöglicht, BVerfGE 94, 49 ff; vgl. *Schmahl*, ZAR 2001, 3, 11

[332] vgl. Art. 3 Abs. 4 DÜ; diese Klausel eröffnete auch Mitgliedstaaten, die ein subjektives Recht auf individuelle Prüfung eines Asylantrags in der Verfassung verankert hatten, die Möglichkeit des Beitritts zum DÜ.

[333] vgl. Art. 11 Abs. 1 DÜ

[334] European Automated Fingerprint Recognition System; Politische Einigung im Rat am 3. Dezember 1998, Bull. EU 12-1998, Ziff. 1.4.6; Stellungnahme des EP, Bull. EU 1/2-1998, Ziff. 1.5.1

[335] Politische Einigung im Rat im März 1999, Bull. EU 3-1999, Ziff. 1.5.2. Hinsichtlich der Bekämpfung von Rassendiskriminierung ist dabei die fehlende Regelung zum Abnehmen der Fingerabdrücke problematisch, vgl. *Bell*, ELRev. 2001, 20, 28.

[336] KOM (1999) 260 endg., ABl. EG 2000 Nr. C 337 E/37, Bull. EU 5-1999, Ziff. 1.4.5; nach Stellungnahme des EP am 18. November 1999, Bull. EU 11-1999, Ziff. 1.6.4, ABl. EG 2000 Nr. C 189/227,

2725/2000 vom 11. Dezember 2000 über die Einrichtung von „Eurodac" für den Vergleich von Fingerabdrücken zum Zwecke der effektiven Anwendung des Dubliner Übereinkommens hat der Rat diesen Kommissionsvorschlag umgesetzt.[337]

(2) Aufnahme von Asylbewerbern

Art. 63 Nr. 1 lit. b) EGV gibt der Gemeinschaft die Kompetenz zur Festlegung von Mindestnormen für die Aufnahme von Asylbewerbern in den Mitgliedstaaten. Im Gegensatz zu Art. 63 Nr. 2 lit. a) EGV ist hier nicht nur ein vorübergehender Schutz gemeint. Die Gemeinschaft besitzt damit die Kompetenz zu Maßnahmen hinsichtlich der Unterbringung von Asylbewerbern, der Versorgung mit Lebensmitteln, der medizinischen Betreuung, der Bildung und Erziehung von Kindern, sowie der Beschäftigung und Zulassung zum Arbeitsmarkt.[338] In den vom Rat aufgestellten Leitlinien werden unterschiedliche Aufnahmebedingungen für die jeweiligen Phasen des Verfahrens festgelegt. Die Asylbewerber sollen sich über ihre Rechte informieren und im Hoheitsgebiet des jeweiligen Mitgliedstaats frei bewegen können.[339] Die Festlegung von **Mindestnormen** soll dabei ein einheitliches Mindestniveau sichern, lässt den Mitgliedstaaten aber unter besonderer Berücksichtigung der Grundsätze der Subsidiarität und der Verhältnismäßigkeit freie Hand für die Einführung eines höheren Standards. Eine Notifizierungspflicht für die Mitgliedstaaten besteht dagegen nicht.[340] Anders als in der Visapolitik ist es hier nicht Ziel, einen einheitlichen Standard einzuführen. Durch die Schaffung von Mindestnormen sollen Asylbewerber jedoch von Wanderungsbewegungen innerhalb der EU, sog. **Sekundärmigration**, abgehalten werden.[341] Die Kommission hat am 18. Mai 2001 einen Vorschlag für eine Richtlinie des Rates zur Festlegung von Mindestnormen für die Aufnahme von Asylbewerbern in den Mitgliedstaaten vorgelegt.[342]

---

und politischer Ausrichtung im Rat, Bull. EU 12-1999, Ziff. 1.5.5, geändert in KOM (2000) 100 endg., Bull. EU 3-2000, Ziff. 1.4.2

[337] ABl. EG 2000 Nr. L 316/1; Stellungnahme des EP, ABl. EG 2001 Nr. C 146/87; vgl. dazu *Schröder*, ZAR 2001, 71 ff

[338] vgl. *Wiedmann*, in Schwarze, EU-Kommentar, Art. 63 EGV, Rn. 10; *Bardenhewer*, in Lenz, EG-Vertrag, Art. 63 EGV, Rn. 5; *Hailbronner*, Immigration and Asylum Law and Policy of the European Union, S. 79 f; vgl. Leitlinien des Rates „Justiz und Inneres" für das künftige Gemeinschaftsinstrument über die Bedingungen für die Aufnahme von Asylbewerbern, Pressemitteilung des Rates „Justiz und Inneres" vom 1. Dezember 2000, 457 - Nr. 13865/00; vgl. auch schon den Aktionsplan des Rates und der Kommission zur bestmöglichen Umsetzung des Amsterdamer Vertrags über den Aufbau eines Raums der Freiheit, der Sicherheit und des Rechts vom 3. Dezember 1998, Nr. 36 lit. b) v), ABl. EG 1999 Nr. C 19/1. *Brechmann*, in Callies/Ruffert, EUV/EGV, Art. 63 EGV, Rn. 12, will auch die Erstellung einer verbindlichen Liste sicherer Drittstaaten und Herkunftsländer unter Art. 63 Nr. 1 lit. b) EGV fassen, dabei handelt es sich jedoch um Verfahrensvorschriften, die unter Art. 63 Nr. 1 lit. d) EGV fallen.

[339] vgl. Leitlinien des Rates „Justiz und Inneres" für das künftige Gemeinschaftsinstrument über die Bedingungen für die Aufnahme von Asylbewerbern, Pressemitteilung des Rates „Justiz und Inneres" vom 1. Dezember 2000, 457 - Nr. 13865/00

[340] Eine solche besteht z. B. in Art. 153 Abs. 5 S. 3 EGV und Art. 176 S. 3 EGV, auch dort können die Mitgliedstaaten jeweils Maßnahmen für ein höheres Schutzniveau treffen.

[341] vgl. den Aktionsplan des Rates und der Kommission zur bestmöglichen Umsetzung des Amsterdamer Vertrags über den Aufbau eines Raums der Freiheit, der Sicherheit und des Rechts vom 3. Dezember 1998, Nr. 36 lit. b) iv), ABl. EG 1999 Nr. C 19/1

[342] KOM (2001) 181 endg., ABl. EG 2001 Nr. C 213 E/286

(3) Anerkennung als Flüchtling

Gemäß Art. 63 Nr. 1 lit. c) EGV kann der Rat Mindestnormen für die Anerkennung von Staatsangehörigen dritter Länder als Flüchtlinge festlegen. Der Begriff **„Mindestnormen“** bedeutet ebenfalls, dass nicht die Einführung eines einheitlichen Standards Ziel ist, sondern vielmehr die Gewährung eines Mindestschutzes unter Beachtung der Subsidiarität und der Verhältnismäßigkeit. Diese Normen dürfen jedoch den von der GFK gesetzten Mindeststandard nicht unterschreiten.[343] Die Gewährung eines höheren Schutzniveaus bleibt den Mitgliedstaaten unbenommen. Bereits unter dem Vertrag von Maastricht haben sich die Mitgliedstaaten auf einen **Gemeinsamen Standpunkt** betreffend die harmonisierte Anwendung des Begriffs „Flüchtling“ iSv Art. 1 GFK geeinigt.[344] Darin werden Leitlinien für die Anwendung der Kriterien für die Anerkennung und Zulassung als Flüchtling aufgestellt. Klargestellt wird im Gemeinsamen Standpunkt, dass in jedem Fall eine Einzelfallprüfung stattfindet und eine Bürgerkriegssituation allein nicht ausreicht, um die Zuerkennung der Flüchtlingseigenschaft zu rechtfertigen.[345] Für eine positive Entscheidung soll es aber ausreichen, wenn die Angaben des Asylbewerbers hinsichtlich seiner Verfolgung glaubhaft sind.[346] Vorausgesetzt wird weiterhin eine staatliche Verfolgung. Eine nichtstaatliche Verfolgung reicht nur dann, wenn der Staat diese fördert, billigt oder wenn er willentlich untätig bleibt.[347] Das materielle Asylrecht ist in den EU-Mitgliedstaaten jedoch noch sehr unterschiedlich ausgestaltet.[348] In einer Mitteilung an das Europäische Parlament und den Rat vom 22. November 2000 hat sich die Kommission für einen einheitlichen Status für die Personen, denen Asyl gewährt wird, ausgesprochen.[349] Mittels einer Richtlinie soll eine Annäherung der Bestimmungen über die Zuerkennung und die Merkmale der Flüchtlingseigenschaft bis April 2004 erreicht werden.[350]

(4) Verfahren für Flüchtlingseigenschaft

Erstmals mit dem Vertrag von Amsterdam erhält die Gemeinschaft in Art. 63 Nr. 1 lit. d) EGV eine Kompetenz zum Erlass von Mindestnormen für die Verfahren in den Mitgliedstaaten zur Zuerkennung oder Aberkennung der Flüchtlingseigenschaft. Davon werden alle Verfahrensregelungen umfasst, welche die Prüfung des Asylbegehrens betreffen, einschließlich der Beweismittel, der möglichen Rechtsmittel sowie Regelungen zur Beendigung des Aufenthalts abgelehnter Asylbewerber.[351] Genau wie bei der Anerkennung ist die Gemeinschaft auf die Festlegung von **Mindestnormen** beschränkt. Weitergehende Verfahrensgarantien bleiben damit der Zuständigkeit der Mitgliedstaaten überlassen. Mit dieser Regelung sollen jedoch Mindestga-

[343] vgl. dazu unten 4. Teil B. II
[344] ABl. EG 1996 Nr. L 63/2; in den Mitgliedstaaten differiert die Auslegung des Flüchtlingsbegriffs erheblich, vgl. dazu *Weber*, EuGRZ 1999, 301, 305 ff.
[345] vgl. Nr. 2 und Nr. 6 des Gemeinsamen Standpunkts
[346] vgl. Nr. 3 des Gemeinsamen Standpunkts
[347] vgl. Nr. 5.2 des Gemeinsamen Standpunkts; vgl. zur Bedeutung im Zusammenhang mit der GFK unten 4. Teil B. II. 2. a)
[348] Einen Vergleich des materiellen Asylrechts in den EU-Mitgliedstaaten bieten *Wolter*, Auf dem Weg zu einem gemeinschaftlichen Asylrecht in der Europäischen Union, und *Weber*, EuGRZ 1999, 301 ff.
[349] KOM (2000) 755 endg.; Bull. EU 11-2000, Ziff. 1.4.3
[350] vgl. Anzeiger der Fortschritte bei der Schaffung eines „Raums der Freiheit, der Sicherheit und des Rechts“ in der EU, 1. Halbjahr 2001, KOM (2001) 278 endg., Ziff. 2.2
[351] vgl. *Brechmann*, in Callies/Ruffert, EUV/EGV, Art. 63 EGV, Rn. 17; *Schmahl*, ZAR 2001, 3, 5

rantien festgeschrieben werden, um den Druck auf einige „besonders beliebte" Asylländer zu nehmen. In diesem Sachbereich haben sich die EG-Einwanderungsminister auf ihrer Tagung vom 30. November/1. Dezember 1992 in London bereits auf die sog. drei **Londoner Resolutionen** geeinigt, die als „soft law" allerdings rechtlich nicht verbindlich sind:[352]

- Entschließung zur Behandlung von offensichtlich unbegründeten Asylanträgen
- Entschließung zu einem einheitlichen Konzept in Bezug auf Aufnahmedrittländer
- Schlussfolgerungen über sichere Herkunftsstaaten

In diesen Resolutionen sind bereits wesentliche Grundsätze der europäischen Asylpolitik enthalten. Unter dem Vertrag von Maastricht konnten sich die Mitgliedstaaten weiterhin auf eine **Entschließung über Mindestgarantien** für Asylverfahren einigen.[353] Darin wird eine individualisierte Prüfung der Asylanträge durch die zuständigen Fachbehörden vereinbart.[354] Weiterhin wird der Zugang zu Rechtsmitteln gewährleistet, die hinsichtlich aufenthaltsbeendender Maßnahmen Suspensiveffekt haben.[355] Eine Einschränkung der Rechte von Asylbewerbern erfolgt allerdings mit der Einführung des Konzepts der sicheren Drittstaaten sowie der sicheren Herkunftsstaaten, die bereits in den Londoner Resolutionen niedergelegt sind.[356] Als **sicherer Herkunftsstaat** gilt ein Staat, in dem nach objektiven Kriterien keine Verfolgung vermutet wird. Es handelt sich hierbei um eine normative Vermutung. Dem Konzept der **sicheren Drittstaaten** liegt die Annahme zugrunde, dass Flüchtlinge nicht mehr schutzbedürftig sind, wenn sie in einem solchen Staat bereits Schutz gefunden haben oder hätten finden können. Anträge von Asylbewerbern aus sicheren Herkunftsstaaten oder sicheren Drittstaaten gelten als offensichtlich unbegründet und werden daher in einem beschleunigten Verfahren lediglich pauschal geprüft. Bei einer Einreise aus einem sicheren Drittstaat kann dabei bereits auch eine Zurückweisung an der Grenze erfolgen.

Im Einzigen Artikel des **Protokolls über die Gewährung von Asyl** für Staatsangehörige von Mitgliedstaaten der EU zum Vertrag von Amsterdam[357] wird festgelegt, dass die Mitgliedstaaten füreinander für alle rechtlichen und praktischen Zwecke im Zusammenhang mit Asylangelegenheiten als sichere Herkunftsländer gelten. Hintergrund dieses Protokolls ist die Divergenz Spaniens und Belgiens hinsichtlich der Auslieferung von ETA-Terroristen an Spanien.[358] Der Asylantrag eines Staatsange-

[352] nicht im Amtsblatt, allerdings abgedruckt in *Guild*, The Developing Immigration and Asylum Policies of the European Union, S. 141 ff, 161 ff und 177 ff; vgl. auch *Braun*, Asylpolitik in der Europäischen Union, in Müller-Graff, Europäische Zusammenarbeit in den Bereichen Justiz und Inneres, S. 75, 79 ff; *Hailbronner*, Perspektiven einer europäischen Asylrechtsharmonisierung nach dem Vertrag von Amsterdam, in Piazolo/Grosch, Festung oder offene Grenzen?, S. 71, 90 ff; in der Bundesrepublik Deutschland wurden diese Entschließungen durch die Asylrechtsreform 1993 umgesetzt.

[353] ABl. EG 1996 Nr. C 274/13; vgl. zu den Forderungen von Amnesty International hinsichtlich eines Mindeststandards *Wallace*, Refugees and Asylum: a Community Perspective, S. 59 ff; kritisch und mit eigenen Vorschlägen *Marx*, EJML 2001, 7, 14 f

[354] vgl. insoweit Nr. 4 der Entschließung

[355] vgl. Nr. 7, 8 und 17 der Entschließung

[356] vgl. Nr. 21, 22 und 25 der Entschließung; vgl. für eine rechtsvergleichende Sicht des Konzepts der „safe countries" *Weber*, EuGRZ 1999, 301, 307 ff

[357] vgl. dazu *Bribosia*, Le Protocole sur le Droit d'Asile pour les Ressortissants des Etats-Membres de l'Union européenne, in Lejeune, Le Traité d'Amsterdam, S. 189 ff; vgl. auch unten 4. Teil B. II. 2. b)

[358] vgl. *Zimmermann*, NVwZ 1998, 450, 453; *Hailbronner/Thiery*, EuR 1998, 583, 589 f; Spanien hat besonders auf die Verweigerung des Status eines politischen Flüchtlings für Staatsangehörige anderer Mitgliedstaaten geträngt, vgl. das Dokument „Beitrag zu einem spanischen Standpunkt auf der Regierungskonferenz von 1996" vom 28. März 1996, in Weißbuch zur Regierungskonferenz 1996, Bd.

hörigen eines Mitgliedstaats darf hiernach nur unter sehr engen Voraussetzungen von einem anderen Mitgliedstaat berücksichtigt oder zur Bearbeitung zugelassen werden. Dies ist gemäß lit. a) der Fall, wenn ein Mitgliedstaat eine Notstandserklärung nach Art. 15 EMRK abgibt und so kundtut, dass er die EMRK nicht mehr vollständig anwendet. Die Qualifikation als sicherer Herkunftsstaat entfällt weiterhin, wenn ein Verfahren nach Art. 7 EUV eingeleitet worden ist oder wenn der Rat nach Art. 7 Abs. 1 EUV eine schwerwiegende und anhaltende Verletzung der Grundsätze der Freiheit, der Demokratie, der Achtung der Menschenrechte und Grundfreiheiten sowie der Rechtsstaatlichkeit in dem betreffenden Mitgliedstaat festgestellt hat.[359] Eine Öffnungsklausel ist in lit. d) enthalten. Die Prüfung eines Asylantrags kann auch ohne die engen Voraussetzungen von lit. a) bis c) erfolgen, wenn der Mitgliedstaat einen solchen Beschluss fasst. Dabei ist allerdings der Rat zu unterrichten und von der Vermutung auszugehen, dass der Antrag offensichtlich unbegründet ist. Der Verzicht auf eine Prüfung offensichtlich unbegründeter Asylanträge soll jedoch hinsichtlich der Frage des Missbrauchs von Asylverfahren und geeigneter schneller Verfahren zum Zwecke einer weiteren Beschleunigung geprüft werden.[360] In diesem Zusammenhang ist die **Erklärung Belgiens** zum Protokoll über die Gewährung von Asyl für Staatsangehörige von EU-Mitgliedstaaten zu berücksichtigen, wonach sich Belgien das Recht vorbehält, jeden Asylantrag eines Staatsangehörigen eines anderen Mitgliedstaats gesondert zu prüfen.

Die Kommission hat am 20. September 2000 einen Richtlinienvorschlag über Mindestnormen für Verfahren in den Mitgliedstaaten zur Zuerkennung oder Aberkennung der Flüchtlingseigenschaft angenommen.[361] Bis April 2001 sollte eine entsprechende Maßnahme vom Rat beschlossen werden.[362] In ihrer Mitteilung vom 22. November 2000 prüft die Kommission die Möglichkeit eines gemeinsamen Asylverfahrens.[363]

cc) Flüchtlingsrecht nach Art. 63 Nr. 2 EGV

Der Rat besitzt nach Art. 63 Nr. 2 lit. a) EGV die Kompetenz zur Schaffung von Mindestnormen für den vorübergehenden Schutz von vertriebenen Personen aus dritten Ländern, die nicht in ihr Herkunftsland zurückkehren können, und von Personen, die anderweitig internationalen Schutz benötigen. In den Anwendungsbereich dieser

---

II, S. 79, 82. Anscheinend als nicht ausreichend wurden dabei von spanischer Seite Art. 1 F GFK und Art. 33 Abs. 2 GFK betrachtet, wonach insbesondere bei schweren nichtpolitischen Verbrechen und bei Handlungen, die den Zielen und Grundsätzen der Vereinten Nationen zuwiderlaufen, die Bestimmungen der GFK keine Anwendung finden.

359 vgl. lit. b) und c)

360 Erklärung Nr. 49 zu Buchstabe d des Einzigen Artikels des Protokolls über die Gewährung von Asyl für Staatsangehörige der Mitgliedstaaten der Europäischen Union

361 KOM (2000) 578 endg., ABl. EG 2001 Nr. C 62 E/231; Bull. EU 9-2000, Ziff. 1.4.6; vgl. hierzu die differenzierte Stellungnahme des Wirtschafts- und Sozialausschusses, ABl. EG 2001 Nr. C 193/77

362 vgl. Anzeiger der Fortschritte bei der Schaffung eines „Raums der Freiheit, der Sicherheit und des Rechts" in der EU, 1. Halbjahr 2001, KOM (2001) 278 endg., Ziff. 2.2

363 KOM (2000) 755; Bull. EU 11-2000, Ziff. 1.4.3; in seiner diesbezüglichen Entschließung betont das EP insbesondere, dass eine strikte Unterscheidung zwischen der Einreise von Asylbewerbern iSd GFK, der Zuwanderung aus wirtschaftlichen oder anderen Gründen und der vorübergehenden Aufnahme von Flüchtlingen aus Krisengebieten vorzunehmen ist, ABl. EG 2001 Nr. C 67/301 Nr. 2; Bull. EU 6-2000, Ziff. 1.4.9; vgl. auch schon den Aktionsplan des Rates und der Kommission zur bestmöglichen Umsetzung des Amsterdamer Vertrags über den Aufbau eines Raums der Freiheit, der Sicherheit und des Rechts vom 3. Dezember 1998, Nr. 36 lit. b) vi), ABl. EG 1999 Nr. C 19/1.

Norm fallen, wie oben gezeigt, sog. De-facto-Flüchtlinge, die keine Flüchtlinge iSd GFK darstellen. Diese Kodifizierung stellt ein Novum in der europäischen Flüchtlingspolitik dar, wurden doch insbesondere im DÜ die De-facto-Flüchtlinge außen vor gelassen. Ihr kommt nach dem Aktionsplan vom Dezember 1998 sogar besondere Priorität zu.[364] Im Gegensatz zu den Asylregelungen ist hier nur an einen **vorübergehenden Schutz** gedacht. Die Beschränkung auf Mindestnormen wahrt die Zuständigkeit der Mitgliedstaaten zur Gewährung eines höheren Schutzniveaus und soll gleichzeitig eine Sekundärmigration verhindern. Auf der Grundlage von Art. 63 Nr. 2 lit. a) EGV hat die Kommission dem Rat am 24. Mai 2000 einen Richtlinienvorschlag über Mindestnormen für die Gewährung vorübergehenden Schutzes im Falle eines Massenzustroms von Vertriebenen unterbreitet, über den vom Rat am 28./29. Mai 2001 politisches Einvernehmen erzielt wurde.[365] In ihm sind insbesondere die Höchstdauer des Schutzes von zwei Jahren, die Pflichten der Mitgliedstaaten gegenüber den Begünstigten sowie der Zugang zum Asylverfahren geregelt.[366]

Insbesondere auf Drängen der Bundesrepublik Deutschland wurde der EG in Art. 63 Nr. 2 lit. b) EGV die Kompetenz zur Förderung einer **ausgewogenen Verteilung der Belastungen**, die mit der Aufnahme von Flüchtlingen und vertriebenen Personen und den Folgen dieser Aufnahme verbunden sind, auf die Mitgliedstaaten zugeteilt. Mit Aufnahme dieser Zuständigkeit wurde die Konsequenz aus den Flüchtlingsbewegungen des ehemaligen Jugoslawiens gezogen, die vor allem die Bundesrepublik Deutschland und Österreich belasteten.[367] Der Rat ist hier allerdings auf Fördermaßnahmen beschränkt. Damit ist es ihm nicht möglich, einen Verteilungsschlüssel für den Fall eines Massenzustroms von Flüchtlingen zu schaffen.[368] Um die Belastungen durch die Aufnahme von Flüchtlingen innerhalb der Union besser zu verteilen, hat der Rat mit Entscheidung vom 28. September 2000 einen **Europäischen Flüchtlingsfonds** eingerichtet.[369] Dieser soll Maßnahmen der Mitgliedstaaten hinsichtlich der Aufnahmebedingungen, der Integration sowie der Rückführung finanziell unter-

---

[364] vgl. Nr. 8, ABl. EG 1999 Nr. C 19/1

[365] Vorschlag für eine RL des Rates über Mindestnormen für die Gewährung vorübergehenden Schutzes im Falle eines Massenzustroms von Vertriebenen und Maßnahmen zur Förderung einer ausgewogenen Verteilung der Belastungen, die mit der Aufnahme dieser Personen und den Folgen dieser Aufnahme verbunden sind, auf die Mitgliedstaaten, KOM (2000) 303 endg.; Bull. EU 5-2000, Ziff. 1.4.3; Presseerklärung 203 - Nr. 9118/01 des Rates Justiz, Inneres und Katastrophenschutz vom 28. Mai 2001

[366] kritisch zu diesem Vorschlag, *van Selm*, EJML 2001, 23, 31 ff

[367] vgl. unter dem Vertrag von Maastricht schon die GM betreffend Projekte und Maßnahmen zur konkreten Unterstützung der Aufnahme und der freiwilligen Rückführung von Flüchtlingen, Vertriebenen und Asylbewerbern einschließlich Soforthilfemaßnahmen für Personen, die infolge der jüngsten Ereignisse im Kosovo geflüchtet sind, vom 26. April 1999, ABl. EG 1999 Nr. L 114/2; umfassend zu den Flüchtlingen aus dem Kosovo, *van Selm*, Kosovo's Refugees in the European Union; vgl. zu den anderen Maßnahmen vor dem Vertrag von Amsterdam die Zusammenstellung im 1. Teil B. VI. 1. und *Röben*, in Grabitz/Hilf, Das Recht der Europäischen Union, Stand Mai 1999, Art. 63 EGV, Rn. 31 f

[368] Hinsichtlich von Asylbewerbern existiert ein Verteilungsschlüssel mit der Zuständigkeitsregelung des DÜ, allerdings steht dort nicht eine gerechte Verteilung der Asylbewerber im Mittelpunkt, vgl. dazu *Achermann*, Schengen und Asyl: Das Schengener Übereinkommen als Ausgangspunkt der Harmonisierung europäischer Asylpolitik, in Achermann/Bieber/Epiney/Wehner, Schengen und die Folgen, S. 79, 100 f.

[369] ABl. EG 2000 Nr. L 252/12; Stellungnahme des EP am 11. April 2000, Bull. EU 4-2000, Ziff. 1.4.1; Stellungnahme des Wirtschafts- und Sozialausschusses am 27. April 2000, ABl. EG 2000 Nr. C 168/20; Stellungnahme des Ausschusses der Regionen, ABl. EG 2000 Nr. C 317/4

stützen.[370] Die Kommission hat die Mitgliedstaaten weiterhin unter Aufstellung eines Kriterienkatalogs aufgefordert, diesbezügliche Vorschläge für Gemeinschaftsmaßnahmen zulasten des EG-Haushalts einzureichen.[371] Eine über die finanzielle Unterstützung hinausgehende Förderung ist jedoch auch weiterhin nicht geplant.[372]

d) Einwanderungspolitik

aa) Legale Einwanderung und Aufenthalt

Einwanderungspolitik grenzt sich von der Visapolitik durch den ins Auge gefassten Zeitraum ab. Von Einwanderungspolitik spricht man erst bei einem geplanten Zeitraum von mehr als drei Monaten.[373] Im Gegensatz zur Asyl- und Flüchtlingspolitik erfolgt die Einwanderung in den meisten Fällen aus wirtschaftlichen oder bildungspolitischen Gründen. So fällt unter Einwanderung auch der vorübergehende Aufenthalt zum Zwecke einer Ausbildung oder eines Studiums.[374] Gemäß Art. 63 Nr. 3 lit. a) EGV kann der Rat Einreise- und Aufenthaltsvoraussetzungen sowie Normen für die Verfahren zur Erteilung von Visa für einen langfristigen Aufenthalt und Aufenthaltstiteln, einschließlich solcher zur Familienzusammenführung, durch die Mitgliedstaaten erlassen. Im Gegensatz zur Asyl- und Flüchtlingspolitik findet sich hier keine Beschränkung auf Mindestnormen. Solange keine gemeinschaftsrechtlichen Regelungen aufgrund dieser Zuständigkeit existierten,[375] waren insbesondere nach **Art. 18 SDÜ Sichtvermerke** für einen Aufenthalt von mehr als drei Monaten nationale Sichtvermerke. Eine Weiterentwicklung des Art. 18 SDÜ wurde durch die Annahme der Verordnung (EG) Nr. 1091/2001 des Rates vom 28. Mai 2001 über den freien Personenverkehr mit einem Visum für den längerfristigen Aufenthalt erreicht.[376] Am 22. März 2001 hat die Kommission dazu einen Vorschlag für eine Verordnung zur einheitlichen Gestaltung des Aufenthaltstitels für Drittstaatsangehörige vorgelegt, die die diesbezügliche Gemeinsame Maßnahme vom 16. Dezember 1996 ersetzen soll.[377] Der Rat besitzt weiterhin die Zuständigkeit für eine Erstellung einer gemeinsamen Liste von zur Einreiseverweigerung **ausgeschriebenen Drittausländern**.[378] Will ein

---

[370] vgl. Art. 4 Abs. 1 der Entscheidung; vgl. auch die Entscheidung der Kommission über die Zuschussfähigkeit der Ausgaben im Rahmen des Europäischen Flüchtlingsfonds, ABl. EG 2001 Nr. L 95/27

[371] ABl. EG 2000 Nr. C 380/19; ABl. EG 2001 Nr. C 24/6; vgl. die Aufforderung der Kommission zur Einreichung von Projektvorschlägen im Rahmen des Flexiblen Reaktionsmechanismus (FRM) für die Rückkehr von Flüchtlingen und Vertriebenen nach Bosnien und Herzegowina 2001, ABl. EG 2001 Nr. C 85/8; ABl. EG 2001 Nr. C 128/12

[372] vgl. Anzeiger der Fortschritte bei der Schaffung eines „Raums der Freiheit, der Sicherheit und des Rechts" in der EU, 1. Halbjahr 2001, KOM (2001) 278 endg., Ziff. 2.2

[373] s. o. b)

[374] vgl. zu den unter dem Vertrag von Maastricht im Rahmen der Einwanderungspolitik getroffenen Maßnahmen oben 1. Teil B. VI. 3.; zur Einwanderungspolitik 1998-1999 vgl. auch *Cruz*, EJML 1999, 243 ff

[375] In diesem Zusammenhang ist der Vorschlag der Kommission für einen Beschluss des Rates für ein Übereinkommen über die Zulassung von Staatsangehörigen dritter Länder in das Hoheitsgebiet der Mitgliedstaaten der Europäischen Union vom 30. Juli 1997, KOM (1997) 387, Bull. EU 7/8-1997, Ziff. 1.5.2, zu sehen, der weitgehende Regelungen enthält, aber wohl nur noch als Diskussionspapier für Maßnahmen nach Art. 63 EGV dienen wird, vgl. *Hailbronner*, CMLRev. 1998, 1047, 1050.

[376] ABl. EG 2000 Nr. C 200/4; Bull. EU 7/8-2000, Ziff. 1.4.3; ABl. EG 2001 Nr. L 150/4

[377] KOM (2001) 157 endg.; ABl. EG 2001 Nr. C 180 E/304; ABl. EG 1997 Nr. L 7/1

[378] vgl. Art. 17 Abs. 3 lit. g) SDÜ

Mitgliedstaat einem solchen Drittausländer trotzdem einen Aufenthaltstitel erteilen, so sind die Voraussetzungen des Art. 25 SDÜ einzuhalten, der insbesondere eine Konsultation des ausschreibenden Mitgliedstaats vorsieht. Zur gegenseitigen Anerkennung von Entscheidungen zur Ausweisung Drittstaatsangehöriger hat der Rat am 28. Mai 2001 eine Richtlinie angenommen, die allerdings Art. 25 SDÜ nicht berührt.[379] Im Zuge einer Annäherung der einzelstaatlichen Rechtsvorschriften für die Einreise- und Aufenthaltsvoraussetzungen hat die Kommission einen Vorschlag für eine Richtlinie betreffend das Recht auf **Familienzusammenführung** angenommen, der vom Rat am 28./29. Mai 2001 diskutiert wurde.[380] Eine explizite **Öffnungsklausel** in Art. 63 S. 2 EGV stellt noch das Recht der Mitgliedstaaten klar, innerstaatliche Bestimmungen beizubehalten oder einzuführen, die mit dem EG-Vertrag und internationalen Übereinkünften vereinbar sind. Diese Klausel ist jedoch deklaratorischer Natur und eröffnet den Mitgliedstaaten keinen Handlungsspielraum, der über den bei konkurrierenden Kompetenzen hinausgeht.[381]

bb) Illegale Einwanderung und Aufenthalt

Einwanderungspolitische Maßnahmen in den Bereichen der illegalen Einwanderung und des illegalen Aufenthalts, einschließlich der Rückführung solcher Personen, die sich illegal in einem Mitgliedstaat aufhalten, kann der Rat nach Art. 63 Nr. 3 lit. b) EGV treffen.[382] Zur Beschleunigung des Informationsaustauschs zwischen den zuständigen Behörden der Mitgliedstaaten über die Entwicklung der illegalen Zuwanderung und der Schleuserkriminalität hat der Rat bereits am 27. Mai 1999 eine Entschließung über die Einrichtung eines **Frühwarnsystems** zur Übermittlung von diesbezüglichen Informationen angenommen.[383] Die Verordnung (EG) Nr. 2725/2000 des Rates über die Einrichtung von „Eurodac" vom 11. Dezember 2000 nennt zwar als Rechtsgrundlage nicht Art. 63 Nr. 3 lit. b) EGV, betrifft aber neben den Asylbewerbern auch Personen, die in Verbindung mit dem illegalen Überschreiten einer Außengrenze eines Mitgliedstaats aufgegriffen werden.[384] Die Mitgliedstaaten sind somit verpflichtet, diesen Personen Fingerabdrücke abzunehmen.

In diesem Zusammenhang haben sich die Schengen-Mitgliedstaaten gemäß Art. 26 Abs. 1 lit. a) SDÜ verpflichtet, durch nationale Regelungen die **Beförderungsunternehmer**, die Drittausländer, denen die Einreise verweigert wird, in das Hoheitsgebiet

[379] vgl. die Presseerklärung 203 - Nr. 9118/01 des Rates Justiz, Inneres und Katastrophenschutz vom 28. Mai 2001

[380] KOM (1999) 638 vom 1. Dezember 1999; Bull. EU 12-1999, Ziff. 1.5.4; befürwortende Stellungnahme des Wirtschafts- und Sozialausschusses, Bull. EU 5-2000, Ziff. 1.4.5; Stellungnahme des EP, Bull. EU 9-2000, Ziff. 1.4.5, ABl. EG 2001 Nr. C 135/174; Annahme eines geänderten Vorschlags am 10. Oktober 2000, KOM (2000) 624, Bull. EU 10-2000, Ziff. 1.4.2; vgl. die Presseerklärung 203 - Nr. 9118/01 des Rates Justiz, Inneres und Katastrophenschutz vom 28. Mai 2001; vgl. dazu *Boeles*, EJML 2001, 61 ff

[381] vgl. auch *Thun-Hohenstein*, Der Vertrag von Amsterdam, S. 35; *Weber*, ZAR 1998, 147, 151; aA *Brechmann*, in Callies/Ruffert, EUV/EGV, Art. 63 EGV, Rn. 37

[382] Diesem Bereich wird höchste Priorität eingeräumt, vgl. Aktionsplan des Rates und der Kommission zur bestmöglichen Umsetzung der Bestimmungen des Amsterdamer Vertrags über den Aufbau eines Raums der Freiheit, der Sicherheit und des Rechts vom 3. Dezember 1998, Nr. 36 lit. c) iii), ABl. EG 1999 Nr. C 19/1.

[383] Bull. EU 5-1999, Ziff. 1.4.6; dieses System arbeitet im Rahmen der für die Einwanderung zuständigen Beobachtungsgruppe CIREFI, vgl. dazu oben 1. Teil B. III. 3.

[384] ABl. EG 2000 Nr. L 316/1, dritter und sechster Erwägungsgrund

eines Mitgliedstaats gebracht haben, zur unverzüglichen Zurücknahme zu verpflichten.[385] Gegen **Schlepper** müssen durch die Mitgliedstaaten angemessene Sanktionen eingeführt werden.[386] Diesbezüglich hat der Rat am 28. Juni 2001 auf Initiative Frankreichs eine Richtlinie zur Ergänzung der Regelungen nach Art. 26 SDÜ beschlossen.[387] Mit dieser sollen die Geldbußen und Geldstrafen für Beförderungsunternehmen, die Staatsangehörige dritter Länder ohne die für die Einreise erforderlichen Dokumente in das Hoheitsgebiet der Mitgliedstaaten bringen, harmonisiert werden. Die **Beihilfe zur illegalen Einreise und zum unerlaubten Aufenthalt** soll in allen EU-Mitgliedstaaten einheitlich unter Strafe gestellt werden. In einem französischen Richtlinienvorschlag, der allerdings vom Europäischen Parlament abgelehnt wurde, werden die Mitgliedstaaten verpflichtet, die oben genannten Taten als strafbare Handlung anzusehen.[388] Eine Harmonisierung der Tatbestandsmerkmale ist dagegen nicht von Art. 63 Nr. 3 lit. b) EGV umfasst. Frankreich will einen diesbezüglichen Rahmenbeschluss auf Art. 31 Abs. 1 lit. e) EUV stützen, der Mindestvorschriften über Tatbestandsmerkmale strafbarer Handlungen und die Strafen im Bereich der Organisierten Kriminalität erlaubt.[389] Auch diese Initiative wurde jedoch vom Europäischen Parlament abgelehnt.[390]

Bis zum Inkrafttreten des Vertrags von Amsterdam hat der Rat auf der Grundlage des EUV aF rechtlich teilweise nicht verbindliche Maßnahmen erlassen, die jedoch hauptsächlich die Bekämpfung der **illegalen Beschäftigung** betreffen.[391] Unter Maastricht war eine solche Kompetenz in Art. K.1 Nr. 3 lit. c) EUV aF enthalten. In Art. 63 Nr. 3 lit. b) EGV findet sich keine explizite Regelung mehr. Aufgrund des enumerativen Charakters des Titel IV EGV muss somit davon ausgegangen werden, dass eine diesbezügliche Zuständigkeit der EG nicht mehr besteht. Maßnahmen im Bereich der **Rückführung** wurden ebenfalls bereits unter dem Vertrag von Maastricht getroffen.[392] Hinsichtlich Drittausländern, die über eine Aufenthaltserlaubnis

[385] vgl. zur Einbindung der Beförderungsunternehmen in der deutschen Praxis *Hellenthal*, ZAR 1995, 76 ff

[386] vgl. Art. 27 Abs. 1 SDÜ; vgl. dazu *Epiney*, Rechte und Pflichten der Drittausländer, in Achermann/Bieber/Epiney/Wehner, Schengen und die Folgen, S. 51, 69 ff

[387] ABl. EG 2001 Nr. L 187/45; der ursprüngliche Vorschlag wurde von EP und Kommission als unzureichend kritisiert, wobei die Kommission einen eigenen Vorschlag vorlegen wollte, vgl. SZ vom 14. März 2001, Nr. 61.

[388] Initiative der Französischen Republik im Hinblick auf den Erlass einer Richtlinie des Rates zur Definition der Beihilfe zur illegalen Einreise und zum unerlaubten Aufenthalt, ABl. EG 2000 Nr. C 253/1; Bull. EU 9-2000, Ziff. 1.4.3; Stellungnahme des EP, Bull. EU 1/2-2001, Ziff. 1.4.3

[389] Initiative der Französischen Republik im Hinblick auf die Annahme eines Rahmenbeschlusses zur Verstärkung des strafrechtlichen Rahmens für die Bekämpfung der Beihilfe zur illegalen Einreise und zum unerlaubten Aufenthalt, ABl. EG 2000 Nr. C 253/6; Bull. EU 9-2000, Ziff. 1.4.4

[390] Bull. EG 1/2-2001, Ziff. 1.4.4

[391] vgl. Empfehlung des Rates zur Harmonisierung der Mittel zur Bekämpfung der illegalen Einwanderung und der illegalen Beschäftigung sowie zur Verbesserung der einschlägigen Kontrollverfahren vom 22. Dezember 1995, ABl. EG 1996 Nr. C 5/1; Empfehlung des Rates zur Bekämpfung der illegalen Beschäftigung von Drittstaatsangehörigen vom 27. September 1996, ABl. EG 1996 Nr. C 304/1; Beschluss zur Beobachtung der Durchführung der vom Rat erlassenen Rechtsakte im Bereich der illegalen Einwanderung, der Rückübernahme, der illegalen Beschäftigung von Staatsangehörigen dritter Länder und der Zusammenarbeit bei der Vollstreckung von Ausweisungsanordnungen vom 16. Dezember 1996, ABl. EG 1996 Nr. L 342/5; Entschließung des Rates über Maßnahmen zur Bekämpfung von Scheinehen vom 4. Dezember 1997, ABl. EG 1997 Nr. C 382/1

[392] vgl. Empfehlung des Rates betreffend die Abstimmung und Zusammenarbeit bei Rückführungsmaßnahmen vom 22. Dezember 1995, ABl. EG 1996 Nr. C 5/2; Gemeinsamer Standpunkt betreffend Unterstützungs- und Informationsprogramme im Grenzvorbereich vom 25. Oktober 1996, ABl. EG

oder einen vorläufigen Aufenthaltstitel eines anderen Mitgliedstaates verfügen, trifft Art. 23 Abs. 3 SDÜ eine **Abschieberegelung** in diesen Mitgliedstaat. Ein finanzieller Ausgleich hat nach Art. 24 SDÜ zu erfolgen. Das nationale Abschiebungsrecht geht jedoch dieser Bestimmung vor.[393] Dieser Grundsatz wird auch im französischen Richtlinienentwurf über die gegenseitige Anerkennung von Entscheidungen über die Rückführung von Staatsangehörigen dritter Länder bestärkt.[394] Ein finnischer Entwurf einer Verordnung des Rates zur Festlegung der gegenseitigen Pflichten der Mitgliedstaaten in Bezug auf die Rückübernahme von Drittstaatsangehörigen[395] ist jedoch im Europäischen Parlament auf Ablehnung gestoßen.[396]

e) Abbau der Diskriminierung Drittstaatsangehöriger: Reisefreiheit und Aufenthalt

Der Rat kann nach Art. 62 Nr. 3 EGV die Bedingungen festlegen, unter denen Staatsangehörige dritter Länder im Hoheitsgebiet der Mitgliedstaaten während eines Aufenthalts von höchstens drei Monaten **Reisefreiheit** genießen. Maßnahmen in diesem Bereich vervollständigen die geplante gemeinschaftsrechtliche Umsetzung eines einheitlichen Visums.[397] Im Zusammenhang mit der Dienstleistungsfreiheit nach Art. 49 und 50 EGV genießen Drittstaatsangehörige als Arbeitnehmer eines in einem anderen als dem ansässigen Mitgliedstaat tätigen Unternehmen bereits insoweit Reisefreiheit, als sie für den begrenzten Zeitraum in dem anderen Mitgliedstaat arbeiten dürfen.[398] Unabhängig von den Grundfreiheiten muss bis zu einer gemeinschaftsrechtlichen Regelung der Reisefreiheit von Drittstaatsangehörigen auf die Bestimmungen des **Kapitel 4 SDÜ** zurückgegriffen werden.[399] Danach können sich Drittausländer, die Inhaber eines einheitlichen Sichtvermerks sind und rechtmäßig in das Hoheitsgebiet eines Schengen-Mitgliedstaats eingereist sind, während der Gültigkeitsdauer des Sichtvermerks grundsätzlich frei in dem Hoheitsgebiet aller Schengen-Staaten bewegen.[400] Derselbe Grundsatz gilt nach Art. 20 und 21 SDÜ für sicht-

1996 Nr. L 281/1; Beschluss über den Informationsaustausch betreffend die Hilfen für die freiwillige Rückkehr von Drittstaatsangehörigen vom 26. Mai 1997, ABl. EG 1997 Nr. L 147/3

[393] vgl. Art. 23 Abs. 3 S. 2 SDÜ

[394] ABl. EG 2000 Nr. C 243/1; beachte in diesem Zusammenhang auch den Beschluss des Rates über die Rückübernahmeklauseln in Gemeinschafts- und gemischten Abkommen vom 2. Dezember 1999, Bull. EU 12-1999, Ziff. 1.5.6; die Konzipierung einer kohärenten EU-Rückübernahme- und Rückkehrpolitik sollte bis April 2001 abgeschlossen sein, vgl. Aktionsplan des Rates und der Kommission zur bestmöglichen Umsetzung der Bestimmungen des Amsterdamer Vertrags über den Aufbau eines Raums der Freiheit, der Sicherheit und des Rechts vom 3. Dezember 1998, Nr. 36 lit. c) ii), ABl. EG 1999 Nr. C 19/1.

[395] ABl. EG 1999 Nr. C 353/10; Bull. EU 12-1999, Ziff. 1.5.8

[396] ABl. EG 2001 Nr. C 59/306; Bull. EU 5-2000, Ziff. 1.4.4

[397] Ein einheitliches Visum für die Schengen-Staaten existiert bereits, Art. 10 SDÜ; vgl. oben b) dd).

[398] vgl. EuGH, Rs. C-113/89, Rush Portuguesa, Slg. 1990, S. I-1417 ff; EuGH, Rs. C-43/93, Vander Elst, Slg. 1994, S. I-3803 ff; vgl. dazu auch *Peers*, CMLRev. 1998, 1235, 1249, und *Häußler*, ZAR 2000, 24 ff; zu den Rechten von Drittstaatsangehörigen unter dem Vertrag von Maastricht vgl. *Peers*, CMLRev. 1996, 7 ff; vgl. auch *Hilf*, Europäisches Gemeinschaftsrecht und Drittstaatsangehörige, in Hailbronner, FS für Karl Döhring, S. 339, 340 ff

[399] Unter dem Vertrag von Maastricht bestand keine Gemeinschaftskompetenz für die Regelung der Reisefreiheit für Drittstaatsangehörige, vgl. *Weber*, ZAR 1997, 25 ff; das Schicksal des RL-Vorschlags der Kommission über die Reisefreiheit von Drittstaatsangehörigen, KOM (1995) 346 endg., bleibt weiter offen, vgl. *Lang*, ZAR 1998, 59, 60.

[400] vgl. Art. 19 Abs. 1 SDÜ; die Einführung eines gemeinschaftsrechtlichen „Euro-Visums" hätte auch eine Reisefreiheit für Drittstaatsangehörige zur Folge, vgl. auch *Welte*, ZAR 1998, 67, 68.

vermerksfreie Drittausländer und solche, die Inhaber eines gültigen von einem Schengen-Staat ausgestellten Aufenthaltstitels sind. Liegen die Voraussetzungen für die in Art. 19 ff SDÜ geregelte Reisefreiheit nicht mehr vor, so haben Drittausländer grundsätzlich unverzüglich das Hoheitsgebiet der Schengen-Länder zu verlassen.[401] Eine prinzipielle Meldepflicht für Drittausländer, die von ihrer Reisefreiheit Gebrauch machen, legt Art. 22 SDÜ fest. Portugal hat den Erlass einer Verordnung des Rates über den Zeitraum, in dem von der Visumpflicht befreite Staatsangehörige dritter Länder im Hoheitsgebiet der Mitgliedstaaten Reisefreiheit genießen, vorgeschlagen.[402] Umfassender ist der Ansatz der Kommission, die in ihrem Richtlinienvorschlag vom 10. Juli 2001 die Bestimmungen über die Reisefreiheit von Drittstaatsangehörigen im Raum ohne Binnengrenzen in einem einzigen Instrument regeln möchte.[403] Darin wird, wie schon in der Verordnung Nr. 1091/2001 des Rates angestrebt, auch die Reisefreiheit von Drittstaatsangehörigen mit längerfristigen Visa berücksichtigt.[404]

Bei einem längeren **Aufenthalt** ist der Rat nach Art. 63 Nr. 4 EGV befugt, die Rechte und Bedingungen festzulegen, aufgrund derer sich Staatsangehörige dritter Länder, die sich rechtmäßig in einem Mitgliedstaat aufhalten, sich in anderen Mitgliedstaaten aufhalten dürfen. In diesem Bereich finden sich bereits Sonderregelungen für Staatsangehörige der Türkei, der Maghreb-Staaten sowie der MOE-Staaten.[405] Diesbezüglich ist jedoch die explizite Öffnungsklausel in Art. 63 S. 2 EGV zu berücksichtigen, wonach deklaratorisch festgelegt wird, dass die Mitgliedstaaten nicht gehindert sind, innerstaatliche Bestimmungen beizubehalten oder einzuführen, die mit dem EG-Vertrag und mit internationalen Übereinkünften vereinbar sind.[406] Maßnahmen hinsichtlich der Reisefreiheit und des Aufenthalts von Drittstaatsangehörigen tragen dazu bei, die Union nach außen hin als **territoriale und personelle Einheit** erscheinen zu lassen.[407] Insbesondere in Art. 63 Nr. 4 EGV ist ein weiterer **Abbau der Diskriminierung** Drittstaatsangehöriger zu erkennen, da hier nicht nur Bedingungen des

[401] vgl. Art. 23 Abs. 1 SDÜ

[402] ABl. EG 2000 Nr. C 164/6

[403] Vorschlag für eine RL des Rates betreffend die Voraussetzungen, unter denen Drittstaatsangehörige im Hoheitsgebiet der Mitgliedstaaten während höchstens drei Monaten Reisefreiheit genießen und die Einführung einer besonderen Reisegenehmigung unter Festlegung der Voraussetzungen, unter denen Drittstaatsangehörige einreisen dürfen, um sich im Hoheitsgebiet der Mitgliedstaaten während höchstens sechs Monaten frei zu bewegen, KOM (2001) 388 endg.

[404] vgl. dazu schon oben d) aa); Rechtsgrundlage ist deshalb neben Art. 62 Nr. 3 EGV auch Art. 63 Nr. 3 EGV. Die Beschränkung der Reisefreiheit von drei Monaten innerhalb von sechs Monaten ergibt sich daraus, dass ansonsten faktisch die Situation einer Zuwanderung bestünde.

[405] vgl. *Gutmann*, AnwBl 2000, 482, 484 ff für die Türkei, 488 für Kooperationsabkommen mit den Maghreb-Staaten, 489 für Europaabkommen mit MOE-Staaten

[406] vgl. rechtsvergleichend zum Status quo *Groenendijk/Guild*, EJML 2001, 37 ff

[407] Für Unionsbürger folgt das Aufenthaltsrecht aus den Personenverkehrsfreizügigkeiten oder aus Art. 18 EGV iVm den Aufenthaltsrichtlinien. Dazu wurde 1981 ein Europapass eingeführt, ABl. EG 1981 Nr. C 241/1, ergänzt durch ABl. EG 1982 Nr. C 179/1, ABl. EG 1986 Nr. C 185/1 und ABl. EG 1995 Nr. C 200/1; vgl. für die Bundesrepublik Deutschland das Passgesetz vom 19. April 1986, BGBl. 1986 I S. 537, Sartorius I Nr. 250; das Aufenthaltsrecht für Angehörige regelt die RL 90/364/EWG vom 28. Juni 1990, für aus dem Erwerbsleben ausgeschiedene Arbeitnehmer und selbstständig Erwerbstätige gilt die RL 90/365/EWG vom 28. Juni 1990, für Studenten die RL 93/96/EWG vom 29. Oktober 1993, Sartorius II Nr. 180f bis h. Vgl. dazu den Vorschlag der Kommission vom 23. Mai 2001 für eine RL über das Recht der Unionsbürger und ihrer Familienangehörigen, sich im Hoheitsgebiet der Mitgliedstaaten frei zu bewegen und aufzuhalten, KOM (2001) 257 endg., mit der die RL 68/360/EWG, die RL 73/148/EWG, die RL 90/364/EWG, die RL 90/365/EWG und die RL 93/96/EWG ersetzt werden sollen.

Aufenthalts, sondern auch eigenständige Rechte des Aufenthalts geregelt werden sollen. Die unter dem Vertrag von Maastricht verabschiedete rechtlich unverbindliche Entschließung über die Rechtsstellung von Staatsangehörigen dritter Länder, die sich im Hoheitsgebiet der Mitgliedstaaten dauerhaft aufhalten, ist bisher von nur wenigen Mitgliedstaaten in nationales Recht umgesetzt worden.[408] Im Gegensatz zu Art. K.1 Nr. 3 lit. b) EUV aF wird in Art. 63 Nr. 3 und 4 EGV der **Zugang zur Beschäftigung** nicht mehr ausdrücklich aufgeführt. Dies stellt einen großen Rückschritt für eine gemeinsame Einwanderungspolitik dar, da Arbeitsmarktzugangsregelungen für Drittausländer im Hinblick auf den demografischen Faktor in der Rentenpolitik und den sektorellen Fachkräftemangel in der Wirtschaftspolitik eine bedeutende Rolle spielen.[409] Hinsichtlich sozialpolitischer Maßnahmen steht der EG Art. 137 Abs. 3 vierter Spiegelstrich EGV für eine Regelung der Beschäftigungsbedingungen von Drittausländern zur Verfügung. Aus der systematischen Stellung dieser Vorschrift muss jedoch gefolgert werden, dass einwanderungspolitische Maßnahmen davon nicht erfasst werden. Nach Art. 137 Abs. 3 vierter Spiegelstrich EGV sind nur sozialpolitische Maßnahmen möglich.[410] Wie sich aus dem Verlauf der Verhandlungen zur Regierungskonferenz 1996 ergibt, kann eine diesbezügliche Kompetenz nach Auffassung einiger Mitgliedstaaten aber auch nicht auf Art. 63 Nr. 4 EGV gestützt werden.[411] Der Wortlaut würde die Einbeziehung einer solchen Kompetenz aufgrund seiner weiten Fassung jedoch tragen.[412] Weiterhin könnte der effet-utile-Grundsatz für eine Kompetenz der Gemeinschaft sprechen. Die Kommission wählt für den Zugang zur Beschäftigung jedoch einen anderen Ansatz. Im Zuge einer Integrationspolitik wird eine **gerechte Behandlung von Drittstaatsangehörigen** angestrebt.[413] Dabei soll mittels Richtlinien auch die Beschäftigung im Arbeitsverhältnis und die selbstständige Ausübung einer wirtschaftlichen Tätigkeit geregelt werden. Insgesamt soll die Rechtsstellung der Drittstaatsangehörigen, die sich rechtmäßig über einen längeren Zeitraum im Hoheitsgebiet der Mitgliedstaaten aufhalten, durch **Abbau von Diskriminierungen** nach Art. 13 EGV angeglichen werden. Angestrebt wird die Verleihung einer Reihe einheitlicher Rechte.[414] So verfolgt der Richtlinienvorschlag

---

[408] ABl. EG 1996 Nr. C 80/2; vgl. *Wiedmann*, in Schwarze, EU-Kommentar, Art. 63 EGV, Rn. 33; vgl. zu den weiteren unter dem Vertrag von Maastricht geschlossenen Maßnahmen oben 1. Teil B. VI. 3.

[409] In diesem Sachbereich wurden unter dem Vertrag von Maastricht bedeutende Entschließungen gefasst: Entschließung über die Beschränkung für die Einreise von Drittstaatsangehörigen zur Ausübung einer Beschäftigung vom 20. Juni 1994, ABl. EG 1996 Nr. C 274/3; Entschließung über die Zulassung von Drittstaatsangehörigen zur Ausübung einer selbständigen Erwerbstätigkeit vom 30. November 1994, ABl. EG 1996 Nr. C 274/7.

[410] aA *Griller/Droutsas/Falkner/Forgó/Nentwich*, The Treaty of Amsterdam, S. 461; *Brechmann*, in Callies/Ruffert, EUV/EGV, Art. 63 EGV, Rn. 26; *Geiger*, EUV/EGV, Art. 63 EGV, Rn. 8

[411] vgl. *Bardenhewer*, in Lenz, EG-Vertrag, Art. 63 EGV, Rn. 12; *Monar*, ELRev. 1998, 320, 323; *Labayle*, RTDE 1997, 813, 849; *Hailbronner*, CMLRev. 1998, 1047, 1051 f

[412] so auch *Thun-Hohenstein*, Der Vertrag von Amsterdam, S. 35 f

[413] vgl. zu diesem Zusammenhang auch *Geddes*, Immigration and European integration, S. 13 ff; hinsichtlich des Zusammenhangs von Einwanderung und der Erlangung der europäischen Bürgerschaft vgl. *Wihtol de Wenden*, EJML 1999, 89 ff

[414] vgl. Anzeiger der Fortschritte bei der Schaffung eines „Raums der Freiheit, der Sicherheit und des Rechts" in der EU, 1. Halbjahr 2001, KOM (2001) 278 endg., Ziff. 2.3; kritisch zu diesem Ansatz *Wiedmann*, in Schwarze, EU-Kommentar, Art. 63 EGV, Rn. 37; in diesem Sachbereich „schwebt" noch der Kommissionsvorschlag über die Ausarbeitung des Übereinkommens zur Regelung der Zulassung von Staatsangehörigen dritter Länder in das Hoheitsgebiet der Mitgliedstaaten vom 30. Juli 1997, KOM (1997) 387, Bull. EU 7/8-1997, Ziff. 1.5.2; vgl. auch Aktionsplan des Rates und der Kommission zur bestmöglichen Umsetzung der Bestimmungen des Amsterdamer Vertrags über den Aufbau eines Raums der Freiheit, der Sicherheit und des Rechts vom 3. Dezember 1998, Nr. 36 lit. c) i), Nr. 38 lit. c) ii) und iii), ABl. EG 1999 Nr. C 19/1.

der Kommission vom 13. März 2001 betreffend den Status der langfristig aufenthaltsberechtigten Drittstaatsangehörigen einen zweifachen Zweck.[415] Er dient einerseits der Angleichung der nationalen Rechtsvorschriften zur Erlangung des Status eines langfristig Aufenthaltsberechtigten und legt andererseits die Bedingungen fest, unter denen der Aufenthalt in einem anderen als dem die Aufenthaltsgenehmigung ausstellenden Mitgliedstaat möglich ist.

2. Justizielle Zusammenarbeit in Zivilsachen

Gemäß Art. 61 lit. c) iVm Art. 65 EGV kann der Rat Maßnahmen im Bereich der justiziellen Zusammenarbeit in Zivilsachen erlassen. Unter dem Vertrag von Maastricht fand sich eine wortgleiche Vorschrift in Art. K.1 Nr. 6 EUV aF.[416] Wie aus dem Wortlaut „schließen ein" hervorgeht, ist die Vorschrift **nicht abschließend**, d. h. die unter lit. a) bis c) aufgezählten Sachbereiche decken nicht das gesamte Zuständigkeitsspektrum der EG im Hinblick auf die justizielle Zusammenarbeit in Zivilsachen ab.[417] Allerdings umfasst die justizielle Zusammenarbeit grundsätzlich **nicht das materielle Zivilrecht**, so dass eine Angleichung materiell zivilrechtlicher Vorschriften nicht auf Art. 65 EGV gestützt werden kann. Anders als noch in Art. K.1 Nr. 8 EUV aF wurden jedoch in Art. 65 EGV Einschränkungen eingefügt. So muss der zu regelnde Bereich der justiziellen Zusammenarbeit in Zivilsachen **grenzüberschreitende Bezüge** aufweisen. Damit ist grundsätzlich ein internationaler Sachverhalt erforderlich. Bei der Bestimmung dieses Merkmals ist die systematische Stellung des Art. 65 EGV zu beachten, der sich im Titel betreffend den freien Personenverkehr befindet. Die grenzüberschreitenden Bezüge müssen damit im Zusammenhang mit der Gewährleistung des freien Personenverkehrs stehen.[418] Dazu müssen die Maßnahmen nach Art. 65 EGV für das **reibungslose Funktionieren des Binnenmarktes** erforderlich sein. Systematisch wird damit an die im EG-Vertrag vor dem Titel IV geregelten Grundfreiheiten angeknüpft.[419] Insbesondere im Hinblick auf eine vollständige Übertragung der justiziellen Zusammenarbeit in Zivilsachen von der dritten auf die erste Säule ist von einer weiten Auslegung dieses Binnenmarktbezugs auszugehen.[420] Problematisch kann dieses Merkmal allerdings dann werden, wenn wie bei der Verordnung (EG) Nr. 1347/2000 des Rates vom 29. Mai 2000 über die Zuständigkeit und die Anerkennung und Vollstreckung von Entscheidungen in Ehesachen und in Verfahren betreffend die elterliche Verantwortung für die gemeinsamen Kinder der Ehegatten[421] ein wirtschaftlicher Zusammenhang fehlt. Allerdings umfasst der Binnenmarkt nach Art. 14 Abs. 2 EGV auch den freien Verkehr von Personen, womit bei weiter Auslegung auch der Bereich der oben genannten Verordnung für das reibungslose Funktionieren des Binnenmarktes erforderlich ist.[422] Eine einschränkende Wirkung dürfte die-

[415] KOM (2001) 127 endg.
[416] vgl. zu den unter dem Vertrag von Maastricht erlassenen Maßnahmen oben 1. Teil B. VI. 6.; zur geschichtlichen Entwicklung vgl. auch *Avel*, RMCUE 2001, 112 ff; *Pirrung*, ZEuP 1999, 834, 835 ff
[417] Die französische Fassung verwendet den klareren Ausdruck „entre autres".
[418] vgl. *Wiedmann*, in Schwarze, EU-Kommentar, Art. 65 EGV, Rn. 9 m. w. N.; *Basedow*, EuZW 1997, 609; kritisch *Remien*, CMLRev. 2001, 53, 74 f
[419] vgl. zum systematischen Zusammenhang *Müller-Graff/Kainer*, DRiZ 2000, 350 f
[420] so insbesondere auch *Röben*, in Grabitz/Hilf, Das Recht der Europäischen Union, Stand Mai 1999, Art. 65 EGV, Rn. 2; *Winkler*, in Bergmann/Lenz, Der Amsterdamer Vertrag, Kapitel 2, Rn. 23 unter Bezug auf die Denkschrift der Bundesregierung zum Vertrag von Amsterdam vom 2. Oktober 1997
[421] ABl. EG 2000 Nr. L 160/19
[422] vgl. auch die vierte Erwägung der VO (EG) Nr. 1347/2000; vgl. *Remien*, CMLRev. 2001, 53, 74

sem Merkmal allerdings für die Schaffung von internationalem Privatrecht zukommen, das ausschließlich Drittstaaten betrifft. Für ein reibungsloses Funktionieren des Binnenmarktes ist dies nicht erforderlich.[423]

Beispielhaft sind in Art. 65 EGV **drei Bereiche** aufgezählt, in denen die EG Maßnahmen erlassen kann.[424] Nach **Art. 65 lit. a) EGV** kann das System für die grenzüberschreitende Zustellung gerichtlicher und außergerichtlicher Schriftstücke vereinfacht und verbessert werden. Diesbezüglich hat der Rat die Verordnung (EG) Nr. 1348/2000 vom 29. Mai 2000 über die Zustellung gerichtlicher und außergerichtlicher Schriftstücke in Zivil- oder Handelssachen in den Mitgliedstaaten erlassen, die am 31. Mai 2001 in Kraft getreten ist.[425] Desweiteren kann der Rat Maßnahmen zur besseren Zusammenarbeit bei der Erhebung von Beweismitteln erlassen. Auf diesem Gebiet existiert lediglich das Haager Übereinkommen über die Beweisaufnahme im Ausland in Zivil- oder Handelssachen vom 18. März 1970[426], das aber nur zwischen elf Mitgliedstaaten gilt. Aufgrund einer deutschen Initiative hat der Rat die Verordnung (EG) Nr. 1206/2001 über die Zusammenarbeit zwischen den Gerichten der Mitgliedstaaten auf dem Gebiet der Beweisaufnahme in Zivil- und Handelssachen erlassen, die am 1. Juli 2001 in Kraft getreten, aber zum großen Teil erst ab 1. Januar 2004 anwendbar ist.[427] Die Anerkennung und Vollstreckung gerichtlicher und außergerichtlicher Entscheidungen in Zivil- und Handelssachen soll nach Art. 65 lit. a) dritter Spiegelstrich EGV verbessert und vereinfacht werden. Die Verordnung (EG) Nr. 44/2001 des Rates vom 22. Dezember 2000[428] hat in diesem Sachbereich das Brüsseler EWG-Übereinkommen vom 27. September 1968 (EuGVÜ) und das Luganer Übereinkommen vom 16. September 1988 abgelöst.[429] Soweit Art. 65 lit. a) dritter Spiegelstrich EGV reicht, ist er lex specialis zu Art. 293 vierter Spiegelstrich EGV, auf dessen Grundlage das EuGVÜ erlassen wurde. Dem auch aufgrund seines

[423] Hier greift auch nicht die AETR-Rechtsprechung des EuGH, da es sich nicht um den Abschluss von völkerrechtlichen Verträgen handelt, sondern um die Schaffung von gemeinschaftsrechtlichem internationalem Privatrecht, vgl. dazu *Remien*, CMLRev. 2001, 53, 75 f.

[424] Eine Zusammenstellung des geltenden Gemeinschaftsrechts im Bereich der Zusammenarbeit der Justizbehörden in Zivilsachen im Internet bietet http://europa.eu.int/eur-lex/de/lif/reg/de_register_1920.html. Aktuelle Kommissionsvorschläge finden sich unter http://europa.eu.int/eur-lex/de/com/reg/de_register_1920.html. Vgl. auch den Aktionsplan des Rates und der Kommission zur bestmöglichen Umsetzung der Bestimmungen des Amsterdamer Vertrags über den Aufbau eines Raums der Freiheit, der Sicherheit und des Rechts vom 3. Dezember 1998, Nr. 39 bis 41, ABl. EG 1999 Nr. C 19/1, und den Anzeiger der Fortschritte bei der Schaffung eines „Raums der Freiheit, der Sicherheit und des Rechts" in der EU, 1. Halbjahr 2001, KOM (2001) 278 endg., Ziff. 3; vgl. auch *Remien*, CMLRev. 2001, 53, 60 ff.

[425] ABl. EG 2000 Nr. L 160/37; Änderungen des EP zum Kommissionsvorschlag in ABl. EG 2000 Nr. C 189/88; dazu *Müller-Graff/Kainer*, DRiZ 2000, 350, 352 f; *Heß*, NJW 2001, 15, 19 f

[426] abgedruckt in *Jayme/Hausmann*, Internationales Privat- und Verfahrensrecht, Nr. 212

[427] ABl. EG 2001 Nr. L 174/1; ABl. EG 2000 Nr. C 314/1; Stellungnahme des Wirtschafts- und Sozialausschusses, ABl. EG 2001 Nr. C 139/10. Das Vereinigte Königreich und Irland nehmen an dieser Maßnahme teil, Dänemark jedoch nicht, vgl. Presseerklärung 203 - Nr. 9118/01 des Rates Justiz, Inneres und Katastrophenschutz vom 28. Mai 2001.

[428] ABl. EG 2001 Nr. L 12/1; Stellungnahme des EP, ABl. EG 2001 Nr. C 146/94; beachte in diesem Zusammenhang auch die Erklärung des Vereinigten Königreichs, ABl. EG 2001 Nr. C 13/1; die VO tritt am 1. März 2002 in Kraft, vgl. Art. 76 der VO; vgl. zur VO, *Micklitz/Rott*, EuZW 2001, 325 ff.

[429] Brüsseler EWG-Übereinkommen über die gerichtliche Zuständigkeit und die Vollstreckung gerichtlicher Entscheidungen in Zivil- und Handelssachen vom 27. September 1968 idF des 4. Beitrittsübereinkommens vom 29. November 1996; Luganer Übereinkommen über die gerichtliche Zuständigkeit und die Vollstreckung gerichtlicher Entscheidungen in Zivil- und Handelssachen vom 16. September 1988; beide Übereinkommen sind abgedruckt bei *Jayme/Hausmann*, Internationales Privat- und Verfahrensrecht, Nr. 150 und 160.

Wortlauts („Soweit erforderlich") subsidiären Art. 293 vierter Spiegelstrich EGV dürfte kaum noch ein Anwendungsbereich bleiben.[430] Allerdings ist Art. 65 EGV als Rechtsgrundlage für die Verordnung (EG) Nr. 44/2001 umstritten, da der Bezug zum freien Personenverkehr zweifelhaft ist.[431] Zur Umsetzung des Grundsatzes der gegenseitigen Anerkennung gerichtlicher Entscheidungen in Zivil- und Handelssachen hat der Rat ein Maßnahmenprogramm erlassen, in dem er die Bereiche, in denen Fortschritte erzielt werden müssen, die Bestimmung der Art, der Modalitäten und der Tragweite sowie die Festlegung der Stufen für die angestrebten Fortschritte festsetzt.[432]

Gemäß **Art. 65 lit. b) EGV** soll die Vereinbarkeit der in den Mitgliedstaaten geltenden Kollisionsnormen und Vorschriften zur Vermeidung von Kompetenzkonflikten gefördert werden. Davon wird das gesamte internationale Privat- und Verfahrensrecht umfasst. Obwohl der Wortlaut „Förderung" an eine eingeschränkte Kompetenz erinnert, kann der Rat in diesem Bereich unter Beachtung des Subsidiaritätsprinzips auch verbindliche Maßnahmen erlassen, da die Aufzählung in Art. 65 EGV gerade nicht abschließend ist und eine diesbezügliche Ausnahme ausdrücklich erwähnt werden muss.[433]

Schließlich gibt **Art. 65 lit. c) EGV** dem Rat eine weitreichende Kompetenz zur Beseitigung der Hindernisse für eine reibungslose Abwicklung von Zivilverfahren. Zur Gewährleistung eines angemessenen Niveaus der Prozesskostenhilfe hat die Kommission ein diesbezügliches Grünbuch vorgelegt.[434] Die Kommission hat die Einrichtung eines justiziellen Netzes für Zivil- und Handelssachen vorgeschlagen, das der Verbesserung der justiziellen Zusammenarbeit zwischen den Mitgliedstaaten und der Bereitstellung praktischer Informationen für die Öffentlichkeit dienen soll.[435] Diesen Vorschlag hat der Rat am 28. Mai 2001 angenommen.[436]

Der Rat kann auch andere Maßnahmen auf Art. 61 lit. c) iVm Art. 65 EGV stützen, die nicht unter lit. a) bis c) fallen. So hat er die Verordnung (EG) Nr. 1346/2000 vom 29. Mai 2000 über Insolvenzverfahren erlassen.[437] Am selben Tag verabschiedete der Rat die Verordnung (EG) Nr. 1347/2000 über die Zuständigkeit und die Anerkennung und Vollstreckung von Entscheidungen in Ehesachen und in Verfahren betreffend die elterliche Verantwortung für die gemeinsamen Kinder der Ehegatten (**Brüs-**

---

[430] vgl. *Basedow*, EuZW 1997, 609; nach *Bardenhewer*, in Lenz, EG-Vertrag, Art. 65 EGV, Rn. 3, ist Art. 293 vierter Spiegelstrich EGV obsolet geworden; zum Verhältnis von Art. K.1 Nr. 6 EUV aF zu Art. 220 vierter Spiegelstrich EGV aF vgl. *Dittrich*, Der Schutz der Unionsbürger durch die justitielle Zusammenarbeit, in Müller-Graff, Europäische Zusammenarbeit in den Bereichen Justiz und Inneres, S. 101, 105 ff.

[431] vgl. *Schack*, ZEuP 1999, 805, 807 m. w. N.; nach *Besse*, ZEuP 1999, 107, 118 f, ermöglicht Art. 65 lit. a) EGV eine inhaltliche Ablösung des EuGVÜ.

[432] ABl. EG 2001 Nr. C 12/1; ABl. EG 2001 Nr. C 115/4

[433] ebenso *Wiedmann*, in Schwarze, EU-Kommentar, Art. 65 EGV, Rn. 7; *Besse*, ZEuP 1999, 107, 115; *Remien*, CMLRev. 2001, 53, 76 f, verweist für die Auslegung auf die schon vorhandenen Vorschriften.

[434] Grünbuch vom 9. Februar 2000, KOM (2000) 51 endg., Bull. EU 1/2-2000, Ziff. 1.4.4

[435] KOM (2000) 592 endg.; KOM (2001) 234 endg.; Stellungnahme des Wirtschafts- und Sozialausschusses, ABl. EG 2001 Nr. C 139/6

[436] ABl. EG 2001 Nr. L 174/25; vgl. die Presseerklärung 203 - Nr. 9118/01 des Rates Justiz, Inneres und Katastrophenschutz vom 28. Mai 2001

[437] ABl. EG 2000 Nr. L 160/1; Änderungen des EP und legislative Entschließung des EP, ABl. EG 2000 Nr. C 346/80 und 81

sel-II-Verordnung).[438] Darüber hinaus hat Frankreich eine Initiative über die gegenseitige Vollstreckung von Entscheidungen über das Umgangsrecht gestartet.[439] Zur Erleichterung der Verwirklichung des europäischen Rechtsraums in Zivilsachen hat die Kommission am 15. Mai 2001 einen Vorschlag für eine Verordnung über eine allgemeine Rahmenregelung für Aktivitäten der Gemeinschaft vorgelegt.[440] Die Verordnung soll spezielle Aktionen der Kommission und nichtstaatlicher Einrichtungen sowie Projekte von gemeinschaftlichem Interesse durch die Einfügung in allgemeine und flexible Rahmenregelungen erleichtern.

Gemäß der **Erklärung Nr. 20** zum Vertrag von Amsterdam hindern Maßnahmen nach Art. 65 EGV die Mitgliedstaaten nicht daran, ihre Verfassungsvorschriften über Pressefreiheit und die Freiheit der Meinungsäußerung in anderen Medien anzuwenden.

3. Behördenzusammenarbeit

Art. 66 EGV gibt dem Rat die Kompetenz, die Zusammenarbeit von Behörden auf **doppeltem Niveau** zu gewährleisten. Betroffen ist einerseits die Zusammenarbeit zwischen den entsprechenden Dienststellen der Behörden der Mitgliedstaaten, andererseits die Zusammenarbeit zwischen diesen Dienststellen und der Kommission. Ausdrücklich gilt diese Zuständigkeit zur Regelung von Fragen der Verwaltungsorganisation und des Verwaltungsverfahrens nur in den Bereichen des Titel IV EGV. Für eine effektive Gemeinschaftspolitik in den in Art. 62 bis 65 EGV aufgezählten Sachbereichen ist die behördliche Zusammenarbeit eine praktische Notwendigkeit. Art 7 SDÜ, der die Behördenzusammenarbeit in den Schengen-Staaten regelt, wurde auf Art. 66 EGV gestützt, soweit Bereiche des Titel IV EGV betroffen sind. **Institutionalisiert** ist die Zusammenarbeit bereits seit langem in den Bereichen Einwanderung und Asyl durch die Informations-, Reflexions- und Austauschzentren CIREA[441] für Asylfragen und CIREFI[442] für Fragen der Einwanderung. Die EG hat weiterhin das Programm „ODYSSEUS" aufgelegt, das der Förderung der Ausbildung und des Austausches von Beamten und Sachverständigen, die Aufgaben im Zusammenhang mit der Asyl-, Einwanderungs- und Flüchtlingspolitik sowie der Kontrolle der Grenzen wahrnehmen, dient.[443] Desweiteren wurde mit „GROTIUS"[444] ein Förder- und Aus-

---

[438] ABl. EG 2000 Nr. L 160/19; Änderungen des EP und legislative Entschließung zu KOM (1999) 220, ABl. EG 2000 Nr. C 189/91 und 97; beachte auch die Erklärung Schwedens und Finnlands, ABl. EG 2001 Nr. L 58/22; dazu *Müller-Graff/Kainer*, DRiZ 2000, 350, 353; *Pirrung*, ZEuP 1999, 834, 841 ff; *Kohler*, NJW 2001, 10 ff; *Drouet*, RMCUE 2001, 247 ff; vgl. dazu das deutsche Durchführungsgesetz in BGBl. 2001 I S. 288; dazu auch die Arbeitsunterlagen der Kommission: Gegenseitige Anerkennung von Entscheidungen über die elterliche Verantwortung vom 27. März 2001, KOM (2001) 166 endg.

[439] ABl. EG 2000 Nr. C 234/7; Stellungnahme des Wirtschafts- und Sozialausschusses in ABl. EG 2001 Nr. C 14/83; Stellungnahme des EP am 17. November 2000, ABl. EG 2001 Nr. C 223/373

[440] KOM (2001) 221 endg., ABl. EG 2001 Nr. C 213 E/271

[441] Centre d'information, de réflexion et d'échange sur des questions d'asile; vgl. *Klos*, Rahmenbedingungen und Gestaltungsmöglichkeiten der europäischen Migrationspolitik, S. 33 f; vgl. 1. Teil B. III. 3.

[442] Centre d'information, de réflexion et d'échange à l'égard des frontières extérieures et de l'immigration; vgl. die Schlussfolgerungen des Rates vom 30. November 1994, ABl. EG 1996 Nr. C 274/50; dazu schon oben 1. Teil B. III. 3.

[443] ABl. EG 1998 Nr. L 99/2; Jahresprogramm 2001, ABl. EG 2001 Nr. C 1/12

[444] ABl. EG 1996 Nr. L 287/3; Jahresprogramm und Aufforderung zur Einreichung von Vorschlägen für das Jahr 2000, ABl. EG 2000 Nr. C 12/17. Das Programm wurde aufgrund der Vergemeinschaftung der justiziellen Zusammenarbeit in Zivilsachen getrennt und wird mit der VO (EG) Nr. 290/2001 des

tauschprogramm für Rechtsberufe geschaffen, das Programm „KAROLUS“ dient dem Austausch von Verwaltungsbeamten.[445]

4. Zollwesen

Die unter dem Vertrag von Maastricht in Art. K.1 Nr. 8 EUV aF geregelte Zusammenarbeit im Zollwesen hat in Art. 135 EGV eine gemeinschaftsrechtliche Grundlage gefunden.[446] Damit kann der Rat Maßnahmen zum Ausbau der Zusammenarbeit im Zollwesen zwischen den Mitgliedstaaten sowie zwischen den Mitgliedstaaten und der Kommission treffen. Art. 135 EGV ist jedoch nur dann einschlägig, wenn der **Schwerpunkt der Maßnahmen** auf der Regelung der Zusammenarbeit im Zollwesen liegt. Ansonsten können Maßnahmen im Zollrecht schon auf Art. 26, 37, 95 oder 133 EGV gestützt werden.[447] Die Kompetenz ist ausdrücklich auf den Geltungsbereich des EG-Vertrags beschränkt. Dies wird in Art. 135 S. 2 EGV noch einmal hervorgehoben, da die Anwendung des Strafrechts der Mitgliedstaaten und ihre Strafrechtspflege von diesen Maßnahmen unberührt bleibt. Repressive Maßnahmen sind demnach allein auf Titel VI EUV zu stützen. Diese Form der Kompetenzübertragung hat zur Folge, dass zwischen der ersten und der dritten Säule bei der Zusammenarbeit im Zollwesen hin- und hergesprungen werden muss.

5. Drogenpolitik

Folge eines Streits zwischen Frankreich und den Niederlanden über die Drogenpolitik ist Art. 152 Abs. 1 UAbs. 3 EGV, der Maßnahmen gegen den Drogenkonsum nur **im Rahmen der Gesundheitspolitik** zulässt. Die eigentliche Drogenpolitik blieb in Titel VI EUV. Der Rat kann hiernach Maßnahmen zur Verringerung drogenkonsumbedingter Gesundheitsschäden einschließlich der Informations- und Vorbeugungsmaßnahmen erlassen. In diesem Zusammenhang ist vom Rat durch die Verordnung (EG) Nr. 302/93 die Europäische Beobachtungsstelle für Drogen und Drogensucht (EBDD) eingerichtet worden,[448] an der sich auch Norwegen uneingeschränkt beteiligen soll.[449] Die Aufspaltung des Sachbereichs Drogen in die erste und dritte Säule

---

Rates vom 12. Februar 2001 als „Grotius-Zivilrecht“ fortgeführt, ABl. EG 2001 Nr. L 43/1, vgl. die Stellungnahme des Wirtschafts- und Sozialausschusses, ABl. EG 2001 Nr. C 116/97.

[445] ABl. EG 1992 Nr. L 286/65; ABl. EG 1998 Nr. C 62/60

[446] Die Vorschrift befindet sich zwar außerhalb des Titel IV EGV, weist aber enge Bezüge zur Innen- und Justizpolitik auf, die eine Aufnahme rechtfertigen. Vgl. zur Zusammenarbeit unter dem Vertrag von Maastricht *Wewel*, Schutz der Union durch Zusammenarbeit im Zollwesen, in Müller-Graff, Europäische Zusammenarbeit in den Bereichen Justiz und Inneres, S. 117 ff; vgl. auch die Zusammenstellung der unter dem Vertrag von Maastricht getroffenen Maßnahmen oben 1. Teil B. VI. 8.

[447] vgl. *Lux*, in Lenz, EG-Vertrag, Art. 135 EGV, Rn. 7 ff

[448] ABl. EG 1993 Nr. L 36/1; geändert durch VO (EG) Nr. 3294/94, ABl. EG 1994 Nr. L 341/7, und durch VO (EG) Nr. 2220/2000 vom 28. September 2000, ABl. EG 2000 Nr. L 253/1; Änderungsvorschlag und legislative Entschließung des EP, ABl. EG 2001 Nr. C 67/330 und 335

[449] Beschluss des Rates vom 28. September 2000 über den Abschluss eines Abkommens zwischen der Europäischen Gemeinschaft und dem Königreich Norwegen über die Beteiligung Norwegens an der Arbeit der Europäischen Beobachtungsstelle für Drogen und Drogensucht, ABl. EG 2000 Nr. L 257/23; Änderungsvorschlag des EP, ABl. EG 2001 Nr. C 67/336

zwingt auch hier zu einem Hin- und Herspringen.[450] Der Rat hat dem durch die Schaffung einer Horizontalen Arbeitsgruppe Drogen Rechnung getragen.[451]

6. Betrugsbekämpfung zum Nachteil der EG

Im Zusammenhang mit dem Aufbau eines Raums der Freiheit, der Sicherheit und des Rechts steht auch die Bekämpfung von Betrug zum Nachteil der EG in Art. 280 EGV.[452] Der Rat kann dabei die erforderlichen Maßnahmen zur Verhütung und Bekämpfung von Betrügereien, die sich gegen die finanziellen Interessen der Gemeinschaft richten, treffen.[453] Dies schließt auch die Harmonisierung der Straftatbestände und Sanktionen der Mitgliedstaaten, die den Betrug zum Nachteil der EG betreffen, mit ein. Die Anwendung des Strafrechts der Mitgliedstaaten und ihre Strafrechtspflege bleibt von diesen Maßnahmen unberührt und dem nationalen Gesetzgeber überlassen.[454] Der EG kommt damit auch in diesem Bereich noch keine Strafgewalt zu.[455] Die Task Force für die Koordinierung der Betrugsbekämpfung (UCLAF[456]) ist ab 1. Juni 1999 durch das unabhängige Europäische Amt für Betrugsbekämpfung (OLAF[457]) abgelöst worden.[458] Die Kommission hat im Laufe der Regierungskonferenz 2000 die Einrichtung eines Europäischen Staatsanwalts speziell für den Bereich des Schutzes der finanziellen Interessen der EG vorgeschlagen. Die Diskussion darüber wird im Zusammenhang mit der Einrichtung von Eurojust geführt.[459]

7. Bewertung

Hinsichtlich der Politik betreffend die **Personenkontrollen und die Visapolitik** ist nach Einführung des Schengen-Besitzstands in den Rahmen der EU der unionsrechtliche Besitzstand relativ groß und gut entwickelt. Der EG wurden in diesen Politiken weitgehende Zuständigkeiten eingeräumt, die ihr die Schaffung einheitlicher Standards erlauben. Die bereits unter Schengen erzielte Einigung lässt auf eine rasche und vollständige Vergemeinschaftung dieser Materien schließen. Von einer

[450] vgl. nur die Schlussfolgerungen des Rates betreffend die Errichtung eines Informationsnetzes über neue Tendenzen und Verhaltensmuster im Bereich des Drogenmissbrauchs und des kombinierten Konsums verschiedener Drogen sowie der damit zusammenhängenden Risiken, ABl. EG 2001 Nr. C 17/2

[451] vgl. dazu auch die Mitteilung der Kommission vom 8. Juni 2001 an den Rat und das EP über die Umsetzung des Drogenaktionsplans der EU (2000-2004), KOM (2001) 301 endg.; vgl. zur neuen Gremienstruktur in den Bereichen Justiz und Inneres *Monar*, Integration 2000, 18, 24 f

[452] vgl. zu den unter dem Vertrag von Maastricht getroffenen Maßnahmen oben 1. Teil B. VI. 5. sowie *Ferola*, LIEI 1999, 123, 135 ff

[453] vgl. Art. 280 Abs. 4 S. 1 EGV

[454] vgl. Art. 280 Abs. 4 S. 2 EGV

[455] vgl. *Hecker*, in Lenz, EG-Vertrag, Art. 280 EGV, Rn. 2 m. w. N.; *Eisele*, JA 2000, 896, 897 f, auch zur Gegenansicht; das EP fordert in der Entschließung vom 19. Januar 2000 die Kommission zu Legislativvorschlägen für den Schutz der finanziellen Interessen der Union auf, ABl. EG 2000 Nr. C 304/126; zur Umsetzung in deutsches Strafrecht vgl. *Zieschang*, NJW 1999, 105 ff.

[456] Unité de Coordination de la Lutte Antifraude

[457] Office européen de la Lutte Antifraude

[458] vgl. zu den Tätigkeiten den Jahresbericht 1998, KOM (1999) 590 endg., und die Entschließung des EP, ABl. EG 2000 Nr. C 59/61, sowie den Jahresbericht 1999, KOM (2000) 718 endg.; vgl. auch *Wägenbaur*, EuZW 2001, 34

[459] KOM (2000) 608 endg.; vgl. unten 3. Teil C. III. 2. b)

gemeinsamen europäischen Visapolitik kann in diesem Fall zu Recht gesprochen werden.[460] Etwas anderes gilt für die **Asyl-, Flüchtlings- und Einwanderungspolitik**. Zwar wird, um dem Phänomen der Wanderungsbewegungen entgegenzutreten, ein umfassender Ansatz zur Steuerung der Migrationspolitik insbesondere von Seiten der Kommission seit langem versucht.[461] So wurde zur Erarbeitung eines gemeinsamen integrierten und säulenübergreifenden Konzepts zur Situation in den wichtigsten Herkunfts- und Transitländern von Asylbewerbern und Zuwanderern die Hochrangige Gruppe „Asyl und Migration" eingesetzt.[462] Erfolge traten bisher jedoch lediglich in Einzelaspekten auf.[463] Im Gegensatz zur Politik betreffend die Personenkontrollen und zur Visapolitik kann in diesen Bereichen nicht auf einen bereits ausgefeilten Besitzstand zurückgegriffen werden. Es finden sich nur Regelungen, die einzelne Teilbereiche abdecken und keinen gemeinsamen Ansatz erkennen lassen. Problematisch ist weiterhin, dass Kompetenzen nur fragmentarisch vorhanden sind. Insbesondere ist das Ausweisungs-, Abschiebungs- und Rückführungsrecht eine domaine réservé der Mitgliedstaaten.[464] Einen besonders problematischen Punkt stellt die Kompetenz zur Regelung des Beschäftigungszugangs für Drittstaatsangehörige dar. Auch die Regelungen über eine tatsächliche Lastenverteilung im Falle der Aufnahme von Flüchtlingen und vertriebenen Personen fällt sehr vage aus, und es ist zweifelhaft, ob auf dieser Grundlage mehr als eine finanzielle Förderung in effektiver Weise betrieben werden kann. Ob im Hinblick auf diese Lücken von einer gemeinsamen Asyl- und Einwanderungspolitik gesprochen werden kann, erscheint zweifelhaft.[465] Unter Berücksichtigung der expliziten Öffnungsklausel in Art. 63 S. 2 EGV scheint eine solche für die Mitgliedstaaten entgegen allen Versicherungen keine Priorität zu haben. Im Augenblick kann der Besitzstand daher mit Recht als „Stückwerk" und „Flickenteppich" bezeichnet werden.[466] Die Formulierung des Art. 65 EGV über die **justizielle Zusammenarbeit in Zivilsachen** geriet im Laufe der Regierungskonferenz 1996 immer restriktiver. Während in der jetzigen Fassung von „Förderung der Vereinbarkeit" (lit. b) und „Beseitigung der Hindernisse" (lit. c) gesprochen wird, sah der ursprüngliche Kommissionsvorschlag vom September 1996 das Wort „Angleichung" vor.[467] Betrachtet man dazu das Erfordernis der grenzüberschreitenden Bezüge betreffend den freien Personenverkehr, so ist das Ziel nicht mehr die Schaffung

---

[460] so auch *Bardenhewer*, in Lenz, EG-Vertrag, Art. 62 EGV, Rn. 6

[461] vgl. vor allem die Mitteilung der Kommission an den Rat und das EP über die Zuwanderungs- und Asylpolitik, KOM (1994) 23 endg., Bull. EU 1/2-1994, Ziff. 1.4.3; in jüngster Zeit auch die Mitteilung der Kommission an das EP und den Rat über eine Migrationspolitik der Gemeinschaft vom 22. November 2000, KOM (2000) 757 endg., Bull. EU 11-2000, Ziff. 1.4.4; vgl. auch Anzeiger der Fortschritte bei der Schaffung eines „Raums der Freiheit, der Sicherheit und des Rechts" in der EU, 1. Halbjahr 2001, KOM (2001) 278 endg., Ziff. 2.4; vgl. aber auch die Stellungnahme des Ausschusses der Regionen zum Thema „Wanderungsbewegungen in Europa", ABl. EG 2000 Nr. C 57/67

[462] Bull. EU 1/2-1999, Ziff. 1.5.4; Stellungnahme des EP, ABl. EG 2000 Nr. C 378/75

[463] so auch *Matzka*, Zur Notwendigkeit einer europäischen Migrationspolitik, in Hailbronner/Weil, Von Schengen nach Amsterdam, S. 75

[464] vgl. dazu *Schmahl*, ZAR 2001, 3, 10; *Hailbronner*, EJML 1999, 9, 12; *Weber*, ZAR 1998, 147, 150; *Monar* ELRev. 1998, 320, 323; *Hailbronner*, CMLRev. 1998, 1047, 1048 f; vgl. allgemein *Steenbergen*, EJML 1999, 29 ff

[465] *Sonntag-Wolgast*, Perspektiven eines europäischen Einwanderungs- und Asylrechts, in Hailbronner/Weil, Von Schengen nach Amsterdam, S. 15, 19, ist der Meinung, dass die Erstellung eines gemeinsamen Asyl- und Einwanderungsrechts auf der Basis der im EG-Vertrag befindlichen Kompetenzen möglich ist.

[466] so das EP in einer Debatte zur Asyl- und Einwanderungspolitik, SZ vom 14. März 2001, Nr. 61

[467] vgl. *Bardenhewer*, in Lenz, EG-Vertrag, Art. 65 EGV, Rn. 4; in der französischen Version war von „rapprocher les règles de procédure civile" die Rede, vgl. *Labayle*, RTDE 1997, 813, 857; *Martinet*, in Léger, Commentaire article par article des traités UE et CE, Art. 65 TCE, Rn. 7.

einer Basis für einen europäischen Rechtsraum, sondern lediglich die Überwindung der Konflikte zwischen den nationalen Rechtssystemen. Angesichts des nicht abschließenden Charakters von Art. 65 EGV verfolgt die Kommission jedoch bei der Realisierung von Maßnahmen auf der Basis der Schlussfolgerungen des Europäischen Rats von Tampere einen weiteren Ansatz. Durch die Schaffung von Mindeststandards soll Rechtssicherheit und der gleiche Zugang zum Recht in jedem Mitgliedstaat gewährleistet werden.[468] Desweiteren wird auf eine größere Konvergenz der Rechtssysteme hingearbeitet.[469] Wird diese weite Auslegung auch vom EuGH bestätigt, so ist mit Art. 65 EGV ein bedeutsamer Schritt zur Schaffung eines Europäischen Rechtsraums gelungen. Art. 66 EGV erlaubt Maßnahmen der zur praktischen Umsetzung erforderlichen **Zusammenarbeit der Behörden**. Bei der **Zoll- und Drogenpolitik** führt die zwischen der ersten und dritten Säule vorgenommene Aufspaltung zu einem Hin- und Herspringen. Zwar wurde endlich eine Rechtsgrundlage für die Zusammenarbeit im Bereich des Zollwesens auf Gemeinschaftsebene geschaffen, in beiden Fällen kann jedoch nicht von einer eigenständigen Politik gesprochen werden. Die **Betrugsbekämpfung zum Nachteil der Union** könnte die Keimzelle für ein europäisches Betrugsrecht darstellen, jedoch ist gerade explizit die Anwendung des Strafrechts und der Strafrechtspflege von den Maßnahmen des Rates ausgeschlossen.

III. Das Verfahren der Beschlussfassung

Abweichend vom Verfahren der Mitentscheidung nach Art. 251 EGV und der Zusammenarbeit nach Art. 252 EGV gilt für die in Titel IV EGV geregelten Sachbereiche ein besonderes Beschlussverfahren nach Art. 67 EGV. Von dieser Sonderregelung sind jedoch die Zusammenarbeit im Zollwesen nach Art. 135 EGV, die Maßnahmen zur Verringerung drogenkonsumbedingter Gesundheitsschäden nach Art. 152 Abs. 1 UAbs. 3 EGV sowie die Maßnahmen zur Verhütung und Bekämpfung von Betrügereien, die sich gegen die finanziellen Interessen der Gemeinschaft richten, nicht betroffen. Für diese findet das Mitentscheidungsverfahren nach Art. 251 EGV Anwendung. Für die Notstandsklausel des Art. 64 Abs. 2 EGV ist ebenfalls ein eigenständiges Verfahren mit qualifizierter Mehrheit vorgesehen. Hinsichtlich des Sonderrechts nach Art. 67 EGV kann zwischen einem vorläufigen Verfahren bis zum 30. April 2004 und einem Verfahren nach Ablauf dieses Zeitraums unterschieden werden.[470] Der dynamische Charakter des Aufbaus eines Raums der Freiheit, der Sicherheit und des Rechts findet sich in diesem zweistufigen System wieder.

1. Vorläufiges Verfahren bis zum 30. April 2004

Während des Übergangszeitraums von fünf Jahren nach Inkrafttreten des Vertrags von Amsterdam handelt der Rat einstimmig auf Vorschlag der Kommission oder auf Initiative eines Mitgliedstaats und nach Anhörung des Europäischen Parlaments.[471]

[468] vgl. Anzeiger der Fortschritte bei der Schaffung eines „Raums der Freiheit, der Sicherheit und des Rechts" in der EU, 1. Halbjahr 2001, KOM (2001) 278 endg., Ziff. 3.1
[469] vgl. Anzeiger der Fortschritte bei der Schaffung eines „Raums der Freiheit, der Sicherheit und des Rechts" in der EU, 1. Halbjahr 2001, KOM (2001) 278 endg., Ziff. 3.3
[470] vgl. zu den Verhandlungen im Laufe der RK 1996 *Labayle*, RTDE 1997, 813, 859 ff
[471] vgl. Art. 67 Abs. 1 EGV

Bei der **Einstimmigkeit** ist allerdings zu berücksichtigen, dass Dänemark grundsätzlich an den Maßnahmen nach Titel IV EGV nicht teilnimmt und das Vereinigte Königreich und Irland eine Option zur Teilnahme haben, so dass je nach Beteiligung die Stimmen von 12, 13 oder 14 Mitgliedstaaten erforderlich sind.[472] Im **Initiativrecht** der Mitgliedstaaten wird der Übergang von der dritten auf die erste Säule besonders deutlich. Während in der intergouvernementalen dritten Säule die Mitgliedstaaten das alleinige Initiativrecht innehaben, ist dies im EG-Vertrag die exklusive Aufgabe der Kommission.[473] Bis zum 30. April 2004 regelt Art. 67 Abs. 1 EGV nun ein Koinitiativrecht von Kommission und Mitgliedstaaten. Mit dem **Anhörungsrecht** hat das Europäische Parlament lediglich eine schwache Position während des Übergangszeitraums. Ausgenommen von dieser Sonderregelung sind nach **Art. 67 Abs. 3 EGV** die Festlegung von Negativ- und Positivlisten in der Visapolitik sowie die einheitliche Visumgestaltung. Für Maßnahmen in diesem Bereich ist eine qualifizierte Mehrheit ausreichend, wobei die Sonderstellungen des Vereinigten Königreichs, Irlands und Dänemarks zu berücksichtigen sind. Bei der Berechnung der Stimmen für die qualifizierte Mehrheit ist derselbe Anteil der gewogenen Stimmen der Mitgliedstaaten, der in Art. 205 Abs. 2 EGV festgelegt ist, heranzuziehen.[474] Die Kommission besitzt ein Initiativmonopol. Mit dieser Regelung wurde lediglich der schon unter dem Vertrag von Maastricht gemäß Art. 100c Abs. 1 und 3 EGV aF erreichte acquis communautaire in seinen Grundzügen erhalten.

2. Verfahren nach Ablauf des Übergangszeitraums

Nach Ablauf des Übergangszeitraums von fünf Jahren hat die Kommission ein **Initiativmonopol** inne. Die Mitgliedstaaten behalten jedoch ein eingeschränktes Vorschlagsrecht an die Kommission, die jeden Antrag eines Mitgliedstaats prüfen muss und dem Rat einen Vorschlag unterbreiten soll.[475] In dieser Bestimmung klingt die starke Stellung der Mitgliedstaaten in der intergouvernementalen dritten Säule noch durch. Eine ähnliche Regelung war bereits in Art. 100c Abs. 4 EGV aF bezüglich der Visapolitik enthalten. Hinsichtlich des **anzuwendenden Verfahrens** regelt Art. 67 Abs. 2 zweiter Spiegelstrich EGV, dass der Rat nach Anhörung des Europäischen Parlaments einstimmig einen Beschluss fasst, wonach auf alle Bereiche oder Teile der Bereiche, die unter Titel IV EGV fallen, das Verfahren des Art. 251 EGV anzuwenden ist. Aus dem Wortlaut geht hervor, dass es sich dabei um eine Verpflichtung des Rates handelt.[476] Ob die Ausdehnung des Mitentscheidungsverfahrens jedoch auf alle Bereiche oder nur Teilbereiche des Titel IV EGV vorgenommen wird, steht im politischen Ermessen des Rates. Aus der Erklärung Nr. 21 zum Vertrag von Amsterdam geht hervor, dass der Rat beabsichtigt, die Einzelheiten dieses Beschlusses vor Ablauf des Übergangszeitraums zu prüfen, damit der Beschluss unmittelbar nach Ablauf dieses Zeitraums gefasst und angewendet werden kann. Auch hier ist bei

---

[472] vgl. Art. 1 und Art. 3 Abs. 1 UAbs. 2 S. 1 des Protokolls über die Position des Vereinigten Königreichs und Irlands sowie Art. 1 des Protokolls über die Position Dänemarks

[473] vgl. Art. 251 Abs. 2 EGV und Art. 252 lit. a) EGV

[474] Bei der Berechnung der Stimmen ist die Sonderstellung Dänemarks, des Vereinigten Königreichs und Irlands zu berücksichtigen, vgl. Art. 1 S. 2 des Protokolls über die Position des Vereinigten Königreichs und Irlands sowie Art. 1 S. 2 des Protokolls über die Position Dänemarks.

[475] vgl. Art. 67 Abs. 2 erster Spiegelstrich EGV

[476] ebenso *Röben*, in Grabitz/Hilf, Das Recht der Europäischen Union, Stand Mai 1999, Art. 67 EGV, Rn. 5; *Thun-Hohenstein*, Der Vertrag von Amsterdam, S. 39

Einführung von Mehrheitsbeschlüssen jedoch ein gesondertes Quorum aufgrund der Sonderregelungen für Dänemark, das Vereinigte Königreich und Irland anzuwenden.[477] Bei diesem Verfahren stellt sich einerseits die Frage, inwieweit dieses Vorgehen eine **Vertragsänderung** darstellt, die von den Mitgliedstaaten gemäß ihren verfassungsrechtlichen Bestimmungen angenommen werden muss. Eine ähnliche Regelung, die allerdings nicht zur Anwendung kam, fand sich bereits in Art. K.9 EUV aF. Auch dort wurde jedoch ausdrücklich den Mitgliedstaaten die Annahme des Beschlusses gemäß ihren verfassungsrechtlichen Bestimmungen empfohlen.[478] Das Demokratieprinzip verbietet die Übertragung von Hoheitsrechten, soweit deren künftige Inanspruchnahme im Vertrag nicht hinreichend voraussehbar bestimmt angelegt ist.[479] Die nationalen Parlamente haben jedoch mit dem Vertrag von Amsterdam auch diese Form der Einführung des Mitentscheidungsverfahrens gebilligt und damit implizit der Ausweitung des Mehrheitsprinzips ihre Zustimmung erteilt.[480] Die zweite Frage geht dahin, wie ein **fehlender Beschluss** nach Ablauf des Übergangszeitraums zu werten ist. Da eine diesbezügliche Handlungsverpflichtung des Rates besteht, kann Untätigkeitsklage nach Art. 232 EGV beim EuGH erhoben werden. Aufgrund des weiten politischen Ermessens in der Ausweitung des Mitentscheidungsverfahrens kann ein diesem Antrag stattgebendes vollziehbares Urteil jedoch nur die Verpflichtung des Rates zur Beschlussfassung wiederholen. Bis zu einem solchen Beschluss gilt die Einstimmigkeitsregel weiter.[481]

Abweichend davon wird gemäß **Art. 67 Abs. 4 EGV** das Verfahren des Art. 251 EGV automatisch für das Verfahren und die Voraussetzungen für die Visumerteilung durch die Mitgliedstaaten sowie die Vorschriften für ein einheitliches Visum nach Art. 62 Nr. 2 lit. b) Punkt ii) und iv) EGV angewandt. Damit wurde der schon unter dem Vertrag von Maastricht begonnenen Vergemeinschaftung der Visapolitik Rechnung getragen.

3. Änderungen mit dem Vertrag von Nizza

Mit dem Vertrag von Nizza wurde dem Art. 67 EGV ein **fünfter Absatz** angefügt, wonach der Rat Maßnahmen nach Art. 63 Nr. 1 und Nr. 2 lit. a) EGV gemäß dem Verfahren des Art. 251 EGV beschließt, sofern der Rat zuvor gemäß Art. 67 Abs. 1 EGV Gemeinschaftsvorschriften erlassen hat, in denen die gemeinsamen Regeln und wesentlichen Grundsätze für diese Bereiche festgelegt sind. Gleichzeitig werden Maßnahmen nach Art. 65 EGV mit Ausnahme der familienrechtlichen Aspekte aus dem Sonderregime des Art. 67 EGV entlassen. Damit hat der Rat seine Handlungsverpflichtung nach Art. 67 Abs. 2 zweiter Spiegelstrich EGV formal zumindest teilweise hinsichtlich der Anwendung des Verfahrens des Art. 251 EGV erfüllt. Die Zuständigkeit des EuGH wurde nicht angepasst. Durch das **Ratifizierungserfordernis** des

[477] s. o. 1.
[478] vgl. Art. K.9 S. 2 EUV aF
[479] vgl. BVerfGE 89, 155, 189
[480] vgl. zur Vereinbarkeit des Art. 67 Abs. 2 EGV mit dem GG *Karpenstein*, DVBl. 1998, 942, 951 f; *Pechstein*, DÖV 1998, 569 ff
[481] ebenso *Weber*, ZAR 1998, 147, 148; *Thun-Hohenstein*, Der Vertrag von Amsterdam, S. 39, will dagegen von einer unmittelbaren Anwendbarkeit des Art. 67 Abs. 2 zweiter Spiegelstrich EGV im Sinne einer zwingenden Heranziehung des Mitentscheidungsverfahrens ausgehen; ihm folgend *Winkler*, in Bergmann/Lenz, Der Amsterdamer Vertrag, Kapitel 2, Rn. 25. Dagegen spricht jedoch das weite politische Ermessen des Rates in der Ausdehnung des Mitentscheidungsverfahrens.

Vertrags von Nizza werden überdies die nationalen Parlamente beteiligt. Unter dem Aspekt des Demokratieprinzips bestehen somit gegen diesen Beschluss keine Bedenken. In der **Asyl- und Flüchtlingspolitik** nach Art. 63 Nr. 1 und Nr. 2 lit. a) EGV agierten die Mitgliedstaaten jedoch sehr vorsichtig, da vor der Anwendung des Mitentscheidungsverfahrens bereits die gemeinsamen Regeln und wesentlichen Grundsätze festgelegt sein müssen. Damit wurde bewusst auf ein festes Datum verzichtet und die Anwendung des Art. 251 EGV von der einstimmigen Schaffung materiellen und formellen Gemeinschaftsrechts abhängig gemacht. In der Sache ist damit nicht mehr erreicht als bisher schon in Art. 67 Abs. 2 zweiter Spiegelstrich EGV vorgesehen war. Es kann durch die Aufstellung einer **zusätzlichen materiellen Voraussetzung** im Vertrag sogar von einem Rückschritt gesprochen werden. Aus Gründen der Rechtssicherheit ist nach dieser Vertragsänderung dem Rat zu empfehlen, einen Beschluss zu fassen, wenn die gemeinsamen Regeln und wesentlichen Grundsätze festgelegt sind. Es bleibt damit faktisch bei dem Erfordernis eines einstimmigen Beschlusses für die Anwendung des Art. 251 EGV. Ein solcher könnte jedoch nicht mehr erforderlich sein, wenn im Zuge einer Klage vor dem EuGH dieser inzident das Bestehen von gemeinsamen Regeln und wesentlichen Grundsätzen feststellt. Dies wäre etwa im Rahmen einer Nichtigkeitsklage nach Art. 230 EGV denkbar, wenn durch die Nichtanwendung des Art. 251 EGV Verfahrensrechte eines Organs verletzt sind.[482]

Im **Protokoll zu Art. 67 EGV** zum Vertrag von Nizza[483] haben die Mitgliedstaaten weiterhin beschlossen, ab 1. Mai 2004 Maßnahmen nach Art. 66 EGV mit qualifizierter Mehrheit auf Vorschlag der Kommission und nach Anhörung des Europäischen Parlaments zu erlassen. In der **Erklärung zu Art. 67 EGV** zum Vertrag von Nizza[484] haben die Vertragsparteien über die Anwendung des Mitentscheidungsverfahrens ab 1. Mai 2004 auf Art. 62 Nr. 3 EGV hinsichtlich der Reisefreiheit für Aufenthalte von höchstens drei Monaten und Art. 63 Nr. 3 lit. b) EGV bezüglich der illegalen Einwanderung und des illegalen Aufenthalts Einvernehmen erzielt. Dazu sollen Maßnahmen nach Art. 62 Nr. 2 lit. a) EGV hinsichtlich der Durchführung von Personenkontrollen an den Außengrenzen ab dem Zeitpunkt gemäß Art. 251 EGV beschlossen werden, zu dem eine Einigung über den Anwendungsbereich der Maßnahmen in Bezug auf das Überschreiten der Außengrenzen der Mitgliedstaaten durch Personen erzielt worden ist. Gemäß dem rechtlichen Charakter einer Erklärung handelt es sich dabei jedoch nicht um einen Bestandteil des EG-Vertrags, sondern lediglich um eine **politische Absichtserklärung**, die bei der Auslegung zu berücksichtigen ist.[485] In der Erklärung sind die Mitgliedstaaten weiterhin übereingekommen, das Verfahren des Art. 251 EGV ab dem 1. Mai 2004 oder so bald wie möglich nach diesem Zeitpunkt auf die übrigen unter Titel IV EGV fallenden Bereiche oder auf einige dieser Bereiche anwendbar zu machen. Dabei handelt es sich um eine politische Absichtserklärung, die den guten Willen der Vertragsparteien zum Ausdruck bringen soll, jedoch keine rechtliche Bedeutung aufweist.

[482] vgl. dazu EuGH, Rs. C-295/90, Studentenrichtlinie, Slg. 1992, S. I-4193 ff
[483] ABl. EG 2001 Nr. C 80/69
[484] ABl. EG 2001 Nr. C 80/77
[485] vgl. zum rechtlichen Charakter der Erklärungen oben A. I. 4.

4. Bewertung

Während des **Übergangszeitraums** wird in vielen Punkten vom normalen Gemeinschaftsverfahren der Art. 251, 252 EGV abgewichen. Im Unterschied zum Verfahren des Titel VI EUV ist lediglich das Initiativrecht der Kommission herauszustellen, das sie jedoch auch nur zusammen mit den Mitgliedstaaten ausübt. Die Stellung des Europäischen Parlaments ist schwach und nicht stärker ausgestaltet als in Art. 39 EUV. Im Vergleich zur Stellung unter dem Vertrag von Maastricht mag dies zwar eine Verbesserung darstellen. Gemeinschaftsrechtliche Maßnahmen weisen jedoch hinsichtlich ihrer unmittelbaren Anwendbarkeit und des Vorrangs vor nationalem Recht eine andere Qualität auf. Dazu kommen die im Bereich der Justiz- und Innenpolitik fast unausweichlichen Auswirkungen auf die Rechte Einzelner.[486] Es ist aus diesen Gründen zweifelhaft, ob von einer Vergemeinschaftung innerhalb des Übergangszeitraums gesprochen werden kann. Die **Einrichtung einer eigenen Säule** in der ersten Säule stellt wohl das passendere Bild für dieses Vorgehen dar.[487] Dies fällt umso schwerer ins Gewicht als innerhalb des Übergangszeitraums eine Reihe wichtiger Maßnahmen gemäß Art. 62, 63 und 65 EGV getroffen werden sollen.[488] Für Art. 62 und 63 EGV besteht sogar eine diesbezügliche Handlungsverpflichtung. Der mit dem Vertrag von Nizza eingefügte Art. 67 Abs. 5 erster Spiegelstrich EGV verstärkt dies noch, da vor Anwendung des Mitentscheidungsverfahrens auf die Asyl- und Teile der Flüchtlingspolitik bereits die gemeinsamen Regeln und wesentlichen Grundsätze für diese Bereiche festgelegt sein müssen. Dieses Bild kann sich zwar **nach Ablauf des Übergangszeitraums** ändern, fraglich ist jedoch, in welchen Bereichen das Mitentscheidungsverfahren überhaupt eingeführt wird. Beschlossen wurde dies mit dem Vertrag von Nizza definitiv lediglich für die justizielle Zusammenarbeit in Zivilsachen mit Ausnahme der familienrechtlichen Aspekte nach Art. 65 EGV und für die Behördenzusammenarbeit gemäß Art. 66 EGV. Allerdings ist bedeutsam, dass nach dem Übergangszeitraum sofort das Mitentscheidungsverfahren, das nach dem Vertrag von Amsterdam grundsätzlich das reguläre Verfahren darstellt, und nicht das Verfahren der Zusammenarbeit Anwendung findet.[489] Titel IV EGV nimmt somit weiterhin eine **Sonderstellung** ein. Von einer effektiven **demokratischen Kontrolle** durch das Europäische Parlament kann zumindest während des Übergangszeitraums kaum gesprochen werden.[490] Nach der vorliegenden Konzeption können auch dänische, britische und irische Abgeordnete an Entscheidungen des Parlaments mitwirken, obwohl ihr Land an den Maßnahmen nach Titel IV EGV nicht beteiligt ist. Da gemäß Art. 189 S. 1 EGV das Europäische Parlament aus Vertretern der Völker besteht, erscheint eine Enthaltung dieser Abgeordneten angebracht, wenn ihr Land von der geplanten Maßnahme nicht betroffen ist.[491] Die parlamentarische Beteiligung wird jedoch durch die Konferenz der Europa-Ausschüsse (**COSAC**) gestärkt, die Vor-

[486] vgl. *Hailbronner*, CMLRev. 1998, 1047, 1054
[487] vgl. *Monar*, ELRev. 1998, 320, 329; *Griller/Droutsas/Falkner/Forgó/Nentwich*, The Treaty of Amsterdam, S. 471
[488] vgl. den Aktionsplan des Rates und der Kommission zur bestmöglichen Umsetzung der Bestimmungen des Amsterdamer Vertrags über den Aufbau eines Raums der Freiheit, der Sicherheit und des Rechts vom 3. Dezember 1998, Nr. 36 bis 41, ABl. EG 1999 Nr. C 19/1
[489] vgl. *Nickel*, Integration 1997, 219, 220
[490] vgl. *Boeles*, Parlamentary and judicial control in matters of asylum and immigration under the Treaty of Amsterdam, in Heukels/Blokker/Brus, The European Union after Amsterdam, S. 215, 222
[491] vgl. *Welte*, ZAR 1998, 67; *Heimann*, „Visa, Asyl, Einwanderung und andere Politiken betreffend den freien Personenverkehr" - der neue Titel IV EGV unter besonderer Berücksichtigung des Schengen-Protokolls, S. 50

schläge oder Initiativen im Zusammenhang mit der Errichtung eines Raums der Freiheit, der Sicherheit und des Rechts, die möglicherweise unmittelbare Auswirkungen auf die Rechte und Freiheiten des Einzelnen nach sich ziehen, prüfen kann.[492] Weiterhin kann sie dem Europäischen Parlament, dem Rat und der Kommission jeden ihr zweckmäßig erscheinenden Beitrag über die Gesetzgebungstätigkeiten der Union, insbesondere hinsichtlich des Raums der Freiheit, der Sicherheit und des Rechts vorlegen.[493] Wie die Entwicklung des Art. 67 EGV in Zukunft verlaufen wird, bleibt im Hinblick auf seinen dynamischen Charakter abzuwarten. Die notwendigen institutionellen Anpassungen hat der Rat durch die Einführung einer neuen Gremienstruktur und die Kommission durch die Schaffung einer Generaldirektion „Justiz und Inneres" geschaffen.[494]

C. Verwirklichung des Raums unter der dritten Säule des EU-Vertrags

Der säulenübergreifende Charakter des Aufbaus eines Raums der Freiheit, der Sicherheit und des Rechts wurde bereits oben angesprochen.[495] Neben Titel IV EGV wird in Titel VI EUV ausdrücklich auf dieses Ziel Bezug genommen, wobei allerdings Konzeption und Charakter nicht mit den vergemeinschafteten Bereichen vergleichbar sind. Im Unterschied zu den Zugangspolitiken des Titel IV EGV betreffen die polizeiliche und justizielle Zusammenarbeit in Strafsachen nach Auffassung der Mitgliedstaaten noch stärker die nationalstaatliche Souveränität. Die Bestimmungen des Titel VI EUV sind anders als unter dem Vertrag von Maastricht, der in Art. K.1 EUV aF lediglich Angelegenheiten von gemeinsamem Interesse aufzählte, in **zweifacher Weise umgrenzt**. In Art. 29 Abs. 1 und 2 EUV werden als Gegenstände der Zusammenarbeit die Verhütung und Bekämpfung der Kriminalität sowie des Rassismus und der Fremdenfeindlichkeit genannt. Diese Tätigkeitsfelder sollen durch die in Art. 29 Abs. 2 EUV aufgezählten Instrumente der engeren Zusammenarbeit der Polizei-, Zoll- und Justizbehörden sowie der Annäherung der Strafvorschriften erreicht werden. Damit ist Titel VI EUV sowohl materiell als auch formell umrissen.

Im Folgenden sollen zunächst grundlegende Fragen geklärt und dann die materiellen Gegenstände der Zusammenarbeit untersucht werden. Im Anschluss werden die von den EU-Mitgliedstaaten geschaffenen formellen Instrumente dargestellt, bevor auf das Verfahren innerhalb des Titel VI EUV näher eingegangen wird.

[492] Protokoll über die Rolle der einzelstaatlichen Parlamente in der Europäischen Union, Ziff. II.5; die Konferenz COSAC wurde 1989 gegründet und setzt sich aus jeweils sechs Vertretern der nationalen Legislativorgane zusammen, aus Deutschland vier Abgeordnete des Bundestages und zwei Mitglieder des Bundesrates, vgl. *Piepenschneider*, Der Vertrag von Amsterdam, S. 60 ff.
[493] Protokoll über die Rolle der einzelstaatlichen Parlamente in der Europäischen Union, Ziff. II.6
[494] vgl. *Monar*, Integration 2000, 18, 23 ff; zu den Verhandlungen bis zur Einführung der neuen Gremienstruktur des Rates, vgl. *Peers*, ELRev. 2000, 183 ff
[495] s. o. A.

I. Grundfragen

1. Intergouvernementaler Charakter

Für das richtige Verständnis der in Titel VI EUV geregelten Sachbereiche ist zunächst der intergouvernementale Charakter der dritten Säule ins Gedächtnis zu rufen. Der PJZS fehlt es an supranationaler Qualität, d. h. die EU-Mitgliedstaaten können ohne ihre ausdrückliche Zustimmung nicht durch Beschlüsse unabhängiger Organe einer internationalen Organisation mit unmittelbarer Durchgriffswirkung verpflichtet werden.[496] Im Unterschied zur Europäischen Gemeinschaft besitzt die Union **keine Rechtspersönlichkeit** mit der Folge, dass Maßnahmen im Bereich des Titel VI EUV nicht der EU, sondern den Mitgliedstaaten selbst zuzurechnen sind.[497] Diese Auffassung zeigte sich besonders während der Verhandlungen zur Regierungskonferenz 1996.[498] So entschieden sich die Mitgliedstaaten in Art. 29 Abs. 1 EUV für ein „gemeinsames Vorgehen“ im Bereich der PJZS. Folge des intergouvernementalen Charakters ist, dass die Prinzipien der unmittelbaren Anwendbarkeit und des Vorrangs vor nationalem Recht grundsätzlich im Bereich des Titel VI EUV keine Anwendung finden. Für Rahmenbeschlüsse und Beschlüsse wurde die unmittelbare Wirksamkeit in Art. 34 Abs. 2 S. 2 lit. b) und c) EUV ausdrücklich ausgeschlossen. Eine direkte Verpflichtung des Einzelnen ist damit grundsätzlich nicht möglich. Der intergouvernementale Charakter des EU-Vertrags unterscheidet sich dennoch von dem sonstiger völkerrechtlicher Verträge.[499] Die Einbettung in den einheitlichen institutionellen Rahmen gemäß Art. 3 EUV sowie die Möglichkeit zur Überführung weiterer Bereiche in den EG-Vertrag nach Art. 42 EUV lassen die dritte Säule eine Sonderstellung einnehmen, die auf die Weiterentwicklung des gemeinschaftsrechtlichen Besitzstands ausgerichtet ist.

2. Einzelne Gesichtspunkte der Konzeption

Im EG-Vertrag ist mit dem **Prinzip der begrenzten Einzelermächtigung** nach Art. 5 Abs. 1 und Art. 249 S. 1 EGV festgelegt, dass die Gemeinschaft nur innerhalb der Grenzen der ihr zugewiesenen Befugnisse tätig werden darf. Im EU-Vertrag befindet sich eine ähnliche Regelung in Art. 5 EUV. Die Organe der EU dürfen nach Titel VI EUV nur handeln, soweit ihnen im jeweiligen Bereich eine Ermächtigung zukommt. Eine generelle Handlungsermächtigung ist dem Unionsrecht fremd.[500] Anders als im EG-Vertrag ist aufgrund des intergouvernementalen Charakters das Prinzip der be-

[496] vgl. zum Begriff der Supranationalität *Schweitzer/Hummer*, Europarecht, Rn. 872 ff; EuGH, Rs. 26/62, van Gend & Loos, Slg. 1963, S. 1, Rz. 8 ff

[497] vgl. BVerfGE 89, 155, 195; dazu auch *Pechstein/König*, Die Europäische Union, Rn. 56 ff; *Hillgruber*, Die Rechtsnatur der Europäischen Union nach dem Amsterdamer Vertrag, in Kluth, Die Europäische Union nach dem Amsterdamer Vertrag, S. 15 ff; dafür spricht auch die Erklärung Nr. 4 zum Amsterdamer Vertrag, wonach die Bestimmungen der Art. 24 und 38 EUV keine Übertragung von Zuständigkeiten von den Mitgliedstaaten auf die EU bedeuten; aA *Schroeder*, Die Rechtsnatur der Europäischen Union und verwandte Probleme, in Hummer/Schweitzer, Österreich und das Recht der Europäischen Union, S. 3, 6 ff.

[498] vgl. *Pechstein/König*, Die Europäische Union, Rn. 65

[499] vgl. *Böse*, in Schwarze, EU-Kommentar, Art. 29 EUV, Rn. 2; *Pechstein/König*, Die Europäische Union, Rn. 197

[500] Der nationalstaatliche Gesetzgeber bedarf dagegen keiner verfassungsrechtlichen Grundlage zum Erlass von Gesetzen, vgl. zum Ganzen *Pechstein/König*, Die Europäische Union, Rn. 150 ff.

grenzten Einzelermächtigung im Unionsvertrag von geringerer Bedeutung. Mit der in Titel VI EUV geforderten Einstimmigkeit könnte ebenfalls eine Vertragsänderung von den Mitgliedstaaten vorgenommen werden, um neue Befugnisse für die Organe in den EU-Vertrag aufzunehmen. Diese würde allerdings noch eine Ratifikation durch die nationalen Parlamente erfordern. Dem Prinzip der begrenzten Einzelermächtigung kommt somit auch in Titel VI EUV eine beschränkende Wirkung zu. Dies bedeutet allerdings nicht, dass die Bestimmungen in Titel VI EUV grundsätzlich restriktiv auszulegen sind.[501] Der Handlungsspielraum der Mitgliedstaaten wird durch das Subsidiaritätsprinzip gemäß Art. 2 Abs. 2 EUV geschützt.

Die in Titel VI EUV aufgezählten Bereiche der PJZS dürfen von den Mitgliedstaaten **ausschließlich** auf Unionsebene vorgenommen werden.[502] Eine Zusammenarbeit außerhalb des Unionsrahmens ist nach der systematischen Konzeption des EU-Vertrags nur noch unter den Voraussetzungen der engeren Zusammenarbeit einzelner Mitgliedstaaten nach Art. 40 ff EUV zulässig.[503] Die Mitgliedstaaten haben gemäß Art. 29 Abs. 1 EUV ein gemeinsames Vorgehen vereinbart. Die ausschließliche Unionszuständigkeit steht dabei nicht im Widerspruch zur konkurrierenden Gemeinschaftszuständigkeit unter Titel IV EGV. In den in Titel VI EUV aufgezählten Bereichen soll lediglich eine Zusammenarbeit stattfinden, in Titel IV EGV kann die EG als eigenständige Rechtspersönlichkeit selbstständig handeln.

Hinsichtlich des **Zeitraums der Verwirklichung** lässt Titel VI EUV den Mitgliedstaaten mehr Spielraum als Titel IV EGV. Grundsätzlich setzt Titel VI EUV keine zeitliche Grenze für die Realisierung des in Art. 29 Abs. 1 EUV aufgestellten Ziels eines hohen Maßes an Sicherheit. Eine zeitliche Vorgabe von fünf Jahren findet sich explizit lediglich in Art. 30 Abs. 2 EUV für bestimmte Maßnahmen hinsichtlich der Zusammenarbeit durch Europol. Obwohl in Art. 31 Abs. 1 lit. e) EUV selbst kein Zeitraum der Verwirklichung angegeben ist, muss aufgrund Art. 61 lit. a) EGV iVm Art. 47 EUV ein solcher in diesen hineingelesen werden.[504] Die Mitgliedstaaten haben sich damit verpflichtet, innerhalb von fünf Jahren Mindestvorschriften über die Tatbestandsmerkmale strafbarer Handlungen und die Strafen in den Bereichen Organisierte Kriminalität, Terrorismus und illegaler Drogenhandel festzulegen. Die zeitliche Vorgabe hat im Rahmen des Titel VI EUV jedoch nur politische Bedeutung, da insbesondere mangels Zuständigkeit des EuGH nach Art. 35 iVm Art. 46 EUV keine gerichtliche Verurteilung nach einer Untätigkeitsklage erfolgen kann.[505]

3. Regelungsvorbehalt nach Art. 33 EUV

Gemäß Art. 33 EUV berührt Titel VI EUV nicht die Wahrnehmung der Zuständigkeiten der Mitgliedstaaten für die **Aufrechterhaltung der öffentlichen Ordnung und den Schutz der inneren Sicherheit**. Ähnliche Regelungen finden sich in Art. 64

[501] *Pechstein/König*, Die Europäische Union, Rn. 153, folgern aus dem Prinzip der begrenzten Einzelermächtigung, dass die Tatbestandsmerkmale für ein Vorgehen im Rahmen der PJZS grundsätzlich restriktiv auszulegen sind, damit den Mitgliedstaaten Spielraum für unilaterales Handeln verbleibt.
[502] vgl. *Röben*, in Grabitz/Hilf, Das Recht der Europäischen Union, Stand Mai 1999, Art. 29 EUV, Rn. 6; für den Vertrag von Maastricht *Nanz*, Integration 1992, 126, 133
[503] vgl. dazu unten D. II. 1. b)
[504] s. o. B. I. 2.
[505] ganz anders im Rahmen von Titel IV EGV, s. o. B. I. 2

Abs. 1 EGV, desweiteren ist die Zuständigkeit des EuGH in diesen Bereichen grundsätzlich ausgeschlossen.[506] Die Regelung geht auf Art. K.2 Abs. 2 EUV aF zurück, dessen Reichweite unklar war.[507] Anders als bei Art. 64 Abs. 1 EGV kann hier keine gemeinschaftsrechtliche Auslegung vorgenommen werden. Allerdings ist aufgrund des gegenüber sonstigem Völkervertragsrecht speziellen Charakters des EU-Vertrags auch eine klassische völkerrechtliche Auslegung nicht möglich, bei der jede Vertragspartei selbst bestimmen kann, was sie unter den Begriffen öffentliche Ordnung und Sicherheit versteht.[508] Vielmehr hat eine **unionsrechtliche einheitliche Interpretation** zu erfolgen, da hier ein säulenübergreifendes Prinzip geregelt ist.[509] Art. 33 EUV ist dabei anders auszulegen als Art. 64 Abs. 1 EGV, da im Rahmen des Titel VI EUV gerade keine Kompetenzen auf eine supranationale Organisation übertragen werden, sondern lediglich die Zusammenarbeit der Mitgliedstaaten innerhalb der EU geregelt wird. Es handelt sich demzufolge auch nicht um eine Reservatkompetenz, wonach die Mitgliedstaaten im Bereich der öffentlichen Ordnung und inneren Sicherheit allein zuständig bleiben.[510] Die Mitgliedstaaten behalten sich mit Art. 33 EUV jedoch das Recht vor, von der Zusammenarbeit nach Titel VI EUV abzuweichen, wenn dies zur Aufrechterhaltung der öffentlichen Ordnung und zum Schutz der inneren Sicherheit erforderlich ist. Da die PJZS jedoch per se die öffentliche Ordnung und innere Sicherheit betrifft, ist diese **Abweichungsbefugnis** der Mitgliedstaaten auf außergewöhnliche Umstände im Einzelfall zu begrenzen, die substanziiert dargelegt werden müssen.[511] Dabei kommt den Mitgliedstaaten jedoch ein Beurteilungsspielraum zu, da die Letztverantwortlichkeit für die öffentliche Ordnung und innere Sicherheit bei ihnen liegt.

4. Transformation und Rechtswirkungen des unter Titel VI EUV aF erlassenen Rechts

Auch im Rahmen von Titel VI EUV stellt sich das Problem der Behandlung von noch unter dem Vertrag von Maastricht erlassenen Rechts. Eine explizite Regelung wurde in den Vertrag nicht aufgenommen. Insbesondere hinsichtlich der gerichtlichen Kontrolle ist durch die Einfügung des Art. 35 EUV ein Unterschied in der Behandlung von „altem" und „neuem" Unionsrecht geschaffen worden. Aufgrund des in den vorbereitenden Arbeiten der Mitgliedstaaten zum Ausdruck kommenden Willens einer verbesserten gerichtlichen Kontrolle der Maßnahmen nach Titel VI EUV finden auch auf die noch unter dem EUV aF erlassenen Bestimmungen die Vorschriften des Titel VI EUV Anwendung.[512]

---

[506] vgl. Art. 35 Abs. 5 EUV und Art. 68 Abs. 2 EGV; dazu unten D. I. 1. b) und D. I. 2. d)

[507] vgl. *Hailbronner*, in Hailbronner/Klein/Magiera/Müller-Graff, Handkommentar zum Vertrag über die Europäische Union, Stand Juni 1996, Art. K EUV aF, Rn. 69

[508] vgl. *Hailbronner*, in Hailbronner/Klein/Magiera/Müller-Graff, Handkommentar zum Vertrag über die Europäische Union, Stand Juni 1996, Art. K EUV aF, Rn. 73

[509] vgl. *Röben*, in Grabitz/Hilf, Das Recht der Europäischen Union, Stand Mai 1999, Art. 33 EUV, Rn. 3, und die im Text zitierten Vorschriften des EG- und EU-Vertrags; *Pechstein/König*, Die Europäische Union, Rn. 197

[510] ebenso *Böse*, in Schwarze, EU-Kommentar, Art. 33 EUV, Rn. 1; aA für Art. K.2 Abs. 2 EUV aF *Degen*, in Groeben/Thiesing/Ehlermann, Kommentar zum EU-/EG-Vertrag, Art. K.2 EUV aF, Rn. 4

[511] vgl. *Geiger*, EUV/EGV, Art. 33 EUV, Rn. 2; *Röben*, in Grabitz/Hilf, Das Recht der Europäischen Union, Stand Mai 1999, Art. 33 EUV, Rn. 6

[512] vgl. dazu ausführlich oben B. I. 5.

5. Schengen-Besitzstand

Den Bestimmungen des Titel VI EUV unterliegen grundsätzlich auch die Regelungen des Schengen-Besitzstands, der gemäß Art. 1 S. 2 Schengen-Protokoll mit dem Vertrag von Amsterdam in den Rahmen der EU eingegliedert wurde.[513] Eine Vergemeinschaftung der Regelungen, für die eine Rechtsgrundlage im EG-Vertrag festgesetzt wurde,[514] mit der Folge der Anwendung der allgemeinen Prinzipien des Gemeinschaftsrechts und der Zuständigkeit des EuGH nach EG-Vertrag, tritt dabei erst bei einem Neuerlass gemäß dem Gemeinschaftsverfahren ein.[515] Bis dahin fällt der Schengen-Besitzstand als eigenständige Rechtsmaterie unter Titel VI EUV. Die dem Titel VI EUV zugeordneten Vorschriften des Schengen-Besitzstands werden im Folgenden im Zusammenhang mit den Regelungen des Titel VI EUV behandelt.

II. Gegenstände der Zusammenarbeit

1. Verhütung und Bekämpfung der Kriminalität

In Art. 29 Abs. 2 EUV werden als Gegenstände der PJZS die Verhütung und Bekämpfung der Kriminalität genannt. Dabei werden ausdrücklich Terrorismus, Menschenhandel, Straftaten gegenüber Kindern, illegaler Drogen- und Waffenhandel, Bestechung, Bestechlichkeit sowie Betrug aufgeführt. Wie der Wortlaut des Abs. 2 zeigt, ist diese Aufzählung jedoch **nicht abschließend**, so dass auch andere Formen von Kriminalität unter Titel VI EUV fallen.[516] Im Gegensatz zu Art. K.1 Nr. 5 und Nr. 9 EUV aF wurde die Beschränkung auf schwerwiegende Formen der internationalen Kriminalität aufgegeben. Von Art. 29 Abs. 2 EUV werden ausdrücklich die organisierte und nichtorganisierte Kriminalität erfasst. Gegenstand ist die präventive Verhütung wie die repressive Bekämpfung von Kriminalität. Die Einbeziehung des präventiven Sachbereichs der Gefahrenabwehr geht dabei nicht aus der Überschrift des Titel VI EUV hervor. Unter „Strafsachen" wird gemeinhin lediglich eine repressive Tätigkeit verstanden. Der Kriminalitätsbereich ist damit vollständig umfasst, was vom Europäischen Rat von Tampere vom 15./16. Oktober 1999 als Voraussetzung für ein hohes Maß an Sicherheit in einem Raum der Freiheit, der Sicherheit und des Rechts angeführt wurde.[517] Gleichwohl wird die Beachtung des **Subsidiaritätsgrundsatzes** nach Art. 2 Abs. 2 EUV das gemeinsame Vorgehen in der Regel auf die grenzüberschreitende Schwerkriminalität begrenzen.[518] Im Folgenden soll die unionsrechtliche Tätigkeit in den wichtigsten Kriminalitätsbereichen skizziert werden.

---

[513] vgl. den Beschluss des Rates 1999/435/EG vom 20. Mai 1999 zur Bestimmung des Schengen-Besitzstands, ABl. EG 1999 Nr. L 176/1, und die Veröffentlichung in ABl. EG 2000 Nr. L 239/1

[514] vgl. den Beschluss des Rates 1999/436/EG vom 20. Mai 1999, ABl. EG 1999 Nr. L 176/17

[515] vgl. dazu ausführlich oben A. III. 3. b) dd)

[516] vgl. *Böse*, in Schwarze, EU-Kommentar, Art. 29 EUV, Rn. 5; *Röben*, in Grabitz/Hilf, Das Recht der Europäischen Union, Stand Mai 1999, Art. 29 EUV, Rn. 17, will darüber hinaus noch weitere Gegenstände wie Gerichtsverfahren und -organisation, Auswahl und Ausbildung von Richtern, Beamtenrecht u. a., die nicht in Art. 29 EUV aufgezählt sind, aber zum traditionellen Kern der Innen- und Justizpolitik gehören, unter Titel VI EUV fassen. Diese Bereiche fallen jedoch nicht unter den gegenständlichen Teil des Art. 29 EUV, sondern vielmehr unter den formellen bzw. instrumentellen Teil des Art. 29 Abs. 2 EUV iVm Art. 30 bis 32 EUV und sind von diesem umfasst, soweit der gegenständliche Teil des Art. 29 EUV betroffen ist.

[517] vgl. die Schlussfolgerungen des Vorsitzes des ER von Tampere, Bull. EU 10-1999, Ziff. I.12.40

[518] vgl. *Geiger*, EUV/EGV, Art. 29, Rn. 6

a) Organisierte Kriminalität

Das Phänomen der OK stellt einen der Hauptmotivationspunkte für eine fortschreitende PJZS der EU-Mitgliedstaaten dar.[519] Zu ihrer Bekämpfung hat schon der Europäische Rat von Dublin vom 13./14. Dezember 1996 ein kohärentes und koordiniertes Konzept gefordert und eine Hochrangige Gruppe mit dem Auftrag eingesetzt, einen **umfassenden Aktionsplan** mit Empfehlungen zu Einzelfragen sowie realistischen Zeitplänen für die Umsetzung zu erarbeiten.[520] Der Aktionsplan der Hochrangigen Gruppe, der am 28. April 1997 vom Rat angenommen und vom Europäischen Rat von Amsterdam vom 16./17. Juni 1998 gebilligt wurde, beschreibt mit 15 politischen Leitlinien und 30 Einzelempfehlungen ausführlich, welche Maßnahmen zur effizienten und koordinierten Bekämpfung der OK ergriffen werden können und sollen und wie dem Schutz der Unionsbürger neue Impulse verliehen werden können.[521] Die Maßnahmen im Bereich der Strafverfolgung und -verhütung richten sich dabei an die Mitgliedstaaten, die Kommission und Europol, und umfassen die Einrichtung einer ständigen multidisziplinären Gruppe „Organisierte Kriminalität" im Rat.[522] Im Hinblick auf die Ausarbeitung einer umfassenden Strategie zur Bekämpfung der OK hat der Rat am 21. Dezember 1998 den Aktionsplan von 1997 hinsichtlich der Prävention von Kriminalität verstärkt.[523] Nach dem Europäischen Rat von Wien vom 11./12. Dezember 1998 sollte der Aktionsplan von 1997 abgeschlossen, dessen Durchführung bewertet sowie Überlegungen zu weiteren Maßnahmen im Anschluss angestellt werden.[524] Im Zuge dieser Verstärkung der Maßnahmen zur Bekämpfung der OK im Rahmen der EU hat der Rat am 27. März 2000 ein **neues Aktionsprogramm** verabschiedet, das an die Stelle des Aktionsplans von 1997 tritt.[525] In diesem Aktionspro-

[519] Vertragsänderungen zur Bekämpfung der OK hatten schon nach dem ER von Dublin vom 13./14. Dezember 1996 Priorität, vgl. die Schlussfolgerungen des Vorsitzes, Bull. EU 12-1996, Ziff. I.10. Eine europaweit einheitliche Definition der OK existiert jedoch nicht. Vgl. zu den Bereichen, die unter die OK gerechnet werden, und zur Entwicklung der OK oben 2. Teil A. I. 2. b). Vgl. dazu *Ehrentraut*, Integration 1999, 246 ff; zu den Ergebnissen unter dem Vertrag von Maastricht vgl. insbesondere *Margue*, RMUE 1997, 91 ff.

[520] vgl. die Schlussfolgerungen des Vorsitzes, Bull. EU 12-1996, Ziff. I.10

[521] Aktionsplan vom 28. April 1997, ABl. EG 1997 Nr. C 251/1; Bull. EU 4-1997, Ziff. 1.5.1; Schlussfolgerungen des Vorsitzes des ER von Amsterdam, Bull. EU 6-1997, Ziff. I.10. Das EP hat den Aktionsplan begrüßt, vgl. die Entschließung vom 20. November 1997, Bull. EU 11-1997, Ziff. 1.5.7. Vgl. zum Aktionsplan auch *Cretin*, Europäische Entwicklungen im Verhältnis Polizei - Justiz, in BKA, Moderne Sicherheitsstrategien gegen das Verbrechen, S. 231, 232 ff; *Niemeier*, ZFIS 1997, 101 ff. Aufgrund der Empfehlung Nr. 4 hat der Rat einen Aktionsplan für ein gemeinsames Vorgehen zugunsten der Russischen Föderation bei der Bekämpfung der OK aufgestellt, ABl. EG 2000 Nr. C 106/5, Bull. EU 3-2000, Ziff. 1.4.13.

[522] vgl. die Entschließung des EP zu der Aufzeichnung der multidisziplinären Gruppe „Organisierte Kriminalität", Bull. EU 1/2-2001, Ziff. 1.4.9, in dem es von den Mitgliedstaaten insbesondere fordert, dass diese ihren Verpflichtungen auf dem Gebiet der justiziellen Zusammenarbeit in Strafsachen besser nachkommen.

[523] Entschließung des Rates zur Prävention organisierter Kriminalität im Hinblick auf die Ausarbeitung einer umfassenden Strategie zu deren Bekämpfung, ABl. EG 1998 Nr. C 408/1, Bull. EU 12-1998, Ziff. 1.4.12

[524] vgl. die Schlussfolgerungen des Vorsitzes, Bull. EU 12-1998, Ziff. I.12.90, und den Aktionsplan des Rates und der Kommission zur bestmöglichen Umsetzung der Bestimmungen des Amsterdamer Vertrags über den Aufbau eines Raums der Freiheit, der Sicherheit und des Rechts vom 3. Dezember 1998, Nr. 47 lit. b) und d), ABl. EG 1999 Nr. C 19/1

[525] Aktionsprogramm zur Bekämpfung der OK „Prävention und Kontrolle der organisierten Kriminalität. Eine Strategie der Europäischen Union für den Beginn des neuen Jahrtausends", ABl. EG 2000 Nr. C 124/1, Bull. EU 3-2000, Ziff. 1.4.9. Das EP hat die Aufstellung des Aktionsprogramms in einer Ent-

gramm werden elf politische Leitlinien aufgezählt, die jeweils mit konkreten Empfehlungen zur Umsetzung an die Mitgliedstaaten, Europol, Rat und Kommission verbunden sind. Für jede Empfehlung wurde ein Zieldatum festgelegt und eine Priorität von 1 bis 5 aufgestellt.

b) Terrorismus

Die Bekämpfung des Terrorismus als eine der schwersten Formen der Kriminalität ist bereits im Vertrag von Maastricht als vorrangiges Ziel definiert worden, für das die Mitgliedstaaten eng zusammenarbeiten.[526] Die Rechtsvorschriften der EU über Terrorismus beziehen sich auf die in Art. 1 und 2 des **Europäischen Übereinkommens zur Bekämpfung des Terrorismus** vom 27. Januar 1977[527] genannten Straftatbestände wie z. B. Geiselnahme, Gebrauch von Schusswaffen und Sprengstoff, Gewaltakte gegen das Leben oder die Freiheit einer Person oder Gewaltakte, die eine kollektive Gefahr für Personen herbeiführen.[528] Der Rat hat in der **Erklärung von La Gomera** vom 23. November 1995 eine tiefgreifende Koordinierung zwischen den Mitgliedstaaten durch Verbesserung der Mechanismen der polizeilichen und justiziellen Zusammenarbeit für notwendig befunden.[529] Diesbezüglich wurde mit der Gemeinsamen Maßnahme vom 15. Oktober 1996 ein Verzeichnis erstellt, in das jeder Mitgliedstaat alle besonderen Fähigkeiten und Fachkenntnisse, die er auf dem Gebiet der Terrorismusbekämpfung erworben hat und die seines Erachtens allen Mitgliedstaaten zugänglich gemacht werden sollen, sowie die Kontaktstelle des Mitgliedstaates einträgt.[530] Der Rat hat das Mandat von Europol - früher als vorgesehen - schon ab 1. Januar 1999 auch auf die Bekämpfung des Terrorismus ausgedehnt.[531] Seit dem Inkrafttreten des Vertrags von Amsterdam hat der Rat den Mitgliedstaaten empfohlen, bei der Bekämpfung der Finanzierung terroristischer Gruppierungen enger zusammenzuarbeiten und die diesbezüglichen Informationen auszutauschen.[532]

---

schließung vom 21. September 2000 grundsätzlich begrüßt, ABl. EG 2001 Nr. C 146/113; vgl. auch die Entschließung des EP vom 16. März 2000, ABl. EG 2000 Nr. C 377/363.

526 vgl. z. B. die Schlussfolgerungen des Vorsitzes des ER von Dublin vom 13./14. Dezember 1996, Bull. EU 12-1996, Ziff. I.12, die Entschließung des EP zu den Terrorattentaten im Baskenland, Bull. EU 1/2-1998, Ziff. 1.5.5, sowie die Schlussfolgerungen des Vorsitzes des ER von Feira vom 19./20. Juni 2000, Bull. EU 6-2000, Ziff. I.40.51

527 BGBl. 1978 II S. 321; BGBl. 2001 II S. 291

528 vgl. die schriftliche Anfrage der EP-Abgeordneten Rosemarie Müller, ABl. EG 2001 Nr. C 89 E/142

529 Erklärung des Rates über Terrorismus, Bull. EU 11-1995, Ziff. 1.5.10; vgl. auch die schriftliche Anfrage der EP-Abgeordneten Rosemarie Müller, ABl. EG 2001 Nr. C 113 E/44

530 GM vom 15. Oktober 1996 betreffend die Erstellung und Führung eines Verzeichnisses der besonderen Fähigkeiten und Fachkenntnisse auf dem Gebiet der Terrorismusbekämpfung, mit dem die Zusammenarbeit zwischen den Mitgliedstaaten der Europäischen Union bei der Terrorismusbekämpfung erleichtert werden soll, ABl. EG 1996 Nr. L 273/1, Bull. EU 10-1996, Ziff. 1.5.8

531 vgl. den Beschluss des Rates vom 3. Dezember 1998 zur Erteilung des Auftrags an Europol, sich mit Straftaten zu befassen, die im Rahmen von terroristischen Handlungen gegen Leben, körperliche Unversehrtheit und persönliche Freiheit sowie gegen Sachen begangen wurden oder begangen werden könnten, ABl. EG 1999 Nr. C 26/6

532 ABl. EG 1999 Nr. C 373/1, Bull. EU 12-1999, Ziff. 1.5.11

c) Menschenhandel und Straftaten gegenüber Kindern

Seit 1996 arbeiten die EU-Mitgliedstaaten verstärkt zur Bekämpfung des Menschenhandels und der Straftaten gegenüber Kindern, einschließlich der Kinderpornografie, zusammen. Nach der Definition im Anhang betreffend Art. 2 des Europol-Übereinkommens[533] bedeutet Menschenhandel:

Tatsächliche und rechtswidrige Unterwerfung einer Person unter den Willen anderer Personen mittels Gewalt, Drohung oder Täuschung oder unter Ausnutzung eines Abhängigkeitsverhältnisses insbesondere mit folgendem Ziel: Ausbeutung der Prostitution, Ausbeutung von Minderjährigen, sexuelle Gewalt gegenüber Minderjährigen oder Handel im Zusammenhang mit Kindesaussetzung.

Menschenhandel wird somit seinem Ziel gemäß im Zusammenhang mit Frauenhandel und Straftaten gegenüber Minderjährigen behandelt. Der Rat hat am 29. November 1996 ein Förder- und Austauschprogramm für Personen, die für Maßnahmen gegen den Menschenhandel und die sexuelle Ausbeutung von Kindern zuständig sind, (sog. **STOP-Programm**) aufgelegt.[534] Nach einem Vorschlag der Kommission vom 14. Dezember 2000 soll dieses Programm in einer zweiten Phase fortgeführt werden.[535] Ziel des Programms STOP ist es, Initiativen zur Bekämpfung des **Menschenhandels und der sexuellen Ausbeutung von Kindern**, einschließlich der Kinderpornografie sowie der damit verbundenen Gewalt, zu entwickeln und die Opfer solcher krimineller Aktivitäten zu unterstützen. Nach der Gemeinsamen Maßnahme von 1997[536], in der sich die Mitgliedstaaten verpflichtet haben, ihre einschlägigen Strafrechtsvorschriften zu überprüfen, um sicherzustellen, dass bestimmte Handlungen einen Straftatbestand erfüllen, sowie die justizielle Zusammenarbeit zu fördern, hat die Kommission am 22. Januar 2001 zwei Vorschläge für einen Rahmenbeschluss des Rates zur Bekämpfung des Menschenhandels und der sexuellen Ausbeutung von Kindern und der Kinderpornografie vorgelegt, mit denen die Zusammenarbeit fortgeführt werden soll. Über diese Vorschläge wurde vom Rat am 28. Mai 2001 teilweise politisches Einvernehmen erzielt.[537] Zur Bekämpfung der **Kinderpornografie im Internet** hat der Rat am 29. Mai 2000 einen Beschluss gefasst, der sich insbesondere gegen Herstellung, Bearbeitung, Besitz und Verbreitung kinderpornografischer Inhalte im Internet richtet.[538] Bei der Bekämpfung des **Frauenhandels** verfolgt die Kommission einen multidisziplinären Ansatz und will die Bereiche Prävention, Forschung, Strafverfolgung und wirksame Bestrafung der Menschenhändler

[533] Übereinkommen auf Grund von Artikel 31 des Vertrags über die Europäische Union über die Errichtung eines Europäischen Polizeiamts vom 26. Juli 1995, Sartorius II Nr. 300

[534] GM vom 29. November 1996 zur Aufstellung eines Förder- und Austauschprogramms für Personen, die für Maßnahmen gegen den Menschenhandel und die sexuelle Ausbeutung von Kindern zuständig sind, ABl. EG 1996 Nr. L 322/7, Bull. EU 11-1996, Ziff. 1.5.15

[535] KOM (2000) 828 endg.; ABl. EG 2001 Nr. C 96 E/342

[536] GM vom 24. Februar 1997 betreffend die Bekämpfung des Menschenhandels und der sexuellen Ausbeutung von Kindern, ABl. EG 1997 Nr. L 63/2; vgl. auch die Schlussfolgerungen des Vorsitzes des ER von Dublin vom 13./14. Dezember 1996, Bull. EU 12-1996, Ziff. I.11

[537] KOM (2000) 854 endg./2; ABl. EG 2001 Nr. C 62 E/324 und 327; vgl. die Presseerklärung 203 - Nr. 9118/01 des Rates Justiz, Inneres und Katastrophenschutz vom 28. Mai 2001

[538] ABl. EG 2000 Nr. L 138/1, Bull. EU 5-2000, Ziff. 1.4.11

sowie Hilfestellung für die betroffenen Frauen in den Vordergrund rücken.[539] Hinsichtlich der Bekämpfung des Sextourismus mit Kindesmissbrauch wurden im Rahmen der EU bisher punktuelle Maßnahmen getroffen.[540] Zur Unterstützung vorbeugender Maßnahmen zur Bekämpfung von Gewalt gegen Kinder, Jugendliche und Frauen hat die Kommission im Rahmen der EG das **Programm Daphne** aufgelegt, das sich insbesondere auf Beratung, Information, Studien und Präventivmaßnahmen im Bereich Pädophilie, sexueller Missbrauch und sexuelle Ausbeutung von Kindern konzentriert.[541]

d) Illegaler Drogen- und Waffenhandel

Mit der Aufführung des **illegalen Drogenhandels** in Art. 29 Abs. 2 EUV wird die Wichtigkeit dieses Sachbereichs, der schon in Art. K.1 Nr. 9 EUV aF als Angelegenheit von gemeinsamem Interesse geregelt war, hervorgehoben. Auffällig ist allerdings, dass die früher in Art. K.1 Nr. 4 EUV aF angesprochene Bekämpfung der Drogenabhängigkeit keinen Niederschlag mehr in Titel IV EGV und Titel VI EUV gefunden hat. Eine Regelung ist nur im Rahmen der Gesundheitspolitik für Maßnahmen zur Verringerung drogenkonsumbedingter Gesundheitsschäden einschließlich der Informations- und Vorbeugungsmaßnahmen enthalten.[542] Die Drogenpolitik der EU kann sich damit auf **zwei Rechtsgrundlagen** stützen.[543] Für Maßnahmen, die ihren Schwerpunkt in der Gesundheitspolitik haben, stellt Art. 152 Abs. 1 UAbs. 3 EGV die richtige Rechtsgrundlage dar. Maßnahmen zur Verhütung und Bekämpfung der Kriminalität sind dagegen im Rahmen von Titel VI EUV vorzunehmen. Die explizite Aufführung des illegalen Drogenhandels stellt dabei keine Beschränkung dar, da nach dem Wortlaut des Art. 29 Abs. 2 EUV die aufgeführten Bereiche nicht abschließend sind.

Die **Zusammenarbeit in der Drogenbekämpfung** der EU verfolgt einen säulenübergreifenden, multidisziplinären Ansatz, in dem gesundheitspolitische Aspekte des EG-Vertrags mit außenpolitischen sowie innen- und justizpolitischen Belangen gemeinsam angegangen werden sollen.[544] Dies zeigt sich insbesondere in den von der EU aufgestellten Aktionsplänen zur Drogenbekämpfung. Der Aktionsplan 1995-1999 hatte als Schwerpunkte die Reduzierung der Nachfrage, die Bekämpfung des illegalen Handels und Maßnahmen auf internationaler Ebene. Die Bedeutung der EBDD für die Zusammenarbeit wird insbesondere vom Europäischen Parlament hervorge-

---

[539] vgl. die Mitteilung der Kommission über weitere Maßnahmen zur Bekämpfung des Frauenhandels vom 9. Dezember 1998, KOM (1998) 726 endg., Bull. EU 12-1998, Ziff. 1.4.17; Entschließung des EP, ABl. EG 2001 Nr. C 59/307

[540] vgl. die Mitteilung der Kommission über die Umsetzung der Maßnahmen zur Bekämpfung des Sextourismus mit Kindesmissbrauch, KOM (1999) 262 endg., Bull. EU 5-1999, Ziff. 1.2.81, und die Entschließung des EP vom 29. März 2000, ABl. EG 2000 Nr. C 378/80, Bull. EU 3-2000, Ziff. 1.4.12

[541] vgl. das Programm Daphne 2000-2003, Aufforderung zur Einreichung von Vorschlägen 2001 durch die Kommission, ABl. EG 2001 Nr. C 83/16

[542] vgl. Art. 152 Abs. 1 UAbs. 3 EGV; vgl. oben B. II. 5.

[543] Soweit der Anwendungsbereich des EG-Vertrags eröffnet ist, muss dieser als Rechtsgrundlage herangezogen werden, vgl. EuGH, Rs. C-170/96, Flughafentransit, Slg. 1998, S. I-2763, Rz. 14 ff

[544] vgl. die Stellungnahme des Rates zur Mitteilung der Kommission an den Rat und das EP über einen Aktionsplan der EU im Bereich der Drogenbekämpfung (1995-1999) und Strategie des Rates zur Bekämpfung des Drogenhandels vom 9. März 1995, Bull. EU 3-1995, Ziff. 1.5.8; Pressemitteilung des Rates „Justiz und Inneres" Nr. 6757/01

hoben.[545] Dieser umfassende Ansatz wurde auch mit dem nachfolgenden **Aktionsplan 2000-2004** fortgeführt, der vom Rat am 13. Juni 2000 angenommen und vom Europäischen Rat von Feira vom 19./20. Juni 2000 gebilligt wurde.[546] In die Zusammenarbeit ist neben der EBDD nun auch Europol miteinbezogen worden. Der Aktionsplan 2000-2004 sieht fünf große Aktionsbereiche vor: Verbesserung der Information, Nachfragereduzierung, Verringerung des Angebots (Bekämpfung des illegalen Handels), internationale Zusammenarbeit und Koordinierung innerhalb der EU.[547] Mit diesem Aktionsplan genießt die Drogenbekämpfung in der EU eine hohe Priorität. Zur Umsetzung der Aktionspläne wurden schon unter dem Vertrag von Maastricht verschiedene Maßnahmen getroffen.[548] Der säulenübergreifende Ansatz kommt auch in dem Pilotprojekt des Rates betreffend die Errichtung eines Informationsnetzes über neue Tendenzen und Verhaltensmuster im Bereich des Drogenmissbrauchs und des kombinierten Konsums verschiedener Drogen sowie der damit zusammenhängenden Risiken zum Ausdruck. Neben den Mitgliedstaaten hat der Rat auch die EBDD, die Europäische Agentur für Arzneimittel und Europol zur Teilnahme aufgefordert.[549] Zur Bekämpfung des unerlaubten Handels mit Betäubungsmitteln haben sich die Schengen-Mitgliedstaaten bereits in Titel III Kapitel 6 SDÜ verpflichtet. Ein besonderer Schwerpunkt der Zusammenarbeit liegt in jüngster Zeit in der Umsetzung der Gemeinsamen Maßnahme vom 16. Juni 1997 betreffend den Informationsaustausch, die Risikobewertung und die Kontrolle bei neuen synthetischen Drogen.[550]

Der **illegale Waffenhandel** wurde im Vertrag von Maastricht noch nicht explizit aufgeführt. Spezielle Maßnahmen zu seiner Bekämpfung wurden von der EU noch nicht vorgenommen, allerdings wurde er in das Mandat von Europol aufgenommen.[551]

---

[545] KOM (1994) 234 endg.; Annahme durch den Rat am 2. Juni 1995, Bull. EU 6-1995, Ziff. 1.5.10; Entschließung des EP vom 15. Juni 1995, Bull. EU 6-1995, Ziff. 1.5.11; vgl. zur Arbeit der Drogenbeobachtungsstelle schon oben B. II.5

[546] Bull. EU 6-2000, Ziff. I.40.51 und Ziff. 1.4.11; die Drogenstrategie wurde bereits am 6./7. Dezember 1999 vom Rat angenommen, Bull. EU 12-1999, Ziff. 1.5.12; vgl. auch Anzeiger der Fortschritte bei der Schaffung eines „Raums der Freiheit, der Sicherheit und des Rechts" in der Europäischen Union, 1. Halbjahr 2001, KOM (2001) 278 endg., Ziff. 7.

[547] Mitteilung der Kommission an den Rat und das EP über einen Aktionsplan der EU zur Drogenbekämpfung (2000-2004), KOM (1999) 239 endg., Bull. EU 5-1999, Ziff. 1.4.4; das EP unterstützt die Ziele des Aktionsplans, ABl. EG 2000 Nr. C 189/256, Bull. EU 11-1999, Ziff. 1.6.10; der AdR befürwortet weiterhin eine regionale und lokale Ausdehnung der Zusammenarbeit, ABl. EG 2000 Nr. C 57/87, Bull. EU 11-1999, Ziff. 1.6.11, vgl. in diesem Zusammenhang auch die Stellungnahme des AdR zum Thema „Kriminalität und Sicherheit in den Städten", ABl. EG 2000 Nr. C 57/90; der Wirtschafts- und Sozialausschuss schlägt die Ausdehnung auf das Problem der sozialen Ausgrenzung vor, Bull. EU 12-1999, Ziff. 1.5.13.

[548] vgl. die Zusammenstellung oben 1. Teil B. VI. 4.

[549] vgl. Bull. EU 12-2000, Ziff. 1.4.16

[550] ABl. EG 1997 Nr. L 167/1; der Beschluss des Rates über Kontrollmaßnahmen und strafrechtliche Sanktionen im Zusammenhang mit der neuen synthetischen Droge 4-MTA, Bull. EU 6-1999, Ziff. 1.4.4, ABl. EG 1999 Nr. L 244/1, stellte dabei die erste Umsetzung der GM dar. Vgl. dazu auch den Bericht der Kommission an den Rat über Ketamin bzw. GHB, KOM (2000) 737 endg., Bull. EU 11-2000, Ziff. 1.4.15, sowie die schwedischen Initiativen zur Annahme eines Beschlusses über die Einführung eines Systems für die spezielle kriminaltechnische Profilanalyse synthetischer Drogen, ABl. EG 2001 Nr. C 10/1, und eines Beschlusses über die Übermittlung von Proben illegaler Suchtstoffe, ABl. EG 2001 Nr. C 10/4; vgl. den Beschluss des Rates vom 28. Mai 2001 über die Übermittlung von Proben kontrollierter Stoffe, ABl. EG 2001 Nr. L 150/1.

[551] vgl. den Anhang betreffend Art. 2 des Europol-Übereinkommens

e) Bestechung, Bestechlichkeit sowie Betrug

Hinsichtlich der Betrugsbekämpfung ist eine **Abgrenzung zu Art. 280 EGV** vorzunehmen. Die EG ist zuständig für die Bekämpfung von Betrug zum Nachteil der EG. Dies umfasst auch die Harmonisierung der Straftatbestände und Sanktionen der Mitgliedstaaten.[552] Die Reichweite der Zusammenarbeit im Rahmen von Titel VI EUV kann damit in Abgrenzung zu Art. 280 EGV negativ vorgenommen werden.[553] Die Kommission hat am 14. September 1999 einen Rahmenbeschluss zur Bekämpfung von Betrug und Fälschung im Zusammenhang mit unbaren Zahlungsmitteln vorgeschlagen, der vom Rat am 28. Mai 2001 angenommen wurde.[554] Damit sichergestellt ist, dass bei betrügerischem oder sonstigem unlauterem, wettbewerbswidrigem Verhalten im Zusammenhang mit der Vergabe von öffentlichen Aufträgen im Gemeinsamen Markt wirksame, angemessene und abschreckende Sanktionen verhängt werden können, hat Deutschland am 4. September 2000 einen diesbezüglichen Rahmenbeschluss initiiert.[555]

f) Weitere Bereiche

Die Zusammenarbeit zur Verhütung und Bekämpfung von Kriminalität im Rahmen von Titel VI EUV erfolgt jedoch auch in weiteren Bereichen wie der Umweltkriminalität[556], der Fälschung von Reisedokumenten[557], der Stärkung der Stellung von Opfern im Strafverfahren[558] und der Bekämpfung der Geldwäsche[559]. Im Hinblick auf die Einführung des Euro liegt auch ein Schwerpunkt auf der Verhütung und Bekämpfung der Geldfälschung.[560]

---

[552] vgl. dazu oben B. II.6; zu den Maßnahmen nach dem Vertrag von Maastricht vgl. 1. Teil B. VI. 5.

[553] vgl. zur Abgrenzung EuGH, Rs. C-170/96, Flughafentransit, Slg. 1998, S. I-2763, Rz. 14 ff

[554] KOM (1999) 438 endg.; Bull. EU 9-1999, Ziff. 1.5.4; das EP hat dem Entwurf am 5. Juli 2000 zugestimmt, vgl. schriftliche Anfrage P-2822/00 von W. G. van Velzen an den Rat, ABl. EG 2001 Nr. C 174 E/13; ABl. EG 2001 Nr. L 149/1

[555] ABl. EG 2000 Nr. C 253/3; Bull. EU 9-2000, Ziff. 1.4.14

[556] ABl. EG 2000 Nr. C 39/4, Bull. EU 1/2-2000, Ziff. 1.4.8; ABl. EG 2001 Nr. C 121/494 und 502

[557] ABl. EG 2000 Nr. C 189/265, 267; ABl. EG 2000 Nr. L 81/1; Bull. EU 5-1999, Ziff. 1.4.17

[558] ABl. EG 2000 Nr. C 243 E/4; ABl. EG 2001 Nr. C 67/304; ABl. EG 2001 Nr. L 82/1, Bull. EU 7/8-1999, Ziff. 1.5.3; Bull. EU 6-2000, Ziff. 1.4.10; Bull. EU 7/8-2000, Ziff. 1.4.11; *Philipp*, EuZW 2000, 675

[559] Dieser Bereich wird vom ER von Nizza vom 7. bis 9. Dezember 2000 besonders hervorgehoben, vgl. die Schlussfolgerungen des Vorsitzes, Bull. EU 12-2000, Ziff. I.27.47; ABl. EG 2000 Nr. C 243/9; Bull. EU 7/8-2000, Ziff. 1.4.12; Bull. EU 10-2000, Ziff. 1.4.7; vgl. dazu den Rahmenbeschluss des Rates vom 26. Juni 2001 über Geldwäsche sowie Ermittlung, Einfrieren, Beschlagnahme und Einziehung von Tatwerkzeugen und Erträgen aus Straftaten, ABl. EG 2001 Nr. L 182/1; vgl. auch Anzeiger der Fortschritte bei der Schaffung eines „Raums der Freiheit, der Sicherheit und des Rechts" in der Europäischen Union, 1. Halbjahr 2001, KOM (2001) 278 endg., Ziff. 4.4; *Barbe*, RMCUE 2001, 161 ff; *Hetzer*, Kriminalistik 1999, 788 ff.

[560] ABl. EG 1999 Nr. C 171/1; ABl. EG 2000 Nr. L 140/1; ABl. EG 2001 Nr. C 75/1; ABl. EG 2001 Nr. C 225/9; Bull. EU 5-1999, Ziff. 1.4.14; Bull. EU 11-1999, Ziff. 1.6.8; Bull. EU 1/2-2000, Ziff. 1.4.10; Bull. EU 3-2000, Ziff. 1.4.11; Bull. EU 5-2000, Ziff. 1.4.13; Presseerklärung 203 - Nr. 9118/01 des Rates Justiz, Inneres und Katastrophenschutz vom 28. Mai 2001; vgl. die VO (EG) Nr. 1338/2001 des Rates vom 28. Juni 2001 zur Festlegung von zum Schutz des Euro gegen Geldfälschung erforderlichen Maßnahmen, die allerdings auf Art. 123 Abs. 4 S. 3 EGV gestützt wurde, ABl. EG 2001 Nr. L 181/6, sowie die VO (EG) Nr. 1339/2001 des Rates vom 28. Juni 2001 zur Ausdehnung der Wirkungen auf die Mitgliedstaaten, die den Euro nicht als einheitliche Währung eingeführt haben, die auf Art. 308 EGV gestützt ist, ABl. EG 2001 Nr. L 181/11

2. Verhütung und Bekämpfung von Rassismus und Fremdenfeindlichkeit

Gegenstand der Zusammenarbeit ist nach Art. 29 Abs. 1 EUV auch die Verhütung und Bekämpfung von Rassismus und Fremdenfeindlichkeit. In Art. K.1 EUV aF war dieser Bereich nicht ausdrücklich erwähnt, die Mitgliedstaaten arbeiteten jedoch trotzdem in umfangreichem Maße zusammen.[561] Dieser Bereich steht neben der Verhütung und Bekämpfung von Kriminalität, muss jedoch aufgrund der systematischen Einordnung in Titel VI EUV einen **Zusammenhang mit der PJZS** aufweisen.[562] Dies schränkt ein Tätigwerden zur Verhütung und Bekämpfung von Rassismus und Fremdenfeindlichkeit einerseits ein, durch die ausdrückliche Erwähnung in Art. 29 Abs. 1 EUV wird diesem Sachbereich jedoch im Rahmen der PJZS eine herausragende Bedeutung zugemessen.[563] Abzugrenzen ist dieser Sachbereich von Art. 13 Abs. 1 EGV, wonach der Rat Vorkehrungen treffen kann, um Diskriminierungen aus Gründen der Rasse und der ethnischen Herkunft zu bekämpfen. Aufgrund der Beschränkung der dritten Säule auf die PJZS stellt dieser Sachbereich einen **Fremdkörper** in Titel VI EUV dar.[564]

III. Instrumente der Zusammenarbeit in Strafsachen

In Art. 29 Abs. 2 EUV werden nach der Auflistung der Gegenstände die Instrumente der PJZS aufgeführt. Es handelt sich dabei um eine engere Zusammenarbeit der Polizei-, Zoll- und anderer zuständiger Behörden in den Mitgliedstaaten, sowohl unmittelbar als auch unter Einschaltung des Europäischen Polizeiamts (Europol), um eine engere Zusammenarbeit der Justizbehörden sowie anderer zuständiger Behörden, auch unter Einschaltung der Europäischen Stelle für justizielle Zusammenarbeit (Eurojust) sowie die Annäherung der Strafvorschriften der Mitgliedstaaten.

[561] vgl. die GM vom 15. Juli 1996 betreffend die Bekämpfung von Rassismus und Fremdenfeindlichkeit, ABl. EG 1996 Nr. L 185/5; vgl. auch die VO (EG) Nr. 1035/97 des Rates vom 2. Juni 1997 über die Einrichtung einer Europäischen Stelle zur Beobachtung von Rassismus und Fremdenfeindlichkeit, ABl. EG 1997 Nr. L 151/1, sowie den Beschluss der Vertreter der Regierungen der Mitgliedstaaten vom 2. Juni 1997 zur Bestimmung des Sitzes, ABl. EG 1997 Nr. C 194/4

[562] Dafür spricht auch die systematische Einordnung im Aktionsplan des Rates und der Kommission zur bestmöglichen Umsetzung der Bestimmungen des Amsterdamer Vertrags über den Aufbau eines Raums der Freiheit, der Sicherheit und des Rechts vom 3. Dezember 1998, Nr. 51 lit. a), ABl. EG 1999 Nr. C 19/1. Nach *Zott*, Der rechtliche Rahmen der innen- und justizpolitischen Zusammenarbeit in der Europäischen Union, S. 272 f, bewirkt die Erwähnung von Rassismus und Fremdenfeindlichkeit keine Ausdehnung des Anwendungsbereichs des Titel VI EUV. AA *Böse*, in Schwarze, EU-Kommentar, Art. 29 EUV, Rn. 6, wonach Rassismus und Fremdenfeindlichkeit als Annex neben die allgemeine Zusammenarbeit in Strafsachen gestellt wurden. Vgl. oben A. II. 2. b).

[563] vgl. auch die Entschließung des EP zu der Mitteilung der Kommission über die Bekämpfung von Rassismus, Fremdenfeindlichkeit und Antisemitismus in den Bewerberländern, KOM (1999) 256 endg., ABl. EG 2000 Nr. C 377/376, Nr. C, und die Entschließung des EP zur Bekämpfung von Rassismus und Fremdenfeindlichkeit in der EU, ABl. EG 2000 Nr. C 377/366

[564] vgl. in diesem Zusammenhang auch die Arbeit der Starting Line Group (SLG), ein informelles Netzwerk von ca. 400 NGO, Organisationen, Gewerkschaften, Kirchen, unabhängigen Experten und Akademikern in der EU, *Chopin*, EJML 1999, 111 ff

1. Polizeiliche Zusammenarbeit und Europol

Die polizeiliche Zusammenarbeit in Strafsachen findet auf **zwei verschiedenen Wegen** statt. Einerseits wurde in Art. 30 Abs. 1 EUV eine Zusammenarbeit der jeweils zuständigen nationalen Polizeibehörden vereinbart. In diesem Zusammenhang sollen auch Regelungen getroffen werden, unter welchen Bedingungen und innerhalb welcher Grenzen die genannten Behörden im Hoheitsgebiet eines anderen Mitgliedstaats in Verbindung und in Absprache mit dessen Behörden tätig werden dürfen.[565] Andererseits soll nach Art. 30 Abs. 2 EUV das Europäische Polizeiamt (Europol) als eigenständige internationale Rechtspersönlichkeit weiter ausgebaut werden.

a) Polizeiliche Zusammenarbeit

Die polizeiliche Zusammenarbeit unter Titel VI EUV stellt die Fortsetzung der mit TREVI begonnenen Zusammenarbeit dar.[566] **Art. 30 Abs. 1 EUV** gibt einen Überblick über das gemeinsame Vorgehen der zuständigen Polizei-, Zoll- und anderer spezialisierter Strafverfolgungsbehörden, insbesondere der Finanzbehörden. Wie der Wortlaut des Art. 30 Abs. 1 EUV zeigt, ist die Auflistung in lit. a) bis d) **nicht abschließend**.[567] Die Zusammenarbeit findet somit ausschließlich auf der Grundlage des Titel VI EUV statt. Lediglich exemplarisch führt Art. 30 Abs. 1 EUV einige Bereiche auf, die einen Schwerpunkt des gemeinsamen Vorgehens bilden.

aa) Operative Zusammenarbeit

Nach Art. 30 Abs. 1 lit. a) EUV schließt das gemeinsame Vorgehen die **operative Zusammenarbeit** der zuständigen Behörden einschließlich der Polizei, des Zolls und anderer spezialisierter Strafverfolgungsbehörden der Mitgliedstaaten bei der Verhütung von Straftaten sowie ihrer Aufdeckung und Ermittlung ein. Dies bedeutet, dass sowohl präventiv als auch repressiv polizeiliche und justizielle Maßnahmen gemeinsam abgestimmt und koordiniert werden können. Die Bildung gemeinsamer Teams Bediensteter verschiedener Mitgliedstaaten zur Verhütung, Aufdeckung und Ermittlung von Straftaten ist davon ebenfalls umfasst.[568] Damit wird die Vorgehensweise bei grenzüberschreitenden Ermittlungen wesentlich erleichtert. Die operative Zusammenarbeit der zuständigen nationalen Behörden ist außerhalb von Europol jedoch auf einen bestimmten Zweck und einen begrenzten Zeitraum beschränkt.[569] In der Praxis regelt das **Europäische Übereinkommen vom 20. April 1959 über die Rechtshilfe in Strafsachen** mit dem Zusatzprotokoll vom 17. März 1978 die polizeiliche Zusammenarbeit auf diesem Gebiet. Der Rat hat mit Beschluss vom 29. Mai 2000 ein **Übereinkommen über die Rechtshilfe in Strafsachen** zwischen den Mit-

565 vgl. Art. 32 EUV

566 vgl. dazu oben 1. Teil B. III. 2.; *Gleß/Lüke*, Jura 1998, 70, 71 ff; zu den praktischen Auswirkungen für das deutsche BKA, vgl. *Schuster*, Kriminalistik 2000, 74 ff

567 vgl. *Brechmann*, in Callies/Ruffert, EUV/EGV, Art. 30 EUV, Rn. 1; *Böse*, in Schwarze, EU-Kommentar, Art. 30 EUV, Rn. 1

568 vgl. *Brechmann*, in Callies/Ruffert, EUV/EGV, Art. 30 EUV, Rn. 3

569 vgl. *Brechmann*, in Callies/Ruffert, EUV/EGV, Art. 30 EUV, Rn. 5

gliedstaaten der EU erstellt, das das Übereinkommen von 1959 ergänzt.[570] Hinsichtlich der operativen Zusammenarbeit ist besonders bedeutend, dass in Art. 13 des Übereinkommens vom 29. Mai 2000 ein Rahmen für die Aufstellung gemeinsamer Ermittlungsgruppen vorgegeben wird. Zwischen den Schengen-Staaten richtet sich die polizeiliche Zusammenarbeit nach **Titel III Kapitel 1 SDÜ**.[571] Dabei handelt es sich insbesondere um die Regelungen zur grenzüberschreitenden Observation und der Nacheile durch Beamte einer Vertragspartei.[572] **Art. 32 EUV** geht über diese Vorschriften weit hinaus, da danach die Bedingungen und Grenzen für das Tätigwerden von Behörden im Hoheitsgebiet eines anderen Mitgliedstaats festgelegt werden sollen. Diese Bestimmung stellt einen bedeutenden Fortschritt zu den Art. 40 ff SDÜ dar, die wegen ihrer Kompliziertheit und praktischen Undurchführbarkeit zu Recht kritisiert worden sind.[573] Zur weiteren Verbesserung der Rechtshilfe in Strafsachen, insbesondere im Bereich der Bekämpfung der OK, des Waschens der Erträge aus Straftaten sowie der Finanzkriminalität, liegt eine französische Initiative vor.[574] Die **Zusammenarbeit der Zollbehörden** in Strafsachen wurde bereits unter dem Vertrag von Maastricht unionsrechtlich mit dem Übereinkommen über gegenseitige Amtshilfe und Zusammenarbeit der Zollverwaltungen vom 18. Dezember 1997 (sog. **Neapel-II-Übereinkommen**) geregelt und dient als Vorbild für die Ausweitung der operativen Zusammenarbeit zwischen den Strafverfolgungsbehörden.[575] Hier ist zu Art. 135 EGV abzugrenzen, der die Zusammenarbeit im Zollwesen regelt.[576]

bb) Informationsaustausch

Das gemeinsame Vorgehen schließt auch das Einholen, Speichern, Verarbeiten, Analysieren und Austauschen sachdienlicher Informationen, einschließlich Informationen der Strafverfolgungsbehörden zu Meldungen über verdächtige finanzielle Transaktionen ein.[577] Letzteres betrifft den Bereich der Geldwäsche, für den eine grenzüberschreitende Zusammenarbeit von großer Bedeutung ist.[578] Dabei können die zuständigen Behörden unmittelbar zusammenarbeiten oder Europol einschalten.

---

[570] ABl. EG 2000 Nr. C 197/1; Entschließung des EP, ABl. EG 2000 Nr. C 339/239 und 255. Der Rat erläutert in einem Bericht vom 30. November 2000 das Übereinkommen vom 29. Mai 2000, ABl. EG 2000 Nr. C 379/7.

[571] Als Zentralstelle nach Art. 39 Abs. 3 SDÜ ist in Deutschland das BKA tätig, § 3 Abs. 3 BKAG.

[572] vgl. Art. 40 bis 43 SDÜ; vgl. dazu *Würz*, Das Schengener Durchführungsübereinkommen, S. 68 ff; *Harings*, Grenzüberschreitende Zusammenarbeit der Polizei- und Zollverwaltungen und Rechtsschutz in Deutschland, S. 72 ff; für Verbesserungsmöglichkeiten, vgl. *von Bubnoff*, ZRP 2000, 60 ff

[573] vgl. nur *Wehner*, Die polizeiliche Zusammenarbeit zwischen den Schengen-Staaten unter besonderer Berücksichtigung des SIS, in Achermann/Bieber/Epiney/Wehner, Schengen und die Folgen, S. 129, 158 ff

[574] ABl. EG 2000 Nr. C 243/11

[575] ABl. EG 1998 Nr. C 24/1; vgl. zum Neapel-II-Übereinkommen *Harings*, Grenzüberschreitende Zusammenarbeit der Polizei- und Zollverwaltungen und Rechtsschutz in Deutschland, S. 105 ff; Aktionsplan des Rates und der Kommission zur bestmöglichen Umsetzung der Bestimmungen des Amsterdamer Vertrags über den Aufbau eines Raums der Freiheit, der Sicherheit und des Rechts vom 3. Dezember 1998, Nr. 44 lit. c), ABl. EG 1999 Nr. C 19/1; vgl. zu den Maßnahmen unter dem Vertrag von Maastricht oben 1. Teil B. VI. 8.; vgl. auch *Harings*, Fragen des Rechtsschutzes im Zusammenhang mit der internationalen Zollfahndung, in Baldus/Soiné, Rechtsprobleme der internationalen polizeilichen Zusammenarbeit, S. 167 ff

[576] vgl. dazu EuGH, Rs. C-170/96, Flughafentransit, Slg. 1998, S. I-2763, Rz. 14 ff

[577] vgl. Art. 30 Abs. 1 lit. b) EUV

[578] vgl. zu den geplanten Maßnahmen in diesem Bereich oben II. 1. f)

(1) Unmittelbare Zusammenarbeit der nationalen Behörden

Unter dem Vertrag von Maastricht wurden bereits mehrere Maßnahmen zur Datensammlung und zum Informationsaustausch zwischen den nationalen Behörden ergriffen. Davon waren die Sachbereiche Bekämpfung des Drogenkonsums und des illegalen Drogenhandels[579] sowie die Zusammenarbeit der Polizei- und Zollbehörden betroffen.[580] Mit Beschluss vom 17. Oktober 2000 hat sich der Rat auf die Einrichtung von **zentralen Meldestellen** in den Mitgliedstaaten zur Entgegennahme von Finanzinformationen zum Zwecke der Bekämpfung der Geldwäsche geeinigt.[581] Darüber hinaus hat der Rat nach einer französischen Initiative am 28. Mai 2001 ein **Europäisches Netz für Kriminalitätsprävention** als Hauptinstrument der europäischen Politik der Kriminalitätsverhütung eingerichtet, das insbesondere der Sammlung, Analyse und dem Austausch von Informationen dient und sich vor allem mit den Bereichen Jugendkriminalität, Kriminalität in den Städten und Drogenkriminalität befasst.[582] Der Europäische Rat von Tampere hat auf seiner Tagung dazu aufgerufen, eine **operative Task Force der europäischen Polizeichefs** einzurichten.[583] Diese Task Force arbeitet bisher als informelles Forum vor allem auf dem Gebiet des Drogen- und Menschenhandels sowie des Terrorismus, soll jedoch die Arbeit von Europol nicht überlagern. Weiterhin arbeiten die zuständigen Behörden der Mitgliedstaaten seit dem 26. März 1995 im **Schengener Informationssystem** (SIS) gemäß Art. 92 ff SDÜ zusammen. Dabei handelt es sich um ein Fahndungssystem zur Fahndung nach Personen oder Sachen.[584] Dieses besteht aus einem nationalen Teil und einer technischen Unterstützungseinheit, die in Straßburg eingerichtet ist. Das SIS enthält ausschließlich Datenkategorien, die in den Art. 95 bis 100 SDÜ festgelegt sind. Insbesondere handelt es sich bei den aufgenommenen Personen um solche, die zur Festnahme oder zur Einreiseverweigerung ausgeschrieben sind.[585] Nach ei-

[579] GM vom 29. November 1996 betreffend den Austausch von Informationen über die Erstellung chemischer Profile von Drogen im Hinblick auf die Verbesserung der Zusammenarbeit zwischen den Mitgliedstaaten bei der Bekämpfung des illegalen Drogenhandels, ABl. EG 1996 Nr. L 322/5; GM vom 16. Juni 1997 betreffend den Informationsaustausch, die Risikobewertung und die Kontrolle bei neuen synthetischen Drogen, ABl. EG 1997 Nr. L 167/1

[580] Rechtsakt des Rates vom 26. Juli 1995 über die Fertigstellung des Übereinkommens über den Einsatz der Informationstechnologie im Zollbereich, ABl. EG 1995 Nr. C 316/2; Übereinkunft vom 26. Juli 1995 über die vorläufige Anwendung des Übereinkommens über den Einsatz der Informationstechnologie im Zollbereich, ABl. EG 1995 Nr. C 316/58; GM vom 9. Juni 1997 betreffend die Präzisierung der Kriterien für gezielte Kontrollen, Selektionsmethoden usw. und die Optimierung der Erfassung von polizeilichen und zollbehördlichen Informationen, ABl. EG 1997 Nr. L 159/1; Entschließung des Rates vom 9. Juni 1997 über den Austausch von DNA-Analyseergebnissen, ABl. EG 1997 Nr. C 193/2; auf seiner Sitzung vom 28./29. Mai 2001 nahm der Rat einen weiteren Beschluss zum Austausch von DNA-Analyseergebnissen an, vgl. Presseerklärung 203 - Nr. 9118/01 des Rates Justiz, Inneres und Katastrophenschutz vom 28. Mai 2001; Protokoll vom 12. März 1999 betreffend den Anwendungsbereich des Waschens von Erträgen in dem Übereinkommen über den Einsatz der Informationstechnologie im Zollbereich sowie die Aufnahme des amtlichen Kennzeichens des Transportmittels in das Übereinkommen, ABl. EG 1999 Nr. C 91/1.

[581] ABl. EG 2000 Nr. L 271/4; Bull. EU 10-2000, Ziff. 1.4.8

[582] ABl. EG 2000 Nr. C 362/15; ABl. EG 2001 Nr. L 153/1

[583] vgl. die Schlussfolgerungen des Vorsitzes des ER von Tampere, Bull. EU 10-1999, Ziff. I.14.44; schriftliche Anfrage des EP-Abgeordneten Marco Cappato vom 11. Juli 2000, ABl. EG 2001 Nr. C 103 E/114

[584] vgl. *Würz*, Das Schengener Durchführungsübereinkommen, S. 94; *Schreckenberger*, VerwArch 1997, 389, 404; *Tuffner*, Kriminalistik 2000, 39 ff

[585] vgl. ausführlich zum SIS, *Wehner*, Die polizeiliche Zusammenarbeit zwischen den Schengen-Staaten unter besonderer Berücksichtigung des SIS, in Achermann/Bieber/Epiney/Wehner, Schengen und die Folgen, S. 129, 133 ff; *Würz*, Das Schengener Durchführungsübereinkommen, S. 94 ff; die

ner belgischen und schwedischen Initiative soll das SIS weiterentwickelt werden, da die Kapazität in seiner gegenwärtigen Form für nicht mehr als 18 Teilnehmerstaaten ausreicht.[586]

(2) Zusammenarbeit über Europol

Informationssammlung und Datenaustausch können insbesondere auch unter Einschaltung von Europol erfolgen. Europol besitzt als internationale Organisation nach Art. 26 Abs. 1 EuropolÜ[587] Rechtspersönlichkeit und in jedem Mitgliedstaat die weitestgehende Rechts- und Geschäftsfähigkeit, die juristischen Personen nach dessen Rechtsvorschriften zuerkannt werden kann.[588] Als Vorläufer fungierte die Europol-Drogenstelle, deren Aufgabe im Austausch und in der Analyse des illegalen Drogenhandels bestand.[589] Das Mandat der Europol-Drogenstelle wurde durch die Gemeinsame Maßnahme vom 10. März 1995 auf die Bekämpfung von illegalem Handel mit radioaktivem oder nuklearem Material, die Bekämpfung der Schleuserkriminalität und der Verschiebung von Kraftfahrzeugen sowie durch die Gemeinsame Maßnahme vom 16. Dezember 1996 auf die Bekämpfung des Menschenhandels und des Missbrauchs von Kindern ausgeweitet.[590] Nach dem Inkrafttreten des Europol-Übereinkommens am 1. Oktober 1998 wurde das **Mandat von Europol** noch auf terroristische Handlungen und die Bekämpfung der Fälschung von Geld und Zahlungsmitteln ausgedehnt.[591] Gemäß der Aufforderung des Europäischen Rates von Tampere hat der Rat mit Beschluss vom 30. November 2000 die Zuständigkeit von Europol auf die Geldwäsche erweitert.[592] Unter das Mandat von Europol können auch sonstige schwerwiegende Formen der internationalen Kriminalität fallen, die in einem Anhang betreffend Art. 2 EuropolÜ aufgelistet sind. Mit Wirkung zum 1. Januar 2002 soll das Mandat von Europol auf alle dort aufgeführten Formen ausgedehnt

Trefferquote für deutsche Ausschreibungen im SIS für die Personenfahndung nach Art. 95 SDÜ beträgt ca. 10%, vgl. *Gusy/Gimbal*, Rechtliche Schranken der polizeilichen Zusammenarbeit im Rahmen des Schengener Informationssystems, in Baldus/Soiné, Rechtsprobleme der internationalen polizeilichen Zusammenarbeit, S. 124, 143.

[586] ABl. EG 2001 Nr. C 183/12 und 14

[587] Übereinkommen auf Grund von Artikel 31 des Vertrags über die Europäische Union über die Errichtung eines Europäischen Polizeiamts (Europol-Übereinkommen) vom 26. Juli 1995, Sartorius II Nr. 300

[588] vgl. Art. 26 Abs. 2 S. 1 EuropolÜ

[589] Ministerielle Vereinbarung vom 2. Juni 1995, BGBl. 1995 II S. 154; vgl. auch *Bruggemann*, Innere Sicherheit durch polizeiliche Zusammenarbeit in Europa, in Müller-Graff, Europäische Zusammenarbeit in den Bereichen Justiz und Inneres, S. 133, 135; zur Entwicklung von Europol, vgl. *Röben*, in Grabitz/Hilf, Das Recht der Europäischen Union, Stand Mai 1999, Art. 30 EUV, Rn. 9 ff; *Storbeck*, Europol: Probleme und Regelungsdefizite, in Hailbronner, Zusammenarbeit der Polizei- und Justizverwaltungen in Europa, S. 81, 83 ff; *Santiago*, Europol and Police Cooperation in Europe, S. 43 ff; *Oberleitner*, Schengen und Europol, S. 98 ff; *Schmidt-Jortzig*, ZEuS 1998, 7, 8 ff

[590] ABl. EG 1995 Nr. L 62/1; ABl. EG 1996 Nr. L 342/4

[591] Beschluss des Rates vom 3. Dezember 1998 zur Erteilung des Auftrags an Europol, sich mit Straftaten zu befassen, die im Rahmen von terroristischen Handlungen gegen Leben, körperliche Unversehrtheit und persönliche Freiheit sowie gegen Sachen begangen wurden oder begangen werden könnten, ABl. EG 1999 Nr. C 26/6; Beschluss des Rates vom 29. April 1999 zur Ausdehnung des Mandats von Europol auf die Bekämpfung der Fälschung von Geld und Zahlungsmitteln, ABl. EG 1999 Nr. C 149/16

[592] ABl. EG 2000 Nr. C 358/1; die Bekämpfung von Geldwäsche als Herzstück der OK hat größte Priorität, vgl. die Schlussfolgerungen des Vorsitzes des ER von Tampere, Bull. EU 10-1999, Ziff. I.15.51.

werden.[593] Gemäß Art. 3 Abs. 1 EuropolÜ hat Europol vorrangig die Aufgabe, Informationen und Erkenntnisse zu sammeln, zusammenzustellen und zu analysieren, die zuständigen nationalen Stellen zu unterrichten und so die Ermittlungen in den Mitgliedstaaten zu unterstützen. Dazu verfügt es über eigene Datenbanken in Form der Arbeitsdateien zu Analysezwecken sowie eines diesbezüglichen Indexsystems.[594] Zur Erfüllung dieser Aufgaben unterhält Europol ein automatisiertes Informationssystem, in das die Mitgliedstaaten und Europol Daten eingeben können.[595] Die Tatsache der **Analyse- und Auswertungstätigkeit von Europol** ist der entscheidende Unterschied zum SIS beim gegenwärtigen Stand des Mandats. Darüber hinaus ist Europol im Gegensatz zum reinen Fahndungssystem SIS auch präventiv tätig.[596] Gemäß Art. 2 Abs. 1 EuropolÜ kann Europol jedoch nur tätig werden, wenn zwei oder mehrere Mitgliedstaaten in einer Weise betroffen sind, die auf Grund des Umfangs, der Bedeutung und der Folgen der strafbaren Handlungen ein gemeinsames Vorgehen der Mitgliedstaaten erfordert. Damit gilt auch hier grundsätzlich das **Subsidiaritätsprinzip**.

(3) Datenschutz

In Art. 30 Abs. 1 lit. b) EUV wird explizit hervorgehoben, dass die Vorschriften über den **Schutz personenbezogener Daten** zu beachten sind. Für das **SIS** wurde vom Rat noch keine Rechtsgrundlage im EG-/EU-Vertrag festgelegt, damit gilt es nach Art. 2 Abs. 1 UAbs. 4 Schengen-Protokoll als auf Titel VI EUV gestützt. Die Richtlinie 95/46/EG des Rates vom 24. Oktober 1995 über den Schutz natürlicher Personen bei der Verarbeitung personenbezogener Daten und dem freien Verkehr solcher Daten,[597] die nach **Art. 286 EGV** auch von den Gemeinschaftsorganen angewendet werden muss, kann damit für den Datenschutz nicht herangezogen werden.[598] Für das SIS sind spezielle Datenschutzvorschriften in Art. 102 ff SDÜ niedergelegt. Danach gelten nach Art. 104 SDÜ grundsätzlich die Vorschriften des nationalen Rechts, soweit das SDÜ keine besonderen oder engeren Voraussetzungen enthält. Daten zur Personenfahndung werden gemäß Art. 112 Abs. 1 SDÜ nicht länger als für den verfolgten Zweck erforderlich gespeichert, eine Prüfung der Erforderlichkeit muss spätestens drei Jahre nach der Einspeicherung vorgenommen werden. Der nationale Datenschutzstandard hat mindestens dem zu entsprechen, der sich aus der Verwirklichung der **Grundsätze des Übereinkommens des Europarates** über den Schutz des Menschen bei der automatischen Verarbeitung personenbezogener Daten vom

[593] vgl. die Initiative des Königreichs Belgien und des Königreichs Schweden, ABl. EG 2001 Nr. C 176/26; gleichzeitig soll der Beschluss vom 29. April 1999, ABl. EG 1999 Nr. C 149/16, aufgehoben werden. Weiterhin soll das Mandat von Europol nach einer schwedischen Initiative auf die Bekämpfung der Fälschung von Geld und Zahlungsmitteln ausgedehnt werden, ABl. EG 2001 Nr. C 225/10.
[594] vgl. Art. 10 und 11 EuropolÜ
[595] vgl. Art. 6 und 7 EuropolÜ
[596] vgl. *Brechmann*, in Callies/Ruffert, EUV/EGV, Art. 30 EUV, Rn. 14; *Röben*, in Grabitz/Hilf, Das Recht der Europäischen Union, Stand Mai 1999, Art. 30 EUV, Rn. 26; *den Boer*, Schengen: A New Security Regime for Europe, in Hailbronner, Zusammenarbeit der Polizei- und Justizverwaltungen in Europa, S. 95, 104 f; *Aschmann*, Europol aus Sicht der deutschen Länder, S. 90
[597] ABl. EG 1995 Nr. L 281/31
[598] vgl. dazu *Schriewer-Steinberg*, in Ausschuss für die Angelegenheiten der EU des Deutschen Bundestags, Protokoll der 37. Sitzung vom 23. Februar 2000, S. 17 ff

28. Januar 1981[599] ergibt. Dazu ist die Empfehlung R (87) 15 des Ministerausschusses des Europarates über die Nutzung personenbezogener Daten im Polizeibereich vom 17. September 1987 zu beachten. Für den Informationsaustausch **außerhalb des SIS** gelten nach Art. 126 Abs. 1 SDÜ ebenfalls die Mindeststandards des Übereinkommens von 1981. Zusätzlich darf nach Art. 94 Abs. 2 SDÜ nur eine begrenzte Anzahl von Angaben in das SIS eingegeben werden.

Derselbe Datenschutzstandard nach dem Europarat-Übereinkommen von 1981 und der Empfehlung des Ministerkomitees von 1987 gilt für die Mitgliedstaaten und **Europol** nach Art. 14 EuropolÜ für die Verarbeitung personenbezogener Daten im Rahmen des Europol-Übereinkommens. Das Recht auf Privatsphäre und auf informationelle Selbstbestimmung wird damit auf europäischer Ebene **einheitlich geschützt**.[600] Der Inhalt des automatisierten Informationssystems ist auf die in Art. 8 Abs. 2 und 3 EuropolÜ aufgelisteten Angaben beschränkt. Wird das Verfahren gegen den Betroffenen endgültig eingestellt oder dieser rechtskräftig freigesprochen, sind die davon betroffenen Daten gemäß Art. 8 Abs. 5 EuropolÜ zu löschen. Unrichtige oder zu Unrecht gespeicherte Daten sind nach Art. 20 EuropolÜ zu berichtigen oder zu löschen. Datenschutzregelungen finden sich auch im Rechtsakt des Rates vom 3. November 1998 über die Geheimschutzregelung für Europol-Informationen.[601]

Sowohl das SDÜ als auch das Europol-Übereinkommen und das Übereinkommen über den Einsatz der Informationstechnologie im Zollwesen verfügen über eine eigene Kontrollinstanz für den Datenschutz. Mit Beschluss vom 17. Oktober 2000 hat der Rat zur Steigerung der Effizienz eine unabhängige Geschäftsstelle für die **Gemeinsamen Kontrollinstanzen** für den Datenschutz eingerichtet.[602] Als nationale Kontrollinstanz ist in Deutschland der Bundesbeauftragte für den Datenschutz im Rahmen des Europol-Übereinkommens zuständig.[603]

---

599 BGBl. 1985 II S. 538, in Kraft getreten für die Bundesrepublik Deutschland am 1. Oktober 1985, BGBl. 1985 II S. 1134; vgl. *Schriever-Steinberg*, Das Schengener Durchführungsübereinkommen aus der Sicht der Datenschutzkontrollinstanz, in Nachbaur, Die grenzüberschreitende Zusammenarbeit von Polizei und Justiz in den Schengen-Staaten, S. 65 ff; *Martínez Soria*, VerwArch 1998, 400, 414

600 vgl. zur Vereinbarkeit des EuropolÜ mit der Konvention des Europarates *Sule*, Europol und europäischer Datenschutz, S. 46 ff; nach *Aschmann*, Europol aus Sicht der deutschen Länder, S. 170 ff, 193, handelt es sich keinesfalls um einen „Alibi-Datenschutz"; *Pitschas*, Netzwerke der europäischen inneren Sicherheit, in Pitschas/Stober, Kriminalprävention durch Sicherheitspartnerschaften, S. 1, 28 ff; *Oberleitner*, Schengen und Europol, S. 141 ff; *Martínez Soria*, VerwArch 1998, 400, 426 ff; vgl. dazu auch *Storbeck*, Notwendigkeit und Grenzen internationaler polizeilicher Zusammenarbeit - Rechtsprobleme beim Aufbau von Europol, in Baldus/Soiné, Rechtsprobleme der internationalen polizeilichen Zusammenarbeit, S. 21, 34 f, 40 ff.

601 ABl. EG 1999 Nr. C 26/2; vgl. dazu auch den Anhang in ABl. EG 2001 Nr. C 86/1; *Röben*, in Grabitz/Hilf, Das Recht der Europäischen Union, Stand Mai 1999, Art. 30 EUV, Rn. 20; vgl. zur Datenübermittlung an Drittstaaten und Drittstellen nach Art. 18 Abs. 2 EuropolÜ den Rechtsakt des Rates vom 12. März 1999, ABl. EG 1999 Nr. C 88/1, sowie die Initiative des Königreichs Belgien und des Königreichs Schweden, ABl. EG 2001 Nr. C 163/13

602 ABl. EG 2000 Nr. L 271/1; Stellungnahme des EP, ABl. EG 2001 Nr. C 146/83; vgl. dazu auch *Gleß*, DRiZ 2000, 365, 370 f

603 vgl. Art. 23 EuropolÜ iVm Art. 2 § 6 EuropolG (Gesetz zu dem Übereinkommen vom 26. Juli 1995 auf Grund von Artikel 31 des Vertrags über die Europäische Union über die Errichtung eines Europäischen Polizeiamts (Europol-Gesetz) vom 16. Dezember 1997, BGBl. 1997 II S. 2150, Sartorius II Nr. 300a)

cc) Aus- und Weiterbildung sowie Austausch

Das gemeinsame Vorgehen schließt nach Art. 30 Abs. 1 lit. c) EUV auch die Zusammenarbeit sowie gemeinsame Initiativen in den Bereichen Aus- und Weiterbildung, Austausch von Verbindungsbeamten, Abordnungen, Einsatz von Ausrüstungsgegenständen und kriminaltechnische Forschung ein. Gemäß Art. 3 Abs. 3 Nr. 1 und 4 EuropolÜ kann Europol die nationalen Behörden auch hinsichtlich der Fortbildung und der kriminaltechnischen und kriminalwissenschaftlichen Methoden sowie der Ermittlungsmethoden unterstützen. Hinsichtlich der Aus- und Weiterbildung wurde mit der Gemeinsamen Maßnahme vom 19. März 1998 das Austausch-, Ausbildungs- und Kooperationsprogramm für Personen, die für die Bekämpfung der OK zuständig sind, (**Falcone**) geschaffen.[604] Das Programm erstreckt sich auf den Zeitraum 1998 bis 2002 und soll insbesondere zu einer besseren Qualifizierung der für die Bekämpfung des organisierten Verbrechens zuständigen Personen führen. Weitere Programme sind das Austausch-, Fortbildungs- und Kooperationsprogramm für Strafverfolgungsbehörden „**OISIN**“[605], das Förder- und Austauschprogramm für Rechtsberufe „**GROTIUS**“[606] sowie das Förder- und Austauschprogramm für Personen, die für Maßnahmen gegen den Menschenhandel und die sexuelle Ausbeutung von Kindern zuständig sind, „**STOP**“[607], die nach einem Vorschlag der Kommission und dem Beschluss des Rates vom 28. Juni 2001 bis 31. Dezember 2002 fortgeführt werden.[608] Die Erfahrungen mit der Durchführung dieser Programme haben die Kommission und den Rat bewogen, für die Förderung, den Austausch, die Aus- und Fortbildung sowie die Zusammenarbeit im Bereich der Kriminalprävention das Programm „**Hippokrates**“ aufzulegen.[609]

Mit Beschluss vom 22. Dezember 2000 hat der Rat eine **Europäische Polizeiakademie** (EPA) eingerichtet.[610] Die EPA ist in den ersten drei Jahren als ein Netz konstituiert, zu dem sich die nationalen Ausbildungseinrichtungen für hochrangige Führungskräfte der Polizeidienste der Mitgliedstaaten zusammengeschlossen haben. Zu einem späteren Zeitpunkt soll gegebenenfalls eine ständige Einrichtung geschaffen

---

[604] GM 98/245/JI, ABl. EG 1998 Nr. L 99/8; Programm und Aufforderung zur Einreichung von Projekten für das Jahr 2001, ABl. EG 2000 Nr. C 356/4

[605] ABl. EG 1997 Nr. L 7/5

[606] ABl. EG 1996 Nr. L 287/3; Jahresprogramm und Aufforderung zur Einreichung von Vorschlägen für das Jahr 2000, ABl. EG 2000 Nr. C 12/17; vgl. dazu schon oben B. II. 3

[607] ABl. EG 1996 Nr. L 322/7

[608] KOM (2000) 828 endg., ABl. EG 2000 Nr. C 96 E/336, 339 und 342; „Grotius“ wird nach der Vergemeinschaftung der justiziellen Zusammenarbeit in Zivilsachen getrennt fortgeführt, im Bereich von Titel VI EUV als „Grotius II - Allgemeines und Strafrecht“, vgl. die Beschlüsse des Rates vom 28. Juni 2001, ABl. EG 2001 Nr. L 186/1, 4 und 7, das Jahresprogramm und die Aufforderung zur Einreichung von Vorschlägen für das Jahr 2001 für Grotius II und STOP II, ABl. EG 2001 Nr. C 199/29 und 34, sowie das Zweijahresprogramm 2001-2002 für OISIN II, ABl. EG 2001 Nr. C 206/12.

[609] KOM (2000) 786 endg. vom 29. November 2000, ABl. EG 2001 Nr. C 96 E/244; vgl. den Beschluss des Rates vom 28. Juni 2001, ABl. EG 2001 Nr. L 186/11, vgl. dazu das Zweijahresprogramm 2001-2002, ABl. EG 2001 Nr. C 206/16. Der Name wurde gewählt, da Hippokrates glaubte, dass Vorbeugen besser als Heilen sei, vgl. Pressemitteilung des Rates „Justiz und Inneres“ Nr. 6757/01.

[610] ABl. EG 2000 Nr. L 336/1; vgl. dazu auch die Schlussfolgerungen des Vorsitzes des ER von Tampere, Bull. EU 10-1999, Ziff. I.14.47

werden. Aufgabe der Verbindungsbeamten ist die Unterstützung des Informationsaustauschs zwischen den sie entsendenden nationalen Stellen und Europol.[611]

dd) Bewertung von Ermittlungstechniken

In Bezug auf die Aufdeckung schwerwiegender Formen der Organisierten Kriminalität schließt das gemeinsame Vorgehen nach Art. 30 Abs. 1 lit. d) EUV auch die gemeinsame Bewertung einzelner Ermittlungstechniken ein.[612] Europol kann gemäß Art. 3 Abs. 2 EuropolÜ in diese Bewertung eingeschaltet werden. Die vollständige Angleichung der Ermittlungstechniken dürfte von dieser Vorschrift jedoch nicht erfasst sein.[613] Dies gilt schon deswegen, da der Anwendungsbereich im Gegensatz zu den vorherigen Regelungen beschränkt ist.

b) Erweiterung der Aufgaben von Europol

Gemäß Art. 30 Abs. 2 EUV ist der Rat zur Förderung der Zusammenarbeit durch Europol verpflichtet. Dabei hat er bis zum 30. April 2004 ein **Mindestprogramm** an Maßnahmen zu treffen, die in lit. a) bis d) niedergelegt sind. Die Ausweitung der Aufgaben und Befugnisse ist auch in Art. 2 Abs. 2 UAbs. 3 EuropolÜ festgelegt. Insbesondere hinsichtlich der **Bekämpfung der Organisierten Kriminalität** soll die Rolle von Europol ausgebaut werden.[614] Europol kommt bei der Unterstützung der Kriminalitätsverhütung sowie der Analysen und Ermittlungen in Straftaten auf Unionsebene eine Schlüsselrolle zu.[615] Wie der Wortlaut („insbesondere") zeigt, kann der Rat jedoch auch schon innerhalb dieses Zeitraums darüber hinausgehend tätig werden. Europol soll spezifische Ermittlungsmaßnahmen und **operative Aktionen** der zuständigen nationalen Behörden oder gemeinsamer Teams aus mehreren Mitgliedstaaten unterstützen und die Koordinierung und Durchführung fördern.[616] Die Beschränkung auf eine Unterstützungsfunktion bedeutet dabei, dass Vertreter von Europol selbst **nicht exekutiv** tätig werden sollen. Aufgrund der nicht abschließenden Regelung des Art. 30 Abs. 2 EUV würde eine Ausweitung auf exekutive Befugnisse jedoch nicht an dieser Vorschrift scheitern.[617] Allerdings soll Europol durch die Aus-

[611] vgl. Art. 5 Abs. 3 EuropolÜ; vgl. auch die GM vom 14. Oktober 1996 betreffend einen gemeinsamen Orientierungsrahmen für die Initiative der Mitgliedstaaten in Bezug auf Verbindungsbeamte, ABl. EG 1996 Nr. L 268/2

[612] vgl. den Aktionsplan des Rates und der Kommission zur bestmöglichen Umsetzung der Bestimmungen des Amsterdamer Vertrags über den Aufbau eines Raums der Freiheit, der Sicherheit und des Rechts vom 3. Dezember 1998, Nr. 44 lit. a), ABl. EG 1999 Nr. C 19/1

[613] ebenso *Röben*, in Grabitz/Hilf, Das Recht der Europäischen Union, Stand Mai 1999, Art. 30 EUV, Rn. 6

[614] vgl. das Aktionsprogramm zur Bekämpfung der OK „Prävention und Kontrolle der organisierten Kriminalität. Eine Strategie der Europäischen Union für den Beginn des neuen Jahrtausends", ABl. EG 2000 Nr. C 124/1, Kapitel 2.6

[615] vgl. die Schlussfolgerungen des Vorsitzes des ER von Tampere, Bull. EU 10-1999, Ziff. I.14.45

[616] vgl. Art. 30 Abs. 2 lit. a) EUV; vgl. dazu auch die Schlussfolgerungen des Vorsitzes des ER von Tampere, Bull. EU 10-1999, Ziff. I.14.43; Empfehlung des Rates vom 30. November 2000, ABl. EG 2000 Nr. C 357/7

[617] Allerdings ist zweifelhaft, ob eine Ausweitung der Befugnisse von Europol auf eine exekutive Tätigkeit noch vom deutschen Zustimmungsgesetz zum EU-Vertrag umfasst ist. Spätere wesentliche Änderungen des im EU-Vertrag angelegten Integrationsprogramms und seiner Handlungsermächtigungen sind nicht mehr vom Zustimmungsgesetz zu diesem Vertrag gedeckt. Die Folge davon wäre, dass die

weitung **eigene operative Befugnisse** erhalten, die es zusammen mit den nationalen Behörden ausüben kann. Maßnahmen zur Ausrichtung der Dokumentationsarbeit von Europol auf die operative Tätigkeit sollten schon bis zum 30. April 2001 ergriffen werden. Der Schwerpunkt von Europol soll in der operativen Tätigkeit liegen.[618] Dabei handelt es sich jedoch nicht - wie in der deutschen Polizeirechtsdiktion - um Formen verdeckter, heimlicher Ermittlung mit Europol als Zentralstelle für heimliche Informationsgewinnung. Der Begriff ist vielmehr unionsrechtlich im Sinne einer Koordinierung komplexer Ermittlungen zur Verbesserung der Leistungsfähigkeit der zuständigen nationalen Behörden und ihrer Zusammenarbeit auszulegen.[619] Europol soll dazu ermöglicht werden, sich mit **Ersuchen zu Ermittlungen** in speziellen Fällen an die nationalen Behörden zu wenden und spezifisches Fachwissen bei Ermittlungen in Fällen der Organisierten Kriminalität zu entwickeln.[620] Damit soll Europol direkt und ohne Umweg über nationale Kontaktstellen mit den zuständigen Behörden in Verbindung treten können. Die nationalen Behörden entscheiden dabei unabhängig und in Übereinstimmung mit den innerstaatlichen Rechtsvorschriften über die Art und Weise der Bearbeitung des Ersuchens seitens Europol. Der Rat soll nach Art. 30 Abs. 2 lit. c) EUV weiterhin Fördermaßnahmen für eine bessere Zusammenarbeit zwischen den Beamten der Strafverfolgungs-/Ermittlungsbehörden, deren Spezialgebiet die Bekämpfung der Organisierten Kriminalität ist, erlassen.[621] Gemäß Art. 30 Abs. 2 lit. d) EUV richtet der Rat ein Netz für Forschung, Dokumentation und Statistik über die grenzüberschreitende Kriminalität ein. Insgesamt zielen die bis zum 30. April 2004 zu ergreifenden Maßnahmen auf eine deutliche **Stärkung der Position von Europol** im Vergleich zu den nationalen Polizeibehörden ab, der nach dem gemeinsamen Verständnis der Kontrolle der Strafverfolgung ein Ausbau der justiziellen Zusammenarbeit folgen muss.

2. Justizielle Zusammenarbeit und Eurojust

Die durch den Vertrag von Amsterdam in Art. 31 EUV geregelte justizielle Zusammenarbeit in Strafsachen ist durch den **Vertrag von Nizza** fortentwickelt worden.[622] Die Schaffung einer europäischen Staatsanwaltschaft Eurojust als Pendant zu Europol wurde im Zusammenhang mit der Ausweitung des Mandats von Europol wieder-

daraus hervorgehenden Rechtsakte im deutschen Hoheitsbereich nicht verbindlich sind. Die deutschen Staatsorgane wären aus verfassungsrechtlichen Gründen gehindert, diese Rechtsakte in Deutschland anzuwenden, vgl. BVerfGE 58, 1, 37, BVerfG, NJW 1993, 3047, 3052.

[618] vgl. den Aktionsplan des Rates und der Kommission zur bestmöglichen Umsetzung der Bestimmungen des Amsterdamer Vertrags über den Aufbau eines Raums der Freiheit, der Sicherheit und des Rechts vom 3. Dezember 1998, Nr. 43 1. lit. a) ii) und lit. b), ABl. EG 1999 Nr. C 19/1

[619] vgl. *Aschmann*, Europol aus Sicht der deutschen Länder, S. 207 ff; aA *Tolmein*, StV 1999, 108, 115

[620] vgl. Art. 30 Abs. 2 lit. b) EUV; vgl. dazu auch die Schlussfolgerungen des Vorsitzes des ER von Tampere, Bull. EU 10-1999, Ziff. I.14.45; Aktionsplan des Rates und der Kommission zur bestmöglichen Umsetzung der Bestimmungen des Amsterdamer Vertrags über den Aufbau eines Raums der Freiheit, der Sicherheit und des Rechts vom 3. Dezember 1998, Nr. 43 1. lit. b), ABl. EG 1999 Nr. C 19/1; siehe die Empfehlung des Rates vom 28. September 2000, ABl. EG 2000 Nr. C 289/8; vgl. *Tolmein*, StV 1999, 108, 115 f

[621] vgl. auch den Aktionsplan des Rates und der Kommission zur bestmöglichen Umsetzung der Bestimmungen des Amsterdamer Vertrags über den Aufbau eines Raums der Freiheit, der Sicherheit und des Rechts vom 3. Dezember 1998, Nr. 48 lit. a) i), ABl. EG 1999 Nr. C 19/1

[622] Der Vertrag von Nizza ist veröffentlicht in ABl. EG 2001 Nr. C 80/1. Vgl. zum Verlauf der Regierungskonferenz 2000 *Fischer*, Der Vertrag von Nizza, S. 23 ff.

holt gefordert.[623] Es entspricht der Rechtstradition in vielen EU-Mitgliedstaaten, die **repressive Tätigkeit** der Polizei unter staatsanwaltschaftliche Kontrolle zu stellen.[624] Die Weite der Kontrolle ist jedoch sehr unterschiedlich.[625] Inwieweit sich die EU-Mitgliedstaaten daher auf einen effektiven Tätigkeitsbereich von Eurojust einigen können, bleibt abzuwarten. Die präventive Tätigkeit der Gefahrenabwehr, die nach Art. 2 Abs. 1 EuropolÜ auch in den Aufgabenbereich von Europol fällt, ist von der justiziellen Zusammenarbeit der Mitgliedstaaten jedoch weder direkt noch über Eurojust erfasst. Bei Art. 31 EUV stimmt damit die Überschrift des Titel VI EUV, wonach unter einer Zusammenarbeit in Strafsachen lediglich der repressive Sachbereich verstanden wird. Nach dem Vertrag von Nizza regelt Art. 31 EUV parallel zu Art. 30 EUV in einem ersten Absatz das gemeinsame Vorgehen im Bereich der justiziellen Zusammenarbeit in Strafsachen, während der zweite Absatz zu Fördermaßnahmen für die Zusammenarbeit durch Eurojust ermächtigt.

a) Justizielle Zusammenarbeit

Art. 31 Abs. 1 EUV regelt das gemeinsame Vorgehen im Bereich der justiziellen Zusammenarbeit in Strafsachen. Wie der Wortlaut zeigt, ist die Aufzählung unter lit. a) bis e) **nicht abschließend,** sondern nennt die Schwerpunkte des gemeinsamen Vorgehens.[626] Weitergehende Maßnahmen zur Verbesserung der Zusammenarbeit können von den EU-Mitgliedstaaten unter Beachtung des Subsidiaritätsgrundsatzes nach Art. 2 Abs. 2 EUV ergriffen werden. Mit dem Vertrag von Nizza wurde auch **Art. 29 Abs. 2 zweiter Spiegelstrich EUV** geändert, der für die engere Zusammenarbeit der Justizbehörden sowie anderer zuständiger Behörden nun auf den vollständigen Art. 31 EUV Bezug nimmt. Art. 29 Abs. 2 dritter Spiegelstrich EUV, der die Annäherung der Strafvorschriften nach Art. 31 Abs. 1 lit. e) EUV betrifft, blieb jedoch als eigenständiges Instrument erhalten. Die Struktur des Art. 29 EUV wurde beibehalten. Die Bezugnahme in Art. 29 Abs. 2 zweiter Spiegelstrich EUV auf den vollständigen Art. 31 EUV kann demnach nur als Redaktionsversehen gewertet werden, das jedoch ohne weitere Konsequenzen bleibt. Nach **Art. 32 EUV** kann der Rat festlegen, unter welchen Bedingungen und innerhalb welcher Grenzen die in Art. 31 EUV genannten zuständigen Ministerien und Justizbehörden im Hoheitsgebiet eines anderen Mitgliedstaats in Verbindung und in Absprache mit dessen Behörden tätig werden dürfen. Dies stellt im Vergleich zu den Regelungen der grenzüberschreitenden Observation und Nacheile in Art. 40 und 41 SDÜ eine bedeutende Ausweitung dar, da damit die Möglichkeit für staatsanwaltliche Ermittlungen auf fremdem Hoheitsgebiet

[623] vgl. zu den Modellen für eine künftige Zusammenarbeit von Staatsanwaltschaft und Europol *Storbeck*, DRiZ 2000, 481, 488 f; *Gleß*, DRiZ 2000, 365, 373 ff; *Schomburg*, Kriminalistik 2000, 13, 18 ff

[624] vgl. für Deutschland BVerfGE 88, 118, 123; in Deutschland ist die Staatsanwaltschaft die „Herrin des Ermittlungsverfahrens". Sie hat den Sachverhalt zur Entscheidung, ob öffentliche Klage erhoben wird, selbst zu erforschen, § 160 Abs. 1 StPO. Wird die Polizei ermittelnd tätig, so hat diese ihre Verhandlungen ohne Verzug der Staatsanwaltschaft zu übersenden, § 163 Abs. 2 S. 1 StPO. Vgl. zur Diskussion um eine europäische Staatsanwaltschaft *Tolmein*, StV 1999, 108, 112, 116; *Aschmann*, Europol aus Sicht der deutschen Länder, S. 218 f; *Bull*, DRiZ 1998, 32, 41 f; *Ostendorf*, NJW 1997, 3418 ff; vgl. dazu auch Art. 18, 19 CJ, *Jokisch*, Gemeinschaftsrecht und Strafverfahren, S. 106 f.

[625] vgl. dazu *Gleß*, DRiZ 2000, 365, 367 ff

[626] vgl. *Geiger*, EUV/EGV, Art. 31 EUV, Rn. 1; vgl. zu den Fortschritten unter dem Vertrag von Maastricht *Dittrich*, Der Schutz der Unionsbürger durch die justitielle Zusammenarbeit, in Müller-Graff, Europäische Zusammenarbeit in den Bereichen Justiz und Inneres, S. 101, 108 ff; *Zott*, Der rechtliche Rahmen der innen- und justizpolitischen Zusammenarbeit in der Europäischen Union, S. 63 ff

geschaffen werden kann. Die Formulierung des Art. 32 EUV ist dementsprechend vorsichtig und zurückhaltend ausgefallen.[627]

aa) Allgemeine Rechtshilfe und Vollstreckungshilfe

Die Zusammenarbeit zwischen den zuständigen Ministerien und den Justizbehörden oder entsprechenden Behörden der Mitgliedstaaten bei Gerichtsverfahren und der Vollstreckung von Entscheidungen soll gemäß Art. 31 Abs. 1 lit. a) EUV erleichtert und beschleunigt werden. Dazu ist nach der Schaffung einer Europäischen Stelle für justizielle Zusammenarbeit (**Eurojust**) vorgesehen, diese einzuschalten, wenn es sich als zweckmäßig erweist. Damit soll ermöglicht werden, dass die jeweils zuständigen Justizbehörden ohne Einschaltung der Ministerien schneller und besser zusammenarbeiten können, was nach Art. 53 Abs. 1 SDÜ zwischen den Schengen-Staaten schon erreicht ist. In diesem Zusammenhang ist auch die Gemeinsame Maßnahme für den Austausch von **Verbindungsrichtern und -staatsanwälten**[628] sowie die Gemeinsame Maßnahme zur Einrichtung eines **Europäischen Justiziellen Netzes**, die die Einrichtung und Zusammenarbeit von Kontaktbehörden in den Mitgliedstaaten zur Bekämpfung der Organisierten Kriminalität regelt und weiterentwickelt,[629] zu nennen. Gerade das Europäische Justizielle Netz spielt bei der Beschleunigung der Erledigung von Rechtshilfeersuchen und der Schaffung der Voraussetzungen für eine bessere Zusammenarbeit zwischen den Justiz- und Polizeibehörden eine zunehmend wichtigere Rolle.[630] Dies setzt naturgemäß auch eine bessere Kenntnis der jeweils anderen Justizsysteme und rechtlichen Regelungen bei den zuständigen Richtern und Staatsanwälten voraus, die mit der Einrichtung eines **Europäischen Netzes für justizielle Ausbildung** verbessert werden soll.[631] Dieser Sachbereich betrifft die allgemeine Rechtshilfe und die Vollstreckungshilfe. Unter **allgemeiner Rechtshilfe** in Strafsachen versteht man insbesondere die Zustellung von Schriftstücken im Ausland, die Vernehmung von Personen im Ausland, die Durchsuchung und Beschlagnahme von Gegenständen, die Anwesenheit ausländischer Beamter bei Vernehmungen sowie den Austausch von Informationen. Im Rahmen der **Vollstreckungshilfe** übernimmt ein Staat für einen anderen die Strafvollstreckung.[632] Bis zur Schaffung eines neuen Rechtshilfeübereinkommens gilt gegenwär-

[627] Die Prüfung der Voraussetzungen, unter denen Behörden im Hoheitsgebiet eines anderen Mitgliedstaates tätig werden können, wurde für April 2001 vorgesehen, vgl. Anzeiger der Fortschritte bei der Schaffung eines „Raums der Freiheit, der Sicherheit und des Rechts" in der Europäischen Union, 1. Halbjahr 2001, KOM (2001) 278 endg., Ziff. 4.2

[628] GM vom 22. April 1996 betreffend den Rahmen für den Austausch von Verbindungsrichtern/-staatsanwälten zur Verbesserung der justiziellen Zusammenarbeit zwischen den Mitgliedstaaten der Europäischen Union, ABl. EG 1996 Nr. L 105/1

[629] GM vom 29. Juni 1998 zur Einrichtung eines Europäischen Justiziellen Netzes, ABl. EG 1998 Nr. L 191/4; der effiziente Ausbau des Europäischen Justiziellen Netzes stellt eine Priorität dar, vgl. den Aktionsplan des Rates und der Kommission zur bestmöglichen Umsetzung der Bestimmungen des Amsterdamer Vertrags über den Aufbau eines Raums der Freiheit, der Sicherheit und des Rechts vom 3. Dezember 1998, Nr. 45 lit. a), ABl. EG 1999 Nr. C 19/1; vgl. auch den Anzeiger der Fortschritte bei der Schaffung eines „Raums der Freiheit, der Sicherheit und des Rechts" in der Europäischen Union, 1. Halbjahr 2001, KOM (2001) 278 endg., Ziff. 4.2; *Nehm*, DRiZ 2000, 355, 358 f.

[630] vgl. Schlussbericht über die erste Begutachtungsrunde - Rechtshilfe in Strafsachen, III. p), ABl. EG 2001 Nr. C 216/14

[631] vgl. die französische Initiative im Hinblick auf den Erlass des Beschlusses des Rates zur Einrichtung eines Europäischen Netzes für justizielle Ausbildung, ABl. EG 2001 Nr. C 18/9

[632] vgl. *Würz*, Das Schengener Durchführungsübereinkommen, S. 121

tig auf EU-Ebene grundsätzlich das **Europäische Übereinkommen über die Rechtshilfe in Strafsachen** vom 20. April 1959 mit dem Zusatzprotokoll vom 17. März 1978.[633] Zur Ergänzung und Erleichterung der Anwendung dieses Übereinkommens haben die Schengen-Staaten in Art. 48 bis 53 SDÜ Bestimmungen über die Rechtshilfe in Strafsachen vereinbart.[634] In Art. 49 SDÜ werden weitere Fälle aufgelistet, in denen die Schengen-Staaten untereinander Rechtshilfe leisten. Mit Rechtsakt vom 29. Mai 2000 hat der Rat ein **Übereinkommen über die Rechtshilfe in Strafsachen** zwischen den Mitgliedstaaten der Europäischen Union beschlossen, das die oben aufgeführten Übereinkommen nicht ersetzen, sondern lediglich ergänzen soll.[635] Dieses Übereinkommen bedarf noch der Annahme durch die Mitgliedstaaten nach Maßgabe ihrer jeweiligen verfassungsrechtlichen Bestimmungen und tritt 90 Tage nach dem Abschluss dieses Verfahrens durch den achten EU-Mitgliedstaat in Kraft.[636] Dadurch wird insbesondere der Informationsaustausch ohne Ersuchen des Übereinkommens auf eine Rechtsgrundlage gestellt und die Schaffung von gemeinsamen Ermittlungsgruppen der Justiz-, Polizei- und Zollbehörden auf transnationaler Ebene ermöglicht.[637] Außerdem werden weitgehende Bestimmungen zur Überwachung des Telekommunikationsverkehrs getroffen.[638] Zur weiteren Verbesserung der Rechtshilfe in Strafsachen insbesondere im Bereich der Bekämpfung der Organisierten Kriminalität, des Waschens der Erträge aus Straftaten sowie der Finanzkriminalität liegt eine französische Initiative vor, über die in modifizierter Form vom Rat am 28. Mai 2001 politisches Einvernehmen erzielt wurde.[639]

Den Bereich der **Vollstreckungshilfe** regelt das Übereinkommen vom 13. November 1991 über die Vollstreckung ausländischer strafrechtlicher Verurteilungen, das jedoch erst für einige EU-Mitgliedstaaten in Kraft getreten ist.[640] Im Hinblick auf die Vollstreckung von Entscheidungen über die Sicherstellung von Vermögensgegenständen oder Beweismitteln in der EU liegt eine Initiative Frankreichs, Schwedens und Belgiens zur Annahme eines Rahmenbeschlusses vor.[641]

---

633 BGBl. 1964 II S. 1386; für die Beneluxstaaten gilt mit dem Übereinkommen über Auslieferung und Rechtshilfe in Strafsachen vom 27. Juni 1962 in der Fassung des Protokolls vom 11. Mai 1974 eine Sonderregelung.

634 vgl. dazu *Würz*, Das Schengener Durchführungsübereinkommen, S. 119 ff; einen Überblick über die wichtigsten Rechtshilfebeziehungen Deutschlands bietet *Schomburg*, NJW 2001, 801 ff.

635 ABl. EG 2000 Nr. C 197/1; Entschließung des EP, ABl. EG 2000 Nr. C 339/239, 255; erläuternder Bericht des Rates vom 30. November 2000, ABl. EG 2000 Nr. C 379/7; Entwurf über die Erstellung, ABl. EG 1999 Nr. C 251/1; unter dem Vertrag von Maastricht haben die Mitgliedstaaten bereits die GM vom 29. Juni 1998 über die Anwendung bewährter Methoden bei der Rechtshilfe in Strafsachen angenommen, ABl. EG 1998 Nr. L 191/1, in der wesentliche Grundsätze für Rechtshilfeersuche niedergelegt sind.

636 vgl. Art. 27 des Übereinkommens

637 vgl. Art. 7 und 13 des Übereinkommens

638 Titel III des Übereinkommens; hinsichtlich des Zusammenhangs der neuen Informationstechnologien mit der Kriminalität, vgl. *Martin/Martin*, RMCUE 1998, 544 ff

639 ABl. EG 2000 Nr. C 243/11; vgl. die Presseerklärung 203 - Nr. 9118/01 des Rates Justiz, Inneres und Katastrophenschutz vom 28. Mai 2001

640 BGBl. 1997 II S. 1351; BGBl. 1998 II S. 896; vgl. dazu auch *Schomburg*, NJW 1999, 540, 541 f; *Schomburg*, NJW 2000, 340 ff sowie NJW 2001, 801, 804 f

641 ABl. EG 2001 Nr. C 75/3

bb) Auslieferung

Mit Art. 31 Abs. 1 lit. b) EUV wollen die Mitgliedstaaten die Auslieferung zwischen ihnen erleichtern. Dieser Bereich wird durch das **Europäische Auslieferungsübereinkommen** vom 13. Dezember 1957 im Rahmen des Europarates geregelt.[642] Für die Schengen-Staaten sollen die Art. 59 bis 66 SDÜ die Bestimmungen dieses Übereinkommens ergänzen und seine Anwendung erleichtern.[643] Unter dem Vertrag von Maastricht wurden zwei Übereinkommen über die Auslieferung geschlossen, mit denen bestehende Auslieferungshindernisse beseitigt oder eingeschränkt wurden.[644] Mit dem EG-Fax-Übereinkommen wurden die Verfahren zur Übermittlung von Auslieferungsersuchen vereinfacht und modernisiert.[645]

cc) Harmonisierung des Strafverfahrensrechts

Mit der Gewährleistung der Vereinbarkeit der jeweils geltenden Vorschriften der Mitgliedstaaten nach Art. 31 Abs. 1 lit. c) EUV kann im Hinblick auf Art. 31 Abs. 1 lit. e) EUV, der die Annäherung des materiellen Strafrechts regelt, nur das Strafverfahrensrecht gemeint sein.[646] Mit dieser Vorschrift kann der Rat somit das Strafverfahrensrecht harmonisieren, jedoch nur soweit dies zur Verbesserung der Zusammenarbeit erforderlich ist. Eine Maßnahme wäre insbesondere die Abstimmung der jeweiligen nationalen Beweisverwertungsverbote.[647] Durch die Einfügung einer eigenen Erforderlichkeitsklausel tritt die Zurückhaltung der EU-Mitgliedstaaten bei der Harmonisierung des Strafrechts deutlich hervor.

dd) Vermeidung von Kompetenzkonflikten

Nach Art. 31 Abs. 1 lit. d) EUV sollen Kompetenzkonflikte zwischen den Mitgliedstaaten vermieden werden. Dies betrifft insbesondere den **Grundsatz „ne bis in**

---

[642] vgl. dazu auch unten 4. Teil A. I. 3. a) aa)

[643] vgl. *Würz*, Das Schengener Durchführungsübereinkommen, S. 71; für die Benelux-Staaten gilt wiederum mit dem Übereinkommen über die Auslieferung und Rechtshilfe in Strafsachen vom 27. Juni 1962 in der Fassung des Protokolls vom 11. Mai 1974 eine Sonderregelung.

[644] Übereinkommen vom 10. März 1995 über das vereinfachte Auslieferungsverfahren zwischen den Mitgliedstaaten der Europäischen Union, ABl. EG 1995 Nr. C 78/1, BGBl. 1998 II S. 2230, BGBl. 1999 II S. 357, erläuternder Bericht, ABl. EG 1996 Nr. C 375/4; Übereinkommen vom 27. September 1996 über die Auslieferung zwischen den Mitgliedstaaten der Europäischen Union, ABl. EG 1996 Nr. C 313/11, BGBl. 1998 II S. 2254, BGBl. 1999 II S. 707, erläuternder Bericht, ABl. EG 1997 Nr. C 191/13; vgl. auch *Schomburg*, NJW 1999, 540, 541; *Schomburg*, NJW 2000, 340 ff sowie NJW 2001, 801, 804 ff; vgl. klärend zum Verhältnis der Übereinkommen zum SDÜ und den Assoziierungsübereinkommen mit Island und Norwegen die schwedische Initiative, ABl. EG 2001 Nr. C 195/13

[645] Abkommen vom 26. Mai 1989 zwischen den Mitgliedstaaten der EG über die Vereinfachung und Modernisierung der Verfahren zur Übermittlung von Auslieferungsersuchen, BGBl. 1995 II S. 969

[646] vgl. *Brechmann*, in Callies/Ruffert, EUV/EGV, Art. 31 EUV, Rn. 4

[647] Unter dem Vertrag von Maastricht handelte es sich insbesondere um folgende Maßnahmen: Entschließung des Rates vom 23. November 1995 über den Schutz von Zeugen im Rahmen der Bekämpfung der internationalen organisierten Kriminalität, ABl. EG 1995 Nr. C 327/4; Entschließung des Rates vom 20. Dezember 1996 über Personen, die im Rahmen der Bekämpfung der internationalen organisierten Kriminalität mit den Justizbehörden zusammenarbeiten, ABl. EG 1997 Nr. C 10/1; Entschließung des Rates vom 9. Juni 1997 über den Austausch von DNS-Analyseergebnissen, ABl. EG 1997 Nr. C 193/2; die letzte Entschließung wurde vom Rat am 25. Juni 2001 weiterentwickelt, ABl. EG 2001 Nr. C 187/1.

idem", der für die Schengen-Staaten in Art. 54 ff SDÜ niedergelegt ist. Zwischen den EG-Mitgliedstaaten gilt das Übereinkommen vom 25. Mai 1987.[648] Problematisch ist dabei jedoch schon, die Begrifflichkeiten allgemeinverbindlich festzulegen. So ist Voraussetzung für eine effektive Anwendung des Grundsatzes die einheitliche Definition der strafprozessualen Tat.[649] Zur Umsetzung des Grundsatzes der gegenseitigen Anerkennung gerichtlicher Entscheidungen in Strafsachen hat der Rat ein Maßnahmenprogramm beschlossen, worin jede einzelne Maßnahme mit einem Prioritätsgrad versehen wurde.[650]

b) Eurojust

aa) Errichtung von Eurojust

Der Europäische Rat von Tampere hat vereinbart, zur Verstärkung der Bekämpfung der schweren Organisierten Kriminalität eine Stelle (Eurojust) einzurichten, in der von den einzelnen Mitgliedstaaten nach Maßgabe ihrer Rechtsordnung entsandte Staatsanwälte, Richter oder Polizeibeamte mit gleichwertigen Befugnissen zusammengeschlossen sind. Das notwendige Rechtsinstrumentarium, um die Anstrengungen der einzelstaatlichen Strafverfolgungsbehörden in dem erforderlichen Maße zu koordinieren, soll bis Ende 2001 verabschiedet sein.[651] Für eine wirksame justizielle Zusammenarbeit soll eine direkte Verbindung zum Europäischen Justiziellen Netz hergestellt werden.[652] Bis zum Wirksamwerden des Rechtsaktes zur Einrichtung von Eurojust hat der Rat mit Beschluss vom 14. Dezember 2000 eine **vorläufige Stelle zur justiziellen Zusammenarbeit** geschaffen.[653] Diese besteht aus je einem Staatsanwalt, Richter oder Polizeibeamten eines Mitgliedstaats und kann sich auf die Infrastruktur des Rates in Brüssel stützen. Sie hat die Verbesserung der Zusammenarbeit zwischen den zuständigen einzelstaatlichen Behörden hinsichtlich Ermittlungs- und Strafverfolgungsmaßnahmen im Bereich der schweren Kriminalität - insbesondere im Falle der Organisierten Kriminalität - zum Ziel, wenn zwei oder mehr Mitgliedstaaten davon betroffen sind. Außerdem soll sie die Koordinierung der Ermittlungs- und Strafverfolgungsmaßnahmen unter den Mitgliedstaaten fördern und verbessern.[654] Die Initiativen zur Einrichtung von Eurojust verlaufen gegenwärtig zweigleisig. Deutschland hat eine **Initiative zur Errichtung eines Stabes Eurojust** eingebracht, dessen Aufgabe es sein soll, Ermittlungsverfahren mit Bezug auf Straftaten von erheblicher Bedeutung, zu deren Verfolgung justizielle Rechtshilfe erforderlich sein kann, und mit Bezug auf Straftaten gegen die finanziellen Interessen der EU zu unterstützen.[655] Eine nähere Definition der Straftaten von „erheblicher Bedeutung" be-

---

648 Übereinkommen zwischen den EG-Mitgliedstaaten über das Verbot der doppelten Strafverfolgung, BGBl. 1998 II S. 2227; vgl. dazu *Schomburg*, NJW 1999, 540, 542

649 vgl. zu den Problemen der Europäisierung des Verbots der doppelten Strafverfolgung *Schomburg*, NJW 2000, 1833, 1834 ff; zum Begriff der strafprozessualen Tat in Deutschland, vgl. *Kleinknecht/ Meyer-Goßner*, StPO, § 264, Rn. 2 ff

650 ABl. EG 2001 Nr. C 12/10

651 vgl. Schlussfolgerungen des Vorsitzes des ER von Tampere, Bull. EU 10-1999, Ziff. I.12.46

652 vgl. die Mitteilung der Kommission zur Einrichtung von Eurojust vom 22. November 2000, KOM (2000) 746 endg., Ziff. 4.5

653 ABl. EG 2000 Nr. L 324/2

654 vgl. Art. 2 des Beschlusses vom 14. Dezember 2000

655 Initiative der Bundesrepublik Deutschland im Hinblick auf die Annahme eines Beschlusses des Rates zur Errichtung eines Stabes Eurojust, ABl. EG 2000 Nr. C 206/1, Art. 2 Abs. 1

inhaltet diese Initiative jedoch nicht, womit ein Streit über die Auslegung dieser Formulierung vorprogrammiert ist. Für den speziellen Bereich des Schutzes der finanziellen Interessen der EG hat die Kommission schon im Laufe der Regierungskonferenz 2000 die Einrichtung eines Europäischen Staatsanwalts vorgeschlagen.[656] Die **Initiative einiger Mitgliedstaaten zur Einrichtung von Eurojust** formuliert den Auftrag von Eurojust im Vergleich zur vorläufigen Stelle zur justiziellen Zusammenarbeit enger, indem sie zusätzlich voraussetzt, dass der Fall ein koordiniertes Vorgehen der Justizbehörden mehrerer dieser Mitgliedstaaten verlangt.[657] Insgesamt soll der sachliche Zuständigkeitsbereich nach dieser Initiative dem von Europol angeglichen werden und sogar darüber hinaus gehen, wobei Eurojust nur repressiv tätig werden kann. Beide Initiativen verlassen damit den in den Schlussfolgerungen von Tampere als schwere Organisierte Kriminalität bezeichneten Bereich.[658] Der **Aufgabenbereich von Eurojust** soll mehrere Einzelaufgaben umfassen.[659] So ist vorgesehen, dass Eurojust einen Mitgliedstaat ersuchen kann, zu bestimmten Tatbeständen Ermittlungen zu führen oder die Strafverfolgung aufzunehmen. Ein solches Ersuchen soll wie in Art. 30 Abs. 2 lit. b) EUV keine zwingende Wirkung haben. Weiterhin soll Eurojust der gegenseitigen Unterrichtung der zuständigen Behörden dienen und in mehreren Mitgliedstaaten laufende Ermittlungen koordinieren. Dazu soll Eurojust zur Vereinfachung der Rechtshilfeersuche beitragen und eine Dokumentations-Datenbank zur Erteilung rechtlicher und praktischer Auskünfte einrichten. Europol gewährt es durch Erstattung von Gutachten Beistand. Nach Vorstellung der Kommission sollte Eurojust aktiv an konkreten strafrechtlichen Ermittlungen beteiligt werden, zu einer effizienten Koordinierung einzelner Fälle beitragen sowie aktiv zwischen den einzelstaatlichen Strafverfolgungsbehörden vermitteln können.[660] Dazu ist vorgesehen, Eurojust, ähnlich dem Status von Europol, Rechtspersönlichkeit zuzuerkennen und einen gewissen finanziellen Handlungsspielraum einzuräumen.[661] Die genaue Zuweisung von Aufgaben und Zuständigkeiten an Eurojust bleibt abzuwarten.[662]

bb) Fördermaßnahmen nach dem Vertrag von Nizza

Gemäß Art. 31 Abs. 2 EUV trifft der Rat Fördermaßnahmen für eine Zusammenarbeit durch Eurojust. Danach ermöglicht der Rat es Eurojust, zu einer **sachgerechten Koordinierung** zwischen den Strafverfolgungsbehörden beizutragen, und fördert die Unterstützung durch Eurojust bei den Ermittlungen in Fällen, die mit schwerer grenzüberschreitender, namentlich Organisierter Kriminalität zusammenhängen, insbesondere unter Berücksichtigung von Europol-Analysen.[663] Der Aufgabenbereich ist damit sehr weit definiert, für eine „sachgerechte Koordinierung" kann die Einräumung

[656] KOM (2000) 608 endg.
[657] ABl. EG 2000 Nr. C 243/15, Art. 4
[658] vgl. Schlussfolgerungen des Vorsitzes des ER von Tampere, Bull. EU 10-1999, Ziff. I.12.46; vgl. dazu auch die Mitteilung der Kommission zur Einrichtung von Eurojust vom 22. November 2000, KOM (2000) 746 endg., Ziff. 2
[659] vgl. Art. 6 der Initiative zur Einrichtung von Eurojust
[660] vgl. Mitteilung der Kommission zur Einrichtung von Eurojust vom 22. November 2000, KOM (2000) 746 endg., Ziff. 3.2
[661] vgl. Mitteilung der Kommission zur Einrichtung von Eurojust vom 22. November 2000, KOM (2000) 746 endg., Ziff. 4.1
[662] Die Diskussion anhand der diesbezüglichen Ratsdokumente kann auf der Homepage des Rates im Internet unter http://register.consilium.eu.int/utfregister/frames/introfsDE.htm verfolgt werden.
[663] vgl. lit. a) und b)

weitgehender Kompetenzen erforderlich sein. Der Zuständigkeitsbereich ist auf **schwere grenzüberschreitende, namentlich Organisierte Kriminalität**, beschränkt. Damit bleibt die Formulierung hinter den oben aufgeführten Initiativen zur Errichtung von Eurojust zurück und beschränkt sich auf den in den Schlussfolgerungen von Tampere genannten Bereich. Insbesondere mit dem Ziel, die Erledigung von Rechtshilfe- und Auslieferungsersuchen zu erleichtern, soll Eurojust eng mit dem Europäischen Justiziellen Netz zusammenarbeiten.[664] Die beiden Einrichtungen ergänzen sich, da das Justizielle Netz aus Kontaktstellen in den Mitgliedstaaten besteht, während Eurojust als selbstständige Einrichtung in Brüssel ausgebaut werden soll.[665]

3. Annäherung der Strafvorschriften

Als weiteres Instrument für die Zusammenarbeit in Strafsachen wird in Art. 29 Abs. 2 dritter Spiegelstrich EUV die Annäherung der Strafvorschriften der Mitgliedstaaten nach Art. 31 Abs. 1 lit. e) EUV genannt. Die Einfügung einer eigenen **Erforderlichkeitsklausel** als spezielle Ausprägung des Subsidiaritätsprinzips zeigt die Zurückhaltung der Mitgliedstaaten auf diesem Gebiet. Diese kommt vor allem auch in der **Erklärung Nr. 8** zum Vertrag von Amsterdam zum Ausdruck, wonach ein Mitgliedstaat, dessen Rechtssystem keine Mindeststrafen vorsieht, nicht aufgrund Art. 31 Abs. 1 lit. e) EUV verpflichtet ist, Mindeststrafen einzuführen. Trotzdem stellt die explizite Kompetenz zur Angleichung des materiellen Strafrechts einen großen Fortschritt in der Zusammenarbeit in Strafsachen dar. Der Rat kann danach Mindestvorschriften über die Tatbestandsmerkmale strafbarer Handlungen und die Strafen in den Bereichen Organisierte Kriminalität, Terrorismus und illegaler Drogenhandel festlegen. Eine Diskrepanz tritt im Verhältnis zu **Art. 29 Abs. 2 EUV** auf, der als Bereiche der Zusammenarbeit auch die nichtorganisierte Kriminalität, insbesondere Bestechung und Bestechlichkeit sowie Betrug nennt. Diese sind in Art. 31 Abs. 1 lit. e) EUV nicht genannt. Allerdings ist Art. 31 Abs. 1 EUV **nicht abschließend**, womit weitergehende Regelungen nicht ausgeschlossen sind.[666] Schwerpunkte der Angleichung des materiellen Strafrechts stellen damit die in Art. 31 Abs. 1 lit. e) EUV aufgeführten Sachbereiche dar, insgesamt können die Mitgliedstaaten sich jedoch auch über die Harmonisierung weiterer Straftatbestände und Sanktionen einigen.[667] Dies wird bei den meisten Maßnahmen im Bereich der Gegenstände der Zusammenarbeit miteinbezogen.[668] Insbesondere hat der Rat mit Rahmenbeschluss vom 29. Mai

---

[664] vgl. lit. c)

[665] vgl. für eine Gegenüberstellung der beiden Einrichtungen, Ratsdokument Nr. 11209/00 vom 8. September 2000; vgl. dazu die Erklärung Nr. 2 zum Vertrag von Nizza, ABl. EG 2001 Nr. C 80/77

[666] Der Rat und die Kommission gehen auch von einer nicht abschließenden Auflistung aus, vgl. den Aktionsplan des Rates und der Kommission zur bestmöglichen Umsetzung der Bestimmungen des Amsterdamer Vertrags über den Aufbau eines Raums der Freiheit, der Sicherheit und des Rechts vom 3. Dezember 1998, Nr. 46 lit. b), ABl. EG 1999 Nr. C 19/1; *Röben*, in Grabitz/Hilf, Das Recht der Europäischen Union, Stand Mai 1999, Art. 31 EUV, Rn. 17, vermutet, dass die Anwendungsbereiche von Art. 29 und Art. 31 Abs. 1 lit. e) EUV gleich sind, da andernfalls die erforderliche Grundlage strafjustizieller Zusammenarbeit fehlt.

[667] Unter dem Vertrag von Maastricht konnte man sich schon auf einige gemeinsame Definitionen von Tatbestandsmerkmalen und Sanktionen einigen, vgl. zu den diesbezüglichen Maßnahmen die Zusammenstellung oben 1. Teil B. VI. 7. sowie *Röben*, in Grabitz/Hilf, Das Recht der Europäischen Union, Stand Mai 1999, Art. 31 EUV, Rn. 18 ff; *Böse*, in Schwarze, EU-Kommentar, Art. 31 EUV, Rn. 10; *Brechmann*, in Callies/Ruffert, EUV/EGV, Art. 31 EUV, Rn. 6.

[668] vgl. zu den Maßnahmen im jeweiligen Sachbereich oben II. und B. II.6 hinsichtlich des Schutzes der finanziellen Interessen der EG

2000 über die Verstärkung des mit strafrechtlichen und anderen Sanktionen bewehrten Schutzes gegen Geldfälschung im Hinblick auf die Einführung des Euro allgemeine Straftatbestände und Sanktionen die Geldfälschung betreffend festgelegt.[669]

Weit über den durch Art. 31 Abs. 1 lit. e) EUV vorgegebenen Rahmen hinaus geht das Projekt eines „**Corpus Juris**" als Grundlage eines europäischen Strafrechts, das durch eine Expertengruppe unter Beteiligung des Europäischen Parlaments und der Kommission aufgestellt wurde.[670] Dieses besteht aus einem materiellstrafrechtlichen Allgemeinen und Besonderen Teil und macht Vorgaben zu den Sanktionen sowie dem Strafverfahren. Der Besondere Teil beinhaltet Tatbestände und Sanktionen zum Schutz der finanziellen Interessen der EU. Aufgrund seines Projektcharakters könnte das Corpus Juris die Keimzelle für ein Europäisches Straf- und Strafverfahrensrecht darstellen, das allerdings aufgrund des hohen nationalstaatlichen Souveränitätsgehalts dieses Sachbereichs in absehbarer Zeit keine Verwirklichung erfahren wird.

IV. Das Verfahren

1. Handlungsformen

Das gemeinsame Vorgehen der Mitgliedstaaten im Bereich der PJZS beinhaltet über die in den Art. 30 und 31 EUV speziell festgelegten Pflichten hinaus eine allgemeine **Unterrichtungs- und Koordinationspflicht** im Rat nach Art. 34 Abs. 1 S. 1 EUV. Dabei wird noch einmal festgelegt, dass die Mitgliedstaaten eine Zusammenarbeit zwischen ihren zuständigen Verwaltungsstellen begründen.[671] Eine eigenständige Bedeutung dürfte dieser Vorschrift allerdings im Hinblick auf die speziellen Regelungen der Art. 30 und 31 EUV kaum zukommen. Sie kann jedoch als Auffangvorschrift dienen, wenn besondere Vorschriften fehlen. Eine **Auflistung der Handlungsformen** des Titel VI EUV enthält Art. 34 Abs. 2 EUV. Der Rat kann danach Gemeinsame Standpunkte, Rahmenbeschlüsse und Beschlüsse annehmen sowie Übereinkommen erstellen. Der Wortlaut des Art. 34 Abs. 2 S. 1 EUV, wonach der Rat Maßnahmen ergreift und „in der geeigneten Form und nach den geeigneten Verfahren, die in diesem Titel festgelegt sind," eine Zusammenarbeit, die den Zielen der Union dient, fördert, spricht auf den ersten Blick für eine ausschließliche Aufzählung der Handlungsformen. Der intergouvernementale Charakter der dritten Säule im Gegensatz zur supranationalen EG sowie die weite Formulierung des Art. 34 Abs. 2 S. 1 EUV, der den Rat zur Ergreifung von Maßnahmen und zur Förderung der Zusammenarbeit verpflichtet, erlauben jedoch auch andere Formen des gemeinsamen Vorgehens, so dass die Aufzählung **nicht abschließend** ist.[672] Im Folgenden sollen die in Art. 34 Abs. 2 S. 2 EUV genannten Handlungsformen skizziert werden.

---

[669] ABl. EG 2000 Nr. L 140/1, Art. 3, 4 und 6

[670] vgl. dazu *Jokisch*, Gemeinschaftsrecht und Strafverfahren, S. 106 f; eine Erläuterung des Corpus Juris bietet *Huber* (Hrsg.), Das Corpus Juris als Grundlage eines Europäischen Strafrechts; *Nehm*, DRiZ 2000, 355, 361 f; *Harding*, ELRev. 2000, 374, 384 ff; kritisch zur Harmonisierung des Strafrechts *Klip*, NStZ 2000, 626 ff

[671] vgl. Art. 34 Abs. 1 S. 2 EUV

[672] vgl. *Böse*, in Schwarze, EU-Kommentar, Art. 34 EUV, Rn. 3; *Röben*, in Grabitz/Hilf, Das Recht der Europäischen Union, Stand Mai 1999, Art. 34 EUV, Rn. 4 und 8; vgl. für den Vertrag von Maastricht *Schweitzer/Hummer*, Europarecht, Rn. 1891

a) Gemeinsamer Standpunkt

Der Rat kann nach Art. 34 Abs. 2 S. 2 lit. a) EUV Gemeinsame Standpunkte annehmen. Im Vergleich zu Art. K.3 Abs. 2 EUV aF wurde der Einsatz dieses Instruments näher umschrieben. Durch den Gemeinsamen Standpunkt soll das Vorgehen der Union in einer gegebenen Frage bestimmt werden. Der Gemeinsame Standpunkt dient somit vorwiegend dem Ausdruck einer gemeinsamen Haltung zu einer politischen oder rechtlichen Frage. Wie schon unter dem Vertrag von Maastricht stellt sich auch hier das Problem, ob dem Gemeinsamen Standpunkt über die politische Bedeutung auch eine **rechtliche Bindungswirkung** der Mitgliedstaaten zukommt.[673] Ausdrücklich festgelegt ist eine solche in Art. 37 Abs. 1 EUV, wonach die Mitgliedstaaten in internationalen Organisationen und auf internationalen Konferenzen die Gemeinsamen Standpunkte vertreten. Für eine darüber hinausgehende rechtliche Bindungswirkung spricht insbesondere die bisherige Veröffentlichung der Gemeinsamen Standpunkte im Amtsblatt Nr. L, da unverbindliche Empfehlungen im Amtsblatt Nr. C veröffentlicht werden.[674] Die **Sonderstellung** der Gemeinsamen Standpunkte im Vergleich zu den Rahmenbeschlüssen und Beschlüssen führt jedoch zu einem anderen Ergebnis. Für diese Handlungsformen ist die Verbindlichkeit jeweils ausdrücklich vorgesehen, sie unterfallen der Kompetenz des EuGH nach Art. 35 Abs. 1 EUV und das Europäische Parlament ist an ihrer Entstehung nach Art. 39 Abs. 1 EUV beteiligt. E contrario kann unter Berücksichtigung dieser Sonderstellung den Gemeinsamen Standpunkten keine vergleichbare Rechtswirkung zukommen. Bis auf den Fall des Art. 37 Abs. 1 EUV kommt ihnen daher nur politische Bedeutung zu.[675] Förderpflichten im Sinne des völkerrechtlichen Estoppel-Prinzips sind jedoch nicht ausgeschlossen.[676]

b) Rahmenbeschluss

In Anlehnung an die Richtlinie im EG-Vertrag wurde mit dem Rahmenbeschluss in Art. 34 Abs. 2 S. 2 lit. b) EUV eine Handlungsform zur Angleichung der Rechts- und Verwaltungsvorschriften der Mitgliedstaaten eingefügt. Ebenso wie die Richtlinie ist der Rahmenbeschluss hinsichtlich des zu erreichenden Ziels verbindlich, überlässt jedoch den innerstaatlichen Stellen die Wahl der Form und der Mittel. Der Rahmenbeschluss dient wie die Richtlinie der **Rechtsangleichung**. Aufgrund dieser Anlehnung sind auch die vom EuGH für die Umsetzung einer Richtlinie aufgestellten Grundsätze auf die Umsetzung eines Rahmenbeschlusses anwendbar. So müssen die Mitgliedstaaten bei der Wahl der Form und Mittel die praktische Wirksamkeit des Rahmenbeschlusses gewährleisten und den Erfordernissen der Rechtssicherheit und

---

673 vgl. dazu oben 1. Teil B. IV. 3. b) bb)

674 vgl. die Empfehlung des Rates vom 30. November 2000, ABl. EG 2000 Nr. C 357/7

675 ebenso *Böse*, in Schwarze, EU-Kommentar, Art. 34 EUV, Rn. 5; *Geiger*, EUV/EGV, Art. 34 EUV, Rn. 5; *Monar*, ELRev. 1998, 320, 327; aA *Brechmann*, in Callies/Ruffert, EUV/EGV, Art. 34 EUV, Rn. 6, sowie *Röben*, in Grabitz/Hilf, Das Recht der Europäischen Union, Stand Mai 1999, Art. 34 EUV, Rn. 12, die aufgrund des Wortlauts „bestimmt" in Art. 34 Abs. 2 S. 2 lit. a) EUV zu einer rechtlichen Bindungswirkung kommen. In diesem Nebensatz wird jedoch nur eine inhaltliche Beschreibung vorgenommen, die keine Auswirkungen auf die Rechtswirkung hat. Nach *Pechstein/König*, Die Europäische Union, Rn. 233, sowie *Streinz*, Europarecht, Rn. 422b, kommt es entscheidend auf die Veröffentlichung im Amtsblatt Nr. L an, wonach eine rechtliche Bindungswirkung gegeben ist.

676 vgl. dazu schon oben 1. Teil B. IV. 3. b) bb) m. w. N.

Rechtsklarheit genügen.[677] Soweit ein Rahmenbeschluss Ansprüche des Einzelnen begründen soll, muss gewährleistet sein, dass die Begünstigten in der Lage sind, von allen ihren Rechten Kenntnis zu erlangen und diese gegebenenfalls vor den nationalen Gerichten geltend zu machen.[678] Die Auslegung des zur Umsetzung des Rahmenbeschlusses erlassenen nationalen Rechts hat rahmenbeschlusskonform zu erfolgen.[679] Im Unterschied zu den Richtlinien können Rahmenbeschlüsse jedoch aufgrund des ausdrücklichen primärrechtlichen Ausschlusses **keine unmittelbare Wirksamkeit** erlangen. Damit sollte die diesbezügliche Rechtsprechung des EuGH zu den Richtlinien ausgeschlossen werden.[680] Der Einzelne kann sich damit bei fehlender Umsetzung des Rahmenbeschlusses nicht auf diesen berufen und keine subjektiven Rechte auf den Rahmenbeschluss stützen. Damit fehlt auch einer auf die fehlende Umsetzung eines angenommenen Rahmenbeschlusses gestützten Schadensersatzklage die Grundlage.[681] Unklar bleibt bei dieser Formulierung, inwieweit die **objektive Wirkung** von zwar angenommenen, aber nicht umgesetzten Rahmenbeschlüssen ebenfalls ausgeschlossen ist.[682] Aufgrund des völkerrechtlichen Charakters der dritten Säule muss jegliche supranationale Wirkung ausgeschlossen sein. Sekundäres Unionsrecht ist kein mit Anwendungsvorrang ausgestattetes Gemeinschaftsrecht. Rahmenbeschlüsse können lediglich die Mitgliedstaaten völkerrechtlich zur Umsetzung verpflichten. Ist eine Umsetzung innerstaatlich nicht erfolgt, erlaubt der völkerrechtliche Charakter des Rahmenbeschlusses keine Einwirkung auf das nationale Recht. Damit ist auch die objektive Wirkung ausgeschlossen.[683]

c) Beschluss

Handelt es sich nicht um die Angleichung der Rechts- und Verwaltungsvorschriften der Mitgliedstaaten, so kann der Rat Beschlüsse gemäß Art. 34 Abs. 2 S. 2 lit. c) EUV annehmen. Diese sind verbindlich, jedoch wie die Rahmenbeschlüsse **nicht unmittelbar wirksam**. Dies bedeutet, dass die Beschlüsse nur völkerrechtliche Verpflichtungen für die Mitgliedstaaten und keine subjektiven Rechte für den Einzelnen begründen. Aufgrund des völkerrechtlichen Charakters ist jegliche supranationale Wirkung ausgeschlossen. Zur Durchführung dieser Beschlüsse auf Unionsebene kann der Rat Maßnahmen mit qualifizierter Mehrheit annehmen. Für diese **Durchführungsmaßnahmen** muss wie für die zugrundeliegenden Beschlüsse der Ausschluss der unmittelbaren Wirksamkeit gelten, da eine niederrangige Rechtsnorm

---

[677] vgl. *Schweitzer/Hummer*, Europarecht, Rn. 360 m. w. N.

[678] vgl. EuGH, Rs. C-361/88, TA-Luft, Slg. 1991, S. I-2567, Rz. 15

[679] vgl. zu den Grundsätzen bei der RL EuGH, Rs. C-91/92, Faccini Dori, Slg. 1994, S. I-3325, Rz. 26

[680] vgl. insbesondere EuGH, Rs. 148/78, Ratti, Slg. 1979, S. 1629 ff; EuGH, Rs. 8/81, Becker, Slg. 1982, S. 53 ff

[681] vgl. zur Parallelproblematik bei der RL EuGH, Verb. Rs. C-6 und C-9/90, Francovich, Slg. 1991, S. I-5357 ff; EuGH, Rs. C-392/93, British Telecommunications, Slg. 1996, S. I-1631 ff; EuGH, Verb. Rs. C-178/94, C-188/94, C-189/94 und C-190/94, Dillenkofer, Slg. 1996, S. I-4845 ff

[682] vgl. zur Unterscheidung bei RL EuGH, Rs. C-431/92, Wärmekraftwerk Großkrotzenburg, Slg. 1995, S. I-2189, Rz. 24 bis 26

[683] vgl. *Pechstein/König*, Die Europäische Union, Rn. 244 f; aA *Röben*, in Grabitz/Hilf, Das Recht der Europäischen Union, Stand Mai 1999, Art. 34 EUV, Rn. 15; Auswirkungen eines angenommenen, aber nicht umgesetzten Rahmenbeschlusses können sich jedoch zwischen den Mitgliedstaaten z. B. aufgrund des völkerrechtlichen Estoppel-Prinzips ergeben.

nicht mehr Rechtswirkungen als eine höherrangige haben kann.[684] Aufgrund des auch in der dritten Säule gemäß Art. 2 Abs. 2 EUV geltenden Subsidiaritätsprinzips ist der Beschluss gegenüber dem Rahmenbeschluss wegen der weitergehenden Regelungsmöglichkeiten **subsidiär**.[685]

d) Übereinkommen

Der Rat kann darüber hinaus nach Art. 34 Abs. 2 S. 2 lit. d) EUV Übereinkommen erstellen, die er den Mitgliedstaaten zur Annahme gemäß ihren verfassungsrechtlichen Vorschriften empfiehlt. Vor der Ratifikation durch die nationalen Parlamente erzeugt das Übereinkommen keine Rechtswirkung. Diese Möglichkeit entspricht dem normalen Vorgehen bei internationalen Organisationen. Die Mitgliedstaaten haben sich verpflichtet, die entsprechenden Verfahren innerhalb einer vom Rat gesetzten Frist einzuleiten. Problematisch ist das **Verhältnis der Beschlüsse/Rahmenbeschlüsse zu den Übereinkommen**. Zu klären ist, wann das aufwendigere Verfahren des Übereinkommens für die Regelung eines Sachbereichs Anwendung finden muss und in welchem Fall ein Beschluss/Rahmenbeschluss vom Rat gefasst werden kann. Konkret handelt es sich um die Frage, wann die nationalen Parlamente zu beteiligen sind. Dabei ist zu berücksichtigen, dass die nationalen Parlamente dem EU-Vertrag bereits zugestimmt und so die auf die EU-Institutionen übertragenen Kompetenzen gebilligt haben. Damit kann die Abgrenzung nicht nach nationalem Verfassungsrecht verlaufen, wonach ein Übereinkommen erforderlich ist, sobald die Verfassung eines Mitgliedstaates den Abschluss eines der parlamentarischen Zustimmung unterliegenden Völkerrechtsvertrags gebietet.[686] In der Maastricht-Entscheidung hat das Bundesverfassungsgericht entschieden, dass spätere wesentliche Änderungen des im EU-Vertrag angelegten Integrationsprogramms und seiner Handlungsermächtigungen nicht mehr vom Zustimmungsgesetz zu diesem Vertrag gedeckt sind.[687] Ausgehend von diesem Grundgedanken kann gefolgert werden, dass die Beteiligung der nationalen Parlamente immer dann erforderlich ist, wenn **wesentliche staatsorganisationsrechtliche oder grundrechtsrelevante Fragen** betroffen sind.[688] In diesem Fall kann kein Beschluss oder Rahmenbeschluss vom Rat angenommen werden, sondern es ist ein Übereinkommen zu erstellen. Um das **Inkrafttreten** im Hinblick auf die schwerfällige Ratifizierung von Übereinkommen zu beschleunigen, trifft Art. 34 Abs. 2 S. 3 EUV eine Sonderregelung. Sofern in den Übereinkommen nichts anderes vorgesehen ist, treten sie, sobald sie von mindestens der Hälfte der Mitgliedstaaten angenommen wurden, für diese Mitgliedstaaten in Kraft. Der Rat kann weiterhin Maßnahmen zur Durchführung der Übereinkommen annehmen.[689]

---

[684] vgl. *Pechstein/König*, Die Europäische Union, Rn. 251; aA *Röben*, in Grabitz/Hilf, Das Recht der Europäischen Union, Stand Mai 1999, Art. 34 EUV, Rn. 21 ff, der von einer unmittelbaren Anwendbarkeit im Einzelfall ausgeht, jedoch den völkerrechtlichen Charakter der dritten Säule vernachlässigt.
[685] vgl. *Pechstein/König*, Die Europäische Union, Rn. 247
[686] vgl. *Böse*, in Schwarze, EU-Kommentar, Art. 34 EUV, Rn. 10; aA *Pechstein/König*, Die Europäische Union, Rn. 249
[687] vgl. BVerfG, NJW 1993, 3047, 3052
[688] *Böse*, in Schwarze, EU-Kommentar, Art. 34 EUV, Rn. 10, will schon jede Regelung, die unmittelbar in Grundrechte eingreift oder zu derartigen Eingriffen ermächtigt, ausreichen lassen.
[689] vgl. Art. 34 Abs. 2 S. 4 EUV

2. Institutioneller Rahmen der Beschlussfassung

Der institutionelle Rahmen der Beschlussfassung unter Titel VI EUV hat sich mit dem Vertrag von Amsterdam zwar nicht in seinen Grundzügen, so jedoch in einigen merklichen Punkten geändert, auf die im Folgenden eingegangen werden soll. Dem **Europäischen Rat** kommt dabei wie unter dem Vertrag von Maastricht eine Leitlinienkompetenz zu.[690]

a) Rat und Kommission

Zentrales Organ der EU ist der Rat, der nach Art. 34 Abs. 2 S. 2 EUV grundsätzlich einstimmig auf Initiative eines Mitgliedstaates oder der Kommission Maßnahmen ergreift, wobei Initiativen und angenommene Rechtsakte im Amtsblatt veröffentlicht werden.[691] Die **Stellung der Kommission**, die nach Art. 36 Abs. 2 EUV auch im vollen Umfang an den Arbeiten in den in Titel VI EUV genannten Bereichen beteiligt ist, wurde damit im Vergleich zum Vertrag von Maastricht gestärkt. Die Stimmenthaltung von anwesenden oder vertretenen Mitgliedern steht dem Zustandekommen von Beschlüssen im **Rat** nach Art. 41 Abs. 1 EUV iVm Art. 205 Abs. 3 EGV nicht entgegen. Ausnahmen vom Einstimmigkeitsprinzip gelten für Durchführungsmaßnahmen bei Beschlüssen, die mit qualifizierter Mehrheit im Rat angenommen werden, Durchführungsmaßnahmen für Übereinkommen werden im Rat mit der Mehrheit von zwei Dritteln angenommen.[692] In Verfahrensfragen beschließt der Rat mit der Mehrheit seiner Mitglieder.[693] Hinsichtlich der Beschlussfassung im Rat wurden damit im Vergleich zum Vertrag von Maastricht kaum Fortschritte erzielt. Dasselbe gilt für die Arbeitsstruktur im Rat, die unter Maastricht u. a. für ein erschwertes Fortkommen bei der ZBJI verantwortlich war.[694] Der nach Art. 36 Abs. 1 EUV bestehende Koordinierungsausschuss ersetzt den alten K.4-Ausschuss, jedoch nicht den Ausschuss der Ständigen Vertreter nach Art. 207 EGV. Für die Arbeiten im Rat ist damit weiterhin eine **fünfstufige Arbeitsstruktur** vorhanden, da nach dem Ausschuss der Ständigen Vertreter und dem Ausschuss hoher Beamter Lenkungsgruppen gebildet wurden, denen wiederum Arbeitsgruppen unterstehen.[695]

b) Europäisches Parlament

Die Beteiligung des Europäischen Parlaments wurde in **Art. 39 EUV** neu geregelt. Neben der Verpflichtung des Vorsitzes und der Kommission zur Unterrichtung des Europäischen Parlaments sowie der Möglichkeit zu Anfragen oder Empfehlungen an den Rat wurde es mit dem Vertrag von Amsterdam nach Art. 39 Abs. 1 EUV in die Annahme von Rahmenbeschlüssen, Beschlüssen und Übereinkommen miteingebunden. Das Europäische Parlament hat ein **obligatorisches Anhörungsrecht** inne, das es innerhalb einer vom Rat gesetzten Frist, die mindestens drei Monate be-

[690] vgl. oben 1. Teil B. IV. 3.; *Pechstein/König*, Die Europäische Union, Rn. 225
[691] vgl. die Erklärung Nr. 9 zum Vertrag von Amsterdam
[692] Art. 34 Abs. 2 S. 2 lit. c) iVm Abs. 3 EUV bzw. Art. 34 Abs. 2 S. 4 EUV
[693] Art. 34 Abs. 4 EUV
[694] vgl. oben 1. Teil B. V.
[695] vgl. die Übersicht bei *Monar*, Integration 2000, 18, 25; zur Entwicklung, vgl. *Peers*, ELRev. 2000, 183, 185 ff

trägt, ausüben kann.[696] Damit hat sich die Stellung des Europäischen Parlaments zwar verbessert, ein Unterlassen der Anhörung kann mit einer Nichtigkeitsklage vor dem EuGH sanktioniert werden, allerdings fehlt es ihm an einer Mitentscheidungsbefugnis. Die demokratische Legitimation hat daher weiterhin hauptsächlich über die **nationalen Parlamente** zu erfolgen. Diese können auch über die Konferenz der Europa-Ausschüsse **„COSAC"** an den Gesetzgebungstätigkeiten im Rahmen von Titel VI EUV teilnehmen.[697] Diese Gestaltung ist im klassischen Eingriffsbereich der PJZS sehr bedenklich. Insbesondere im Hinblick auf die Übertragung von operativen Kompetenzen auf Europol ist eine stärkere Stellung des Europäischen Parlaments für eine bessere demokratische Legitimation wünschenswert.[698]

3. Auswärtige Beziehungen

Zur Koordinierung der auswärtigen Beziehungen im Bereich der PJZS legt Art. 37 Abs. 1 EUV mangels Rechtspersönlichkeit der EU fest, dass die Mitgliedstaaten in internationalen Organisationen und auf internationalen Konferenzen die im Rahmen des Titel VI EUV angenommenen **Gemeinsamen Standpunkte vertreten**.[699] Dasselbe gilt auch für die Beschlüsse und Rahmenbeschlüsse, da die Mitgliedstaaten durch diese völkerrechtlich verpflichtet werden.[700] Allerdings dürften diese zur Regelung der auswärtigen Beziehungen weniger Relevanz besitzen. Dabei werden die Mitgliedstaaten vom Vorsitz der EU vertreten und die Kommission wird an den Arbeiten in vollem Umfang beteiligt.[701] Ist zur Durchführung des Titel VI EUV der **Abschluss einer Übereinkunft** mit einem oder mehreren Staaten oder mit internationalen Organisationen erforderlich, so kann der Rat den Vorsitz ermächtigen, zu diesem Zweck Verhandlungen aufzunehmen. Er wird gegebenenfalls von der Kommission unterstützt.[702] Dabei muss jedoch - wie Art. 24 Abs. 5 EUV zeigt - im Auge behalten werden, dass Vertragsparteien die Mitgliedstaaten werden, so dass diese das Übereinkommen gemäß ihren verfassungsrechtlichen Bestimmungen annehmen müssen, was gegebenenfalls auch eine Beteiligung der nationalen Parlamente umfasst. Weitergehende bilaterale Vereinbarungen einzelner Mitgliedstaaten mit Drittstaaten werden davon nicht ausgeschlossen.[703] Zur Bekämpfung der Organi-

[696] Eine weitere Stärkung der Stellung des EP betrifft die Finanzierung der operativen Ausgaben, die nach Art. 41 Abs. 3 EUV zu Lasten des Haushalts der EG gehen, in dem das EP weitgehende Mitwirkungsrechte innehat.
[697] vgl. Protokoll über die Rolle der einzelstaatlichen Parlamente in der Europäischen Union, Nr. II. 5. und 6.; vgl. schon oben B. III. 3.
[698] vgl. zur demokratischen Kontrolle von Europol *Bull*, DRiZ 1998, 32, 35 ff, sowie *Gleß*, EuR 1998, 748, 760 f; Empfehlung des EP an den Rat zu Europol, Bull. EU 4-1999, Ziff. 1.5.10; vgl. zur demokratischen Legitimation des Schengener Sicherheitssystems vor der Eingliederung in den Rahmen der EU *Schreckenberger*, VerwArch 1997, 389, 408 f
[699] vgl. den Gemeinsamen Standpunkt vom 31. Januar 2000 zum in Ergänzung des geplanten Übereinkommens der Vereinten Nationen gegen die grenzüberschreitende organisierte Kriminalität geplanten Protokolls gegen die illegale Herstellung von Feuerwaffen, ihren Teilen und Bestandteilen sowie ihrer Munition und den illegalen Handel damit, ABl. EG 2000 Nr. L 37/1
[700] vgl. *Böse*, in Schwarze, EU-Kommentar, Art. 37 EUV, Rn. 1
[701] vgl. Art. 37 Abs. 2 EUV iVm Art. 18 Abs. 1 und 4 S. 1 EUV
[702] vgl. Art. 38 EUV iVm Art. 24 Abs. 3 S. 1 und Abs. 1 EUV; in der Erklärung Nr. 4 zum Vertrag von Amsterdam haben die Mitgliedstaaten festgelegt, dass damit keine Zuständigkeiten von den Mitgliedstaaten auf die EU übertragen werden.
[703] vgl. *Cremer*, ZaöRV 2000, 103, 125; hinsichtlich des Schengen-Besitzstands legt Art. 39 Abs. 5 S. 1 SDÜ dies sogar ausdrücklich fest.

sierten Kriminalität kommt insbesondere der Zusammenarbeit mit den osteuropäischen Staaten eine besondere Bedeutung zu.[704] **Europol** kann zur Erfüllung seiner Aufgaben selbst Beziehungen zu Drittstaaten begründen und unterhalten. Der Rat stellt dafür nach Titel VI EUV einstimmig Regeln auf.[705]

4. Passerelle

Die Zusammengehörigkeit von Titel IV EGV und Titel VI EUV wird noch einmal in **Art. 42 EUV** hervorgehoben. Danach kann der Rat auf Initiative der Kommission oder eines Mitgliedstaates und nach Anhörung des Europäischen Parlaments einstimmig beschließen, dass Maßnahmen in den in Art. 29 EUV genannten Bereichen unter Titel IV EGV fallen. Gleichzeitig kann er das entsprechende Abstimmungsverfahren festlegen. Dieses im Vergleich zu Art. 48 EUV, der die Einberufung einer Regierungskonferenz vorsieht, erleichterte Vertragsänderungsverfahren knüpft an Art. K.9 EUV aF an, der jedoch nicht zur Anwendung kam.[706] In Art. 42 EUV zeigt sich besonders der **dynamische Charakter** des Aufbaus eines Raums der Freiheit, der Sicherheit und des Rechts. Das Erfordernis der Ratifikation durch die nationalen Parlamente nach Art. 42 S. 2 EUV erweist sich jedoch auch hier als hohe Hürde.[707]

V. Bewertung

Mit den Bestimmungen über die PJZS versuchen die EU-Mitgliedstaaten eine Antwort auf die Sicherheitserwartungen der öffentlichen Meinung zu geben. Dies gelingt ihnen jedoch nur teilweise. Sicherheit entsteht neben einer Zusammenarbeit aufgrund neuer Vorschriften vor allem auch durch Transparenz und klare Strukturen. Die **Gegenstände der Zusammenarbeit** werden durch die explizite Aufnahme der nichtorganisierten Kriminalität sowie des Rassismus und der Fremdenfeindlichkeit ausgeweitet. Die in Art. 29 Abs. 2 EUV aufgezählten Schwerpunktbereiche knüpfen an die schon unter Maastricht bestehende Zusammenarbeit an. Lücken in einzelnen Bereichen, wie vor allem der repressiven Drogenbekämpfung, werden aufgrund der nicht abschließenden Formulierung des Art. 29 Abs. 2 EUV trotz fehlender Aufführung von Titel VI EUV erfasst. Der Vorwurf der lediglich fragmentarischen Aufnahme einzelner Sachbereiche hat damit keine Berechtigung. Zentrales Element des Titel VI EUV sind jedoch die **Instrumente der Zusammenarbeit**, d. h. das gemeinsame Vorgehen im Bereich der polizeilichen und justiziellen Zusammenarbeit unter Einschaltung von Europol und Eurojust sowie die Annäherung der Strafvorschriften. Für die Zusammenarbeit der zuständigen nationalen Behörden wurde ebenfalls eine nicht abschließende Regelung in Art. 30 Abs. 1 und 31 Abs. 1 EUV geschaffen. Dem

[704] vgl. z. B. den Aktionsplan der EU für ein gemeinsames Vorgehen zugunsten der Russischen Föderation bei der Bekämpfung der organisierten Kriminalität, ABl. EG 2000 Nr. C 106/5; vgl. auch den Vor-Beitrittspakt zur OK zwischen den Mitgliedstaaten der EU und den Beitrittsländern Mittel- und Osteuropas sowie Zypern, ABl. EG 1998 Nr. C 220/1; die EU und die Balkanstaaten wollen gemeinsam gegen Menschenhandel und illegale Zuwanderung vorgehen, vgl. SZ vom 4. April 2001, Nr. 79.

[705] vgl. Art. 42 Abs. 2 EuropolÜ; vgl. dazu den Beschluss des Rates vom 27. März 2000 zur Ermächtigung des Direktors von Europol, Verhandlungen über den Abschluss von Vereinbarungen mit Drittstaaten und Nicht-EU-Stellen aufzunehmen, ABl. EG 2000 Nr. C 106/1

[706] vgl. oben 1. Teil B. IV. 3. b) cc)

[707] In Deutschland gilt dafür Art. 23 Abs. 1 S. 2 GG. Vgl. für die besondere Situation Dänemarks die Erklärung dieses Staates zu Art. 42 EUV zum Vertrag von Amsterdam.

Aufbau von Europol folgte mit dem Vertrag von Nizza die Schaffung von Eurojust. Die Annäherung des materiellen Strafrechts erfolgt jedoch nur sehr zaghaft. Demgegenüber hat sich das **Verfahren** der Beschlussfassung unter Titel VI EUV im Vergleich zu Maastricht kaum verändert. Der Rat entscheidet entsprechend dem völkerrechtlichen Charakter der dritten Säule weiterhin grundsätzlich einstimmig in einer fünfstufigen Arbeitsstruktur. Obwohl insbesondere die Übertragung operativer Befugnisse auf Europol geplant ist, wurde die Stellung des Europäischen Parlaments nicht über ein obligatorisches Anhörungsrecht ausgedehnt. Dennoch ist eine schrittweise Einbeziehung von Europäischem Parlament und Kommission feststellbar. Diese auf dem Papier klaren Strukturen spiegeln beim gegenwärtigen Stand des Unionsrechts jedoch lediglich ein Wunschdenken wider. So greifen für die praktische Zusammenarbeit Übereinkommen, die im Rahmen des Europarates geschaffen wurden, bilaterale Abkommen, Schengen-Vorschriften, Unionsrecht und Gemeinschaftsrecht ineinander, jeweils mit einer anderen Rechtsqualität und von eigenständigen Gremien mit unterschiedlichen Durchführungsvorschriften ausgestattet.[708] Klare Antworten präzise und schnell zu finden, ist im Hinblick auf diesen Zustand für die Praxis wohl unmöglich.[709] Ein einheitlicher europäischer Rechtsraum ist beim gegenwärtigen Rechtsstand weit entfernt.[710] Mitverursacht wird dieser Umstand durch den in der dritten Säule herrschenden völkerrechtlichen Ansatz, der die nationalstaatliche Souveränität im Bereich des Strafrechts schützt und einer Harmonisierung der nationalen Rechtssysteme im Wege steht. Dadurch wird jede autonome Aktion der EU verhindert. Eine Verbesserung kann nur dann eintreten, wenn **souveränitätsrelevante Belange zugunsten subsidiaritätsrelevanter Umstände** in den Hintergrund gedrängt werden. Die Betonung des Subsidiaritätsprinzips, das für die EU in Art. 2 Abs. 2 EUV angelegt ist, statt des Souveränitätsprinzips kann zu einer besseren Koordinierung und Harmonisierung der Sachbereiche des Titel VI EUV unter Beachtung der nationalen Eigenständigkeit führen. In Titel VI EUV verbirgt sich das Konzept für eine vom normalen Völkerrecht abweichende, eigenständige polizeiliche und justizielle Zusammenarbeit. Die effektive und sachgerechte Umsetzung fehlt allerdings noch in vielen Bereichen.

D. Problematische Ansatzpunkte für den Aufbau eines Raums der Freiheit, der Sicherheit und des Rechts: Justiziabilität und Flexibilität

I. Justiziabilität

Zu den strategischen Zielen der Kommission für die Jahre 2000 bis 2005 zählt eine bessere Lebensqualität für alle. Dafür muss die EU die Schaffung eines Raums der Freiheit, der Sicherheit und des Rechts beschleunigen, in dem sich der Bürger nicht nur geschützt fühlt, sondern auch seine Rechte wirksam ausüben kann.[711] Ein Raum

[708] vgl. dazu *Nehm*, DRiZ 2000, 355, 356; *Schomburg*, DRiZ 1999, 107, 108

[709] vgl. dazu die Dokumentation des Falles Krombach, in dem deutsche, französische und internationale Gerichte in der Sache zwei Jahrzehnte gegeneinander und durcheinander urteilten, SZ vom 17./18. Februar 2001, Nr. 40, insbesondere das Urteil des EuGH vom 28. März 2000, Rs. C-7/98, Krombach, ABl. EG 2000 Nr. C 163/1

[710] *Schomburg*, DRiZ 2000, 341 ff, spricht aber angesichts der in den Jahren 1999 und 2000 erzielten Fortschritte bereits von einer Aufbruchstimmung.

[711] vgl. Strategische Ziele 2000-2005, KOM (2000) 154, Beilage 1/2000 zum Bull. EU, S. 26

des Rechts setzt voraus, dass innerhalb der Union die Grundsätze der Rechtssicherheit und Rechtsklarheit gewahrt werden und der Bürger in allen Mitgliedstaaten einen effektiven Zugang zum Recht hat. Eine Kontrolle europäischen Rechts muss dabei nach **einheitlichen Maßstäben** erfolgen, um Ungleichbehandlungen zu verhindern. Durch die Einbeziehung des Schengen-Besitzstands in den Rahmen der EU wurde erstmals auch für diesen Sachbereich eine Zuständigkeit des EuGH begründet.[712] Diese richtet sich entsprechend der Festlegung der Rechtsgrundlagen für jede Bestimmung und jeden Beschluss, die den Schengen-Besitzstand bilden, nach Titel IV EGV bzw. Titel VI EUV.[713] Für den Titel IV EGV wurden Sonderregelungen eingeführt, die die Justiziabilität dieser Vorschriften einschränken und erweitern. Dieser Problemkreis soll in einem ersten Punkt behandelt werden. In der dritten Säule ist der EuGH nach Maßgabe des Art. 46 EUV zuständig. Die Justiziabilität der in diesem Rahmen erlassenen Vorschriften wird zum Gegenstand der weiteren Ausführungen gemacht, bevor auf den Rechtsschutz im Rahmen von Europol eingegangen wird.

1. Eingeschränkte Justiziabilität im Rahmen der EG

Die Eingliederung der Visa-, Asyl- und Einwanderungspolitik sowie anderer Politiken betreffend den freien Personenverkehr in den EG-Vertrag hatte zur Folge, dass grundsätzlich die Bestimmungen über die Zuständigkeit des EuGH und des EuG nach Art. 220 ff EGV Anwendung finden.[714] Für die Klagen der Mitgliedstaaten, der Gemeinschaftsorgane und der EZB ist auch nach dem **Vertrag von Nizza** der Gerichtshof und nicht das Gericht erster Instanz zuständig.[715] Eine Sonderregelung gilt jedoch für das Vorabentscheidungsverfahren. Danach findet Art. 234 EGV nur unter den in Art. 68 Abs. 1 EGV festgelegten Umständen und Bedingungen Anwendung. Desweiteren enthält Art. 68 Abs. 2 EGV eine Kompetenzbeschränkung des Gerichtshofs. Mit Art. 68 Abs. 3 EGV wird ein neues Verfahren eingefügt. Diese Vorschriften sollen jedoch gemäß **Art. 67 Abs. 2 zweiter Spiegelstrich EGV** nur für einen Übergangszeitraum von fünf Jahren gelten. Nach Ablauf dieser fünf Jahre fasst der Rat einstimmig nach Anhörung des Europäischen Parlaments einen Beschluss, wonach die Bestimmungen über die Zuständigkeit des Gerichtshofs angepasst werden. Dies kann im Sinne eines einheitlichen effektiven Rechtsschutzes für den Aufbau eines Raums des Rechts nur bedeuten, dass die Sonderregelungen des Titel IV EGV insoweit modifziert werden, als sie das Niveau der Art. 220 ff EGV unterschreiten. Während mit dem Vertrag von Nizza hinsichtlich der Anwendung von Art. 251 EGV auf Teile des Titel IV EGV gemäß Art. 67 Abs. 2 zweiter Spiegelstrich EGV bereits ein diesbezüglicher Beschluss gefasst wurde,[716] ist eine Anpassung der Zuständigkeiten des Gerichtshofs nicht erfolgt. Aufgrund des klaren Wortlauts ergibt sich für die Anpassung eine Handlungspflicht des Rates, die bei Verletzung mit der

[712] vgl. zur europäischen Gerichtsbarkeit nach dem Vertrag von Nizza *Sack*, EuZW 2001, 77 ff; im Vorfeld *Chavrier*, RMCUE 2000, 620 ff

[713] vgl. Art. 2 Abs. 1 UAbs. 3 Schengen-Protokoll; vgl. schon oben A. III. 3. d); vgl. *Albors-Llorens*, CMLRev. 1998, 1273, 1290 f; daneben gewährt Art. 111 Abs. 1 SDÜ noch den Zugang zu den nach nationalem Recht zuständigen Gerichten.

[714] vgl. zum Rechtsschutzsystem *Schweitzer/Hummer*, Europarecht, Rn. 456 ff

[715] vgl. Art. 225 Abs. 1 S. 1 EGV iVm Art. 51 der Satzung des Gerichtshofs; das Protokoll über die Satzung des Gerichtshofs findet sich in ABl. EG 2001 Nr. C 80/53 ff.

[716] vgl. Art. 67 Abs. 5 EGV und den Einzigen Artikel des Protokolls zu Artikel 67 EGV zum Vertrag von Nizza; vgl. schon oben B. III. 3.

Untätigkeitsklage angreifbar ist. Dem Rat ist diesbezüglich jedoch ein politischer Gestaltungsspielraum zuzubilligen,[717] so dass ein fehlender Beschluss nicht mit einem automatischen Wegfall der Modifikationen des Art. 68 EGV sanktioniert werden kann.

a) Einschränkung des Vorabentscheidungsverfahrens

Das in Art. 234 EGV geregelte Vorabentscheidungsverfahren ist ein Inzidentverfahren, das ähnlich der konkreten Normenkontrolle des Art. 100 Abs. 1 GG ausgestaltet ist und der Verwirklichung des dem Gerichtshof gemäß Art. 220 Abs. 1 EGV zukommenden Auslegungsmonopols für das Gemeinschaftsrecht dient.[718] Auch nach dem Vertrag von Nizza ist der Gerichtshof und nicht das Gericht erster Instanz weiter allein für das Vorabentscheidungsverfahren zuständig.[719] Dem Verfahren kommt gerade im Hinblick auf die verschiedenen nationalen Rechtsordnungen eine bedeutende Rolle für die **Wahrung der Rechtseinheit** in der EG zu.[720] Dadurch dass allein der Gerichtshof über die Auslegung und Gültigkeit des Gemeinschaftsrechts entscheidet, wird die Entstehung eines einheitlichen europäischen Rechtsraums gewährleistet. Das Verfahren besitzt aufgrund seiner Einbettung in nationale Rechtszüge auch **individualrechtsschützende Wirkung**. Es garantiert die gleichmäßige Wahrung der durch das Gemeinschaftsrecht verliehenen subjektiven Rechte unabhängig von den nationalen Rechtsordnungen.[721] Art. 68 Abs. 1 EGV modifiziert das Vorabentscheidungsverfahren des Art. 234 EGV. Bisher galt für das Gemeinschaftsrecht einheitlich, dass die im konkreten Fall letztinstanzlich entscheidenden nationalen Gerichte verpflichtet sind und alle anderen nationalen Gerichte die Möglichkeit haben, gemeinschaftsrechtliche Vorfragen, deren Klärung sie zum Erlass ihres Urteils für erforderlich halten, dem Gerichtshof vorzulegen. Für den Sachbereich des Titel IV EGV fällt nach Art. 68 Abs. 1 EGV die Vorlagemöglichkeit der unterinstanzlichen nationalen Gerichte weg.[722] Grund dafür war die Besorgnis der Mitgliedstaaten über eine mögliche Überlastung des Gerichtshofs aufgrund der besonders rechtsschutzintensiven Bereiche des Asyl- und Einwanderungsrechts sowie über mögliche Verfahrensverzögerungen.[723] Es bleibt allein die **Vorlagepflicht** der konkret letztinstanzlich entscheidenden nationalen Gerichte bestehen.[724] Folge dieser Einschränkung des Vor-

[717] vgl. *Dörr/Mager*, AöR 125 (2000), 386, 400

[718] vgl. zum Vorabentscheidungsverfahren *Schweitzer/Hummer*, Europarecht, Rn. 520 ff; *Oppermann*, Europarecht, Rn. 756 ff; *Streinz*, Europarecht, Rn. 556 ff

[719] Nach Art. 225 Abs. 3 EGV ist zwar das Gericht erster Instanz in besonderen in der Satzung festgelegten Sachgebieten für Vorabentscheidungen nach Art. 234 EGV zuständig. Eine solche Festlegung ist jedoch (noch) nicht erfolgt.

[720] vgl. EuGH, Rs. 69/85, Wünsche III, Slg. 1986, S. 947, Rz. 12

[721] vgl. insbesondere die unmittelbare Wirkung von Richtlinien bei fehlender nationaler Umsetzung, EuGH, Verb. Rs. C-6 u. C-9/90, Francovich, Slg. 1991, S. I-5357 ff

[722] aA entgegen dem klaren Wortlaut *Brechmann*, in Callies/Ruffert, EUV/EGV, Art. 68 EGV, Rn. 2

[723] vgl. *Röben*, in Grabitz/Hilf, Das Recht der Europäischen Union, Stand Mai 1999, Art. 68 EGV, Rn. 4; *Wiedmann*, in Schwarze, EU-Kommentar, Art. 68 EGV, Rn. 4; *Bardenhewer*, in Lenz, EG-Vertrag, Art. 68 EGV, Rn. 3; *Albors-Llorens*, CMLRev. 1998, 1273, 1288; *Labayle*, RTDE 1997, 813, 861

[724] Die Vorlagepflicht geht aus dem Wortlaut hervor, der dem nationalen Gericht aufgrund des fehlenden „kann", „darf" oder „soll" keinen Entscheidungsspielraum einräumt. Die in Art. 68 Abs. 1 HS 2 EGV angesprochene Erforderlichkeitsprüfung nimmt lediglich die Frage nach der Entscheidungserheblichkeit wieder auf. Dies wird auch durch die Änderung gegenüber dem Vertragsentwurf vom 19. Juni 1997 bekräftigt, der noch vorsah, dass die nationalen Gerichte den EuGH nur „ersuchen", vgl. *Piepenschneider*, Der Vertrag von Amsterdam, S. 55; vgl. auch *Dörr/Mager*, AöR 125 (2000), 386, 389; *Röben*, in Grabitz/Hilf, Das Recht der Europäischen Union, Stand Mai 1999, Art. 68 EGV, Rn. 6;

abentscheidungsverfahrens sind Beeinträchtigungen sowohl der Wahrung der Rechtseinheit als auch des individualrechtschützenden Charakters des Art. 234 EGV. Da den unterinstanzlichen nationalen Gerichten die Möglichkeit der Vorlage genommen wurde, besteht die Gefahr der uneinheitlichen Anwendung von Gemeinschaftsrecht. Dies betrifft nicht nur die Auslegung, sondern vielmehr auch die Frage nach der Gültigkeit von Gemeinschaftsrecht, da dem EuGH hierfür ein **Verwerfungsmonopol** zukommt.[725] Hält ein unterinstanzliches Gericht eine gemeinschaftsrechtliche Norm im Sachbereich des Titel IV EGV für ungültig, so kann es diese Frage nicht dem EuGH vorlegen, darf die Norm jedoch aufgrund des Verwerfungsmonopols des EuGH auch nicht unangewendet lassen.[726] Damit kann der Fall eintreten, dass ein nationales Gericht eine ungültige Norm anwenden muss. Eine Lösung dieser Situation ergibt sich hier nur im Beschreiten des Rechtswegs bis zur letzten nationalen Instanz, die dann zur Vorlage an den Gerichtshof verpflichtet ist. Dies bleibt jedoch den Parteien vorbehalten und kann geraume Zeit in Anspruch nehmen. Insoweit wirkt die Modifikation hinsichtlich einer beabsichtigten Verfahrensverkürzung sogar kontraproduktiv.[727] In diesem Zwang zur Ausschöpfung des Instanzenwegs liegt auch ein Rückschritt für den Individualrechtsschutz des Gemeinschaftsrechts, da unterinstanzliche Urteile insbesondere durch die Möglichkeit der vorläufigen Vollstreckbarkeit erhebliche Wirkungen entfalten können. Gegen das in Art. 6 Abs. 1 EUV verankerte Prinzip der Rechtsstaatlichkeit dürfte dies jedoch nicht verstoßen, da der Rechtsweg nicht ausgeschlossen, sondern lediglich erschwert wird. Beinhaltet der Aufbau eines Raums des Rechts jedoch auch die Gewährleistung effektiven Rechtsschutzes im Sinne einer einheitlichen Anwendung des Gemeinschaftsrechts, so ist im Wege der nach Art. 67 Abs. 2 zweiter Spiegelstrich EGV erforderlichen Anpassung der Zuständigkeiten des Gerichtshofs auch die Abschaffung dieser Modifikation des Art. 234 EGV zu erwarten.

b) Kompetenzbeschränkung

Die Kompetenzbeschränkung, wonach der Gerichtshof in jedem Fall nicht für Entscheidungen über Maßnahmen oder Beschlüsse nach Art. 62 Nr. 1 EGV zuständig ist, die die Aufrechterhaltung der **öffentlichen Ordnung und den Schutz der inneren Sicherheit** betreffen, nimmt die Formulierung in Art. 64 Abs. 1 EGV wieder auf. Während Art. 64 Abs. 1 EGV jedoch den Mitgliedstaaten für die Aufrechterhaltung der öffentlichen Ordnung und den Schutz der inneren Sicherheit eine eigene Zuständigkeit zuweist,[728] betrifft Art. 68 Abs. 2 EGV Maßnahmen und Beschlüsse **des Rates** hinsichtlich des Wegfalls der Binnengrenzen nach Art. 62 Nr. 1 EGV. Die Mitgliedstaaten können nach Art. 62 Nr. 1 EGV keine Maßnahmen oder Beschlüsse treffen.[729] Die nach dem Schengen-Konzept für den Wegfall der Binnengrenzkon-

---

Bardenhewer, in Lenz, EG-Vertrag, Art. 68 EGV, Rn. 3; *Girerd*, RTDE 1999, 239, 243; aA *Wiedmann*, in Schwarze, EU-Kommentar, Art. 68 EGV, Rn. 3; vgl. zum Begriff des letztinstanzlichen Gerichts *Schweitzer/Hummer*, Europarecht, Rn. 530.

[725] vgl. EuGH, Rs. 314/85, Foto-Frost, Slg. 1987, S. 4199, Rz. 15

[726] vgl. *Dörr/Mager*, AöR 125 (2000), 386, 391; *Röben*, in Grabitz/Hilf, Das Recht der Europäischen Union, Stand Mai 1999, Art. 68 EGV, Rn. 4; *Knapp*, DÖV 2001, 12, 14 f; aA *Pechstein*, DÖV 1998, 569, 576; *Classen*, EuR, Beiheft 1/1999, 73, 75

[727] ebenso kritisch *Hailbronner/Thiery*, EuR 1998, 583, 596

[728] vgl. oben B. I. 3. a)

[729] ebenso *Dörr/Mager*, AöR 125 (2000), 386, 397 f; *Müller-Graff*, Institutionelle und materielle Reformen in der Zusammenarbeit in den Bereichen Justiz und Inneres, in Hummer, Die Europäische Union

trollen erforderlichen Ausgleichsmaßnahmen sind insbesondere hinsichtlich der Kontrollen an den Außengrenzen auf Art. 62 Nr. 2 EGV und bezüglich der verstärkten polizeilichen Zusammenarbeit auf Titel VI EUV zu stützen. Den Wegfall der Binnengrenzkontrollen regelt bis zum Erlass einer gemeinschaftsrechtlichen Maßnahme **Art. 2 SDÜ**. Danach kann ein Schengen-Staat nach Konsultation der anderen Vertragsparteien beschließen, für einen begrenzten Zeitraum Binnengrenzkontrollen wiedereinzuführen, wenn die öffentliche Ordnung oder die nationale Sicherheit dies erfordert. Art. 64 Abs. 1 EGV setzt diese Kompetenz der Mitgliedstaaten gemeinschaftsrechtlich um, indem er ihnen die Zuständigkeit für die Aufrechterhaltung der öffentlichen Ordnung und den Schutz der inneren Sicherheit vorbehält. Art. 68 Abs. 2 EGV kann damit nur so verstanden werden, dass der Gerichtshof unabhängig von der Auslegung des Art. 64 Abs. 1 EGV in keinem Fall für die Kontrolle der Wiedereinführung von Binnengrenzkontrollen aus Gründen der öffentlichen Sicherheit und Ordnung **durch den Rat** zuständig sein soll. Eine Wiedereinführung der Binnengrenzkontrollen **durch einen Mitgliedstaat** auf der Grundlage des Art. 64 Abs. 1 EGV ist dagegen von der Zuständigkeit des Gerichtshofs nach Art. 68 Abs. 2 EGV nicht ausgeschlossen.[730] Hierin unterscheidet sich Art. 68 Abs. 2 EGV von Art. 35 Abs. 5 EUV, der gerade mitgliedstaatliche Maßnahmen betrifft.[731] Der von den Mitgliedstaaten angestrebte Zweck der Regelung, die zeitweise Wiedereinführung von Binnengrenzkontrollen durch die Mitgliedstaaten der Kontrolle des EuGH zu entziehen, konnte damit durch Art. 68 Abs. 2 EGV nicht erreicht werden.[732] Da die Vorschriften über den Wegfall der Binnengrenzkontrollen jedoch nach Art. 2 SDÜ einen Teil des **Schengen-Besitzstands** darstellen, besteht ein Jurisdiktionsausschluss des EuGH für mitgliedstaatliche Maßnahmen oder Beschlüsse, die die Aufrechterhaltung der öffentlichen Ordnung und den Schutz der inneren Sicherheit betreffen, über Art. 2 Abs. 1 UAbs. 3 S. 2 Schengen-Protokoll.[733] **Maßnahmen oder Beschlüsse des Rates** hinsichtlich des Überschreitens der Binnengrenzen, die die öffentliche Ordnung und den Schutz der inneren Sicherheit betreffen, kann es nach dieser Konzeption nur in zwei Fällen geben.[734] Art. 68 Abs. 2 EGV macht systematisch nur dann Sinn, wenn die Kompetenz der Mitgliedstaaten nach Art. 64 Abs. 1 EGV zugunsten der EG eng und gleichzeitig der Begriff der öffentlichen Ordnung und inneren Sicherheit in Art. 68 Abs. 2 EGV weiter als in Art. 64 Abs. 1 EGV ausgelegt wird oder Art. 64 Abs. 1 EGV nur eine parallele Zuständigkeit der Mitgliedstaaten begründet.[735] Nur in diesen Fällen hätte Art. 68 Abs. 2 EGV einen Anwendungsbereich. Die Annahme einer parallelen Zuständigkeit entspricht nicht der Stellung des Art. 64 Abs. 1 EGV, der nach seinem Wortlaut einen Regelungsvorbehalt zugunsten der Mitgliedstaaten darstellt.

---

nach dem Vertrag von Amsterdam, S. 259, 270; *Geiger*, EUV/EGV, Art. 68 EGV, Rn. 2; aA wohl *Wiedmann*, in Schwarze, EU-Kommentar, Art. 68 EGV, Rn. 5; *Bardenhewer*, in Lenz, EG-Vertrag, Art. 68 EGV, Rn. 6, und *Knapp*, DÖV 2001, 12, 17 f, gehen davon aus, dass Art. 68 Abs. 2 EGV für nationale Maßnahmen des Art. 64 Abs. 1 EGV gilt, die das Überschreiten der Binnengrenzen betreffen. In diesem Fall hätte jedoch in Art. 68 Abs. 2 EGV auf Art. 64 Abs. 1 EGV Bezug genommen werden müssen.

[730] vgl. *Classen*, EuR, Beiheft 1/1999, 73, 76 f

[731] vgl. dazu unten 2. d)

[732] ebenso *Dörr/Mager*, AöR 125 (2000), 386, 397 f; Frankreich drängte auf einen Ausschluss des EuGH, vgl. *Hailbronner/Thiery*, EuR 1998, 583, 597; *Curti Gialdino*, RMUE 1998, 89, 104 f

[733] vgl. dazu schon oben A. III. 3. d)

[734] Auch die geplanten gemeinschaftsrechtlichen Maßnahmen müssen sich an Art. 64 Abs. 1 EGV halten, vgl. Anzeiger der Fortschritte bei der Schaffung eines „Raums der Freiheit, der Sicherheit und des Rechts" in der Europäischen Union, 1. Halbjahr 2001, KOM (2001) 278 endg., Ziff. 5 a. E.

[735] für eine parallele Zuständigkeit von Rat und Mitgliedstaaten wohl *Dörr/Mager*, AöR 125 (2000), 386, 397 f

Damit verbleibt, um Art. 68 Abs. 2 EGV nicht praktisch weitgehend leerlaufen zu lassen, lediglich eine unterschiedliche Auslegung der Begriffe öffentliche Ordnung und innere Sicherheit.[736] Ob der EuGH jedoch eine solche seine Zuständigkeit eingrenzende Interpretation mitmacht, ist zweifelhaft, zumal die EG eine Rechtsgemeinschaft der Art ist, dass weder die Mitgliedstaaten noch die Gemeinschaftsorgane der Kontrolle darüber entzogen sind, ob ihre Handlungen im Einklang mit dem EG-Vertrag stehen.[737] Wie der Wortlaut „**in jedem Fall**" und die systematische Stellung in einem eigenen Absatz zeigen, betrifft diese Kompetenzbeschränkung alle Verfahren vor dem EuGH zur Kontrolle der Maßnahmen oder Beschlüsse des Rates und nicht nur das Vorabentscheidungsverfahren.[738]

c) Abstraktes Vorlageverfahren

In einem durch den Vertrag von Amsterdam in Art. 68 Abs. 3 S. 1 EGV neu eingefügten abstrakten Vorlageverfahren können Rat, Kommission oder Mitgliedstaaten dem Gerichtshof eine Frage der Auslegung des Titel IV EGV oder von auf diesen Titel gestützten Rechtsakten der Organe zur Entscheidung vorlegen. Die Frage nach der Gültigkeit kann schon mit der Nichtigkeitsklage nach Art. 230 Abs. 2 EGV verfolgt werden. Wie e contrario aus dem expliziten Ausschluss der Verbindlichkeit für rechtskräftige Urteile nationaler Gerichte gefolgert werden kann, besitzt die diesbezügliche Entscheidung des Gerichtshofs **allgemeine Verbindlichkeit erga omnes** und geht damit über die Wirkung im normalen Vorabentscheidungsverfahren hinaus, das lediglich inter partes gilt.[739] Das sich hieraus ergebende Problem des **Rückwirkungsrechts** wird in Art. 68 Abs. 3 S. 2 EGV durch den Ausschluss bereits rechtskräftiger Urteile nationaler Gerichte von der erga-omnes-Wirkung gelöst. Der Begriff Urteil ist dabei gemeinschaftsrechtlich auszulegen und untechnisch iSv verfahrensabschließenden gerichtlichen Entscheidungen zu verstehen.[740] Durch die Einführung des abstrakten Vorlageverfahrens wird die Gefahr für die **Rechtseinheit** durch die Einschränkung des Vorabentscheidungsverfahrens zwar abgeschwächt, nicht jedoch in ihrem Ursprung angegangen.[741] Eine zumindest zeitweilige unterschiedliche Auslegung von Gemeinschaftsrecht wird dadurch nicht ausgeschlossen, da nicht davon ausgegangen werden kann, dass die sich in einem konkreten Verfahren stellenden

---

[736] Dass dies grundsätzlich möglich ist, zeigt EuGH, Rs. T-174/95, Svenska Journalistförbundet, NVwZ 1999, 59, Rz. 120 f. Dabei hat eine gemeinschaftsrechtliche Auslegung zu erfolgen, da es sich um gemeinschaftsrechtliche Begriffe handelt, die einheitlich auszulegen sind. AA *Wiedmann*, in Schwarze, EU-Kommentar, Art. 68 EGV, Rn. 6.

[737] vgl. EuGH, Rs. 294/83, Les Verts, Slg. 1986, S. 1339, Rz. 23

[738] ebenso *Dörr/Mager*, AöR 125 (2000), 386, 398 ff; *Röben*, in Grabitz/Hilf, Das Recht der Europäischen Union, Stand Mai 1999, Art. 68 EGV, Rn. 8, 13

[739] vgl. *Dörr/Mager*, AöR 125 (2000), 386, 393; *Knapp*, DÖV 2001, 12, 15; *Wiedmann*, in Schwarze, EU-Kommentar, Art. 68 EGV, Rn. 10; vgl. zur Bindungswirkung eines im Vorabentscheidungsverfahren ergangenen Urteils EuGH, Rs. 69/85, Wünsche III, Slg. 1986, S. 947, Rz. 13 ff

[740] vgl. im Englischen „judgements of courts", im Französischen „décisions des juridictions", dazu *Martinet*, in Léger, Commentaire article par article des traités UE et CE, Art. 68 TCE, Rn. 10 ff; vgl. auch *Dörr/Mager*, AöR 125 (2000), 386, 393; *Knapp*, DÖV 2001, 12, 15, will die Begrenzung der Bindungswirkung auch auf Entscheidungen der Verwaltung ausdehnen, die aufgrund ihrer Bestandskraft nicht mehr mit Rechtsmitteln angegriffen werden können. Dies dürfte jedoch zu weit gehen, da Art. 68 Abs. 3 S. 2 EGV lediglich von Gerichten spricht, vgl. zum gemeinschaftsrechtlichen Gerichtsbegriff EuGH, Rs. C-393/92, Gemeinde Almelo, Slg. 1994, S. I-1477, Rz. 21; EuGH, Rs. C-54/96, Dorsch, Slg. 1997, S. I-4961, Rz. 23.

[741] weniger kritisch *Dörr/Mager*, AöR 125 (2000), 386, 395

Fragen in den meisten Fällen bereits vorher in einem abstrakten Verfahren beantwortet werden können. Für die Wahrung der Rechtseinheit kommt dem abstrakten Vorlageverfahren damit nur ergänzende Funktion zu. Hinsichtlich der Beeinträchtigung des Individualrechtsschutzes durch Art. 68 Abs. 1 EGV stellt Art. 68 Abs. 3 EGV keine Kompensation dar, da der Zwang zur Ausschöpfung des Rechtswegs bestehen bleibt.

d) Bewertung

Stellt man einen Vergleich mit dem Rechtsschutz während des Vertrags von Maastricht an, so ist ein **großer Fortschritt** durch die Vergemeinschaftung der Politiken des Titel IV EGV feststellbar. Grundsätzlich ist der EuGH nun zur Wahrung des Rechts bei der Auslegung und Anwendung der Visa-, Asyl- und Einwanderungspolitik ohne Unterschied zu den anderen Politiken zuständig. Die Furcht vor der dynamischen Interpretation des Gerichtshofs und das ihm gegenüber bestehende Misstrauen zeigen sich aber weiterhin insbesondere in drei Punkten. Erstmals seit Gründung der Europäischen Gemeinschaft ist innerhalb des EG-Vertrags für einzelne Politikbereiche ein Rückschritt hinsichtlich der Zuständigkeit des EuGH feststellbar.[742] Die **Einschränkung des Vorabentscheidungsverfahrens** in Art. 68 Abs. 1 EGV beeinträchtigt die Wahrung der Rechtseinheit und den effektiven Individualrechtsschutz innerhalb der EG und wird durch das abstrakte Vorlageverfahren des Art. 68 Abs. 3 EGV nicht kompensiert. Mit Art. 68 Abs. 2 EGV haben die Mitgliedstaaten versucht, den EuGH von dem zwar souveränitätsrelevanten, aber auch grundrechtsrelevanten **Bereich der öffentlichen Ordnung und inneren Sicherheit auszuschließen**. Hinzu kommt, dass die Mitgliedstaaten unter Erhaltung einer parallelen Zuständigkeit bei den Außenbeziehungen hinsichtlich des Überschreitens der Außengrenzen die **AETR-Rechtsprechung des EuGH modifiziert** haben.[743] Bedenklich stimmt, dass im Gegensatz zum Verfahren der Beschlussfassung mit dem Vertrag von Nizza die Anpassung der Zuständigkeiten des EuGH nicht angegangen wurde. Zur Wahrung der Rechtseinheit und eines effektiven Individualrechtsschutzes in einem einheitlichen Raum des Rechts ist dies jedoch dringend erforderlich.

2. Justiziabilität der polizeilichen und justiziellen Zusammenarbeit in Strafsachen

Während nach dem Vertrag von Maastricht eine Zuständigkeit des Gerichtshofs nur für im Rahmen von Art. K.3 Abs. 2 lit. c) EUV aF geschlossenen Übereinkommen vorgesehen werden konnte, wurde die Kompetenz des EuGH für den Titel VI EUV mit dem Vertrag von Amsterdam erstmals allgemein in Art. 46 lit. b) EUV iVm Art. 35 EUV geregelt. Danach gelten die Bestimmungen des EG-Vertrags betreffend die Zuständigkeit des EuGH und die Ausübung dieser Zuständigkeit für die Bestimmungen des Titel VI EUV „**nach Maßgabe**" des Art. 35 EUV. In dieser Vorschrift finden sich neben einer Kompetenzbeschränkung lediglich Vorschriften über das Vorabentscheidungsverfahren, die Nichtigkeitsklage sowie ein neu geschaffenes Streitbeile-

[742] vgl. *Labayle*, RTDE 1997, 813, 862
[743] Protokoll über die Außenbeziehungen der Mitgliedstaaten hinsichtlich des Überschreitens der Außengrenzen, vgl. dazu B. I. 4.

gungsverfahren. Ist die Regelung des Art. 35 EUV konstitutiv für die Begründung der Zuständigkeit des Gerichtshofs, so sind die anderen im EG-Vertrag angelegten Verfahren vor dem EuGH für den Bereich des Titel VI EUV ausgeschlossen. Wird die Zuständigkeit des EuGH jedoch durch Art. 46 lit. b) EUV konstitutiv begründet, so finden alle Verfahren des EG-Vertrags auch für Titel VI EUV Anwendung. Art. 35 EUV würde in diesem Fall lediglich eine Modifizierung einiger Verfahren beinhalten. Im Hinblick auf den völkerrechtlichen Charakter der dritten Säule ist Ersteres anzunehmen. Dafür spricht auch, dass neben den ausführlich geregelten Verfahren in Art. 35 EUV jeglicher vertragliche Hinweis auf noch darüber hinaus anwendbare Verfahren im Bereich des Titel VI EUV fehlt. Aus Art. 35 Abs. 1 bis 4 EUV geht dazu der Wille der Mitgliedstaaten hervor, die Zuständigkeit des EuGH nur in ausdrücklich geregelten Fällen zuzulassen.[744] Damit ist Art. 35 EUV für die Begründung der Zuständigkeit des Gerichtshofs konstitutiv.

a) Das modifizierte Vorabentscheidungsverfahren

Das Vorabentscheidungsverfahren findet in Art. 35 Abs. 1 bis 4 EUV eine abschließende Regelung, die einen Rückgriff auf Art. 234 EGV nicht erlaubt. Wie in der normalen Ausgestaltung im EG-Vertrag dient es als Zwischenverfahren in einem nationalen Rechtsstreit ähnlich der konkreten Normenkontrolle nach Art. 100 Abs. 1 GG. Die **fehlende unmittelbare Wirksamkeit** der Beschlüsse und Rahmenbeschlüsse nach Art. 34 Abs. 2 S. 2 lit. b) und c) EUV beeinträchtigt dabei den Zweck des Vorabentscheidungsverfahrens nicht, da ähnlich der Pflicht zur richtlinienkonformen Auslegung zur Umsetzung von Beschlüssen und Rahmenbeschlüssen ergangene nationale Maßnahmen anhand der ihnen zugrundeliegenden Rechtsgrundlage ausgelegt werden müssen.[745] Das Vorabentscheidungsverfahren nach Art. 35 EUV weist jedoch hinsichtlich der fakultativen Zuständigkeit und des Vorlagegegenstands Besonderheiten auf.

aa) Fakultativklausel

Der auf dem Souveränitätsprinzip beruhende völkerrechtliche Charakter der dritten Säule zeigt sich insbesondere in der Fakultativklausel des Art. 35 Abs. 2 EUV, die an Art. 36 Abs. 2 IGH-Statut angelehnt ist.[746] Danach ist Vorausssetzung für die Zuständigkeit des EuGH eine **Anerkennungserklärung**, die jeder Mitgliedstaat bei der Unterzeichnung des Vertrags von Amsterdam oder zu jedem späteren Zeitpunkt abgeben kann. Trotz der in Titel VI EUV aufgenommenen Kompetenz des EuGH kann somit jeder Mitgliedstaat selbst bestimmen, ob er diese Zuständigkeit auch für sich

[744] vgl. *Dörr/Mager*, AöR 125 (2000), 386, 406 f; aA *Röben*, in Grabitz/Hilf, Das Recht der Europäischen Union, Stand Mai 1999, Art. 35 EUV, Rn. 29 ff, der insbesondere auch eine Untätigkeitsklage im Hinblick auf die Verpflichtung in Art. 31 Abs. 1 lit. e) EUV zulassen will. Auch ein Vertragsverletzungsverfahren soll unter bestimmten Umständen möglich sein.

[745] vgl. zur Bedeutung des Vorabentscheidungsverfahrens für die richtlinienkonforme Auslegung nur die für das HausTWG und das VerbrKrG ergangenen Entscheidungen des EuGH, insbesondere EuGH, NJW 1998, 1295

[746] Eine Fakultativklausel findet sich auch in Art. 2 des Protokolls auf Grund von Art. 31 EUV betreffend die Auslegung des EuropolÜ durch den EuGH im Wege der Vorabentscheidung, Sartorius II Nr. 301.

anerkennt. Im Gegensatz zu Art. 36 Abs. 3 IGH-Statut kann die Erklärung jedoch keinen Vorbehalt umfassen. In Anlehnung an die völkerrechtlichen Grundsätze kann ein Mitgliedstaat seine Unterwerfungserklärung auch jederzeit wieder **kündigen**.[747] Etwas anderes gilt nur nach Eingang eines Antrags auf Vorabentscheidung. In diesem Fall kann sich der Mitgliedstaat auch nach allgemeinem Völkerrecht dem Verfahren nicht mehr entziehen, sondern ist an seine gültige Unterwerfungserklärung gebunden.[748] Für die genaue **Ausgestaltung der Unterwerfung** stellt Art. 35 Abs. 3 EUV grundsätzlich zwei Möglichkeiten auf. Danach kann ein Mitgliedstaat bestimmen, dass lediglich ein letztinstanzliches oder jedes nationale Gericht den EuGH im Wege der Vorabentscheidung anrufen kann, wenn es eine Entscheidung darüber zum Erlass des Urteils für erforderlich hält. Auch für letztinstanzliche Gerichte legt Art. 35 Abs. 3 lit. a) EUV keine Vorlagepflicht fest, den Mitgliedstaaten bleibt aber eine weitergehende Regelung möglich.[749] Bei dieser Konstellation stellt sich naturgemäß die Frage nach der **Bindungswirkung** von Urteilen des EuGH im Vorabentscheidungsverfahren. Grundsätzlich kommt dem Vorabentscheidungsverfahren keine erga-omnes-Wirkung, sondern lediglich eine inter-partes-Wirkung zu. Der Gerichtshof nimmt für sich allerdings hinsichtlich der Frage der Gültigkeit von Gemeinschaftsrecht ein Verwerfungsmonopol in Anspruch.[750] Eine vom EuGH für nichtig erklärte Norm des Gemeinschaftsrechts darf daher nicht mehr angewendet werden. Darüber hinaus kommt auch Auslegungsfragen eine **faktische erga-omnes-Wirkung** zu, da sich jedes später mit derselben Frage befasste nationale Gericht dieser Entscheidung des EuGH beugen muss oder sie erneut vorlegen muss.[751] Inwieweit das Verwerfungsmonopol des EuGH auch für sekundäres Unionsrecht gilt, ist angesichts dem Fehlen einer dem Art. 220 Abs. 1 EGV ähnlichen Regelung im EU-Vertrag unklar.[752] Die Wahrung der Rechtseinheit und die Kohärenz des Rechtsschutzsystems könnte auch für das sekundäre Unionsrecht ein Verwerfungsmonopol des EuGH erfordern.[753] Hat jedoch ein Mitgliedstaat keine Anerkennungserklärung abgegeben oder dieselbe zurückgezogen, so sind die nationalen Gerichte auch nicht an die Entscheidungen des EuGH über die Gültigkeit oder Auslegung einer Norm gebunden. Einer anderen Interpretation fehlt mangels Anerkennungserklärung die Verbindung.[754] Dies kann in Ausnahmefällen zu einer **Art relativer Nichtigkeit** einer Norm

[747] aA *Röben*, in Grabitz/Hilf, Das Recht der Europäischen Union, Stand Mai 1999, Art. 35 EUV, Rn. 10; *Rouchereau*, in Léger, Commentaire article par article des traités UE et CE, Art. 35 TUE, Rn. 7, unter Hinweis auf den integrativen Charakter des Vertrags

[748] vgl. I. C. J., Nicaragua, Reports 1984, S. 441

[749] vgl. dazu die Erklärung zu Art. 35 EUV zum Vertrag von Amsterdam, in der sich die Mitgliedstaaten das Recht vorbehalten, eine Vorlagepflicht für letztinstanzliche nationale Gerichte einzuführen. In diesem Sinne erfolgte auch die Umsetzung in Deutschland durch § 1 des Gesetzes betreffend die Anrufung des EuGH im Wege des Vorabentscheidungsverfahrens auf dem Gebiet der polizeilichen Zusammenarbeit und der justiziellen Zusammenarbeit in Strafsachen nach Art. 35 EUV vom 6. August 1998, BGBl. I S. 2035; vgl. dazu auch *Schomburg*, NJW 2000, 1833, 1839.

[750] vgl. EuGH, Rs. 314/85, Foto-Frost, Slg. 1987, S. 4199, Rz. 15

[751] vgl. *Schweitzer/Hummer*, Europarecht, Rn. 545

[752] vgl. *Dörr/Mager*, AöR 125 (2000), 386, 411

[753] so die Argumentation des EuGH für das Verwerfungsmonopol im Gemeinschaftsrecht, vgl. EuGH, Rs. 314/85, Foto-Frost, Slg. 1987, 4199, Rz. 15 f; dafür *Böse*, in Schwarze, EU-Kommentar, Art. 35 EUV, Rn. 4; *Thun-Hohenstein*, Der Vertrag von Amsterdam, S. 48; *Röben*, in Grabitz/Hilf, Das Recht der Europäischen Union, Stand Mai 1999, Art. 35 EUV, Rn. 16

[754] vgl. *Dörr/Mager*, AöR 125 (2000), 386, 410; *Classen*, EuR, Beiheft 1/1999, 73, 85; aA *Knapp*, DÖV 2001, 12, 14; *Pechstein*, EuR 1999, 1, 22; aA auch *Böse*, in Schwarze, EU-Kommentar, Art. 35 EUV, Rn. 6, da die Mitgliedstaaten nicht die Gerichtsbarkeit des EuGH als solche, sondern nur eine bestimmte Verfahrensart ausgeschlossen haben. Ein solches Ergebnis wäre angesichts der Wahrung der Rechtseinheit zwar wünschenswert, lässt sich jedoch nicht mit der Fakultativklausel vereinbaren.

des sekundären Unionsrechts führen. Hinsichtlich der unter Titel VI EUV geschlossenen Übereinkommen wird allerdings in vielen Fällen von einer **faktischen Bindungswirkung inzident über Konventionen des Europarates** auszugehen sein, da insbesondere auf dem Gebiet der internationalen polizeilichen und justiziellen Zusammenarbeit in Strafsachen zahlreiche Übereinkommen des Europarates als „Mutterkonventionen" geschlossen wurden.[755] Ohne eine Anerkennungserklärung kann dem EuGH kein Verwerfungsmonopol für sekundäres Unionsrecht zukommen, sondern die nationalen Gerichte müssen selbst über die Frage der Gültigkeit entscheiden.[756] Etwas anderes kann auch dann nicht gelten, wenn sich der betreffende Mitgliedstaat nach **Art. 35 Abs. 4 EUV** am Verfahren beteiligt hat, indem er Schriftsätze eingereicht oder schriftliche Erklärungen abgegeben hat. Es handelt sich hier nicht um die Frage der Schutzwürdigkeit bzw. des Vertrauensschutzes, sondern um die Gewährung von größtmöglicher Rechtssicherheit. Um eine maximale Klarheit zu schaffen, ist deshalb allein auf das **Vorliegen einer Anerkennungserklärung** abzustellen.[757] Dies ist der entscheidende Unterschied zu den Verfahren nach Art. 35 Abs. 6 und 7 EUV.[758] Diese aus dem Völkerrecht bekannte Technik der fakultativen Zuständigkeit stellt eine grundlegende Gefahr für einen einheitlichen Rechtsraum dar. Auch wenn grundsätzlich die Ausweitung der EuGH-Zuständigkeiten zu begrüßen ist, so hätte der Aufbau eines Raums des Rechts zur **Wahrung der Rechtseinheit** eine obligatorische Zuständigkeit erfordert. Gemildert wird dieser Zustand allerdings dadurch, dass bis auf Dänemark, das Vereinigte Königreich und Irland alle Mitgliedstaaten eine Anerkennungserklärung iSv Art. 35 Abs. 2 EUV abgegeben haben, die aber entsprechend Art. 35 Abs. 3 EUV unterschiedlich weit geht.[759] Durch die Möglichkeit der Rücknahme ist die Gefahr der Zersplitterung jedoch nicht gebannt.

bb) Vorlagegegenstand

Die Vorlagegegenstände sind beschränkt auf die Gültigkeit und die Auslegung der Rahmenbeschlüsse und Beschlüsse, die Auslegung der Übereinkommen nach Titel VI EUV sowie die Gültigkeit und Auslegung der dazugehörigen Durchführungsübereinkommen. Da den Gemeinsamen Standpunkten keine Rechtsverbindlichkeit zukommt, ist es folgerichtig, diese auch hier nicht aufzuführen.[760] Die **Auslegung der Bestimmungen des Titel VI EUV** selbst gehört nicht zu den zulässigen Vorlagege-

---

Anders auch *Röben*, in Grabitz/Hilf, Das Recht der Europäischen Union, Stand Mai 1999, Art. 35 EUV, Rn. 18, der davon ausgeht, dass es Zweck der Anerkennungserklärung ist, den Staaten die Möglichkeit zu geben, die Vorlage durch eigene Gerichte zu kontrollieren, nicht aber Inhalt oder Wirkung des Unionsrechts modifizieren zu können. Bestimmender Grund für die restriktive Regelung der EuGH-Zuständigkeiten war jedoch die Angst vor einer dynamischen Interpretation, vgl. *Labayle*, RTDE 1997, 813, 874. Dies spricht für einen vollständigen Ausschluss auch der Wirkung von EuGH-Urteilen.

[755] vgl. *Schomburg*, NJW 1999, 540, 543; vgl. dazu auch unten 4. Teil A. I. 3.

[756] vgl. *Böse*, in Schwarze, EU-Kommentar, Art. 35 EUV, Rn. 4

[757] *Winkler*, in Bergmann/Lenz, Der Amsterdamer Vertrag, Kapitel 2, Rn. 68, möchte dagegen diesen Aspekt hinsichtlich einer erga-omnes-Wirkung für alle Mitgliedstaaten berücksichtigen.

[758] *Thun-Hohenstein*, Der Vertrag von Amsterdam, S. 47, will dagegen gerade im Hinblick auf Art. 35 Abs. 6 und 7 EUV von einer erga-omnes-Wirkung einer vom EuGH in einer Vorabentscheidung festgestellten Ungültigkeit ausgehen.

[759] ABl. EG 1997 Nr. C 340/308; ABl. EG 1999 Nr. C 120/24; vgl. *Chavrier*, RMCUE 2000, 542, 547; davon haben bis auf Spanien alle Mitgliedstaaten eine Anerkennungserklärung nach Art. 35 Abs. 3 lit. b) EUV abgegeben. Deutschland, Österreich, die Benelux-Staaten, Frankreich und Italien haben darüber hinaus eine Vorlagepflicht für ihre letztinstanzlichen Gerichte begründet.

[760] vgl. dazu oben C. IV. 1. a)

genständen. Dasselbe gilt für die vom Rat erstellten Übereinkommen, die nach ihrer Ratifikation durch die nationalen Parlamente selbst den Rang von Primärrecht einnehmen. Mit dieser Vorkehrung beabsichtigten die Mitgliedstaaten insbesondere eine weitere Sicherung vor der Zusprache einer unmittelbaren Wirkung einzelner Vorschriften durch die dynamische Interpretationsmethode des EuGH.[761] Dieser Ausschluss kann jedoch insoweit keine Geltung beanspruchen, als der Gerichtshof im Rahmen der Entscheidung über sekundäres Unionsrecht als Prüfungsmaßstab das primäre Unionsrecht heranziehen muss. Mittelbar sind somit alle Vorschriften des Titel VI EUV der Auslegung des EuGH unterworfen. Dies gilt insbesondere auch für Art. 35 EUV, da der Gerichtshof über seine eigene Zuständigkeit selbst entscheiden muss.

b) Die modifizierte Nichtigkeitsklage

Art. 35 Abs. 6 EUV führt erstmals für die dritte Säule eine Nichtigkeitsklage ein, die jedoch weit hinter dem Standard des Gemeinschaftsrechts nach Art. 230 EGV zurückbleibt. Gegenstand des Verfahrens können lediglich die in Art. 34 Abs. 2 S. 2 lit. b) und c) EUV aufgeführten **Beschlüsse und Rahmenbeschlüsse** des Rates sein. Da Gemeinsame Standpunkte keine Rechtsverbindlichkeit besitzen, fällt ihr Fehlen hier auch nicht ins Gewicht.[762] Gravierender ist dabei allerdings das Fehlen der Durchführungsmaßnahmen zu den Übereinkommen, da diese nach Art. 36 Abs. 2 S. 4 EUV im Rat mit der Mehrheit von zwei Dritteln der Vertragsparteien angenommen werden können. **Klagebefugt** sind lediglich die Mitgliedstaaten sowie die Kommission. Dem Europäischen Parlament wurde im Hinblick auf seine schwache Stellung in der dritten Säule keine Klagebefugnis eingeräumt. Nach Art. 39 Abs. 1 EUV hat das Europäische Parlament jedoch ein Anhörungsrecht und wirkt an der Entstehung von sekundärem Unionsrecht durch die Abgabe einer Stellungnahme mit. Angesichts des völkerrechtlichen Charakters des Titel VI EUV sowie dem Fehlen einer dem Art. 220 Abs. 1 EGV ähnlichen Regelung ist zweifelhaft, ob der EuGH unter Berufung auf das institutionelle Gleichgewicht ein ungeschriebenes Klagerecht des Europäischen Parlaments zur Wahrung dieser Beteiligungsrechte entwickelt.[763] Da beim gegenwärtigen Stand des Unionsrechts jede unmittelbare Wirkung von rechtsverbindlichen Beschlüssen und Rahmenbeschlüssen ausgeschlossen ist, hat der Ausschluss der Individuen von der Nichtigkeitsklage keine Beeinflussung des effektiven Rechtsschutzes zur Folge. Einzelpersonen steht der Rechtsweg zu den nationalen Gerichten offen.[764] Über die **Rechtsfolgen** trifft Art. 35 Abs. 6 EUV keine Regelung. Nach Art. 46 EUV gelten auch die Bestimmungen über die Ausübung der Zuständigkeit des EuGH nach Maßgabe des Art. 35 EUV. Aufgrund der gleichen Formulierung in Art. 230 Abs. 1 EGV und Art. 35 Abs. 6 EUV könnte die Lücke über die Anwendung von Art. 231 EGV zu schließen sein, wonach die Rechtswidrigkeit die Ungültigkeit der Vorschrift zur Folge hat. Da Art. 35 EUV jedoch konstitutiv ist, kann dieser Weg nicht beschrit-

[761] vgl. *Dörr/Mager*, AöR 125 (2000), 386, 412
[762] vgl. dazu oben C. IV. 1. a)
[763] vgl. für das Gemeinschaftsrecht vor Änderung des Art. 230 Abs. 1 EGV EuGH, Rs. C-70/88, Tschernobyl I, Slg. 1990, S. I-2041, Rz. 22; vgl. *Dörr/Mager*, AöR 125 (2000), 386, 416; für eine Klagebefugnis des EP *Böse*, in Schwarze, EU-Kommentar, Art. 35 EUV, Rn. 8; *Röben*, in Grabitz/Hilf, Das Recht der Europäischen Union, Stand Mai 1999, Art. 35 EUV, Rn. 29; *Curti Gialdino*, RMUE 1998, 89, 114; *Knapp*, DÖV 2001, 12, 13
[764] vgl. die Erklärung zu Art. 30 EUV zum Vertrag von Amsterdam

ten werden.[765] Dem EuGH wird keine Befugnis zur Nichtigkeitserklärung verliehen. Damit kann er gemäß dem Charakter als Feststellungsverfahren lediglich die Rechtswidrigkeit der Norm feststellen.[766] Die Rücknahme oder Ersetzung der Norm durch eine rechtmäßige Vorschrift folgt für die Mitgliedstaaten aus dem Grundsatz der Rechtsstaatlichkeit nach Art. 6 Abs. 1 EUV.

c) Das Streitbeilegungsverfahren

Art. 35 Abs. 7 EUV enthält ein Streitbeilegungsverfahren, wonach der Gerichtshof für alle Streitigkeiten zwischen den Mitgliedstaaten bezüglich der Auslegung oder der Anwendung der nach Art. 34 Abs. 2 EUV angenommenen Rechtsakte zuständig ist.[767] Dies gilt jedoch nur, wenn der Rat nicht innerhalb einer Frist von sechs Monaten nach seiner Befassung durch eines seiner Mitglieder den Streit beilegen kann. Desweiteren ist der EuGH für alle Streitigkeiten zwischen Mitgliedstaaten und der Kommission bezüglich der Auslegung oder der Anwendung der nach Art. 34 Abs. 2 S. 2 lit. d) EUV erstellten Übereinkommen zuständig. Die Auslegung des primären Unionsrechts ist auch hier nur mittelbar über die Interpretation des Sekundärrechts möglich. Ähnlich dem abstrakten Vorlageverfahren des Art. 68 Abs. 3 EGV kann damit jeder Mitgliedstaat eine verbindliche Auslegung von sekundärem Unionsrecht erreichen, wobei vorliegend jedoch ein konkreter Streit Voraussetzung ist. Die **Bindungswirkung** ist ähnlich wie beim Vorabentscheidungsverfahren zwar formell auf eine inter-partes-Wirkung beschränkt,[768] allerdings entsprechen die faktischen Auswirkungen ebenso eher einer erga-omnes-Wirkung. Die beschränkte Vorlagebefugnis der Kommission entspricht ihrer schwachen Stellung in Art. 36 Abs. 2 EUV. Dieses abstrakte Verfahren kann die Gefahr für die **Wahrung der Rechtseinheit** durch die Beschränkung des Vorabentscheidungsverfahrens nur teilweise kompensieren. Die Verantwortlichkeit für die Wahrung der Rechtseinheit geht von den nationalen Gerichten auf die Mitgliedstaaten selbst über.

d) Kompetenzbeschränkung

Nach Art. 35 Abs. 5 EUV sind einige Sachbereiche von der Jurisdiktion des EuGH ausgeschlossen. Anders als in Art. 68 Abs. 2 EGV, der zwar in Teilen dieselbe Formulierung enthält, sind hier jedoch nicht Maßnahmen des Rates betroffen, sondern solche der **Mitgliedstaaten**. Danach ist der Gerichtshof nicht zuständig für die Über-

[765] *Dörr/Mager*, AöR 125 (2000), 386, 407, wollen dagegen hier eine Ausnahme machen und Art. 46 lit. b) EUV insoweit als konstitutiv ansehen, als er die zuständigkeitsbegleitenden Normen des Gemeinschaftsrechts „betreffend die Ausübung der Zuständigkeit" des Gerichtshofs in den Unionsvertrag transferiert. Ein sinnvolles Ergebnis kann jedoch mit einer stringenten Auslegung des Unionsrechts erreicht werden.

[766] vgl. *Zott*, Der rechtliche Rahmen der innen- und justizpolitischen Zusammenarbeit in der Europäischen Union, S. 280; *Brechmann*, in Callies/Ruffert, EUV/EGV, Art. 35 EUV, Rn. 6; *Classen*, EuR, Beiheft 1/1999, 73, 83, weist darauf hin, dass nach allgemeinem Völkerrecht ein rechtswidriger Beschluss einer internationalen Organisation materiell unwirksam ist; *Pechstein*, EuR 1999, 1, 23; aA *Böse*, in Schwarze, EU-Kommentar, Art. 35 EUV, Rn. 7; *Röben*, in Grabitz/Hilf, Das Recht der Europäischen Union, Stand Mai 1999, Art. 35 EUV, Rn. 22; *Knapp*, DÖV 2001, 12, 13; *Pechstein/König*, Die Europäische Union, Rn. 534.

[767] Eine ähnliche Regelung findet sich in Art. 40 Abs. 2 EuropolÜ mit der dazugehörigen Erklärung.

[768] vgl. *Classen*, EuR, Beiheft 1/1999, 73, 85

prüfung der Gültigkeit oder Verhältnismäßigkeit von Maßnahmen der Polizei oder anderer Strafverfolgungsbehörden eines Mitgliedstaats oder der Wahrnehmung der Zuständigkeiten der Mitgliedstaaten für die Aufrechterhaltung der öffentlichen Ordnung und den Schutz der inneren Sicherheit. Diese Konstellation wirft zuerst die Frage auf, für **welche Verfahren** der Jurisdiktionsausschluss gilt. Es muss sich dabei um solche handeln, die der Überprüfung von mitgliedstaatlichen Maßnahmen unmittelbar oder mittelbar dienen. Da Art. 35 EUV die Zuständigkeit des EuGH in der dritten Säule konstitutiv begründet, können lediglich das Vorabentscheidungsverfahren, die Nichtigkeitsklage sowie das Streitbeilegungsverfahren von der Kompetenzbeschränkung betroffen sein.[769] Da die Nichtigkeitsklage lediglich eine Kontrolle sekundärrechtlicher Ratsmaßnahmen ohne Berührungspunkte mit mitgliedstaatlichen Maßnahmen betrifft, bleibt für eine sinnvolle Interpretation nur das Vorabentscheidungsverfahren nach Art. 35 Abs. 1 bis 4 EUV und das Streitbeilegungsverfahren nach Art. 35 Abs. 7 EUV.[770] Für den Zusammenhang zum Vorabentscheidungsverfahren spricht schon die systematische Stellung des Art. 35 Abs. 5 EUV. Da sich der Jurisdiktionsausschluss durch mehrere Vorschriften des Vertrags von Amsterdam zieht, ist davon auszugehen, dass die Mitgliedstaaten sich diesen Freiraum soweit wie möglich erhalten wollten. Insoweit ist auch das Streitbeilegungsverfahren nach Art. 35 Abs. 7 EUV erfasst. Hinsichtlich des **Streitbeilegungsverfahrens** hat der EuGH bei der Kontrolle der Anwendung der nach Art. 34 Abs. 2 EUV angenommenen Rechtsakte die Kompetenzbeschränkung zu beachten. Im Rahmen des **Vorabentscheidungsverfahrens** kann der EuGH allerdings nicht über die Vereinbarkeit einer innerstaatlichen Maßnahme mit dem Vertrag entscheiden.[771] Insoweit scheidet eine unmittelbare Anwendung der Kompetenzbeschränkung mangels Kontrolle einer mitgliedstaatlichen Maßnahme aus. Zwar macht der EuGH grundsätzlich einen **Unterschied zwischen Auslegung und Anwendung.**[772] Aufgrund des engen Zusammenhangs zwischen Vorabentscheidungsverfahren und nationalem Ausgangsverfahren ist eine abstrakte Auslegung aber meist nur unter Berücksichtigung des zugrundeliegenden Sachverhalts und im Hinblick auf die konkrete Anwendung der nationalen Norm möglich. Um Art. 35 Abs. 5 EUV nach dem Willen der Mitgliedstaaten doch noch einen Anwendungsbereich im Vorabentscheidungsverfahren zu geben, bleibt nur, die Auslegungskompetenz des EuGH insoweit zu beschneiden, als er für die in Art. 35 Abs. 5 EUV aufgezählten Bereiche **keine konkreten Vorgaben für das nationale Recht** in seiner Auslegung des sekundären Unionsrechts machen darf.[773] Sinn des Art. 35 Abs. 5 EUV ist angesichts der dynamischen Interpretationsmethode des EuGH eine definitive Absicherung des mitgliedstaatlichen Regelungsvorbehalts für Maßnahmen der Polizei oder anderer Strafverfolgungsbehörden sowie zur Aufrechterhaltung der öffentlichen Ordnung und zum Schutz der inneren Sicherheit, wie sie auch in Art. 33 EUV niedergeschrieben wurde. Die nationalstaatliche Souveränität ist hier in ihrem Kern berührt. Für eine Klärung der Reichweite des Jurisdiktionsausschlusses bleibt die Entscheidung des EuGH abzuwarten, der im Rahmen eines

[769] Von der Einführung einer weiteren Zuständigkeit durch die „Hintertür“ des Art. 35 Abs. 5 EUV kann im Hinblick auf die ansonsten ausdrückliche Regelung nicht ausgegangen werden, vgl. auch *Dörr/Mager*, AöR 125 (2000), 386, 413.
[770] vgl. auch *Böse*, in Schwarze, EU-Kommentar, Art. 35 EUV, Rn. 13
[771] vgl. EuGH, Rs. 6/64, Costa/ENEL, Slg. 1964, S. 1141, Leitsatz 1
[772] vgl. EuGH, Rs. 28-30/62, Da Costa en Schaake, Slg. 1963, S. 63, Leitsatz 2
[773] ähnlich *Dörr/Mager*, AöR 125 (2000), 386, 414

Vorabentscheidungsverfahrens zum sekundären Recht hinsichtlich seiner Zuständigkeit Stellung nehmen kann.[774]

In der **Erklärung zu Art. 30 EUV** zum Vertrag von Amsterdam stellen die Mitgliedstaaten klar, dass Maßnahmen im Bereich der polizeilichen Zusammenarbeit nach Art. 30 EUV, einschließlich der Tätigkeit von Europol, einer gerichtlichen Überprüfung durch die zuständigen einzelstaatlichen Stellen gemäß den in dem jeweiligen Mitgliedstaat geltenden Rechtsvorschriften unterliegen. Zu beachten ist in diesem Zusammenhang auch der Jurisdiktionsausschluss für Maßnahmen oder Beschlüsse im Bereich des **Schengen-Besitzstands**, die die Aufrechterhaltung der öffentlichen Ordnung und den Schutz der inneren Sicherheit betreffen.[775]

e) Bewertung

Auch für den Bereich des Titel VI EUV ist durch die Stärkung der Rolle des EuGH ein großer **Fortschritt** für den Aufbau eines einheitlichen Raums des Rechts im Vergleich zum Vertrag von Maastricht und zu den bisher unter der dritten Säule beschlossenen Konventionen erzielt worden. Gerade die fakultative Gestaltung des Vorabentscheidungsverfahrens wirft jedoch zwei grundlegende Probleme auf. Seit Gründung der Europäischen Gemeinschaft ist das Diskriminierungsverbot im EG-Vertrag eines der tragenden Prinzipien. Für das Verbot der Ungleichbehandlung ohne sachlichen Grund hat der EuGH einen weiten Anwendungsbereich im Rahmen seiner Rechtsprechung gefunden.[776] Mit dem Erfordernis einer Anerkennungserklärung für die Zuständigkeit des EuGH im Rahmen des Vorabentscheidungsverfahrens nach Art. 35 Abs. 1 EUV wurde das Problem der **Gleichheit der Bürger** aufgeworfen. Die Möglichkeit der Einschaltung des EuGH im nationalen Streitverfahren wurde davon abhängig gemacht, ob der jeweilige Mitgliedstaat die Kompetenz des EuGH anerkannt hat. Je nach Ausgangslage ist der den Bürgern bei gleichem Sachverhalt offenstehende Rechtsweg unterschiedlich. Auch wenn die meisten Mitgliedstaaten eine Anerkennungserklärung abgegeben haben, so ist dieses Problem hinsichtlich des Beitritts neuer Staaten zur Europäischen Union nach Art. 49 EUV weiterhin virulent. Die fakultative Ausgestaltung des Vorabentscheidungsverfahrens trifft jedoch auch einen Kernpunkt der justiziellen Rechtskontrolle. Der Erfolg dieses Verfahrens gründet sich insbesondere auf die damit einhergehenden **Kooperations- und Koordinierungsmöglichkeiten** zwischen dem EuGH und den nationalen Gerichten. Dieser Austausch zwischen den Gerichten ist ein wichtiger Baustein für die dynamische Fortentwicklung des Europarechts.[777] Durch die Beschränkung in Art. 35 Abs. 2 EUV wird diese Kooperation vermehrt ausgeschlossen. Wie im Rahmen des Titel IV EGV

[774] vgl. *Röben*, in Grabitz/Hilf, Das Recht der Europäischen Union, Stand Mai 1999, Art. 35 EUV, Rn. 21, der davon ausgeht, dass es sich bei Art. 35 Abs. 5 EUV um eine Regelung der Kontrolldichte nach dem Vorbild des französischen Verwaltungsrechts handelt; *Dörr/Mager*, AöR 125 (2000), 386, 415; *Thun-Hohenstein*, Der Vertrag von Amsterdam, S. 46; aA *Böse*, in Schwarze, EU-Kommentar, Art. 35 EUV, Rn. 14, nach dem gerade die Anwendung des Regelungsvorbehalts der Kontrolle des EuGH entzogen ist.

[775] vgl. Art. 2 Abs. 1 UAbs. 3 S. 2 Schengen-Protokoll; vgl. dazu schon oben A. III. 3. d)

[776] vgl. für eine Zusammenstellung der wichtigsten Urteile des EuGH zum allgemeinen Diskriminierungsverbot nach Art. 12 EGV, zur Gleichbehandlung von Männern und Frauen am Arbeitsplatz sowie zu den speziellen Diskriminierungsverboten im Rahmen der Grundfreiheiten *Hummer/Simma/Vedder*, Europarecht in Fällen, S. 182 ff, 451 ff und 585 ff

[777] vgl. *Albors-Llorens*, CMLRev. 1998, 1273, 1281

zeigt sich auch hier das grundlegende Misstrauen der Mitgliedstaaten gegenüber der Rechtsprechung des EuGH.

3. Rechtsschutz im Rahmen von Europol

Besondere Relevanz für den Aufbau eines Raums des Rechts in der EU hat die justizielle Kontrolle, die im Rahmen von Europol gewährleistet ist.[778] Eine justizielle Einbindung und Kontrolle des Europäischen Polizeiamts gehört insbesondere aus deutscher Sicht zu den grundlegenden Säulen des Rechtsstaatsprinzips.[779] Die Anforderungen an den Grundrechtsschutz, der vor allem hinsichtlich des **Rechts auf informationelle Selbstbestimmung** betroffen ist, werden hierzu jedoch abgeschwächt. Art. 23 Abs. 1 S. 1 GG fordert lediglich die Gewährleistung eines dem Grundgesetz im wesentlichen vergleichbaren Grundrechtsschutzes.[780] Fragen des Rechtsschutzes im Rahmen von Europol stellen sich insbesondere im Hinblick auf Streitigkeiten zwischen Mitgliedstaaten sowie in Bezug auf den Rechtsschutz gegen Europol.

a) Streitigkeiten zwischen Mitgliedstaaten

Nach Art. 40 Abs. 1 EuropolÜ werden Streitigkeiten zwischen Mitgliedstaaten über die Auslegung oder Anwendung zunächst im Rat im Verfahren nach Titel VI EUV mit dem Ziel ihrer Beilegung erörtert. Ist die Streitigkeit binnen sechs Monaten nicht beigelegt, so legen die daran beteiligten Mitgliedstaaten einvernehmlich die Modalitäten fest, nach denen die strittige Frage geregelt werden soll.[781] Obwohl schon nach Art. K.3 Abs. 2 lit. c) S. 3 EUV aF für diesen Fall die **Zuständigkeit des EuGH** festgelegt werden konnte, enthält das Europol-Übereinkommen aufgrund des Erfordernisses der Einstimmigkeit und des diesbezüglichen Widerstands des Vereinigten Königreichs keine solche Bestimmung. In der Erklärung zu Art. 40 Abs. 2 EuropolÜ sind jedoch alle EU-Mitgliedstaaten bis auf das Vereinigte Königreich übereingekommen, in einem solchen Fall systematisch dem EuGH vorzulegen. Für dieses Vorlageverfahren ist zwar grundsätzlich auch der **Jurisdiktionsausschluss** des Art. 35 Abs. 5 EUV zu berücksichtigen, da das Europol-Übereinkommen selbst im Rahmen des Titel VI EUV beschlossen und ratifiziert worden ist. Allerdings gilt dieser Ausschluss nur für Maßnahmen der Mitgliedstaaten. Da Europol Rechtspersönlichkeit besitzt[782] und so selbst für seine Maßnahmen verantwortlich ist, kommt dem Jurisdiktionsausschluss hier keine Bedeutung zu. Durch die Begründung einer Zuständigkeit des EuGH ist damit die **Wahrung der Rechtseinheit** bei Streitigkeiten zwischen Mitgliedstaaten über die Auslegung und Anwendung des Europol-Übereinkommens gewährleistet.

[778] vgl. zu den Aufgaben von Europol oben C. III. 1. a) bb)
[779] vgl. etwa BVerfGE 88, 118, 123
[780] vgl. BVerfG, NJW 1993, 3047, 3048 ff
[781] vgl. Art. 40 Abs. 2 EuropolÜ
[782] vgl. Art. 26 Abs. 1 EuropolÜ

b) Rechtsschutz gegen Europol

Für den Rechtsschutz gegen Europol sind **drei Ebenen** zu unterscheiden.[783] Durch das Europol-Übereinkommen selbst werden Kontrollinstanzen eingesetzt, deren Aufgabe in der Überwachung und Überprüfung der im Rahmen von Europol vorgenommenen Tätigkeiten besteht. Desweiteren sind die nationalen Gerichte unter bestimmten Voraussetzungen für den Rechtsschutz zuständig. Im Rahmen eines Vorabentscheidungsverfahrens kann außerdem die Zuständigkeit des EuGH begründet werden.

aa) Nationale und Gemeinsame Kontrollinstanz

Die Zulässigkeit der Eingabe und des Abrufs personenbezogener Daten sowie jedweder Übermittlung dieser Daten an Europol durch einen Mitgliedstaat unterliegt der Überwachung und Überprüfung einer **Nationalen Kontrollinstanz** nach Maßgabe des jeweiligen nationalen Rechts.[784] Betroffen ist hiervon nicht die Tätigkeit von Europol selbst, sondern die der Mitgliedstaaten. Die Überprüfung der Tätigkeit von Europol, ob durch die Speicherung, die Verarbeitung und die Nutzung der bei Europol vorhandenen Daten die Rechte der Personen verletzt werden, wird durch die **Gemeinsame Kontrollinstanz** durchgeführt.[785] Darüber hinaus kontrolliert sie die Zulässigkeit der Übermittlung der von Europol stammenden Daten.[786] Die Gemeinsame Kontrollinstanz ist kein förmliches Gericht, sondern setzt sich aus höchstens zwei Mitgliedern oder Vertretern jeder Nationalen Kontrollinstanz zusammen, die Gewähr für Unabhängigkeit bieten. Sie müssen keine Befähigung zum Richteramt, sondern lediglich die nötige Befähigung besitzen.[787] Dieser Begriff entbehrt jeglicher Qualifizierung und stellt einen Freibrief für die Besetzung dieser wichtigen Positionen dar. Zwar ist die Gemeinsame Kontrollinstanz formal unabhängig, jedoch ist sie auch für Beratungsaufgaben wie insbesondere die Erarbeitung harmonisierter Vorschläge zuständig und so in das System von Europol eingebunden.[788] Probleme des **effektiven Rechtsschutzes** treten insbesondere beim Auskunftsanspruch nach Art. 19 EuropolÜ auf.[789] Diesbezüglich wird die Beschwerde vor der Gemeinsamen Kontrollinstanz auf eine ablehnende Entscheidung von Europol durch das Erfordernis einer Zweidrittelmehrheit erschwert. Wird diese nicht erreicht, so wird dem Antragsteller mitgeteilt, dass eine Überprüfung vorgenommen wurde, eine weitere Begründung wird jedoch nicht gewährt.[790] Hinsichtlich dieser Ausgestaltung ist die Gewährleistung eines effektiven Rechtsschutzes im Rahmen eines unabhängigen und qualifizierten Verfahrens vor der Gemeinsamen Kontrollinstanz zweifelhaft.[791] Besonders prekär ist dabei, dass die in diesem Rahmen getroffenen Entscheidungen gegenüber allen be-

[783] vgl. zur exekutivischen und parlamentarischen Kontrolle von Europol *Gleß*, EuR 1998, 748, 754 ff
[784] vgl. Art. 23 Abs. 1 S. 1 EuropolÜ; nach § 6 Abs. 1 S. 1 Europol-Gesetz, Sartorius II Nr. 300a, übernimmt in Deutschland der Bundesbeauftragte für den Datenschutz die Aufgabe der Nationalen Kontrollinstanz.
[785] vgl. Art. 24 Abs. 1 S. 1 EuropolÜ
[786] vgl. Art. 24 Abs. 1 S. 2 EuropolÜ
[787] vgl. Art. 24 Abs. 1 S. 3 und 4 EuropolÜ
[788] vgl. Art. 24 Abs. 3 EuropolÜ; vgl. auch Art. 12 Abs. 1 und Art. 18 Abs. 2 EuropolÜ
[789] vgl. zur Vereinbarkeit mit deutschem Verfassungsrecht *Frowein/Krisch*, JZ 1998, 589, 592 ff
[790] vgl. Art. 19 Abs. 7 UAbs. 3 EuropolÜ
[791] Bedenken aus deutscher Sicht äußert auch *Gleß*, DRiZ 2000, 365, 372 f.

troffenen Parteien rechtskräftig sind,[792] so dass eine Kontrolle durch die nationalen Gerichte ausgeschlossen ist.

bb) Rechtsschutz durch nationale Gerichte

Der Rechtsschutz gegenüber Tätigkeiten von Europol durch nationale Gerichte ist sehr beschränkt. Grundsätzlich haftet wegen unzulässiger oder unrichtiger Datenverarbeitung nicht Europol selbst, sondern der Mitgliedstaat, in dem der Schadensfall eingetreten ist.[793] Eine positive Regelung findet sich in Art. 39 Abs. 2 EuropolÜ für die außervertragliche Haftung von Europol. Diese schließt auch einen Anspruch auf Unterlassung einer Handlung oder auf Widerruf mit ein.[794] In diesen Fällen ist grundsätzlich die Geltendmachung von Ansprüchen vor nationalen Gerichten möglich. Eingeschränkt wird die Zuständigkeit nationaler Gerichte jedoch durch die Bestimmung des Art. 24 Abs. 7 S. 6 EuropolÜ, wonach die Entscheidung der Gemeinsamen Kontrollinstanz gegenüber allen betroffenen Parteien **rechtskräftig** ist. Dadurch ist eine Befassung der nationalen Gerichte immer dann ausgeschlossen, wenn die Gemeinsame Kontrollinstanz entschieden hat. Eine weitergehende Beeinträchtigung des Rechtsschutzes vor nationalen Gerichten findet aufgrund von Art. 41 Abs. 1 EuropolÜ iVm dem **Immunitäten-Protokoll** statt.[795] Die Archive von Europol sind nach Art. 3 Europol-Immunitätenprotokoll unverletzlich. Dazu genießen die Mitglieder der Organe und des Personals von Europol, angelehnt an die Regelung bei internationalen Organisationen wie der Europäischen Gemeinschaften, der UNO, der WEU und dem Europarat, eine weitreichende Immunität von jeglicher Gerichtsbarkeit.[796] Eine Aufhebung dieser Immunität kann durch den Direktor in allen Fällen erfolgen, in denen sie verhindern würde, dass der Gerechtigkeit Genüge geschieht, und in denen sie ohne Schädigung der Interessen von Europol aufgehoben werden kann.[797] Ersteres ist nichtssagend und Zweiteres dürfte wohl in den meisten Fällen vorliegen.[798] Bestehen Streitigkeiten wegen einer Weigerung, die Immunität von Europol oder die einer Person aufzuheben, so legt schließlich der Rat einstimmig die Modalitäten fest, nach denen die Streitigkeiten beizulegen sind.[799] Aufgrund der ausgedehnten For-

[792] vgl. Art. 24 Abs. 7 S. 6 EuropolÜ; *Oberleitner*, Schengen und Europol, S. 171 f, hält den Rechtsschutz im EuropolÜ unter Hinweis auf die Zuständigkeit der nationalen Gerichte für ausreichend. Dabei berücksichtigt er jedoch nicht den Ausschluss wegen Art. 24 Abs. 7 S. 6 EuropolÜ.

[793] vgl. Art. 38 Abs. 1 EuropolÜ; diesbezüglich genießt Europol Immunität von der Gerichtsbarkeit, vgl. Art. 2 Abs. 1 Europol-Immunitätenprotokoll.

[794] vgl. Art. 39 Abs. 3 EuropolÜ

[795] Protokoll auf Grund von Art. 31 EUV und von Art. 41 Abs. 3 EuropolÜ über die Vorrechte und Immunitäten für Europol, die Mitglieder der Organe, die stellvertretenden Direktoren und die Bediensteten von Europol vom 19. Juni 1997, ABl. EG 1997 Nr. C 221/1, BGBl. 1998 II S. 975, Sartorius II Nr. 302

[796] vgl. Art. 8 Europol-Immunitätenprotokoll; kritisch dazu insbesondere *Hirsch*, ZRP 1998, 10 ff; vgl. für die Europäischen Gemeinschaften, Protokoll über die Vorrechte und Befreiungen der EG vom 8. April 1965, dazu in neuerer Zeit EuGH, Rs. C-1/00 Cotecna Inspection SA, Urteil vom 29. Mai 2001; für die UNO, Art. 105 Abs. 2 UN-Charta; für die WEU, Art. 20 des Übereinkommens über den Status der WEU, der nationalen Vertreter und des internationalen Personals vom 11. Mai 1959, BGBl. 1959 II S. 705, Sartorius II Nr. 109; für den Europarat, Art. 40 der Satzung des Europarates vom 5. Mai 1949, Sartorius II Nr. 110; vgl. zur völkerrechtlichen Praxis der Immunitätsgewährung *Hailbronner*, JZ 1998, 283, 285 ff

[797] vgl. Art. 12 Abs. 2 S. 1 Europol-Immunitätenprotokoll

[798] so auch *Hirsch*, ZRP 1998, 10, 13; kritisch auch *Harings*, Grenzüberschreitende Zusammenarbeit der Polizei- und Zollverwaltungen und Rechtsschutz in Deutschland, S. 271

[799] vgl. Art. 13 Europol-Immunitätenprotokoll

mulierung besteht ein weiter Ermessensspielraum des Direktors, ob die Immunität aufzuheben ist. Außerdem erfolgt keine Überprüfung durch eine unabhängige Instanz oder durch ein Gericht.[800] Durch die Gewährung von Immunität wird die gerichtliche Kontrolle praktisch ausgeschlossen.

cc) Zuständigkeit des EuGH im Vorabentscheidungsverfahren

Die Beschränkung der juristischen Kontrolle durch nationale Gerichte beeinflusst weiterhin die Zuständigkeit für das Vorabentscheidungsverfahren, die dem EuGH im Europol-Auslegungsprotokoll[801] zugeteilt wurde. Liegt schon eine rechtskräftige Entscheidung der Gemeinsamen Kontrollinstanz vor, so kann mangels Zuständigkeit der nationalen Gerichte auch der EuGH nicht im Vorabentscheidungsverfahren tätig werden.[802] Dazu ist die Zuständigkeit des EuGH als fakultative ähnlich der Regelung in Art. 35 Abs. 2 und 3 EUV ausgestaltet worden.[803] Dies bedeutet, dass Voraussetzung für die Zuständigkeit des EuGH eine Anerkennungserklärung des betroffenen Mitgliedstaats ist. Ähnlich der Regelung des Art. 35 Abs. 4 EUV kann jeder Mitgliedstaat unabhängig von einer Anerkennungserklärung bei Verfahren Schriftsätze einreichen oder schriftliche Erklärungen abgeben.[804] Die Eröffnung des Rechtswegs zum EuGH ist dabei unabhängig von der Gültigkeit des Europol-Übereinkommens im betreffenden Mitgliedstaat.

c) Bewertung

Die Probleme, die sich beim Rechtsschutz im Rahmen der Tätigkeit von Europol zeigen, lassen sich wiederum auf zwei hauptsächliche Gesichtspunkte reduzieren: **Wahrung der Rechtseinheit** innerhalb der EU sowie Gewährung eines **effektiven Individualrechtsschutzes**. Beide Prinzipien bedingen sich gegenseitig und müssen einer europäischen Rechtsgemeinschaft immanent sein. Der Aufbau eines Raums des Rechts ist ohne eine maximale Verwirklichung dieser Grundsätze nicht denkbar.

[800] vgl. dazu auch *Gleß*, DRiZ 2000, 365, 371; *Knapp*, DÖV 2001, 12, 16; *Harings*, Grenzüberschreitende Zusammenarbeit der Polizei- und Zollverwaltungen und Rechtsschutz in Deutschland, S. 270 ff; *Hailbronner*, JZ 1998, 283, 284 f, sieht dagegen eine gerichtliche Kontrolle im Vorabentscheidungsverfahren durch den EuGH. Dabei ist jedoch zu berücksichtigen, dass einerseits davor die nationalen Gerichte tätig werden müssen und andererseits das Vorabentscheidungsverfahren gerade kein Kassationsverfahren für rechtswidrige Entscheidungen ist. Auch kann die Rechtsprechung des EuGH zur Immunität von EG-Bediensteten, EuGH, Rs. C-2/88 Imm., Zwartveld, Slg. 1990, S. I-3365, Rz. 16 ff, 23, nicht übertragen werden, da eine dem Art. 220 Abs. 1 EGV vergleichbare Klausel im EuropolÜ fehlt, vgl. *Böse*, NJW 1999, 2416 f; kritisch auch *Ostendorf*, NJW 1997, 3418, 3419 f.

[801] Protokoll auf Grund von Art. 31 EUV betreffend die Auslegung des Übereinkommens über die Errichtung eines Europäischen Polizeiamts durch den EuGH im Wege der Vorabentscheidung vom 24. Juni 1996, BGBl. 1997 II S. 2127, Sartorius II Nr. 301

[802] vgl. *Gleß*, DRiZ 2000, 365, 372

[803] vgl. Art. 2 Europol-Auslegungsprotokoll; nach der dazugehörigen Erklärung können in Frankreich und Irland die letztinstanzlichen Gerichte den EuGH im Wege der Vorabentscheidung anrufen; in Belgien, Deutschland, Griechenland, Italien, Luxemburg, den Niederlanden, Österreich, Portugal und Finnland steht diese Möglichkeit allen Gerichten offen. Belgien, Deutschland, Griechenland, Italien, Luxemburg, die Niederlande, Österreich und Portugal haben sich das Recht vorbehalten, eine Verpflichtung der letztinstanzlichen Gerichte einzuführen, vgl. dazu für Deutschland Art. 2 Abs. 2 des Europol-Auslegungsprotokollgesetzes, Sartorius II Nr. 301a.

[804] vgl. Art. 3 Abs. 2 Europol-Auslegungsprotokoll

Zwar scheint die Gefahr für die **Wahrung der Rechtseinheit** auch hier dadurch abgemildert, dass bis auf das Vereinigte Königreich alle Mitgliedstaaten eine Anerkennungserklärung nach Art. 2 Europol-Auslegungsprotokoll abgegeben haben, allerdings geht diese wie bei Art. 35 EUV unterschiedlich weit. Gefährlich erscheint dabei insbesondere das Bewusstsein der Mitgliedstaaten, einem System „à la carte" beitreten zu können. Dieses vom Völkerrecht kommende Denken ist dem Aufbau eines einheitlichen Rechtsraums in äußerstem Maße kontraproduktiv und kann zu einem Zustand führen, der den Prinzipien der Rechtssicherheit und Rechtsklarheit Hohn spricht. Die Problematik des **effektiven Individualrechtsschutzes**, die sich schon jetzt hinsichtlich des Rechts auf informationelle Selbstbestimmung stellt, gewinnt bei einer Ausweitung der Befugnisse von Europol noch mehr an Relevanz. Der Schwerpunkt von Europol soll in Zukunft in der operativen Tätigkeit liegen.[805] Die Einräumung exekutiver Befugnisse ist zwar noch nicht geplant, Art. 30 Abs. 2 EUV schließt diese jedoch auch nicht ausdrücklich aus, sondern steht einer weiteren Kompetenzübertragung positiv gegenüber.[806] Hinsichtlich dieser Perspektive muss gleichzeitig eine Intensivierung der justiziellen Kontrolle vor sich gehen, die berücksichtigt, dass die Gewährung von Immunität an Bedienstete einer polizeilichen Behörde sich grundlegend von der an sonstige internationale Organisationen unterscheidet.[807] Die sonst in den Vordergrund gestellte ungestörte Funktionsausübung der internationalen Organisation gegenüber ihren Mitgliedstaaten sieht sich hier einem besonderen Bedürfnis an effektivem Rechtsschutz gegenüber.[808] Dies muss bei einer Überprüfung der Immunitätsgewährung nach Art. 17 Abs. 2 S. 2 Europol-Immunitätenprotokoll beachtet werden. Vor Einleitung eines gerichtlichen Verfahrens könnte dies durch eine diesbezügliche Zuständigkeit von Eurojust, das sich gerade im Aufbau befindet, geschehen.[809] Eine Ausweitung der Zuständigkeiten sowohl für nationale Gerichte[810] wie den EuGH im Wege einer sinnvollen Verschränkung beider Zweige würde für die Wahrung der Rechtseinheit und den effektiven Individualrechtsschutz einen großen Fortschritt bedeuten.

II. Dimension des Raums

Nationale Sonderstellungen führen schon hinsichtlich der Justiziabilität des Raums der Freiheit, der Sicherheit und des Rechts zu einem komplizierten Geflecht von speziellen Vorschriften. Die durch den Vertrag von Amsterdam eingeführten und durch den Europäischen Rat von Nizza modifizierten Vorschriften über die Flexibilität und verstärkte Zusammenarbeit beeinflussen jedoch noch in stärkerem Ausmaß das

---

805 vgl. den Aktionsplan des Rates und der Kommission zur bestmöglichen Umsetzung der Bestimmungen des Amsterdamer Vertrags über den Aufbau eines Raums der Freiheit, der Sicherheit und des Rechts vom 3. Dezember 1998, Nr. 43 1. lit. a) ii) und lit. b), ABl. EG 1999 Nr. C 19/1

806 vgl. dazu oben C. III. 1. b)

807 in diesem Sinne auch *Hirsch*, ZRP 1998, 10, 12 ff; *Hölscheidt/Schotten*, NJW 1999, 2851 ff; *Martínez Soria*, VerwArch 1998, 400, 436 f

808 weniger kritisch für die Gegenwart, jedoch auch für die Zukunft *Hailbronner*, JZ 1998, 283, 285 ff

809 zu den diesbezüglich diskutierten Modellen, vgl. *Gleß*, DRiZ 2000, 365, 373 ff; *Bull*, DRiZ 1998, 32, 41 f, fordert dafür den Aufbau einer europäischen Staatsanwaltschaft.

810 vgl. dazu auch die Erklärung zu Art. 30 EUV zum Vertrag von Amsterdam, wonach Maßnahmen im Bereich der polizeilichen Zusammenarbeit, einschließlich der Tätigkeit von Europol, einer gerichtlichen Überprüfung durch die zuständigen einzelstaatlichen Stellen unterliegen

Entstehen eines einheitlichen Raums.[811] Im Folgenden sollen die diesbezüglichen Konzepte hinsichtlich ihrer Wirkung auf das Ziel eines einheitlichen Raums untersucht werden, bevor in einem zweiten Schritt auf die länderspezifischen Sonderstellungen eingegangen wird.

1. Flexibilität und verstärkte Zusammenarbeit

Unter dem Stichwort „Flexibilität und verstärkte Zusammenarbeit" sollen zuerst die im Vorfeld des Vertrags von Amsterdam aufgestellten Konzepte skizziert werden, woran sich eine Untersuchung der nach der Modifzierung durch den Europäischen Rat von Nizza erreichten vertraglichen Regelungen anschließt.

a) Konzepte

Insbesondere Rechts- und Politikwissenschaftler beschäftigen sich seit Mitte der 70er Jahre des letzten Jahrhunderts ausgehend von Äußerungen des damaligen deutschen Bundeskanzlers Willy Brandt und des sog. Tindemans-Berichts mit Fragen einer flexiblen Integration der EG-Mitgliedstaaten.[812] Die für diesen Themenkomplex in der europapolitischen Debatte gebrauchten Begriffe wurden nicht einheitlich verwendet, zeigen jedoch die vielschichtigen Denkansätze auf: Flexibilität, verstärkte Zusammenarbeit, abgestufte Integration, Europa der verschiedenen Geschwindigkeiten, Europa à géometrie variable, Europa à la carte, differenzierte Integration, Europa der konzentrischen Kreise und Kerneuropa (auch bekannt unter dem französischen Terminus „noyau dur").[813] Die **Gründe** für das Entstehen dieser Diskussion sind vornehmlich in den Veränderungen zu sehen, die die EG seit ihrer Gründung mitgemacht hat. Bestand die damalige EWG lediglich aus fünf annähernd homogenen Mitgliedstaaten, so ist die Runde bis heute auf 15 angewachsen, die hinsichtlich ihrer politischen und wirtschaftlichen Konstitution unterschiedliche Voraussetzungen und Vorstellungen mitbringen. Die für die EU anstehende Erweiterung durch die Länder Ost- und Mitteleuropas wird die Heterogenität noch weiter verstärken. Die Wahrscheinlichkeit, dass Mitgliedstaaten nicht willens oder nicht fähig sind, die europäische Integration in bestimmten Bereichen fortzusetzen, ist damit angewachsen.[814] Soll die europäische Integration keinen Stillstand erleiden, so kann, um allein aus der größeren Anzahl von Mitgliedstaaten keine Bremswirkung aufgrund des Einstimmigkeitsprinzips zu erhalten, das Heil in der Einführung von **Entschei-**

[811] vgl. zur Entwicklung des Flexibilitätskonzeptes im Vertrag von Amsterdam *Stubb*, Negotiating Flexible Integration in the Amsterdam Treaty, in Neunreither/Wiener, European Integration After Amsterdam, S. 153 ff, sowie *Schutz*, Flexibilität in der Europäischen Union, S. 328 ff; vgl. zum Verlauf der Regierungskonferenz 2000 *Fischer*, Der Vertrag von Nizza, S. 33 ff

[812] vgl. die Rede von *Willy Brandt* vom 19. November 1974, EA 1975, D 33, 36; Bericht von *Leo Tindemans* zur Europäischen Union von 1976, Beilage 1/1976 zu Bull. EG, S. 22 ff; vgl. dazu *Scharrer*, Abgestufte Integration - Eine Einführung, in Grabitz, Abgestufte Integration, S. 1, 6 ff; vgl. *Schutz*, Flexibilität in der Europäischen Union, S. 4 ff

[813] Noch mehr Begriffe listet *Stubb*, JCMS 1996, 283, auf.

[814] vgl. für diese Gründe schon das Gemeinsame Schreiben von Präsident *Jacques Chirac* und Bundeskanzler *Helmut Kohl* vom 6. Dezember 1995, in Weißbuch zur Regierungskonferenz 1996, Bd. II, S. 95 f; vgl. *Gaja*, CMLRev. 1998, 855, 858 f; *Krämer*, Abgestufte Integration und differenzierte Assoziation, in Randelzhofer/Scholz/Wilke, Gedächtnisschrift für Eberhard Grabitz, S. 307, 308 ff; *Janning*, Integration 1997, 285 ff

dungen mit qualifizierter Mehrheit gesucht werden, wobei allerdings die sog. Luxemburger Vereinbarung weiterhin gilt.[815] Dieses Konzept hilft jedoch nicht der Überbrückung einer großen Heterogenität unter den Mitgliedstaaten ab. Eine andere Lösung bietet ein **flexibles Vorgehen** der Integration, das auch auf die unterschiedlichen Konstitutionen der Mitgliedstaaten Rücksicht nehmen kann. Beide Möglichkeiten wurden mit dem Europäischen Rat von Nizza hinsichtlich der Erweiterung der EU angegangen.[816] Die für eine flexible Integration aufgestellten theoretischen Konzepte werden im Folgenden nach ihren integrationspolitischen Auswirkungen in drei Gruppen[817] eingeteilt: Konzept der abgestuften Integration, Europa der variablen Geometrie sowie Europa à la carte.

aa) Konzept der abgestuften Integration

Dieses Konzept geht von einem **einheitlichen Ziel** aller Mitgliedstaaten aus, das jedoch hinsichtlich der zeitlichen Komponente unterschiedlich erreicht wird. Mitgliedstaaten, die noch nicht fähig oder willig sind, die europäische Integration in einem Bereich fortzusetzen, können nach diesem Konzept zunächst zurückbleiben. Die Gemeinschaft unternimmt jedoch Anstrengungen, um den Unterschied der Integration nicht dauerhaft werden zu lassen. Die abgestufte Integration ist damit ein dynamischer Prozess, der von den zurückgebliebenen und den fortgeschrittenen Mitgliedstaaten gemeinsam mit einem einheitlichen Ziel betrieben wird, um am Ende zu einem **gleichen Integrationsniveau** zu gelangen.[818] Eine dauerhafte Differenzierung wird nach diesem Konzept vermieden. Kennzeichen dieses Konzeptes ist, dass die abgestufte Integration der Vertiefung der Integration durch Überwindung bestimmter Integrationshindernisse dient, gemeinschaftlich initiiert oder zumindest durch Gemeinschaftsrecht ausdrücklich ermöglicht ist und sich im **institutionellen Rahmen** der Gemeinschaft hält.[819] Unter diese Kategorie lässt sich insbesondere das Europa der verschiedenen Geschwindigkeiten fassen. Ein Beispiel für die abgestufte Integration bietet die Gewährung von Übergangsregelungen beim Beitritt neuer Mitgliedstaaten.[820]

---

[815] vgl. *Thun-Hohenstein*, Die Möglichkeit einer „verstärkten Zusammenarbeit" zwischen EU-Mitgliedstaaten - Chancen und Gefahren der „Flexibilität", in Hummer, Die Europäische Union nach dem Vertrag von Amsterdam, S. 125, 127; vgl. zur Luxemburger Vereinbarung *Schweitzer/Hummer*, Europarecht, Rn. 171 ff

[816] vgl. zum Verlauf der Regierungskonferenz 2000 *Fischer*, Der Vertrag von Nizza, S. 33 ff; vgl. dazu auch den Bericht der Expertenkommission (*Richard von Weizsäcker, Jean-Luc Dehaene, David Simon*) „Die institutionellen Auswirkungen der Erweiterung" zur Vorbereitung der Regierungskonferenz 2000 an die Kommission vom 18. Oktober 1999, Ziff. 2.1

[817] vgl. zu dieser Einteilung *Stubb*, JCMS 1996, 283, 287 ff; ähnlich *Giering*, Integration 1997, 72 ff; *Giering*, Vielfalt in Einheit - die Flexibilisierung der europäischen Integration, in Böhringer/Jakob, Die Europäische Union, S. 191 ff; *Ost*, DÖV 1997, 495, 496 f; ähnlich auch *Martenczuk*, ZEuS 1998, 447, 451 f

[818] vgl. zu diesem Konzept *Scharrer*, Abgestufte Integration - Eine Einführung, in Grabitz, Abgestufte Integration, S. 1, 18; *Becker*, EuR, Beiheft 1/1998, 29 ff

[819] vgl. *Becker*, EuR, Beiheft 1/1998, 29, 33

[820] Diesem Konzept entspricht mit gewissen Abstrichen auch die WWU, die ohne das Vereinigte Königreich und Dänemark verwirklicht wird. Nicht ganz in das Schema passt allerdings, dass es den beiden Staaten dauerhaft freigestellt ist, fernzubleiben, vgl. *Martenczuk*, ZEuS 1998, 447, 459; aA *Krämer*, Abgestufte Integration und differenzierte Assoziation, in Randelzhofer/Scholz/Wilke, Gedächtnisschrift für Eberhard Grabitz, S. 307, 310 ff; *Schauer*, Schengen - Maastricht - Amsterdam, S. 105 ff, sieht die WWU als Anwendungsfall des Konzeptes eines Europas der verschiedenen Geschwindigkeiten und der variablen Geometrie.

bb) Europa der variablen Geometrie

Dieses Konzept unterscheidet sich von dem vorherigen insbesondere dadurch, dass mehrere Mitgliedstaaten auch gegen den Widerstand anderer integrationsunwilliger voranschreiten können.[821] Ein Europa der variablen Geometrie kann auch gleichzeitig **mehrere Integrationskerne** aufweisen, denen jeweils unterschiedliche Mitgliedstaaten angehören. Diese allein bestimmen über die Regeln, das Ziel und das Tempo. Den anderen Mitgliedstaaten steht zwar bei Erfüllung der aufgestellten Kriterien die Teilnahme offen, ein Mitentscheidungsrecht besitzen sie vorher jedoch nicht. Ein wichtiger Unterschied zum Konzept der abgestuften Integration besteht auch darin, dass hier ein Vorgehen auch **außerhalb des einheitlichen institutionellen Rahmens** möglich ist und Nicht-Mitgliedstaaten in die Integration eingebunden werden können.[822] Anders als oben kann die Integration hier auch dauerhaft auseinanderfallen.[823] Mit dem Konzept der abgestuften Integration gemein ist die Annahme eines **abstufungsfesten Kerns** von Gemeinschaftspolitiken, bei der kein unterschiedliches Vorgehen möglich ist.[824] Hierunter kann auch das Konzept der differenzierten Integration eingeordnet werden. Auch die Vorstellungen im Schäuble-Lamers-Papier hinsichtlich eines Kerneuropa sowie die Aussagen des ehemaligen französischen Premierministers Edouard Balladur können hierunter gefasst werden.[825] Ein Beispiel für das Konzept der variablen Geometrie stellt die Zusammenarbeit im Rahmen von Schengen und der WEU dar.[826]

cc) Europa à la carte

Das Konzept eines Europas à la carte ist stark an die Theorie des Intergouvernementalismus angelehnt.[827] Während die oben genannten Konzepte auf die Vertiefung von Teilbereichen des acquis communautaire ausgerichtet sind, gewährt ein Europa à la carte den Mitgliedstaaten eine vollkommene Freiheit in der Art und Tiefe der Zusammenarbeit ohne die Festlegung eines festen Kerns, der einer unterschiedlichen Integration nicht zugänglich ist.[828] Dieses Konzept ist damit nichts anderes als die

[821] Das Konzept eines Europas „à géometrie variable" wurde 1980 in Frankreich entwickelt, vgl. *Giering*, Integration 1997, 72, 74 m. w. N.
[822] kritisch hierzu *Huber*, EuR 1996, 347, 351
[823] vgl. *Giering*, Integration 1997, 72, 75; *Ost*, DÖV 1997, 495, 496
[824] vgl. *Martenczuk*, ZEuS 1998, 447, 452
[825] vgl. dazu das Schäuble-Lamers-Papier der CDU/CSU-Bundestagsfraktion, Überlegungen zur europäischen Politik, Vorschläge für eine Reform der Europäischen Union, vom 1. September 1994, in CDU-Dokumentation 1/1995, sowie den Vorschlag des ehemaligen französischen Premierministers *Edouard Balladur*, EA 1994, D 544 ff; vgl. *Schutz*, Flexibilität in der Europäischen Union, S. 244 ff
[826] In Art. 17 Abs. 4 EUV wird die Zusammenarbeit im Rahmen der WEU ausdrücklich zugelassen, soweit sie der nach Titel V EUV bestehenden Zusammenarbeit nicht zuwiderläuft und diese nicht behindert. Diesem Konzept entspricht auch die Sozialunion, die ursprünglich ohne das Vereinigte Königreich angegangen wurde. In diesem Fall fehlte ein gemeinsames Ziel und es war dem Vereinigten Königreich freigestellt, dauerhaft fernzubleiben, vgl. *Martenczuk*, ZEuS 1998, 447, 457; *Ehlermann*, EuR 1997, 362, 364, sowie RMUE 1997, 53, 58. Nach dem Regierungswechsel ist das Vereinigte Königreich dem Sozialprotokoll beigetreten. Mit dem Vertrag von Amsterdam wurde das Sozialprotokoll in den EG-Vertrag integriert, vgl. Art. 136 ff EGV. Vgl. ausführlich zur differenzierten Integration in der Sozialpolitik *Schauer*, Schengen - Maastricht - Amsterdam, S. 83 ff.
[827] vgl. dazu oben 2. Teil B. I. 1. b) bb) (1); das Konzept eines Europas à la carte wurde insbesondere von Ralf Dahrendorf vertreten, vgl. dazu *Schutz*, Flexibilität in der Europäischen Union, S. 24 ff.
[828] vgl. *Martenczuk*, ZEuS 1998, 474, 452

Betonung der mitgliedstaatlichen Entscheidungsfreiheit und die Bestärkung, diese in einzelnen Politikbereichen mit unterschiedlichen Teilnehmern in zeitlicher Hinsicht flexibel einzusetzen. Ein Europa à la carte wurde zumindest teilweise vom früheren britischen Premierminister John Major vertreten, hat aber ansonsten aufgrund seines integrationsfeindlichen Ansatzes meist Ablehnung bekommen.[829]

dd) Auswirkungen

Alle Konzepte führen per se zu einer Beeinträchtigung eines einheitlichen Raums der Freiheit, der Sicherheit und des Rechts. Hinsichtlich der Stärke ist allerdings zu differenzieren. So verabschiedet sich das Konzept eines **Europas à la carte** gänzlich von der Vorstellung eines gemeinsamen Raums. Es führt zu einer unbegrenzten Komplexität von gegenseitiger, weitergehender Zusammenarbeit, in der sich jeder Mitgliedstaat nach eigenem Belieben das von ihm Gewünschte herausnehmen kann. Die Folge ist ein abnehmendes Gewicht des unionsrechtlichen acquis zugunsten einer fortschreitenden Zersplitterung der Zusammenarbeit in der EU. Fasst man unter einen gemeinsamen Raum des Rechts auch das Gebot größtmöglicher Transparenz, so steht dieses Konzept dem Aufbau eines Raums der Freiheit, der Sicherheit und des Rechts diametral entgegen. Ein **Europa der variablen Geometrie** ist zwar auf eine vertiefte Integration mehrerer Mitgliedstaaten ausgerichtet. Dem Konzept eines gemeinsamen Raums muss es jedoch widersprechen, wenn der einheitliche institutionelle Rahmen verlassen wird und Nicht-Mitgliedstaaten an der Integration beteiligt werden. Verbleibt die Integration innerhalb der Union, so kann sich ein positiver Sogeffekt für die anderen Mitgliedstaaten ergeben, da ihnen die Teilnahme offensteht. Die Gefahr liegt jedoch wiederum bei der Möglichkeit einer großen Zersplitterung mit dem Verlust von Transparenz, da ein gemeinsamer Ansatz anders als bei der **abgestuften Integration** fehlt. Diese kommt dem Aufbau eines Raums der Freiheit, der Sicherheit und des Rechts am besten entgegen, da sie zwar von einem zeitlich unterschiedlichen Vorgehen ausgeht, aber in ihrer Konsequenz aufgrund des gemeinsamen Ziels nicht zu einem dauerhaften Auseinanderfallen der Mitgliedstaaten führt. Sie scheidet jedoch insbesondere dann aus, wenn Mitgliedstaaten zwar integrationsfähig sind, ihnen jedoch der dazugehörige Wille fehlt.

b) Verstärkte Zusammenarbeit nach dem EG- und EU-Vertrag

Die Möglichkeit zur flexiblen Integration wurde mit dem Vertrag von Amsterdam in den EG-Vertrag aufgenommen. Verwendete dabei die Reflexionsgruppe in ihrem Bericht noch allein den Begriff „Flexibilität", so wurde während der Regierungskonferenz 1996 der positiver klingende Terminus „verstärkte Zusammenarbeit" eingeführt.[830] In der Sache besteht darin jedoch kein Unterschied. Generelle Bestimmun-

[829] vgl. *Ehlermann*, EuR 1997, 362, 367; Bericht der Reflexionsgruppe zur Regierungskonferenz 1996 vom 5. Dezember 1995, in Weißbuch zur Regierungskonferenz 1996, Bd. I, S. 153, 173; vgl. *Schutz*, Flexibilität in der Europäischen Union, S. 271 ff

[830] vgl. den Bericht der Reflexionsgruppe zur Regierungskonferenz 1996 vom 5. Dezember 1995, in Weißbuch zur Regierungskonferenz 1996, Bd. I, S. 153, 173, sowie die Textsammlung zur Regierungskonferenz, Halbjahr des irischen Vorsitzes (Juli-Dezember 1996), S. 119; im Englischen „enhanced cooperation", im Französischen „coopération renforcée"; *Tsatsos*, Memorandum (Entwurf) für die

gen über die verstärkte Zusammenarbeit enthält Titel VII EUV. Für den EG-Vertrag wurden spezielle Vorschriften mit dem Vertrag von Amsterdam in Art. 11 EGV (Amsterdamer Fassung) eingefügt. Besondere Regelungen für die dritte Säule stellte Art. 40 EUV (Amsterdamer Fassung) auf.[831] Für den Bereich der GASP waren keine speziellen Vorschriften vorgesehen.[832] Eine zumindest **zeitweise verstärkte Zusammenarbeit** wurde mit der Reform des Art. 34 Abs. 2 UAbs. 2 S. 1 EUV erreicht. Danach treten Übereinkommen grundsätzlich, sofern sie von mindestens der Hälfte der Mitgliedstaaten angenommen wurden, für diese in Kraft. Mit dieser Bestimmung wurde eine Rechtspraxis in den EU-Vertrag aufgenommen, die insbesondere schon bei EU-Übereinkommen im strafrechtlichen Bereich Anwendung gefunden hat.[833] Da aber aufgrund des einstimmigen Beschlusses für ein solches Übereinkommen grundsätzlich alle Mitgliedstaaten beteiligt sind, handelt es sich hier nicht um einen echten Fall der verstärkten Zusammenarbeit. Mit dem **Vertrag von Nizza** wurden die Bestimmungen über die verstärkte Zusammenarbeit grundlegend reformiert.[834] **Hauptursache** für diese Reform war die Tatsache, dass die in den Verträgen enthaltenen Bestimmungen als zu schwergängig und in der Praxis kaum umsetzbar angesehen wurden.[835] Die materiellen und formellen Voraussetzungen für die verstärkte Zusammenarbeit einiger Mitgliedstaaten, die die Gefahr für die Rechtseinheit und einheitliche Entwicklung der Integration begrenzen sollten, wurden als zu streng befunden.[836] So führte die Kodifizierung der Luxemburger Vereinbarung in Art. 40 Abs. 2 UAbs. 2 EUV (Amsterdamer Fassung) und Art. 11 Abs. 2 UAbs. 2 EGV (Amsterdamer Fassung) zu einem faktischen Vetorecht eines Mitgliedstaates, der selbst nicht an der verstärkten Zusammenarbeit teilnehmen konnte oder wollte. Im Hinblick auf die anstehende Erweiterung der EU sollte die größere Heterogenität der erweiterten Union dem Willen einiger, den institutionellen Rahmen der Union für eine engere Zusammenarbeit untereinander in Anspruch zu nehmen, nicht entgegenstehen.[837] Bei der Revision des Titel VII EUV war insbesondere zu beachten, dass primärrechtlich kein Europa der zwei Geschwindigkeiten mit der Folge eines Auseinan-

---

SPE-Fraktion über die Möglichkeiten und Grenzen der Verfahren partieller Integration, in ders., Verstärkte Zusammenarbeit, S. 13, 15, schlägt für die erste Säule den Begriff „partielle Integration" vor.

[831] vgl. zu den Bestimmungen über die verstärkte Zusammenarbeit in der Fassung des Vertrags von Amsterdam *Constantinesco*, RTDE 1997, 751, 755 ff; *Ehlermann*, EuR 1997, 362, 371 ff; *Martenczuk*, ZEuS 1998, 447, 460 ff; *Chaltiel*, RMCUE 1998, 289, 290 ff; *Hall*, in Bergmann/Lenz, Der Amsterdamer Vertrag, Kapitel 20; *Thun-Hohenstein*, Der Vertrag von Amsterdam, S. 114 ff; *Becker*, EuR, Beiheft 1/1998, 29, 47 ff; *Kortenberg*, CMLRev. 1998, 833, 844 ff; *Griller/Droutsas/Falkner/Forgó/Nentwich*, The Treaty of Amsterdam, S. 205 ff, 259 ff

[832] Nach Art. 23 Abs. 1 UAbs. 1 S. 2 EUV (Amsterdamer Fassung) stand allerdings die Stimmenthaltung von anwesenden oder vertretenen Mitgliedern dem Zustandekommen eines einstimmigen Beschlusses nicht entgegen. Dies wurde offensichtlich als ausreichend angesehen, vgl. *Ehlermann*, EuR 1997, 362, 387; *Constantinesco*, RTDE 1997, 751, 754.

[833] vgl. dazu *Schomburg*, NJW 1999, 540, sowie *Schomburg/Lagodny*, Internationale Rechtshilfe in Strafsachen, Vorb. Hauptteil III, Rn. 12, 17 ff

[834] Ursprünglich war eine Revision der Bestimmungen über die verstärkte Zusammenarbeit im Rahmen der RK 2000 nicht geplant. Der ER von Feira vom 19./20. Juni 2000 erweiterte dann jedoch das Mandat der RK ausdrücklich auf diesen Bereich, vgl. Schlussfolgerungen des ER von Feira, Bull. EG 6-2000, Ziff. 1.1.1. In Art. 27a bis 27e EUV wurden erstmals auch Bestimmungen zur verstärkten Zusammenarbeit im Rahmen der GASP eingeführt.

[835] vgl. *Giering/Janning*, Integration 2001, 146 m. w. N.

[836] vgl. den Bericht der Expertenkommission (*Richard von Weizsäcker*, *Jean-Luc Dehaene*, *David Simon*) „Die institutionellen Auswirkungen der Erweiterung" zur Vorbereitung der Regierungskonferenz 2000 an die Kommission vom 18. Oktober 1999, Ziff. 2.2.8; vgl. zur Kritik auch *Constantinesco*, RTDE 1997, 751, 764; *Martenczuk*, ZEuS 1998, 447, 473

[837] vgl. die Stellungnahme der Kommission vom 26. Januar 2000, KOM (2000) 34, Ziff. 13

derdriftens festgeschrieben wurde.[838] Diese Gefahr bestand vor allem deshalb, da eine Förderung der verstärkten Zusammenarbeit angestrebt wurde. Diese sollte nach dem in der Regierungskonferenz 2000 erreichten Orientierungsrahmen jedoch nicht als Faktor der Spaltung, sondern als Faktor der Integration begriffen werden.[839] Die potentielle Gefahr für die Kohärenz des Handelns wurde je nach Bereich unterschiedlich groß erachtet, was bei der Festlegung der Bedingungen für den Rückgriff auf eine solche Zusammenarbeit berücksichtigt werden sollte.[840] Die mit dem Vertrag von Nizza neu gefassten Regelungen umfassen daher generelle Vorschriften in Titel VII EUV. Spezielle Vorschriften für den EG-Vertrag befinden sich in Art. 11 und 11a EGV sowie für den Titel VI EUV in Art. 40 bis 40b EUV.

aa) Generelle Grundprinzipien für eine flexible Weiterentwicklung der EU

Um einer Tendenz der Spaltung entgegenzuwirken, wurde mit Art. 43 lit. g) und j) iVm Art. 43b EUV geregelt, dass die verstärkte Zusammenarbeit bei ihrer Begründung **allen Mitgliedstaaten offen** steht und **mindestens acht Mitgliedstaaten** umfasst. Die Kommission und die beteiligten Mitgliedstaaten sollen Sorge dafür tragen, dass eine möglichst große Zahl von Mitgliedstaaten zur Beteiligung angeregt wird. Ein Anschluss ist unter Beachtung der speziellen Regelungen im EG-/EU-Vertrag jederzeit möglich, sofern der betreffende Mitgliedstaat dem Grundbeschluss und den in jenem Rahmen gefassten Beschlüssen nachkommt. Die verstärkte Zusammenarbeit ist grundsätzlich darauf ausgerichtet, unter dem **Dach der EU** stattzufinden. Dies wird auch durch die Einbeziehung des Schengen-Besitzstands in den Rahmen der EU hervorgehoben.[841] Die Vorschriften über die verstärkte Zusammenarbeit in Titel VII EUV lassen jedoch das Protokoll zur Einbeziehung des **Schengen-Besitzstands** unberührt.[842] So enthält Art. 43 EUV die Voraussetzungen, unter denen für eine verstärkte Zusammenarbeit die im EG-/EU-Vertrag vorgesehenen Organe, Verfahren und Mechanismen in Anspruch genommen werden können. So muss die verstärkte Zusammenarbeit darauf ausgerichtet sein, die **Ziele der Union und der Gemeinschaft zu fördern**, ihre Interessen zu schützen und diesen zu dienen und ihren Integrationsprozess zu stärken. Dabei haben die betroffenen Mitgliedstaaten den einheitlichen institutionellen Rahmen der EU sowie den Besitzstand der Gemeinschaft zu beachten. Insbesondere darf die verstärkte Zusammenarbeit den Binnenmarkt und den wirtschaftlichen und sozialen Zusammenhalt nach Titel XVII EGV nicht beeinträchtigen sowie keine Behinderung oder Diskriminierung des Handels zwischen den Mitgliedstaaten darstellen und die Wettbewerbsbedingungen zwischen diesen nicht verzerren. Hinsichtlich des erlaubten Sachbereichs wurde eine **Eingrenzung** der verstärkten Zusammenarbeit vorgenommen. So muss sie im Rahmen der Zuständigkeit der Union oder der EG bleiben und darf sich nicht auf Bereiche erstrecken, die unter die ausschließliche Zuständigkeit der Gemeinschaft fallen.[843] Dazu sind die Zuständigkeiten, Rechte und Pflichten der nicht an der Zusammenarbeit beteiligten

[838] vgl. *Fischer*, Der Vertrag von Nizza, S. 106
[839] vgl. CONFER 4780/00 vom 5. Oktober 2000
[840] vgl. CONFER 4780/00 vom 5. Oktober 2000
[841] vgl. dazu oben A.; die verstärkte Zusammenarbeit einiger Mitgliedstaaten innerhalb des einheitlichen institutionellen Rahmens zu halten, wurde insbesondere von der Kommission als Ziel der Modifizierung angesehen, vgl. KOM (2000) 34, Ziff. 13
[842] vgl. Art. 43 lit. i) EUV
[843] Eine Begrenzung auf die Zuständigkeiten der EU war im Vertrag von Amsterdam nicht enthalten.

Mitgliedstaaten zu beachten. Grundsätzlich stellt eine verstärkte Zusammenarbeit nur eine **ultima ratio** dar, wenn die angestrebten Ziele unter Anwendung der einschlägigen Bestimmungen der Verträge nicht in einem vertretbaren Zeitraum verwirklicht werden können.[844] Dies hat der Rat der 15 in einem Beschluss als Voraussetzung einstimmig festzustellen. Aufgrund dieser Formulierung kann ein Mitgliedstaat die geplante verstärkte Zusammenarbeit nur dann verhindern, wenn er Wege zur Erreichung des angestrebten Ziels in einem vertretbaren Zeitraum aufweist. Damit ist das explizite destruktive Vetorecht eines Mitgliedstaats zugunsten eines **impliziten konstruktiven Vorschlagsgebots** abgelöst worden. Obwohl die Rechtsakte und Beschlüsse zur Durchführung der verstärkten Zusammenarbeit **nicht Bestandteil des acquis der Union** werden, können alle Mitglieder des Rates an den Beratungen teilnehmen, womit grundsätzlich kein Ausschluss aus der europäischen Integration erfolgt.[845] Die Beschlüsse werden allerdings nur von den an der verstärkten Zusammenarbeit beteiligten Mitgliedern gefasst, die diese auch grundsätzlich zu finanzieren haben.[846] Eine **Bindungswirkung** solcher Beschlüsse, gegebenenfalls unter Einschluss einer unmittelbaren Geltung, ergibt sich ebenfalls nur für die beteiligten Mitgliedstaaten, die anderen stehen der Durchführung nicht im Wege.[847] Rat und Kommission stellen nach Art. 45 EUV die **Kohärenz** der unter der verstärkten Zusammenarbeit durchgeführten Maßnahmen untereinander sowie mit den Politiken der Union und der Gemeinschaft sicher.

bb) Zusätzliche Anforderungen im Rahmen von Titel IV EGV

Für eine verstärkte Zusammenarbeit in den Sachbereichen von Titel IV EGV stellen Art. 11 und 11a EGV zusätzlich zu den materiellen und formellen Anforderungen der Art. 43 ff EUV weitere **verfahrensrechtliche Anforderungen** auf. Die Neuregelung betont insbesondere die verstärkte Einbeziehung der Kommission und des Europäischen Parlaments. Für eine verstärkte Zusammenarbeit muss grundsätzlich ein Antrag an die **Kommission** gerichtet werden, die daraufhin dem Rat einen entsprechenden Vorschlag vorlegt. Legt die Kommission keinen Vorschlag vor, so teilt sie den betroffenen Mitgliedstaaten ihre Gründe dafür mit.[848] Dieses Vorschlagsrecht lässt der Kommission eine Schlüsselrolle zukommen. Auch bei einem Anschluss eines Mitgliedstaats an eine verstärkte Zusammenarbeit hat eine Mitteilung an die Kommission zu erfolgen, die darauf binnen drei Monaten eine Stellungnahme abgibt und nach einem weiteren Monat über den Antrag und über eventuelle spezifische Regelungen, die sie für notwendig hält, beschließt.[849] Dies verhindert verfahrensrechtlich, dass eine einmal begründete verstärkte Zusammenarbeit zu einer ausschließlichen Angelegenheit der beteiligten Mitgliedstaaten wird. Die **Beteiligung des Europäischen Parlaments** richtet sich nach dem betroffenen Sachbereich des EG-Vertrags. Ist darin das Verfahren nach Art. 251 EGV vorgesehen, so muss das Europäische Parlament zustimmen, andernfalls reicht eine Anhörung. Die Beteiligung richtet sich damit für den Bereich des Titel IV EGV nach den Fortschritten, die im

[844] vgl. Art. 43a EUV
[845] positiv dazu auch schon *Martenczuk*, ZEuS 1998, 447, 463
[846] vgl. Art. 44 Abs. 1 EUV iVm Art. 44a EUV
[847] vgl. Art. 44 Abs. 2 EUV; unter dem Vertrag von Amsterdam fehlte eine solche Bestimmung.
[848] vgl. Art. 11 Abs. 1 EGV; vgl. zur starken Rolle der Kommission unter dem Vertrag von Amsterdam *Martenczuk*, ZEuS 1998, 447, 466 f; *Becker*, EuR, Beiheft 1/1998, 29, 50 f
[849] vgl. Art. 11a EGV

Rahmen von Art. 67 Abs. 2 EGV erzielt werden.[850] Die Ermächtigung zur Aufnahme einer verstärkten Zusammenarbeit wird vom **Rat mit qualifzierter Mehrheit** auf Vorschlag der Kommission erteilt.[851] Damit wurde das vorher bestehende Vetorecht eines Mitgliedstaats aufgegeben. Dieser kann durch das Verlangen einer Befassung des Europäischen Rates lediglich noch eine zeitliche Verzögerung herbeiführen. Die für die Durchführung der Tätigkeiten im Rahmen der verstärkten Zusammenarbeit erforderlichen Rechtsakte und Beschlüsse unterliegen grundsätzlich allen einschlägigen Bestimmungen des EG-Vertrags.[852]

cc) Zusätzliche Anforderungen im Rahmen von Titel VI EUV

Für den Bereich des Titel VI EUV stellen die Art. 40, 40a und 40b EUV zusätzliche Regelungen für eine verstärkte Zusammenarbeit auf. Auch hier wurde die Stellung von Kommission und Europäischem Parlament gestärkt, sie haben jedoch im Verhältnis zur Regelung der Art. 11, 11a EGV hinsichtlich des völkerrechtlichen Charakters der dritten Säule eine schwächere Stellung inne. Grundsätzlich haben auch hier die Mitgliedstaaten einen Antrag auf verstärkte Zusammenarbeit an die **Kommission** zu richten, die dem Rat einen entsprechenden Vorschlag vorlegen kann. Im Gegensatz zur EG-Regelung können bei einem verweigerten Vorschlag der Kommission die betroffenen Mitgliedstaaten, mindestens jedoch acht, dem Rat selbst eine Initiative unterbreiten, die auf die Erteilung einer Ermächtigung zur Einleitung der betreffenden verstärkten Zusammenarbeit abzielt.[853] Damit kann die Kommission de facto umgangen werden, wenn sie die verstärkte Zusammenarbeit nicht befürwortet. Allerdings wird dies durch das Erfordernis der Mindestanzahl von acht Mitgliedstaaten erschwert. Das **Europäische Parlament** hat entsprechend seiner Stellung in der dritten Säule grundsätzlich lediglich ein Anhörungsrecht.[854] Der Rat erteilt die Ermächtigung wie in Art. 11 Abs. 2 EGV mit **qualifizierter Mehrheit** auch dann, wenn vorher auf Verlangen eines Ratsmitglieds der Europäische Rat befasst wurde.[855] Die schwächere Stellung der Kommission zeigt sich insbesondere auch in der Regelung des **Anschlusses** eines Mitgliedstaats zur bereits begründeten verstärkten Zusammenarbeit. Zwar ist nach einer Mitteilung an Rat und Kommission auch binnen drei Monaten eine Stellungnahme der Kommission erforderlich, allerdings entscheidet

[850] vgl. dazu oben B. III.

[851] vgl. Art. 11 Abs. 2 EGV; gemäß Art. 44 Abs. 1 S. 2 EUV iVm Art. 205 Abs. 2 EGV bedeutet qualifizierte Mehrheit im Rat eine Mindeststimmenzahl von 62 Stimmen, d. h. 71,26 %. Zum Problem der Anwendbarkeit der Vereinbarung von Joannina, ABl. EG 1994 Nr. C 105/1 und ABl. EG 1995 Nr. C 1/1, vgl. *Griller/Droutsas/Falkner/Forgó/Nentwich*, The Treaty of Amsterdam, S. 227 ff. Ab 1. Januar 2005 beträgt die Mindeststimmenzahl 169 Stimmen, d. h. 71,31 %. Zusätzlich muss die Zustimmung die Mehrheit der Mitglieder umfassen und ein Ratsmitglied kann verlangen, dass die Mitgliedstaaten, die diese qualifizierte Mehrheit bilden, mindestens 62 % der Gesamtbevölkerung der Union repräsentieren. Vgl. Art. 3 Nr. 1 a) des Protokolls über die Erweiterung der Europäischen Union zum Vertrag von Nizza.

[852] vgl. Art. 11 Abs. 3 EGV

[853] vgl. Art. 40a Abs. 1 iVm Abs. 2 S. 1 EUV

[854] vgl. Art. 40a Abs. 2 S. 1 EUV

[855] Bei der Berechnung der qualifizierten Mehrheit ist bei einer Initiative der Kommission wie im EG-Vertrag nach Art. 205 Abs. 2 EGV vorzugehen, vgl. dazu oben bb). Erfolgt die Ermächtigung auf Initiative von mindestens acht Mitgliedstaaten, so ist zusätzlich die Zustimmung von mindestens zehn Mitgliedstaaten erforderlich. Ab 1. Januar 2005 muss die Zustimmung mindestens zwei Drittel der Mitglieder umfassen, vgl. Art. 3 Nr. 1 a) des Protokolls über die Erweiterung der Europäischen Union zum Vertrag von Nizza.

hier der Rat und nicht die Kommission nach einem weiteren Monat über den Antrag. Dieser gilt als angenommen, wenn der Rat nicht innerhalb dieser Frist mit qualifizierter Mehrheit die Entscheidung zurückstellt, wobei er die Gründe angibt und eine Frist für dessen Überprüfung setzt.[856] Mit dieser Fiktion wurde die Ablehnung eines Antrags faktisch nur durch eine Zurückstellung ermöglicht und das Verfahren im Rat zugunsten einer integrationsoffenen Aufnahme weiterer Mitglieder zeitlich gestrafft.

dd) Bewertung

Das im EG-/EU-Vertrag verankerte Konzept der verstärkten Zusammenarbeit ist hinsichtlich des Aufbaus eines Raums der Freiheit, der Sicherheit und des Rechts differenziert zu bewerten. Es enthält Elemente eines Europas der verschiedenen Geschwindigkeiten sowie eines Europas der variablen Geometrie.[857] Das Konzept basiert auf einem **festen acquis** der Union und der Gemeinschaft, der der verstärkten Zusammenarbeit nicht zugänglich ist. Aufbauend auf diesem können mindestens acht Mitgliedstaaten **bereichsspezifisch** eine tiefere Zusammenarbeit begründen, wobei je nach Bereich **unterschiedliche Mitgliedstaaten** beteiligt sein können. Ein **gemeinsames Konzept** ist aufgrund der Ratsermächtigung durch qualifizierte Mehrheit sowie der fehlenden Beteiligung bei der Beschlussfassung im Rahmen der verstärkten Zusammenarbeit nicht erforderlich. Grundsätzlich kann dieses Konzept daher zu einem dauerhaften Auseinanderfallen der europäischen Integration in einzelnen Bereichen führen, wobei allerdings zu beachten ist, dass die Kommission und die beteiligten Mitgliedstaaten dafür Sorge zu tragen haben, dass eine möglichst große Zahl von Mitgliedstaaten zur Beteiligung angeregt wird.[858] Zumindest besteht mit der Möglichkeit der flexiblen Integration mit jeweils unterschiedlichen Mitgliedern die Gefahr des **Verlustes von Transparenz** zulasten von Rechtssicherheit und Rechtsklarheit innerhalb der EU. Die verstärkte Zusammenarbeit in den Verträgen weist jedoch positive Merkmale für den Aufbau eines Raums der Freiheit, der Sicherheit und des Rechts auf. Dabei ist als Erstes die **institutionelle Beteiligung** zu nennen. Insbesondere die Betonung der verstärkten Zusammenarbeit als ultima ratio zwingt den Rat der 15 jedoch, sich darüber klar zu werden, ob die von einigen Mitgliedstaaten angestrebten Ziele nicht in einem vertretbaren Zeitraum von allen erreicht werden können. Das darin enthaltene implizite konstruktive Vorschlagsgebot an jedes einzelne Ratsmitglied beinhaltet die Prüfung eines gemeinsamen Konzeptes vor Aufnahme der verstärkten Zusammenarbeit. Die Beachtung des einheitlichen institutionellen Rahmens lässt die verstärkte Zusammenarbeit unter dem Dach der EU stattfinden und gewährt allen Ratsmitgliedern ein Teilnahmerecht an den Beratungen. Als Zweites ist die **zielgerichtete Ausrichtung** zu betonen. Durch die Ausrichtung auf die Ziele der Union und der Gemeinschaft ist die Richtung für die verstärkte Zusammenarbeit vorgegeben.[859] Dazu betont Art. 40 Abs. 1 EUV für Titel VI EUV ausdrücklich, dass die verstärkte Zusammenarbeit zum Ziel hat, die Union rascher zu einem Raum der Freiheit, der Sicherheit und des Rechts zu entwickeln.

[856] vgl. Art. 40b Abs. 1 EUV
[857] vgl. dazu oben a); ein Europa à la carte war auch unter der Fassung von Amsterdam schon ausgeschlossen, vgl. *Martenczuk*, ZEuS 1998, 447, 461.
[858] vgl. Art. 43b S. 3 EUV; vgl. zur Kritik wegen des Fehlens einer diesbezüglichen Regelung unter der Fassung von Amsterdam *Ehlermann*, EuR 1997, 362, 379; *Becker*, EuR, Beiheft 1/1998, 29, 55; vgl. zur Sorge über eine Zersplitterung auch *Ost*, DÖV 1997, 495, 502 f
[859] zur rechtlichen Bedeutung von Zielen im EG- und EU-Vertrag, vgl. oben 1. Teil A. I. 2.

Damit wurde eine positive Ausrichtung der flexiblen Integration in der Union erreicht, bei der Rückschritte ausgeschlossen sind.[860] Als Drittes ist auf eine **Tendenz zur judikativen Vereinheitlichung** hinzuweisen. Grundsätzlich ist zwar für die verstärkte Zusammenarbeit im Bereich von Titel VI EUV der EuGH gemäß Art. 40 Abs. 2 iVm 35 EUV zuständig. Gemäß Art. 40 Abs. 3 EUV richtet sich die Zuständigkeit des EuGH für die Bestimmungen der Art. 40 bis 40b EUV jedoch nach den Bestimmungen des EG-Vertrags, was einer beträchtlichen Ausweitung der Kompetenzen des EuGH in der dritten Säule entspricht.[861]

Die Gefahr eines dauerhaften Auseinanderdriftens im Sinne eines Europas der verschiedenen Rechtsräume erscheint zwar nicht vollständig gebannt, jedoch aufgrund der Sicherstellung von Kohärenz und der Einschaltung des einheitlichen institutionellen Rahmens mit einer verstärkten Rolle von Kommission und Europäischem Parlament als eingeschränkt. Mit diesem Konzept, das insbesondere durch die Abschaffung des Vetorechts für die Praxis umsetzbar gemacht wurde, sollte die Abkehr vom Modell Schengen, das sich außerhalb des institutionellen Rahmens entwickelte, gewährleistet werden.[862] Eine positiv ausgeformte, auf die Ziele der Union ausgerichtete und mit der Tendenz zu einer judikativen Vereinheitlichung ausgestattete verstärkte Zusammenarbeit einiger Mitgliedstaaten innerhalb des einheitlichen institutionellen Rahmens der Union ist trotz der Gefahr fehlender Transparenz dem Aufbau eines Raums der Freiheit, der Sicherheit und des Rechts förderlich.[863] Die Dynamik des Aufbaus kann damit erhalten bleiben.

2. Geografische Dimension des Raums

Der Vertrag von Amsterdam hat mit einem umfangreichen System von Protokollen und dazugehörigen Erklärungen die geografische Dimension des Raums der Freiheit, der Sicherheit und des Rechts nicht auf das Gebiet der EU beschränkt. Mit den Sonderstellungen für das Vereinigte Königreich, Irland und Dänemark ist der Raum kleiner als die EU. Durch die Einbeziehung von Island und Norwegen wurde jedoch auch das Gebiet der EU verlassen und der Raum darüber hinaus ausgedehnt.[864] Im EG-/EU-Vertrag trifft allein Art. 69 EGV eine Regelung, wobei allerdings auf die Geltung der zum Vertrag von Amsterdam gehörigen Protokolle verwiesen wird.[865] In der dritten Säule befindet sich keine Regelung dieser Sonderstellungen, obwohl auch hier die Bestimmungen nicht allgemein für alle EU-Mitgliedstaaten gelten. In einer

[860] so schon in der Fassung von Amsterdam, vgl. *Ehlermann*, EuR 1997, 362, 372; *Martenczuk*, ZEuS 1998, 447, 462; *Gil-Robles*, EuZW 1997, 353

[861] vgl. zur Analyse der Zuständigkeit des EuGH im Bereich von Titel IV EGV und Titel VI EUV oben I.

[862] vgl. *Thun-Hohenstein*, Der Vertrag von Amsterdam, S. 114

[863] Als positives Beispiel mag die Integration des Abkommens über die Sozialpolitik in Art. 136 ff EGV dienen, die nach dem Regierungswechsel im Vereinigten Königreich mit dem Vertrag von Amsterdam möglich wurde, vgl. zu dieser verstärkten Zusammenarbeit *Griller/Droutsas/Falkner/Forgó/Nentwich*, The Treaty of Amsterdam, S. 200, sowie *Schauer*, Schengen - Maastricht - Amsterdam, S. 83 ff.

[864] Eine Ausweitung des Raums der Freiheit, der Sicherheit und des Rechts auf die überseeischen Departments Frankreichs oder der Niederlande ist für die Bestimmungen des SDÜ schon nach Art. 138 SDÜ ausgeschlossen. Nach Ansicht Frankreichs berührt auch die Durchführung des Schengen-Protokolls das Gebiet der überseeischen Departments nicht, vgl. die Erklärung Frankreichs zur Lage der überseeischen Departments hinsichtlich des Protokolls zur Einbeziehung des Schengen-Besitzstands in den Rahmen der EU zum Vertrag von Amsterdam.

[865] vgl. zur rechtlichen Bedeutung der Protokolle oben A. I. 3.

Untersuchung der länderspezifischen Sonderstellungen, die vom Europäischen Rat von Nizza von einer Reform ausgespart blieben, soll auf die Auswirkungen dieser differenzierten räumlichen Situation auf den Raum der Freiheit, der Sicherheit und des Rechts eingegangen werden.

a) Vereinigtes Königreich und Irland

Um das komplexe System der Sonderstellung des Vereinigten Königreichs und Irlands zu analysieren, ist eine Differenzierung nach vier Regelungsbereichen sehr hilfreich. An erster Stelle steht die **Aufrechterhaltung der Binnengrenzkontrollen**, die im Protokoll über die Anwendung bestimmter Aspekte des Art. 14 EGV auf das Vereinigte Königreich und auf Irland geregelt ist. Der zweite Sachbereich betrifft die Bestimmungen des **ursprünglichen Schengen-Besitzstands**, wie er vom Rat gemäß Art. 1 Abs. 2 des Beschlusses 1999/435/EG vom 20. Mai 1999 festgelegt wurde.[866] Diesbezügliche Vorschriften finden sich im Protokoll zur Einbeziehung des Schengen-Besitzstands in den Rahmen der Europäischen Union (Schengen-Protokoll). Den dritten abtrennbaren Sachbereich stellen die **Vorschriften des Titel IV EGV und die auf seiner Grundlage beschlossenen Maßnahmen und Entscheidungen** dar. Regelungen dazu finden sich im Protokoll über die Position des Vereinigten Königreichs und Irlands. Diese Maßnahmen sind nach Einbeziehung des Schengen-Besitzstands auch solche, die zum weiterentwickelten Schengen-Besitzstand gehören, aber nach dem 1. Mai 1999 auf eine Rechtsgrundlage in Titel IV EGV gestützt werden.[867] Der vierte Sachbereich betrifft schließlich die Besonderheiten des **weiterentwickelten Schengen-Besitzstands**, der im Sachbereich des Titel IV EGV oder des Titel VI EUV bestehen kann. Für diesen gelten abweichend vom Protokoll über die Position des Vereinigten Königreichs und Irlands wiederum die speziellen Regelungen des Schengen-Protokolls.[868] Die **Abgrenzung** der vier Bereiche ist hinsichtlich des ersten in Art. 69 EGV geregelt. Durch die Formulierung „unbeschadet" wird klargestellt, dass das Protokoll über die Anwendung bestimmter Aspekte des Art. 14 EGV auf das Vereinigte Königreich und Irland Vorrang vor dem Protokoll über die Position des Vereinigten Königreichs und Irlands hat.[869] Die Abgrenzung des zweiten vom dritten Bereich kann zeitlich mit Inkrafttreten des Vertrags von Amsterdam am 1. Mai 1999 vorgenommen werden. Vor diesem Zeitpunkt getroffene Maßnahmen gehören zum ursprünglichen Schengen-Besitzstand auf der Basis der völkerrechtlichen Übereinkommen.[870] Ab diesem Zeitpunkt ist Titel IV EGV anwendbar und dient als Rechtsgrundlage für Maßnahmen der Einwanderungs-, Visa- und Asylpolitik sowie anderer Politiken betreffend den freien Personenverkehr. Der vierte Sachbereich betrifft eine Spezialkategorie, die sich vom zweiten zeitlich abgrenzt, indem sie nur für Maßnahmen nach dem 1. Mai 1999 gilt. Hinsichtlich des dritten

[866] ABl. EG 1999 Nr. L 176/1 und ABl. EG 2000 Nr. L 239/1

[867] Trotz Einbeziehung des Schengen-Besitzstands in den Rahmen der EU ist dieser als eigenständige Materie erhalten geblieben, vgl. dazu oben A. III. 3. c). Weder das Schengen-Protokoll noch Titel IV EGV unterscheiden jedoch klar zwischen Maßnahmen in Bezug auf den Schengen-Besitzstand und normalen Maßnahmen des Titel IV EGV, vgl. *Hailbronner*, Immigration and Asylum Law and Policy of the European Union, S. 55.

[868] vgl. Art. 7 des Protokolls über die Position des Vereinigten Königreichs und Irlands, wonach die Art. 3 und 4 dieses Protokolls das Schengen-Protokoll nicht berühren.

[869] vgl. die zweite Erwägung des Protokolls über die Position des Vereinigten Königreichs und Irlands

[870] Der in ABl. EG 2000 Nr. L 239/1 veröffentlichte Umfang des Schengen-Besitzstands entspricht dem zum Zeitpunkt des Inkrafttretens des Vertrags von Amsterdam am 1. Mai 1999.

Sachbereichs ist sie teilweise enger, da sie nur die Regelungen auf der Grundlage des Schengen-Besitzstands beinhaltet, teilweise weiter, da auch Sachbereiche des Titel VI EUV erfasst werden.

aa) Aufrechterhaltung der Binnengrenzkontrollen

Für die meisten Schengen-Staaten stellt der Wegfall der Binnengrenzkontrollen nach Art. 2 Abs. 1 SDÜ schon eine Selbstverständlichkeit dar. Nach Art. 62 Nr. 1 EGV kann der Rat Maßnahmen beschließen, die nach Art. 14 EGV sicherstellen, dass Personen, seien es Bürger der Union oder Staatsangehörige dritter Länder, beim Überschreiten der Binnengrenzen nicht kontrolliert werden. Als Ausgleich wird unter anderem ein einheitlicher Standard bei der Kontrolle der Außengrenzen angestrebt.[871] Das auf Unionsebene seit 1993 vorliegende Außengrenzübereinkommen konnte aufgrund eines Streits über den territorialen Status von **Gibraltar** zwischen dem Vereinigten Königreich und Spanien nicht realisiert werden.[872] Bis zum Vertrag von Amsterdam wurde dieser Sachbereich auf Ebene der Schengen-Staaten angegangen, zu denen das Vereinigte Königreich und Irland nicht gehören. Diese beiden Staaten sind traditionell durch die „**Common Travel Area**" verbunden, ein formloses understanding aus den 20er Jahren des letzten Jahrhunderts, das der Aufhebung der Grenzkontrollen zwischen ihnen zugrunde liegt.[873] Diese Sonderstellung des Vereinigten Königreichs und Irlands konnte auch mit dem Vertrag von Amsterdam nicht gelöst werden und so werden die Vorschriften über den Wegfall der Binnengrenzkontrollen für beide Staaten durch das Protokoll über die Anwendung bestimmter Aspekte des Art. 14 EGV modifziert. Dieses Protokoll bestimmt in seinem Art. 1, dass das Vereinigte Königreich[874] an seinen Grenzen mit anderen Mitgliedstaaten bei Personen **Einreisekontrollen** ein- oder durchführen kann, die nach seiner Auffassung zur Überprüfung des Rechts auf Einreise von EWR-Bürgern und ihren Angehörigen sowie Staatsangehöriger anderer Staaten, denen solche Rechte aufgrund einer Übereinkunft zustehen, an die das Vereinigte Königreich gebunden ist, erforderlich sind. Nach Art. 28 ff EWR-Vertrag genießen Staatsangehörige der EWR-Länder grundsätzlich dieselben Rechte hinsichtlich der Einreise wie Staatsangehörige der EG-Mitgliedstaaten.[875] Weiterhin können Einreisekontrollen zur Entscheidung darüber, ob anderen Personen die Genehmigung zur Einreise in das Vereinigte Königreich erteilt wird, ein- oder durchgeführt werden. Schon um einem Missbrauch des Rechts auf Einreise entgegenzuwirken, sind demnach beide Staaten zu allgemeinen

---

[871] vgl. zum Wegfall der Binnengrenzkontrollen und zur Kontrolle der Außengrenzen oben B. II. 1. a)

[872] vgl. den Entwurf der Kommission, KOM (1993) 684 endg., und die Stellungnahme des EP, ABl. EG 1994 Nr. C 128/3; vgl. *Labayle*, RTDE 1997, 813, 848 f. Eine Annäherung der gegensätzlichen Positionen des Vereinigten Königreichs und Spaniens kann jedoch in der Vereinbarung betreffend die Behörden von Gibraltar in Bezug auf die Rechtsakte der EU und der EG vom 19. April 2000 gesehen werden, Ratsdokument 7998/00, vgl. auch ABl. EG 2001 Nr. C 81 E/106; vgl. zum umstrittenen Status von Gibraltar auch unten bb) und Art. 5 Abs. 2 des Ratsbeschlusses 2000/365/EG vom 29. Mai 2000, ABl. EG 2000 Nr. L 131/43.

[873] vgl. dazu auch schon oben A. III. 1. d); vgl. auch die zweite Erwägung des Protokolls über die Anwendung bestimmter Aspekte des Art. 14 EGV

[874] Nach Art. 1 Abs. 2 dieses Protokolls gilt dies auch für die Gebiete, für deren Außenbeziehungen das Vereinigte Königreich verantwortlich ist, insbesondere betrifft dies Gibraltar.

[875] Der EWR-Vertrag findet sich in ABl. EG 1994 Nr. L 1/1.

Grenzkontrollen befugt.[876] Die Erhaltung des Status quo in Form der **Common Travel Area** zwischen dem Vereinigten Königreich und Irland erlaubt Art. 2 S. 1 des Protokolls, indem beide Staaten weiterhin untereinander Regelungen über den freien Personenverkehr zwischen ihren Hoheitsgebieten treffen können. Die Rechte der EWR-Bürger und anderer Personen, denen solche Rechte aufgrund einer Übereinkunft zustehen, an die das Vereinigte Königreich gebunden ist, auf Einreise müssen jedoch gewahrt bleiben. Nach Art. 2 S. 2 des Protokolls kann **Irland**, solange die Common Travel Area besteht, unter denselben Bedingungen und Voraussetzungen wie das Vereinigte Königreich Einreisekontrollen ein- oder durchführen. Parallel zur Aufrechterhaltung der Einreisekontrollen durch das Vereinigte Königreich und Irland können gemäß Art. 3 Abs. 1 des Protokolls die **anderen EG-Mitgliedstaaten** an ihren Grenzen oder an allen Orten, an denen ihr Hoheitsgebiet betreten werden kann, ebenfalls solche Kontrollen bei Personen durchführen, die aus dem Vereinigten Königreich oder Irland in ihr Hoheitsgebiet einreisen wollen.[877] Eine differenzierte Regelung zwischen dem Vereinigten Königreich und Irland ist deshalb erst möglich, sobald die Common Travel Area zwischen diesen Ländern aufgehoben ist.

bb) Ursprünglicher Schengen-Besitzstand

Die Sonderstellung des Vereinigten Königreichs und Irlands hinsichtlich des ursprünglichen Schengen-Besitzstands ergibt sich aus **zwei Tatsachen**. Zum einen sind beide Staaten als EU-Mitgliedstaaten nicht Mitglieder der Schengener Übereinkommen, zum anderen wurde der Schengen-Besitzstand mit dem Vertrag von Amsterdam in den Rahmen der EU einbezogen.[878] Die sich daraus ergebende Diskrepanz fand ihre Lösung in Art. 4 Schengen-Protokoll. Darin wird nochmals klargestellt, dass Irland und das Vereinigte Königreich durch den Schengen-Besitzstand nicht gebunden sind. Zusätzlich zu der Möglichkeit eines Beitritts zu den Schengener Übereinkommen, die beiden Ländern schon als EG-Mitgliedstaaten offensteht,[879] können sie nach Art. 4 Abs. 1 Schengen-Protokoll auch jederzeit beantragen, dass einzelne oder alle Bestimmungen dieses Besitzstands auch auf sie Anwendung finden. Diese Regelung geht nach der Einbeziehung des Schengen-Besitzstands in den Rahmen der EU dem Beitritt als lex specialis vor.[880] Als neu hervorzuheben ist dabei, dass beide Staaten jeweils unterschiedlich beantragen können, einzelne Bestimmungen des Schengen-Besitzstands auf sie anzuwenden. Über einen solchen Antrag beschließt der Rat einstimmig in der Besetzung der 13 Schengen-Staaten und des Vertreters der Regierung des antragstellenden Staates.[881] In der **Erklärung zu**

[876] Diese Grenzkontrollen werden im Vereinigten Königreich insbesondere vom „Immigration and Asylum Act" von 1999 geregelt, vgl. dazu die schriftliche Anfrage E-2327/00 des EP-Abgeordneten Klaus-Heiner Lehne vom 11. Juli 2000, ABl. EG 2001 Nr. C 136 E/21.

[877] In Art. 2 S. 3 und Art. 3 Abs. 2 des Protokolls wird nochmals klargestellt, dass insbesondere nicht Art. 14 EGV, aber auch keine andere primär- oder sekundärrechtliche Bestimmung des Unions- und Gemeinschaftsrechts diese Regelungen berühren, aA *Röben*, in Grabitz/Hilf, Das Recht der Europäischen Union, Stand Mai 1999, Art. 69 EGV, Rn. 4. Einer von einigen Seiten vertretenen unmittelbaren Wirkung des Art. 14 EGV wird hier vorgebaut, vgl. aber gegen eine unmittelbare Wirkung EuGH, Rs. C-378/97, Wijsenbeek, Slg. 1999, S. I-6207, Rz. 39 ff, BayVBl. 2000, 623 mit Anmerkung *Wuermeling*.

[878] vgl. zu den Gründen für die Nicht-Mitgliedschaft des Vereinigten Königreichs bei den Schengener Übereinkommen *Wiener*, EJML 1999, 441 ff

[879] vgl. für das Schengener Durchführungsübereinkommen Art. 140 Abs. 1 S. 1 SDÜ

[880] ebenso *Hailbronner*, Immigration and Asylum Law and Policy of the European Union, S. 59

[881] vgl. Art. 4 Abs. 2 Schengen-Protokoll

Art. 4 Schengen-Protokoll haben die EU-Mitgliedstaaten den Rat ersucht, vor der Entscheidung über einen solchen Antrag die Stellungnahme der Kommission einzuholen. Ferner haben sich die Mitgliedstaaten darin verpflichtet, die größtmöglichen Anstrengungen zu unternehmen, damit Art. 4 Schengen-Protokoll schon zum Zeitpunkt des Inkrafttretens des Protokolls oder zu jedem späteren Zeitpunkt Anwendung findet. Bis zum 1. Mai 1999 fand Art. 4 Schengen-Protokoll zwar keine Anwendung, sowohl das Vereinigte Königreich als auch Irland haben jedoch bereits einen Antrag gestellt, einzelne Bestimmungen des Schengen-Besitzstands auf sie anzuwenden.[882] Beide Anträge bewegen sich sinngemäß im gleichen Rahmen. Mit dem **Beschluss 2000/365/EG vom 29. Mai 2000** hat der Rat beschlossen, dass einzelne Bestimmungen des Schengen-Besitzstands auf das Vereinigte Königreich Anwendung finden.[883] Bei den in diesem Rahmen aufgeführten Vorschriften handelt es sich bis auf die **Art. 26, 27 SDÜ** fast ausschließlich um solche Bestimmungen des Schengen-Besitzstands, für die vom Rat entweder eine Rechtsgrundlage in Titel VI EUV festgelegt wurde oder die mangels einer Festlegung nach Art. 2 Abs. 1 UAbs. 4 Schengen-Protokoll auf Titel VI EUV gestützt sind.[884] Art. 26 und 27 SDÜ zielen auf die Verpflichtung der Beförderungsunternehmer zur Rückführung von Drittausländern ohne gültiges Einreisedokument sowie auf die Einführung von angemessenen Sanktionen gegen Schlepper.[885] Diese Fragen wurden als so schwerwiegend betrachtet, dass sie als einzige relevante Bereiche des Titel IV EGV vom Antrag des Vereinigten Königreichs umfasst wurden.[886] Die Bestimmungen, die auf das Vereinigte Königreich angewandt werden, betreffen damit hauptsächlich die unter **Titel VI EUV** fallenden Bereiche der Zusammenarbeit der Justiz- und Polizeibehörden, der Zusammenarbeit in Strafsachen, des Kampfes gegen Drogen und des Schengener Informationssystems (SIS). Herauszustellen ist dabei allerdings, dass insbesondere die einzelnen Kapitel des SDÜ nur **bruchstück- und lückenhaft** übernommen wurden. So findet beispielsweise zwar Art. 40 SDÜ über die polizeiliche Observation Anwendung, die in Art. 41 SDÜ damit zusammenhängende polizeiliche Nacheile ist jedoch von den Bestimmungen im Ratsbeschluss 2000/365/EG ausgenommen. Hinsichtlich des noch über die Möglichkeiten der Art. 40, 41 SDÜ hinauszielenden Art. 32 EUV über die grenzüberschreitende Behördentätigkeit stellt dies eine bedenkliche Entwicklung dar.[887] Eine weitere Zersplitterung des Schengen-Besitzstands wurde mit Art. 5 des Ratsbeschlusses 2000/365/EG vorgenommen. So wurden ähnlich der Regelung in Art. 299 Abs. 6 lit. c) EGV **Sonderstellungen für die Kanalinseln und die Isle of Man** ermöglicht. Desweiteren führt der umstrittene Status von Gibraltar auch hier zu einer Sonderregelung, wobei nur bestimmte der in Art. 1 des Ratsbeschlus-

[882] vgl. jeweils die befürwortende Stellungnahme der Kommission, für das Vereinigte Königreich, Bull. EU 7/8-1999, Ziff. 1.5.1, für Irland, Bull. EU 9-2000, Ziff. 1.4.1

[883] ABl. EG 2000 Nr. L 131/43. Der Beschluss folgt dem im Rahmen von Schengen üblichen zweistufigen System des Inkrafttretens und anschließenden Inkraftsetzens, vgl. Art. 6 Abs. 1 des Ratsbeschlusses. Dies gilt grundsätzlich auch für Maßnahmen auf der Grundlage des Schengen-Besitzstands nach Art. 1 des Ratsbeschlusses, die vor Annahme des Ratsbeschlusses angenommen wurden, vgl. Art. 8 Abs. 3 des Ratsbeschlusses. Zum System des Inkrafttretens und Inkraftsetzens im SDÜ siehe schon oben A. III. 3. d).

[884] vgl. zur Festlegung der Rechtsgrundlagen für den Schengen-Besitzstand, ABl. EG 1999 Nr. L 176/17, sowie oben A. III. 3. b)

[885] vgl. dazu schon oben B. II. 1. d) bb)

[886] vgl. die sechste Erwägung des Ratsbeschlusses 2000/365/EG vom 29. Mai 2000, ABl. EG 2000 Nr. L 131/43

[887] vgl. dazu oben C. III. 2. a); zum Zusammenhang von polizeilicher Observation und Nacheile, vgl. *Wehner*, Die polizeiliche Zusammenarbeit zwischen den Schengen-Staaten unter besonderer Berücksichtigung des SIS, in Achermann/Bieber/Epiney/Wehner, Schengen und die Folgen, S. 129, 158 ff

ses 2000/365/EG aufgeführten Vorschriften des Schengen-Besitzstands auf dieses Gebiet Anwendung finden.[888] Hinsichtlich der **Gibraltar-Klausel** ist hervorzuheben, dass es sich einerseits zwar nur um einen kleinen Gebietsteil[889] handelt, auch wurde eine Lösung trotz des Konfliktes um den territorialen Status zwischen Spanien und dem Vereinigten Königreich gefunden. Allerdings besteht aufgrund dieser Sonderbehandlung eines Gebiets auch die Gefahr der Schaffung eines Präzedenzfalls. Darüber hinaus hat Gibraltar gerade hinsichtlich der Problematik von Flüchtlingen und illegalen Einwanderern eine hohe Bedeutung.[890] Die Kommission hat bei ihrer Stellungnahme zu den Anträgen des Vereinigten Königreichs und Irlands ihrer Überzeugung Ausdruck gegeben, dass sich diese Zusammenarbeit letztlich auch auf die Bestimmungen des Schengen-Besitzstands zur Freizügigkeit ausweiten wird.[891] Das Erfordernis der Ausweitung ist insbesondere deshalb hervorzuheben, da der Schengen-Besitzstand als kohärentes Ganzes konzipiert wurde und auch als solches angewendet wird.[892] Die vom Vereinigten Königreich angewendeten Bestimmungen des Schengen-Besitzstands lassen das Grundkonzept von Schengen, das auf den Abbau der Binnengrenzkontrollen und die gleichzeitige Schaffung von Ausgleichsmaßnahmen abzielt, jedoch noch unberührt.[893]

cc) Titel IV EGV sowie Maßnahmen und Entscheidungen auf der Grundlage von Titel IV EGV

Den dritten Regelungsbereich, in dem Sonderregelungen für das Vereinigte Königreich und Irland gelten, stellt der gesamte Titel IV EGV dar, somit die Visa-, Asyl- und Einwanderungspolitik sowie andere Politiken betreffend den freien Personenverkehr. Mitumfasst sind hier auch die auf Titel IV EGV gestützten Vorschriften des weiterentwickelten Schengen-Besitzstands, für die jedoch zusätzlich noch spezielle Regelungen gelten.[894] Grundsätzlich wird dieser Bereich durch das Protokoll über die Position des Vereinigten Königreichs und Irlands geregelt. Für Irland enthält dieses Protokoll in Art. 8 eine eigene **Ausstiegsklausel**, wonach Irland dem Präsidenten des Rates schriftlich mitteilen kann, dass dieses Protokoll nicht mehr für Irland gelten soll. Anwendung finden dann die üblichen Vertragsbestimmungen. Vorteil dieser Regelung ist, dass der Übergang zum normalen Regime im Vergleich zum Vereinigten Königreich, für das eine solche Klausel nicht besteht, erleichtert wird, indem nicht die allgemeinen - zeitlich langwierigeren - Bestimmungen zur Vertragsänderung heran-

[888] Grundsätzlich ist Gibraltar vom Geltungsbereich erfasst, vgl. Art. 299 Abs. 4 EGV. Das Protokoll über die Anwendung bestimmter Aspekte des Art. 14 EGV auf das Vereinigte Königreich und auf Irland bestimmt zusätzlich, dass es auch auf Gibraltar Anwendung findet, vgl. Art. 1 Abs. 2 dieses Protokolls.

[889] Die Gibraltar-Halbinsel umfasst etwa 27 000 Einwohner auf sechseinhalb Quadratkilometern. Sie stellt seit der Abtretung von Spanien an Großbritannien im Vertrag von Utrecht von 1713 eine britische Kronkolonie dar. Die Zugehörigkeit zu Großbritannien wurde in einer Abstimmung im Jahre 1967 von den Gibraltarern bestätigt.

[890] vgl. die in regelmäßigen Abständen wiederkehrenden Berichte über Flüchtlinge und illegale Einwanderer an der Meerenge von Gibraltar, SZ vom 12. Juli 2000, Nr. 158; SZ vom 19. Oktober 2000, Nr. 241; SZ vom 19. Dezember 2000, Nr. 292; SZ vom 6. Februar 2001, Nr. 30; SZ vom 20. Februar 2001, Nr. 42; SZ vom 20. August 2001, Nr. 190; vgl. auch oben 2. Teil A. II. 2.

[891] vgl. Bull. EU 7/8-1999, Ziff. 1.5.1; Bull. EU 9-2000, Ziff. 1.4.1

[892] vgl. die dritte Erwägung des Ratsbeschlusses 2000/365/EG vom 29. Mai 2000

[893] vgl. zum Konzept der Schengener Übereinkommen oben A. III. 1. a)

[894] vgl. unten dd)

gezogen werden müssen.[895] Wie aus der **Erklärung Irlands** zum Vertrag von Amsterdam hervorgeht, scheint die Sonderstellung Irlands allein aufgrund der engen Beziehungen zum Vereinigten Königreich in Form der Common Travel Area zu bestehen. Art. 1 S. 1 des Protokolls über die Position des Vereinigten Königreichs und Irlands stellt den **Grundsatz** auf, dass sich beide Staaten nicht an der Annahme von Maßnahmen durch den Rat, die nach Titel IV EGV vorgeschlagen werden, beteiligen.[896] Entsprechend bestimmt Art. 2 des Protokolls die **Rechtsfolgen** dieses Grundsatzes. In beiden Staaten sind die Vorschriften des Titel IV EGV, nach diesem Titel beschlossene Maßnahmen, Vorschriften internationaler Übereinkünfte, die von der EG nach jenem Titel geschlossen werden, sowie Entscheidungen des EuGH, in denen solche Vorschriften oder Maßnahmen ausgelegt werden, nicht bindend oder anwendbar. Damit sollte grundsätzlich jegliche Rechtswirkung, die von den Bestimmungen des Titel IV EGV ausgeht, vom Gebiet der beiden Staaten ferngehalten werden. Die in Titel IV EGV geregelten Politiken liegen in der alleinigen Zuständigkeit des Vereinigten Königreichs und Irlands. Damit ist ein **Rückschritt in der europäischen Integration** zu verzeichnen, da vor dem Vertrag von Amsterdam diese Bereiche zumindest Angelegenheiten von gemeinsamem Interesse nach Art. K.1 EUV aF darstellten. Teile der Visapolitik waren dazu bereits in Art. 100c EGV aF geregelt.[897] In Art. 2 HS 3 des Protokolls wird weiter hervorgehoben, dass diese Vorschriften, Maßnahmen oder Entscheidungen nach Titel IV EGV in keiner Weise den gemeinschaftlichen Besitzstand berühren oder Teil des Gemeinschaftsrechts sind, soweit sie auf das Vereinigte Königreich und Irland Anwendung finden. Diese Klausel schützt den acquis sowohl vor negativen Einflüssen durch Beeinträchtigungen als auch positiv in dem Sinne, dass nichts hinzugefügt werden kann.[898] Dies führt zu einer **Aufspaltung des Begriffs „gemeinschaftlicher Besitzstand" in räumlicher Hinsicht**. Für die 13 Schengen-Staaten stellen diese Vorschriften, Maßnahmen oder Entscheidungen nach Titel IV EGV einen gemeinschaftlichen Besitzstand dar, für das Vereinigte Königreich und Irland jedoch nicht. Beide Staaten verfügen jedoch nach Art. 3 Abs. 1 UAbs. 1 S. 1 des Protokolls über eine **opt-in-Möglichkeit**. Danach können beide Staaten unabhängig voneinander dem Präsidenten des Rates innerhalb von drei Monaten nach der Vorlage eines Vorschlags oder einer Initiative gemäß Titel IV EGV beim Rat schriftlich mitteilen, dass sie sich an der Annahme und Anwendung der betreffenden Maßnahmen beteiligen möchten.[899] Der Rat hat grundsätzlich keine Möglichkeit, dies zu verhindern, da eine Ermächtigung seinerseits nicht erforderlich ist. Allerdings kann die betreffende Maßnahme ohne das Vereinigte Königreich oder Irland angenommen werden, wenn sie nicht innerhalb eines angemesse-

[895] Eine Vertragsänderung erfordert grundsätzlich nach Art. 48 EUV die Ratifizierung durch alle Mitgliedstaaten gemäß ihren verfassungsrechtlichen Vorschriften.

[896] Entsprechend ändern Art. 1 S. 2 und 3 des Protokolls auch die notwendige Stimmenanzahl für die qualifizierte Mehrheit und Einstimmigkeit im Rat.

[897] vgl. oben 1. Teil B. IV. 2. a) aa)

[898] kritisch zu diesem Umgang mit dem acquis communautaire auch *Toth*, The legal effects of the protocols relating to the United Kingdom, Ireland and Denmark, in Heukels/Blokker/Brus, The European Union after Amsterdam, S. 227, 245 f

[899] So haben beide Staaten mitgeteilt, dass sie sich an dem Ratsbeschluss vom 15. März 2001 über den Abschluss des Übereinkommens zwischen der EG und der Republik Island und dem Königreich Norwegen über die Kriterien und Regelungen zur Bestimmung des zuständigen Staates für die Prüfung eines in einem Mitgliedstaat oder in Island oder Norwegen gestellten Asylantrags beteiligen möchten, ABl. EG 2001 Nr. L 93/38.

nen Zeitraums mit einem oder beiden von ihnen zustande kommt.[900] Eine opt-in-Möglichkeit besteht nach Art. 4 des Protokolls auch noch jederzeit nach Annahme einer solchen Maßnahme. Allerdings ist in diesem Fall eine Mitteilung an Rat und Kommission erforderlich und das Verfahren nach Art. 11a EGV findet sinngemäß Anwendung.[901] Fasst man diese opt-in-Klauseln zusammen, so ist auch von einer **Aufspaltung des Begriffs „gemeinschaftlicher Besitzstand" in sachgegenständlicher Hinsicht** auszugehen. Sind alle Bestimmungen des Titel IV EGV für das Vereinigte Königreich und Irland nicht bindend oder anwendbar, so können sehr wohl einzelne Maßnahmen auf der Grundlage des Titel IV EGV Rechtswirkungen für einen oder beide Staaten erzeugen. So gehört im Fall der Ausübung der opt-in-Klausel durch das Vereinigte Königreich oder Irland zwar die betreffende Maßnahme zum gemeinschaftlichen Besitzstand, die ihr zugrundeliegende Rechtsgrundlage in Titel IV EGV jedoch nicht. In diesem Zusammenhang noch von einem gemeinschaftlichen Besitzstand zu sprechen, ist wohl nur aus formalrechtlichen Gründen gerechtfertigt. Bei einer Gesamtbetrachtung ist infolge dieser Aufspaltungen **nicht mehr von einem gemeinschaftlichen Besitzstand** für die Vorschriften, Maßnahmen oder Entscheidungen gemäß Titel IV EGV auszugehen. Allenfalls kann hier, da der Schengen-Besitzstand auch nach dem Vertrag von Amsterdam noch eine Grundlage im EG-Rechtssystem gefunden hat, noch von einem personell und sachlich **erweiterten Schengen-Besitzstand** gesprochen werden, da die Teilnehmerstaaten grundsätzlich mit den Schengen-Staaten identisch sind. Mit dieser Vorgehensweise haben die EU-Mitgliedstaaten ihre in Art. 2 Abs. 1 fünfter Spiegelstrich EUV und Art. 3 Abs. 1 EUV selbst gesteckten Ziele der vollen Wahrung und Weiterentwicklung des gemeinschaftlichen Besitzstands nicht beachtet.[902] Im Fall der Ausübung der opt-in-Klauseln gelten nach Art. 6 des Protokolls auch die einschlägigen Bestimmungen des EG-Vertrags, einschließlich des Art. 68 EGV. Dies wirft insbesondere **Schwierigkeiten hinsichtlich des Vorabentscheidungsverfahrens** auf, da die Auslegung einer Maßnahme nicht ohne Bezug auf die ihr zugrundeliegende primärrechtliche Bestimmung des Titel IV EGV denkbar ist. Diese sind jedoch für das Vereinigte Königreich oder Irland gerade nicht bindend oder anwendbar. Eine Lösung dieser Konstellation kann sich nur dadurch ergeben, dass der Ausschluss nach Art. 2 des Protokolls nur direkte, jedoch keine indirekten Rechtswirkungen erfasst.

dd) Besonderheiten des weiterentwickelten Schengen-Besitzstands

Für Vorschläge und Initiativen auf der Grundlage des Schengen-Besitzstands (weiterentwickelter Schengen-Besitzstand) gelten Besonderheiten hinsichtlich des Vereinigten Königreichs und Irlands. Sind dabei Maßnahmen des weiterentwickelten Schengen-Besitzstands betroffen, die auf Titel IV EGV gestützt sind, so werden die

[900] vgl. Art. 3 Abs. 2 des Protokolls; bei einer Beteiligung ändern sich auch entsprechend die Erfordernisse für die qualifizierte Mehrheit und die Einstimmigkeit im Rat, vgl. Art. 3 Abs. 1 des Protokolls.

[901] In Art. 4 des Protokolls wird noch auf Art. 11 Abs. 3 EGV verwiesen. Das durch den Vertrag von Amsterdam dort geregelte Verfahren beim Anschluss an die verstärkte Zusammenarbeit ist mit dem Vertrag von Nizza jedoch in Art. 11a EGV neu geregelt worden. Art. 11 EGV besitzt keinen dritten Absatz mehr. Die fehlende Änderung in Art. 4 des Protokolls kann damit nur ein Redaktionsversehen darstellen. Vgl. zum Verfahren nach Art. 11a EGV oben 1. b) bb).

[902] *Toth*, The legal effects of the protocols relating to the United Kingdom, Ireland and Denmark, in Heukels/Blokker/Brus, The European Union after Amsterdam, S. 227, 246, geht von einer Inkompatibilität aus.

Bestimmungen des Protokolls über die Position des Vereinigten Königreichs und Irlands durch Art. 5 Abs. 1 UAbs. 2 Schengen-Protokoll modifiziert. Für Maßnahmen des weiterentwickelten Schengen-Besitzstands, die auf Titel VI EUV gestützt werden, gilt hinsichtlich der Sonderstellung der beiden Staaten allein Art. 5 Abs. 1 UAbs. 2 Schengen-Protokoll. Da beide Staaten als Nicht-Schengen-Mitglieder in diese Zusammenarbeit nicht eingebunden sind, sind hier Sonderregelungen wie für den Bereich des Titel IV EGV nicht erforderlich. Das Vereinigte Königreich und Irland können sich grundsätzlich an allen Maßnahmen im Bereich des weiterentwickelten Schengen-Besitzstands **beteiligen**. Dies müssen beide Staaten dem Präsidenten des Rates in einem vertretbaren Zeitraum schriftlich mitteilen. Für die Bestimmung des **vertretbaren Zeitraums** kann auf Art. 3 Abs. 1 UAbs. 1 S. 1 des Protokolls über die Position des Vereinigten Königreichs und Irlands zurückgegriffen werden, das hinsichtlich einer Beteiligung für Maßnahmen im Bereich des Titel IV EGV einen Zeitraum von drei Monaten nach der Vorlage eines Vorschlags oder einer Initiative ansetzt. Da die Interessenlage, baldige Klarheit über die Beteiligung herzustellen, für den Bereich des weiterentwickelten Schengen-Besitzstands, der Titel VI EUV unterfällt, die gleiche ist, kann als vertretbarer Zeitraum grundsätzlich drei Monate angesehen werden. Beteiligen sich einer der Staaten oder beide nicht an einer solchen Maßnahme, regelt Art. 5 Abs. 1 UAbs. 2 Schengen-Protokoll die Problematik der **verstärkten Zusammenarbeit**, die durch die Einbeziehung des Schengen-Besitzstands in den Rahmen der EU für die Schengen-Staaten entstanden ist. Darin wird eine Verbindung zu den im EG- und EU-Vertrag befindlichen Vorschriften über die verstärkte Zusammenarbeit hergestellt, indem die Ermächtigung nach Art. 11 Abs. 2 EGV bzw. Art. 40a Abs. 2 EUV als erteilt gilt.[903] So wird die unter den Schengen-Staaten stattfindende Zusammenarbeit auch nach Einbeziehung in den Rahmen der EU praktisch vor einer Blockade durch das Vereinigte Königreich oder Irland abgesichert. Hinsichtlich der Rechtsfolgen und dem weiteren Verfahren bei einer fehlenden Beteiligung finden grundsätzlich die Vorschriften über die verstärkte Zusammenarbeit in den Verträgen Anwendung. Will einer dieser Staaten oder beide die betreffende Maßnahme später annehmen, so richtet sich dies im Sachbereich von Titel IV EGV nach Art. 11a EGV.[904] Im Rahmen des Vertrags von Amsterdam haben die Mitgliedstaaten die Verpflichtung übernommen, sich nach besten Kräften dafür einzusetzen, dass ein **Vorgehen unter Beteiligung auch des Vereinigten Königreichs und Irlands** ermöglicht wird, insbesondere wenn beide Staaten nach Art. 4 Schengen-Protokoll einzelne oder alle Bestimmungen dieses Besitzstands übernommen haben.[905] Mit diesem Bemühen soll erreicht werden, dass ein Sachbereich möglichst vollständig auf die beiden Staaten Anwendung finden kann. Dadurch würde die Aufspaltung des „gemeinschaftlichen Besitzstands“ in sachgegenständlicher Hinsicht teilweise verhindert, indem die diesbezügliche Vorschrift im ursprünglichen Schengen-Besitzstand die gleichen Rechtswirkungen erhält wie die in diesem Sachbereich erlassene Maßnahme des weiterentwickelten Schengen-Besitzstands. Eine

[903] vgl. zur Analyse dieser Vorschriften oben 1. b); die Vorschriften im Schengen-Protokoll wurden nach dem Vertrag von Nizza nicht an die neuen Regelungen über die verstärkte Zusammenarbeit in den Verträgen angepasst. Dies muss als Redaktionsversehen gewertet werden.

[904] vgl. Art. 4 des Protokolls über die Position des Vereinigten Königreichs und Irlands; Art. 7 dieses Protokolls steht dem nicht entgegen, da das Schengen-Protokoll selbst über diese Frage keine Regelung trifft. *Hailbronner*, Immigration and Asylum Law and Policy of the European Union, S. 105, will das Protokoll über die Position des Vereinigten Königreichs und Irlands lediglich analog anwenden. AA *Kortenberg*, CMLRev. 1998, 833, 842.

[905] vgl. die Erklärung zu Art. 5 Schengen-Protokoll zum Vertrag von Amsterdam

vollständige Beseitung der Aufspaltung wäre jedoch nur durch die Einbeziehung auch der diesbezüglichen Vorschrift des Titel IV EGV zu erreichen. Einen ersten Erfolg haben diese Bemühungen in Art. 8 Abs. 2 des **Ratsbeschlusses 2000/365/EG** gezeigt, worin das Vereinigte Königreich unwiderruflich mitgeteilt hat, dass es sich hinsichtlich der auf es Anwendung findenden Vorschriften des ursprünglichen Schengen-Besitzstands auch an allen Vorschlägen und Initiativen auf der Grundlage dieser Vorschriften beteiligen will.[906]

b) Dänemark

Die Sonderstellung Dänemarks, das auch Mitglied der Schengener Übereinkommen ist, ergibt sich aufgrund der nach der Ratifikation des Vertrags von Maastricht durch die **Volksabstimmung** vom 2. Juni 1992 erlangten Zugeständnisse durch die übrigen Mitgliedstaaten anlässlich des **Europäischen Rates von Edinburgh vom 11./12. Dezember 1992**, worin die weitgehende Beibehaltung des Status vor Maastricht vereinbart wurde.[907] Insoweit wurden auch mit dem Vertrag von Amsterdam Modifikationen für Dänemark eingefügt, an denen der Vertrag von Nizza nichts geändert hat. Die Regelungen weisen teilweise eine Ähnlichkeit zu den für das Vereinigte Königreich und Irland geltenden Sondervorschriften auf, sind aber auf die spezielle Situation Dänemarks abgestimmt, indem die Übertragung von Kompetenzen auf die EG durch eine **Vergemeinschaftung verhindert** werden soll. Hinsichtlich dieser Sonderstellung ist eine Unterscheidung in drei Regelungsbereiche sinnvoll. Dies betrifft an erster Stelle die Bestimmungen des **ursprünglichen Schengen-Besitzstands**, für die sich Regelungen im Schengen-Protokoll finden. Desweiteren bestehen Sondervorschriften für **Titel IV EGV sowie Maßnahmen und Entscheidungen auf der Grundlage von Titel IV EGV**. Regelungen dazu finden sich im Protokoll über die Position Dänemarks. Diese Maßnahmen sind nach Einbeziehung des Schengen-Besitzstands auch solche, die zum weiterentwickelten Schengen-Besitzstand gehören, aber nach dem 1. Mai 1999 auf eine Rechtsgrundlage in Titel IV EGV gestützt werden.[908] Als dritter Regelungsbereich sind die **Besonderheiten für den weiterentwickelten Schengen-Besitzstand** anzusprechen, für die sich wiederum Bestimmungen im Protokoll über die Position Dänemarks finden. Eine **Abgrenzung** zwischen dem ersten und zweiten Bereich ergibt sich ähnlich wie bei der Sonderstellung des Vereinigten Königreichs und Irlands wiederum in zeitlicher Hinsicht.[909] Der dritte Sachbereich betrifft eine Spezialkategorie, die sich vom ersten ebenfalls zeitlich abgrenzt, indem sie nur Maßnahmen nach dem 1. Mai 1999 betrifft. Hinsichtlich des zweiten Bereichs ist sie teilweise enger, da sie nur die Regelungen auf der Grundlage des Schengen-Besitzstands umfasst, teilweise weiter, da auch Sachbereiche des Titel VI EUV erfasst werden. Hinsichtlich des zweiten und dritten Regelungsbereichs gibt **Art. 7 des Protokolls über die Position Dänemarks** diesem Staat die Möglichkeit, von den diesbezüglichen Sonderregelungen insgesamt oder zum Teil keinen Gebrauch mehr zu machen. In diesem Fall ist Dänemark verpflichtet, sämtliche im Rahmen der EU getroffenen einschlägigen Maßnahmen, die

[906] ABl. EG 2000 Nr. L 131/43; vgl. dazu schon oben bb)

[907] vgl. dazu *Glistrup*, RMCUE 1994, 9 ff; vgl. zu den diesbezüglichen Schlussfolgerungen des ER von Edinburgh, ABl. EG 1992 Nr. C 348/1

[908] Trotz Einbeziehung des Schengen-Besitzstands in den Rahmen der EU ist dieser als eigenständige Materie erhalten geblieben, vgl. dazu oben A. III. 3. c).

[909] vgl. oben a)

bis dahin in Kraft getreten sind, in vollem Umfang anzuwenden. Aufgrund dieser Rechtsfolge kann ein **teilweiser Verzicht** auf das Protokoll nicht die Beteiligung an einer einzelnen Maßnahme oder einem bestimmten Sachbereich nach Titel IV EGV oder im Rahmen des weiterentwickelten Schengen-Besitzstands bedeuten. Der teilweise Verzicht bezieht sich vielmehr auf die Einteilung des Protokolls in Teil I bis Teil III. Finden sich in Teil I Regelungen bezüglich der Innen- und Justizpolitik, so enthält Teil II die Bestimmungen zur Außen- und Sicherheitspolitik. Dies bedeutet, dass Dänemark nur insgesamt von dem die Innen- und Justizpolitik regelnden Teil I keinen Gebrauch mehr machen kann.[910] Da eine entsprechende Regelung für das Schengen-Protokoll fehlt, wird die dadurch hervorgerufene Sonderstellung für den ursprünglichen Schengen-Besitzstand von einer solchen Mitteilung nicht berührt.[911]

aa) Ursprünglicher Schengen-Besitzstand

Da Dänemark Mitglied der Schengener Übereinkommen ist, war es auch schon vor dem Vertrag von Amsterdam an die Bestimmungen des ursprünglichen Schengen-Besitzstands völkerrechtlich gebunden.[912] Dieser Status quo sollte auch mit dem Vertrag von Amsterdam weitgehend beibehalten werden. Infolgedessen bestimmt Art. 3 Schengen-Protokoll, dass Dänemark in Bezug auf diejenigen Teile des Schengen-Besitzstands, für die vom Rat eine **Rechtsgrundlage in Titel IV EGV** festgelegt ist, dieselben Rechte und Pflichten im Verhältnis zu den übrigen Unterzeichnern der Schengener Übereinkommen wie vor dieser Festlegung behält.[913] Nur hinsichtlich der Bestimmungen, für die eine **Rechtsgrundlage in Titel VI EUV** festgelegt wurde, behält Dänemark dieselben Rechte und Pflichten wie die übrigen Unterzeichner der Schengener Übereinkommen. Diese Sondervorschriften führen bezüglich der auf Titel IV EGV gestützten Vorschriften lediglich zu einer **völkerrechtlichen Bindung**.[914] Für die unter Titel VI EUV zugeordneten Bestimmungen des Schengen-Besitzstands ergibt sich allerdings wie für die übrigen Schengen-Staaten nach Einbeziehung in den Rahmen der EU eine **unionsrechtliche Bindung**. Zwar hat die EU grundsätzlich auch völkerrechtlichen Charakter, allerdings kann der unionsrechtlichen Bindung bei der Auslegung einer Norm des Schengen-Besitzstands durchaus Bedeutung zukommen.[915] Diese Sonderregelungen führen zu dem Kuriosum, dass hinsichtlich Dänemark die auf Titel IV EGV gestützten Bestimmungen des ursprünglichen Schengen-Besitzstands eine in Bezug auf die europäische Integration **geringe-**

---

[910] Ebenso *Griller/Droutsas/Falkner/Forgó/Nentwich*, The Treaty of Amsterdam, S. 247 f, die noch darauf hinweisen, dass eine entsprechende Regelung im Protokoll über die Position des Vereinigten Königreichs und Irlands in Art. 3 und 4 vorhanden ist, hier aber gerade fehlt. Im Umkehrschluss ist damit die Beteiligung an einer einzelnen Maßnahme nicht möglich. Vgl. auch *Toth*, The legal effects of the protocols relating to the United Kingdom, Ireland and Denmark, in Heukels/Blokker/Brus, The European Union after Amsterdam, S. 227, 241.

[911] vgl. zur diesbezüglichen Sonderregelung im Schengen-Protokoll unten aa)

[912] Das Schengener Durchführungsübereinkommen ist für Dänemark am 19. Dezember 1996 in Kraft getreten. Die Inkraftsetzung erfolgte jedoch erst für alle nordischen Staaten gemeinsam am 25. März 2001, vgl. dazu oben A. III. 1. d).

[913] vgl. zur Festlegung der Rechtsgrundlagen für jede Bestimmung und jeden Beschluss des Schengen-Besitzstands und den diesbezüglichen Auswirkungen oben A. III. 3. b)

[914] Die Rechtsfolge der völkerrechtlichen Bindung ist hier als konstitutive Anordnung zu verstehen, da mit der Einbeziehung des Schengen-Besitzstands in den Rahmen der EU keine völkerrechtlichen, sondern unionsrechtliche Beziehungen unter den Schengen-Staaten bestehen.

[915] vgl. zur gerichtlichen Kontrolle durch den EuGH oben A. III. 3. d)

re Bindungswirkung aufweisen als die auf Titel VI EUV gestützten Vorschriften. Gleichwohl dürfte dieser Unterschied in der Praxis nicht merklich spürbar sein.

bb) Titel IV EGV sowie Maßnahmen und Entscheidungen auf der Grundlage von Titel IV EGV

In Bezug auf diesen Regelungsbereich ist die Stellung Dänemarks **grundsätzlich mit der des Vereinigten Königreichs und Irlands vergleichbar**. Nach Art. 1 S. 1 des Protokolls über die Position Dänemarks beteiligt sich Dänemark nicht an der Annahme von Maßnahmen durch den Rat, die nach Titel IV EGV vorgeschlagen werden. Als Rechtsfolgen werden in Art. 2 des Protokolls ebenfalls aufgeführt, dass die nach Titel IV EGV beschlossenen Maßnahmen, Vorschriften oder Entscheidungen für Dänemark nicht bindend oder anwendbar sind sowie die Zuständigkeiten, Rechte und Pflichten Dänemarks nicht berühren. Eine Beschränkung des gemeinschaftlichen Besitzstands in Bezug auf Dänemark findet im gleichen Maße wie für das Vereinigte Königreich und Irland statt. Die Ausführungen zum Vereinigten Königreich und Irland zu Art. 1 und 2 des ihre Position regelnden Protokolls können damit im Grundsatz übertragen werden.[916] Eine **Ausnahme** von diesem Grundsatz wurde allerdings in Art. 4 des Protokolls über die Position Dänemarks eingefügt. Danach beteiligt sich Dänemark in gleicher Weise wie die übrigen EG-Mitgliedstaaten an Maßnahmen zur Bestimmung derjenigen Drittländer, deren Staatsangehörige beim Überschreiten der Außengrenzen der Mitgliedstaaten im Besitz eines **Visums** sein müssen, sowie bei Maßnahmen zur einheitlichen Visumgestaltung. Bei Letzterem wurde auf Art. 62 Nr. 2 lit. b) Punkt iii) EGV Bezug genommen. Eine diesbezügliche EG-Kompetenz war auch schon in Art. 100c Abs. 3 S. 2 EGV aF enthalten.[917] Hinsichtlich der Bestimmung der Visumpflicht wurde nicht die Formulierung des Art. 62 Nr. 2 lit. b) Punkt i) EGV gewählt, sondern auf den **Status quo ante des Art. 100c Abs. 1 EGV aF** Bezug genommen. Diesbezüglich war umstritten, ob diese Vorschrift neben der Aufstellung einer Negativliste auch die **Erstellung einer Positivliste** umfasst.[918] Mit der Verordnung (EG) Nr. 539/2001 des Rates vom 15. März 2001 wurde jedoch inzwischen die Verordnung (EG) Nr. 574/2001 vom 12. März 1999 abgelöst.[919] Während die Verordnung von 1999 keine Positivliste enthielt, ist in der Verordnung von 2001 eine solche zur Festlegung der visafreien Staaten in Art. 1 Abs. 2 iVm Anhang II enthalten. Da in den Erwägungen der Verordnung vom 15. März 2001 im Gegensatz zu den Sonderstellungen für das Vereinigte Königreich und Irland[920] auf eine etwaige Sonderbehandlung Dänemarks nicht Bezug genommen wurde, ist diese Verordnung auch für den EG-Mitgliedstaat Dänemark in allen ihren Teilen verbindlich und gilt unmittelbar. Damit wurde der Streit um die Reichweite des Art. 100c Abs. 1 EGV aF im Nachhinein zugunsten einer weiten Auslegung gelöst. Auch Art. 100c Abs. 1 EGV aF umfasst damit nach Auffassung der 13 hier beteiligten EG-Mitgliedstaaten die Erstellung einer Positivliste.

Da der Bereich des Titel IV EGV nicht vom Schengen-Besitzstand umfassend abgedeckt wird und durch die Vergemeinschaftung dieser Materien auch die Behandlung

---

[916] vgl. zur Analyse der Bestimmungen für das Vereinigte Königreich und Irland oben a) cc)
[917] vgl. dazu oben 1. Teil B. IV. 2. a) aa)
[918] vgl. oben 1. Teil B. IV. 2. a) aa)
[919] vgl. oben B. II. 1. b) aa); ABl. EG 1999 Nr. L 72/2; ABl. EG 2001 Nr. L 81/1
[920] vgl. die vierte Erwägung der Verordnung vom 15. März 2001

in der dritten Säule als Angelegenheiten von gemeinsamem Interesse weggefallen ist, weist auch die mit dem Vertrag von Amsterdam begründete Sonderstellung Dänemarks einen **Rückschritt in der europäischen Integration** auf.

cc) Besonderheiten des weiterentwickelten Schengen-Besitzstands

Wie für das Vereinigte Königreich und Irland wurden in **Art. 5 des Protokolls über die Position Dänemarks** Sonderregelungen für einen Vorschlag oder eine Initiative zur Ergänzung des Schengen-Besitzstands nach den Bestimmungen des **Titel IV EGV** geschaffen. Hinsichtlich der auf Titel VI EUV gestützten Bestimmungen des Schengen-Besitzstands ist für Dänemark aufgrund seiner Schengen-Mitgliedschaft keine Sonderregelung erforderlich. Dänemark ist nach dieser Vorschrift innerhalb von sechs Monaten nach einem solchen Vorschlag oder einer solchen Initiative **frei in seiner Entscheidung**, ob es den bereits angenommenen Ratsbeschluss in innerstaatliches Recht umsetzen will. An der Vorbereitung und Annahme der betreffenden Maßnahmen kann Dänemark somit im Gegensatz zum Vereinigten Königreich und Irland nicht beteiligt sein, obwohl es anders als diese beiden Staaten Mitglied der Schengener Übereinkommen ist. Fasst es einen solchen Beschluss, so entsteht keine gemeinschaftsrechtliche, sondern lediglich eine **völkerrechtliche Bindung** zwischen Dänemark und den Schengen-Staaten sowie im Falle einer Beteiligung des Vereinigten Königreichs und Irlands zwischen diesen Staaten. Damit wird Dänemark neben der **generellen opt-in-Möglichkeit** in Art. 7 des Protokolls auch eine **spezielle opt-in-Möglichkeit** zugestanden.[921] Nimmt Dänemark diese spezielle opt-in-Klausel nicht wahr, so prüfen die Schengen-Staaten, welche Maßnahmen zu treffen sind. Diese Formulierung gibt keinen Aufschluss über eine mögliche Reaktion. Sie hat daher nur politische, nicht aber rechtliche Bedeutung. Die spezielle opt-in-Klausel spiegelt lediglich die Stellung wider, die Dänemark vor der Einbeziehung des Schengen-Besitzstands in den Rahmen der EU aufgrund des Einstimmigkeitserfordernisses in den Schengener Übereinkommen innehatte. Durch sie wird damit auch hier nur der Status quo vor dem Vertrag von Amsterdam bewahrt. **Gemeinschaftsrechtliche Wirkungen** wie unmittelbare Geltung und Anwendungsvorrang können für die auf der Grundlage des auf Titel IV EGV gestützten Schengen-Besitzstands erlassenen Maßnahmen durch die spezielle opt-in-Klausel des Art. 5 nicht erreicht werden. Diesbezüglich hat Dänemark nur die Möglichkeit der **generellen Klausel des Art. 7 des Protokolls**. Insoweit besteht ein Unterschied zur Position des Vereinigten Königreichs und Irlands, die beide nach dem für sie gültigen Protokoll über die Möglichkeit der Beteiligung an einer einzelnen Maßnahme mit der Folge der Anwendbarkeit der allgemeinen Prinzipien des Gemeinschaftsrechts verfügen. Gerade weil diese beiden Staaten keine Mitglieder der Schengener Übereinkommen sind, wurde ihre Sonderstellung hier weniger stark ausgebaut.

[921] Neben diesen zwei opt-in-Möglichkeiten im Protokoll über die Position Dänemarks wurde auch in Art. 12 des Übereinkommens zwischen der EG und der Republik Island und dem Königreich Norwegen über die Kriterien und Regelungen zur Bestimmung des zuständigen Staates für die Prüfung eines in einem Mitgliedstaat oder in Island oder Norwegen gestellten Asylantrags, ABl. EG 2001 Nr. L 93/38, eine weitere opt-in-Möglichkeit eingebaut. Trotz seiner Mitgliedschaft im Dubliner Übereinkommen ist Dänemark diesem Übereinkommen nicht beigetreten.

c) Island und Norwegen

Weder die Republik Island noch das Königreich Norwegen sind EU-Mitgliedstaaten oder Mitglieder der Schengener Übereinkommen. Ihre Teilnahme am Aufbau eines Raums der Freiheit, der Sicherheit und des Rechts in Europa ergibt sich aber einerseits aus den mit den EU-Mitgliedstaaten gemeinsamen Interessen,[922] andererseits aus den Konsequenzen des Beitritts Dänemarks, Finnlands und Schwedens zur EU und zu den Schengener Übereinkommen. Island und Norwegen sind mit diesen drei EU-Mitgliedstaaten in der **Nordischen Passunion**, die am 12. Juli 1957 in Kopenhagen geschlossen wurde, verbunden.[923] Da allerdings nach Art. 140 Abs. 1 SDÜ lediglich EG-Mitgliedstaaten dem SDÜ beitreten können, wurde, um die Vereinbarkeit mit der Nordischen Passunion zu erhalten, am 19. Dezember 1996 ein Kooperationsvertrag mit beiden Staaten geschlossen und ihnen darin eine Sonderstellung hinsichtlich der Schengener Übereinkommen gewährt.[924] Mit dem Vertrag von Amsterdam finden sich die dafür maßgebenden Vorschriften im Schengen-Protokoll. Die Zusammenarbeit beschränkt sich jedoch nicht nur auf die im Schengen-Besitzstand geregelten Sachbereiche, sondern zielt auch auf andere den Aufbau eines Raums der Freiheit, der Sicherheit und des Rechts betreffende Gebiete.

aa) Schengen-Beziehungen

Im Gegensatz zu den Sonderstellungen des Vereinigten Königreichs, Irlands und Dänemarks ist hier keine getrennte Betrachtung des ursprünglichen und des weiterentwickelten Schengen-Besitzstands erforderlich, da beide dem gleichen Regime unterliegen. Die Einbeziehung des Schengen-Besitzstands in den Rahmen der EU erforderte aufgrund der **Vergemeinschaftung** der in Titel IV EGV geregelten Materien sowie der dem Vereinigten Königreich und Irland gewährten **Sonderstellungen** auch eine Neuregelung der Beziehungen zu Island und Norwegen. Ein diesbezüglicher Fahrplan wurde in **Art. 6 Schengen-Protokoll** aufgestellt. Das auf der Grundlage des Kooperationsvertrags vom 19. Dezember 1996 abgeschlossene und diesen ersetzende **Assoziierungsübereinkommen** zwischen dem Rat der EU sowie der Republik Island und dem Königreich Norwegen vom 18. Mai 1999 erlaubt eine vertiefte Zusammenarbeit bei der Durchführung des Schengen-Besitzstands und bei seiner weiteren Entwicklung.[925] Die Regelung der **Beziehungen zum Vereinigten Königreich und Irland**, die aufgrund der Sonderstellung beider Staaten hinsichtlich des Schengen-Besitzstands erforderlich sind, stellt ein weiteres am 30. Juni 1999 unterzeichnetes Übereinkommen auf.[926] Beide Übereinkommen sind am 26. Juni

[922] vgl. für Norwegen beispielsweise die erste Erwägung des Abkommens zwischen der EG und Norwegen über die Beteiligung Norwegens an der Arbeit der EBDD, ABl. EG 2000 Nr. L 257/24

[923] UNTS, Vol. 322, Nr. 4660, S. 245

[924] vgl. dazu schon oben A. III. 1. d)

[925] Übereinkommen zwischen dem Rat der EU sowie der Republik Island und dem Königreich Norwegen über die Assoziierung der beiden letztgenannten Staaten bei der Umsetzung, Anwendung und Entwicklung des Schengen-Besitzstands, ABl. EG 1999 Nr. L 176/35; Bull. EU 5-1999, Ziff. 1.4.2; Vertragsparteien sind mangels einer Rechtspersönlichkeit der EU die Mitgliedstaaten, vgl. dazu oben C. IV. 3.; vgl. klärend hinsichtlich der komplizierten Rechtslage im Hinblick auf die Auslieferungsübereinkommen die schwedische Initiative, ABl. EG 2001 Nr. C 195/13.

[926] Übereinkommen zwischen dem Rat der EU und der Republik Island und dem Königreich Norwegen zur Festlegung der Rechte und Pflichten zwischen Irland und dem Vereinigten Königreich Großbritannien und Nordirland einerseits und der Republik Island und dem Königreich Norwegen andererseits in

2000 in Kraft getreten.[927] Im **Übereinkommen vom 18. Mai 1999** verpflichten sich Island und Norwegen in Art. 2 Abs. 1, bis auf einige Ausnahmen alle Bestimmungen des ursprünglichen Schengen-Besitzstands umzusetzen und anzuwenden. Dazu zählen beispielsweise auch die Vorschriften über ein einheitliches Visum nach Art. 10 Abs. 1 SDÜ.[928] Die Art. 28 bis 38 SDÜ, die Regelungen über das Asylrecht enthalten, jedoch durch das Dubliner Übereinkommen ersetzt wurden, sind davon ausgeschlossen. Kriterien zur Bestimmung des zuständigen Staates für die **Prüfung eines Asylantrags** sollen nach Art. 7 des Übereinkommens mit Island und Norwegen separat vereinbart werden. Mit Norwegen liegt ein solches Übereinkommen bereits vor, das am 1. April 2001 in Kraft getreten ist.[929] Bestimmungen des Schengen-Besitzstands, die durch EG-Rechtsakte ersetzt wurden, wie etwa die Art. 77 bis 91 SDÜ durch die Richtlinie 91/477/EWG des Rates über die Kontrolle des Erwerbs und des Besitzes von Waffen, müssen ebenfalls von beiden Ländern nach Art. 2 Abs. 2 des Übereinkommens umgesetzt und angewendet werden. Grundsätzlich gilt diese Verpflichtung der Umsetzung und Anwendung auch für die Maßnahmen des weiterentwickelten Schengen-Besitzstands.[930] Insoweit werden zwischen allen Beteiligten Rechte und Pflichten begründet. Kompromisslos ist die Rechtsfolge, falls es nicht zu einer Annahme eines Rechtsaktes durch Island oder Norwegen kommt. In diesem Fall wird schließlich das Übereinkommen nach Art. 8 Abs. 4 als beendet angesehen. Institutionell sind beide Staaten durch die Einsetzung eines **Gemischten Ausschusses** an den Beratungen zur Weiterentwicklung des Schengen-Besitzstands beteiligt. In diesem Rahmen können sie nach Art. 4 Abs. 4 des Übereinkommens auch Anregungen für Vorschläge und Initiativen der Kommission oder eines Mitgliedstaats vortragen. Um eine möglichst **einheitliche Anwendung und Auslegung** der Bestimmungen des Schengen-Besitzstands zu erreichen, wurde in Art. 9 ff des Übereinkommens eine eigene Regelung für auftretende Streitigkeiten eingefügt.[931] Dies war erforderlich, da auf Seiten der EU zumindest teilweise eine Zuständigkeit des EuGH begründet wurde, in Island und Norwegen jedoch die nationalen Gerichte die oberste Gerichtsbarkeit innehaben und somit keine zentrale Instanz zur Auslegung existiert. Kann eine Einigung über eine Streitigkeit innerhalb des auf Ministerebene tagenden Gemischten Ausschusses nicht erzielt werden, so wird auch hier das Übereinkommen als beendet angesehen.[932] In Abstimmung mit den Mitgliedern der Nordischen Passunion Dänemark, Finnland und Schweden wurde der Schengen-Besitzstand am 25. März 2001 nach Art. 15 Abs. 4 des Übereinkommens vom 18. Mai 1999 für Island und Norwegen **in Kraft gesetzt**.[933]

---

den für diese Staaten geltenden Bereichen des Schengen-Besitzstands, ABl. EG 2000 Nr. L 15/1; Bull. EU 6-1999, Ziff. 1.4.2

[927] ABl. EG 2000 Nr. L 149/36; damit wurde der in der Erklärung zu Art. 6 Schengen-Protokoll angestrebte Zeitpunkt des Inkrafttretens des Vertrags von Amsterdam am 1. Mai 1999 verpasst.

[928] vgl. dazu auch Anhang B zum Übereinkommen vom 18. Mai 1999

[929] vgl. den Ratsbeschluss 2001/258/EG vom 15. März 2001, ABl. EG 2001 Nr. L 93/38; Vorschlag der Kommission, KOM (2001) 55 endg., ABl. EG 2001 Nr. C 154 E/244; ABl. EG 2001 Nr. L 112/16

[930] vgl. Art. 2 Abs. 3 iVm Art. 8 des Übereinkommens

[931] Eine ähnliche Regelung wurde auch in das Übereinkommen über die Kriterien und Regelungen zur Bestimmung des zuständigen Staates für die Prüfung eines in einem Mitgliedstaat oder in Island oder Norwegen gestellten Asylantrags aufgenommen, vgl. Art. 6 ff dieses Übereinkommens, ABl. EG 2001 Nr. L 93/40.

[932] vgl. Art. 11 Abs. 3 UAbs. 2 des Übereinkommens vom 18. Mai 1999

[933] ABl. EG 2000 Nr. L 309/24; vgl. zum zweistufigen System des Inkrafttretens und Inkraftsetzens schon oben A. III. 1. d)

bb) Beteiligung Norwegens an der EBDD

Außerhalb des Assoziierungsübereinkommens bezüglich des Schengen-Besitzstands zielt die Zusammenarbeit Norwegens mit der EG für den Aufbau eines Raums der Freiheit, der Sicherheit und des Rechts auch auf die Bekämpfung der durch Drogen und Drogensucht bedingten Gefahren für die Gesellschaft ab. So beteiligt sich Norwegen nach einem Abkommen mit der EG an der Arbeit der Europäischen Beobachtungsstelle für Drogen und Drogensucht (EBDD).[934] Diese Einrichtung steht nach Art. 13 der Verordnung (EWG) Nr. 302/93 des Rates auch Drittländern offen.[935] Diesbezüglich erkennt Norwegen gemäß Art. 9 des Abkommens die Zuständigkeit des EuGH an.

d) Bewertung

Die Mixtur aus General- und Spezialklauseln mit unterschiedlichen opt-in-Funktionen führt zu einer ungeahnt großen und komplexen Zahl von Beteiligungs- und Gestaltungsmöglichkeiten für die EU-Mitgliedstaaten Vereinigtes Königreich, Irland und Dänemark, bei denen die **Transparenz** vollständig verloren geht. Noch etwas übersichtlicher und klarer strukturiert ist die Beteiligung Islands und Norwegens am Aufbau eines Raums der Freiheit, der Sicherheit und des Rechts in Europa.[936] Dies liegt aber vorwiegend an der aufgrund der fehlenden EU-Mitgliedschaft lediglich punktuellen Partizipierung dieser Staaten an der Innen- und Justizpolitik der EU. Die im Vertrag von Amsterdam niedergelegten und mit dem Vertrag von Nizza geänderten Bestimmungen über eine verstärkte Zusammenarbeit konnten noch den integrationsfreundlichen Konzepten eines Europas der verschiedenen Geschwindigkeiten und der variablen Geometrie zugeordnet werden.[937] Mit der Verankerung der Sonderstellungen für das Vereinigte Königreich, Irland und Dänemark wurde dagegen das Konzept eines **Europas à la carte** verfolgt, das mit dem Aufbau eines einheitlichen Raums der Freiheit, der Sicherheit und des Rechts in Europa nicht zu vereinbaren ist.[938] Dies zeigt sich für das **Vereinigte Königreich** insbesondere im Ratsbeschluss 2000/365/EG vom 29. Mai 2000 zur Anwendung einzelner Bestimmungen des Schengen-Besitzstands auf diesen Staat.[939] Obwohl der Schengen-Besitzstand ein kohärentes Ganzes darstellt, erfolgte keine umfassende Anwendung, sondern lediglich die lückenhafte Übernahme einzelner Bestimmungen. Diese betreffen außerdem fast ausschließlich Sachbereiche des Titel VI EUV mit völkerrechtlichem Charakter. Ist diese bereichsspezifische Einschränkung schon nach dem Belieben des Vereinigten Königreichs erfolgt, so kommt für die Zusammenstellung à la carte noch der räumliche Geltungsausschluss für Gibraltar dazu. Hinsichtlich der gemäß Titel IV EGV beschlossenen Maßnahmen verfügen das Vereinigte Königreich und

[934] ABl. EG 2000 Nr. L 257/23
[935] ABl. EG 1993 Nr. L 36/1; geändert durch VO (EG) Nr. 3294/94, ABl. EG 1994 Nr. L 341/7, und durch VO (EG) Nr. 2220/2000 vom 28. September 2000, ABl. EG 2000 Nr. L 253/1; vgl. dazu schon oben B. II. 5.
[936] Die Schwierigkeiten werden hinsichtlich der Auslieferungsübereinkommen in der diesbezüglichen schwedischen Initiative aufgegriffen, ABl. EG 2001 Nr. C 195/13.
[937] vgl. oben 1. b) dd)
[938] vgl. zu diesem Konzept oben 1. a) cc); ebenso *Giering*, Vielfalt in Einheit - die Flexibilisierung der europäischen Integration, in Böhringer/Jakob, Die Europäische Union, S. 191, 206 f
[939] ABl. EG 2000 Nr. L 131/43

Irland über eine opt-in-Klausel, die sie nach Belieben zu jedem Zeitpunkt für eine einzelne Maßnahme geltend machen können. Eine Einflussmöglichkeit der EG ist nur dann möglich, wenn der Wunsch zur Beteiligung erst nach Annahme der betreffenden Maßnahme erfolgt.[940] Einer weitergehenden Zersplitterung und Blockierung wird lediglich hinsichtlich des weiterentwickelten Schengen-Besitzstands vorgebeugt, um die Kohärenz der Schengen-Arbeit weiterhin zu gewährleisten.[941] In ähnlicher Weise ist auch die Sonderstellung **Dänemarks** hinsichtlich des weiterentwickelten Schengen-Besitzstands à la carte ausgestattet. Im Gegensatz zum Vereinigten Königreich und Irland kommt hier allerdings noch ein Problem dazu. Während selbst für diese beiden Staaten eine gemäß Titel IV EGV erlassene Maßnahme, an der sie sich beteiligen möchten, nach Art. 6 des Protokolls über die Position des Vereinigten Königreichs und Irlands gemeinschaftsrechtliche Rechtswirkungen unter Einschluss der Zuständigkeit des EuGH nach Art. 68 EGV erzeugt, begründet sie im Verhältnis zu Dänemark lediglich eine Verpflichtung nach dem Völkerrecht. Damit liegen für dieselbe Maßnahme **unterschiedliche Rechtswirkungen** je nach dem betroffenen Rechtssubjekt vor. In der Innen- und Justizpolitik ist deshalb für die Rechtswirkungen einer Maßnahme nicht nur danach zu unterscheiden, welchem Regelungsbereich (Titel IV EGV, Titel VI EUV, ursprünglicher oder weiterentwickelter Schengen-Besitzstand) sie zuzuordnen ist, sondern auch gegenüber welchem Rechtssubjekt sie geltend gemacht wird. Eine gemeinschaftsweite Rechtsvereinheitlichung in den Bereichen des Titel IV EGV ist damit in weite Ferne gerückt.[942]

Die Gefahr für einen einheitlichen Rechtsraum wird insbesondere noch dadurch deutlich, dass **keine Vorsorge für eine möglichst einheitliche Anwendung und Auslegung** der betreffenden Bestimmungen im Verhältnis zu Dänemark getroffen wurde. Als ein beträchtlicher Schwachpunkt der Schengener Übereinkommen wurde schon das Fehlen einer gemeinsamen gerichtlichen Instanz zur Gewährleistung einer einheitlichen Anwendung und Auslegung angesehen.[943] Während selbst das Vereinigte Königreich und Irland hinsichtlich einer Maßnahme nach Titel IV EGV über Art. 6 des Protokolls über die Position dieser beiden Staaten an die Entscheidungen des EuGH im Vorabentscheidungsverfahren nach Art. 68 EGV gebunden sind, gilt dies im Verhältnis zu allen EU-Mitgliedstaaten allein für Dänemark nicht. Hinsichtlich der Assoziierung Islands und Norwegens wurde dieses Problem zumindest in den Art. 9 bis 11 des Assoziierungsübereinkommens angesprochen und der auf Ministerebene tagende Gemischte Ausschuss zur Klärung anstehender Fragen beauftragt.[944] Der Gefahr einer unterschiedlichen Anwendung wird dadurch vorgebeugt, dass das Übereinkommen als beendet angesehen wird, wenn die Streitigkeit nicht beigelegt werden kann. Im Verhältnis zu Dänemark kann eine unterschiedliche Anwendung weder verhindert werden noch ruft sie irgendwelche Konsequenzen hervor. Vollkommen asymmetrisch ist die **Zuständigkeit des EuGH für Dänemark** geregelt.

[940] vgl. Art. 4 des Protokolls über die Position des Vereinigten Königreichs und Irlands
[941] vgl. Art. 5 Abs. 1 UAbs. 2 Schengen-Protokoll
[942] *Schack*, ZEuP 1999, 805, 807, betont in diesem Zusammenhang hinsichtlich einer Revision des EuGVÜ die schlechten Auswirkungen dieses Zustands. Eine gemeinschaftsweite Rechtsvereinheitlichung lässt sich mit einem auf Art. 65 EGV gestützten Rechtsakt nicht erreichen.
[943] vgl. insbesondere *Bieber*, NJW 1994, 294, 296
[944] Eine ähnliche Regelung findet sich in Art. 6 bis 8 des Übereinkommens zwischen der EG und der Republik Island und dem Königreich Norwegen über die Kriterien und Regelungen zur Bestimmung des zuständigen Staates für die Prüfung eines in einem Mitgliedstaat oder in Island oder Norwegen gestellten Asylantrags, ABl. EG 2001 Nr. L 93/40.

Dänemark ist zwar bezüglich der Titel VI EUV unterfallenden Bereiche des Schengen-Besitzstands nach Art. 35 EUV an die Entscheidungen des EuGH gebunden, nicht jedoch bezüglich der Bereiche des Titel IV EGV.[945] Die Schwäche des Schengen-Systems hat sich damit hier fortgesetzt. Eine unterschiedliche Auslegung und Anwendung einer Maßnahme ist mit dem Aufbau eines einheitlichen Rechtsraums in Europa nicht zu vereinbaren.[946]

Die Regierungskonferenz 2000 hat mit dem **Vertrag von Nizza** an dieser Konstellation eines Europas à la carte nichts geändert. Es ist damit zu befürchten, dass dieser Zustand der Zersplitterung und Komplexität auf längere Zeit erhalten bleibt. Einer weitergehenden Zersplitterung wird bei der anstehenden **Ost-Erweiterung** der EU jedoch zulasten der mittel- und osteuropäischen Länder durch Art. 8 Schengen-Protokoll vorgebeugt, wonach der ursprüngliche und weiterentwickelte Schengen-Besitzstand von allen Beitrittskandidaten vollständig zu übernehmen ist.

945 ebenso *Röben*, in Grabitz/Hilf, Das Recht der Europäischen Union, Stand Mai 1999, Art. 69 EGV, Rn. 18; aA *Thun-Hohenstein*, Der Vertrag von Amsterdam, S. 53 und 54 f, der allerdings nicht zwischen einer unionsrechtlichen und einer völkerrechtlichen Bindung differenziert. Nur im ersten Fall würde Art. 35 EUV Anwendung finden, Dänemark hat sich jedoch hinsichtlich des ursprünglichen und des weiterentwickelten Schengen-Besitzstands lediglich völkerrechtlich gebunden. Für diese Unterscheidung auch *Epiney*, Die Übernahme des „Schengen-Besitzstands" in die Europäische Union, in Hummer, Die Europäische Union nach dem Vertrag von Amsterdam, S. 103, 119.

946 *Toth*, The legal effects of the protocols relating to the United Kingdom, Ireland and Denmark, in Heukels/Blokker/Brus, The European Union after Amsterdam, S. 227, 244, spricht hinsichtlich der allgemeinen Prinzipien des Gemeinschaftsrechts vom Läuten der „death-knell".

4. Teil: Internationale Zusammenarbeit und völkerrechtliche Bindungen

Aufgabe dieses Kapitels ist es, den über den Rahmen der EU hinausgehenden Charakter des Aufbaus eines Raums der Freiheit, der Sicherheit und des Rechts zu untersuchen. Bereits vor Inkrafttreten des Amsterdamer Vertrags hat eine Zusammenarbeit in der Innen- und Justizpolitik außerhalb der EU stattgefunden. Die dort gegründeten Gremien spielen angesichts der zunehmenden Globalisierung auch heute noch eine wichtige Rolle. So kann vor allem die Zusammenarbeit in Fragen der inneren Sicherheit aufgrund weltweiter Migrationsbewegungen und international operierender krimineller Organisationen nicht mehr allein auf die europäische Ebene beschränkt bleiben. In einem ersten Schritt wird deshalb der Einfluss der **internationalen Zusammenarbeit in der Innen- und Justizpolitik außerhalb der EU** auf den Aufbau des Raums der Freiheit, der Sicherheit und des Rechts behandelt. Im Zuge dieser Zusammenarbeit wurden bereits früh völkerrechtliche Übereinkommen abgeschlossen, zu deren Einhaltung sich auch die EU-Mitgliedstaaten verpflichtet haben. Der europäischen Innen- und Justizpolitik sind dadurch Grenzen vorgegeben. Diese **völkerrechtlichen Bindungen** werden in einem zweiten Schritt untersucht.

A. Internationale Zusammenarbeit außerhalb der EU

Internationale Wanderungsbewegungen in einer Größenordnung von 125 bis 130 Mio. Migranten weltweit Ende der 90er Jahre aus den unterschiedlichsten Ländern der Erde lassen die damit für die betroffenen Staaten anstehenden Fragen nur aus einer **globalen Perspektive** beantworten.[1] Bei nichtdeutschen Tatverdächtigen für Delikte der Organisierten Kriminalität aus insgesamt 94 Staaten in der Bundesrepublik Deutschland im Jahre 1999 lässt sich ebenfalls das Erfordernis eines globalen Ansatzes für die Kriminalitätsbekämpfung nicht von der Hand weisen.[2] Die Zusammenarbeit in den Bereichen der Innen- und Justizpolitik findet - diesem Erfordernis zumindest formell folgend - auch in internationalen Organisationen außerhalb der EU statt. Dabei können die in diesem Rahmen erreichten Ergebnisse sogar als **grundlegend** für den Aufbau eines Raums der Freiheit, der Sicherheit und des Rechts in der EU gewertet werden. Dies betrifft insbesondere den Europarat, auf dessen Konventionen die Innen- und Justizpolitik der EU in vielen Bereichen aufbaut. Die beschränkte Zahl der Mitglieder der Europäischen Union und die damit verbundene geringe geografische Dimension verleihen der Zusammenarbeit in anderen internationalen Organisationen aber auch eine **ergänzende** Funktion.[3] Diesbezüglich sind in räumlicher Hinsicht vor allem die Vereinten Nationen anzusprechen, die mit ihren 188 Mitgliedern die größte internationale Organisation weltweit darstellen.[4] In sachgegenständlicher Hinsicht ist insbesondere bezüglich der demografischen Entwicklung in den westlichen Industrieländern in der Diskussion um wirtschafts- und sozialpolitische Fragestellungen ein **interdisziplinärer Ansatz** notwendig, der neben dem

[1] vgl. zu den Zahlen und Fakten der Migration 2. Teil A. II.
[2] vgl. zu den Zahlen und Fakten der Kriminalität 2. Teil A. I.
[3] Gerade ohne den Europarat bleibt nach Auffassung von *Schomburg*, NJW 2001, 801, die Bekämpfung der transnationalen Kriminalität nur Stückwerk.
[4] vgl. Sartorius II Nr. 1, Anhang, Stand: 31. Dezember 1999

wirtschaftlichen Bereich auch Probleme der Migrationspolitik umfasst. So werden Gegenstände der Innen- und Justizpolitik verstärkt z. B. in Wirtschaftsorganisationen behandelt. Das Erfordernis eines globalen Ansatzes wird von der Europäischen Union ebenfalls erkannt, die nach dem Vertrag von Amsterdam erstmals als Institution Einfluss auf Vertragsverhandlungen im Bereich der polizeilichen und justiziellen Zusammenarbeit in Strafsachen nehmen kann.[5] In den Bereichen des Titel IV EGV kann die EG als juristische Person selbst Übereinkünfte mit Drittstaaten oder internationalen Organisationen abschließen.[6] So hat der **Europäische Rat von Tampere** vom 15./16. Oktober 1999 auf ein stärkeres außenpolitisches Handeln der Union im Bereich der Innen- und Justizpolitik gedrängt.[7] Für den Aufbau des Raums der Freiheit, der Sicherheit und des Rechts sollen danach alle der Union zur Verfügung stehenden Zuständigkeiten und Instrumente, insbesondere im Bereich der Außenbeziehungen, in integrierter und kohärenter Weise verwendet werden. Die Anliegen im Bereich Justiz und Inneres müssen bei der Festlegung und Durchführung anderer Politiken und Maßnahmen der Union einbezogen werden. Dazu statuiert die **Erklärung zu Art. 63 EGV**, dass in asylpolitischen Angelegenheiten Konsultationen mit dem UNHCR und anderen einschlägigen internationalen Organisationen aufgenommen werden. Die Arbeit anderer internationaler Organisationen stellt damit einen wichtigen Bereich für den Aufbau des Raums der Freiheit, der Sicherheit und des Rechts dar. Im Folgenden sollen nun die im Bereich der Innen- und Justizpolitik tätigen internationalen Organisationen behandelt werden.[8]

I. Bemühungen des Europarates

1. Organisation

Dem Europarat, der gemäß Art. 11 seiner Satzung seinen Sitz in Straßburg hat, gehören nach den zuletzt erfolgten Beitritten Armeniens und Aserbeidschans vom 25. Januar 2001 43 europäische Staaten an, darunter alle 15 EU-Mitgliedstaaten.[9] Er hat zur **Aufgabe**, eine engere Verbindung zwischen seinen Mitgliedern zum Schutze und zur Förderung der Ideale und Grundsätze, die ihr gemeinsames Erbe bilden, herzustellen und ihren wirtschaftlichen und sozialen Fortschritt zu fördern.[10] Diese Aufgabe wird von den Organen des Europarates durch Beratung von Fragen von gemeinsa-

[5] vgl. Art. 38 EUV iVm Art. 24 EUV, vgl. dazu oben 3. Teil C. IV. 3.
[6] vgl. dazu oben 3. Teil B. I. 4.
[7] vgl. die Schlussfolgerungen des Vorsitzes, Bull. EU 10-1999, Ziff. I.16.59; vgl. auch schon den Aktionsplan des Rates und der Kommission zur bestmöglichen Umsetzung der Bestimmungen des Amsterdamer Vertrags über den Aufbau eines Raums der Freiheit, der Sicherheit und des Rechts vom 3. Dezember 1998, Nr. 22, ABl. EG 1999 Nr. C 19/1; vgl. zur Zusammenarbeit mit den Staaten Mittel- und Osteuropas *Vogel*, Der gemeinschaftsrechtliche Status der Säulenkonstruktion des Vertrags über die Europäische Union, erläutert am Beispiel der Bestimmungen über die Zusammenarbeit in den Bereichen Justiz und Inneres, S. 261 ff
[8] Obwohl die NGO auch in diesem Bereich eine wichtige Stellung einnehmen, wird die Darstellung auf die Regierungsorganisationen beschränkt, da auch Mitglieder der EU nur Staaten werden können, vgl. Art. 49 Abs. 1 EUV. Aber auch bei der Darstellung der Regierungsorganisationen wird kein Anspruch auf Vollständigkeit erhoben. Eine wichtige Dachorganisation für 71 in der Flüchtlingspolitik tätige NGO in 28 Ländern ist European Council of Refugees and Exiles (ECRE), das seinen Sitz in London hat, vgl. http://www.ecre.org.
[9] Satzung des Europarates vom 5. Mai 1949, BGBl. 1950 I S. 263, zuletzt geändert am 9. Dezember 1996, BGBl. 1997 II S. 159; Sartorius II Nr. 110; im Internet: http://www.coe.int
[10] vgl. Art. 1 Abs. 1 der Satzung

mem Interesse, durch den Abschluss von Abkommen und durch gemeinschaftliches Vorgehen auf wirtschaftlichem, sozialem, kulturellem und wissenschaftlichem Gebiet und auf den Gebieten des Rechts und der Verwaltung sowie durch den Schutz und die Fortentwicklung der Menschenrechte und Grundfreiheiten erfüllt.[11] **Mitglied des Europarates** kann jeder europäische Staat werden, der insbesondere den Grundsatz der Vorherrschaft des Rechts und den Grundsatz, dass jeder, der seiner Hoheitsgewalt unterliegt, der Menschenrechte und Grundfreiheiten teilhaftig werden soll, anerkennt.[12] Diese Prinzipien sind vorrangig in der **Europäischen Konvention zum Schutz der Menschenrechte und Grundfreiheiten (EMRK)** vom 4. November 1950 und den dazugehörigen elf Zusatzprotokollen inkorporiert, der alle 15 EU-Mitgliedstaaten beigetreten sind.[13] **Organe** des Europarates sind das Ministerkomitee, in dem jedes Mitglied einen Vertreter mit einer Stimme hat, und die Beratende Versammlung, die sich selbst als „Parlamentarische Versammlung" bezeichnet.[14] Sie setzt sich aus Vertretern der nationalen Parlamente zusammen, übermittelt beratende Empfehlungen an das Ministerkomitee und kann selbst Resolutionen erlassen.[15] Die globale Bedeutung dieser internationalen Organisation zeigt sich vor allem darin, dass Kanada, Japan, Mexiko und die USA einen Beobachterstatus beim Ministerkomitee innehaben. Als Konsultations- und Koordinierungsorgan für sämtliche politische Fragen[16] ist der Europarat auch für den Bereich der Innen- und Justizpolitik zuständig. Auf seine Tätigkeit soll im Folgenden bezüglich der migrations- und sicherheitspolitischen Belange eingegangen werden.

2. Migrationspolitische Fragestellungen

Im Bereich der Migrationspolitik sind sowohl das Ministerkomitee als auch die Parlamentarische Versammlung seit Gründung des Europarates verstärkt tätig geworden.[17] Im **Ministerkomitee** bestehen in diesem Bereich zwei Ausschüsse, deren Mitglieder von den nationalen Regierungen ernannt werden: the European Committee on Migration (**CDMG**) sowie the Ad Hoc Committee of Experts on Legal Aspects of Territorial Asylum, Refugees and Stateless Persons (**CAHAR**).[18] Im CDMG werden insbesondere die sozialen Bedingungen von Migranten und Flüchtlingen in zweimal jährlich tagenden Treffen behandelt. CAHAR wurde zwar aufgrund der Empfehlung 787/1976 der Parlamentarischen Versammlung am 20. April 1977 als Ad-Hoc-Komitee eingesetzt, hat seine Arbeit jedoch bis zum heutigen Zeitpunkt fortgesetzt. Neben dem Informationsaustausch in der Asylpolitik zwischen den Mitgliedstaaten des Europarates hält CAHAR auch Kontakte zu anderen internationalen Or-

[11] vgl. Art. 1 Abs. 2 der Satzung

[12] vgl. Art. 4 iVm Art. 3 der Satzung

[13] Sartorius II Nr. 130; vgl. dazu auch EuGH, Gutachten 2/94, EMRK, Slg. 1996, S. I-1763 ff, wo der EuGH feststellt, dass die EG beim gegenwärtigen Stand des Gemeinschaftsrechts nicht über die Zuständigkeit verfügt, der Konvention beizutreten

[14] vgl. *Seidl-Hohenveldern/Loibl*, Das Recht der Internationalen Organisationen einschließlich der Supranationalen Gemeinschaften, Rn. 1209

[15] vgl. Art. 10, 14, 22 und 25 lit. a) der Satzung; vgl. *Tessényi/Newman*, EJML 1999, 229, 230

[16] vgl. *Ipsen*, Völkerrecht, § 34, Rn. 2 und 7

[17] vgl. hinsichtlich der Asylpolitik *Kleinsorge*, Bestrebungen des Europarates zur Harmonisierung des Asylrechts, in Piazolo/Grosch, Festung oder offene Grenzen?, S. 111, 119 ff

[18] Nach Art. 12 S. 1 der Satzung sind die Amtssprachen des Europarates Französisch und Englisch. Um Verwechslungen vorzubeugen, werden im Folgenden weitestgehend die englischen Bezeichnungen verwendet. Vom Verfasser vorgenommene Übersetzungen ins Deutsche sind inoffiziell.

ganisationen wie den Vereinten Nationen. In der **Parlamentarischen Versammlung** ist vornehmlich das **Committee on Migration, Refugees and Demography** für den Bereich der Migrationspolitik zuständig.[19] Dieses Komitee setzt sich für eine bessere Einhaltung der Menschenrechte von Migranten und Flüchtlingen ein. Dazu arbeitet es mit den Mitgliedstaaten bei Fragen zu größeren Wanderungsbewegungen, Integration und Demografie zusammen und unterhält Kontakte zum UNHCR, dem ICRC sowie anderen GO und NGO.

Im Bereich der **Visa- und Einwanderungspolitik** ist der Europarat bereits sehr früh durch den Abschluss von Konventionen tätig geworden. Die **European Convention on Establishment** wurde am 13. Dezember 1955 unterzeichnet und ist am 23. Februar 1965 in Kraft getreten.[20] Sie regelt den Status von Immigranten, die sich länger oder dauerhaft im Gebiet der Vertragsstaaten aufhalten und gewährt ihnen insbesondere im Verhältnis zu den Inländern die gleichen staatsbürgerlichen Rechte sowie den Zugang zu den Gerichten auf der Grundlage des Gegenseitigkeitsprinzips.[21] Ein Recht auf Einwanderung oder Aufenthalt ist allerdings nicht enthalten.[22] Das am 13. Dezember 1957 unterzeichnete und am 1. Januar 1958 in Kraft getretene **European Agreement on Regulations governing the Movement of Persons between Member States of the Council of Europe** zielt auf Reiseerleichterungen für bis zu dreimonatige Aufenthalte ab.[23] Im Anhang des Agreements wurde eine abschließende Liste von Dokumenten jedes Vertragsstaates festgelegt, die allein für den Grenzübertritt von deren Staatsangehörigen verlangt werden können. Diese Erleichterung soll in einigen Fällen sogar dann gelten, wenn die Staatsangehörigkeit einer Person unklar ist.[24] Die **European Convention on the Legal Status of Migrant Workers** ist im Gegensatz zu den vorherigen Verträgen schon formal nicht unabhängig von der wirtschaftlichen Stellung der betroffenen Personen.[25] Sie regelt den Status des Arbeitsimmigranten von den Bedingungen der Einreise und der Arbeitsaufnahme bis zur Stellung bei aufgenommener Arbeit in den Vertragsstaaten.

Auch im Bereich der **Flüchtlingspolitik** ist der Europarat durch den Abschluss von Konventionen tätig geworden. Das **European Agreement on the Abolition of Visas for Refugees** zielt auf Reiseerleichterungen für insbesondere nach der GFK anerkannte Flüchtlinge ab, die sich im Hoheitsgebiet der Vertragsparteien rechtmäßig

[19] Daneben ist gelegentlich auch das Committee on Legal Affairs and Human Rights in diesem Bereich tätig, vgl. *Tessényi/Newman*, EJML 1999, 229, 230.

[20] ETS Nr. 19; vgl. dazu *Groenendijk*, EJML 1999, 275, 276 ff; die Konvention wurde in Belgien, Dänemark, Deutschland, Griechenland, Irland, Italien, Luxemburg, den Niederlanden, Norwegen, Schweden, der Türkei sowie dem Vereinigten Königreich ratifiziert. Österreich, Frankreich und Island haben sie lediglich unterzeichnet, vgl. http:// conventions.coe.int.

[21] vgl. Kapitel 2 und 3 der Konvention

[22] Art. 2 der Konvention bestimmt: „each Contracting Party shall ... facilitate the prolonged or permanent residence in its territory of nationals of the other Parties".

[23] ETS Nr. 25; das Agreement wurde von Österreich, Belgien, Frankreich, Deutschland, Griechenland, Italien, Liechtenstein, Luxemburg, Malta, den Niederlanden, Portugal, Spanien, der Schweiz und der Türkei ratifiziert. Slowenien hat das Agreement am 25. April 2001 unterzeichnet, vgl. http:// conventions.coe.int.

[24] vgl. Art. 5 des Agreements

[25] ETS Nr. 93, unterzeichnet am 24. November 1977, in Kraft getreten am 1. Mai 1983; sie wurde von Frankreich, Italien, den Niederlanden, Norwegen, Portugal, Spanien, Schweden und der Türkei ratifiziert. Belgien, Deutschland, Griechenland und Luxemburg haben die Konvention lediglich unterzeichnet. Vgl. http:// conventions.coe.int; vgl. dazu *Groenendijk*, EJML 1999, 275, 280 f.

befinden.[26] Flüchtlinge können so bis zu einem Aufenthalt von drei Monaten ohne Visum in das Hoheitsgebiet der anderen Vertragsparteien reisen. Allerdings muss jede Vertragspartei, die einem Flüchtling ein Reisedokument ausgestellt hat, diesen auf einfaches Verlangen einer anderen Vertragspartei jederzeit wieder zurücknehmen.[27] Ein weiterer Vertrag im Bereich der Flüchtlingspolitik wurde mit dem **European Agreement on Transfer of Responsibility for Refugees**, das am 16. Oktober 1980 unterzeichnet wurde und am 1. Dezember 1980 in Kraft getreten ist, geschlossen.[28] Diese Vereinbarung versucht, mit der Aufstellung von Standardregelungen den Staat zu bestimmen, der für einen Flüchtling insbesondere hinsichtlich der Ausstellung von Reisedokumenten zuständig ist. Unter den Begriff Flüchtling wird hier jede Person gefasst, die unter die GFK oder das Protokoll über die Rechtsstellung der Flüchtlinge vom 31. Januar 1967 fällt.[29] Unter anderem werden die Bedingungen für einen Zuständigkeitsübergang von einer Vertragspartei auf die andere bei einem Wohnortwechsel eines Flüchtlings festgelegt.

Die **Effektivität** der im Rahmen des Europarates geschlossenen Konventionen wird durch zwei Tatsachen wesentlich beeinträchtigt. Bei jeder Konvention ist die Anzahl der von den Mitgliedstaaten vorgenommenen Ratifikationen unterschiedlich. Von den oben genannten Konventionen wurde keine von allen EU-Mitgliedstaaten ratifiziert. Dazu kommt, dass wie bei jedem völkerrechtlichen Vertrag auch hier Vorbehalte und Erklärungen von Seiten der Vertragsparteien abgegeben werden können.[30] Beides führt nicht zu einem einheitlichen Rechtsraum in Europa, sondern eher zu einer Zersplitterung in viele kleine, sich überschneidende Rechtsräume. Die EU-Mitgliedstaaten sind untereinander in vielen Punkten weiter gegangen, womit unter ihnen die betroffenen Konventionen teilweise obsolet geworden sind. Die Europarats-Konventionen füllen jedoch durch die Aufstellung von Mindeststandards die Lücken, die in der Innen- und Justizpolitik der EU weiterhin vorhanden sind. Dazu schaffen sie die Verbindung zu anderen europäischen Staaten und dienen so ebenfalls der Rechtsvereinheitlichung in Europa. Diesem Ziel ist auch das vom Europarat verabschiedete soft law verpflichtet.[31] Durch die Abgabe von **Entschließungen und Empfehlungen**, insbesondere im Hinblick auf den Abschluss von Konventionen, versuchen die Ausschüsse und die Parlamentarische Versammlung selbst Einfluss in der Migrationspolitik zu nehmen.[32] So arbeiteten insbesondere das Committee on Migration, Refugees and Demography mit der Parlamentarischen Versammlung seit Anfang der 90er Jahre verstärkt für eine konzertierte europäische Asyl- und Flüchtlings-

[26] ETS Nr. 31, unterzeichnet am 20. April 1959, in Kraft getreten am 4. September 1960; es wurde von Belgien, der Tschechischen Republik, Dänemark, Finnland, Frankreich, Deutschland, Island, Irland, Italien, Liechtenstein, Luxemburg, Malta, den Niederlanden, Norwegen, Portugal, Rumänien, Spanien, Schweden, der Schweiz und dem Vereinigten Königreich ratifiziert. Armenien und Zypern haben das Agreement unterzeichnet, vgl. http:// conventions.coe.int.

[27] vgl. Art. 5 des Agreements

[28] ETS Nr. 107; das Agreement wurde von Dänemark, Finnland, Deutschland, Italien, den Niederlanden, Norwegen, Portugal, Rumänien, Spanien, Schweden, der Schweiz und dem Vereinigten Königreich ratifiziert. Belgien, die Tschechische Republik, Griechenland und Luxemburg haben das Agreement lediglich unterzeichnet.

[29] vgl. Art. 1 lit. a) des Agreements; vgl. Sartorius II Nr. 28, 28a

[30] Einen Überblick über die abgegebenen Vorbehalte und Erklärungen zu jedem Vertrag des Europarates findet man auf der Homepage des Europarates unter http://conventions.coe.int.

[31] vgl. zum Begriff des völkerrechtlichen soft law *Ipsen*, Völkerrecht, § 19, Rn. 20 ff

[32] vgl. zur Tätigkeit der Parlamentarischen Versammlung etwa die Empfehlung 1211/1993 zur illegalen Einwanderung; in der Empfehlung 1306/1996 fordert die Versammlung eine verständliche europäische Migrationspolitik, vgl. *Tessényi/Newman*, EJML 1999, 229, 231.

politik.[33] Aber auch das Ministerkomitee hat zusammen mit den intergouvernementalen Ausschüssen CDMG und CAHAR den „weicheren" Weg der Empfehlungen für einwanderungs- und asylrechtliche Regelungen an die Mitgliedstaaten gewählt.[34] In ihren Schlussfolgerungen gehen diese allerdings meist nicht so weit wie die parallelen Empfehlungen auf Seiten der Parlamentarischen Versammlung. Angesichts der Tatsache, dass im intergouvernementalen Bereich Vertreter der nationalen Regierungen sitzen, wundert dies jedoch nicht. Geht von diesem soft law auch keine völkerrechtliche Verpflichtung aus, so erzeugt es doch politischen Druck, die innerstaatlichen Gesetze anhand der im Europarat beschlossenen Empfehlungen und Entschließungen auszurichten.

3. Sicherheitspolitische Fragestellungen

Ministerkomitee und Parlamentarische Versammlung beschäftigen sich seit Gründung des Europarates auch mit sicherheitspolitischen Fragestellungen im Bereich der justiziellen Zusammenarbeit in Strafsachen. Das Ministerkomitee wird dabei insbesondere vom **European Committee on Crime Problems (CDPC)** und vom **European Committee on Legal Co-operation (CDCJ)** unterstützt, auf Seiten der Versammlung ist das **Committee on Legal Affairs and Human Rights** hauptsächlich mit dieser Materie befasst. Das weite Spektrum der Tätigkeiten zeigt sich vor allem in den vom Europarat beschlossenen einschlägigen Konventionen und in den in seinem Rahmen geschaffenen Institutionen.[35]

a) Konventionen des Europarates im Bereich der polizeilichen und justiziellen Zusammenarbeit in Strafsachen

aa) Auslieferung

Den Bereich der Auslieferung regelt grundsätzlich die am 13. Dezember 1957 unterzeichnete und am 18. April 1960 in Kraft getretene **European Convention on Extradition**.[36] Darin haben die Mitgliedstaaten die prinzipielle Auslieferung von Personen zum Zweck der Durchführung eines Strafverfahrens oder einer Strafvollstre-

[33] vgl. die Empfehlung 1163/1991 des Committee über die Ankunft von Asylbewerbern an Flughäfen; die Empfehlung 1306/1996 der Versammlung über die Ausbildung von Beamten, die bei der Ankunft von Asylbewerbern eingesetzt werden; die Empfehlung 1327/1997 der Versammlung über den Schutz der Menschenrechte von Flüchtlingen und Asylbewerbern; die Empfehlung 1348/1997 der Versammlung über den vorübergehenden Schutz von Personen, die aus ihrem Land geflohen sind; die Empfehlung 1374/1998 über die Situation von Flüchtlingsfrauen in Europa; vgl. *Tessényi/Newman*, EJML 1999, 229, 232 f; die Texte sind weitgehend im Internet veröffentlicht unter http://stars.coe.int bzw. http://stars.coe.fr; vgl. auch *Kleinsorge*, Bestrebungen des Europarates zur Harmonisierung des Asylrechts, in Piazolo/Grosch, Festung oder offene Grenzen?, S. 111, 122 ff.

[34] vgl. etwa die Entschließung 14/1967 vom 29. Juni 1967 und die Empfehlung 16/1981 vom 5. November 1981 zur Asylpolitik, vgl. *Hummer*, ZfRV 1991, 129, 135 f; *Tessényi/Newman*, EJML 1999, 229, 233 ff; *Tessényi*, EJML 1999, 497, 499 ff; vgl. zur Arbeit von CDMG und CAHAR insbesondere *Ochoa-Llido/Tessényi*, EJML 2000, 215 ff

[35] Einen Überblick der wichtigsten Rechtshilfebeziehungen Deutschlands in Strafsachen bietet regelmäßig *Schomburg*, vgl. etwa NJW 2001, 801 ff.

[36] ETS Nr. 24; vgl. dazu *Grotz*, Übereinkommen über die Auslieferung von Straftätern innerhalb der Europäischen Union, in Hailbronner, Zusammenarbeit der Polizei- und Justizverwaltungen in Europa, S. 53 ff

ckung vereinbart. Ausgeschlossen sind jedoch politische oder militärische Delikte, auch müssen eigene Staatsangehörige nicht ausgeliefert werden.[37] Die große Bedeutung dieser Konvention für ein weitgehend vereinheitlichtes System der Rechtshilfe spiegelt sich in der hohen Anzahl von Ratifikationen wieder.[38] Bis auf Armenien, Georgien und San Marino haben alle Mitgliedstaaten des Europarates die Konvention ratifiziert.[39] In einem **ersten Zusatzprotokoll**, das am 20. August 1979 in Kraft getreten ist, wurden insbesondere Kriegsverbrechen und Verbrechen gegen die Menschlichkeit von der Kategorie der nicht-auslieferungsfähigen Straftaten ausgeschlossen.[40] Mit dem **zweiten Zusatzprotokoll**, in Kraft getreten am 5. Juni 1983, sollte die Anwendung der Konvention in vielen Punkten erleichtert werden.[41] Ziel war es auch, durch eine erleichterte Auslieferung den Kampf gegen den Terrorismus zu verstärken. Dazu wurde am 27. Januar 1977 die **European Convention on the Suppression of Terrorism** unterzeichnet.[42] Die europaweite Übereinstimmung in diesem Punkt wird an den 36 Ratifikationen deutlich, die diese Konvention erfahren hat.[43] In dieser Konvention wird bei schweren Verbrechen der Grundsatz durchbrochen, dass bei politischen Straftaten keine Auslieferung erfolgt. So werden insbesondere Flugzeugentführungen oder Sprengstoffattentate von den Vertragsstaaten als nicht politisch und damit auslieferungsfähig betrachtet.[44]

bb) Zusammenarbeit im Strafverfahren

Zahlreiche Konventionen wurden auch für eine verbesserte Zusammenarbeit im Strafverfahren unterzeichnet. In der **European Convention on Mutual Assistance in Criminal Matters** haben die Vertragsstaaten eine größtmögliche gegenseitige Unterstützung insbesondere bei der Sammlung von Beweisen, der Vernehmung von Zeugen, Sachverständigen und Beschuldigten vereinbart. Dazu wurden Regeln für das schriftliche Ersuchen zur Beweisaufnahme und -übermittlung aufgestellt. Die Rechtshilfekonvention wurde von 39 Mitgliedstaaten ratifiziert, was ihr zentrale Bedeutung beimisst.[45] In die gleiche Richtung weist die **European Convention on the Transfer of Proceedings in Criminal Matters**.[46] Sie verleiht das Recht, von ande-

[37] vgl. Art. 3, 4 und 6 der Konvention
[38] vgl. *Lange*, Innere Sicherheit im Politischen System der Bundesrepublik Deutschland, S. 143
[39] Armenien hat die Konvention am 11. Mai 2001 unterzeichnet, Georgien am 22. März 2000 und San Marino am 29. September 2000. Mit einer Ratifikation ist auch hier zu rechnen. Neben den europäischen Staaten hat Israel die Konvention am 27. Juni 1967 ratifiziert, vgl. http://conventions.coe.int.
[40] Additional Protocol to the European Convention on Extradition, ETS Nr. 86 vom 15. Oktober 1975; von 27 Mitgliedstaaten ratifiziert, von 4 Mitgliedstaaten lediglich unterzeichnet
[41] Second Additional Protocol to the European Convention on Extradition, ETS Nr. 98 vom 17. März 1978; von 32 Mitgliedstaaten ratifiziert, von 3 Mitgliedstaaten unterzeichnet
[42] ETS Nr. 90, in Kraft getreten am 4. August 1978
[43] Andorra, Armenien, Aserbaidschan, Kroatien, San Marino sowie die ehemalige Jugoslawische Republik Mazedonien haben die Konvention nicht ratifiziert. Die Ukraine hat sie bisher nur unterzeichnet.
[44] vgl. *Lange*, Innere Sicherheit im Politischen System der Bundesrepublik Deutschland, S. 143
[45] ETS Nr. 30 vom 20. April 1959, in Kraft getreten am 12. Juni 1962; Andorra, Armenien, Aserbaidschan, San Marino und Slowenien haben die Konvention lediglich unterzeichnet. In einem am 17. März 1989 unterzeichneten und am 12. April 1982 in Kraft getretenen Zusatzprotokoll werden die Bestimmungen der Konvention noch vervollständigt, ETS Nr. 99. Das Zusatzprotokoll wurde von 32 Mitgliedstaaten ratifiziert und von 5 zusätzlich unterzeichnet. Ein zweites Zusatzprotokoll liegt bereits zeichnungsreif vor, vgl. *Schomburg*, NJW 2001, 801.
[46] ETS Nr. 73 vom 15. Mai 1972, in Kraft getreten am 30. März 1978; von 15 Mitgliedstaaten ratifiziert, von 9 lediglich unterzeichnet

ren Vertragsstaaten unter gewissen Bedingungen die Aufnahme von Ermittlungen gegen verdächtige Personen an ihrer statt zu verlangen. Einem solchen Verlangen muss der ersuchte Staat insbesondere dann nicht nachkommen, wenn ein politisches Delikt vorliegt oder das Ersuchen mit der Rasse, Religion oder Staatsangehörigkeit der verdächtigen Person zusammenhängt.[47] Weiterhin wurde die **European Convention on Information on Foreign Law** durch ein **Zusatzprotokoll** erweitert, worin die Vertragsstaaten vereinbart haben, gegenseitig Informationen betreffend das materielle Strafrecht, das Strafverfahrensrecht, den Gerichtsaufbau und das Strafvollstreckungsrecht auszutauschen.[48] Eine spezielle Vereinbarung für eine verbesserte Zusammenarbeit zur Bekämpfung der Geldwäsche wurde in der **Convention on Laundering, Search, Seizure and Confiscation of the Proceeds from Crime** getroffen.[49] Dadurch wird insbesondere die gegenseitige Unterstützung bei der Verbrechensaufdeckung, der Beschlagnahme sowie der Einziehung von durch Straftaten erlangten Mitteln erleichtert. Zur Vereinheitlichung des materiellen Strafrechts wurden die Vertragsstaaten auch zu einer effektiven Pönalisierung der Geldwäsche verpflichtet.[50] Zur Umsetzung der **United Nations Convention against illicit Traffic in Narcotic Drugs and Psychotropic Substances** vom 20. Dezember 1988 stellt ein diesbezügliches **Agreement** Regeln für eine internationale Zusammenarbeit gegen den illegalen Transport von Drogen auf See auf.[51]

cc) Strafvollstreckung

Der Zusammenarbeit in der Strafvollstreckung zugunsten des Täters dient die **European Convention on the Supervision of Conditionally Sentenced or Conditionally Released Offenders**.[52] Um eine soziale Rehabilitation des Täters zu fördern, kann dem Täter dadurch erlaubt werden, das Hoheitsgebiet eines Vertragsstaates, in dem er unter Auflagen verurteilt wurde, zu verlassen und seinen ordentlichen Wohnsitz in einem anderen Vertragsstaat unter dessen Aufsicht zu nehmen. Mit der **European Convention on the International Validity of Criminal Judgments** erwirbt ein Vertragsstaat die Zuständigkeit zur Vollstreckung einer Strafe, die von einem anderen Vertragsstaat verhängt wurde.[53] Zu einer solchen Vollstreckung muss der die Strafe verhängende Staat jedoch auffordern, auch muss die begangene Tat im vollstreckenden Staat eine Straftat darstellen und das Urteil des verhängenden Staates muss endgültig und vollstreckbar sein. Auch die **Convention on the Transfer of Sentenced Persons** zielt zugunsten des Täters auf eine bessere soziale Rehabilita-

[47] vgl. die in Art. 11 der Konvention aufgezählten Fälle
[48] Additional Protocol to the European Convention on Information on Foreign Law, ETS Nr. 97 vom 15. März 1978, in Kraft getreten am 31. August 1979; von 30 Mitgliedstaaten ratifiziert, von 3 Mitgliedstaaten zusätzlich unterzeichnet
[49] ETS Nr. 141 vom 8. November 1990, in Kraft getreten am 1. September 1993; von 35 Mitgliedstaaten ratifiziert, von 6 Mitgliedstaaten unterzeichnet
[50] vgl. Art. 6 der Konvention, ETS Nr. 141
[51] Agreement on illicit traffic by sea, implementing Article 17 of the United Nations Convention against illicit traffic in narcotic drugs and psychotropic substances, ETS Nr. 156 vom 31. Januar 1995, in Kraft getreten am 1. Mai 2000; von 5 Mitgliedstaaten ratifiziert, von 8 Mitgliedstaaten unterzeichnet
[52] ETS Nr. 51 vom 30. November 1964, in Kraft getreten am 22. August 1975; von 15 Mitgliedstaaten ratifiziert, von 6 Mitgliedstaaten unterzeichnet
[53] ETS Nr. 70 vom 28. Mai 1970, in Kraft getreten am 26. Juli 1974; ratifiziert von 12 Mitgliedstaaten, von 10 Mitgliedstaaten unterzeichnet

tion ab, indem sie die Verlegung eines verurteilten Straftäters zur Verbüßung der Strafe in dessen Heimatland ermöglicht.[54]

dd) Straßenverkehrsdelikte, Korruption sowie weitere Bereiche

Mit zwei Konventionen zu den Straßenverkehrsdelikten wurde auf den gewachsenen Straßenverkehr zwischen den Mitgliedstaaten und die damit zusammenhängende Verletzung von Regeln reagiert. Die **European Convention on the Punishment of Road Traffic Offences** hat ein System für eine verbesserte Zusammenarbeit zur effektiven Bestrafung von Straßenverkehrsdelikten geschaffen.[55] Auffällig ist, dass die Konvention vom Territorialitätsprinzip abweicht, indem ein Vertragsstaat ein auf seinem Hoheitsgebiet begangenes Straßenverkehrsdelikt entweder selbst verfolgen oder die Verfolgung an den Wohnsitzstaat des Täters abgeben kann.[56] Diese Besonderheit mag auch dazu beigetragen haben, dass die Konvention lediglich von fünf Mitgliedstaaten ratifiziert wurde und ihr damit nur geringe Bedeutung zukommt.[57] Zur Vereinheitlichung des materiellen Strafrechts wurde in ihr eine gemeinsame Liste von Straßenverkehrsdelikten zusammengestellt.[58] In der **European Convention on the International Effects of Deprivation of the Right to Drive a Motor Vehicle** wurde weiterhin vereinbart, dass das aufgrund eines Straßenverkehrsdelikts erfolgte Fahrverbot in einem Vertragsstaat sowohl dem Staat zu melden ist, der die Fahrerlaubnis ausgestellt hat, als auch dem Staat, in dem der Täter seinen gewöhnlichen Wohnsitz hat, damit diese die erforderlichen Maßnahmen treffen können.[59]

Zur Bekämpfung der Korruption wurde die **Criminal Law Convention on Corruption** am 27. Januar 1999 unterzeichnet. Sie ist bisher erst von 9 Mitgliedstaaten ratifiziert und wird mit der Hinterlegung der 14. Ratifikationsurkunde in Kraft treten.[60] Die Konvention zielt auf die Förderung der internationalen Zusammenarbeit bei der Ermittlung und Verfolgung von Korruptionsstraftaten und verpflichtet die Vertragsstaaten zu einer effektiven und abschreckenden Sanktionierung von in der Konvention aufgezählten Bereichen der Korruption.[61]

In den präventiv-polizeilichen Bereich fällt die **European Convention on the Control of the Acquisition and Possession of Firearms by Individuals**, die zwischen den Vertragsstaaten ein System etabliert, das die grenzüberschreitenden Bewegungen

[54] ETS Nr. 112 vom 21. März 1983, in Kraft getreten am 1. Juli 1985; ratifiziert von 20 Mitgliedstaaten; diese Konvention wurde durch ein Zusatzprotokoll erweitert, ETS Nr. 167, das am 18. Dezember 1997 unterzeichnet und bisher von 11 Mitgliedstaaten ratifiziert wurde.
[55] ETS Nr. 52 vom 30. November 1964, in Kraft getreten am 18. Juli 1972
[56] vgl. Art. 1 Nr. 1 der Konvention
[57] 10 Mitgliedstaaten haben zusätzlich unterzeichnet.
[58] vgl. Art. 24 lit. a) und Art. 25 Nr. 1 iVm Anhang 1 der Konvention, ETS Nr. 52
[59] ETS Nr. 88 vom 3. Juni 1976, in Kraft getreten am 28. April 1983; ratifiziert von 11 Mitgliedstaaten, zusätzlich von 6 Mitgliedstaaten unterzeichnet
[60] ETS Nr. 173; von 30 Mitgliedstaaten unterzeichnet; vgl. dazu auch die Civil Law Convention on Corruption, ETS Nr. 174 vom 4. November 1999, die bisher von 3 Mitgliedstaaten ratifiziert wurde; vgl. dazu die Gemeinsamen Standpunkte vom 6. Oktober 1997 und 13. November 1997 - vom Rat aufgrund von Art. K.3 EUV aF festgelegt - zu den Verhandlungen im Europarat und in der OECD über die Bekämpfung der Korruption, ABl. EG 1997 Nr. L 279/1 und Nr. L 320/1
[61] vgl. Kapitel 2 der Konvention

von Waffen kontrolliert.[62] Zum präventiven Schutz von Kulturgütern sowie zur Verhängung von effektiven Strafen verpflichten sich die Vertragsstaaten auch in der **European Convention on offences relating to Cultural Property**.[63] In der **European Convention on the Compensation of Victims of Violent Crimes** sind die Vertragsstaaten übereingekommen, aus öffentlichen Mitteln Opfer von vorsätzlichen Gewalttaten, die Körperverletzungen erlitten haben oder getötet wurden, zu entschädigen.[64] Die Vereinheitlichung des materiellen Strafrechts wird durch die **European Convention on the non-applicability of statutory limitation to crimes against humanity and war crimes** beabsichtigt, die verhindern soll, dass aufgrund gesetzlicher Befreiungen Verbrechen gegen die Menschlichkeit sowie Kriegsverbrechen nicht verfolgt oder diesbezügliche Urteile nicht vollstreckt werden können.[65] Für den Bereich der Umweltkriminalität trägt die **Convention for the protection of environment through criminal law** zur Rechtsvereinheitlichung bei.[66] Mit der Ausarbeitung einer **Convention on Cyber-crime** durch den Europarat soll eine effiziente Ermittlung und Verfolgung von Straftaten erleichtert werden, die mit Computersystemen und -daten im Zusammenhang stehen, sowie das materielle Strafrecht in angemessener Weise ergänzt werden.[67]

ee) Relativität der Konventionen

Die im Europarat geschlossenen Konventionen stellen Völkerrecht dar und unterliegen damit auch dem Grundsatz der Relativität nach Art. 34 WVRK.[68] Dieses Prinzip bedeutet für die im Rahmen des Europarates vorgenommene Rechtsvereinheitlichung aufgrund der jeweils unterschiedlichen Ratifikationen eine **Zersplitterung** in viele kleine Rechtskreise.[69] Erschwerend kommt hinzu, dass die Mitgliedstaaten von der Möglichkeit, Vorbehalte und Erklärungen abzugeben, vielfach Gebrauch gemacht haben und keine gemeinsame gerichtliche Instanz für die einheitliche Auslegung der Konventionen zur Verfügung steht.[70] Diese Schwächen sind anders als bei der Zusammenarbeit in der EU hier systembedingt. Für den Aufbau eines Raums der Freiheit, der Sicherheit und des Rechts ist jedoch **positiv** hervorzuheben, dass die

[62] ETS Nr. 101 vom 28. Juni 1978, in Kraft getreten am 1. Juli 1982; ratifiziert von 12 Mitgliedstaaten, zusätzlich von 9 Mitgliedstaaten unterzeichnet

[63] ETS Nr. 119, vom 23. Juni 1985, noch nicht in Kraft getreten, da erst von 6 Mitgliedstaaten unterzeichnet; vgl. Art. 5 der Konvention

[64] ETS Nr. 116 vom 24. November 1983, in Kraft getreten am 1. Februar 1988; ratifiziert von 13 Mitgliedstaaten, zusätzlich von 5 Mitgliedstaaten unterzeichnet

[65] ETS Nr. 82 vom 25. Januar 1974, noch nicht in Kraft getreten, da erst von 2 Mitgliedstaaten ratifiziert und von 2 weiteren Mitgliedstaaten unterzeichnet

[66] ETS Nr. 172 vom 4. November 1998, noch nicht in Kraft getreten, da erst von 12 Mitgliedstaaten unterzeichnet

[67] vgl. die Draft Convention on Cyber-crime, http://conventions.coe.int; vgl. dazu auch den Gemeinsamen Standpunkt vom 27. Mai 1999 - vom Rat aufgrund von Art. 34 EUV festgelegt - zu den Verhandlungen im Europarat über das Übereinkommen über Cyber-Kriminalität, ABl. EG 1999 Nr. L 142/1

[68] vgl. dazu *Ipsen*, Völkerrecht, § 12, Rn. 23 ff; *Combacau/Sur*, Droit international public, S. 153 f

[69] *Schomburg/Lagodny*, Internationale Rechtshilfe in Strafsachen, Einleitung, Rn. 7, stellen für das Netzwerk europäischer Kooperation in Strafsachen ein System von vier konzentrischen Kreisen auf. Den äußersten Kreis bilden dabei die Europaratsübereinkommen. Dieser Kreis besteht jedoch selbst noch einmal aus vielen sich überschneidenden Kreisen.

[70] Einen Überblick über die Vorbehalte und Erklärungen zu jeder Konvention bietet die Homepage des Europarates unter http://conventions.coe.int. *Dehousse/van den Hende*, RMCUE 1996, 714, 715, meinen deshalb, dass diese Form der internationalen Zusammenarbeit wohl Lösungen für außergewöhnliche, nicht aber für alltägliche Probleme bieten kann.

Rechtsannäherung im Europarat auch von den mittel-und osteuropäischen Staaten, die zu einem großen Teil EU-Beitrittskandidaten darstellen, praktiziert wird. So kooperieren hier Länder, deren Einbeziehung in eine effektive Zusammenarbeit im Bereich des Strafrechts angesichts des Wohlstandsgefälles und anderer die Kriminalität beeinflussender Faktoren von größter Relevanz ist.[71] Dies lässt die Schwächen in den Hintergrund treten und den Wert der Konventionen des Europarates in ihrer grundlegenden und ergänzenden Funktion in hohem Maße schätzen.

b) GRECO und Pompidou-Group

aa) GRECO

Die Bekämpfung der Korruption wurde durch die Bildung der **„Group of States against Corruption - GRECO"**, die im September 1999 ihre Arbeit aufgenommen hat, durch das Ministerkomitee noch verstärkt.[72] Dieser gehören 29 Mitgliedstaaten des Europarates sowie Bosnien-Herzegowina und die Vereinigten Staaten von Amerika an.[73] Auch die Parlamentarische Versammlung, CDCJ und CDPC nehmen an den Arbeiten teil. Ziel von GRECO ist es, die Fähigkeit der Mitglieder zur Korruptionsbekämpfung zu verbessern, indem der Einhaltung der Zusicherungen in diesem Bereich in einem dynamischen Prozess gemeinsamer Einschätzung und ebensolchen Drucks nachgegangen wird.[74] Zur Einschätzung der Lage anhand der vom Ministerkomitee in seiner Resolution (1997) 24 vom 6. November 1997 aufgestellten Leitlinien zur Bekämpfung der Korruption werden Beobachtergruppen gebildet, die die einzelnen Mitgliedstaaten besuchen und einen Bericht über diese verfassen. Die Aufgabe der GRECO besteht damit insbesondere in der Beobachtung sowohl der Einhaltung der Leitlinien des Ministerkomitees als auch der in der Folge angenommenen internationalen Rechtsinstrumente zur Bekämpfung der Korruption.[75]

bb) Pompidou-Group

Die Bekämpfung des Drogenmissbrauchs und des illegalen Drogenhandels wird innerhalb des Europarates durch die **Co-operation Group to Combat Drug Abuse and Illicit Trafficking in Drugs („Pompidou-Group")** durchgeführt.[76] Die Gruppe wurde 1971 auf Vorschlag des ehemaligen französischen Präsidenten Georges Pompidou geschaffen, 1980 in den Europarat eingegliedert und besteht aus 32 Mitgliedstaaten.[77] Ziel der Arbeit ist der Informations- und Wissensaustausch unter den Mitgliedern, die Förderung von Drogenstrategien, die Verbesserung der Datensammelsysteme, das Aufzeigen neuer Tendenzen und Probleme sowie das Definieren von Handlungslinien. Damit hat die Pompidou-Group eine Katalysator- und Koordinatorfunktion. Sie verfolgt einen multidisziplinären Ansatz, so dass alle Politikberei-

---

[71] positiv auch *Schomburg*, NJW 2000, 340, 341

[72] Resolution (1998) 7 vom 5. Mai 1998; Resolution (1999) 5 vom 1. Mai 1999; vgl. *Ferola*, LIEI 1999, 123, 133 ff; vgl. http://www.greco.coe.int

[73] Stand vom 18. Mai 2001

[74] vgl. Art. 1 des Statuts von GRECO, Anhang zu Resolution (1999) 5 vom 1. Mai 1999

[75] vgl. Art. 2 des Statuts von GRECO, Anhang zu Resolution (1999) 5 vom 1. Mai 1999

[76] vgl. http://www.pompidou.coe.int

[77] vgl. Activity Report 1997-2000, Foreword und Ziff. 1.1

che und -ebenen zur Erreichung des Ziels angegangen werden.[78] Dazu zählt auch eine Zusammenarbeit mit der EU zur Verwirklichung des EU-Aktionsplans 2000-2004 zur Drogenbekämpfung.[79] Im Bereich der Kriminalitätsbekämpfung fördert die Pompidou-Group insbesondere die Kooperation zwischen der Polizei und dem Zoll zur Bekämpfung des Drogenhandels. Dazu war sie an der Vorbereitung der Convention on Laundering, Search, Seizure and Confiscation of the Proceeds from Crime sowie des Agreement on illicit traffic by sea, implementing Article 17 of the United Nations Convention against illicit traffic in narcotic drugs and psychotropic substances beteiligt.

II. Anstrengungen der Vereinten Nationen

Unter den weltweit tätigen internationalen Organisationen haben die Vereinten Nationen aufgrund ihres weiten Tätigkeitsfeldes und ihrer hohen Anzahl von Mitgliedern eine herausgehobene Stellung inne. Die UN-Charta, der alle EU-Mitgliedstaaten beigetreten sind, wurde am 25. Juni 1945 angenommen und am darauf folgenden Tag unterzeichnet. Nach Hinterlegung der erforderlichen Ratifikationsurkunden ist die Charta am 24. Oktober 1945 in Kraft getreten.[80] Da nach Art. 4 Abs. 1 UN-Charta nur friedliebende Staaten Mitglied der Vereinten Nationen werden können, ist ein Beitritt der EU bzw. der EG ausgeschlossen. Die EU als solche hat keine Rechtsstellung innerhalb der Vereinten Nationen. Die EG genießt dagegen den Status eines Beobachters bei der UN-Generalversammlung und verfügt über eine ständige Vertretung am Sitz der UN in New York. Sie wird dort durch den Vorsitz und die Kommission vertreten.[81] Nach Art. 1 Nr. 3 UN-Charta haben die Vereinten Nationen das Ziel, eine internationale Zusammenarbeit herbeizuführen, um internationale Probleme wirtschaftlicher, sozialer, kultureller und humanitärer Art zu lösen. Die Koordinierung von migrations- und sicherheitspolitischen Fragen auf internationaler Ebene gehört damit auch zum Aufgabenfeld der Vereinten Nationen. Hinsichtlich der Flüchtlings- und Asylpolitik ist dabei insbesondere die Arbeit des Hohen Flüchtlingskommissars der Vereinten Nationen (UNHCR) hervorzuheben.[82]

1. Tätigkeit des UNHCR

UNHCR schützt und unterstützt mehr als 21 Millionen Menschen, die vor Krieg, Verfolgung und massiven Menschenrechtsverletzungen über internationale Grenzen geflohen sind oder sich in flüchtlingsähnlichen Situationen befinden.[83] Das Amt des Hohen Kommissars für Flüchtlinge der Vereinten Nationen entstand im Hinblick auf das durch den Zweiten Weltkrieg in Europa ausgelöste Flüchtlingsproblem.[84] Vor-

[78] vgl. das Work Programme 2000-2003, Introduction
[79] vgl. dazu oben 3. Teil C. II. 1. d)
[80] Charta der Vereinten Nationen, Sartorius II Nr. 1; vgl. zur Entstehungsgeschichte der Vereinten Nationen *Ipsen*, Völkerrecht, § 32, Rn. 2 ff
[81] vgl. dazu die schriftliche Anfrage des EP-Abgeordneten Jeffrey Titford an den Rat vom 6. September 2000, ABl. EG 2001 Nr. C 113 E/181
[82] Auch die Generalversammlung selbst hat sich zur Flüchtlingspolitik geäußert, vgl. etwa die UN Declarations on Territorial Asylum, Resolution 2312 (XXII) vom 14. Dezember 1967.
[83] vgl. UNHCR-Statistik, Stand: 1. Januar 2001, unter http:// www.unhcr.ch
[84] Auch schon nach dem Ersten Weltkrieg bestand ein Flüchtlingsproblem. Der Völkerbund reagierte darauf durch die Einsetzung des norwegischen Polarforschers Fritjof Nansen zum ersten Flüchtlings-

läufer des UNHCR war die 1946 gegründete **International Refugee Organization** (IRO), deren Aufgabe in der Heimbeförderung der während des Zweiten Weltkriegs verschleppten Personen bestand. Das Mandat der IRO war allerdings auf bestimmte Personengruppen beschränkt.[85] Vor Auflösung der IRO im Jahre 1951 wurde am 14. Dezember 1950 mit der Resolution 428 (V) der Generalversammlung das Statut des UNHCR beschlossen, der am 1. Januar 1951 seine Arbeit aufgenommen hat. Der Hohe Flüchtlingskommissar hat rechtstechnisch den Status eines **Nebenorgans der Generalversammlung** inne, arbeitet aber weitgehend **selbstständig**.[86] Er soll Flüchtlingen, die unter sein Mandat fallen, internationalen Schutz gewähren und, unterstützt von den Regierungen, nach dauerhaften Lösungen für das Flüchtlingsproblem suchen.[87] Dabei soll die Arbeit des UNHCR nicht-politischen Charakter besitzen und sich nach humanitären und sozialen Gesichtspunkten an Gruppen und Kategorien von Flüchtlingen orientieren.[88] Diese Kategorien von Flüchtlingen, die unter das Mandat des UNHCR fallen, werden gewöhnlich als **„Mandatsflüchtlinge"** bezeichnet. Sie sind zwar nicht mit der Definition der GFK in der Fassung des New Yorker Protokolls identisch, kommen ihr aber sehr nahe.[89] Erfüllt daher eine Person die Kriterien des UNHCR-Statuts, so fällt sie unter den Schutz des Hohen Flüchtlingskommissars ungeachtet dessen, ob sie sich in einem Land befindet, das Vertragspartei der GFK oder des New Yorker Protokolls ist und ungeachtet der Tatsache, ob sie von ihrem Gastland als Flüchtling im Sinne eines dieser Vertragswerke anerkannt wird. Dazu schützt und unterstützt UNHCR auf Anforderung des UN-Generalsekretärs und der Generalversammlung auch bestimmte Gruppen, die nicht unter sein ursprüngliches Mandat fallen.[90] Zur Erfüllung seiner Aufgaben soll der UNHCR den Abschluss und die Ratifizierung internationaler Abkommen zum Schutz der Flüchtlinge fördern und die Durchführung dieser Abkommen überwachen.[91] Dabei soll er in engem Kontakt mit den Regierungen und betroffenen NGO stehen.[92] Diesbezüglich sind die EU-Mitgliedstaaten im Rahmen des Vertrags von Amsterdam auch übereingekommen, in asylpolitischen Angelegenheiten Konsultationen mit dem

---

hochkommissar und durch die Einführung des „Nansen-Passes" als Ausweispapier. Vgl. *Verdross/ Simma*, Universelles Völkerrecht, § 1254; zum Zusammenhang mit dem Völkerbund, vgl. *Türk*, Das Flüchtlingshochkommissariat der Vereinten Nationen (UNHCR), S. 3 ff.

[85] vgl. Annex I der IRO-Satzung; vgl. dazu *Klos*, Rahmenbedingungen und Gestaltungsmöglichkeiten der Europäischen Migrationspolitik, S. 84 f, und *Türk*, Das Flüchtlingshochkommissariat der Vereinten Nationen (UNHCR), S. 17; vgl. auch *Zieck*, UNHCR and Voluntary Repatriation of Refugees, S. 49 ff

[86] vgl. *Verdross/Simma*, Universelles Völkerrecht, § 1254. Die Generalversammlung kann nach Art. 22 iVm 7 Abs. 2 UN-Charta Nebenorgane einsetzen, soweit sie dies zur Wahrnehmung ihrer Aufgaben für erforderlich hält. Nach Kapitel I Ziff. 3 des Statuts soll der UNHCR den von der Generalversammlung oder vom Wirtschafts- und Sozialrat vorgegebenen politischen Direktiven folgen. Sitz des UNHCR ist Genf, vgl. Kapitel III Ziff. 19 des Statuts. Vgl. zur Organisationsstruktur des UNHCR *Türk*, Das Flüchtlingshochkommissariat der Vereinten Nationen (UNHCR), S. 120 ff.

[87] vgl. Kapitel I Ziff. 1 des Statuts; vgl. zum Mandat des UNHCR auch *Zieck*, UNHCR and Voluntary Repatriation of Refugees, S. 69 ff

[88] vgl. Kapitel I Ziff. 2 des Statuts

[89] vgl. zu den Kategorien Kapitel II Ziff. 6 des Statuts; vgl. zum Flüchtlingsbegriff der GFK in der Fassung des New Yorker Protokolls Art. 1 GFK iVm Art. I des Protokolls über die Rechtsstellung der Flüchtlinge vom 31. Januar 1967 sowie oben 3. Teil B. II. 1. c) aa)

[90] vgl. etwa die Entschließung der Generalversammlung 43/117 vom 8. Dezember 1988. UNHCR hat im Jahr 2000 7,3 Millionen Binnenvertriebene in verschiedenen Teilen der Welt betreut, vgl. http://www.unhcr.ch.

[91] vgl. Kapitel II Ziff. 8 lit. a) des Statuts

[92] vgl. Kapitel II Ziff. 8 lit. g) des Statuts

Hohen Flüchtlingskommissar aufzunehmen.[93] So verfügt der UNHCR neben einem Executive Committee über Büros in 121 Ländern und ein **„Centre for Documentation and Research" (CDR).**[94] CDR betreut eine Datensammlung für die Wiederansiedlung und Integration von Flüchtlingen, unterstützt UNHCR in strategischen Politikfragen und hält den Kontakt zur akademischen Welt. Wichtigstes Arbeitsinstrument des UNHCR ist die **Genfer Flüchtlingskonvention** von 1951 in der Fassung des New Yorker Protokolls von 1967, in der sich die Vertragsparteien zur Zusammenarbeit mit dem Hohen Flüchtlingskommissar verpflichtet haben.[95] Dazu wurden die Staaten von der Generalversammlung in der Resolution 23/67 vom 8. Dezember 1977 aufgefordert, die Bemühungen des UNHCR im internationalen Rechtsschutz zu erleichtern.

2. Sicherheitspolitische Fragestellungen

Von den nach Art. 7 Abs. 1 UN-Charta existierenden Hauptorganen der Vereinten Nationen sind im Bereich der inneren Sicherheit insbesondere die Generalversammlung und der Wirtschafts- und Sozialrat tätig.[96] Die **Generalversammlung**, die gemäß Art. 9 UN-Charta aus jeweils höchstens fünf Vertretern aller Mitglieder der Vereinten Nationen besteht, hat nach Art. 10 UN-Charta ein umfassendes Erörterungsrecht über alle Fragen und Angelegenheiten, die in den Rahmen der Charta fallen. Dazu gehört nach Art. 1 Nr. 3 UN-Charta insbesondere auch die Lösung wirtschaftlicher und sozialer Probleme. Um die internationale Zusammenarbeit auf den Gebieten der Wirtschaft, des Sozialwesens, der Kultur, der Erziehung und der Gesundheit zu fördern, kann sie Untersuchungen veranlassen und Empfehlungen abgeben.[97] Der **Wirtschafts- und Sozialrat** besteht aus 54 von der Generalversammlung gewählten Mitgliedern der Vereinten Nationen.[98] Er ist unter der Autorität der Generalversammlung insbesondere zuständig für die Durchführung oder Bewirkung von Untersuchungen sowie das Abfassen oder Veranlassen von Berichten über internationale Angelegenheiten auf den Gebieten der Wirtschaft und des Sozialwesens und kann diesbezügliche Empfehlungen an die Generalversammlung oder die Mitglieder der Vereinten Nationen richten.[99] Außerdem kann er über Angelegenheiten, für die er zuständig ist, Übereinkommen entwerfen und der Generalversammlung vorlegen sowie internationale Konferenzen einberufen.[100] Aufgrund der Bandbreite seiner Tätigkeit ist der Einsatz von Kommissionen nach Art. 68 UN-Charta ein wichtiges Arbeitsmittel.

Im Bereich der Verbrechensbekämpfung entwickelt die **UN Commission on Crime Prevention and Criminal Justice** internationale Strategien und empfiehlt dem Wirt-

---

[93] vgl. Erklärung zu Art. 63 EGV zum Vertrag von Amsterdam. Ein Interesse an einer guten Zusammenarbeit mit der EU besteht auch von Seiten des UNHCR, vgl. dazu das Interview des Hohen Flüchtlingskommissars *Ruud Lubbers* in FLÜCHTLINGE Nr. 1/2001, S. 16 f.

[94] vgl. http://www.unhcr.ch; Stand: April 2001

[95] vgl. Kapitel VI, Art. 35 GFK sowie Art. II des Protokolls über die Rechtsstellung der Flüchtlinge

[96] vgl. zur Organstruktur der Vereinten Nationen *Ipsen*, Völkerrecht, § 32, Rn. 30 ff

[97] vgl. Art. 13 Abs. 1 lit. b) UN-Charta

[98] vgl. Art. 61 Abs. 1 UN-Charta; für das Jahr 2001 sind folgende neun EU-Mitgliedstaaten im Wirtschafts- und Sozialrat vertreten: Österreich, Dänemark, Frankreich, Deutschland, Griechenland, Italien, die Niederlande, Portugal und das Vereinigte Königreich.

[99] vgl. Art. 60 iVm 62 Abs. 1 UN-Charta

[100] vgl. Art. 62 Abs. 3 und 4 UN-Charta

schafts- und Sozialrat Aktivitäten.[101] Sie bietet den Staaten ein Forum zum Informationsaustausch und schlägt dem Wirtschafts- und Sozialrat Resolutionen vor. Die **Commission on Narcotic Drugs (CND)** stellt das zentrale Politikgremium des Wirtschafts- und Sozialrats für den Bereich der Drogenpolitik dar. Sie analysiert den weltweiten Drogenmissbrauch und entwickelt Vorschläge für eine Verbesserung der internationalen Drogenkontrolle.[102] Die mit Hilfe dieser Ausschüsse im Wirtschafts- und Sozialrat entwickelten Resolutionen bestimmen schließlich die Arbeit des 1997 gegründeten **UN Office for Drug Control and Crime Prevention (ODCCP)** mit Sitz in Wien. Dieses besteht aus dem 1991 ins Leben gerufenen **UN International Drug Control Programme (UNDCP)** und dem 1997 gegründeten **Centre for International Crime Prevention (CICP)**. Beide Institutionen entwickeln in ihrem Fachbereich Projekte und Programme zur Bekämpfung des Drogenproblems bzw. des internationalen Verbrechens und setzen die in den Kommissionen und im Wirtschafts- und Sozialrat beschlossenen Resolutionen um.[103]

Im Bereich der Drogenkontrolle wurden im Rahmen der Vereinten Nationen insbesondere drei größere, sich gegenseitig ergänzende internationale Konventionen beschlossen.[104] Die **Single Convention on Narcotic Drugs** von 1961, modifziert durch das Abänderungsprotokoll von 1972, zielt auf die Bekämpfung des internationalen Drogenmissbrauchs durch koordinierte internationale Handlungen.[105] Mit der **Convention on Psychotropic Substances** von 1971 wurde ein internationales Kontrollsystem für psychotrope Substanzen eingerichtet.[106] Die **Convention against the illicit Traffic in Narcotic Drugs and Psychotropic Substances** von 1988 sieht Maßnahmen gegen den Drogenhandel vor, die auch der Bekämpfung der Geldwäsche dienen.[107] Internationale Kooperation ist hier insbesondere durch die Auslieferung von Drogenhändlern vorgesehen.

Schwerpunkte in der Verbrechensbekämpfung sind neben dem Drogenhandel insbesondere der Terrorismus, die Korruption, die Organisierte Kriminalität und der Menschenhandel. Im Bereich des Terrorismus sind insgesamt 12 Konventionen im Rahmen der Vereinten Nationen angenommen worden. Zuletzt wurde von der Generalversammlung mit Resolution 54/169 vom 9. Dezember 1999 die **International Con-**

---

[101] vgl. http://www.undcp.org/about.html

[102] vgl. http://www.undcp.org/about.html

[103] Zur besseren Informationsverarbeitung für die Kriminalitätsbereiche wurde als elektronische „Clearing-Stelle" vom Wirtschafts- und Sozialrat mit der Resolution 1986/11 das UN Crime and Justice Information Network (UNCJIN) eingerichtet, vgl. http://www.uncjin.org.

[104] Daneben laufen zur Drogenbekämpfung insbesondere noch anti-money laundering programmes, vgl. http:// www.undcp.org.

[105] Die Konvention wurde auf der vom Wirtschafts- und Sozialrat durch Resolution 689 J (XXVI) vom 28. Juli 1958 einberufenen Konferenz vom 24. Januar bis 25. März 1961 beschlossen; in Kraft getreten am 13. Dezember 1964; das Abänderungsprotokoll ist am 8. August 1975 in Kraft getreten; unterzeichnet von 173 Staaten (Stand: April 2001); zur Kontrolle der Einhaltung der Konvention wurde 1968 das International Narcotics Control Board (INCB) geschaffen.

[106] Die Konvention wurde auf der vom Wirtschafts- und Sozialrat durch Resolution 1474 (XLVIII) einberufenen Konferenz vom 1. Januar bis 21. Februar 1971 beschlossen; in Kraft getreten am 16. August 1976; unterzeichnet von 167 Staaten (Stand: April 2001).

[107] Die Konvention wurde auf der vom Wirtschafts- und Sozialrat durch Resolution 1988/8 vom 25. Mai 1988 einberufenen Konferenz vom 25. November bis 20. Dezember 1988 beschlossen; in Kraft getreten am 11. November 1990; unterzeichnet von 160 Staaten (Stand: April 2001); vgl. zur Sondergeneralversammlung der Vereinten Nationen zu Drogen vom 8. bis 10. Juni 1998 *Maaßen*, ZFIS 1998, 250 ff.

vention for the Suppression of the Financing of Terrorism beschlossen.[108] Die Bekämpfung der Korruption wird insbesondere durch das **Global Programme against Corruption** koordiniert. Auf internationaler Ebene dient dieses neben der Einrichtung eines Überwachungssystems und der Annahme von kohärenten Strategien durch die internationale Gemeinschaft insbesondere auch der Vorbereitung einer UN Convention against Corruption.[109] Im Rahmen des **Global Programme against Transnational Organized Crime** werden die Tätigkeiten von OK-Gruppen analysiert, um den Staaten und anderen internationalen Organisationen verlässliche Informationen für die Formulierung ihrer politischen Bekämpfungsstrategien zur Verfügung zu stellen.[110] Ein Ergebnis dieser Anstrengungen auf UN-Ebene ist insbesondere die **International Convention against Transnational Organized Crime**, die auf der UN-Konferenz in Palermo vom 12. bis 15. Dezember 2000 nach einer nur eineinhalbjährigen Tätigkeit eines von der Generalversammlung eingesetzten Ad-Hoc-Ausschusses mit Mitgliedern aus 120 Staaten unterzeichnet wurde.[111] Zur Ergänzung dieser Konvention wurden das Protocol to Prevent, Suppress and Punish Trafficking in Persons, Especially Women and Children sowie das Protocol against the Smuggling of Migrants by Land, Air and Sea verabschiedet.[112] Dadurch wird insbesondere der enge Zusammenhang von Menschenhandel und Schleusertum mit der Organisierten Kriminalität hervorgehoben. Die Bekämpfung des Menschenhandels wird darüber hinaus auch durch das **Global Programme against Trafficking in Human Beings** angegangen. Dieses Programm wurde im März 1999 vom CICP aufgestellt und soll hauptsächlich der Datensammlung, der Einschätzung der Lage bezüglich des Menschenhandels sowie der technischen Kooperation dienen.[113]

Neben diesen bereichsspezifischen Programmen hat das CICP auch international anerkannte Grundsätze im formellen und materiellen Recht formuliert und im **Compendium of UN Standards and Norms in Crime Prevention and Criminal Justice** zusammengestellt.[114] Die Aufstellung solcher Standards betrifft insbesondere die Bereiche Unabhängigkeit der Justiz, Opferschutz, alternative Bestrafung, Behandlung von Gefangenen, polizeilicher Gewalteinsatz, gegenseitige rechtliche Unterstützung

[108] vgl. dazu *Lavalle*, ZaöRV 2000, 491 ff; vgl. zur International Convention for the Suppression of Terrorist Bombing von 1997 *Dzida*, ZFIS 1998, 139 ff

[109] vgl. http://www.undcp.org/corruption.html

[110] vgl. http://www.undcp.org/organized_crime.html

[111] Resolution 53/111 vom 9. Dezember 1998 der Generalversammlung, vgl. http://www.uncjin.org; die Konvention wurde von 123 Staaten, darunter alle 15 EU-Mitgliedstaaten, und der EG unterzeichnet; vgl. dazu den Gemeinsamen Standpunkt vom 29. März 1999 - vom Rat aufgrund von Art. K.3 EUV aF festgelegt - über das geplante Übereinkommen der Vereinten Nationen gegen die organisierte Kriminalität, ABl. EG 1999 Nr. L 87/1; http://www.undcp.org/crime_cicp_convention.html; zu den vorherigen Konferenzen über die OK, vgl. *Bouloukos*, Die Vereinten Nationen und der Kampf gegen das grenzüberschreitende Organisierte Verbrechen, in Meier-Walser/Hirscher/Lange/Palumbo, Organisierte Kriminalität, S. 384, 390 ff.

[112] Ein weiterhin geplantes Protocol against the Illicit Manufacturing of and Trafficking in Firearms, their Parts and Components, and Ammunition ist noch in der Verhandlungsphase und konnte nicht in Palermo verabschiedet werden. Vgl. dazu den Gemeinsamen Standpunkt vom 31. Januar 2000, ABl. EG 2000 Nr. L 37/1, sowie den Vorschlag der Kommission vom 13. Juli 2001 für einen Beschluss des Rates zur Unterzeichnung dieses Protokolls, KOM (2001) 397 endg.

[113] vgl. http://www.undcp.org/trafficking_human_beings.html

[114] Darin sind insbesondere enthalten: Minimum Rules for the Treatment of Prisoners, Resolution 663 C I (XXIV) vom 31. Juli 1957 und 1984/47 des Wirtschafts- und Sozialrats; Declaration against Torture and other Cruel, Inhuman or Degrading Treatment or Punishment, Resolution 3452 (XXX) der Generalversammlung vom 9. Dezember 1975; Code of Conduct for Law Enforcement Officials, Resolution 34/169 der Generalversammlung.

sowie Auslieferung. Mehr als 100 Staaten haben auf diese Standards bei ihrer Gesetzgebung zur Verhütung und Bekämpfung von Verbrechen bereits Bezug genommen.[115]

Einen wichtigen Bestandteil der UN-Arbeit zur Verbrechensbekämpfung und -verhütung liefern die alle fünf Jahre stattfindenden **Congresses on the Prevention of Crime and the Treatment of Offenders**. Nach dem achten UN-Kongress in Havanna im Jahre 1990 und dem neunten in Kairo im Jahre 1995 wurde vom 10. bis 17. April 2000 in Wien der zehnte Kongress zum Thema „Crime and justice, meeting the challenges of the 21st century“ abgehalten. Die Ergebnisse dieser Kongresse werden regelmäßig in Deklarationen festgehalten, denen allerdings im Gegensatz zu den Konventionen als völkerrechtliches soft law keine allzu große Bedeutung beigemessen wird.[116]

III. OSZE

Auch die Organisation für Sicherheit und Zusammenarbeit in Europa (OSZE) ist in den für den Aufbau eines Raums der Freiheit, der Sicherheit und des Rechts relevanten Bereichen tätig.[117] Die OSZE ist weltweit die größte regionale Sicherheitsorganisation mit 55 Teilnehmerstaaten.[118] Mangels eines für eine internationale Organisation erforderlichen verbindlichen Gründungsvertrags wird der OSZE weitgehend eine Völkerrechtssubjektivität verweigert.[119] So sind auch die im Rahmen der OSZE gefassten Beschlüsse bisher völkerrechtlich nicht verbindlich.[120] Ausgangspunkt des Prozesses war die Entwicklung von Verhaltensregeln zur Kanalisierung der Austragsformen des nach dem Zweiten Weltkrieg bestehenden Ost-West-Konfliktes.[121] Die am 1. August 1975 in Helsinki unterzeichnete **KSZE-Schlussakte** umfasste folgerichtig mit ihren drei „Körben“ zur Sicherheit und Zusammenarbeit, zur Kooperation in Wirtschaft, Wissenschaft und Umweltschutz sowie zu den Menschenrechten kei-

---

[115] Ein Bericht über die Anwendung des Code of Conduct for Law Enforcement Officials in den einzelnen Staaten findet sich unter http://www.undcp.org/crime_cicp_standards.html.

[116] vgl. die Vienna Declaration on Crime and Justice: Meeting the Challenges of the Twenty-first Century, http://www.uncjin.org; vgl. *Lange*, Innere Sicherheit im Politischen System der Bundesrepublik Deutschland, S. 140, und *Wittkämper/Krevert/Kohl*, Europa und die innere Sicherheit, S. 139 f; vgl. zu den vorherigen Kongressen *Bouloukos*, Die Vereinten Nationen und der Kampf gegen das grenzüberschreitende Organisierte Verbrechen, in Meier-Walser/Hirscher/Lange/Palumbo, Organisierte Kriminalität, S. 384, 388 ff

[117] Die OSZE geht aus der Konferenz für Sicherheit und Zusammenarbeit in Europa (KSZE) hervor, die von 1973 bis 1975 in Helsinki als erste gesamteuropäische Staatenkonferenz seit dem Wiener Kongress 1814/15 stattgefunden hat. Auf sog. Folgekonferenzen wurde dieser multilaterale Prozess fortgesetzt. Auf dem KSZE-Sondergipfel in Paris vom 19. bis 21. November 1990 wurde der institutionelle Rahmen durch die Schaffung von Organen verändert. Die fünfte Folgekonferenz in Budapest vom 10. Oktober bis 2. Dezember 1994 hat dem durch die Umbenennung der KSZE in OSZE ab 1. Januar 1995 Rechnung getragen, vgl. Budapest Summit Declaration, Towards a Genuine Partnership in a New Era, Ziff. 3. Vgl. zur Entwicklung der OSZE auch *Ipsen*, Völkerrecht, § 34, Rn. 8.

[118] Als nichteuropäische Staaten sind insbesondere Kanada und die Vereinigten Staaten von Amerika beteiligt, vgl. http://www.osce.org.

[119] vgl. *Ipsen*, Völkerrecht, § 34, Rn. 15

[120] vgl. *Seidl-Hohenveldern/Loibl*, Das Recht der Internationalen Organisationen einschließlich der Supranationalen Gemeinschaften, Rn. 2218; eine Ausnahme stellen lediglich der Vertrag über konventionelle Streitkräfte in Europa, der Open Skies-Vertrag und das Übereinkommen über Vergleichs- und Schiedsverfahren dar.

[121] vgl. *Ipsen*, Völkerrecht, § 34, Rn. 9

nen unter die Innen- und Justizpolitik fallenden Bereich.[122] Unter dem Begriff „Sicherheit" wurde ausschließlich die äußere und nicht die innere Sicherheit der Teilnehmerstaaten verstanden.[123] Mit der Aufnahme von Erwägungen über die Stellung der Wanderarbeiter wurde lediglich der wirtschaftliche Bereich der Migrationspolitik berührt.[124] Elemente des Raums der Freiheit, der Sicherheit und des Rechts enthalten ansatzweise die Bestimmungen über die Familienzusammenführung und die Erleichterung für private und berufliche Reisen, die in den menschenrechtlichen Teil der Schlussakte aufgenommen wurden.[125]

Die Auswirkungen des Balkan-Kriegs und die dadurch ausgelöste Flüchtlingswelle auf die OSZE-Teilnehmerstaaten ließen die Flüchtlingspolitik aber zu einem Thema auf der fünften **Folgekonferenz in Budapest** vom 5./6. Dezember 1994 werden.[126] Um die Flüchtlingsprobleme anzugehen, wurde eine weitergehende Zusammenarbeit mit den einschlägigen internationalen Organisationen vereinbart. Auf diesem Gipfel wurde erstmals auch der Bereich der inneren Sicherheit angesprochen. Aufgrund der vom Terrorismus ausgehenden Bedrohung bestärkten sich die Teilnehmerstaaten in ihrer Zusammenarbeit bei der Bekämpfung dieses Phänomens.[127] Diese Entwicklung setzte sich auch auf dem **OSZE-Gipfel in Lissabon** vom 2./3. Dezember 1996 fort. Die Teilnehmerstaaten verurteilten die Politik der ethnischen Säuberung und setzten sich für eine Rückkehr der Flüchtlinge und Binnenvertriebenen ein.[128] Hinsichtlich der inneren Sicherheit drückten die Teilnehmerstaaten explizit ihre Besorgnis über den Terrorismus, die Organisierte Kriminalität, den Drogen- und Waffenhandel sowie die unkontrollierten Wanderungsbewegungen aus.[129] Darauf aufbauend beschlossen die Teilnehmerstaaten auf dem **Gipfel in Istanbul** vom 18./19. November 1999 eine weitergehende Zusammenarbeit, um den durch diese Kriminalitätsbereiche hervorgerufenen großen Herausforderungen besser begegnen zu können.[130] Im wirtschaftlichen Bereich wurde insbesondere die Verpflichtung zu einem effizienteren Vorgehen bei der Bekämpfung der Korruption auf nationaler und internationaler Ebene beschlossen.[131] Auf diesem Gipfel kamen die Teilnehmerstaaten weiterhin darin überein, auch in der Polizeiarbeit und -ausbildung zusammenzuarbeiten und diesen Bereich als einen integralen Teil der Konfliktbewältigung und des Krisenmanagements

---

[122] vgl. die Schlussakte unter http://www.osce.org; vgl. dazu *Joly*, IJRL 1994, 159, 183

[123] vgl. dazu *Schelter*, Integration 1996, 102, 105 ff; vgl. zum Begriff „Sicherheit" oben 1. Teil A. III. 4.

[124] vgl. Ziff. 6 des Abschnitts „Co-operation in the Field of Economics, of Science and Technology and of the Environment" der Schlussakte von Helsinki

[125] vgl. Ziff. 1 des Abschnitts „Co-operation in Humanitarian and Other Fields" der Schlussakte von Helsinki; beide Aspekte finden sich wieder in der „Charter of Paris for A New Europe", die auf dem KSZE-Sondergipfel in Paris vom 19. bis 21. November 1990 angenommen wurde.

[126] vgl. Decision Nr. VIII „The Human Dimension", Ziff. 32

[127] vgl. Ziff. 6 der Budapest Summit Declaration „Towards a Genuine Partnership in a New Era"; vgl. dazu auch *Schelter*, Integration 1996, 102, 105 ff

[128] vgl. Ziff. 10 der Lisbon Summit Declaration

[129] vgl. Ziff. 2 der Lisbon Declaration on a Common and Comprehensive Security Model for Europe for the Twenty-first Century

[130] vgl. Charter for European Security, Ziff. I.4; Istanbul Summit Declaration Ziff. 14; zur Bekämpfung des Menschenhandels wurde insbesondere eine Stability Pact Task Force on Trafficking in Human Beings geschaffen, dazu hat der Ministerial Council die Teilnehmerstaaten zu einer besseren Zusammenarbeit aufgefordert, vgl. dazu Decision No. 1 vom 28. November 2000, Enhancing the OSCE's Efforts to Combat Trafficking in Human Beings. Vgl. hierzu auch Annual Report 2000 on OSCE Activities, Ziff. III. 1.3.3.

[131] vgl. Charter for European Security, Ziff. III.33

durch die OSZE anzusehen.[132] Umgesetzt wird diese Kooperation im Polizeiwesen erstmals bei der Kosovo-Krise, bei der die OSZE den Wiederaufbau einer zivilen Gesellschaft unterstützen soll.[133]

Die OSZE ist so mit der Einbeziehung der Flüchtlingspolitik sowie der Bekämpfung der internationalen Kriminalität zu einem **Konsultationszentrum in Fragen der Innen- und Justizpolitik** in Europa geworden.[134] Ihre Bedeutung liegt in ihrer Größe als umfassende europäische Sicherheitsorganisation, die auch mit anderen europäischen Organisationen und Institutionen zusammenarbeitet.[135] Die OSZE verlässt hier zwar das der Staatenzusammenkunft zugrundeliegende Konzept, dass sich die Teilnehmerstaaten als Gegner selbst mit dem Ziel der Überwindung des Ost-West-Konflikts gegenüberstehen. In den Sachbereichen der Innen- und Justizpolitik entstehen die Probleme durch Flüchtlinge und Kriminalität in allen Teilnehmerstaaten vielmehr in unterschiedlicher Weise selbst. Für diese Fragen bietet die OSZE jedoch auch ein Dialogforum für einen umfassenden Ansatz bei der Suche nach dauerhaften Lösungen.[136] Als Schwäche kann jedoch angesehen werden, dass bisher keine völkerrechtlich verbindlichen Übereinkommen geschlossen wurden.

IV. Interpol

Für den Bereich der inneren Sicherheit ist auf die Arbeit von Interpol hinzuweisen. Die International Criminal Police Organization - Interpol wurde 1923 in Wien ins Leben gerufen.[137] Sie hat weltweit 178 Mitglieder und ihren Sitz in Lyon, Frankreich.[138] Die **Völkerrechtsfähigkeit** der Organisation ist umstritten, da es sich bei Interpol um den Zusammenschluss nationaler Polizeiorganisationen handelt und somit kein völkerrechtlicher Vertrag zwischen zwei oder mehreren Völkerrechtssubjekten geschlossen wurde.[139] Die Praxis zeigt aber, dass Interpol als Internationale Organisation zumindest hinsichtlich des Abschlusses von Vereinbarungen mit Staaten auf die gleiche Stufe gestellt wird und Völkerrechtsfähigkeit genießt.[140] **Organe** von Interpol

---

[132] vgl. Charter for European Security, Ziff. IV.44; vgl. dazu auch Ministerial Council, Decision No. 1 vom 28. November 2000, Police-related Activities

[133] vgl. Istanbul Summit Declaration, Ziff. 3; vgl. Ministerial Council, Vienna Declaration on the role of the OSCE in South-eastern Europe vom 28. November 2000, Ziff. 2

[134] vgl. die internationale Konferenz vom 19./20. Oktober 2000 in Taschkent „Enhancing Security and Stability in Central Asia: An Integrated Approach to Counter Drugs, Organized Crime and Terrorism", Annual Report 2000 on Interaction between Organizations and Institutions in the OSCE Area, S. 18

[135] vgl. dazu den Annual Report 2000 on Interaction between Organizations and Institutions in the OSCE Area, http://www.osce.org

[136] *Schelter*, Integration 1996, 102, 107 f, weist darauf hin, dass die OSZE anders als die UN die regionalen Besonderheiten besser berücksichtigen kann. Vgl. auch *Joly*, IJRL 1994, 159, 184 f.

[137] Auch schon vor dem Ersten Weltkrieg wurden Anstrengungen auf dem First International Criminal Police Congress in Monaco vom 14. bis 18. April 1914 unternommen, die allerdings durch den Kriegsausbruch unterbrochen wurden. Der Organisationsname wurde in Art. 1 der Interpol-Constitution von 1956 festgelegt. Zu den Anfängen Interpols vgl. *Bresler*, INTERPOL, S. 23 ff.

[138] Nach dem Zweiten Weltkrieg befand sich der Sitz erst in Paris, von 1966 an in Saint Cloud bei Paris. Am 27. November 1989 wurden die Gebäude in Lyon offiziell bezogen. Vgl. http://www.interpol.int.

[139] vgl. zu diesem Erfordernis *Ipsen*, Völkerrecht, § 31, Rn. 12 f; gemäß Art. 4 Interpol-Constitution können Polizeidienste, die von ihren Ländern bezeichnet werden, Mitglieder von Interpol werden.

[140] vgl. etwa den Beschluss des Rates vom 27. März 2000 zur Ermächtigung des Direktors von Europol, Verhandlungen über den Abschluss von Vereinbarungen mit Drittstaaten und Nicht-EU-Stellen aufzunehmen, ABl. EG 2000 Nr. C 106/1. Für eine Völkerrechtsfähigkeit von Interpol *Seidl-Hohenveldern/Loibl*, Das Recht der Internationalen Organisationen einschließlich der Supranationalen Gemein-

sind die General Assembly und das Executive Committee, die beide aus von den nationalen Regierungen ernannten Vertretern bestehen und regelmäßig zusammenkommen.[141] In den Mitgliedstaaten sind die National Central Bureaus (NCB) für den Kontakt zu Interpol zuständig, der vom General Secretariat in Lyon koordiniert wird.[142] Die Ziele der Organisation sind in Art. 2 Interpol-Constitution festgelegt:

(1) To ensure and promote the widest possible mutual assistance between all criminal police authorities, within the limits of the laws existing in the different countries and in the spirit of the Universal Declaration of Human Rights.
(2) To establish and develop all institutions likely to contribute effectively to the prevention and suppression of ordinary law.

Die Sicherstellung und Weiterentwicklung der gegenseitigen Unterstützung der Kriminalpolizeibehörden der einzelnen Mitgliedsländer sowie die Schaffung und der Aufbau von Einrichtungen zur Verhütung und Bekämpfung von Straftaten haben sich konkret insbesondere auf zwei Handlungsebenen gezeigt. Interpol bietet **Kommunikationswege** zum Austausch von kriminalpolizeilichen Erkenntnissen zwischen den einzelnen NCB und dem General Secretariat. Diese Wege dienen vor allem der Übermittlung von Informationen zur internationalen Fahndung.[143] Darüber hinaus können auch andere kriminalpolizeiliche Erkenntnisse weitergegeben werden und das System kann der Vermittlung justizieller Rechtshilfe dienen.[144] Mit der Automated Search Facility (ASF) wurde im Juni 1992 ein auf einer Datenbank basierendes automatisches Suchsystem eingerichtet, das von den NCB eingesehen werden kann. Interpol führt auch selbst **Datensammlungen und Studien** in kriminalpolizeilichen Bereichen durch und organisiert **internationale Symposien** für die Polizeibehörden der Mitgliedstaaten. Damit schafft Interpol für ihre Mitgliedsländer Rahmenbedingungen zur Durchführung länderübergreifender kriminalpolizeilicher Ermittlungen und dient der Informationsweiterleitung und -versorgung.[145] Zur Verbesserung der polizeilichen Zusammenarbeit in Europa wurde 1986 das **European Secretariat** eingerichtet, das als Verbindungsbüro für die europäischen Staaten fungiert und als solches insbesondere European Regional Conferences organisiert.[146] Zur Ausführung der dort beschlossenen Strategien und Politiken wurde 1991 von der General Assembly das Interpol European Committee eingesetzt, das aus Vertretern von acht europäischen Mitgliedstaaten und einem Vertreter des Executive Committee besteht.

---

schaften, Rn. 0103 b; aA *Würz*, Das Schengener Durchführungsübereinkommen, S. 24 f; bei den Vereinten Nationen hat Interpol einen Beobachterstatus inne. Der Status einer IGO wurde Interpol 1971 zuerkannt, vgl. *Brammertz*, Grenzüberschreitende polizeiliche Zusammenarbeit am Beispiel der Euregio Maas-Rhein, S. 9.

[141] vgl. Art. 6 ff und 15 ff Interpol-Constitution

[142] vgl. Art. 25 ff und 31 ff Interpol-Constitution; in Deutschland nimmt das BKA die Aufgabe des NCB war.

[143] Nach *Sturm*, Kriminalistik 1997, 99, 100, ist Interpol dabei zu weit über 80 % bilateral tätig.

[144] vgl. etwa Art. 16 Abs. 3 der European Convention on Extradition, ETS Nr. 24; Art. 15 Abs. 5 der European Convention on Mutual Assistance in Criminal Matters, ETS Nr. 30; Art. 42 Abs. 2 iVm Art. 10 Abs. 4 Nr. 7 EuropolÜ

[145] vgl. *Highdon*, Die Rolle supranationaler Zentralstellen bei der Bekämpfung der Organisierten Kriminalität am Beispiel von Interpol, in BKA, Organisierte Kriminalität, S. 85, 86; vgl. auch *McClure*, Die Rolle Interpols bei der Bekämpfung des organisierten Verbrechens, in Meier-Walser/Hirscher/Lange/Palumbo, Organisierte Kriminalität, S.368, 377

[146] So hat vom 16. bis 18. Mai 2001 in Tiflis, Georgien, eine solche Regionalkonferenz stattgefunden, vgl. Interpol Press release vom 15. Mai 2001. Vgl. dazu *Brammertz*, Grenzüberschreitende polizeiliche Zusammenarbeit am Beispiel der Euregio Maas-Rhein, S. 10 ff.

In der Formulierung der Aufgabenstellung spiegeln sich auch die **Schwierigkeiten** wider, die Interpol als Internationale Organisation im Bereich des Polizeiwesens zu meistern hat. Zur Wahrung der nationalen Souveränität und um die unterschiedlichen Polizeisysteme in den Mitgliedstaaten zu berücksichtigen, erfolgt die gegenseitige Unterstützung bei Interpol „within the limits of the laws existing in the different countries". Damit arbeiten die nationalen Polizeiorganisationen grundsätzlich auf freiwilliger Basis und ohne einheitliche Standards zusammen. Dies bringt auch Art. 31 Interpol-Constitution zum Ausdruck, wonach die Organisation zur Durchführung ihrer Ziele auf die ständige und aktive Mitarbeit ihrer Mitglieder angewiesen ist.[147] Die Bezugnahme in Art. 2 Abs. 2 Interpol-Constitution auf „ordinary law" ist im Zusammenhang mit Art. 3 Interpol-Constitution zu sehen, der jede Intervention oder Aktivität von Interpol mit politischem, militärischem, religiösem oder rassischem Charakter ausschließt. Problematisch ist gerade die Definition eines Ausschlusses von **Straftaten mit politischem Hintergrund**.[148] Nach einem Beschluss der Generalversammlung von 1984 kann allerdings Interpol bei besonders schweren Straftaten auch dann eingeschaltet werden, wenn ein politischer Hintergrund vorliegt.[149] Eine solche Eingrenzung hat gegenüber Europol nicht stattgefunden. Dort wurde die Zuständigkeit schrittweise auf detailliert aufgeführte Kriminalitätsbereiche erweitert.[150] Im Unterschied zu Europol fallen unter das Mandat von Interpol aber sämtliche Kriminalitätsbereiche mit internationalem Bezug, die nicht nach Art. 3 Interpol-Constitution ausgeschlossen sind.[151]

Innerhalb der EU ist insbesondere das **Verhältnis zu den Schengener Übereinkommen und zu Europol** interessant. Die Tätigkeitsbereiche überschneiden sich teilweise, wobei jedoch Interpol hauptsächlich aufgrund seiner weltweiten Mitglieder ergänzende Funktion zukommt. Zwischen den Schengen-Staaten hat das Schengener Fahndungssystems aufgrund seiner höheren Qualität mit einheitlichen Standards, die auf einem völkerrechtlichen Vertrag beruhen, Priorität.[152] Im Hinblick auf Europol ist ebenfalls von einer höheren Integrationsstufe auszugehen, die vornehmlich in einer differenzierteren Analysetechnik auf der Basis obligatorischer Bestimmungen zum Ausdruck kommt.[153] Gerade aufgrund seiner ost- und mitteleuropäischen Mitgliedstaaten hat Interpol jedoch für die Gewährleistung der inneren Sicherheit in einem Raum der Freiheit, der Sicherheit und des Rechts in Europa große Bedeutung. Das international organisierte Verbrechen macht auch an den EU-

[147] vgl. dazu auch *Sturm*, Kriminalistik 1997, 99, 100; mangels eines völkerrechtlichen Vertrags gibt es auch keine einheitlichen nationalen Ausführungsgesetze wie etwa das EuropolG, Sartorius II Nr. 300a. Vgl. hierzu kritisch auch *Dehousse/van den Hende*, RMCUE 1996, 714, 715 f, sowie *Brammertz*, Grenzüberschreitende polizeiliche Zusammenarbeit am Beispiel der Euregio Maas-Rhein, S. 13.

[148] vgl. zu den Schwierigkeiten, die dadurch entstehen können, nur den Streit um die Auslieferung von ETA-Terroristen von Belgien nach Spanien, dazu schon oben 3. Teil B. II. 1. c) bb) (4)

[149] vgl. *Lange*, Innere Sicherheit im Politischen System der Bundesrepublik Deutschland, S. 139; *Wittkämper/Krevert/Kohl*, Europa und die innere Sicherheit, S. 138 f

[150] vgl. dazu oben 3. Teil C. III. 1. a) bb) (2)

[151] Interpol arbeitet insbesondere in folgenden Sachbereichen: alle Formen von Individualdelikten mit internationalem Bezug, Menschenhandel, Prostitution, Straftaten gegen Minderjährige, Eigentumsdelikte, illegaler Handel mit Kulturgütern, Waffen und Sprengstoffe, Organisierte Kriminalität und Terrorismus, Betrug, Computerkriminalität, Korruption, Umweltkriminalität, Geldfälschung und Fälschung von Reisedokumenten, illegaler Drogenhandel, Kreditkartenfälschung, vgl. http://www.interpol.int; vgl. dazu auch *McClure*, Die Rolle Interpols bei der Bekämpfung des organisierten Verbrechens, in Meier-Walser/Hirscher/Lange/Palumbo, Organisierte Kriminalität, S. 368, 370.

[152] vgl. *Sturm*, Kriminalistik 1997, 99, 100, 102

[153] vgl. zu Europol oben 3. Teil C. III. 1.; vgl. auch *Oberleitner*, Schengen und Europol, S. 179

Außengrenzen nicht Halt. Die durch Interpol ermöglichten bilateralen und multilateralen Kontakte stellen einen Schritt für eine tiefere Zusammenarbeit der mittel- und osteuropäischen Beitrittskandidaten mit den EU-Mitgliedstaaten dar. Diesbezüglich kann eine enge Kooperation von Europol und Interpol nur positiv wirken.[154]

V. Sonstige Formen internationaler Zusammenarbeit

Neben den genannten Gremien findet eine internationale Zusammenarbeit über innen- und justizpolitische Sachbereiche auch in weiteren zwischenstaatlichen Einrichtungen statt, wovon hier nur einige erwähnt werden. Seit 1985 kooperieren 16 Regierungen der OECD-Staaten in den sog. **Intergovernmental Consultations (IGC)** über Asyl-, Flüchtlings- und Migrationspolitik in Europa, Nordamerika und Australien, wobei ein Schwerpunkt auf der Entwicklung neuer Konzepte liegt.[155] Die 1951 gegründete **International Organization for Migration (IOM)** mit Sitz in Genf arbeitet an den Ursachen der weltweiten Wanderungsbewegungen und entwickelt Konzepte zur Lösung der dadurch hervorgerufenen Herausforderungen. Ein Arbeitsschwerpunkt im Jahr 2000 waren die Unterstützungen zur Rückkehr von Kosovo- und Osttimorflüchtlingen in ihre Heimat.[156]

Im sog. **Wiener Club** findet eine informelle multilaterale Zusammenarbeit der Innenminister Deutschlands, Frankreichs, der Schweiz, Österreichs und Italiens statt, die sich u. a. mit der Kontrolle illegaler Einwanderung, der Bekämpfung des illegalen Rauschgifthandels und der Terrorismusbekämpfung beschäftigt.[157] Aufgrund einer Initiative der deutschen Bundesregierung im Wiener Club arbeiten seit der Berliner Ministerkonferenz vom 30./31. Oktober 1991 zur Bekämpfung des illegalen Schleusertums und der illegalen Einreise 27 Staaten im sog. **Berliner Club** zusammen.[158] Der wohl zeitgleich mit dem Wiener Club gegründete **Berner Club** dient der Zusammenarbeit der verschiedenen Geheimdienste und der mit Staatsschutzaufgaben betreuten Polizeistellen zur Spionageabwehr, Unterbindung des illegalen Technologietransfers sowie der Terrorismusbekämpfung.[159] Auch im Rahmen des **Weltwirt-**

---

[154] Dabei kann Europol auch die Kommunikationswege von Interpol nutzen, vgl. Art. 42 Abs. 2 iVm Art. 10 Abs. 4 Nr. 7 EuropolÜ; Verhandlungen über den Abschluss von Vereinbarungen zwischen Europol und Interpol wurden im April 2000 aufgenommen, vgl. dazu schon ABl. EG 2000 Nr. C 106/1. Vgl. dazu auch *Arbeithuber*, Die Internationale Kriminalpolizeiliche Organisation - INTERPOL, S. 69. Das Aktionsprogramm zur Bekämpfung der Organisierten Kriminalität „Prävention und Kontrolle der organisierten Kriminalität. Eine Strategie der Europäischen Union für den Beginn des neuen Jahrtausends", empfiehlt auch eine Verstärkung der Zusammenarbeit mit internationalen Organisationen, ABl. EG 2000 Nr. C 124/1, Kapitel 2.10.

[155] vgl. *Klos*, Rahmenbedingungen und Gestaltungsmöglichkeiten der Europäischen Migrationspolitik, S. 84

[156] vgl. http://www.iom.int; im Jahr 2000 hat die IOM 11 Mio. Migranten direkt unterstützt; die IOM hat 79 Mitgliedsländer, 44 Staaten haben einen Beobachterstatus inne (Stand: November 2000).

[157] Der Wiener Club wurde 1978 gegründet, vgl. *Klos*, Rahmenbedingungen und Gestaltungsmöglichkeiten der Europäischen Migrationspolitik, S. 86; *Rupprecht/Hellenthal*, Programm für eine Europäische Gemeinschaft der Inneren Sicherheit, in dies., Innere Sicherheit im Europäischen Binnenmarkt, S. 23, 142 f; *Lange*, Innere Sicherheit im Politischen System der Bundesrepublik Deutschland, S. 144

[158] vgl. *Rupprecht/Hellenthal*, Programm für eine Europäische Gemeinschaft der Inneren Sicherheit, in dies., Innere Sicherheit im Europäischen Binnenmarkt, S. 23, 143; *Klos*, Rahmenbedingungen und Gestaltungsmöglichkeiten der Europäischen Migrationspolitik, S. 86

[159] vgl. *Lange*, Innere Sicherheit im Politischen System der Bundesrepublik Deutschland, S. 145; *Aden*, Europäische Polizeikooperation - Konstruktion und Wandel von Legitimationsfiguren, in Hitzler/Peters, Inszenierung: Innere Sicherheit, S. 65, 67

schaftsgipfels der sieben westlichen Industriestaaten mit dem größten weltwirtschaftlichen Gewicht und Russlands (G8) wird die Bekämpfung der Kriminalität behandelt. So beschäftigen sich Experten vorwiegend mit den Problemen des internationalen Terrorismus, aber auch mit der internationalen Geldwäsche.[160] An Letzterem sind auch andere OECD-Staaten beteiligt.[161]

Die **Organization for Economic Co-operation and Development (OECD)** ist vor allem auch in der Migrationspolitik und der Bekämpfung der Korruption tätig.[162] Zu erwähnen ist in diesem Zusammenhang schließlich noch die 1919 gegründete **International Labour Organization (ILO)**, zu deren Aufgabenbereich insbesondere die Arbeitsmigration gehört.[163]

B. Völkerrechtliche Bindungen

Die Ausführungen im vorhergehenden Abschnitt zur internationalen Zusammenarbeit in der Innen- und Justizpolitik außerhalb der EU beeinflussen naturgemäß auch die Arbeiten in der Union. So sind auf internationaler Ebene insbesondere bereits Mindeststandards in der Menschenrechtspolitik gesetzt worden, die die Ausgestaltung des Raums auf Unionsebene betreffen und nicht mehr unterschritten werden dürfen. In anderen Bereichen wurden bestimmte Wege der Zusammenarbeit etabliert, deren Berücksichtigung auf Unionsebene zumindest sinnvoll ist. Mindeststandards werden dabei für den Aufbau des Raums der Freiheit, der Sicherheit und des Rechts insbesondere in der Europäischen Menschenrechtskonvention (EMRK) sowohl in migrations-, als auch in sicherheitspolitischen Fragen aufgestellt.[164] Die Genfer Flüchtlingskonvention (GFK) vom 28. Juli 1951 hat schon früh Standards in der Asyl- und Flüchtlingspolitik gesetzt.[165] Im Vertrag von Amsterdam ist auf diese völkerrechtlichen Verpflichtungen nur sehr vereinzelt hingewiesen worden. Unter dem Vertrag von Maastricht war mit Art. K.2 Abs. 1 EUV aF noch eine zentrale Vorschrift zur Beachtung der EMRK und der GFK für die Bestimmungen über die ZBJI vorhanden.[166]

[160] vgl. *Wittkämper/Krevert/Kohl*, Europa und die innere Sicherheit, S. 140; *Lange*, Innere Sicherheit im Politischen System der Bundesrepublik Deutschland, S. 142; Teilnehmer sind neben Russland: Kanada, Deutschland, Frankreich, das Vereinigte Königreich, Italien, Japan und die USA. Zur Bekämpfung von High-Tech-Verbrechen hat der Rat am 25. Juni 2001 die Einrichtung von Kontaktstellen mit einem rund um die Uhr erreichbaren Dauerdienst empfohlen, um sich dem Informationsnetz der G8 anzuschließen, ABl. EG 2001 Nr. C 187/5.

[161] vgl. *Wittkämper/Krevert/Kohl*, Europa und die innere Sicherheit, S. 141

[162] vgl. http://www.oecd.int; die OECD hat 30 Mitgliedstaaten (Stand: Mai 2001) und ihren Sitz in Paris. Vgl. dazu auch die Gemeinsamen Standpunkte vom 6. Oktober 1997 und 13. November 1997 - vom Rat aufgrund von Art. K.3 EUV aF festgelegt - zu den Verhandlungen im Europarat und in der OECD über die Bekämpfung der Korruption, ABl. EG 1997 Nr. L 279/1 und Nr. L 320/1; Bull. EU 10-1997, Ziff. 1.4.3 sowie Bull. EU 11-1997, Ziff. 1.5.10; vgl. OECD Convention in combating bribery of officials in international business transactions vom 21. November 1997, dazu und zu weiteren Maßnahmen in der Korruptionsbekämpfung *Ferola*, LIEI 1999, 123, 131 ff.

[163] vgl. http://www.ilo.int; vgl. dazu auch *Klos*, Rahmenbedingungen und Gestaltungsmöglichkeiten der Europäischen Migrationspolitik, S. 86

[164] Konvention zum Schutze der Menschenrechte und Grundfreiheiten vom 4. November 1950, BGBl. 1952 II S. 685, 953; in Kraft getreten am 3. September 1953, BGBl. 1954 II S. 14; Sartorius II Nr. 130

[165] Abkommen über die Rechtsstellung der Flüchtlinge vom 28. Juli 1951, UNTS, Vol. 189, S. 150; Sartorius II Nr. 28

[166] vgl. dazu etwa *Hailbronner*, in Hailbronner/Klein/Magiera/Müller-Graff, Handkommentar zum Vertrag über die Europäische Union, Stand Juni 1996, Art. K EUV aF, Rn. 67 f

Diese Bestimmung ist mit dem Vertrag von Amsterdam weggefallen. Die Achtung der EMRK ergibt sich für die Union aus Art. 6 Abs. 2 EUV, der nach seiner Stellung im Abschnitt „Gemeinsame Bestimmungen" auch für die Innen- und Justizpolitik gilt. Darüber hinaus hat die **EMRK** lediglich im Protokoll über die Gewährung von Asyl für Staatsangehörige von Mitgliedstaaten Erwähnung gefunden.[167] Auf die **GFK** wird dagegen mehrfach Bezug genommen. Für die Asylpolitik stellt Art. 63 Nr. 1 EGV die rechtliche Verbindlichkeit des Genfer Abkommens vom 28. Juli 1951 und des Protokolls vom 31. Januar 1967 klar. Daneben behandelt noch das Protokoll über die Gewährung von Asyl für Staatsangehörige von Mitgliedstaaten der EU mit der dazugehörigen Erklärung ausdrücklich die völkerrechtlichen Bindungen durch die GFK. Belgien gibt dazu in einer von der Konferenz zur Kenntnis genommenen Erklärung eigens eine Stellungnahme zur Asylpolitik hinsichtlich des Protokolls über die Gewährung von Asyl für Staatsangehörige von EU-Mitgliedstaaten ab. Weitere Hinweise auf die EMRK und die GFK finden sich in Dokumenten mit politischer Bindungswirkung wie dem Wiener Aktionsplan des Rates vom 3. Dezember 1998 und den Schlussfolgerungen des Europäischen Rates von Tampere vom 15./16. Oktober 1999.[168] Im Folgenden sollen anhand der EMRK und der GFK die materiellen Grenzen für den Aufbau des Raums der Freiheit, der Sicherheit und des Rechts aufgezeigt werden. Auf die Bindung durch andere internationale Übereinkommen wird anschließend eingegangen.

I. Vorgaben der Europäischen Menschenrechtskonvention

1. Geltung der EMRK für die EU

Bei der EMRK handelt es sich um einen europäischen Menschenrechtspakt, der in Anbetracht der Allgemeinen Erklärung der Menschenrechte vom 10. Dezember 1948 angenommen wurde.[169] Weder die EU noch die EG sind Vertragspartei der EMRK. Für die EU scheidet ein Beitritt schon mangels Rechtspersönlichkeit aus.[170] Zu einem Beitritt der EG zur EMRK hat sich der EuGH in seinem **Gutachten vom 28. März 1996** geäußert.[171] Als Vertragsgrundlage wurde Art. 308 EGV ins Auge gefasst. Nach Auffassung des EuGH hätte der Beitritt allerdings grundlegende institutionelle Auswirkungen sowohl auf die Gemeinschaft als auch auf die Mitgliedstaaten und wäre von verfassungsrechtlicher Dimension. Damit ginge er über die Grenzen des Art. 308 EGV hinaus und wäre gemeinschaftsrechtlich nur im Wege einer Vertragsänderung möglich.[172] Der EuGH hat somit festgestellt, dass die EG beim gegenwärtigen Stand des Gemeinschaftsrechts nicht über die Zuständigkeit verfügt, der Konvention beizutreten.[173] Für einen eventuellen Beitritt der EG müsste jedoch auch die EMRK geändert werden, da zum jetzigen Zeitpunkt internationale Organisationen nicht Ver-

[167] vgl. die erste Erwägung des Protokolls
[168] vgl. den Aktionsplan des Rates und der Kommission zur bestmöglichen Umsetzung der Bestimmungen des Amsterdamer Vertrags über den Aufbau eines Raums der Freiheit, der Sicherheit und des Rechts vom 3. Dezember 1998, Nr. 8 und Nr. 49 lit. a), ABl. EG 1999 Nr. C 19/1, sowie die Schlussfolgerungen des Vorsitzes des ER von Tampere, Bull. EU 10-1999, Ziff. I.3.4 und I.5.13
[169] vgl. die erste Erwägung der Präambel der EMRK
[170] vgl. zum Streit um die Rechtspersönlichkeit der EU schon oben 3. Teil C. I. 1.
[171] EuGH, Gutachten 2/94, EMRK, Slg. 1996, S. I-1763 ff
[172] vgl. Rz. 35 des Gutachtens
[173] vgl. Rz. 36 des Gutachtens

tragsstaaten der Konvention werden können.[174] Damit sind weder EU noch EG beim Aufbau des Raums der Freiheit, der Sicherheit und des Rechts aufgrund einer Mitgliedschaft an die EMRK gebunden.

Durch die Verpflichtung zur Achtung der Grundrechte in der EMRK hat sich die EU jedoch in **Art. 6 Abs. 2 EUV** selbst gebunden. Aufgrund der systematischen Stellung gilt diese **Selbstverpflichtung** für den gesamten Tätigkeitsbereich der EU, womit sowohl Titel IV EGV als auch Titel VI EUV umfasst sind. In Bezug auf die Handlungen der Organe ist gemäß Art. 46 lit. d) EUV für die Achtung der EMRK in den Grenzen der Art. 35 EUV und Art. 68 EGV auch der EuGH zuständig.[175] Hinsichtlich dieser durch den Vertrag von Amsterdam neu eingeführten Zuständigkeit tritt ein Spannungsfeld besser zu Tage, das allerdings auch schon vorher vorhanden war.[176] Es stellt sich die Frage, inwieweit der EuGH die Rechtsprechung des **Europäischen Gerichtshofs für Menschenrechte (EGMR)**[177] in Straßburg, der nach Art. 32 Abs. 1 EMRK für die Auslegung und Anwendung der Konvention zuständig ist, berücksichtigen muss. Eine Subordination besteht mangels vertraglicher Bindung nicht.[178] Für das Gemeinschaftsrecht hat der EuGH den Charakter als aus einer autonomen Rechtsquelle fließenden Rechts mit Eigenständigkeit schon in seinem Urteil Costa/ENEL vom 15. Juli 1964 hervorgehoben.[179] In seiner Rechtsprechung zum Schutz der Grundrechte hat der EuGH gemäß Art. 6 Abs. 2 EUV neben der EMRK auch die gemeinsamen Verfassungsüberlieferungen der Mitgliedstaaten als allgemeine Grundsätze des Gemeinschaftsrechts als Bezugspunkte heranzuziehen, so dass die Grundrechte in der EU auf einer von der EMRK verschiedenen, autonomen Basis stehen.[180] Dem EGMR kommt dazu kein völkerrechtliches Auslegungsmonopol hinsichtlich der Konvention zu.[181] Aus alledem ist zu folgern, dass der Rechtsprechung des EGMR zwar eine besondere Bedeutung für den EuGH zukommt, allerdings eine Bindung von den Mitgliedstaaten für die Grundrechte-Rechtsprechung nicht gewollt

[174] Nach Art. 59 Abs. 1 S. 1 EMRK iVm Art. 4 S. 1 der Satzung des Europarates können nur europäische Staaten der Konvention beitreten.

[175] vgl. zur Zuständigkeit des EuGH schon oben 3. Teil D. I.

[176] Der EuGH hat auch schon vor der Ausweitung seiner Zuständigkeit bei der Entwicklung seiner Grundrechte-Rechtsprechung die Handlungen der Organe implizit an den Grundsätzen der EMRK gemessen, vgl. EuGH, Rs. 4/73, Nold, Slg. 1974, S. 491, Rz. 13; EuGH, Rs. 44/79, Hauer, Slg. 1979, S. 3727, Rz. 15; vgl. auch die Gemeinsame Erklärung von Parlament, Rat und Kommission vom 5. April 1977, ABl. EG 1977 Nr. C 103/1. Einschneidende Rechtsprechungsänderungen sind deswegen durch diese Änderung nicht zu erwarten, vgl. auch *Albors-Llorens*, CMLRev. 1998, 1273, 1285 f.

[177] vgl. zum neuen ständigen Gerichtshof für Menschenrechte *Meyer-Ladewig*, NJW 1999, 1165 f

[178] Bei einem Beitritt der EG zur EMRK dürfte sich die Rangfrage zwischen dem EuGH und dem EGMR als entscheidendes Problem stellen, vgl. *Ress*, Menschenrechte, europäisches Gemeinschaftsrecht und nationales Verfassungsrecht, in Haller/Kopetzki/Novak/Paulson/Raschauer/Ress/Wiederin, Staat und Recht, S. 897, 915 f.

[179] vgl. EuGH, Rs. 6/64, Costa/ENEL, Slg. 1964, S. 1141, Rz. 12; vgl. auch EuGH, Rs. 26/62, van Gend & Loos, Slg. 1963, S. 1, Rz. 8 ff

[180] Der EuGH beruft sich im Wege einer Rechtsvergleichung grundsätzlich sowohl auf die internationalen Verträge als auch die gemeinsamen Verfassungsüberlieferungen der Mitgliedstaaten, vgl. EuGH, Rs. 4/73, Nold, Slg. 1974, S. 491, Rz. 13; EuGH, Rs. 44/79, Hauer, Slg. 1979, S. 3727, Rz. 15; EuGH, Verb. Rs. 46/87 u. 227/88, Hoechst, Slg. 1989, S. 2859, Rz. 13.

[181] vgl. *Masuch*, ZAR 2000, 115, 119; *Fiedler*, Quantitative und qualitative Aspekte der Einordnung der Bundesrepublik Deutschland in völkerrechtliche Verträge, in Geiger, Völkerrechtlicher Vertrag und staatliches Recht vor dem Hintergrund zunehmender Verdichtung der internationalen Beziehungen, S. 11, 17

war.[182] Für die Organe der EU besteht damit hinsichtlich der in der EMRK festgelegten Grundsätze lediglich eine Selbstverpflichtung, die aufgrund ihrer Einseitigkeit weitgehend losgelöst von darüber hinausgehenden völkerrechtlichen Bindungen ist.

Für die 15 **EU-Mitgliedstaaten** gestaltet sich die Situation anders, da diese sämtlich Vertragspartei der EMRK sind und danach die daraus folgenden Verpflichtungen einzuhalten haben.[183] Hinsichtlich ihrer eigenen nationalen Hoheitsakte sind damit grundsätzlich alle Mitgliedstaaten für Verletzungen der aus der EMRK folgenden Rechte verantwortlich. Probleme treten jedoch insbesondere bei der **Übertragung von Zuständigkeiten** an die EG auf. Dies betrifft hier vor allem die in Titel IV EGV geregelte Asyl-, Flüchtlings- und Einwanderungspolitik, die mit dem Amsterdamer Vertrag in den Zuständigkeitsbereich der EG übergegangen ist. Da die EG nicht Vertragspartner der EMRK ist und somit auch der EGMR die Gemeinschaftsakte nicht an der EMRK messen kann, besteht hier die Gefahr, dass sich die Mitgliedstaaten ihren Verpflichtungen durch den Transfer von Kompetenzen entziehen. Um einer solchen Entwicklung vorzubeugen, wurde von einigen Seiten angeregt, die völkerrechtlichen Regeln über die **Staatennachfolge** auf diesen funktionellen und begrenzten Zuständigkeitsübergang anzuwenden.[184] Die EG wäre somit in den übergegangenen Bereichen an die von den Mitgliedstaaten eingegangenen Rechte und Pflichten gebunden. Der dahinter steckende Gedanke erlaubt den Mitgliedstaaten nur den Transfer ihrer eigenen, durch die EMRK gebundenen Position. Das Konzept der Staatennachfolge wurde jedoch weder von der Europäischen Menschenrechtskommission (EKMR) noch vom EGMR herangezogen. Auch wäre für eine solche Sukzession die Zustimmung der Vertragsparteien, die nicht der EG angehören, erforderlich.[185]

In ihrer **Entscheidung Melchers vom 9. Februar 1990** stellte die EKMR fest, dass die Mitgliedstaaten für alle Handlungen und Unterlassungen ihrer Organe verantwortlich sind, gleichgültig ob diese in Ausführung nationaler oder internationaler Verpflichtungen vorgenommen wurden.[186] Grundlage ist die in Art. 1 EMRK eingegangene Verpflichtung der Mitgliedstaaten zur Achtung der Menschenrechte. Nach Auffassung der EKMR verbietet es die Konvention den Mitgliedstaaten nicht, Hoheitsbefugnisse auf internationale Organisationen zu übertragen. Da die Konvention jedoch ein grundlegendes Instrument zum Schutz der Menschenrechte ist, muss dabei sichergestellt sein, dass im Rahmen dieser Organisation ein vergleichbares Maß an

---

[182] so auch der EuGH, Verb. Rs. 46/87 u. 227/88, Hoechst, Slg. 1989, S. 2859, Rz. 13 und 18. Gerade in der Festellung des EuGH in Rz. 18, dass „hierzu keine Rechtsprechung des Europäischen Gerichtshofes für Menschenrechte vorliegt", kommt dies zum Ausdruck, vgl. *Rodríguez Iglesias*, NJW 1999, 1, 7 f; vgl. *Hailbronner*, Immigration and Asylum Law and Policy of the European Union, S. 43 f

[183] vgl. Art. 26 WVRK

[184] so etwa *Pescatore*, zitiert nach *Rodríguez Iglesias*, Zur Stellung der EMRK im europäischen Gemeinschaftsrecht, in Beyerlin/Bothe/Hofmann/Petersmann, Recht zwischen Umbruch und Bewahrung, S. 1269, 1273; vgl. *Duvigneau*, LIEI 1999, 61, 79 f; *Schermers*, CMLRev. 1990, 249, 250 ff, will sich noch auf die Grundsätze des völkerrechtlichen ius cogens stützen; vgl. zur Staatennachfolge *Ipsen*, Völkerrecht, § 25. Die Regel lex posterior derogat legi priori findet zwischen der EMRK und dem EG-Vertrag keine Anwendung, da beide Verträge nicht denselben Gegenstand betreffen, damit ist auch Art. 30 Abs. 4 WVRK nicht einschlägig, vgl. *Ress*, ZEuS 1999, 471, 474 f.

[185] vgl. *Rodríguez Iglesias*, Zur Stellung der EMRK im europäischen Gemeinschaftsrecht, in Beyerlin/Bothe/Hofmann/Petersmann, Recht zwischen Umbruch und Bewahrung, S. 1269, 1274, mit Hinweis auf die Rechtsprechung des EuGH zum GATT, EuGH, Verb. Rs. 21-24/72, International Fruit Company, Slg. 1972, S. 1219, Rz. 14 ff

[186] vgl. EKMR, Melchers, DR 64, S. 138, Rz. 5

Individualrechtsschutz gewährleistet ist.[187] Für den Regelfall der unmittelbaren mitgliedstaatlichen Vollziehung von Gemeinschaftsrecht bleibt nach dieser Konzeption die Verantwortlichkeit der Mitgliedstaaten zwar grundsätzlich erhalten.[188] In ihrer Entscheidung hat die EKMR den Antrag jedoch ratione materiae zurückgewiesen, da auf Gemeinschaftsebene ein vergleichbarer Grundrechtsschutz existiert.

Von dieser Entscheidung der EKMR ist der EGMR in seinem **Urteil Cantoni vom 15. November 1996** insoweit abgekehrt, als er die konventionsrechtliche Verantwortung des Mitgliedstaates für den durch seine Hoheitsträger vorgenommenen Vollzugsakt stärker hervorhob.[189] Diesem Urteil lag eine gemeinschaftsrechtliche Richtlinie zugrunde, auf deren Grundlage ein mitgliedstaatlicher Vollzugsakt erging, bei dem der Mitgliedstaat in vollem Umfang gebunden war. Der EGMR hat in dieser Entscheidung deutlich gemacht, dass er mitgliedstaatliche Maßnahmen auch dann auf ihre Vereinbarkeit mit der EMRK überprüfen wird, wenn ihre gesetzlichen Grundlagen wortgleich mit den Vorgaben des EG-Rechts sind. Dies hat der EGMR mit **Urteil vom 18. Februar 1999** in der Sache **Matthews** bestätigt.[190] Danach ist Grundlage Art. 1 EMRK, in dem die Vertragsparteien allen ihrer Hoheitsgewalt unterstehenden Personen die in der EMRK bestimmten Rechte und Freiheiten zusichern. Diese Vorschrift unterscheidet nicht nach der Art der fraglichen Bestimmungen oder Maßnahmen und entzieht keinen Bereich der Herrschaftsgewalt der Mitgliedstaaten dem Zugriff der Konvention.[191] Eine Übertragung von Hoheitsbefugnissen auf die EG ist daher durch die EMRK nicht ausgeschlossen, vorausgesetzt, die Rechte der EMRK sind weiterhin zugesichert. Die Verantwortlichkeit der Vertragsstaaten besteht auch nach einer solchen Übertragung fort.[192] Dies regelt sinngemäß auch **Art. 63 Abs. 2 EGV**, wonach die Mitgliedstaaten in der Einwanderungspolitik nicht gehindert sind, innerstaatliche Bestimmungen beizubehalten oder einzuführen, die mit dem EG-Vertrag und mit internationalen Übereinkünften vereinbar sind. Die Mitgliedstaaten sind damit auch nach Gemeinschaftsrecht als Vertragsstaaten der EMRK weiterhin an die Konvention gebunden.[193] Danach bleibt festzuhalten, dass zwar Gemeinschaftsrechtsakte vom EGMR nicht an der EMRK gemessen werden können, da die EG nicht Vertragsstaat der EKMR ist, jedoch die Mitgliedstaaten weiterhin für das unter ihrer Hoheit vollzogene Gemeinschaftsrecht völkerrechtlich verantwortlich sind. Für den Aufbau des Raums der Freiheit, der Sicherheit und des Rechts folgt die Beachtung der EMRK damit aus zwei Gesichtspunkten: aufgrund der **Selbstverpflichtung der Organe** in Art. 6 Abs. 2 EUV und aufgrund der weiterbestehenden **Verantwortlichkeit der Mit-**

[187] vgl. EKMR, Melchers, DR 64, S. 138, Rz. 8. Die von der EKMR herangezogene Konzeption erinnert an die Solange-Rechtsprechung des BVerfG zur Rangfrage, vgl. dazu BVerfGE 37, 271; BVerfGE 73, 339. Vgl. *Bultrini*, ZEuS 1998, 493, 501.
[188] vgl. zur Vollziehung in der EG *Schweitzer/Hummer*, Europarecht, Rn. 424 ff
[189] vgl. EGMR, Cantoni, EuGRZ 1999, 193 ff; vgl. dazu *Winkler*, EuGRZ 1999, 181 ff
[190] EGMR, Matthews, NJW 1999, 3107 ff; vgl. dazu *Busse*, NJW 2000, 1074 ff
[191] vgl. EGMR, Matthews, NJW 1999, 3107, 3108, Rz. 29
[192] vgl. EGMR, Matthews, NJW 1999, 3107, 3108, Rz. 32; nach *Winkler*, EuGRZ 2001, 18, 24, ist den Vertragsstaaten mit diesem Urteil die „Flucht in das Völkerrecht", um sich der konventionsrechtlichen Verantwortung zu entziehen, verwehrt.
[193] Art. 63 Abs. 2 EGV stellt jedoch keine Verpflichtung für die EG selbst auf. Vielmehr wird nur an die völkerrechtlichen Verpflichtungen der Mitgliedstaaten erinnert. Dies folgt neben dem Wortlaut, der sich ausschließlich auf die Mitgliedstaaten bezieht, insbesondere aus der Tatsache, dass neben der EMRK die Mitgliedstaaten unterschiedlichen internationalen Verträgen beigetreten sind, vgl. dazu schon oben A. Insoweit fehlt es in vielen Bereichen an einem gemeinsamen Standard, der einer eventuellen Verpflichtung der EG zugrunde zu legen wäre, vgl. dazu *Hailbronner*, Immigration and Asylum Law and Policy of the European Union, S. 46 f.

gliedstaaten aus Art. 1 EMRK. Während die Selbstverpflichtung weitgehend vom EuGH kontrolliert wird, unterliegt die Verantwortlichkeit der Mitgliedstaaten zusätzlich der Kontrolle des EGMR. Dabei kommt den Urteilen des EGMR lediglich inter partes-Wirkung gemäß Art. 46 EMRK zu.[194] Aus der Regelung seiner Zuständigkeit in Art. 32 Abs. 1 EMRK für alle die Auslegung und Anwendung der EMRK und der Protokolle betreffenden Angelegenheiten ergibt sich noch keine erga omnes-Wirkung. Bei der Frage der Zuständigkeit handelt es sich vielmehr um eine Sachurteilsvoraussetzung, die über die Rechtsfolgen des Urteils keine Aussage trifft. Eine erga omnes-Wirkung ist auch nicht aus Völkergewohnheitsrecht ersichtlich, da weder eine derartige consuetudo noch eine opinio iuris existiert. Da die nicht am Verfahren beteiligten Vertragsstaaten jedoch bei einer ähnlichen Verletzung ihrerseits ebenfalls mit einer Verurteilung durch den EGMR rechnen müssen, kommt den Urteilen eine gewisse **Orientierungswirkung** zu.[195] Die Gemeinschaftsrechtsordnung ist damit nur insoweit autonom als die Konventionsgrundrechte gewahrt bleiben.[196] Aufgrund der inter partes-Wirkung folgt aus Art. 46 EMRK auch keine **Bindung nationaler Gerichte** an die Entscheidungen des EGMR.[197] Der Gerichtshof stellt kein höherrangiges Gericht dar, an das die Gerichte der Vertragsstaaten gebunden sind.

2. Migrationspolitische Belange

Für die Migrationspolitik sind mehrere Bestimmungen der EMRK und der Zusatzprotokolle von Bedeutung. Allen ist gemeinsam, dass sie Mindeststandards für den Aufbau des Raums der Freiheit, der Sicherheit und des Rechts in Europa setzen, die von den Mitgliedstaaten und den Organen beachtet werden müssen. Kommt es zu einer Verletzung dieser Standards durch die Organe, kann dies zu einer Verurteilung vor dem EuGH führen.[198] Nach dem Urteil Matthews können sich auch die Mitgliedstaaten nicht aus ihrer Verantwortung hinsichtlich der Rechte aus der EMRK entziehen und begehen bei einer Verletzung ein völkerrechtliches Delikt, das vor dem EGMR geltend gemacht werden kann.

---

[194] vgl. *Polakiewicz*, Die Verpflichtungen der Staaten aus den Urteilen des Europäischen Gerichtshofs für Menschenrechte, S. 33; *Maaßen*, Die Rechtsstellung des Asylbewerbers im Völkerrecht, S. 118 ff, m. w. N.

[195] Dafür spricht auch die Funktion des EGMR nach Art. 19 EMRK, die Einhaltung der Verpflichtungen, welche die Vertragsparteien übernommen haben, sicherzustellen. Vgl. dazu *Masuch*, ZAR 2000, 115, 119; *Hailbronner*, Immigration and Asylum Law and Policy of the European Union, S. 44; *Pfaff*, AnwBl 2000, 490, 494. Ebenso *Bernhardt*, Die Entscheidungen des Europäischen Gerichtshofs für Menschenrechte im deutschen Rechtsraum, in Geiger, Völkerrechtlicher Vertrag und staatliches Recht vor dem Hintergrund zunehmender Verdichtung der internationalen Beziehungen, S. 147, 153 f, der darauf hinweist, dass es zu eng wäre, nur den entschiedenen Einzelfall zu sehen und abzuwarten, ob später gleichgelagerte Fälle nach Straßburg kommen und eine mehrfach festgestellte Konventionsverletzung den betreffenden Staat letztlich dazu bringt, sein Recht zu ändern. Ähnlich auch *Polakiewicz*, Die Verpflichtungen der Staaten aus den Urteilen des Europäischen Gerichtshofs für Menschenrechte, S. 354. Die Urteile des EGMR sind im Internet abzurufen, vgl. http://www.echr.coe.int /Hudoc.htm.

[196] vgl. *Ress*, Menschenrechte, europäisches Gemeinschaftsrecht und nationales Verfassungsrecht, in Haller/Kopetzki/Novak/Paulson/Raschauer/Ress/Wiederin, Staat und Recht, S. 897, 922

[197] Für deutsche Gerichte folgt eine Bindung auch nicht aus Art. 25 GG, vgl. LG Mainz, NJW 1999, 1271.

[198] vgl. zur Zuständigkeit des EuGH schon oben 1.

a) Art. 3 EMRK

Nach dieser Vorschrift darf niemand der Folter oder unmenschlicher oder erniedrigender Strafe oder Behandlung unterworfen werden.[199] Damit greift Art. 3 EMRK einen der grundlegendsten Werte der demokratischen Gesellschaften auf.[200] Aus seinem Wortlaut heraus ist die Bedeutung dieser Bestimmung für die Asyl- und Flüchtlingspolitik schwer zu erkennen. Die dynamische Rechtsprechung des EGMR hat Art. 3 EMRK jedoch in der Weise ausgelegt, dass der Vorschrift eine prinzipielle Bedeutung bei der Schaffung einer gemeinsamen europäischen Asyl- und Flüchtlingspolitik zukommt. Zwar enthalten weder die EMRK noch ihre Zusatzprotokolle ein Recht auf politisches Asyl,[201] gerade Art. 3 EMRK dient jedoch in besonderem Maße dem Schutz von Flüchtlingen und Asylbewerbern, indem er Regeln für die Abschiebung durch einen Vertragsstaat enthält.

Mit Art. 3 EMRK ist eine Abschiebung nicht vereinbar, wenn stichhaltige Gründe für die Annahme aufgezeigt wurden, dass die fragliche Person im Falle ihrer Abschiebung einem realen Risiko ausgesetzt ist, im aufnehmenden Staat einer mit Art. 3 EMRK unvereinbaren Behandlung unterworfen zu werden. Unter diesen Umständen schließt die Vorschrift die Verpflichtung ein, die fragliche Person nicht in dieses Land abzuschieben.[202] Aufgrund seines **absoluten Charakters** ist Art. 3 EMRK auch nicht zum Schutz der nationalen Sicherheit oder zur Terrorismusbekämpfung einschränkbar.[203] Wie Art. 15 Abs. 2 EMRK klarstellt, darf von der Verpflichtung aus Art. 3 EMRK in keinem Fall abgewichen werden. Damit besteht der absolute Schutz des Art. 3 EMRK selbst dann, wenn das Leben der Nation durch Krieg oder einen anderen öffentlichen Notstand bedroht ist.[204] Dies erfordert eine praktische Wirksamkeit und effektive Gestaltung des Schutzes durch Art. 3 EMRK. Ebensowenig steht eine strafrechtliche Verurteilung oder das Fehlen jeglicher staatlicher Gewalt im Aufnahmeland dem Schutz nach Art. 3 EMRK entgegen.[205] Aufgrund seines absoluten Charakters setzt Art. 3 EMRK auch Maßstäbe für die formelle Asyl- und Flüchtlingspolitik. Diesbezüglich ist insbesondere das Problem der **Kettenabschiebung** relevant. So hat der EGMR festgestellt, dass eine indirekte Rückführung über einen Durchreisestaat, der ebenfalls ein Vertragsstaat ist, die Verantwortung des Staates nicht aufhebt, sicherzustellen, dass ein Asylsuchender als Folge der Abschiebungsentscheidung nicht einer Art. 3 EMRK zuwiderlaufenden Behandlung unterworfen wird.[206] Das Dubliner Übereinkommen ist insofern nicht geeignet, den Staat von einer sorgfältigen Prüfung zu befreien, ob der nach diesem Übereinkommen zuständige Staat angemessene Schutzmöglichkeiten zur Verfügung stellt, um seinerseits eine Verlet-

---

[199] zu den einzelnen Kriterien vgl. *Villiger*, Handbuch der Europäischen Menschenrechtskonvention (EMRK), Rn. 271 ff, sowie *Schieffer*, Die Zusammenarbeit der EU-Mitgliedstaaten in den Bereichen Asyl und Einwanderung, S. 111 ff

[200] vgl. EGMR, Soering, NJW 1990, 2183, Rz. 88

[201] vgl. EGMR, Vilvarajah, NVwZ 1992, 869, Rz. 102

[202] vgl. EGMR, Soering, NJW 1990, 2183, Rz. 90 f; EGMR, Cruz-Varas, NJW 1991, 3079, Rz. 69 f; EGMR, Vilvarajah, NVwZ 1992, 869, Rz. 103; vgl. dazu auch *Kugelmann*, ZAR 1998, 243, 245

[203] vgl. EGMR, Chahal, NVwZ 1997, 1093, Rz. 79 f; *Hartl*, Das völkerrechtliche Refoulementverbot abseits der Genfer Flüchtlingskonvention, S. 96 ff

[204] vgl. EGMR, Irland./.Vereinigtes Königreich, EuGRZ 1979, 149, Rz. 163; EGMR, Tomasi, EuGRZ 1994, 101, Rz. 115

[205] vgl. EGMR, Ahmed, NVwZ 1997, 1100, Rz. 46

[206] vgl. EGMR, T.I../.Vereinigtes Königreich, InfAuslR 2000, 321, 323

zung von Art. 3 EMRK zu verhindern.[207] Auch hat die Zurück- oder Ausweisung in einen Drittstaat nach Art. 3 Abs. 5 DÜ nach den innerstaatlichen Vorschriften neben den Bestimmungen der GFK auch Art. 3 EMRK zu beachten. Mit Ziel und Zweck der EMRK ist es daher nicht vereinbar, wenn die Vertragsstaaten sich durch Vereinbarungen über die Zuständigkeit im Asylbereich von den Verpflichtungen aus der EMRK befreien können. Gerade für die Harmonisierung der Asyl- und Flüchtlingspolitik ist Art. 3 EMRK damit von entscheidender Bedeutung.[208]

Diese Bewertung ändert sich auch nicht durch die **Kritik**, die insbesondere vom deutschen Bundesverwaltungsgericht an der weiten Auslegung des Art. 3 EMRK durch den EGMR geübt wird. So ist in Deutschland das Vorliegen von staatlicher bzw. quasi-staatlicher Gewalt Voraussetzung für die Gewährung von politischem Asyl und das Vorliegen eines Abschiebungshindernisses nach § 53 Abs. 4 AuslG.[209] Nach Auffassung des EGMR steht diese Praxis zwar nicht der EMRK entgegen, jedoch muss eine ausreichende Sicherheit vor der Abschiebung in den unter Art. 3 EMRK fallenden Verfahren bestehen.[210] Dem EGMR wird darüber hinaus vorgeworfen, die Voraussetzungen für die Anwendung des Art. 3 EMRK immer weiter herunterzuschrauben und so dieser Bestimmung die Qualität eines zweiten Asylrechts zukommen zu lassen, obwohl vom EGMR regelmäßig betont wird, dass die EMRK kein Recht auf Asyl enthält.[211] Aufgrund der den EGMR-Urteilen zukommenden Orientierungswirkung ist die Rechtsprechung des EGMR für den Aufbau des Raums der Freiheit, der Sicherheit und des Rechts jedoch maßgebend zu berücksichtigen, da ansonsten die Gefahr von völkerrechtlichen Delikten durch die Mitgliedstaaten besteht.[212] Auch wenn dem EGMR kein Auslegungsmonopol für die EMRK zukommt, so haben sich die Vertragsparteien doch in Art. 46 Abs. 1 EMRK verpflichtet, in allen Rechtssachen, in denen sie Partei sind, das endgültige Urteil des Gerichtshofs zu befolgen.

---

[207] vgl. EGMR, T.I../.Vereinigtes Königreich, InfAuslR 2000, 321, 323. In Deutschland stellt diese Entscheidung die Drittstaatenregelung des Art. 16a GG in Frage, die von einer generellen Annahme der Sicherheit im Zielstaat der Abschiebung ausgeht. Das BVerfG hat in seiner Asyl-Entscheidung mit der Aufstellung der Theorie der normativen Vergewisserung die Abschiebung in einen dritten Staat auch ohne Prüfung, ob dort im konkreten Einzelfall im Blick auf Art. 3 EMRK eine erhebliche Gefahr der Weiterschiebung droht, als zulässig angesehen, vgl. BVerfGE 94, 49, 89 f. Vgl. dazu auch *Marx*, InfAuslR 2000, 313, und *Pfaff*, AnwBl 2000, 490, 494 f.

[208] ebenso *Marx*, InfAuslR 2000, 313; vgl. dazu schon oben 3. Teil B. II. 1. c)

[209] vgl. BVerwGE 104, 265 ff; BVerwGE 105, 306 ff. Eine Ausweitung des „Staatlichkeits"-Kriteriums ist nun im Hinblick auf das Taliban-Regime in Afghanistan durch das BVerfG erfolgt, vgl. BVerfG, 2 BvR 260/98 vom 10. August 2000, Absatz-Nr. 15 ff, http://www.bverfg.de/. Vgl. zum Streit auch *Klos*, AnwBl 2000, 496, 498 = ZAR 2000, 202, 204 f, sowie *Masuch*, ZAR 2000, 115 ff, und *Pfaff*, AnwBl 2000, 490, 493 ff.

[210] vgl. EGMR, T.I../.Vereinigtes Königreich, InfAuslR 2000, 321, 324; der EGMR hat in dieser Entscheidung die zugesicherte Anwendung von § 53 Abs. 6 AuslG ausreichen lassen, obwohl dieser eine Ermessensentscheidung darstellt.

[211] vgl. insbesondere *Hailbronner*, DÖV 1999, 617, 620 ff; *Hailbronner*, Immigration and Asylum Law and Policy of the European Union, S. 497 f; kritisch zur Rechtsprechung des EGMR auch *Maaßen*, Die Rechtsstellung des Asylbewerbers im Völkerrecht, S. 117 ff

[212] zur Bindungswirkung der EGMR-Urteile, vgl. oben 1.

b) Art. 8 EMRK

Nach Art. 8 Abs. 1 EMRK hat jede Person das Recht auf Achtung ihres Privat- und Familienlebens, ihrer Wohnung und ihrer Korrespondenz. Eine Behörde darf nach Art. 8 Abs. 2 EMRK in die Ausübung dieses Rechts nur eingreifen, soweit der Eingriff gesetzlich vorgesehen und in einer demokratischen Gesellschaft für die nationale oder öffentliche Sicherheit, für das wirtschaftliche Wohl des Landes, zur Aufrechterhaltung der Ordnung, zur Verhütung von Straftaten, zum Schutz der Gesundheit oder der Moral oder zum Schutz der Rechte und Freiheiten anderer notwendig ist. Für die Migrationspolitik gewinnt diese Vorschrift durch das Recht auf Achtung des Familienlebens, das insbesondere im Falle einer **Familientrennung durch Ausweisung** betroffen sein kann, an Bedeutung. Zwar weist der EGMR in ständiger Rechtsprechung darauf hin, dass es Aufgabe der Vertragsstaaten ist, die öffentliche Ordnung aufrechtzuerhalten, vor allem indem sie nach einem feststehenden Grundsatz des Völkerrechts und vorbehaltlich ihrer Verpflichtungen aus völkerrechtlichen Verträgen ihr Recht ausüben, die Einreise und den Aufenthalt von Ausländern zu kontrollieren und die Ausweisung wegen strafbarer Handlungen verurteilter Ausländer anzuordnen.[213] Die Entscheidungen der Vertragsstaaten haben allerdings das Recht aus Art. 8 EMRK auf Achtung des Familienlebens zu achten.[214] Bei tatsächlicher Existenz einer Familie, deren Mitglieder eine gewisse Nähe zueinander aufweisen müssen,[215] bedeutet eine Ausweisung, die zu einer Familientrennung führt, einen Eingriff in das von Art. 8 Abs. 1 EMRK gewährleistete Recht auf Familienachtung. Anders als Art. 3 EMRK gewährt Art. 8 EMRK allerdings **keinen absoluten Schutz**. Vielmehr können als Rechtfertigungsgründe die in Art. 8 Abs. 2 EMRK genannten Belange herangezogen werden. Dabei muss der Eingriff notwendig in einer demokratischen Gesellschaft sein, d. h. einem dringenden sozialen Bedürfnis entsprechen und insbesondere verhältnismäßig zu dem verfolgten legitimen Ziel sein.[216] Hinsichtlich dieser Prüfung ist eine **Abwägung der gegenseitigen Interessen** vorzunehmen, namentlich des Rechts auf Achtung des Privat- und Familienlebens einerseits und der staatlichen Interessen der Einwanderungspolitik, insbesondere zur Aufrechterhaltung der öffentlichen Ordnung, andererseits.[217] Bei der Überprüfung der Verhältnismäßigkeit kommt den Vertragsstaaten allerdings ein weiter Ermessensbereich zu.[218] Der damit für die Migrationspolitik gesetzte Mindeststandard ist beim Aufbau eines Raums der Freiheit, der Sicherheit und des Rechts zu berücksichtigen. Aufgrund des fehlenden absoluten Charakters wird Art. 8 EMRK im Vergleich zu Art. 3 EMRK jedoch weniger Einfluss ausüben. Eine europäische Zuwanderungspolitik verlangt Rücksicht auf die

---

[213] vgl. EGMR, Mehemi, NVwZ 1998, 164, Rz. 34; vgl. auch EGMR, Chahal, NVwZ 1997, 1093, Rz. 73

[214] vgl. dazu ausführlich *van Dijk*, EJML 1999, 293 ff, sowie *Maaßen*, Die Rechtsstellung des Asylbewerbers im Völkerrecht, S. 142 ff; eine rechtsvergleichende Untersuchung zu Bedeutung und Rechtsprechung bei Art. 8 EMRK bietet *Caroni*, Privat- und Familienleben zwischen Menschenrecht und Migration.

[215] vgl. *Villiger*, Handbuch der Europäischen Menschenrechtskonvention (EMRK), Rn. 570; EGMR, Mehemi, NVwZ 1998, 164, 165, vgl. zu diesem Urteil auch *Kugelmann*, ZAR 1998, 243, 245; *Schieffer*, Die Zusammenarbeit der EU-Mitgliedstaaten in den Bereichen Asyl und Einwanderung, S. 119

[216] vgl. EGMR, Mehemi, NVwZ 1998, 164, Rz. 34 f

[217] vgl. dazu *Hailbronner*, Immigration and Asylum Law and Policy of the European Union, S. 496 ff

[218] vgl. EGMR, Beldjoudi, EuGRZ 1993, 556, 557; EGMR, Nasri, InfAuslR 1996, 1; vgl. auch *Villiger*, Handbuch der Europäischen Menschenrechtskonvention (EMRK), Rn. 580

Achtung des Familienlebens. Das Recht auf Aufenthalt für eine Familie in einem bestimmten Vertragsstaat ist in Art. 8 EMRK aber nicht enthalten.[219]

c) Art. 13 EMRK

Nach Art. 13 EMRK hat jede Person, die in ihren in der EMRK anerkannten Rechten oder Freiheiten verletzt worden ist, das Recht, bei einer innerstaatlichen Instanz eine wirksame Beschwerde zu erheben, auch wenn die Verletzung von Personen begangen worden ist, die in amtlicher Eigenschaft gehandelt haben.[220] Diese Vorschrift ist **akzessorisch** und kann beim EGMR nur zusammen mit einer anderen Bestimmung der EMRK oder eines Zusatzprotokolls geltend gemacht werden.[221] Für die Migrationspolitik ist sie insbesondere im Zusammenhang mit Art. 3 EMRK interessant.[222] Art. 13 EMRK erfordert die Bereitstellung eines innerstaatlichen Verfahrens, das es der zuständigen nationalen Behörde erlaubt, sich sowohl inhaltlich mit der gerügten Konventionsverletzung zu befassen als auch einen angemessenen Rechtsschutz zu gewähren, wobei den Vertragsstaaten ein gewisses Ermessen zur Verfügung steht, wie sie ihren Verpflichtungen gegenüber dieser Vorschrift nachkommen.[223] Ein **wirksames Beschwerdeverfahren** verlangt dabei eine unabhängige Untersuchung des Vorbringens, dass stichhaltige Gründe dafür bestehen, ein reales Risiko einer gegen die EMRK verstoßenden Behandlung zu befürchten, sowie die Möglichkeit der Aussetzung der Vollstreckung der angegriffenen Maßnahme.[224] Eine solche Untersuchung muss nicht unbedingt von einer gerichtlichen Behörde vorgenommen werden, jedoch darf nicht von derselben Behörde entschieden werden, gegen welche die Beschwerde geführt wird.[225] Die Feststellung der Verletzung einer anderen EMRK-Bestimmung ist allerdings keine Voraussetzung für die Anwendbarkeit von Art. 13 EMRK. Die materielle Rüge muss jedoch vertretbar sein (sog. **arguable claim**) sowie eine gewisse Schwelle der Bedeutsamkeit übersteigen.[226] Die genaue Bestimmung des arguable claim wurde vom EGMR noch nicht vorgenommen und richtet sich nach dem Einzelfall, problematisch wird es jedoch insbesondere dann, wenn die materielle Rüge als offensichtlich unbegründet abzuweisen wäre.[227] Im Zuge der Harmonisierung der europäischen Asyl- und Flüchtlingspolitik kommt Art. 13 EMRK damit hinsichtlich des Erfordernisses effektiven Rechtsschutzes gegen Verletzungen der Rechte aus der EMRK Bedeutung zu.

---

[219] EGMR, Abdulaziz, EuGRZ 1985, 567; *Villiger*, Handbuch der Europäischen Menschenrechtskonvention (EMRK), Rn. 576

[220] Das Ministerkomitee hat den Vertragsstaaten bestimmte Empfehlungen für die Ausgestaltung der in Art. 13 EMRK enthaltenen Garantien gemacht, vgl. dazu *Hailbronner*, Immigration and Asylum Law and Policy of the European Union, S. 440.

[221] vgl. *Villiger*, Handbuch der Europäischen Menschenrechtskonvention (EMRK), Rn. 648

[222] vgl. EGMR, Chahal, NVwZ 1997, 1093; EGMR, Jabari, InfAuslR 2001, 57

[223] vgl. EGMR, Vilvarajah, NVwZ 1992, 869, Rz. 122

[224] vgl. EGMR, Chahal, NVwZ 1997, 1093, Rz. 151; EGMR, Jabari, InfAuslR 2001, 57, Rz. 50

[225] vgl. EGMR, Chahal, NVwZ 1997, 1093, Rz. 152; vgl. *Villiger*, Handbuch der Europäischen Menschenrechtskonvention (EMRK), Rn. 649

[226] vgl. *Villiger*, Handbuch der Europäischen Menschenrechtskonvention (EMRK), Rn. 654

[227] vgl. *Villiger*, Handbuch der Europäischen Menschenrechtskonvention (EMRK), Rn. 655

d) 4. Zusatzprotokoll zur EMRK

Das 4. Zusatzprotokoll zur EMRK[228] beinhaltet für die Migrationspolitik insbesondere ein Recht auf Freizügigkeit, ein Aufenthaltsrecht des Staatsbürgers sowie ein Verbot der Kollektivausweisung. In seinem Art. 2 Abs. 1 gewährt es für die sich rechtmäßig im Hoheitsgebiet eines Vertragsstaates aufhaltenden Personen **Bewegungs- und Niederlassungsfreiheit**. Ein Recht auf Einreise ist darin jedoch nicht enthalten.[229] Einschränkungen dieses Rechts müssen gesetzlich vorgesehen werden und hinsichtlich eines in Abs. 3 genannten Rechtfertigungsgrundes in einer demokratischen Gesellschaft notwendig sein. Art. 2 Abs. 4 erlaubt es insbesondere, für Asylbewerber die in Abs. 1 gewährten Rechte auf bestimmte Gebiete zu beschränken. Art. 3 gibt den eigenen Staatsbürgern ein **Aufenthaltsrecht**, so dass diese weder ausgewiesen werden dürfen noch ihnen die Einreise verweigert werden darf. Das Verbot der **Kollektivausweisung** in Art. 4 dient insbesondere dem Ziel, dem Einzelnen zu ermöglichen, die Gründe gegen seine Ausweisung vorzubringen.[230] Die hier gesetzten Mindeststandards für den Aufbau eines Raums der Freiheit, der Sicherheit und des Rechts wurden zwar erst von 12 EU-Mitgliedstaaten akzeptiert,[231] es kommt ihnen jedoch aufgrund der Bindung dieser Staaten Bedeutung für die Harmonisierung der Asyl- und Einwanderungspolitik zu.

e) 7. Zusatzprotokoll zur EMRK

Art. 1 des 7. Zusatzprotokolls zur EMRK[232] regelt Verfahrensgarantien bei der Ausweisung aus einem Vertragsstaat. Diese Vorschrift ist insbesondere deshalb bedeutend, da Art. 6 EMRK, der das Recht auf ein faires Verfahren beinhaltet, auf ausländerrechtliche Streitigkeiten keine Anwendung findet, da es sich dabei nicht um zivilrechtliche Ansprüche handelt und auch keine strafrechtliche Anklage iSv Art. 6 Abs. 1 EMRK vorliegt.[233] Danach darf eine ausländische Person, die sich rechtmäßig im Hoheitsgebiet eines Vertragsstaates befindet, nur aufgrund einer rechtmäßig ergangenen Entscheidung ausgewiesen werden. Sie muss dabei rechtliches Gehör bekommen und die Gründe, die gegen ihre Ausweisung sprechen, vorbringen können. Dazu muss ihr gestattet werden, ihren Fall prüfen und sich vertreten zu lassen.[234] Das Interesse der öffentlichen Ordnung oder Gründe der nationalen Sicherheit können allerdings diese Rechte ausschließen.[235] Auslieferungen sind von diesen Verfah-

---

228 Sartorius II, Nr. 133. Das 4. Zusatzprotokoll zur EMRK wurde bisher von 33 Mitgliedstaaten des Europarates ratifiziert (Stand: 19. März 2001).

229 vgl. *Frowein/Peukert*, Europäische Menschenrechtskonvention, Art. 2 des 4. ZP, Rn. 2

230 vgl. *Villiger*, Handbuch der Europäischen Menschenrechtskonvention (EMRK), Rn. 686; zum Begriff der Kollektivausweisung, vgl. *Hailbronner*, Immigration and Asylum Law and Policy of the European Union, S. 489 f

231 Bis auf Griechenland, Spanien und das Vereinigte Königreich haben alle EU-Mitgliedstaaten das 4. Zusatzprotokoll ratfiziert (Stand: 19. März 2001).

232 Sartorius II Nr. 135. Das 7. Zusatzprotokoll zur EMRK wurde von 28 Mitgliedstaaten des Europarates ratifiziert (Stand: 19. März 2001).

233 vgl. EGMR, Maaouia, mit Anmerkung *Zander*, InfAuslR 2001, 109; *Frowein/Peukert*, Europäische Menschenrechtskonvention, Art. 1 des 7. ZP, Rn. 1

234 vgl. Art. 1 Abs. 1 des 7. Zusatzprotokolls zur EMRK

235 vgl. Art. 1 Abs. 2 des 7. Zusatzprotokolls zur EMRK; nach *Villiger*, Handbuch der Europäischen Menschenrechtskonvention (EMRK), Rn. 692, ist diese Bestimmung allerdings restriktiv auszulegen.

rensgarantien nicht umfasst.[236] Innerhalb der EU-Mitgliedstaaten sind diese Garantien noch nicht allgemein akzeptiert, das 7. Zusatzprotokoll zur EMRK wurde erst von acht Mitgliedstaaten ratifiziert.[237] Aufgrund der Bindung von sieben Staaten muss das Protokoll bei der Harmonisierung der Migrationspolitik Berücksichtigung finden.

3. Sicherheitspolitische Belange

a) Anforderungen an die Zusammenarbeit in Strafsachen

Bei der polizeilichen und justiziellen Zusammenarbeit in Strafsachen nach Titel VI EUV sind aufgrund des völkerrechtlichen Charakters und der damit im Vergleich zur Migrationspolitik schwächeren Integration die in der EMRK garantierten Rechte beim gegenwärtigen Stand noch weniger betroffen. Für die **Formen der zwischenstaatlichen Zusammenarbeit** sind die Individualrechte der EMRK nur mittelbar relevant, da die EMRK als Menschenrechtsinstrument vor allem dem Schutz des Individuums vor hoheitlicher Gewalt dient und nicht das horizontale Verhältnis der Mitgliedstaaten untereinander betrifft.[238] So regeln die Übereinkommen über die allgemeine Rechts- und Vollstreckungshilfe die Beziehungen zwischen den Mitgliedstaaten und haben keine direkte Einwirkung auf Individualrechte. Ebenso verhält es sich bei den Regeln zur Auslieferung. Soweit allerdings hier Individualrechte betroffen sind, haben die Mindeststandards der EMRK Beachtung zu finden. Hinsichtlich der Auslieferung können diese Rechte insbesondere im Zusammenhang mit in Abwesenheit des Beschuldigten durchgeführten Verfahren Bedeutung erlangen.[239]

Eine Harmonisierung des nationalen **Strafverfahrensrechts** wird in Art. 31 Abs. 1 lit. c) EUV nur sehr zurückhaltend angestrebt.[240] Eine solche steht unter dem Vorbehalt, dass sie zur Verbesserung der Zusammenarbeit erforderlich sein muss. Soweit diesbezüglich einheitliche Standards unter den Mitgliedstaaten gesetzt werden, sind die in der Konvention gewährten Rechte zu beachten. Grundlegende rechtsstaatliche Verfahrensgarantien werden in Art. 5 bis 7 EMRK aufgestellt. So bestimmt Art. 5 EMRK detailliert die Voraussetzungen für die Freiheitsentziehung und Verhaftung. Art. 6 EMRK enthält Garantien für ein faires Gerichtsverfahren. Dabei beinhaltet Art. 6 Abs. 1 EMRK den Grundsatz des fair trial und stellt Anforderungen an das Gericht.[241] Zu den in Abs. 1 enthaltenen Garantien gehören die Öffentlichkeit des Verfahrens sowie der Anspruch auf Durchführung und Abschluss eines Verfahrens innerhalb angemessener Frist.[242] Aus dem in Art. 6 Abs. 1 EMRK enthaltenen fair-trial-

[236] vgl. *Frowein/Peukert*, Europäische Menschenrechtskonvention, Art. 1 des 7. ZP, Rn. 2; *Schieffer*, Die Zusammenarbeit der EU-Mitgliedstaaten in den Bereichen Asyl und Einwanderung, S. 123 f

[237] Das Protokoll wurde von Österreich, Dänemark, Finnland, Frankreich, Griechenland, Italien, Luxemburg und Schweden ratifiziert (Stand: 19. März 2001).

[238] vgl. Art. 1 EMRK, wonach die Vertragsparteien allen ihrer Herrschaftsgewalt unterstehenden Personen die in der Konvention niedergelegten Rechte und Freiheiten zusichern.

[239] vgl. auch den Aktionsplan des Rates und der Kommission zur bestmöglichen Umsetzung der Bestimmungen des Amsterdamer Vertrags über den Aufbau eines Raums der Freiheit, der Sicherheit und des Rechts vom 3. Dezember 1998, Nr. 49 lit. a), ABl. EG 1999 Nr. C 19/1

[240] vgl. dazu oben 3. Teil C. III. 2. a) cc)

[241] vgl. dazu ausführlich *Villiger*, Handbuch der Europäischen Menschenrechtskonvention (EMRK), Rn. 412 ff; zum Einfluss von Art. 6 Abs. 1 EMRK auf die Zustellung von Schriftstücken im internationalen Rechtsverkehr, vgl. *Heß*, NJW 2001, 15, 18

[242] vgl. dazu *Villiger*, Handbuch der Europäischen Menschenrechtskonvention (EMRK), Rn. 440 ff

Grundsatz folgt weiterhin der Anspruch, persönlich am Verfahren teilnehmen zu können.[243] In Art. 6 Abs. 2 EMRK ist die Unschuldsvermutung normiert und Art. 6 Abs. 3 EMRK gewährt dem Angeklagten besondere Rechte.[244] Art. 7 EMRK statuiert den Grundsatz „nulla poena sine lege".[245]

Neben der Harmonisierung des Strafverfahrensrechts dient auch die **Annäherung der materiellen Strafvorschriften** nach Art. 31 Abs. 1 lit. e) EUV der Zusammenarbeit in Strafsachen.[246] Auch hier zeigt jedoch insbesondere die Einfügung der Erforderlichkeitsklausel in Art. 29 Abs. 2 dritter Spiegelstrich EUV die Zurückhaltung der Mitgliedstaaten auf diesem Gebiet. Mindeststandards finden sich in diesem Zusammenhang in der EMRK neben der Regelung des Notwehrrechts in Art. 2 Abs. 2 EMRK nur hinsichtlich der **Sanktionierung**.[247] So enthält Art. 3 EMRK das Verbot der Folter oder unmenschlicher oder erniedrigender Strafe oder Behandlung. Das Verbot der unmenschlichen oder erniedrigenden Strafe bindet dabei nicht nur den Gesetzgeber, sondern auch den Richter bei der Festsetzung der angemessenen Strafe innerhalb des gesetzlichen Strafrahmens. Es erhält praktische Bedeutung bei Verhängung einer Strafe, die außer Verhältnis zum Unrechtsgehalt der Tat steht.[248] Diese Vorschrift hat insbesondere bei der Festlegung von angemessenen Mindeststrafen für bestimmte Tatbestände Beachtung zu finden. Weiterhin gilt das Verbot auch für die Unterbringung im Strafvollzug.[249] Grundlegende Übereinstimmung herrscht hinsichtlich der Sanktionierung über die Abschaffung der Todesstrafe. Das diese Frage regelnde Protokoll Nr. 6 zur EMRK wurde von allen 15 EU-Mitgliedstaaten ratifiziert und genießt auch für die Zusammenarbeit im Europarat grundlegende Bedeutung.[250]

b) Anforderungen an den Rechtsschutz bei Europol

Neben diesen allgemeinen Fragen der Zusammenarbeit in Strafsachen ergibt sich eine Relevanz für die in der EMRK gesetzten Mindeststandards insbesondere hinsichtlich des **Rechtsschutzes bei Europol**. Die in diesem Bereich einschlägigen Bestimmungen finden sich in Art. 6 und 13 EMRK. Dabei betrifft **Art. 13 EMRK** das **Recht auf wirksame Beschwerde** bei Verletzung eines in der Konvention anerkannten Rechts, wobei gegenüber Europol insbesondere das Recht auf Achtung des

[243] vgl. *Villiger*, Handbuch der Europäischen Menschenrechtskonvention (EMRK), Rn. 473 ff
[244] vgl. *Villiger*, Handbuch der Europäischen Menschenrechtskonvention (EMRK), Rn. 493 ff und 503 ff
[245] vgl. dazu in letzter Zeit EGMR, Urteil vom 22. März 2001, Streletz, Kessler und Krenz, Nr. 34044/96, 35532/97 und 44801/98, Rz. 46 ff, in dem die Verletzung des Art. 7 Abs. 1 EMRK verneint wurde
[246] vgl. dazu oben 3. Teil C. III. 3.
[247] Das Notwehrrecht des Art. 2 Abs. 2 EMRK hat allerdings einen anderen Anwendungsbereich als § 32 StGB. Da der Hauptzweck der Konvention darin liegt, Übergriffe des Staates gegenüber Einzelpersonen zu unterbinden, betrifft Art. 2 Abs. 2 EMRK nur das Verhältnis Staat-Bürger, nicht aber die Rechtsverhältnisse der Bürger untereinander, vgl. *Eisele*, JA 2000, 424, 427 f, sowie *Kleinknecht/ Meyer-Goßner*, StPO, Art. 2 MRK, Rn. 3; aA *Woesner*, NJW 1961, 1381, 1384.
[248] vgl. *Woesner*, NJW 1961, 1381, 1384
[249] vgl. *Frowein/Peukert*, Europäische Menschenrechtskonvention, Art. 3, Rn. 10 ff
[250] Sartorius II Nr. 134. Insgesamt haben 39 Staaten des Europarates das 6. Protokoll zur EMRK ratifiziert (Stand: 19. März 2001). Unter den EU-Mitgliedstaaten hat das Vereinigte Königreich am 20. Mai 1999 als letzter den Ratifizierungsprozess abgeschlossen.

Privatlebens gemäß Art. 8 EMRK relevant ist.[251] Diesem Maßstab hat die Gemeinsame Kontrollinstanz zu genügen, deren Aufgabe die Überprüfung der Tätigkeit von Europol ist, ob durch die Speicherung, die Verarbeitung und die Nutzung der bei Europol vorhandenen Daten die Rechte der Personen verletzt werden.[252] Im Gegensatz zu den migrationspolitischen Belangen sind bei Fragen nationaler Sicherheit mit Geheimhaltungspflicht nach Auffassung des EGMR die Anforderungen an die Beschwerdeinstanz und das Verfahren geringer.[253] Das Wirksamkeitserfordernis der Beschwerdeinstanz ist damit hier eingeschränkt.[254] Die von Art. 13 EMRK geforderte Instanz braucht kein eigentliches Gericht zu sein, für die Frage der Wirksamkeit sind jedoch ihre Befugnisse und die Verfahrensgarantien von Relevanz.[255] So kann die Instanz auch in das Verwaltungssystem eingebunden sein, soweit sie nur eine hinreichende Unabhängigkeit bei ihrer Kontrollfunktion innehat.[256] Ob die Gemeinsame Kontrollinstanz diesen Anforderungen entspricht, ist angesichts ihrer Zusammensetzung und ihrer Tätigkeit im Vorfeld zweifelhaft.[257] Bedenken bestehen insbesondere bei der Beschwerde beim Auskunftsanspruch nach Art. 19 EuropolÜ. Die dort erforderliche Zweidrittelmehrheit bei einer ablehnenden Entscheidung von Europol für eine Beschwerde bei der Gemeinsamen Kontrollinstanz erscheint auch hinsichtlich des eingeschränkten Maßstabs von Art. 13 EMRK nicht mehr mit einem Rechtsschutz vereinbar, der „so wirksam wie möglich" ist.[258] Die Rechtskraft der Entscheidung der Gemeinsamen Kontrollinstanz nach Art. 24 Abs. 7 S. 6 EuropolÜ steht demgegenüber Art. 13 EMRK nicht entgegen, da dieser kein Recht auf Berufung gewährt.[259]

Art. 6 EMRK ist dagegen für **Schadensersatzforderungen** gegenüber dem Staat und Europol als entscheidender Maßstab heranzuziehen. Da diese einen vermögensrechtlichen Charakter aufweisen, fallen sie unter die zivilrechtlichen Streitigkeiten nach Art. 6 Abs. 1 EMRK.[260] Wegen unzulässiger oder unrichtiger Datenverarbeitung haftet nicht Europol selbst, sondern nach Art. 38 Abs. 1 EuropolÜ der Mitgliedstaat, in dem der Schadensfall eingetreten ist. Europol genießt in diesem Fall Immunität von der Gerichtsbarkeit.[261] Unabhängig davon ist nach Art. 39 Abs. 2 EuropolÜ im Bereich der außervertraglichen Haftung Europol zum Schadensersatz verpflichtet. Die Durchsetzung der Schadensersatzansprüche hat vor den nationalen Gerichten zu erfolgen, wobei Art. 39 Abs. 4 EuropolÜ für die sonstige Haftung eine Zuständigkeitsregel enthält. Gegenüber Europol als internationale Organisation kann die Konvention jedoch keine direkte Anwendung finden, da Europol nicht Vertrags-

[251] vgl. *Aulehner*, Das Europäische Polizeiamt und das Recht auf informationelle Selbstbestimmung, in Baldus/Soiné, Rechtsprobleme der internationalen polizeilichen Zusammenarbeit, S. 99, 100 f
[252] vgl. zur Gemeinsamen Kontrollinstanz oben 3. Teil D. I. 3. b) aa)
[253] vgl. EGMR, Leander, Nr. 10/1985/96/144 vom 25. Februar 1987, Rz. 84: „It should also be borne in mind that for the purposes of the present proceedings, an effective remedy unter Article 13 (art. 13) must mean a remedy that is as effective as can be, having regard to the restricted scope for recourse inherent in any system of secret surveillance for the protection of national security (see paragraphs 78-79 above)."
[254] vgl. EGMR, Leander, Nr. 10/1985/96/144, Rz. 78 und 82; EGMR, Klass, EuGRZ 1979, 278, Rz. 69
[255] vgl. EGMR, Klass, EuGRZ 1979, 278, Rz. 67
[256] vgl. EGMR, Leander, Nr. 10/1985/96/144, Rz. 81 f
[257] vgl. dazu schon oben 3. Teil D. I. 3. b) aa); kritisch auch *Frowein/Krisch*, JZ 1998, 589, 595
[258] vgl. EGMR, Leander, Nr. 10/1985/96/144, Rz. 84; EGMR, Chahal, NVwZ 1997, 1093, Rz. 150; kritisch auch *Frowein/Krisch*, JZ 1998, 589, 595
[259] vgl. *Villiger*, Handbuch der Europäischen Menschenrechtskonvention (EMRK), Rn. 647
[260] vgl. *Villiger*, Handbuch der Europäischen Menschenrechtskonvention (EMRK), Rn. 385
[261] vgl. Art. 2 Abs. 1 Europol-Immunitätenprotokoll; vgl. dazu schon oben 3. Teil D. I. 3. b) bb)

partner ist. Wie bei der Übertragung von Zuständigkeiten auf die EG können sich die Vertragsstaaten der Konvention jedoch nicht von ihrer Verantwortung befreien, indem sie Aufgaben auf eine internationale Organisation übertragen und ihr Immunität von der Gerichtsbarkeit gewähren. Eine Übertragung ist zwar grundsätzlich mit der Konvention vereinbar, jedoch müssen angemessene andere Rechtsschutzmöglichkeiten zur Verfügung stehen, um die von der Konvention garantierten Rechte zu schützen, da die EMRK nicht theoretische oder scheinbare, sondern konkrete und wirksame Rechte garantieren will.[262] Hinsichtlich der Haftung von Europol selbst ist danach das Vorhandensein von anderen angemessenen Rechtsschutzmöglichkeiten zu prüfen. Dieser Maßstab gilt auch für die Haftung der Mitgliedstaaten nach Art. 38 Abs. 1 EuropolÜ, da es sich hierbei um einen Ersatzrechtsschutz handelt, der aufgrund der Europol gewährten Immunität erforderlich geworden ist.[263] Beeinträchtigt ist der Rechtsschutz vor nationalen Gerichten insbesondere durch Art. 24 Abs. 7 S. 6 EuropolÜ, wonach die Entscheidungen der Gemeinsamen Kontrollinstanz gegenüber allen betroffenen Parteien rechtskräftig sind.[264] Die schon unter Art. 13 EMRK aufgestellten Bedenken setzen sich damit hier fort, da das Verfahren vor der Gemeinsamen Kontrollinstanz insoweit in den Rechtszug vor den nationalen Gerichten unbesehen inkorporiert wird.[265] Der Aufbau eines Raums der Sicherheit findet somit seine Grenzen in den von der EMRK garantierten Individualrechten.

II. Verpflichtungen nach der Genfer Flüchtlingskonvention

Durch die explizite Aufnahme der Genfer Flüchtlingskonvention von 1951 in der Fassung des New Yorker Protokolls von 1967 in den EG-Vertrag haben die Mitgliedstaaten ihre diesbezüglichen Verpflichtungen auch in europäischem Rahmen nochmals betont.[266] Die GFK ist ein weltweit einzigartiges Vertragswerk für Flüchtlinge, das unter dem Eindruck des Zweiten Weltkriegs geschlossen wurde. Inzwischen sind 133 Staaten der Konvention von 1951 und dem Protokoll von 1967 beigetreten, vier Staaten sind lediglich Vertragsparteien der Konvention und drei weitere, darunter die USA, haben allein das Protokoll von 1967 ratifiziert.[267] Die 15 EU-Mitgliedstaaten sind alle Vertragsstaaten der Konvention und des Protokolls. Bedeutung erlangt die GFK insbesondere für die Harmonisierung der europäischen Asyl- und Flüchtlingspolitik. Dabei wirft ihre Aufnahme in den Vertragstext die Frage der Bindungswirkung auf. Aus den in der GFK enthaltenen Standards ergeben sich weiterhin Anforderungen für den Aufbau des Raums der Freiheit, der Sicherheit und des Rechts.

1. Bindungswirkung der GFK

Nach Art. 63 Nr. 1 EGV beschließt der Rat Asylmaßnahmen in den dort aufgezählten Bereichen in Übereinstimmung mit dem Genfer Abkommen vom 28. Juli 1951 und dem Protokoll vom 31. Januar 1967 über die Rechtsstellung der Flüchtlinge. Keine Erwähnung hat die GFK dagegen in Art. 63 Nr. 2 EGV gefunden, der für sog. De-

---

[262] vgl. EGMR, Waite u. Kennedy, NJW 1999, 1173, Rz. 67; vgl. dazu *Ress*, ZEuS 1999, 471, 484 f
[263] vgl. *Frowein/Krisch*, JZ 1998, 589, 595
[264] vgl. dazu oben 3. Teil D. I. 3. b) bb)
[265] kritisch insoweit auch *Frowein/Krisch*, JZ 1998, 589, 595 f
[266] vgl. auch schon die Unberührtheitsklausel in Art. 2 DÜ
[267] Stand: 22. November 2000, vgl. http://www.unhcr.de/pubs/service/gk1.htm

facto-Flüchtlinge einen vorübergehenden Schutz bieten will.[268] Mit dieser Differenzierung wurde der europäischen Asylpolitik der Flüchtlingsbegriff der GFK zugrundegelegt.[269] Dies zeigt sich insbesondere in Art. 63 Nr. 1 lit. d) EGV, der dem Rat die Kompetenz zur Aufstellung von Mindestnormen für die Verfahren in den Mitgliedstaaten zur Zuerkennung oder Aberkennung der Flüchtlingseigenschaft gibt. Die GFK und das New Yorker Protokoll können damit nach ihrer systematischen Stellung auf **Gemeinschaftsebene** lediglich eine Bindungswirkung für die Asylpolitik nach Art. 63 Nr. 1 EGV erzeugen. Diesbezüglich werden die Organe der EG gebunden, die gemäß dem Verfahren des Art. 67 EGV Asylmaßnahmen erlassen können. Die Aufnahme der GFK und des New Yorker Protokolls in Art. 63 Nr. 1 EGV lässt jedoch diesen Übereinkommen nicht den Status von Gemeinschaftsrecht zukommen. Dazu fehlt es ähnlich wie bei der Einbeziehung des Schengen-Besitzstands vor allem an der Beteiligung der Organe an der Schaffung des Rechts.[270] Wie die EMRK haben auch diese Übereinkommen trotz der gemeinschaftsrechtlichen Bezugnahme weiterhin völkerrechtlichen Charakter. In Art. 63 Nr. 1 EGV hat sich die EG jedoch **selbst verpflichtet**, in ihrer zukünftigen Asylpolitik den von der GFK und dem New Yorker Protokoll gesetzten Standard nicht zu unterschreiten.[271]

In den Grenzen des Art. 68 EGV ist diese Selbstverpflichtung der EG auch vor dem EuGH justiziabel. Da dem EuGH nach Art. 220 EGV die Wahrung des Rechts bei der Auslegung und Anwendung des Vertrags obliegt, kann er die vom Rat gemäß dem Verfahren des Art. 67 EGV erlassenen Asylmaßnahmen auf ihre Übereinstimmung mit den beiden Übereinkommen überprüfen.[272] Diese Kontrolle gemeinschaftsrechtlichen Sekundärrechts führt dazu, dass für die EG die damit erfolgte Auslegung der GFK und des New Yorker Protokolls durch den Gerichtshof nach Maßgabe der Art. 220 ff EGV iVm Art. 68 EGV verbindlich ist. Auslegungsdifferenzen hinsichtlich der GFK-Bestimmungen dürften damit in Zukunft im Zuge der Ausgestaltung des europäischen Asylrechts vom EuGH geklärt werden.[273] Damit befindet sich der EuGH zwar in einem Konkurrenzverhältnis zum Internationalen Gerichtshof, der nach Art. 38 GFK und Art. IV des New Yorker Protokolls für die Beilegung von Streitigkeiten zwischen den Vertragsstaaten über die Auslegung und Anwendung zuständig ist.[274] Dieser Gerichtsbarkeit ist bisher allerdings noch keine Bedeutung zugekommen. Die auf Grundlage des gemeinschaftsrechtlichen Sekundärrechts erfolgten **Durchführungsmaßnahmen der EG und der Mitgliedstaaten** sind in diesem Zusammenhang vom EuGH ebenfalls am Maßstab der Konvention und des Protokolls zu messen.[275] Die Überprüfung hat allerdings indirekt über den zugrundeliegenden Sekun-

[268] vgl. dazu oben 3. Teil B. II. 1. c) cc)
[269] vgl. dazu oben 3. Teil B. II. 1. c) aa)
[270] vgl. zur Einbeziehung des Schengen-Besitzstands und zur Rechtsqualität des Schengen-Rechts oben 3. Teil A. III. 3. b) dd)
[271] Der ER von Tampere hat als Ziel eine offene und sichere EU formuliert, die uneingeschränkt zu ihren Verpflichtungen aus der GFK steht, vgl. die Schlussfolgerungen des Vorsitzes, Bull. EU 10-1999, Ziff. I.3.4 und I.5.13.
[272] vgl. *Hailbronner*, Immigration and Asylum Law and Policy of the European Union, S. 43 und 44 f
[273] vgl. zu den Differenzen bei der Auslegung der GFK unten 2.; hoffnungsvoll *Marx*, EJML 2001, 7, 17
[274] Sollte es zu einer Streitigkeit vor dem IGH kommen, so ist insbesondere das Rangverhältnis zwischen dem IGH und dem EuGH im Falle eines früheren rechtskräftigen, gegensätzlichen Urteils des EuGH interessant. Ein klares Subordinationsverhältnis ist dabei nicht gegeben.
[275] *Hailbronner*, Immigration and Asylum Law and Policy of the European Union, S. 43, weist darauf hin, dass dem EuGH keine Gerichtsbarkeit zur Überprüfung mitgliedstaatlicher Maßnahmen an der GFK zukommt. Der EuGH kann jedoch sehr wohl prüfen, ob Mitgliedstaaten gegen Gemeinschaftsrecht verstoßen haben. Im Bereich des Asylrechts hat dieses wiederum mit der GFK konform zu sein.

därrechtsakt zu erfolgen, der selbst in Übereinstimmung mit der Konvention und dem Protokoll stehen muss. Mit fortschreitender Gestaltung der EG-Asylpolitik ist damit von einer immer ausgedehnteren Kontrolle derselben durch den Gerichtshof am Maßstab der Konvention und des Protokolls auszugehen. Darüber hinaus bleibt die **völkerrechtliche Bindung** der Mitgliedstaaten als Vertragsparteien der beiden Übereinkommen erhalten. Diese unterliegt naturgemäß auch nicht der Kontrolle durch den EuGH. Im Zuge der Gestaltung der gemeinschaftlichen Asylpolitik wird jedoch die völkerrechtliche zugunsten der gemeinschaftsrechtlichen Bindung aufgrund der Selbstverpflichtung an Bedeutung verlieren.

2. Formelle und materielle Anforderungen der GFK

Anforderungen für die gemeinschaftsrechtliche Asylpolitik ergeben sich insbesondere aus dem **Refoulement-Verbot des Art. 33 GFK**. Dessen formeller und materieller Gehalt ist allerdings zwischen den Vertragsstaaten der GFK untereinander und dem UNHCR umstritten. Zwar obliegt dem UNHCR die Aufgabe, die Durchführung der internationalen Übereinkommen zum Schutz der Flüchtlinge zu überwachen[276] und die vertragsschließenden Staaten haben sich zur Zusammenarbeit mit dem UNHCR hinsichtlich dieser Aufgabe verpflichtet.[277] Aus dieser Aufgabe folgt jedoch noch **kein Auslegungsmonopol des UNHCR** hinsichtlich der GFK und des New Yorker Protokolls.[278] Dafür fehlt es einerseits an einer klaren Willensäußerung der Vertragsstaaten in der Konvention, andererseits ist für die Regelung von Streitfällen zwischen den Parteien der Konvention über dessen Auslegung oder Anwendung, die auf andere Weise nicht beigelegt werden können, die Vorlage an den Internationalen Gerichtshof vorgesehen.[279] Da in der GFK jedoch ein Individualbeschwerdeverfahren ähnlich dem nach Art. 34, 35 EMRK fehlt, ist der Auslegung der GFK durch den Internationalen Gerichtshof bisher noch keine Bedeutung zugekommen. Der Inhalt der GFK als völkerrechtlicher Vertrag ist damit durch authentische Interpretation der Vertragsstaaten nach Art. 31 ff WVRK zu bestimmen,[280] wobei allerdings der Auffassung des UNHCR aufgrund seiner in der GFK festgeschriebenen Aufgaben maßgebliche Bedeutung zukommen muss. Gerade die Anforderungen aus dem Refoulement-Verbot nach Art. 33 GFK werden in der Staatenpraxis und in den Stellungnahmen des UNHCR sehr unterschiedlich ausgelegt.

Eine Klärung der insbesondere seit dem Beginn der 90er Jahre aufgrund des hohen Zustroms von Asylbewerbern nach Europa sehr umstrittenen Fragen der formellen und materiellen Anforderungen durch Art. 33 GFK für die Ausgestaltung einer gemeinschaftsrechtlichen Asyl- und Flüchtlingspolitik würde den Rahmen dieser Abhandlung überschreiten. Im Folgenden können lediglich **einzelne wesentliche Punkte** angesprochen werden, die jedoch die völkerrechtliche Bindung beim Aufbau des Raums der Freiheit, der Sicherheit und des Rechts hervorheben. Aufgrund der Selbstverpflichtung der EG in Art. 63 Nr. 1 EGV besteht die Hoffnung, dass wesentli-

[276] vgl. die sechste Erwägung der Präambel zur GFK
[277] vgl. Art. 35 Abs. 1 GFK
[278] vgl. *Hailbronner*, Immigration and Asylum Law and Policy of the European Union, S. 373 f m. w. N.; aA wohl das EP in seiner Entschließung vom 10. Februar 1999, ABl. EG 1999 Nr. C 150/203, Ziff. 9, sowie *Türk*, Das Flüchtlingshochkommissariat der Vereinten Nationen (UNHCR), S. 165
[279] vgl. Art. 38 GFK iVm Art. 94 Abs. 1 UN-Charta und Art. 59 IGH-Statut
[280] vgl. *Verdross/Simma*, Universelles Völkerrecht, §§ 774 ff

che Auslegungsfragen in Zukunft vom EuGH für die EU-Mitgliedstaaten einheitlich geklärt werden.

a) Der Flüchtlingsbegriff der GFK

Grundlegend ist das Verständnis des **Flüchtlingsbegriffs** nach Art. 1 GFK iVm Art. I Abs. 2 des New Yorker Protokolls, auf dem die Asylpolitik der EG aufbaut. Noch nicht geklärt ist hier insbesondere die Frage, inwieweit auch eine **nicht-staatliche Verfolgung** für die Anerkennung als Konventionsflüchtling ausreicht.[281] Nach den im Gemeinsamen Standpunkt vom 4. März 1996 festgelegten Leitlinien und Kriterien für die Anwendung der Definition des Begriffs „Flüchtling" in Art. 1 GFK hat die Verfolgung grundsätzlich vom Staat auszugehen.[282] Verfolgung durch Dritte ist nur dann ausreichend, wenn sie sich gegen einzelne Personen richtet und von den Behörden gefördert oder gebilligt wird.[283] Bürgerkrieg oder andere mit Gewalt verbundene innere oder allgemeine Konflikte reichen danach für eine Verfolgung grundsätzlich nicht aus. Verfolgung kann jedoch auch von Stellen ausgehen, die faktisch die Hoheitsgewalt in einem Teil des Staatsgebiets ausüben (sog. De-facto-Regime).[284] Die rechtliche Unverbindlichkeit des Gemeinsamen Standpunktes wird allerdings gleich zu Beginn betont.[285] Keine Aussage wurde aber über eine Verfolgung getroffen, die nach dem Zerfall der staatlichen Ordnung stattfindet.[286] Eine solche wird insbesondere vom UNHCR miteingeschlossen, da der Urheber der Verfolgung nicht entscheidend ist.[287] Als Begründung wird angeführt, dass weder in Art. 1 GFK noch in Art. 33 GFK die Bedrohung qualifiziert oder mit einem Urheber in Verbindung gebracht wird. Vielmehr hat die Auslegung herangezogen zu werden, die dem Schutz der Menschenrechte am besten dient.[288] Das Europäische Parlament hat sich dieser Auffassung in seiner Entschließung vom 10. Februar 1999 angeschlossen.[289] Dem widerspricht insbesondere das deutsche Bundesverwaltungsgericht, indem es zumindest eine quasi-staatliche Verfolgung verlangt, die auf einer organisierten, effektiven und stabilisierten territorialen Herrschaftsmacht beruht.[290] Dieses Erfordernis wurde vom Bundesverfassungsgericht in seinem Urteil vom 10. August 2000 insoweit abge-

---

[281] vgl. *Hailbronner*, Immigration and Asylum Law and Policy of the European Union, S. 374 f

[282] ABl. EG 1996 Nr. L 63/2

[283] vgl. Ziff. 5.2 des Gemeinsamen Standpunktes

[284] vgl. Ziff. 6 des Gemeinsamen Standpunktes

[285] vgl. den dritten Spiegelstrich des Gemeinsamen Standpunktes; vgl. auch oben 1. Teil B. IV. 3. b) bb); allerdings kann der Gemeinsame Standpunkt für die Auslegung der GFK nach Art. 31 Abs. 3 lit. b) WVRK herangezogen werden, da sich darin die Übung der Vertragsparteien widerspiegelt, vgl. *Hailbronner*, Immigration and Asylum Law and Policy of the European Union, S. 380 f.

[286] Trotzdem haben Dänemark und Schweden in einem Vorbehalt erklärt, dass nach ihrem Verständnis auch bei staatlichem Unvermögen der Verfolgungsbegriff der Konvention erfüllt ist, vgl. *Pfaff*, AnwBl 2000, 490, 492.

[287] vgl. UNHCR, Pressemitteilungen vom 30. April und 29. November 1999, Berlin; nach *Amann*, Die Rechte des Flüchtlings, S. 75, muss die Verfolgung zwar grundsätzlich vom Staat ausgehen, sie kann jedoch nicht nur bei mangelndem Schutzwillen, sondern auch bei mangelnder Schutzfähigkeit vorliegen.

[288] vgl. Statement von *Jean-Noël Wetterwald*, UNHCR-Vertreter in der Bundesrepublik Deutschland, „Nichtstaatliche Verfolgung", anlässlich der öffentlichen Anhörung des Ausschusses für Menschenrechte und Humanitäre Hilfe des Deutschen Bundestages am 29. November 1999 in Berlin, http://www.unhcr.de/news/statemen/jnw/jnw2911.htm

[289] vgl. die Entschließung zur Harmonisierung der den Flüchlingsstatus ergänzenden zusätzlichen Schutzmaßnahmen in der Europäischen Union, ABl. EG 1999 Nr. C 150/203, Ziff. 6

[290] vgl. etwa BVerwGE 105, 306

schwächt, als zumindest auch eine Verfolgung durch De-facto-Regime wie in Afghanistan ausreicht.[291]

Die **Differenzierung** nach der Urheberschaft der Verfolgung hat ihren Niederschlag auch in Art. 63 EGV gefunden. Während Art. 63 Nr. 1 EGV den Schutz nach der GFK betrifft, erlaubt Art. 63 Nr. 2 EGV vorübergehende Schutzmaßnahmen in Bezug auf Flüchtlinge und vertriebene Personen, wobei insbesondere an Bürgerkriegssituationen wie im ehemaligen Jugoslawien gedacht wurde. Diese Unterscheidung ist nur dann mit der GFK vereinbar, wenn diese Personen nicht unter ihren Schutz fallen. Dies bleibt zumindest bis zu einer Klärung der Kompetenzabgrenzung von Nr. 1 und Nr. 2 im Lichte der Konvention vor dem EuGH für die EU-Mitgliedstaaten zweifelhaft.[292]

b) Sichere Drittstaaten und sichere Herkunftsstaaten

Formellrechtlich ist hinsichtlich des Refoulement-Verbotes nach Art. 33 GFK die Frage aufzuwerfen, ob diese Bestimmung eine **Einzelfallprüfung** erfordert. Eine solche Anforderung würde dem Konzept der sicheren Drittstaaten entgegenstehen, wonach Asylbewerber, die aus sog. sicheren Drittstaaten kommen, ohne weitere Prüfung in diese abgeschoben werden können.[293] Der Wortlaut des Art. 33 GFK ist negativ formuliert, indem er den Flüchtlingen kein subjektives Recht zuspricht, sondern den Vertragsstaaten ein Abschiebungsverbot auferlegt.[294] Um einen wirksamen Schutz nach Art. 33 GFK zu gewähren, verlangt der UNHCR jedoch eine einzelfallbezogene Prüfung der Situation, in die ein Flüchtling bei einer Abschiebung in einen Drittstaat gebracht wird.[295] Der Aufnahmestaat muss einen Schutz vor weiterer Abschiebung garantieren, ein vorläufiges Bleiberecht gewähren und den Flüchtling in Übereinstimmung mit den anerkannten Menschenrechtsstandards behandeln, bis eine dauerhafte Lösung gefunden ist.[296] Diese Anforderungen an den Drittstaat verlangen nach Auffassung des UNHCR eine konkrete Einzelfallprüfung. Bei einer solchen Interpretation des Art. 33 GFK sind Widersprüche mit den Regeln des Dubliner Über-

[291] vgl. BVerfG, 2 BvR 260/98 vom 10. August 2000, Absatz-Nr. 17, http://www.bverfg.de/

[292] Dagegen unterfällt die Überprüfung der grundsätzlichen Differenzierung in Art. 63 Nr. 1 und 2 EGV nicht der Gerichtsbarkeit des EuGH, da diese von den Mitgliedstaaten als Herren der Verträge im Primärrecht geschaffen wurde, vgl. *Hailbronner*, Immigration and Asylum Law and Policy of the European Union, S. 43. Dem widerspricht jedoch nicht, dass der EuGH für die Kompetenzabgrenzung zwischen Nr. 1 und Nr. 2 zuständig ist. Anders könnte er die von den Mitgliedstaaten primärrechtlich angeordnete Selbstverpflichtung zur Einhaltung der GFK nicht kontrollieren.

[293] vgl. zum Konzept der sicheren Drittstaaten oben 3. Teil B. II. 1. c) bb) (4); grundsätzlich widerspricht das Konzept der sicheren Drittstaaten jedoch nicht der GFK, da diese gerade keine Verpflichtung der Vertragsstaaten enthält, Flüchtlinge aufzunehmen, vgl. *Maaßen*, Die Rechtsstellung des Asylbewerbers im Völkerrecht, S. 209, m. w. N.

[294] Die Staatenverpflichtung begünstigt den Flüchtling nur mittelbar als Rechtsreflex, vgl. *Klos*, AnwBl 2000, 496, 497 = ZAR 2000, 202, 203 f; *Maaßen*, Die Rechtsstellung des Asylbewerbers im Völkerrecht, S. 52.

[295] vgl. die Nachweise bei *Hailbronner*, Refoulement-Verbote und Drittstaatenregelung (Art. 33 GFK und Art. 3 EMRK), in Beyerlin/Bothe/Hofmann/Petersmann, Recht zwischen Umbruch und Bewahrung, S. 365, 368 f; UNHCR, Executive Committee Conclusions, No. 71 (XLIV), 1993, lit. i), No. 81 (XLVIII), 1997, lit. h), No. 82 (XLVIII), 1997, lit. d), und No. 87 (L), 1999, lit. j). Vgl. auch Executive Committee of the High Commissioner's Programme, Fiftieth session, July 1999, Note on International Protection, Ziff. III. A.19 und 20.

[296] vgl. UNHCR, Executive Committee Conclusion No. 58 (XL), 1989, lit. f)

einkommens über die Zuständigkeitsverteilung bei Asylanträgen nicht ausgeschlossen. Dazu würde das Konzept der sicheren Drittstaaten, wie es auch mit Art. 3 Abs. 5 DÜ in das Dubliner Übereinkommen aufgenommen wurde, dem nicht genügen.[297]

Eine weitere Unklarheit bei Art. 33 GFK ist zumindest für die EU-Mitgliedstaaten entschieden. Die Streitigkeit, ob sich Art. 33 GFK nur auf bereits im Hoheitsgebiet eines Staates befindlichen Personen bezieht oder auch für Personen gilt, die an der **Grenze** um Schutz nachsuchen, hat Art. 3 Abs. 1 und 5 DÜ für die EU-Mitgliedstaaten geklärt.[298] Danach kann ein Asylantrag an der Grenze oder im Hoheitsgebiet eines Mitgliedstaates gestellt werden.

Eine eigene Problematik löst der Einzige Artikel des Protokolls über die Gewährung von Asyl für Staatsangehörige von EU-Mitgliedstaaten aus, in dem sich die Mitgliedstaaten füreinander für alle rechtlichen und praktischen Zwecke im Zusammenhang mit Asylangelegenheiten als **sichere Herkunftsländer** betrachten.[299] Grundsätzlich wird damit der Asylantrag eines Staatsangehörigen eines Mitgliedstaates von einem anderen Mitgliedstaat nicht mehr berücksichtigt. Diese Regelung wäre keinen Bedenken unterworfen, wenn die EU bereits einen Bundesstaat darstellen würde, da in diesem Fall nicht ein Staatsteil zu einer Schutzgewährung gegenüber einem anderen verpflichtet sein kann.[300] Das Konzept der sicheren Herkunftsstaaten tritt so jedoch in Widerspruch zu Art. 3 GFK, wonach eine **Differenzierung aufgrund der Staatsangehörigkeit** für die Bestimmungen der GFK nicht erlaubt ist.[301] Zwar ist zuzugeben, dass die Differenzierung nach generellen objektiven Kriterien erfolgt. Im Mittelpunkt der GFK steht jedoch der Flüchtling als Individuum.[302] Diesem gegenüber setzt sich die Abweisung aufgrund des Herkunftslandes gerade nicht mit seiner individuellen Situation auseinander.[303] Um jedoch keinen offenen Vertragsbruch der GFK zu vereinbaren, sieht lit. d) des Einzigen Artikels die Möglichkeit vor, dass ein Mitgliedstaat

---

297 vgl. dazu UNHCR, Einige Anmerkungen von UNHCR zum Arbeitsprogramm der deutschen EU-Ratspräsidentschaft, Januar 1999, Ziff. 4, http://www.unhcr.de/news/statemen/misc/euanmerk.htm. Nach *Hailbronner*, Refoulement-Verbote und Drittstaatenregelung (Art. 33 GFK und Art. 3 EMRK), in Beyerlin/Bothe/Hofmann/Petersmann, Recht zwischen Umbruch und Bewahrung, S. 365, 372 ff, enthält das Refoulement-Verbot allerdings keine verfahrensrechtlichen Anforderungen, so dass das Konzept der sicheren Drittstaaten mit Art. 33 GFK vereinbar ist. Vgl. zur Problematik auch *Hailbronner*, Immigration and Asylum Law and Policy of the European Union, S. 438 f und S. 444 ff. Das BVerfG hat das Konzept der sicheren Drittstaaten in Art. 16a Abs. 2 GG gebilligt, da eine generelle Betrachtung des im Drittstaat zu erwartetenden Schutzniveaus nach dem Prinzip der normativen Vergewisserung ausreicht, vgl. BVerfG, NVwZ 1996, 700, 705.

298 vgl. *Hailbronner*, Refoulement-Verbote und Drittstaatenregelung (Art. 33 GFK und Art. 3 EMRK), in Beyerlin/Bothe/Hofmann/Petersmann, Recht zwischen Umbruch und Bewahrung, S. 365, 367 f, 371 f; *Kälin*, Das Prinzip des non-refoulement, S. 105 ff; *Maaßen*, Die Rechtsstellung des Asylbewerbers im Völkerrecht, S. 55 ff; *Amann*, Die Rechte des Flüchtlings, S. 105; *Davy*, Asyl und internationales Flüchtlingsrecht, S. 96 ff. Eine noch weitergehende Interpretation will alle staatlichen Maßnahmen der Zurückweisung oder Abschiebung einschließen. In diesem Fall wäre z. B. auch die Aufbringung und Zurückweisung haitianischer Bootsflüchtlinge durch die US-amerikanische Küstenwache außerhalb der amerikanischen Hoheitsgewässer betroffen.

299 vgl. dazu schon oben 3. Teil B. II. 1. c) bb) (4)

300 vgl. *Zimmermann*, NVwZ 1998, 450, 454

301 vgl. *Achermann*, Schengen und Asyl: Das Schengener Übereinkommen als Ausgangspunkt der Harmonisierung europäischer Asylpolitik, in Achermann/Bieber/Epiney/Wehner, Schengen und die Folgen, S. 79, 113; aA *Maaßen*, Die Rechtsstellung des Asylbewerbers im Völkerrecht, S. 216 ff

302 vgl. *Goodwin-Gill*, The refugee in international law, S. 196

303 aA hinsichtlich der Diskriminierung *Hailbronner*, Immigration and Asylum Law and Policy of the European Union, S. 464; das in Art. 16a Abs. 3 GG enthaltene Konzept der sicheren Herkunftsstaaten ist mit dem GG vereinbar, vgl. BVerfGE 94, 115 ff = NVwZ 1996, 691 ff.

in Bezug auf den Antrag eines Staatsangehörigen einseitig einen Beschluss zur Prüfung fasst. Obwohl dabei von der Vermutung ausgegangen wird, dass der Antrag offensichtlich unbegründet ist, wird die Entscheidungsbefugnis des Mitgliedstaates nicht beeinträchtigt. Dies hebt auch die dazugehörige Erklärung zum Amsterdamer Vertrag hervor, wonach das Protokoll nicht das Recht eines jeden Mitgliedstaates berührt, die organisatorischen Maßnahmen zu treffen, die er zur Erfüllung seiner Verpflichtungen aus der GFK für erforderlich hält. Belgien hat in Einklang mit lit. d) des Einzigen Artikels dieses Protokolls einseitig erklärt, dass es jeden Asylantrag eines Staatsangehörigen eines anderen Mitgliedstaates gesondert prüfen wird. Wollen die Mitgliedstaaten damit ihre Verpflichtungen aus der GFK erfüllen, so müssen sie beim gegenwärtigen Stand der Integration auch weiterhin für jeden Antrag zumindest die individuelle Möglichkeit der Entkräftung der Vermutung zulassen.[304] Damit wäre das Konzept der sicheren Herkunftsstaaten, wie es im Asyl-Protokoll vereinbart wurde, hinfällig. Wird jedoch eine Prüfung aufgrund dieses Protokolls versagt, so steht dies in Widerspruch zu den Verpflichtungen der Staaten aus der GFK.[305]

Im Zusammenhang mit den Konzepten der sicheren Dritt- und Herkunftsstaaten steht auch die Verhängung von **Sanktionen für Einreiseunternehmen**, wie sie in einem französischen Richtlinienvorschlag vorgesehen sind.[306] Da dadurch die Einreise von Flüchtlingen faktisch verhindert wird, wird auch hier ein Verstoß gegen die GFK vertreten.[307] Diese Problempunkte zeigen, dass insbesondere die aus der Genfer Flüchtlingskonvention kommenden Bindungen eine gemeinschaftliche Asyl- und Flüchtlingspolitik für den Aufbau eines Raums der Freiheit, der Sicherheit und des Rechts in Europa beeinflussen.

III. Vorhandene Bindungen durch andere internationale Verträge

Neben der Europäischen Menschenrechtskonvention und der Genfer Flüchtlingskonvention sind die EU-Mitgliedstaaten beim Aufbau des Raums der Freiheit, der Sicherheit und des Rechts insbesondere durch die von anderen Menschenrechtsverträgen gesetzten Standards auf völkerrechtlicher Ebene gebunden. Dies wird in Art. 63 Nr. 1 EGV deutlich, wonach die Asylpolitik auch in Übereinstimmung mit einschlägigen anderen Verträgen stehen muss. Diesbezüglich gilt für die Auslegungskompetenz das bereits oben zur GFK Ausgeführte.[308] Besondere Relevanz für die innen- und justizpolitischen Belange besitzen insoweit vor allem der Internationale Pakt über bürgerliche und politische Rechte mit seinen zwei Fakultativprotokollen, die UN-Folterkonvention sowie das Übereinkommen über die Rechte des Kindes.

---

[304] vgl. *Zimmermann*, Das neue Grundrecht auf Asyl, S. 98 ff; aA *Maaßen*, Die Rechtsstellung des Asylbewerbers im Völkerrecht, S. 218 ff

[305] vgl. *Bribosia*, Le protocole sur le droit d'asile pour les ressortissants des Etats Membres de l'Union européenne, in Lejeune, Le Traité d'Amsterdam, S. 189, 193 f; vgl. das Konzept der sicheren Herkunftsstaaten befürwortend, *Hailbronner/Thiery*, EuR 1998, 583, 590 ff

[306] ABl. EG 2000 Nr. C 269/8; vgl. dazu auch schon oben 3. Teil B. II. 1. d) bb)

[307] vgl. Parlamentarische Versammlung des Europarates, Recommendation 1163 (1991) on the arrival of asylum-seekers at European airports, Ziff. 10; vgl. auch die Nachweise bei *Maaßen*, Die Rechtsstellung des Asylbewerbers im Völkerrecht, S. 57 f, sowie zur gegensätzlichen Ansicht, S. 79

[308] vgl. oben II. 1.

1. Internationaler Pakt über bürgerliche und politische Rechte (IBPR)

Ein Verbot der Folter oder grausamer, unmenschlicher oder erniedrigender Behandlung oder Strafe, aus dem auch ein Refoulement-Verbot abgeleitet wird, findet sich in **Art. 7 IBPR**.[309] Neben Art. 3 EMRK kommt dieser Bestimmung jedoch aufgrund ihres fast identischen Wortlauts unter migrations- und strafrechtlichen Gesichtspunkten keine substanzielle Bedeutung zu.[310] Die Verbesserung der Stellung von sich rechtmäßig im Land befindlichen Ausländern betreffen die **Art. 12 und 13 IBPR**. Für das Strafverfahrensrecht wurden dagegen Mindeststandards in **Art. 9 bis 11 IBPR** mit der Betonung des Rechts auf persönliche Freiheit und Sicherheit aufgestellt. Freiheitsentzug und Freiheitsbeschränkung durch Verhaftung sind nur unter den dort normierten Bedingungen zulässig. Verfahrensgarantien und Grundsätze für das Strafverfahren werden in **Art. 14 und 15 IBPR** geregelt. Für die Durchsetzung dieser Rechte wurde mit Art. 1 des Fakultativprotokolls vom 19. Dezember 1966 die Individualbeschwerde eingerichtet, die bis auf das Vereinigte Königreich von allen EU-Mitgliedstaaten unter einigen Vorbehalten ratifiziert wurde.[311] Die Bedeutung des IBPR liegt vor allem in seiner großen Mitgliederzahl weltweit. Die in ihm enthaltenen Standards finden sich jedoch weitgehend auch in der EMRK und ihren Zusatzprotokollen. So enthält insbesondere das Zweite Fakultativprotokoll zum IBPR[312] wie das Protokoll Nr. 6 zur EMRK die Abschaffung der Todesstrafe.

2. UN-Folterkonvention

Das Übereinkommen von 1984 hat sowohl Einfluss auf die Migrationspolitik als auch die Politik der inneren Sicherheit.[313] So ist in Art. 3 der Konvention ein Refoulement-Verbot enthalten, dem allerdings gegenüber Art. 3 EMRK und Art. 33 GFK nur geringe Bedeutung zukommt.[314] Auf dem Gebiet des materiellen Strafrechts haben sich die Vertragsstaaten in Art. 4 der Konvention verpflichtet, dafür Sorge zu tragen, dass alle unter Art. 1 der Konvention fallenden Folterhandlungen als Straftaten nach nationalem Recht gelten und mit angemessenen Strafen, welche die Schwere der Tat berücksichtigen, bedroht sind. In formeller Hinsicht enthält die Konvention in Art. 5 ff Vorschriften, die die effektive Bestrafung der Täter sichern sollen. Überwacht wird die

[309] International Covenant on Civil and Political Rights vom 19. Dezember 1966, BGBl. 1973 II S. 1534; Sartorius II Nr. 20. Insgesamt sind 145 Staaten diesem Vertrag beigetreten, darunter alle 15 EU-Mitgliedstaaten (Stand: 14. Juni 2001).

[310] vgl. für den Flüchtlingsschutz *Kälin*, Das Prinzip des non-refoulement, S. 54 f; *Hartl*, Das völkerrechtliche Refoulementverbot abseits der Genfer Flüchtlingskonvention, S. 138

[311] Optional Protocol to the International Covenant on Civil and Political Rights, BGBl. 1992 II S. 1247, UNTS, Vol. 999, S. 302; Sartorius II Nr. 20a; insgesamt haben 147 Staaten das Fakultativprotokoll ratifiziert (Stand: 14. Juni 2001).

[312] Second Optional Protocol to the International Covenant on Civil and Political Rights vom 15. Dezember 1989, BGBl. 1992 II S. 391, Sartorius II Nr. 20b; das Protokoll wurde von 45 Staaten ratifiziert, darunter bis auf Frankreich alle EU-Mitgliedstaaten (Stand: 14. Juni 2001).

[313] Convention against Torture and Other Cruel, Inhuman or Degrading Treatment or Punishment vom 10. Dezember 1984, BGBl. 1990 II S. 246; UNTS, Vol. 1465, S. 85; Sartorius II Nr. 22; von 124 Staaten ratifiziert, darunter bis auf Irland alle EU-Mitgliedstaaten (Stand: 14. Juni 2001)

[314] vgl. *Hailbronner*, Refoulement-Verbote und Drittstaatenregelung (Art. 33 GFK und Art. 3 EMRK), in Beyerlin/Bothe/Hofmann/Petersmann, Recht zwischen Umbruch und Bewahrung, S. 365, 370; *Schieffer*, Die Zusammenarbeit der EU-Mitgliedstaaten in den Bereichen Asyl und Einwanderung, S. 124

Einhaltung von einem Ausschuss gegen Folter, der für fakultative Staaten- und Individualbeschwerden zuständig ist.[315]

3. Übereinkommen über die Rechte des Kindes

Bedeutung für die Flüchtlingspolitik erlangt insbesondere Art. 22 des Übereinkommens.[316] Darin haben sich die Vertragsstaaten verpflichtet, geeignete Maßnahmen zu treffen, um sicherzustellen, dass ein Kind, das die Rechtsstellung eines Flüchtlings begehrt oder nach Maßgabe der anzuwendenden Regeln und Verfahren des Völkerrechts oder des innerstaatlichen Rechts als Flüchtling angesehen wird, angemessenen Schutz und humanitäre Hilfe bei der Wahrnehmung der Rechte erhält, die in diesem Übereinkommen oder in anderen internationalen Übereinkommen über Menschenrechte oder humanitäre Fragen, denen die Vertragsstaaten angehören, festgelegt sind, und zwar unabhängig davon, ob es sich in Begleitung seiner Eltern oder einer anderen Person befindet oder nicht.[317] Diese Bestimmung gibt Kinderflüchtlingen eine eigene geschützte Position, die bei der Harmonisierung der Asyl- und Flüchtlingspolitik zu beachten ist.

[315] vgl. Art. 17, 21 und 22 der UN-Folterkonvention

[316] Convention on the Rights of the Child vom 20. November 1989, BGBl. 1992 II S. 122, Sartorius II Nr. 29; insgesamt von 191 Staaten ratifiziert, darunter alle 15 EU-Mitgliedstaaten (Stand: 14. Juni 2001)

[317] vgl. Art. 22 Abs. 1 des Übereinkommens

Zusammenfassung

1. Die Integration in der Innen- und Justizpolitik wird durch die Schaffung eines Raums der Freiheit, der Sicherheit und des Rechts vertieft und gewinnt durch die Abspaltung vom wirtschaftlichen Binnenmarktkonzept an eigenständigem Wert. Das Ziel des schrittweisen Aufbaus eines Raums der Freiheit, der Sicherheit und des Rechts trägt den Keim einer neuen europäischen Integration in sich und ist dynamisch angelegt.

2. Die Zusammenarbeit in den Bereichen Justiz und Inneres vor und unter dem Vertrag von Maastricht war auf die wirtschaftliche Integration der EG-Mitgliedstaaten ausgerichtet und führte aufgrund einer Reihe von bestehenden Defiziten nur in geringem Maße zu Ergebnissen.

3. Internationale Kriminalität und grenzüberschreitende Migrationsbewegungen stellen reale Herausforderungen für die EU-Mitgliedstaaten dar, die einen gemeinsamen europäischen Ansatz erfordern.

4. Die europäische Integration und insbesondere der Zusammenhang zwischen der wirtschaftlichen und politischen Integration lässt sich kaum mittels der bestehenden Integrationstheorien erklären. Funktionale Integrationsschritte sind jedoch erkennbar.

5. Der Aufbau des Raums der Freiheit, der Sicherheit und des Rechts hat säulenübergreifend voranzuschreiten, wobei die erste und dritte Säule funktional verknüpft sind. Dies wirkt sich auch auf den Schengen-Besitzstand aus, mit dessen Eingliederung in den Rahmen der Europäischen Union trotz mangelhafter technischer Umsetzung ein wichtiger Integrationsschritt für eine gemeinsame europäische Innen- und Justizpolitik gelungen ist.

6. Die Kompetenzen der EG in den unter Titel IV EGV vergemeinschafteten Politiken lassen aufgrund vorhandener Lücken in den jeweiligen Sachbereichen ein Gesamtkonzept vermissen. In einzelnen Bereichen kann jedoch schon mit Recht von einer gemeinsamen europäischen Politik gesprochen werden. Aufgrund eines speziellen Verfahrensrechtes nimmt Titel IV EGV aber zumindest während des Übergangszeitraums bis 30. April 2004 eine weitgehende Sonderstellung in der ersten Säule ein

7. Die polizeiliche und justizielle Zusammenarbeit in Strafsachen wird vollständig auf Unionsebene vorgenommen, da die in Titel VI EUV enthaltenen Regelungen nicht abschließend sind. Das im Vergleich zum Vertrag von Maastricht kaum vereinfachte Verfahren der Beschlussfassung bremst jedoch weiterhin die Integration auf diesem Gebiet. Eine Verbesserung kann dann eintreten, wenn souveränitätsrelevante Belange zugunsten subsidiaritätsrelevanter Umstände in den Hintergrund gedrängt werden.

8. Durch die Vergemeinschaftung der unter Titel IV EGV gefassten Politiken ist ein großer Fortschritt in der Justiziabilität feststellbar. Dennoch bestehen gerade aufgrund der in der ersten und dritten Säule bestehenden Sonderregelungen Gefahren für die Wahrung der Rechtseinheit und den effektiven Individualrechtsschutz. Besonders deutlich werden diese Probleme beim Rechtsschutz im Rahmen von Europol.

9. Flexible Integration beinhaltet zwar immer einen Verlust an Transparenz. Eine positiv ausgeformte, auf die Ziele der Union ausgerichtete und mit der Tendenz zu einer judikativen Vereinheitlichung ausgestattete verstärkte Zusammenarbeit einiger Mitgliedstaaten innerhalb des einheitlichen institutionellen Rahmens der Union ist aber dem Aufbau des Raums der Freiheit, der Sicherheit und des Rechts förderlich. Die mit dem Vertrag von Amsterdam eingeführte Mixtur aus General- und Spezialklauseln mit unterschiedlichen opt-in-Funktionen für einige Mitgliedstaaten sowie Norwegen und Island führt jedoch nicht nur zu einem Verlust an Transparenz, sondern in einigen Bereichen auch zu einem Europa à la carte.

10. Der internationalen Zusammenarbeit in der Innen- und Justizpolitik außerhalb der EU kommt eine grundlegende und ergänzende Funktion für den Aufbau des Raums der Freiheit, der Sicherheit und des Rechts zu. In migrations- und sicherheitspolitischen Fragestellungen sind dabei insbesondere die Anstrengungen des Europarates und der Vereinten Nationen hervorzuheben.

11. Beim Aufbau des Raums der Freiheit, der Sicherheit und des Rechts unterliegen EG und EU-Mitgliedstaaten völkerrechtlichen Bindungen. Mindeststandards werden dabei vor allem durch die Europäische Menschenrechtskonvention und die Genfer Flüchtlingskonvention gesetzt.

Literaturverzeichnis

Falls in den Fußnoten nichts anderes angegeben ist, handelt es sich bei den dort zitierten Auflagen grundsätzlich um die aktuellere der im Literaturverzeichnis aufgeführten.

Abou Chabaké, Tarek Armando: Irreguläre Migration und Schleusertum: Im Wechselspiel von Legalität und Illegalität
in: Husa, Karl/Parnreiter, Christof/Stacher, Irene (Hrsg.): Internationale Migration. Die globale Herausforderung des 21. Jahrhunderts?, S. 123-144
Frankfurt am Main, 2000

Achermann, Alberto: Schengen und Asyl: Das Schengener Übereinkommen als Ausgangspunkt der Harmonisierung europäischer Asylpolitik
in: Achermann, Alberto/Bieber, Roland/Epiney, Astrid/Wehner, Ruth: Schengen und die Folgen. Der Abbau der Grenzkontrollen in Europa, S. 79-128
Bern, München, Wien, 1995

Aden, Hartmut: Europäische Polizeikooperation. Konstruktion und Wandel von Legitimationsfiguren
in: Hitzler, Ronald/Peters, Helge (Hrsg.): Inszenierung: Innere Sicherheit. Daten und Diskurse, S. 65-78
Opladen, 1998

Akmann, Torsten: Die Zusammenarbeit in den Bereichen Justiz und Inneres als „3. Säule" des Maastrichter Unionsvertrages
Juristische Arbeitsblätter 1994, S. 49-55

Albors-Llorens, Albertina: Changes in the jurisdiction of the European Court of Justice under the Treaty of Amsterdam
Common Market Law Review, Band 35, 1998, S. 1273-1294

Amann, Christine: Die Rechte des Flüchtlings. Die materiellen Rechte im Lichte der travaux préparatoires zur Genfer Flüchtlingskonvention und die Asylgewährung
Baden-Baden, 1994

Angenendt, Steffen: Asylum and Migration in the EU Member States: Structures, Challenges and Policies in Comparative Perspective
in: ders. (Hrsg.): Asylum and Migration Policies in the European Union, S. 6-64
Berlin, 1999

Arbeithuber, Christoph: Die Internationale Kriminalpolizeiliche Organisation - INTERPOL
Linz, 1996

Aschmann, Gerrit: Europol aus Sicht der deutschen Länder
Frankfurt am Main, 2000

Aulehner, Josef: Das Europäische Polizeiamt und das Recht auf informationelle Selbstbestimmung
in: Baldus, Manfred/Soiné, Michael (Hrsg.): Rechtsprobleme der internationalen polizeilichen Zusammenarbeit, S. 99-123
Baden-Baden, 1999

Ausschuss für die Angelegenheiten der Europäischen Union (22. Ausschuss) des Deutschen Bundestags: Überführung des Schengen-Besitzstands in den Rahmen der EU. Texte und Materialien, Band 12. Protokoll der 37. Sitzung am Mittwoch, 23. Februar 2000
Berlin, 2000

Avel, Jean-Baptiste: Le développement de la coopération judiciaire européenne
Revue du Marché Commun et de l'Union européenne 2001, S. 112-116

Axt, Heinz-Jürgen: Länderanalysen Griechenland
in: Hrbek, Rudolf (Hrsg.): Die Reform der Europäischen Union: Positionen und Perspektiven anläßlich der Regierungskonferenz, 1. Aufl., S. 89-94
Baden-Baden, 1997

Balladur, Edouard: Interview mit Le Figaro vom 30. August 1994
Europa-Archiv 1994, S. D 544-D 547

Barbe, Emmanuel: L'Union européenne face au blanchiment du produit du crime
Revue du Marché Commun et de l'Union européenne 2001, S. 161-163

Barbé, Esther: Länderanalysen Spain
in: Hrbek, Rudolf (Hrsg.): Die Reform der Europäischen Union: Positionen und Perspektiven anläßlich der Regierungskonferenz, 1. Aufl., S. 169-174
Baden-Baden, 1997

Barwig, Klaus: Asylrecht im Binnenmarkt
Baden-Baden, 1989

Basedow, Jürgen: Zielkonflikte und Zielhierarchien im Vertrag über die Europäische Gemeinschaft
in: Due, Ole/Lutter, Marcus/ Schwarze, Jürgen (Hrsg.): Festschrift für Ulrich Everling, Band I, S. 49-68
Baden-Baden, 1995

Basedow, Jürgen: Die Harmonisierung des Kollisionsrechts nach dem Vertrag von Amsterdam. Editorial
Europäische Zeitschrift für Wirtschaftsrecht 1997, S. 609

Basso-Sekretariat Berlin (Hrsg.): Festung Europa auf der Anklagebank
Münster, 1995

Becker, Ulrich: Differenzierungen der Rechtseinheit durch „abgestufte Integration“ in: Schwarze, Jürgen/Müller-Graff, Peter-Christian (Hrsg.): Europäische Rechtseinheit durch einheitliche Rechtsdurchsetzung. Vorträge der Fachgruppe für Europarecht auf der 26. Tagung der Gesellschaft für Rechtsvergleichung vom 24.-27. September 1997 in Graz
Europarecht, Beiheft 1/1998, S. 29-57

Beger, Kai-Uwe: Migration und Integration
Opladen, 2000

Bell, Mark: Mainstreaming equality norms into European Union asylum law
European Law Review, Band 26, 2001, S. 20-34

Bergmann, Jan/ Lenz, Christofer (Hrsg.): Der Amsterdamer Vertrag: eine Kommentierung der Neuerungen des EU- und EG-Vertrages
Köln, 1998

Berner, Georg/Köhler, Gerd Michael: Polizeiaufgabengesetz, 15. Aufl.
München, Berlin, 1998

Bernhardt, Rudolf: Die Entscheidungen des Europäischen Gerichtshofs für Menschenrechte im deutschen Rechtsraum
in: Geiger, Rudolf (Hrsg.): Völkerrechtlicher Vertrag und staatliches Recht vor dem Hintergrund zunehmender Verdichtung der internationalen Beziehungen, S. 147-155
Baden-Baden, 2000

Besozzi, Claudio: Organisierte Kriminalität und empirische Forschung
Zürich, 1997

Besse, Dirk: Die justitielle Zusammenarbeit in Zivilsachen nach dem Vertrag von Amsterdam und das EuGVÜ
Zeitschrift für Europäisches Privatrecht 1999, S. 107-122

Beutler, Bengt/Bieber, Roland/Pipkorn, Jörn/Streil, Jochen: Die Europäische Union. Rechtsordnung und Politik, 4. Aufl.
Baden-Baden, 1993

Beyer, Thomas C. W.: Die Ermächtigung der Europäischen Union und ihrer Gemeinschaften
Der Staat, Band 35, 1996, S. 189-220

Bieber, Roland: Die Abkommen von Schengen über den Abbau der Grenzkontrollen
Neue Juristische Wochenschrift 1994, S. 294-297

Bleckmann, Albert: Europarecht, 6. Aufl.
Köln, Berlin, Bonn, München, 1997

Bleeker, Karin: Union européenne/European Union: The criminal justice system facing the challenge of organised crime
Revue Internationale du Droit Pénal 1999, S. 647-677

Bodin, Jean: Über den Staat. Titel der französischen Originalausgabe von 1583: Les six livres de la République. Auswahl, Übersetzung und Nachwort von Gottfried Niedhart
Stuttgart, 1976

Boeden, Gerhard: Die Rahmenbedingungen polizeilichen Handelns und polizeilicher Erfolg
in: Bundeskriminalamt (Hrsg.): Symposium: Der polizeiliche Erfolg. Referate und Diskussionsbeiträge am 15. und 16. Oktober 1986 im Bundeskriminalamt, S. 67-73
Wiesbaden, 1988

Boeles, Pieter: Parliamentary and judicial control in matters of asylum and immigration under the Treaty of Amsterdam
in: Heukels, Ton/Blokker, Niels/Brus, Marcel (Hrsg.): The European Union after Amsterdam. A Legal Analysis, S. 215-226
The Hague, London, Boston, 1998

Boeles, Pieter: Directive on Family Reunification: Are the Dilemmas Resolved?
European Journal of Migration and Law 2001, S. 61-71

Boer, Monica den: Schengen: A New Security Regime for Europe
in: Hailbronner, Kay (Hrsg.): Zusammenarbeit der Polizei- und Justizverwaltungen in Europa: die Situation nach Maastricht - Schengen und SIS, S. 95-111
Heidelberg, 1996

Boer, Monica den/Corrado, Laura: For the Record or Off the Record: Comments About the Incorporation of Schengen into the EU
European Journal of Migration and Law 1999, S. 397-418

Böse, Martin: Die Immunität von Europol - ein unterschätztes Verfolgungshindernis?
Neue Juristische Wochenschrift 1999, S. 2416-2417

Bogdandy, Armin von: Die Europäische Union als supranationale Föderation
Integration 1999, S. 95-112

Bontempi, Rinaldo: L'Europe comme espace de liberté, de sécurité et de justice
Revue du Marché Commun et de l'Union européenne 2000, S. 315-317

Bouloukos, Adam C.: Die Vereinten Nationen und der Kampf gegen das grenzüberschreitende Organisierte Verbrechen
in: Meier-Walser, Reinhard C./Hirscher, Gerhard/Lange, Klaus/Palumbo, Enrico (Hrsg.): Organisierte Kriminalität. Bestandsaufnahme, Transnationale Dimension, Wege der Bekämpfung, S. 384-397
München, 1999

Brammertz, Serge: Grenzüberschreitende polizeiliche Zusammenarbeit am Beispiel der Euregio Maas - Rhein
Freiburg i. Br., 1999

Brandt, Willy: Rede vor der Organisation Française du Mouvement Européen in Paris am 19. November 1974
Europa-Archiv 1975, S. D 33-D 38

Braun, Gerald/Topan, Angelina: Internationale Migration. Ihre Folgen für die Ursprungsländer und Ansätze eines Migrationsregimes
Sankt Augustin, 1998

Braun, Wilfried: Asylpolitik in der Europäischen Union
in: Müller-Graff, Peter-Christian (Hrsg.): Europäische Zusammenarbeit in den Bereichen Justiz und Inneres: Der dritte Pfeiler der Europäischen Union, 1. Aufl., S. 75-84
Baden-Baden, 1996

Bresler, Fenton: INTERPOL. Der Kampf gegen das internationale Verbrechen von den Anfängen bis heute
München, 1993

Bribosia, Emmanuelle: Le protocole sur le droit d'asile pour les ressortissants des États membres de l'Union européenne
in: Lejeune, Yves (Hrsg.): Le Traité d'Amsterdam. Espoirs et déceptions, S. 190-197
Bruxelles, 1998

Bribosia, Hervé: Liberté, sécurité et justice: l'imbroglio d'un nouvel espace
Revue du Marché Unique Européen 1998, S. 27-54

Brok, Elmar: Die Position des Europäischen Parlaments zur Regierungskonferenz
in: Leicht, Anton (Hrsg.): Regierungskonferenz 1996. Wohin steuert die EU?, S. 35-47
Wien, 1996

Brok, Elmar: Der Amsterdamer Vertrag: Etappe auf dem Weg zur europäischen Einigung
Integration 1997, S. 211-218

Bruggemann, Willy: Innere Sicherheit durch polizeiliche Zusammenarbeit in Europa in der Perspektive von Europol
in: Müller-Graff, Peter-Christian (Hrsg.): Europäische Zusammenarbeit in den Bereichen Justiz und Inneres: Der dritte Pfeiler der Europäischen Union, 1. Aufl., S. 133-142
Baden-Baden, 1996

Brugger, Winfried: Für Schutz der Flüchtlinge - gegen das Grundrecht auf Asyl!
Juristenzeitung 1993, S. 119-123

Bubnoff, Eckhart von: Die Funktionsfähigkeit der vertraglichen Nacheileregelungen über die Grenzen und Ansätze für deren Verbesserung
Zeitschrift für Rechtspolitik 2000, S. 60-63

Bull, Hans Peter: Das Europäische Polizeiamt - undemokratisch und rechtsstaatswidrig?
Deutsche Richterzeitung 1998, S. 32-42

Bultrini, Antonio: L'interaction entre le système de la Convention Européenne des Droits de l'Homme et le Système Communautaire
Zeitschrift für europarechtliche Studien 1998, S. 493-504

Bundeskriminalamt (Hrsg.): Rauschgiftjahresbericht Bundesrepublik Deutschland 1996
Wiesbaden, 1996

Bundeskriminalamt (Hrsg.): Polizeiliche Kriminalstatistik Bundesrepublik Deutschland
Wiesbaden, Berichtsjahre 1991-1999

Bundeskriminalamt (Hrsg.): Lagebild Organisierte Kriminalität Bundesrepublik Deutschland - pressefreie Kurzfassung
Wiesbaden, 1997-1999

Bundeskriminalamt (Hrsg.): Lagebericht Rauschgift 01.01. bis 31.12.1998 Bundesrepublik Deutschland
Wiesbaden 1999

Bundeskriminalamt (Hrsg.): Daten zur Rauschgiftkriminalität in der Bundesrepublik Deutschland 1999
Wiesbaden, 2000

Bunz, Axel R./Neuenfeld, Caroline: Europäische Asyl- und Zuwanderungspolitik
Aus Politik und Zeitgeschichte, Beilage 48/94 zur Wochenzeitung Das Parlament, S. 37-45

Busch, Klaus: Spill-over-Dynamik und Spill-back-Potential in der europäischen Währungsunion - ein Beitrag zur Integrationstheorie
in: Jachtenfuchs, Markus/Kohler-Koch, Beate (Hrsg.): Europäische Integration, S. 281-311
Opladen, 1996

Busse, Christian: Die Geltung der EMRK für Rechtsakte der EU
Neue Juristische Wochenschrift 2000, S. 1074-1079

Callies, Christian/Ruffert, Matthias (Hrsg.): Kommentar des Vertrages über die Europäische Union und des Vertrages zur Gründung der Europäischen Gemeinschaft
Neuwied, Kriftel, 1999

Caroni, Martina: Privat- und Familienleben zwischen Menschenrecht und Migration. Eine Untersuchung zu Bedeutung, Rechtsprechung und Möglichkeiten von Art. 8 EMRK im Ausländerrecht
Berlin, 1999

Casanova, Jean-Claude: Forces convergentes et divergentes du système judiciaire européen
Revue du Marché Commun et de l'Union européenne 2000, S. 325-327

CDU/CSU-Fraktion des Deutschen Bundestages: Überlegungen zur europäischen Politik. Vorschläge für eine Reform der Europäischen Union, 1. September 1994 („Schäuble-Lamers-Papier")
Bonn, CDU-Dokumentation 1/1995

Chaltiel, Florence: Le traité d'Amsterdam et la coopération renforcée
Revue du Marché Commun et de l'Union européenne 1998, S. 289-293

Chavrier, Matthieu: La Cour de justice après le Traité d'Amsterdam: palingénésie ou palinodies?
Revue du Marché Commun et de l'Union européenne 2000, S. 542 - 550 und S. 620-629

Chopin, Isabelle: The Starting Line Group: A Harmonised Approach to Fight Racism and to Promote Equal Treatment
European Journal of Migration and Law 1999, S. 111-129

Classen, Claus Dieter: Asylrecht in Frankreich: Zur Bedeutung der verfassungs- und völkerrechtlichen Vorgaben
Die Öffentliche Verwaltung 1993, S. 227-237

Classen, Claus Dieter: Die Jurisdiktion des Gerichtshofs der Europäischen Gemeinschaften nach Amsterdam
in: Müller-Graff, Peter-Christian/Schwarze, Jürgen (Hrsg.): Rechtsschutz und Rechtskontrolle nach Amsterdam
Europarecht, Beiheft 1/1999, S. 73-90

Combacau, Jean/Sur, Serge: Droit international public
Paris, 1993

Constantinesco, Vlad: Les clauses de „coopération renforcée". Le protocole sur l'application des principes de subsidiarité et de proportionalité
Revue Trimestrielle du Droit Européen, Band 33, 1997, S. 751-767

Constantinesco, Vlad/Kovar, Robert/Simon, Denys (Hrsg.): Traité sur l'Union européenne
Paris, 1995

Corbett, Richard: The Treaty of Maastricht
Harlow, 1993

Corrado, Laura: L'intégration de Schengen dans l'Union européenne: problèmes et perspectives
Revue du Marché Commun et de l'Union européenne 1999, S. 342-349

Cremer, Hans-Joachim: Der grenzüberschreitende Einsatz von Polizeibeamten nach dem deutsch-schweizerischen Polizeivertrag: ein Vorbild für die Kooperation der Mitgliedstaaten der Europäischen Union auf dem Gebiet der Verbrechensbekämpfung
Zeitschrift für ausländisches öffentliches Recht und Völkerrecht 2000, S. 103-149

Cretin, Thierry: Europäische Entwicklungen im Verhältnis Polizei - Justiz
in: Bundeskriminalamt (Hrsg.): Moderne Sicherheitsstrategien gegen das Verbrechen. Vorträge und Diskussionen der Arbeitstagung des Bundeskriminalamtes vom 17. bis 19. November 1998, S. 231-248
Wiesbaden, 1999

Cruz, Antonio: Achievements in the Fields of Immigration and Asylum Since January 1998
European Journal of Migration and Law 1999, S. 243-254

Curti Gialdino, Carlo: Schengen et le troisième pilier: le controle juridictionnel organisé par le traité d'Amsterdam
Revue du Marché Unique Européen 1998, S. 89-124

Curtin, D. M./Pouw, J. F. M.: La coopération dans le domaine de la justice et des affaires intérieures au sein de l'Union européenne: une nostalgie d'avant Maastricht?
in: Mattera, Alfonso/Bangemann, Martin (Hrsg.): La Conférence intergouvernementale sur l'Union européenne, S. 315-335
Paris, 1996

Dardenne, Emmanuelle: Immigration et asile: de nouvelles compétences pour la Communauté?
in: Telò, Mario/Magnette, Paul (Hrsg.): De Maastricht à Amsterdam. L'Europe et son nouveau traité, S. 163-182
Bruxelles, 1998

Daujac, Jean: La coopération européenne en matière d'asile et d'immigration
Hommes & Migrations 1998, S. 120-126

Davy, Ulrike: Asyl und internationales Flüchtlingsrecht. Völkerrechtliche Bindungen staatlicher Schutzgewährung, dargestellt am österreichischen Recht.
Band 1: Völkerrechtlicher Rahmen
Wien, 1996

Dehousse, Franklin: Editorial: le Traité d'Amsterdam, reflet de la nouvelle Europe
Cahiers de Droit Européen 1997, S. 265-273

Dehousse, Franklin/Hende, Lode van den: Plaidoyer pour la réforme du troisième pilier
Revue du Marché Commun et de l'Union européenne 1996, S. 714-718

Deknop, Paul/Raes, Isabelle: Schengen, mars 95: ébauche d'une libre circulation en Europe
Revue du Marché Commun et de l'Union européenne 1996, S. 282-286

Denninger, Erhard: Vom Ende nationalstaatlicher Souveränität in Europa
Juristenzeitung 2000, S. 1121-1126

Dijk, van P.: Protection of „Integrated" Aliens Against Expulsion under the European Convention on Human Rights
European Journal of Migration and Law 1999, S. 293-312

Dittrich, Alfred: Der Schutz der Unionsbürger durch die justitielle Zusammenarbeit
in: Müller-Graff, Peter-Christian (Hrsg.): Europäische Zusammenarbeit in den Bereichen Justiz und Inneres: Der dritte Pfeiler der Europäischen Union, 1. Aufl., S. 101-116
Baden-Baden, 1996

Dörr, Oliver/Mager, Ute: Rechtswahrung und Rechtsschutz nach Amsterdam
Archiv des öffentlichen Rechts, Band 125, 2000, S. 386-427

Dony, Marianne (Hrsg.): L'Union européenne et le monde après Amsterdam
Bruxelles, 1999

Drouet, Stéphane: La communautarisation de „Bruxelles II" - Chronique d'une mutation juridique
Revue du Marché Commun et de l'Union européenne 2001, S. 247-257

Dury, R.: La contribution du Parlement européen aux travaux de la CIG
in: Mattera, Alfonso/Bangemann, Martin (Hrsg.): La Conférence intergouvernementale sur l'Union européenne, S. 105-112
Paris, 1996

Duvigneau, Johan Ludwig: From Advisory Opinion 2/94 to the Amsterdam Treaty: Human Rights Protection in the European Union
Legal Issues of European Integration 1999, S. 61-91

Dzida, Boris: Das neue UN-Übereinkommen zur Bekämpfung terroristischer Bombenanschläge
Zeitschrift für Innere Sicherheit in Deutschland und Europa 1998, S. 139-144

Ehlermann, Claus-Dieter: Engere Zusammenarbeit nach dem Amsterdamer Vertrag: Ein neues Verfassungsprinzip?
Europarecht 1997, S. 362-397

Ehlermann, Claus Dieter: Différenciation, flexibilité, coopération renforcée: les nouvelles dispositions du traité d'Amsterdam
Revue du Marché Unique Européen 1997, S. 53-90

Ehrentraut, Christoph: Die Bekämpfung der organisierten Kriminalität in der Europäischen Union
Integration 1999, S. 246-262

Eisele, Jörg: Internationale Bezüge des Strafrechts
Juristische Ausbildung 2000, S. 424-429

Eisele, Jörg: Einführung in das Europäische Strafrecht - Sanktionskompetenzen auf europäischer Ebene -
Juristische Ausbildung 2000, S. 896-902

Elsen, Charles: L'esprit et les ambitions de Tampere. Une ère nouvelle pour la coopération dans le domaine de la justice et des affaires intérieures?
Revue du Marché Commun et de l'Union européenne 1999, S. 659-63

Emmert, Frank: Europarecht
München, 1996

Epiney, Astrid: Das zweite Schengener Abkommen: Entstehung, Konzept und Einbettung in die Europäische Union
in: Achermann, Alberto/ Bieber, Roland/Epiney, Astrid/Wehner, Ruth: Schengen und die Folgen. Der Abbau der Grenzkontrollen in Europa, S. 21-50
Bern, München, Wien, 1995

Epiney, Astrid: Rechte und Pflichten der Drittausländer
in: Achermann, Alberto/ Bieber, Roland/Epiney, Astrid/Wehner, Ruth: Schengen und die Folgen. Der Abbau der Grenzkontrollen in Europa, S. 51-77
Bern, München, Wien, 1995

Epiney, Astrid: Die Übernahme des „Schengen-Besitzstands" in die Europäische Union
in: Hummer, Waldemar (Hrsg.): Die Europäische Union nach dem Vertrag von Amsterdam, S. 103-124
Wien, 1998

Europol (Hrsg.): Counter-Narcotics: A European Union Perspective
The Hague, 1999

Europol (Hrsg.): 1998 - EU Organised Crime Situation Report
The Hague, 2000

Eurostat, Statistisches Amt der Europäischen Gemeinschaften (Hrsg.): Jahrbuch 98/99. Europa im Blick der Statistik. Daten aus den Jahren 1987-1997
Luxemburg, 1999

Eurostat, Statistisches Amt der Europäischen Gemeinschaften (Hrsg.): Bevölkerungsstatistik. Daten aus den Jahren 1995-1998
Luxemburg, 1999

Falk, Bernhard: Erfassung, Beschreibung und Analyse von OK
Kriminalistik 1997, S. 15-22

Falk, Bernhard: Erfassung, Beschreibung und Analyse von Organisierter Kriminalität. Defizite und Fortentwicklungsmöglichkeiten
in: Bundeskriminalamt (Hrsg.): Organisierte Kriminalität. Vorträge und Diskussionen bei der Arbeitstagung des Bundeskriminalamts vom 19. bis 22. November 1996, S. 127-148
Wiesbaden, 1997

Faßbender, Bardo: Zur Bedeutung des Souveränitätsbegriffs für die europäische Einigung
in: Scholz, Rupert (Hrsg.): Europäische Integration - schon eine „Union des Rechts"? Zwischen Erfolgsbilanz und Balanceverlust, S. 161-168
Köln, 1996

Favret, Jean-Marc: Le traité d'Amsterdam: une révision a minima de la „charte constitutionnelle" de l'Union Européenne
Cahiers de Droit Européen 1997, S. 555-605

Ferola, Laura: The Action of the European Union Against Corruption
Legal Issues of European Integration 1999, S. 123-156

Fiedler, Wilfried: Quantitative und qualitative Aspekte der Einordnung der Bundesrepublik Deutschland in völkerrechtliche Verträge
in: Geiger, Rudolf (Hrsg.): Völkerrechtlicher Vertrag und staatliches Recht vor dem Hintergrund zunehmender Verdichtung der internationalen Beziehungen, S. 11-21
Baden-Baden, 2000

Fijnaut, Cyrille: Organisierte Kriminalität in Nordwesteuropa
in: Sieber, Ulrich (Hrsg.): Internationale Organisierte Kriminalität. Herausforderungen und Lösungen für ein Europa offener Grenzen, S. 3-42
Köln, Berlin, Bonn, München, 1997

Fischer, Hans Georg: Die Zusammenarbeit in den Bereichen Justiz und Inneres - die „3. Säule" des Vertrages über die Europäische Union
Europäische Zeitschrift für Wirtschaftsrecht 1994, S. 747-750

Fischer, Joschka: Vom Staatenverbund zur Föderation - Gedanken über die Finalität der europäischen Integration
Integration 2000, S. 149-156

Fischer, Klemens H.: Der Vertrag von Nizza. Text und Kommentar
Baden-Baden, 2001

Fischer, Peter/Köck, Heribert Franz: Europarecht, 3. Aufl.
Wien, 1997

Franck, Christian: Länderanalysen La Belgique
in: Hrbek, Rudolf (Hrsg.): Die Reform der Europäischen Union: Positionen und Perspektiven anläßlich der Regierungskonferenz, 1. Aufl., S. 37-50
Baden-Baden, 1997

Frevel, Bernhard: Kriminalität. Gefährdungen der Inneren Sicherheit?
Opladen, 1999

Fromont, Michel: La Convention de Schengen et le droit d'asile en France
in: Beyerlin, Ulrich/Bothe, Michael/Hofmann, Rainer/Petersmann, Ernst-Ulrich (Hrsg.): Recht zwischen Umbruch und Bewahrung. Völkerrecht - Europarecht - Staatsrecht. Festschrift für Rudolf Bernhardt, S. 1177-1192
Berlin, Heidelberg, New York, London, Paris, Tokyo, Hong Kong, Barcelona, Budapest, 1995

Frowein, Jochen Abr./Krisch, Nico: Der Rechtsschutz gegen Europol
Juristenzeitung 1998, S. 589-597

Frowein, Jochen Abr./Peukert, Wolfgang: Europäische Menschenrechtskonvention. EMRK-Kommentar, 2. Aufl.
Kehl, Strassburg, Arlington, 1996

Gaja, Giorgio: How flexible is flexibility under the Amsterdam Treaty?
Common Market Law Review, Band 35, 1998, S. 855-870

Geddes, Andrew: Immigration and European integration. Towards fortress Europe?
Manchester, 2000

Geiger, Rudolf: EUV, EGV: Vertrag über die Europäische Union und Vertrag zur Gründung der Europäischen Gemeinschaft; Kommentar, 3. Aufl.
München, 2000

Geißler, Rainer: Das gefährliche Gerücht von der hohen Ausländerkriminalität
Aus Politik und Zeitgeschichte, Beilage 35/95 zur Wochenzeitung Das Parlament, S. 30-39

Generalsekretariat des Rates der Europäischen Union: Regierungskonferenz zur Revision der Verträge. Halbjahr des italienischen Vorsitzes. Textsammlung
Brüssel, 1996

Generalsekretariat des Rates der Europäischen Union: Regierungskonferenz zur Revision der Verträge. Halbjahr des irischen Vorsitzes (Juli-Dezember 1996). Textsammlung
Brüssel, 1997

Generalsekretariat des Rates der Europäischen Union: Regierungskonferenz zur Revision der Verträge. Niederländischer Vorsitz (Januar-Juni 1997). Textsammlung
Brüssel, 1997

Giering, Claus: Vertiefung durch Differenzierung - Flexibilisierungskonzepte in der aktuellen Reformdebatte
Integration 1997, S. 72-83

Giering, Claus: Viefalt in Einheit: die Flexibilisierung der europäischen Integration
in: Böhringer, Peter/Jakob, Walter (Hrsg.): Die Europäische Union, S. 191-210
Zürich, 1997

Giering, Claus/Janning, Josef: Flexibilität als Katalysator der Finalität? Die Gestaltungskraft der „Verstärkten Zusammenarbeit" nach Nizza
Integration 2001, S. 146-155

Gil-Robles, José María: Die Flexibilität, ein Mechanismus für eine verstärkte Integration
Europäische Zeitschrift für Wirtschaftsrecht 1997, S. 353

Giraud, Philippe: L'expérience de la France dans la mise en œuvre de Schengen
in: Hailbronner, Kay/Weil, Patrick (Hrsg.): Von Schengen nach Amsterdam: auf dem Weg zu einem europäischen Einwanderungs- und Asylrecht, S. 31-42
Köln, 1999

Girerd, Pascal: L'article 68 CE: un renvoi préjudiciel d'interprétation et d'application incertaines
Revue Trimestrielle du Droit Européen, Band 35, 1999, S. 239-260

Gleß, Sabine/Lüke, Monika: Strafverfolgung über die Grenzen hinweg
Juristische Ausbildung 1998, S. 70-79

Gleß, Sabine: Kontrolle über Europol und seine Bedienstete
Europarecht 1998, S. 748-766

Gleß, Sabine: „... dass überall dem Gesetz ein Genüge geschehe" - Justizielle Einbindung und Kontrolle des strafrechtlichen Ermittlungsverfahrens -
Deutsche Richterzeitung 2000, S. 365-375

Glistrup, Eva: Le traité sur l'Union européenne: la ratification du Danemark
Revue du Marché Commun et de l'Union européenne 1994, S. 9-16

Götz, Volkmar: Innere Sicherheit
in: Isensee, Josef/Kirchhof, Paul (Hrsg.): Handbuch des Staatsrechts der Bundesrepublik Deutschland, Band III. Das Handeln des Staates. § 79, S. 1007-1035
Heidelberg, 1996

Goldstein, Mara: Die Kompetenzen der Europäischen Gemeinschaften zur Regelung des Asylrechts: neuere Entwicklungen in den Gemeinschaften sowie eine Untersuchung der EG-Kompetenz
Frankfurt am Main, Berlin, Bern, New York, Paris, Wien, 1994

Goodwin-Gill, Guy S.: The refugee in international law. Second Edition
Oxford, 1996

Grabitz, Eberhard/Hilf, Meinhard: Kommentar zur Europäischen Union. Altband I und II. Loseblattsammlung
München

Grabitz, Eberhard/Hilf, Meinhard: Das Recht der Europäischen Union. Band 1
Loseblattsammlung
München

Grewe, Constance/Weber, Albrecht: Die Reform des Ausländer- und Asylrechts in Frankreich; Entscheidung des Conseil Constitutionnel vom 13. August 1993
Europäische Grundrechte Zeitschrift 1993, S. 496-499 und S. 508-511

Griller, Stefan/Droutsas, Dimitri P./Falkner, Gerda/Forgó, Katrin/Nentwich, Michael: The Treaty of Amsterdam. Facts, Analysis, Prospects
Wien, New York, 2000

Groeben, Hans von der/Thiesing, Jochen/Ehlermann, Claus-Dieter: Kommentar zum EWG-Vertrag, 4. Aufl.
Baden-Baden, 1991

Groeben, Hans von der/Thiesing, Jochen/Ehlermann, Claus-Dieter: Kommentar zum EU-/EG-Vertrag, 5. Aufl.
Baden-Baden, 1997

Groenendijk, Kees: Long-Term Immigrants and the Council of Europe
European Journal of Migration and Law 1999, S. 275-292

Groenendijk, Kees/Guild, Elspeth: Converging Criteria: Creating an Area of Security of Residence for Europe's Third Country Nationals
European Journal of Migration and Law 2001, S. 37-59

Grütjen, Klaus: Innere Sicherheit in der Europäischen Union - Entwicklungen und Perspektiven unter besonderer Berücksichtigung des Schengener Durchführungsübereinkommens vom 19. Juni 1990 (Teil 1)
Kriminalpolizei 1997, S. 7-13

Guild, Elspeth: The Developing Immigration and Asylum Policies of the European Union. Adopted Conventions, Resolutions, Recommendations, Decisions and Conclusions
The Hague, 1996

Guild, Elspeth: Adjudicating Schengen: National Judicial Control in France
European Journal of Migration and Law 1999, S. 419-439

Gusy, Christoph/Gimbal, Anke: Rechtliche Schranken der polizeilichen Zusammenarbeit im Rahmen des Schengener Informationssystems
in: Baldus, Manfred/Soiné, Michael (Hrsg.): Rechtsprobleme der internationalen polizeilichen Zusammenarbeit, S. 124-144
Baden-Baden, 1999

Gutmann, Rolf: Europäisches Aufenthaltsrecht für Drittstaatsangehörige
Anwaltsblatt 2000, S. 482-490

Haas, Ernst B.: The Obsolescence of Regional Integration Theory
Berkeley, 1975

Haberland, Jürgen: Der Asylkompromiß vom 6. Dezember 1992 - ein Jahr danach (1. Teil)
Zeitschrift für Ausländerrecht und Ausländerpolitik 1994, S. 3-9

Häußler, Ulf: Dienstleistungsfreiheit für Drittstaatsangehörige?
Zeitschrift für Ausländerrecht und Ausländerpolitik 2000, S. 24-31

Haguenau-Moizard, Catherine: Le traité d'Amsterdam: une négociation inachevée
Revue du Marché Commun et de l'Union européenne 1998, S. 240-252

Hailbronner, Kay: Asyl- und Einwanderungsrecht im europäischen Vergleich
Köln, 1992

Hailbronner, Kay: Asyl- und Einwanderungsrecht in der Europäischen Gemeinschaft
Saarbrücken, 1992

Hailbronner, Kay: Der Flüchtlingsbegriff der Genfer Flüchtlingskonvention und die Rechtsstellung von De-facto-Flüchtlingen
Zeitschrift für Ausländerrecht und Ausländerpolitik 1993, S. 3-11

Hailbronner, Kay: Die Asylrechtsreform im Grundgesetz
Zeitschrift für Ausländerrecht und Ausländerpolitik 1993, S. 107-117

Hailbronner, Kay: Reform des Asylrechts
Konstanz, 1994

Hailbronner, Kay: Visa regulations and third-country nationals in EC-law
Common Market Law Review, Band 31, 1994, S. 969-995

Hailbronner, Kay: Die europäische Asylrechtsharmonisierung nach dem Vertrag von Maastricht
Zeitschrift für Ausländerrecht und Ausländerpolitik 1995, S. 3-13

Hailbronner, Kay: Perspektiven einer europäischen Asylrechtsharmonisierung nach dem Vertrag von Maastricht
in: Piazolo, Michael/Grosch, Klaus (Hrsg.): Festung oder offene Grenzen? Entwicklung des Einwanderungs- und Asylrechts in Deutschland und Europa, S. 71-110
München, 1995

Hailbronner, Kay: Refoulement-Verbote und Drittstaatenregelung (Art. 33 GFK und Art. 3 EMRK)
in: Beyerlin, Ulrich/Bothe, Michael/Hofmann, Rainer/Petersmann, Ernst-Ulrich (Hrsg.): Recht zwischen Umbruch und Bewahrung: Völkerrecht, Europarecht, Staatsrecht; Festschrift für Rudolf Bernhardt, S. 365-384
Berlin, Heidelberg, New York, London, Paris, Tokyo, Hong Kong, Barcelona, Budapest, 1995

Hailbronner, Kay: Die Immunität von Europol-Bediensteten
Juristenzeitung 1998, S. 283-289

Hailbronner, Kay: European immigration and asylum law under the Amsterdam Treaty
Common Market Law Review, Band 35, 1998, S. 1047-1067

Hailbronner, Kay: Die Neuregelung der Bereiche Freier Personenverkehr, Asylrecht und Einwanderung
in: Hummer, Waldemar (Hrsg.): Die Europäische Union nach dem Vertrag von Amsterdam, S. 179-196
Wien, 1998

Hailbronner, Kay: The Treaty of Amsterdam and Migration Law
European Journal of Migration and Law 1999, S. 9-27

Hailbronner, Kay: Art. 3 EMRK - ein neues europäisches Konzept der Schutzgewährung?
Die Öffentliche Verwaltung 1999, S. 617-624

Hailbronner, Kay: Immigration and Asylum Law and Policy of the European Union
The Hague, London, Boston, 2000

Hailbronner, Kay/Klein, Eckart/Magiera, Siegfried/Müller-Graff, Peter-Christian: Handkommentar zum Vertrag über die Europäische Union (EUV/EGV), Loseblattsammlung
Köln, Berlin, Bonn, München

Hailbronner, Kay/Thiery, Claus: Schengen II and Dublin: Responsibility for asylum applications in Europe
Common Market Law Review, Band 34, 1997, S. 957-989

Hailbronner, Kay/Thiery, Claus: Amsterdam - Vergemeinschaftung der Sachbereiche Freier Personenverkehr, Asylrecht und Einwanderung sowie Überführung des Schengen-Besitzstandes auf EU-Ebene
Europarecht 1998, S. 583-615

Hallstein, Walter: Die Europäische Gemeinschaft, 5. Aufl.
Düsseldorf, Wien, 1979

Harding, Christopher: Exploring the intersection of European law and national criminal law
European Law Review, Band 25, 2000, S. 374-390

Harings, Lothar: Grenzüberschreitende Zusammenarbeit der Polizei- und Zollverwaltungen und Rechtsschutz in Deutschland
Berlin, 1998

Harings, Lothar: Fragen des Rechtsschutzes im Zusammenhang mit der internationalen Zollfahndung
in: Baldus, Manfred/Soiné, Michael (Hrsg.): Rechtsprobleme der internationalen polizeilichen Zusammenarbeit, S. 167-185
Baden-Baden, 1999

Hartl, Thomas: Das völkerrechtliche Refoulementverbot abseits der Genfer Flüchtlingskonvention
Frankfurt am Main, Berlin, Bern, Bruxelles, New York, Wien, 1999

Heimann, Josef: „Visa, Asyl, Einwanderung und andere Politiken betreffend den freien Personenverkehr" - der neue Titel IV EGV unter besonderer Berücksichtigung des Schengen-Protokolls
Bremen, 1999

Heinz, Wolfgang: Begriffliche und strukturelle Besonderheiten des Wirtschaftsstrafrechts - Eine Übersicht über die Entwicklung des Wirtschaftsstrafrechts in der Bundesrepublik Deutschland
in: Gropp, Walter (Hrsg.): Wirtschaftskriminalität und Wirtschaftsstrafrecht in einem Europa auf dem Weg zu Demokratie und Privatisierung. Beiträge zur Leipziger Sommerakademie vom 15.-22. September 1996, S. 13-50
Leipzig, 1998

Heitmann, Steffen: Aufbruch in einen europäischen Rechtsraum
Neue Juristische Wochenschrift 2001, S. 124-126

Hellenthal, Markus: Die Einbindung der Beförderungsunternehmen in die Bekämpfung der illegalen Einreise
Zeitschrift für Ausländerrecht und Ausländerpolitik 1995, S. 76-84

Hellwig, Fritz : Die Integrationsidee der EWG - wirtschaftspolitische Aspekte
in: Vorstand des Arbeitskreises Europäische Integration e. V. (Hrsg.): Integrationskonzepte auf dem Prüfstand, 1. Aufl., S. 31-47
Baden-Baden, 1983

Heß, Burkhard: Die Zustellung von Schriftstücken im europäischen Justizraum
Neue Juristische Wochenschrift 2001, S. 15-23

Hetzer, Wolfgang: Europäische Impulse zur Geldwäsche
Kriminalistik 1999, S. 788-793

Heukels, Ton/Blokker, Niels/Brus, Marcel (Hrsg.): The European Union after Amsterdam. A Legal Analysis
The Hague, London, Boston, 1998

Highdon, Paul: Die Rolle supranationaler Zentralstellen bei der Bekämpfung der Organisierten Kriminalität am Beispiel von Interpol
in: Bundeskriminalamt (Hrsg.): Organisierte Kriminalität. Vorträge und Diskussionen bei der Arbeitstagung des Bundeskriminalamts vom 19. bis 22. November 1996, S. 85-92
Wiesbaden, 1997

Hilf, Meinhard: Europäisches Gemeinschaftsrecht und Drittstaatsangehörige
in: Hailbronner, Kay (Hrsg.): Staat und Völkerrechtsordnung. Festschrift für Karl Döhring, S. 339-364
Berlin, 1989

Hillgruber, Christian: Die Rechtsnatur der Europäischen Union nach dem Amsterdamer Vertrag
in: Kluth, Winfried (Hrsg.): Die Europäische Union nach dem Amsterdamer Vertrag, S. 15-36
Baden-Baden, 2000

Hirsch, Burkhard: Immunität für Europol - eine Polizei über dem Gesetz?
Zeitschrift für Rechtspolitik 1998, S. 10-13

Hirsch, Günter: Der EuGH im Spannungsverhältnis zwischen Gemeinschaftsrecht und nationalem Recht
Neue Juristische Wochenschrift 2000, S. 1817-1822

Hobbes, Thomas: Leviathan
Oxford, New York, 1996

Hölscheidt, Sven/Schotten, Thomas: Immunität für Europol-Bedienstete - Normalfall oder Sündenfall?
Neue Juristische Wochenschrift 1999, S. 2851-2855

Höreth, Marcus: Die Europäische Union im Legitimationstrilemma: Zur Rechtfertigung des Regierens jenseits der Staatlichkeit, 1. Aufl.
Baden-Baden, 1999

Hoffmann, Holger: Europäische Flüchtlingspolitik - Die Verträge von Dublin, Schengen und Amsterdam - Praxiserfahrungen und Perspektiven
Informationsbrief Ausländerrecht 1999, S. 94-100

Hoffmann, Stanley: The European Process at Atlantic Cross-Purposes
Journal of Common Market Studies, Band 3, 1964, S. 85-101

Horchem, Hans Josef: Die Innere Sicherheit der Bundesrepublik Deutschland. Bedrohung und Abwehr
Beiträge zur Konfliktforschung, 1976, Heft 4, S. 45-62

Huber, Barbara (Hrsg.): Das Corpus Juris als Grundlage eines Europäischen Strafrechts. Europäisches Kolloquium Trier, 4.-6. März 1999
Freiburg im Breisgau, 2000

Huber, Bertold: Das Dubliner Übereinkommen
Neue Zeitschrift für Verwaltungsrecht 1998, S. 150-151

Huber, Bertold: Die europäische Asylpolitik nach Inkrafttreten des Amsterdamer Vertrages
Informationsbrief Ausländerrecht 2000, S. 302-307

Huber, Peter M.: Differenzierte Integration und Flexibilität als neues Ordnungsmuster der Europäischen Union?
Europarecht 1996, S. 347-361

Huldt, Bo: Länderanalysen Sweden
in: Hrbek, Rudolf (Hrsg.): Die Reform der Europäischen Union: Positionen und Perspektiven anläßlich der Regierungskonferenz, 1. Aufl., S. 157-168
Baden-Baden, 1997

Hummer, Waldemar: Flüchtlinge im Europäischen Binnenmarkt
Zeitschrift für Rechtsvergleichung, Internationales Privatrecht und Europarecht 1991, S. 129-149

Hummer, Waldemar: Die Weiterentwicklung der Europäischen Union im Rahmen der Regierungskonferenz '96
in: ders. (Hrsg.): Die Europäische Union nach dem Vertrag von Amsterdam, S. 3-45
Wien, 1998

Hummer, Waldemar/Obwexer, Walter: Österreich in der Europäischen Union, Band III, Die Schengener Übereinkommen und die Zusammenarbeit in den Bereichen Justiz und Inneres
Wien, 1996

Hummer, Waldemar/Obwexer, Walter: Die Wahrung der „Verfassungsgrundsätze" der EU
Europäische Zeitschrift für Wirtschaftsrecht 2000, S. 485-496

Hummer, Waldemar/Simma, Bruno/Vedder, Christoph: Europarecht in Fällen. Die Rechtsprechung des EuGH, des EuG und deutscher und österreichischer Gerichte, 3. Aufl.
Baden-Baden, 1999

Hurwitz, Agnès: The „Schengen" Practice and Case-Law in Belgium
European Journal of Migration and Law 2000, S. 37-48

Ipsen, Hans Peter: Europäisches Gemeinschaftsrecht
Tübingen, 1972

Ipsen, Knut: Völkerrecht, 4. Aufl.
München, 1999

Isensee, Josef: Das Grundrecht auf Sicherheit. Zu den Schutzpflichten des freiheitlichen Verfassungsstaates
Berlin, New York, 1983

Janning, Josef: Dynamik in der Zwangsjacke - Flexibilität in der Europäischen Union nach Amsterdam
Integration 1997, S. 285-291

Jayme, Erik/Hausmann, Rainer (Hrsg.): Internationales Privat- und Verfahrensrecht, 10. Aufl.
München, 2000

Jokisch, Jens: Gemeinschaftsrecht und Strafverfahren
Berlin, 2000

Joly, Danièle: The Porous Dam: European Harmonization On Asylum In The Nineties
International Journal of Refugee Law 1994, S. 159-193

Jopp, Mathias/Maurer, Andreas/Schmuck, Otto (Hrsg.): Die Europäische Union nach Amsterdam. Analysen und Stellungnahmen zum neuen EU-Vertrag
Bonn, 1998

Jopp, Mathias/Schmuck, Otto (Hrsg.): Die Reform der Europäischen Union: Analysen - Positionen - Dokumente zur Regierungskonferenz 1996/97
Bonn, 1996

Kälin, Walter: Das Prinzip des non-refoulement. Das Verbot der Zurückweisung, Ausweisung und Auslieferung von Flüchtlingen in den Verfolgerstaat im Völkerrecht und im schweizerischen Landesrecht
Bern, Frankfurt am Main, 1982

Kant, Immanuel: Die Metaphysik der Sitten.
Mit einer Einleitung herausgegeben von Hans Ebeling
Stuttgart, 1990

Karolewski, Ireneusz Pawel: Die künftige Gestalt Europas: Funktionalismus oder Föderalismus?
Münster, 2000

Karpenstein, Ulrich: Der Vertrag von Amsterdam im Lichte der Maastricht-Entscheidung des BVerfG
Deutsche Verwaltungsblätter 1998, S. 942-952

Kaufmann, Franz-Xaver: Sicherheit als soziologisches und sozialpolitisches Problem, 2. Aufl.
Stuttgart, 1973

Kerchove d'Ousselghem, Gille de: Un espace de liberté, de sécurité et de justice aux dimensions incertaines. Quelques réflexions sur le recours aux coopérations renforcées en matière de justice et d'affaires intérieures
in: Lejeune, Yves (Hrsg.): Le Traité d'Amsterdam. Espoirs et déceptions, S. 287-295
Bruxelles, 1998

Kerner, Hans-Jürgen: Kriminalitätseinschätzung und Innere Sicherheit
Wiesbaden, 1980

Kilian, Michael: Walter Hallstein und die Europäische Union
in: Kluth, Winfried (Hrsg.): Die Europäische Union nach dem Vertrag von Amsterdam, S. 37-55
Baden-Baden, 2000

Kirt, Romain (Hrsg.): Der Vertrag von Amsterdam - ein Vertrag für alle Bürger: Analysen und Kommentare
Wien, 1998

Kivimäki, Timo: Länderanalysen Finland
in: Hrbek, Rudolf (Hrsg.): Die Reform der Europäischen Union: Positionen und Perspektiven anläßlich der Regierungskonferenz, 1. Aufl., S. 69-76
Baden-Baden, 1997

Kleinknecht, Theodor/Meyer-Goßner, Lutz: Strafprozessordnung, 44. Aufl.
München, 1999

Kleinsorge, Tanja E.J.: Bestrebungen des Europarates zur Harmonisierung des Asylrechts
in: Piazolo, Michael/Grosch, Klaus (Hrsg.): Festung oder offene Grenzen? Entwicklung des Einwanderungs- und Asylrechts in Deutschland und Europa, S. 111-130
München, 1995

Klip, André: Harmonisierung des Strafrechts - eine fixe Idee?
Neue Zeitschrift für Strafrecht 2000, S. 626-630

Klos, Christian: Rahmenbedingungen und Gestaltungsmöglichkeiten der europäischen Migrationspolitik
Konstanz, 1998

Klos, Christian: Deutschlands Verhältnis zur Genfer Flüchtlingskonvention und zur Europäischen Menschenrechtskonvention
Zeitschrift für Ausländerrecht und Ausländerpolitik 2000, S. 202-210
Anwaltsblatt 2000, S. 496-503

Knapp, Andreas: Die Garantie des effektiven Rechtsschutzes durch den EuGH im „Raum der Freiheit, der Sicherheit und des Rechts"
Die Öffentliche Verwaltung 2001, S. 12-21

Kohler, Christian: Internationales Verfahrensrecht für Ehesachen in der Europäischen Union: Die Verordnung „Brüssel II"
Neue Juristische Wochenschrift 2001, S. 10-15

Kortenberg, Helmut: La négociation du Traité. Une vue cavalière
Revue Trimestrielle du Droit Européen, Band 33, 1997, S. 709-719

Kortenberg, Helmut: Closer cooperation in the Treaty of Amsterdam
Common Market Law Review, Band 35, 1998, S. 833-854

Krämer, Hans R.: Abgestufte Integration und differenzierte Assoziation
in: Randelzhofer, Albrecht/Scholz, Rupert/Wilke, Dieter (Hrsg.): Gedächtnisschrift für Eberhard Grabitz, S. 307-323
München, 1995

Kreile, Michael: Einleitung des Herausgebers
in: ders. (Hrsg.): Die Integration Europas, S. VII-XIX
Opladen, 1992

Kreile, Michael: Integrationspolitische Rahmenbedingungen der Regierungskonferenz. Eine politikwissenschaftliche Skizze
in: Hrbek, Rudolf (Hrsg.): Die Reform der Europäischen Union: Positionen und Perspektiven anläßlich der Regierungskonferenz, 1. Aufl., S. 17-22
Baden-Baden, 1997

Kreissl, Reinhard: Die Konjunktur Innerer Sicherheit und die Transformation der gesellschaftlichen Semantik
in: Hitzler, Ronald/Peters, Helge (Hrsg.): Inszenierung: Innere Sicherheit. Daten und Diskurse, S. 155-169
Opladen, 1998

Kubica, Johann: Straftaten im Zusammenhang mit dem Euro
Kriminalistik 1999, S. 597-601

Kubink, Michael: Verständnis und Bedeutung von Ausländerkriminalität. Eine Analyse der Konstitution sozialer Probleme
Pfaffenweiler, 1993

Kühne, Hans-Heiner: Kriminalitätsbekämpfung durch innereuropäische Grenzkontrollen?: Auswirkungen der Schengener Abkommen auf die innere Sicherheit
Berlin, 1991

Kugelmann, Dieter: Spielräume und Chancen einer europäischen Einwanderungspolitik
Zeitschrift für Ausländerrecht und Ausländerpolitik 1998, S. 243-250

Kuijper, Pieter Jan: Some legal problems associated with the communitarization of policy on visas, asylum and immigration under the Amsterdam Treaty and incorporation of the Schengen acquis
Common Market Law Review, Band 37, 2000, S. 345-366

Kuschnick, Michael: Integration in Staatenverbindungen: vom 19. Jahrhundert bis zur EU nach dem Vertrag von Amsterdam
Berlin, New York, 1999

Kux, Stefan: Die Zusammenarbeit im Bereich Justiz und Inneres
in: Kirt, Romain (Hrsg.): Der Vertrag von Amsterdam - ein Vertrag für alle Bürger: Analysen und Kommentare, S. 107-121
Wien, 1998

Labayle, Henri: La coopération eurpéenne en matière de justice et d'affaires intérieures et la Conférence intergouvernementale
Revue Trimestrielle du Droit Européen, Band 33, 1997, S. 1-35

Labayle, Henri: Un espace de liberté, de sécurité et de justice
Revue Trimestrielle du Droit Européen, Band 33, 1997, S. 813-881

Laffan, Brigid: Länderanalysen Ireland
in: Hrbek, Rudolf (Hrsg.): Die Reform der Europäischen Union: Positionen und Perspektiven anläßlich der Regierungskonferenz, 1. Aufl., S. 103-112
Baden-Baden, 1997

Lang, Gernot: Zu den Rechtswirkungen des Vertrages von Amsterdam auf den Rechtsstatus der Drittstaatsangehörigen
Zeitschrift für Ausländerrecht und Ausländerpolitik 1998, S. 59-67

Lange, Hans-Jürgen: Innere Sicherheit im Politischen System der Bundesrepublik Deutschland
Opladen, 1999

Langrish, Sally: The Treaty of Amsterdam: Selected Highlights
European Law Review, Band 24, 1998, S. 3-19

Lavalle, Roberto: The International Convention for the Suppression of the Financing of Terrorism
Zeitschrift für ausländisches öffentliches Recht und Völkerrecht 2000, S. 491-510

Lecheler, Helmut: Die Fortentwicklung des Rechts der Europäischen Union durch den Amsterdamer Vertrag
Juristische Schulung 1998, S. 392-397

Lederer, Harald W.: Typologie und Statistik illegaler Zuwanderung nach Deutschland
in: Eichenhofer, Eberhard (Hrsg.): Migration und Illegalität, S. 53-70
Osnabrück, 1999

Léger, Philippe (Hrsg.): Commentaire article par article des traités UE et CE
Bâle, Genève, Munich, Paris, Bruxelles, 2000

Lejeune, Yves (Hrsg.): Le Traité d'Amsterdam. Espoirs et déceptions
Bruxelles, 1998

Lenz, Carl Otto (Hrsg.): EG-Vertrag: Kommentar zu dem Vertrag zur Gründung der Europäischen Gemeinschaften, 2. Aufl.
Köln, Basel, Wien, 1999

Lepoivre, Marc: Le domaine de la justice et des affaires intérieures dans la perspective de la conférence intergouvernementale de 1996
Cahiers de Droit Européen 1995, S. 323-343

Leuthardt, Beat: Festung Europa: Asyl, Drogen, „Organisierte Kriminalität“: die „Innere Sicherheit“ der 80er und 90er Jahre und ihre Feindbilder
Zürich, 1994

Lindberg, Leon N.: The Political Dynamics of European Economic Integration
Stanford, London, 1963

Lintner, Eduard: Rauschgiftbilanz 1995
in: Bundesministerum des Innern (Hrsg.): Texte zur Inneren Sicherheit. Aspekte der Inneren Sicherheit, S. 49-53
Bonn, 1996

Lobkowicz, Wencelas de: Die Zusammenarbeit in den Bereichen Justiz und Inneres (Art. K EUV)
in: Hummer, Waldemar (Hrsg.): Die EU und Österreich, S. 139-150
Wien, 1994

Lobkowicz, Wencelas de: Die innere Sicherheit in der Union in der Perspektive der Regierungskonferenz 1996
in: Leicht, Anton (Hrsg.): Regierungskonferenz 1996. Wohin steuert die EU?, S. 345-373
Wien, 1996

Lobkowicz, Wencelas de: Der „dritte Pfeiler" des Unionsvertrages in der Perspektive der Regierungskonferenz 1996
in: Müller-Graff, Peter-Christian (Hrsg.): Europäische Zusammenarbeit in den Bereichen Justiz und Inneres: Der dritte Pfeiler der Europäischen Union, 1. Aufl., S. 41-60
Baden-Baden, 1996

Locke, John: Two Treatises of Government
Cambridge, 1960

Lodge, Juliet: Justice and Home Affairs: Internal security, Maastricht and the 1996 IGC
in: Leicht, Anton (Hrsg.): Regierungskonferenz 1996. Wohin steuert die EU?, S. 317-344
Wien, 1996

Löper, Friedrich: Das Dubliner Übereinkommen über die Zuständigkeit für Asylverfahren
Zeitschrift für Ausländerrecht und Ausländerpolitik 2000, S. 16-24

Maaßen, Hans-Georg: Die Rechtsstellung des Asylbewerbers im Völkerrecht: Überlegungen zu den völkerrechtlichen Rahmenbedingungen einer europäischen Asylrechtsharmonisierung
Frankfurt am Main, Berlin, Bern, New York, Paris, Wien, 1997

Maaßen, Hans-Georg: Ein neuer globaler Ansatz zur Bewältigung des weltweiten Drogenproblems. Anmerkungen zu den Ergebnissen der Sondergeneralversammlung der Vereinten Nationen zu Drogen
Zeitschrift für Innere Sicherheit in Deutschland und Europa 1998, S. 250-252

Mancini, G. F.: Le rapport de la Cour de justice des Communautés européennes
in: Mattera, Alfonso/Bangemann, Martin (Hrsg.): La Conférence intergouvernementale sur l'Union européenne, S. 113-120
Paris, 1996

Margue, Tung-Laï: La coopération européenne en matière de lutte contre la criminalité organisée dans le contexte du traité d'Amsterdam
Revue du Marché Unique Européen 1997, S. 91-117

Martenczuk, Bernd: Die differenzierte Integration nach dem Vertrag von Amsterdam
Zeitschrift für europarechtliche Studien 1998, S. 447-474

Martin, Daniel/Martin, Frédéric-Paul: Nouvelles technologies de l'intégration et criminalité
Revue du Marché Commun et de l'Union européenne 1998, S. 544-552

Martínez Soria, José: Die polizeiliche Zusammenarbeit in Europa und der Rechtsschutz des Bürgers
Verwaltungsarchiv 1998, S. 400-438

Marx, Reinhard: Menschenrechtlicher Abschiebungsschutz
Informationsbrief Ausländerrecht 2000, S. 313-318

Marx, Reinhard: Adjusting the Dublin Convention: New Approaches to Member State Responsibility for Asylum Applications
European Journal of Migration and Law 2001, S. 7-22

Masuch, Thorsten: Entscheidet die Täter- oder die Opferperspektive über den Abschiebeschutz aus Art. 3 EMRK?
Zeitschrift für Ausländerrecht und Ausländerpolitik 2000, S. 115-122

Matzka, Manfred: Zur Notwendigkeit einer europäischen Migrationspolitik
in: Hailbronner, Kay/Weil, Patrick (Hrsg.): Von Schengen nach Amsterdam: auf dem Weg zu einem europäischen Einwanderungs- und Asylrecht, S. 75-94
Köln, 1999

Maunz, Theodor/Dürig, Günter/Badura, Peter/Herdegen, Matthias/Herzog, Roman/Klein, Hans H./Lerche, Peter/Papier, Hans-Jürgen/Randelzhofer, Albrecht/Schmidt-Assmann, E./Scholz, Rupert: Grundgesetz. Kommentar.
Loseblattsammlung, Stand: August 2000
München

McClure, Gwen: Die Rolle Interpols bei der Bekämpfung des organisierten Verbrechens
in: Meier-Walser, Reinhard C./Hirscher, Gerhard/Lange, Klaus/Palumbo, Enrico (Hrsg.): Organisierte Kriminalität. Bestandsaufnahme, Transnationale Dimension, Wege der Bekämpfung, S. 368-383
München, 1999

Meier-Braun, Karl-Heinz: Europa - Festung in konzentrischen Kreisen?
EU-Magazin 1999, S. 8-12

Meier-Walser, Reinhard C./Hirscher, Gerhard/Lange, Klaus/Palumbo, Enrico (Hrsg.):
Organisierte Kriminalität. Bestandsaufnahme, Transnationale Dimension, Wege der Bekämpfung
München, 1999

Menke, Matthias: Bedingungen einer Asylgesetzgebung der Europäischen Gemeinschaft
Baden-Baden, 1993

Merk, Hans-Günther: Innere Sicherheit
Mannheim, 1977

Meyer-Ladewig, Jens: Der neue ständige Europäische Gerichtshof für Menschenrechte
Neue Juristische Wochenschrift 1999, S. 1165-1166

Meyring, Bernd: Die Reform der Bereiche Justiz und Inneres durch den Amsterdamer Vertrag
Europarecht 1999, S. 309-324

Meywirth, Carsten: Das Lagebild Organisierte Kriminalität
Kriminalistik 1999, S. 447-452

Micklitz, Hans-W./Rott, Peter: Vergemeinschaftung des EuGVÜ in der Verordnung (EG) Nr. 44/2001
Europäische Zeitschrift für Wirtschaftsrecht 2001, S. 325-334

Mittendorfer, Roland: Benötigt eine Europäische Wirtschafts- und Währungsunion einen europäischen Staat?
Wien, 1995

Möschel, Wernhard: Eine Verfassungskonzeption für die Europäische Union
in: Gröner, Helmut/Schüller, Alfred (Hrsg.): Die europäische Integration als ordnungspolitische Aufgabe, S. 21-39
Stuttgart, Jena, New York, 1993

Monar, Jörg: Reformziel Innere Sicherheit: Die Notwendigkeit einer Gemeinsamen Innen- und Justizpolitik
in: Jopp, Mathias/Schmuck, Otto (Hrsg.): Die Reform der Europäischen Union: Analysen - Positionen - Dokumente zur Regierungskonferenz 1996/97, S. 59-73
Bonn, 1996

Monar, Jörg: European Union - Justice and Home Affairs: A Balance Sheet and an Agenda for Reform
in: Edwards, Geoffrey/Pijpers, Alfred (Hrsg.): The Politics of European Treaty Reform, S. 326-339
London, 1997

Monar, Jörg: Ein Raum der Freiheit, der Sicherheit und des Rechts: Die Innen- und Justizpolitik nach Amsterdam
in: Jopp, Mathias/Maurer, Andreas/Schmuck, Otto (Hrsg.): Die Europäische Union nach Amsterdam. Analysen und Stellungnahmen zum neuen EU-Vertrag, S. 127-154
Bonn, 1998

Monar, Jörg: Justice and Home Affairs in the Treaty of Amsterdam: Reform at the Price of Fragmentation
European Law Review, Band 23, 1998, S. 320-335

Monar, Jörg: Die Entwicklung des „Raumes der Freiheit, der Sicherheit und des Rechts“: Perspektiven nach dem Vertrag von Amsterdam und dem Europäischen Rat vonTampere
Integration 2000, S. 18-33

Montaut, Isabelle: La communautarisation du second et du troisième pilliers du traité de l'UE dans la perspective de la réforme institutionnelle de la CIG 1996 Revue du Marché Commun et de l'Union européenne 1997, S. 335-348

Müller-Graff, Peter-Christian: Die Direktwahl des europäischen Parlaments, 2. Aufl. Tübingen, 1979

Müller-Graff, Peter-Christian: Europäische Politische Zusammenarbeit und Gemeinsame Außen- und Sicherheitspolitik: Kohärenzgebot aus rechtlicher Sicht
Integration 1993, S. 147-157

Müller-Graff, Peter-Christian: The legal bases of the third pillar and its position in the framework of the Union Treaty
Common Market Law Review, Band 31, 1994, S. 493-510

Müller-Graff, Peter-Christian: Die Europäische Zusammenarbeit in den Bereichen Justiz und Inneres (JIZ) - Verbindungen und Spannungen zwischen dem dritten Pfeiler der Europäischen Union und der Europäischen Gemeinschaft
in: Due, Ole/Lutter, Marcus/Schwarze, Jürgen (Hrsg.): Festschrift für Ulrich Everling, Band II, S. 925-944
Baden-Baden, 1995

Müller-Graff, Peter-Christian: Justiz und Inneres nach Amsterdam - Die Neuerungen in erster und dritter Säule
Integration 1997, S. 271-284

Müller-Graff, Peter-Christian: Institutionelle und materielle Reformen in der Zusammenarbeit in den Bereichen Justiz und Inneres
in: Hummer, Waldemar (Hrsg.): Die Europäische Union nach dem Vertrag von Amsterdam, S. 259-280
Wien, 1998

Müller-Graff, Peter-Christian/Kainer, Friedemann: Die justizielle Zusammenarbeit in Zivilsachen in der Europäischen Union
Deutsche Richterzeitung 2000, S. 350-354

Müller-Terpitz, Ralf: Grenzpolizeiliche Schleierfahndung im Binnenraum
Die Öffentliche Verwaltung 1999, S. 329-336

Münz, Rainer: Phasen und Formen der europäischen Migration
in: Angenendt, Steffen (Hrsg.): Migration und Flucht. Aufgaben und Strategien für Deutschland, Europa und die internationale Gemeinschaft, S. 34-47
Bonn, 1997

Nanz, Klaus-Peter: Der „3. Pfeiler der Europäischen Union": Zusammenarbeit in der Innen- und Justizpolitik
Integration 1992, S. 126-140

Nanz, Klaus-Peter: Das Schengener Übereinkommen: Personenfreizügigkeit in integrationspolitischer Perspektive
Integration 1994, S. 92-108

Nanz, Klaus-Peter: Visapolitik und Einwanderungspolitik in der Europäischen Union
in: Müller-Graff, Peter-Christian (Hrsg.): Europäische Zusammenarbeit in den Bereichen Justiz und Inneres: Der dritte Pfeiler der Europäischen Union, 1. Aufl., S. 63-74
Baden-Baden, 1996

Nanz, Klaus-Peter: Zusammenarbeit in den Bereichen Justiz und Inneres. Bilanz und Perspektiven
in: Magiera, Siegfried/Siedentopf, Heinrich (Hrsg.): Die Zukunft der Europäischen Union: Integration, Koordination, Dezentralisierung; Tagungsbeiträge der 64. Staatswissenschaftlichen Fortbildungstagung der Hochschule für Verwaltungswissenschaften Speyer vom 20. bis 22. März 1996, S. 131-148
Berlin, 1997

Nehm, Kay: Zusammenarbeit der Strafverfolgungsorgane in Europa - Eine Zwischenbilanz -
Deutsche Richterzeitung 2000, S. 355-364

Nickel, Dietmar: Ein Kommentar zum Amsterdamer Vertrag aus Sicht des Europäischen Parlaments
Integration 1997, S. 219-227

Nicol, Andrew/Harrison, Stephanie: The Law and Practice in the Application of the Dublin Convention in the United Kingdom
European Journal of Migration and Law 1999, S. 465-481

Nicolaus, Helmut: Schengen und Europol - ein europäisches Laboratorium?
Neue Zeitschrift für Verwaltungsrecht 1996, S. 40-43

Niemeier, Michael: Die Bekämpfung der Organisierten Kriminalität ist möglich
Zeitschrift für Innere Sicherheit in Deutschland und Europa 1997, S. 101-113

Niessen, Jan: The European Union's Migration and Asylum Policies
in: Guild, Elspeth: The Developing Immigration and Asylum Policies of the European Union. Adopted Conventions, Resolutions, Recommendations, Decisions and Conclusions, S. 3-63
The Hague, 1996

Niessen, Jan: The Amsterdam Treaty and NGO Responses
European Journal of Migration and Law 2000, S. 203-214

Nuscheler, Franz: Bevölkerung und Migration
in: Hauchler, Ingomar/Messner, Dirk/Nuscheler, Franz (Hrsg.): Globale Trends 2000. Fakten - Analysen - Prognosen, S. 101-119
Frankfurt am Main, 1999

Oberleitner, Rainer: Schengen und Europol. Kriminalitätsbekämpfung in einem Europa der inneren Sicherheit
Wien, 1998

Ochoa-Llido, Maria/Tessényi, Géza: Council of Europe: News from the Intergovernmental Sector
European Journal of Migration and Law 2000, S. 215-222

O'Keefe, David: The emergency of a European Immigration Policy
European Law Review, Band 20, 1995, S. 20-36

Opitz, Peter J.: Welten im Umbruch, Menschen im Aufbruch. Das Weltflüchtlingsproblem. Empirische Befunde
in: ders. (Hrsg.): Weltprobleme, 4. Aufl., S. 135-158
Bonn, 1995

Oppermann, Thomas: Europarecht, 2. Aufl.
München, 1999

Ost, Nina: Flexibilität des Gemeinschaftsrechts - Vom Notantrieb zum Vertragsprinzip?
Die Öffentliche Verwaltung 1997, S. 495-503

Ostendorf, Heribert: Europol - ohne Rechtskontrolle?
Neue Juristische Wochenschrift 1997, S. 3418-3420

Pastore, Ferruccio: L'expérience italienne dans la mise en œuvre de Schengen
in: Hailbronner, Kay/Weil, Patrick (Hrsg.): Von Schengen nach Amsterdam: auf dem Weg zu einem europäischen Einwanderungs- und Asylrecht, S. 43-50
Köln, 1999

Pechstein, Matthias: Die Justitiabilität des Unionsrechts
Europarecht 1999, S. 1-26

Pechstein, Matthias: Amsterdamer Vertrag und Grundgesetz
Die Öffentliche Verwaltung 1998, S. 569-576

Pechstein, Matthias: Anmerkung zu EuGH, Urteil vom 12. Mai 1998, Rs. C-170/96
Juristenzeitung 1998, S. 1008-1009

Pechstein, Matthias/König, Christian: Die Europäische Union, 2. Aufl.
Tübingen, 1998

Pechstein, Matthias/König, Christian: Die Europäische Union, 3. Aufl.
Tübingen, 2000

Peers, Steve: Towards equality: Actual and potential rights of third-country nationals in the European Union
Common Market Law Review, Band 33, 1996, S. 7-50

Peers, Steve: Building Fortress Europe: The development of EU migration law
Common Market Law Review, Band 35, 1998, S. 1235-1272

Peers, Steve: Justice and home affairs: decision-making after Amsterdam
European Law Review, Band 25, 2000, S. 183-191

Peters, Helge: Die Inszenierung „Innere Sicherheit" - Zur Einführung in das Thema
in: Hitzler, Ronald/Peters, Helge (Hrsg.): Inszenierung: Innere Sicherheit. Daten und Diskurse, S. 9-24
Opladen, 1998

Petite, Michel: Die Position der Europäischen Kommission zur Regierungskonferenz
in: Leicht, Anton (Hrsg.): Regierungskonferenz 1996. Wohin steuert die EU?, S. 49-57
Wien, 1996

Petite, Michel: L'avis de la Commission européenne: renforcer l'Union politique et préparer l'élargissement
in: Mattera, Alfonso/Bangemann, Martin (Hrsg.): La Conférence intergouvernementale sur l'Union européenne, S. 113-120
Paris, 1996

Pfaff, Victor: Das humanitäre Völkervertragsrecht
Anwaltsblatt 2000, S. 490-495

Philipp, Otmar: Lage der Opfer von Straftaten verbessern
Europäische Zeitschrift für Wirtschaftsrecht 2000, S. 675

Piazolo, Michael/Grosch, Klaus (Hrsg.): Festung oder offene Grenzen? Entwicklung des Einwanderungs- und Asylrechts in Deutschland und Europa
München, 1995

Piepenschneider, Melanie: Die Positionen der Mitgliedstaaten und EU-Organe im Überblick: Standpunkte, Spielmaterial und Sprengsätze
in: Jopp, Mathias/Schmuck, Otto (Hrsg.): Die Reform der Europäischen Union: Analysen - Positionen - Dokumente zur Regierungskonferenz 1996/1997, S. 75-100
Bonn, 1996

Piepenschneider, Melanie: Länderanalysen Deutschland
in: Hrbek, Rudolf (Hrsg.): Die Reform der Europäischen Union: Positionen und Perspektiven anläßlich der Regierungskonferenz, 1. Aufl., S. 59-68
Baden-Baden, 1997

Piepenschneider, Melanie: Der Vertrag von Amsterdam
Sankt Augustin, 1998

Pieth, Mark: „Organisierte Kriminalität" und „Innere Sicherheit"?
in: Bauhofer, Stefan/Bolle, Pierre-Henri (Hrsg.): Innere Sicherheit - Innere Unsicherheit, S. 77-88
Zürich, 1995

Pirrung, Jörg: Europäische justitielle Zusammenarbeit in Zivilsachen - insbesondere das neue Scheidungsübereinkommen
Zeitschrift für Europäisches Privatrecht 1999, S. 834-848

Pitschas, Rainer: Netzwerke der europäischen inneren Sicherheit. Kriminalprävention durch internationale polizeiliche Zusammenarbeit und Sicherheitspartnerschaften auf der Grundlage des Vertrags von Amsterdam
in: Pitschas, Rainer/Stober, Rolf (Hrsg.): Kriminalprävention durch Sicherheitspartnerschaften, S. 1-40
Köln, Berlin, Bonn, München, 2000

Polakiewicz, Jörg: Die Verpflichtungen der Staaten aus den Urteilen des Europäischen Gerichtshofs für Menschenrechte
Berlin, Heidelberg, New York, London, Paris, Tokyo, Hong Kong, Barcelona, Budapest, 1993

Pollet, Kris: L'intégration de l'acquis de Schengen dans le cadre de l'Union européenne: impact et perspectives
in: Dony, Marianne (Hrsg.): L'Union européenne et le monde après Amsterdam, S. 143-162
Bruxelles, 1999

Prodi, Romano: 2000-2005: Umrisse des neuen Europas
Beilage 1/2000 zu Bull. EU, S. 7-15

Rasmussen, Annegrethe/Thune, Christian: Länderanalysen Dänemark
in: Hrbek, Rudolf (Hrsg.): Die Reform der Europäischen Union: Positionen und Perspektiven anläßlich der Regierungskonferenz, 1. Aufl., S. 51-58
Baden-Baden, 1997

Remien, Oliver: European Private International Law, the European Community and its emerging Area of Freedom, Security and Justice
Common Market Law Review, Band 38, 2001, S. 53-86

Renner, Günter: Was ist vom deutschen Asylrecht geblieben?
Zeitschrift für Ausländerrecht und Ausländerpolitik 1996, S. 103-109

Ress, Georg: Menschenrecht, europäisches Gemeinschaftsrecht und nationales Verfassungsrecht
in: Haller, Herbert/Kopetzki, Christian/Novak, Richard/Paulson, Stanley L./Raschauer, Bernhard/Ress, Georg/Wiederin, Ewald (Hrsg.): Staat und Recht. Festschrift für Günther Winkler, S. 897-932
Wien, New York, 1997

Ress, Georg: Die EMRK und das europäische Gemeinschaftsrecht
Zeitschrift für europarechtliche Studien 1999, S. 471-485

Rodríguez Iglesias, Gil Carlos: Zur Stellung der Europäischen Menschenrechtskonvention im europäischen Gemeinschaftsrecht
in: Beyerlin, Ulrich/Bothe, Michael/Hofmann, Rainer/Petersmann, Ernst-Ulrich (Hrsg.): Recht zwischen Umbruch und Bewahrung: Völkerrecht, Europarecht, Staatsrecht; Festschrift für Rudolf Bernhardt, S. 1269-1282
Berlin, Heidelberg, New York, London, Paris, Tokyo, Hong Kong, Barcelona, Budapest, 1995

Rodríguez Iglesias, Gil Carlos: Gedanken zum Entstehen einer Europäischen Rechtsordnung
Neue Juristische Wochenschrift 1999, S. 1-9

Rousseau, Jean-Jacques: Du Contrat social. Précédé de Discours sur l'économie politique et de Du Contrat social, première version, et suivie de Fragments politiques. Texte établi, présenté et annoté par Robert Derathé
Editions Gallimard, 1964

Rupprecht, Reinhard: Justiz und Inneres nach dem Amsterdamer Vertrag
Integration 1997, S. 264-270

Rupprecht, Reinhard: Zuwanderung und Innere Sicherheit
in: Angenendt, Steffen (Hrsg.): Migration und Flucht. Aufgaben und Strategien für Deutschland, Europa und die internationale Gemeinschaft, S. 87-95
Bonn, 1997

Rupprecht, Reinhard/Hellenthal, Markus: Programm für eine Europäische Gemeinschaft der Inneren Sicherheit
in: dies. (Hrsg.): Innere Sicherheit im europäischen Binnenmarkt, S. 23-318
Gütersloh, 1992

Sack, Jörn: Zur künftigen europäischen Gerichtsbarkeit nach Nizza
Europäische Zeitschrift für Wirtschaftsrecht 2001, S. 77-80

Santiago, Michael: Europol and Police Cooperation in Europe
Lewiston, Queenston, Lampeter, 2000

Sartorius I: Verfassungs- und Verwaltungsgesetze der Bundesrepublik Deutschland
Loseblattsammlung. Stand: 1. April 2001
München

Sartorius II: Internationale Verträge - Europarecht. Textausgabe mit Anmerkungen und Verweisungen sowie einem systematischen und einem alphabetischen Inhaltsverzeichnis und einem ausführlichen Sachverzeichnis.
Loseblattsammlung. Stand: 15. Oktober 2000
München

Scappucci, Gioia: Länderanalysen Italy
in: Hrbek, Rudolf (Hrsg.): Die Reform der Europäischen Union: Positionen und Perspektiven anläßlich der Regierungskonferenz, 1. Aufl., S. 113-122
Baden-Baden, 1997

Schack, Haimo: Die EG-Kommission auf dem Holzweg von Amsterdam
Zeitschrift für Europäisches Privatrecht 1999, S. 805-808

Scharrer, Hans-Eckart: Abgestufte Integration - Eine Einführung
in: Grabitz, Eberhard (Hrsg.): Abgestufte Integration. Eine Alternative zum herkömmlichen Integrationskonzept? Ergebnisse eines Forschungsprojektes des Instituts für Integrationsforschung der Stiftung Europa-Kolleg Hamburg, 1. Aufl., S. 1-30
Kehl am Rhein, Straßburg, 1984

Schattenberg, Bernd: Deutsche Erfahrungen mit Schengen
in: Hailbronner, Kay/Weil, Patrick (Hrsg.): Von Schengen nach Amsterdam: auf dem Weg zu einem europäischen Einwanderungs- und Asylrecht, S. 23-30
Köln, 1999

Schauer, Martin: Schengen - Maastricht - Amsterdam. Auf dem Weg zu einer flexiblen Union
Wien, 2000

Schelter, Kurt: Bekämpfung der Organisierten Kriminalität als Herausforderung für Europa - auch für die OSZE?
Integration 1996, S. 102-109

Schermers, Henry G.: The European Communities bound by fundamental Human Rights
Common Market Law Review, Band 27, 1990, S. 249-258

Schieffer, Martin: Die Zusammenarbeit der EU-Mitgliedstaaten in den Bereichen Asyl und Einwanderung
Baden-Baden, 1998

Schily, Otto: Die Europäisierung der Innenpolitik
Neue Zeitschrift für Verwaltungsrecht 2000, S. 883-889

Schmahl, Stefanie: Die Vergemeinschaftung der Asyl- und Flüchtlingspolitik
Zeitschrift für Ausländerrecht und Ausländerpolitik 2001, S. 3-11

Schmidt-Jortzig, Edzard: Die Zukunftsperspektiven von Europol
Zeitschrift für europarechtliche Studien 1998, S. 7-15

Schmuck, Otto: Der Amsterdamer Vertrag aus Sicht der Länder und Regionen
Integration 1997, S. 228-235

Schmuck, Otto: Verlauf und Ergebnisse der Regierungskonferenz im Licht integrationspolitischer Langzeittrends
in: Jopp, Mathias/Maurer, Andreas/Schmuck, Otto (Hrsg.): Die Europäische Union nach Amsterdam. Analysen und Stellungnahmen zum neuen EU-Vertrag, S. 17-39
Bonn, 1998

Schneider, Heinrich: Europäische Integration: die Leitbilder und die Politik
in: Kreile, Michael (Hrsg.): Die Integration Europas, S. 3-35
Opladen, 1992

Schneider, Heinrich: Länderanalysen Österreich
in: Hrbek, Rudolf (Hrsg.): Die Reform der Europäischen Union: Positionen und Perspektiven anläßlich der Regierungskonferenz, 1. Aufl., S. 137-156
Baden-Baden, 1997

Schoch, Friedrich: Asyl- und Ausländerrecht in der Europäischen Gemeinschaft
Deutsche Verwaltungsblätter 1992, S. 525-536

Schönfelder, Wilhelm/Silberberg, Reinhard: Der Vertrag von Amsterdam: Entstehung und Bewertung
Integration 1997, S. 203-210

Schomburg, Wolfgang: Strafsachen in der Europäischen Union
Neue Juristische Wochenschrift 1999, S. 540-543

Schomburg, Wolfgang: Internationale vertragliche Rechtshilfe in Strafsachen
Neue Juristische Wochenschrift 1999, S. 550-553

Schomburg, Wolfgang: Auf dem Weg zu einem europäischen Rechtsraum?
Deutsche Richterzeitung 1999, S. 107-113

Schomburg, Wolfgang: Auf dem Weg zu einem Europäischen Rechtsraum! Ein Zwischenbericht über erste Anläufe
Deutsche Richterzeitung 2000, S. 341-344

Schomburg, Wolfgang: Internationale vertragliche Rechtshilfe in Strafsachen. Kurzübersicht zur aktuellen Rechtsentwicklung
Neue Juristische Wochenschrift 2000, S. 340-344

Schomburg, Wolfgang: Die Europäisierung des Verbots doppelter Strafverfolgung - Ein Zwischenbericht
Neue Juristische Wochenschrift 2000, S. 1833-1840

Schomburg, Wolfgang: EUROJUST neben EUROPOL
Kriminalistik 2000, S. 13-21

Schomburg, Wolfgang: Ein neuer Start! Internationale vertragliche Rechtshilfe in Strafsachen - Kurzübersicht zur aktuellen Rechtsentwicklung
Neue Juristische Wochenschrift 2001, S. 801-806

Schomburg, Wolfgang/Lagodny, Otto: Internationale Rechtshilfe in Strafsachen, 3. Aufl.
München, 1998

Schreckenberger, Waldemar: Von den Schengener Abkommen zu einer gemeinsamen Innen- und Justizpolitik (Die Dritte Säule)
Verwaltungarchiv 1997, S. 389-415

Schriever-Steinberg, Angelika: Das Schengener Durchführungsübereinkommen aus der Sicht der Datenschutzkontrollinstanz
in: Nachbaur, Andreas (Hrsg.): Die grenzüberschreitende Zusammenarbeit von Polizei und Justiz in den Schengen-Staaten - Fachtagung, S. 65-72
Villingen-Schwenningen, 1998

Schröder, Birgit: Das Fingerabdruckvergleichssystem EURODAC
Zeitschrift für Ausländerrecht und Ausländerpolitik 2001, S. 71-76

Schroeder, Werner: Die Rechtsnatur der Europäischen Union und verwandte Probleme
in: Hummer, Waldemar/Schweitzer, Michael (Hrsg.): Österreich und das Recht der Europäischen Union, S. 3-22
Wien, 1996

Schuster, Leo: Europäisierung der Polizeiarbeit
Kriminalistik 2000, S. 74-82

Schutz, Lothar: Flexibilität in der Europäischen Union. Hintergrund und Entwicklung eines alternativen Integrationskonzeptes
Aachen, 1999

Schwan, Alexander: Politische Theorien des Rationalismus und der Aufklärung
in: Lieber, Hans-Joachim (Hrsg.): Politische Theorien von der Antike bis zur Gegenwart, 2. Aufl., S. 157-257
Bonn, 1993

Schwarz, Heinz: Sicherheit oder Freiheit?
Stuttgart, 1974

Schwarz, Heinz: Grundfragen der Inneren Sicherheit in der Bundesrepublik Deutschland 1975
Die Polizei 1975, S. 1-5

Schwarze, Jürgen (Hrsg.): EU-Kommentar
Baden-Baden, 2000

Schweitzer, Michael: Europäische Gemeinschaften und Asylrecht
Zeitschrift für Ausländerrecht und Ausländerpolitik 1992, S. 147-154

Schweitzer, Michael: Das Asylrecht im Europäischen Gemeinschaftsrecht
in: Baur, Jürgen F./Müller-Graff, Peter-Christian/Zuleeg, Manfred (Hrsg.): Europarecht, Energierecht, Wirtschaftsrecht. Festschrift für Bodo Börner zum 70. Geburtstag, S. 403-416
Köln, München, 1992

Schweitzer, Michael/Hummer, Waldemar: Europarecht. Recht der Europäischen Gemeinschaften (EGKS, EWG, EAG) - mit Schwerpunkt EWG, 4. Aufl.
Neuwied, Kriftel, Berlin, 1993

Schweitzer, Michael/Hummer, Waldemar: Europarecht. Das Recht der Europäischen Union; das Recht der Europäischen Gemeinschaften (EGKS, EG, EAG), mit Schwerpunkt EG, 5. Aufl.
Neuwied, Kriftel, Berlin, 1996

See, Hans: Wirtschaftskriminalität, organisierte Kriminalität und Korruption - die inneren Feinde der sozialen Marktwirtschaft und der Demokratie
in: Gehl, Günter (Hrsg.): Bedroht die organisierte Kriminalität die Demokratien in Europa?, S. 9-42
Weimar, 1997

Seidl-Hohenveldern, Ignaz/Loibl, Gerhard: Das Recht der Internationalen Organisationen einschließlich der Supranationalen Gemeinschaften, 7. Aufl.
Köln, Berlin, Bonn, München, 2000

Selm, Joanne van (Hrsg.): Kosovo's Refugees in the European Union
London, New York, 2000

Selm, Joanne van: Temporarily Protecting Displaced Persons or Offering the Possibility to Start a New Life in the European Union
European Journal of Migration and Law 2001, S. 23-35

Sieber, Ulrich: Organisierte Kriminalität in der Bundesrepublik Deutschland
in: ders. (Hrsg.): Internationale Organisierte Kriminalität. Herausforderungen und Lösungen für ein Europa offener Grenzen, S. 43-86
Köln, Berlin, Bonn, München, 1997

Simaeys, Benoit van/Carlier, Jean-Yves: Le nouvel espace de liberté, de sécurité et de justice
in: Lejeune, Yves (Hrsg.): Le Traité d'Amsterdam. Espoirs et déceptions, S. 227-285
Bruxelles, 1998

Sonntag-Wolgast, Cornelia: Perspektiven eines europäischen Einwanderungs- und Asylrechts
in: Hailbronner, Kay/Weil, Patrick (Hrsg.): Von Schengen nach Amsterdam: auf dem Weg zu einem europäischen Einwanderungs- und Asylrecht, S. 15-22
Köln, 1999

Spinelli, Altiero: Manifest der Europäischen Föderalisten
Frankfurt am Main, 1958

Spinelli, Altiero: The Eurocrats
Baltimore, 1966

Staples, Helen: Adjudicating the Schengen Agreements in the Netherlands
European Journal of Migration and Law 2000, S. 49-83

Steenbergen, J.D.M.: All the King's Horses .... Probabilities and Possibilities for the Implementation of the New Title IV EC Treaty
European Journal of Migration and Law 1999, S. 29-60

Stern, Klaus: Das Staatsrecht der Bundesrepublik Deutschland, Band III/1. Allgemeine Lehren der Grundrechte
München, 1988

Storbeck, Jürgen: Europol: Probleme und Regelungsdefizite
in: Hailbronner, Kay (Hrsg.): Zusammenarbeit der Polizei- und Justizverwaltungen in Europa: die Situation nach Maastricht - Schengen und SIS, S. 81-94
Heidelberg, 1996

Storbeck, Jürgen: Notwendigkeit und Grenzen internationaler polizeilicher Zusammenarbeit - Rechtsprobleme beim Aufbau von Europol
in: Baldus, Manfred/Soiné, Michael (Hrsg.): Rechtsprobleme der internationalen polizeilichen Zusammenarbeit, S. 21-49
Baden-Baden, 1999

Storbeck, Jürgen: Die Zusammenarbeit der Strafverfolgungsbehörden in Europa
Deutsche Richterzeitung 2000, S. 481-489

Streinz, Rudolf: Die Europäische Union nach dem Vertrag von Maastricht
Zeitschrift für Rechtsvergleichung, Internationales Privatrecht und Europarecht 1995, S. 1-13

Streinz, Rudolf: Der Vertrag von Amsterdam
Juristische Ausbildung 1998, S. 57-65
Europäische Zeitschrift für Wirtschaftsrecht 1998, S. 137-147

Streinz, Rudolf: Europarecht, 5. Aufl.
Heidelberg, 2001

Stubb, Alexander C.-G.: A Categorization of Differentiated Integration
Journal of Common Market Studies 1996, S. 283-295

Stubb, Alexander C.-G.: Negotiating Flexible Integration in the Amsterdam Treaty
in: Neunreither, Karlheinz/Wiener, Antje (Hrsg.): European Integration After Amsterdam. Institutional Dynamics and Prospects for Democracy, S. 153-174
Oxford, 2000

Stübert, Dinchen Franziska: Die Einführung des Euro
Kriminalistik 1999, S. 537-540

Sturm, Joachim: Schengen - Europol - Interpol: Konkurrenz oder Partnerschaft?
Kriminalistik 1997, S. 99-104

Sturm, Michael: Währungsunion und Politische Union - notwendige Ergänzung, zwangsläufige Folge oder fehlende Interdependenz?
Integration 1999, S. 263-273

Sule, Satish: Europol und europäischer Datenschutz
Baden-Baden, 1999

Sunjic, Melita H.: Das Weltflüchtlingsproblem: gestern - heute - morgen
in: Husa, Karl/Parnreiter, Christof/Stacher, Irene (Hrsg.): Internationale Migration. Die globale Herausforderung des 21. Jahrhunderts?, S. 145-155
Frankfurt am Main, 2000

Szukala, Andrea: Länderanalysen Frankreich
in: Hrbek, Rudolf (Hrsg.): Die Reform der Europäischen Union: Positionen und Perspektiven anläßlich der Regierungskonferenz, 1. Aufl., S. 77-88
Baden-Baden, 1997

Taschner, Hans Claudius: Schengen: Die Übereinkommen zum Abbau der Personenkontrollen an den Binnengrenzen von EU-Staaten
Baden-Baden, 1997

Tessényi, Géza/Newman, Simon: The Work of the Council of Europe in the Field of Refugees and Migration
European Journal of Migration and Law 1999, S. 229-241

Tessényi, Géza: An Update on the Work of the Council of Europe on Refugees and Migration
European Journal of Migration and Law 1999, S. 497-501

Tezcan, Ercüment: La coopération dans les domaines de la justice et des affaires intérieures dans le cadre de l'Union Européenne et le traité d'Amsterdam
Cahiers de Droit Européen 1998, S. 661-681

Thun-Hohenstein, Christoph: Der Vertrag von Amsterdam
Wien, 1997

Thun-Hohenstein, Christoph: Die Möglichkeit einer „verstärkten Zusammenarbeit" zwischen EU-Mitgliedstaaten - Chancen und Gefahren der „Flexibilität"
in: Hummer, Waldemar (Hrsg.): Die Europäische Union nach dem Vertrag von Amsterdam, S. 125-139
Wien, 1998

Tolmein, Oliver: Europol
Strafverteidiger 1999, S. 108-116

Toner, Helen: Passport controls at borders between Member States
European Law Review, Band 25, 2000, S. 415-424

Toth, A. G.: The legal status of the Declarations annexed to the Single European Act
Common Market Law Review, Band 23, 1986, S. 803-812

Toth, A. G.: The legal effects of the protocols relating to the United Kingdom, Ireland and Denmark
in: Heukels, Ton/Blokker, Niels/Brus, Marcel (Hrsg.): The European Union after Amsterdam. A Legal Analysis, S. 227-252
The Hague, London, Boston, 1998

Trotta, Rosa: La dimension exterieure de la circulation des personnes après Amsterdam
in: Dony, Marianne (Hrsg.): L'Union européenne et le monde après Amsterdam, S. 107-141
Bruxelles, 1999

Tsatsos, Dimitris Th.: Memorandum (Entwurf) für die SPE-Fraktion über die Möglichkeiten und Grenzen der Verfahren partieller Integration
in: ders. (Hrsg.): Verstärkte Zusammenarbeit: Flexible Institutionen oder Gefährdung der Integration?, 1. Aufl., S. 13-23
Baden-Baden, 1999

Türk, Volker: Das Flüchtlingshochkommissariat der Vereinten Nationen (UNHCR)
Berlin, 1992

Tuffner, Martin: Das Schengener Informationssystem (SIS)
Kriminalistik 2000, S. 39-43

Ulber, Gerhard: Auswirkungen der Europäisierung auf Kriminalität und Straftatenbekämpfung am Beispiel von illegalem Drogenhandel
in: Bundeskriminalamt (Hrsg.): Verbrechensbekämpfung in europäischer Dimension. Arbeitstagung des Bundeskriminalamtes Wiesbaden vom 26.-28. November 1991, S. 63-76
Wiesbaden, 1992

UNHCR: Handbuch über Verfahren und Kriterien zur Feststellung der Flüchtlingseigenschaft gemäß dem Abkommen von 1951 und dem Protokoll von 1967 über die Rechtsstellung der Flüchtlinge
Genf, 1979

Verdross, Alfred/Simma, Bruno: Universelles Völkerrecht. Theorie und Praxis, 3. Aufl.
Berlin, 1984

Vernimmen, Gisèle: La sécurité intérieure en tant que tâche de la coopération européenne résultant du traité sur l'Union européenne
in: Hailbronner, Kay (Hrsg.): Zusammenarbeit der Polizei- und Justizverwaltungen in Europa: die Situation nach Maastricht - Schengen und SIS, S. 17-22
Heidelberg, 1996

Villiger, Mark E.: Handbuch der Europäischen Menschenrechtskonvention (EMRK), 2. Aufl.
Zürich, 1999

Vogel, Jörg: Der gemeinschaftsrechtliche Status der Säulenkonstruktion des Vertrages über die Europäische Union, erläutert am Beispiel der Bestimmungen über die Zusammenarbeit in den Bereichen Justiz und Inneres
Nürnberg, 1999

Wägenbaur, Rolf: Betrugsbekämpfung zum Schutz der finanziellen Interessen der Gemeinschaft
Europäische Zeitschrift für Wirtschaftsrecht 2001, S. 34

Wagner, Eckart: The integration of Schengen into the framework of the European Union
Legal Issues of European Integration 1998, S. 1-60

Waldstein, Michael: Das Asylgrundrecht im europäischen Kontext
Frankfurt am Main, 1993

Wallace, Helen: Länderanalyse Great Britain
in: Hrbek, Rudolf (Hrsg.): Die Reform der Europäischen Union: Positionen und Perspektiven anläßlich der Regierungskonferenz, 1. Aufl., S. 95-102
Baden-Baden, 1997

Wallace, Rebecca M. M.: Refugees and Asylum: a Community Perspective
London, Dublin, Edinburgh, 1996

Weber, Albrecht: Möglichkeiten und Grenzen europäischer Asylrechtsharmonisierung vor und nach Amsterdam
Zeitschrift für Ausländerrecht und Ausländerpolitik 1998, S. 147-152

Weber, Albrecht: Ansätze zu einem gemeineuropäischen Asylrecht
Europäische Grundrechte Zeitschrift 1999, S. 301-313

Weber, Claus: Reisefreiheit für Drittstaatsangehörige - welche Kompetenzen besitzen Europäische Gemeinschaft und Europäische Union?
Zeitschrift für Ausländerrecht und Ausländerpolitik 1997, S. 25-28

Wehner, Ruth: Die polizeiliche Zusammenarbeit zwischen den Schengen-Staaten unter besonderer Berücksichtigung des SIS
in: Achermann, Alberto/Bieber, Roland/Epiney, Astrid/Wehner, Ruth: Schengen und die Folgen. Der Abbau der Grenzkontrollen in Europa, S. 129-178
Bern, München, Wien, 1995

Weichert, Thilo: Eurosicherheit. Legitimations-, Kontroll- und Datenschutz-Defizite bei der Entwicklung einer europäischen Innenpolitik
in: Gössner, Rolf (Hrsg.): Mythos Sicherheit. Der hilflose Schrei nach dem starken Staat, S. 291-307
Baden-Baden, 1995

Weidenfeld, Werner: Die Innere Sicherheit als europäische Politik
in: Rupprecht, Reinhard/Hellenthal, Markus (Hrsg.): Innere Sicherheit im europäischen Binnenmarkt, S. 7-22
Gütersloh, 1992

Weidenfeld, Werner/Wessels, Wolfgang (Hrsg.): Europa von A-Z, 6. Aufl.
Bonn, 1997

Weissel, Erwin: Sicherheit um jeden Preis
Zeitschrift für Rechtsvergleichung, Internationales Privatrecht und Europarecht 1998, S. 109-125

Welte, Hans-Peter: Beschlüsse zum Ausländer- und Asylrecht auf der Regierungskonferenz am 16./17. Juni 1997 in Amsterdam (Maastricht II)
Zeitschrift für Ausländerrecht und Ausländerpolitik 1998, S. 67-69

Wessels, Wolfgang: Staat und (westeuropäische) Integration. Die Fusionsthese
in: Kreile, Michael (Hrsg.): Die Integration Europas, S. 36-61
Opladen, 1992

Wewel, Uwe: Schutz der Union durch Zusammenarbeit im Zollwesen
in: Müller-Graff, Peter-Christian (Hrsg.): Europäische Zusammenarbeit in den Bereichen Justiz und Inneres: Der dritte Pfeiler der Europäischen Union, 1. Aufl., S. 117-132
Baden-Baden, 1996

Wiener, Antje: Forging Flexibility - The British „No" to Schengen
European Journal of Migration and Law 1999, S. 441-463

Wihtol de Wenden, Catherine: Post-Amsterdam Migration Policy and European Citizenship
European Journal of Migration and Law 1999, S. 89-101

Winkler, Sebastian: Der EGMR zum innerstaatlich und gemeinschaftsrechtlich (RL 65/65/EWG) definierten Arzneimittelbegriff beim Apothekenmonopol
Europäische Grundrechte Zeitschrift 1999, S. 181-183

Winkler, Sebastian: Der Europäische Gerichtshof für Menschenrechte, das Europäische Parlament und der Schutz der Konventionsgrundrechte im Europäischen Gemeinschaftsrecht
Europäische Grundrechte Zeitschrift 2001, S. 18-27

Wittkämper, Gerhard W./Krevert, Peter/Kohl, Andreas: Europa und die innere Sicherheit
Wiesbaden, 1996

Woesner, Horst: Die Menschenrechtskonvention in der deutschen Strafrechtspraxis
Neue Juristische Wochenschrift 1961, S. 1381-1385

Wollenschläger, Michael: Ein europäisches Asylrecht in der Tradition europäischer Rechtskultur
in: Piazolo, Michael/Grosch, Klaus (Hrsg.): Festung oder offene Grenzen? Entwicklung des Einwanderungs- und Asylrechts in Deutschland und Europa, S. 9-34
München, 1995

Wolters, Menno: Länderanalysen The Netherlands
in: Hrbek, Rudolf (Hrsg.): Die Reform der Europäischen Union: Positionen und Perspektiven anläßlich der Regierungskonferenz, 1. Aufl., S. 131-136
Baden-Baden, 1997

Wolter, Miriam: Auf dem Weg zu einem gemeinschaftlichen Asylrecht in der Europäischen Union
Baden-Baden, 1999

Woschnagg, Gregor: Die Position der österreichischen Bundesregierung zur Regierungskonferenz
in: Leicht, Anton (Hrsg.): Regierungskonferenz 1996. Wohin steuert die EU?, S. 25-34
Wien, 1996

Woyke, Wichard: Länderanalysen Luxemburg
in: Hrbek, Rudolf (Hrsg.): Die Reform der Europäischen Union: Positionen und Perspektiven anläßlich der Regierungskonferenz, 1. Aufl., S. 123-130
Baden-Baden, 1997

Wuermeling, Joachim: Anmerkung zu EuGH, Urteil vom 21. September 1999, Rs. C-378/97
Bayerische Verwaltungsblätter 2000, S. 624-625

Würz, Karl: Das Schengener Durchführungsübereinkommen: Einführung - Erläuterung - Vorschriften
Stuttgart, München, Hannover, Berlin, Weimar, Dresden, 1997

Zander, Constanze: Anmerkung zu EGMR, Urteil vom 5. Oktober 2000, Beschwerde Nr. 39652/98 (Maaouia./.Frankreich)
Informationsbrief Ausländerrecht 2001, S. 109-111

Zellentin, Gerda: Der Funktionalismus - eine Strategie gesamteuropäischer Integration?
in: Kreile, Michael (Hrsg.): Die Integration Europas, S. 62-77
Opladen, 1992

Zieck, Marjoleine: UNHCR and Voluntary Repatriation of Refugees. A Legal Analysis
The Hague, Boston, London, 1997

Zieschang, Frank: Das EU-Bestechungsgesetz und das Gesetz zur Bekämpfung internationaler Bestechung
Neue Juristische Wochenschrift 1999, S. 105-107

Zimmermann, Andreas: Das neue Grundrecht auf Asyl
Berlin, 1994

Zimmermann, Andreas: Der Vertrag von Amsterdam und das deutsche Asylrecht
Neue Zeitschrift für Verwaltungsrecht 1998, S. 450-456

Zippelius, Reinhold: Rechtsphilosophie, 3. Aufl.
München, 1994

Zott, Regina: Der rechtliche Rahmen der innen- und justizpolitischen Zusammenarbeit in der Europäischen Union; Analyse des Maastrichter Vertrages und Perspektiven nach dem Vertrag von Amsterdam
Konstanz, 1998

Zwaan, Jaap de/Vrouenraets, Mireille: The future of the third pillar: an evaluation of the Treaty of Amsterdam
in: Heukels, Ton/Blokker, Niels/Brus, Marcel (Hrsg.): The European Union after Amsterdam. A Legal Analysis, S. 203-214
The Hague, London, Boston, 1998

FSC
www.fsc.org
MIX
Papier | Fördert
gute Waldnutzung
FSC® C083411

Kolibri 360 GmbH
Ferdinand-Jühlke-Straße 7
99095 Erfurt, Deutschland
produktsicherheit@kolibri360.de

Druck:
CPI Druckdienstleistungen GmbH
im Auftrag der
Kolibri 360 GmbH
Ferdinand-Jühlke-Str. 7
99095 Erfurt